KB071208

# 알고리즘,
# 인생을 계산하다

# 알고리즘, 인생을 계산하다

일상의 모든 문제를 단숨에 해결하는 생각의 혁명

## 인생을 계산하다

ALGORITHMS TO LIVE BY :
THE COMPUTER SCIENCE OF HUMAN DECISIONS

브라이언 크리스천 · 톰 그리피스 지음 ㅣ 이한음 옮김

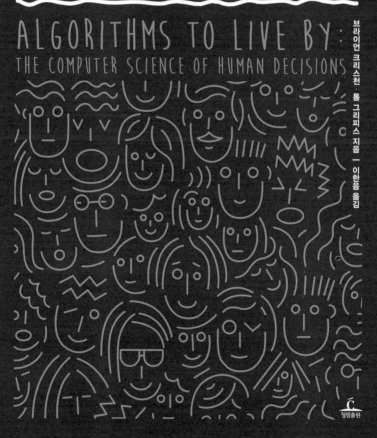

청림출판

한 그루의 나무가 모여 푸른 숲을 이루듯이
청림의 책들은 삶을 풍요롭게 합니다.

# 인생의 거의 모든 문제를
# 해결하는 알고리즘

당신이 샌프란시스코에서 아파트를 구한다고 하자. 샌프란시스코는 미국에서 집 구하기가 가장 힘든 도시라고 할 수 있다. 첨단 기술 부문이 급성장하고 있는 반면에 갑갑한 도시 계획 법규로 건물 신축이 제한되어 있어서 이 도시는 뉴욕만큼 집값이 비싸며, 여러 면에서 뉴욕보다도 경쟁이 더 극심하다. 몇 분 사이로 새로운 매물이 올라왔다가 사라지고, 오픈하우스는 사람들로 미어터지며, 집주인의 손에 먼저 수표를 쥐어주는 사람이 집 열쇠를 넘겨받기도 한다.

이렇게 급박하게 돌아가는 시장에서는 합리적인 소비자의 행동을 특징짓는다고 보는 이론상의 사실 검토나 심사숙고를 할 겨를이 거의 없다. 구매를 결정하기 전에 여러 대안들을 비교·검토할 수 있는 쇼핑몰 고객이나 온라인 쇼핑객과 달리, 샌프란시스코에 살고자 하는 사람은 매순간 즉시 양자택일을 해야 한다. 다른 모든 집들을 제쳐두고 지금 둘러보는 아파트를 당장 구매하든지, 그냥 나가서 다시는 돌아오지 말든지 말이다.

논의를 단순화하기 위해, 당신이 물품으로 나와 있는 아파트 중에서 가장 좋은 것을 구할 기회를 최대화하는 데에만 관심이 있다고 하자. 당신의 목표는 '그때 잡아야 했는데'와 '더 살펴봐야 했는데'라는 양쪽의 후회를 최소한으로 줄이는 것이다. 당신은 즉각 진퇴양난에 빠진다. 비교 판단할 기준이 없다면, 어느 아파트가 가장 좋은지를 어떻게 알 수 있겠는가? 그리고 여러 아파트를 둘러보지 않는다면(그리고 놓치지 않는다면), 선택의 기준을 어떻게 정할 수 있겠는가? 정보를 더 모을수록 가장 좋은 기회가 왔음을 더 잘 알아차릴 수 있을 것이다. 하지만 그러는 사이에 좋은 기회를 이미 놓쳤을 가능성도 함께 더 높아진다.

그렇다면 정보를 얻는 활동 자체가 성공에 위협이 될 때, 어떻게 하면 정보에 근거한 결정을 내릴 수 있을까? 거의 진퇴양난이라고 할 만한 잔인한 상황이다.

이런 종류의 문제에 직면했을 때, 대다수는 '둘러보기'와 '뛰어들기' 사이에 어떤 균형이 필요하다는 식의 말을 할 것이다. 다시 말해 기준을 정할 수 있을 만큼 아파트들을 충분히 둘러본 다음에, 자신이 정한 기준을 충족하는 집이 나오면 사야 한다는 것이다. 사실상 이 균형 개념은 정확히 옳다. 그러나 대다수가 확실하게 말하지 못하는 부분은, 그 균형이 어디냐 하는 것이다. 다행히도 답이 나와 있다. 바로 37%다.

가장 좋은 아파트를 구할 확률을 최대로 높이고 싶다면, 아파트를 구하는 데 드는 시간의 37%(1개월을 둘러본다면 11일째까지)는 막연하게 돌아다니면서 대안들을 살펴보는 것이다. 이때 수표는 집에 놔두고 다니도록 한다. 그저 둘러볼 뿐이니까. 하지만 그 뒤에는 이미 본 집들보다 나은 집을 보기만 하면, 그 즉시 행동할 준비를 하라. 곧바로 대금을 건넬 수 있도록. 이것이 단순히 둘러보기와 뛰어들기 사이의 직관적으로 흡족한 타협안을 의미하는 것은 아니다. 이 값은 입증할 수 있는 '최적해$^{optimal\ solution}$'이다.

그것을 아는 이유는 아파트 구하기가 '최적 멈춤$^{optimal\ stopping}$' 문제라고 하는 수학 문제의 일종이기 때문이다. '37% 법칙'은 이런 문제들을 풀기 위한 단순한 일련의 단계들을 가리킨다. 컴퓨터과학자들이 '알고리즘'이라고 부르는 것이다.

그리고 뒤에서 말하겠지만, 아파트 구하기는 최적 멈춤이 일상생활에 적용되는 양상 중 하나에 불과하다. 대안들을 계속 둘러보거나 그만 찾아보는 행동은 삶에서 조금씩 다른 모습을 띠고 등장하는 하나의 동일한 구조라 할 수 있다. 동네를 몇 바퀴 돌아야 주차 공간을 찾게 될까? 모험적인 벤처 사업에 얼마나 운을 쏟아부어야 수익을 얻게 될까? 더 좋은 집이나 차를 구하려면 얼마나 오랫동안 기다려야 할까? 계속 부담이 있는 상황에서 또다시 도전 과제가 나타난다. 바로 연애 상대 찾기다. 최적 멈춤은 연속되는 일부일처제의 과학이라고 말할 수 있을 정도다.

이 단순한 알고리즘은 아파트 구하기만이 아니라, 최적 멈춤 문제와 직면하는 삶의 모든 상황에서 해결책을 제공한다. 사람들은 매일 이런 문제들을 붙들고 씨름하며—시인은 주차보다는 구애의 문제를 글로 적는 데 더 많은 잉크를 소비할 것이 분명하지만—때로는 몹시 번민한다. 하지만 그 번민은 불필요하다. 적어도 수학적으로는 해결된 문제들이기 때문이다.

우리가 일상적인 한 주를 보낼 때 주변에 보이는 근심 걱정이 가득한 모든 임차인, 운전자, 구혼자는 본질적으로 이러한 과정을 되풀이하고 있다. 그들에게 필요한 것은 심리치료사가 아니라 알고리즘이다. 심리치료사는 그들에게 충동적인 태도와 너무 많은 생각 사이에 적절하면서 편안한 균형을 찾으라고 말한다.

알고리즘은 그들에게 그 균형이 37%라고 말한다.

• • •

모든 사람이 직면하는 특정한 문제 집합, 즉 우리가 유한한 시간과 공간에서 삶을 영위한다는 사실로부터 직접 비롯되는 문제들이 있다. 하루 또는 10년 동안에 우리는 무엇을 해야 하고, 무엇을 하지 말아야 할까? 느슨하고 흐트러진 모습을 얼마나 용납해야 할까? 그리고 지나치다고 볼 수 있는 질서는 어느 정도의 수준일까? 새로운 활동과 기존의 친숙한 활동 사이에 어떻게 균형을 잡아야 충족되는 삶을 살 수 있을까?

이런 문제들이 인간만의 것처럼 보일지 모르지만, 그렇지 않다. 컴퓨터과학자들은 반세기 넘게 이런 일상적인 난제들에 상응하는 문제들을 붙들고 씨름해왔으며, 해결한 사례들도 많다. 프로세서가 최소한의 시간과 비용으로 사용자들이 요구하는 모든 과제를 수행하려면 어떤 식으로 '주의'를 배분해야 할까? 과제 사이의 전환은 언제 해야 하고, 애초에 과제를 얼마나 많이 떠맡아야 할까? 한정된 기억 자원을 활용하는 최선의 방법은 무엇일까? 자료를 더 모아야 할까, 아니면 이미 가지고 있는 자료를 토대로 행동해야 할까?

사람은 하루의 시간을 배분하는 것도 힘들지 모르지만, 우리 주변에 있는 모든 컴퓨터는 밀리초$^{ms}$(1,000분의 1초) 단위로 쉽게 시간을 배분한다. 그리고 컴퓨터가 하는 방식으로부터 우리는 많은 것을 배울 수 있다.

알고리즘을 인간의 삶에 적용한다니, 좀 기이하게 결부시키는 것처럼 보일지 모른다. '알고리즘'이라는 말을 들으면, 빅데이터, 거대 정부, 대기업이 짠 불가사의하고 불가해한 음모를 떠올리는 사람들도 많다. 비록 알고리즘이 현대 세계의 기반 시설을 점점 더 많이 떠맡고 있지만, 인간사에 실질적인 지혜나 지침은 거의 제공하지 못하는 것처럼 보이기 때문이다. 하지만 알고리즘은 그저 어떤 문제를 푸는 데 쓰이는 유한한 일련의 단계들을 의미하며, 컴퓨터보다 훨씬 더 폭넓게 쓰인다. 그리고 컴퓨터보다 훨씬 더 오래되었다. 알고리즘은 기계가 사용되기 훨씬 이전부터 사람이 써온 것이었다.

'알고리즘'이라는 단어는 페르시아 수학자 알-콰리즈미$^{al-Khwārizmī}$의 이름에서 유래했다. 9세기에 손으로 수학 계산하는 기법을 설명한 책을 쓴 사람이다. (그의 책은 《알-자브르 왈-무카발라$^{al-Jabr wa'l-Muqābala}$》였고, '알-자브르'는 대수학$^{algebra}$이라는 단어의 어원이 되었다.)[1] 그러나 알려진 최초의 수학 알고리즘은 알-콰리즈미의 책보다 더 앞선다. 바그다드 인근에서 발견된 4,000년 전 수메르 점토판에는 긴 나눗셈을 하는 방식이 적혀 있다.[2]

하지만 알고리즘은 수학에만 한정된 것이 아니다. 요리법에 따라

빵을 요리하는 것도 알고리즘을 따르는 것이다. 본을 따라서 스웨터를 뜨는 것도 알고리즘을 따르는 것이다. 망칫돌 끝으로 정확한 순서에 따라 쳐서 부싯돌 조각의 끝을 날카롭게 떼어내는 것은 정교한 석기를 만드는 핵심 단계인데, 이것 역시 알고리즘을 따르는 것이다.[3] 석기 시대 이후로 알고리즘은 인류 기술의 일부였다.

• • •

이 책에서 우리는 '알고리즘 설계<sup>algorithm design</sup>'라는 개념을 살펴볼 것이다. 사람들이 매일 마주치는 도전 과제들의 더 나은 해결책을 찾는 것을 말한다. 컴퓨터과학이라는 렌즈를 일상생활에 들이대면 크고 작은 여러 규모에서 파급효과가 나타난다. 가장 직접적인 차원에서는 특정한 문제를 풀 실질적이고 확실한 방법을 제시한다.

최적 멈춤은 살펴볼 때가 언제이고 뛰어들 때가 언제인지를 알려준다. 탐색/이용 트레이드오프는 새로운 것을 시도하는 일과 좋아하는 것을 즐기는 일 사이에 균형을 찾는 방법을 알려준다. 정렬 이론은 사무실을 어떻게 정리할지(그리고 정리하는 게 맞는지)를 알려준다. 캐싱 이론은 옷장을 채우는 법을 알려준다. 일정 계획 이론은 시간을 배분하는 법을 알려준다.

그다음 수준에서, 컴퓨터과학은 이런 영역들 각각에서 펼쳐지는 더 깊은 원리를 이해할 어휘를 제공한다. 칼 세이건의 말 그대로다. "과학은 지식의 집합이라기보다는 생각하는 방법이다."[4] 삶이 너무나 혼란스러워서 엄밀한 수치 분석이나 쉬운 답을 기대할 수 없을

10

때에도, 더 단순화한 형태들에 맞추어진 직관과 개념을 이용하면 그런 문제의 핵심을 이해하고 일을 진척시킬 방법이 나온다.

더 폭넓은 차원에서 컴퓨터과학이라는 렌즈를 통해 우리의 일상을 들여다본다면, 우리는 인간 마음의 특성, 합리성의 의미, 그리고 모든 의문들 중에 가장 오래된 것인 '살아가는 방법'에 관해 무언가를 깨닫게 될 수 있다. 인지 개념을 환경이 부과하는 근본적인 계산 문제들을 푸는 수단이라는 관점에서 살펴본다면, 우리가 인간의 합리성을 생각하는 방식에도 근본적인 변화가 일어날 수 있다.[5]

컴퓨터 속에서 일어나는 일들을 연구함으로써 우리가 어떤 식으로 생각하고 판단하는지, 무엇을 믿고 어떻게 행동하는지를 밝혀낼 수 있다는 개념이 극도로 환원론적일뿐 아니라 사실상 오도하고 있다고 보는 사람도 많을 것이다. 컴퓨터과학이 우리가 어떻게 생각하고 어떻게 행동하는지에 관해 무언가 말해주더라도, 누가 그 말에 귀 기울이고 싶어 하겠는가? 과학 소설에는 인공지능과 로봇이 으레 등장하지만, 그들의 생활은 우리가 원하는 삶과는 달라 보인다.

우리가 컴퓨터라고 하면, 냉정하기 그지없는 기계적이고 결론적인 시스템을 떠올리기 때문에 그럴 수도 있다. 우리는 기계가 엄밀한 추론 논리를 적용하고, 대안들을 철저히 살펴본 뒤 결정을 내리며, 아주 오랫동안 힘들게 생각해야 할지라도 어쨌든 정답을 내놓는다고 여긴다. 사실 최초로 컴퓨터를 상상한 사람들도 본질적으로 그 점을 염두에 두고 있었다. 앨런 튜링은 길게 이어지는 계산 단계들을 꼼꼼히 따라가서 실수 없이 정답을 내놓는 인간 수학자를 유추함으로써 컴퓨터 연산 개념을 정의했다.[6]

그러니 현대 컴퓨터가 어려운 문제에 직면했을 때 실제로 그런 식으로 풀지 않는다고 말하면 놀랄지도 모르겠다. 물론 단순한 산수 문제는 현대 컴퓨터에게 그리 어렵지 않다. 오히려 현재 컴퓨터과학의 가장 큰 도전 과제는 사람과 대화하거나, 손상된 파일을 고치거나, 바둑에서 이기는 일 같은 것이다. 규칙이 명확하지 않거나, 필요한 정보 중에서 일부가 빠져 있거나, 정답을 찾으려면 천문학적인 수의 가능성들을 살펴보아야 하는 문제들이다. 그리고 연구자들이 가장 어려운 부류의 문제들을 풀기 위해 개발한 알고리즘이 쓰이면서 컴퓨터는 철저한 계산에 극도로 의지하던 양상에서 점점 더 벗어나왔다. 우연을 받아들이고, 정확성을 희생시켰지만, 대신에 시간을 단축하고 근삿값을 사용하면서 풀어야 하는 현실세계의 과제들을 다루는 쪽으로 나아왔다.

컴퓨터가 현실세계의 문제들을 푸는 데 더 적합해질수록, 컴퓨터는 사람들이 살아갈 때 빌려 쓸 수 있는 알고리즘뿐 아니라, 사람의 인지 활동 자체를 비교할 수 있는 더 나은 기준까지 제공한다. 지난 10~20년 동안 행동경제학 쪽에서는 인간에 관한 매우 특이한 이야기가 흘러나왔다. 오류투성이의 별난 뇌 때문에 우리가 비합리적이고 실수를 잘 한다는 것이다.[7]

우리는 이 자기 비하적인 이야기에 점점 익숙해져왔지만, 아직 당혹스러운 질문들이 남아 있다. 한 예로, 네 살배기가 100만 달러가 넘는 슈퍼컴퓨터보다 시각, 언어, 인과 추론 등 많은 인지 과제를 훨씬 더 잘해내는 이유가 대체 무엇이란 말인가?

컴퓨터과학이 일상적인 문제들에 대해 내놓는 해결책들은 사람의 마음에 관해 다른 이야기를 들려준다. 아주 단순히 말하자면, 삶은 어려운 문제들로 가득하다. 그리고 사람들이 저지르곤 하는 실수는 사람 뇌의 오류 가능성보다는 그 문제가 지닌 어려운 측면들에 관해 더 많은 것을 알려주곤 한다. 알고리즘 관점에서 세상을 바라보고, 우리가 직면한 문제의 기본 구조와 그 해결책의 특성을 알아낸다면, 우리는 자신이 실제로 얼마나 문제를 잘 해결하고 있는지를 간파하고, 자신이 어떤 오류를 저지르는지 더 잘 이해할 수 있을 것이다.

사실 사람은 컴퓨터과학자들이 연구하는 몇몇 가장 어려운 문제들과 끊임없이 대면하고 있다. 우리는 불확실성, 시간 제약, 미흡한 정보, 급속히 변하는 세상에 대처하면서 결정을 내려야 하는 상황에 종종 처한다. 최첨단 컴퓨터과학의 알고리즘이 내놓는 해결책이 효율적이지도, 늘 맞는다고도 할 수 없는 상황도 있다. 알고리즘이 아예 존재하지 않는 듯한 상황도 있다.

그러나 완벽한 알고리즘이 아직 나오지 않은 영역에서도, 몇 세대에 걸친 컴퓨터과학자들과 현실세계의 가장 어려운 문제들 사이의 씨름을 통해 많은 깨달음이 도출되어왔다. 힘들여 얻은 이 교훈들은 합리성에 관한 우리의 직관과 어긋나곤 하며, 세상만사를 산뜻한 몇 줄의 공식에 억지로 담아내려고 시도하는 수학자의 옹색한 처방과는 전혀 달라 보인다. 그런 교훈들은 이렇게 말한다. 언제나 모든 대안을 고려할 필요는 없다. 매번 최상인 것처럼 보이는 결과를 내놓을 필요도 없다. 때로는 무질서해져라. 가볍게 돌아다녀라. 참고 기다려라. 본능을 믿고 너무 오래 고심하지 마라. 느긋해져라. 동전을 던져라. 용서하지만 잊지는 마라. 자신이 옳다고 믿어라.

어쨌든 컴퓨터과학이 내놓는 지혜를 염두에 두고 살아간다는 것도 그리 나쁘지 않게 들린다. 그리고 대다수의 조언과 달리, 이 지혜는 증거를 통해 뒷받침된다.

· · ·

컴퓨터를 위한 알고리즘을 설계하는 일이 본래 두 분야 사이의 틈새에 놓인 주제, 즉 수학과 공학의 기이한 잡종이었듯이, 사람을 위한 알고리즘을 설계하는 일도 어느 한 분야에 딱 들어맞는 주제가 아니다. 오늘날 알고리즘 설계는 컴퓨터과학, 수학, 공학만이 아니라, 통계학과 경영학 같은 인접 분야들에까지 걸쳐 있다. 그리고 우리는 기계를 위해 설계된 알고리즘이 인간의 마음과 어떤 관련이 있을지를 생각하고 있으므로 인지과학, 심리학, 경제학 등도 살펴볼 필요가 있다.

이 책의 저자인 우리는 이런 학제 간 분야에 친숙하다. 브라이언은 컴퓨터과학과 철학을 공부한 뒤 대학원에서 영문학을 공부했고, 이 세 분야가 교차하는 연구를 하고 있다. 톰은 심리학과 통계학을 공부한 뒤 UC버클리대학교 교수가 되었고, 그곳에서 인간의 인지와 컴퓨터 계산 사이의 관계를 생각하면서 대부분의 시간을 보내고 있다. 하지만 인간을 위해 더 나은 알고리즘을 설계하는 일과 관련된 모든 분야들에 전문가라고 할 만한 사람은 없다. 그래서 지니고 살아갈 만한 알고리즘이 뭐가 있을지 알아보기 위해, 우리는 지난 50년 사이에 등장한 몇몇 가장 유명한 알고리즘을 개발한 사람들과 대화를 나누었다. 또 세계에서 가장 명석한 인물에 속할 그들에게, 자신의 연구가 삶에 접근하는 방식에 어떤 영향을 미쳤는지 물어보았다. 배우자를 찾는 일에서 양말을 정리하는 일에 이르기까지 말이다.

컴퓨터와 인간의 마음이 똑같이 직면한 가장 큰 도전 과제들 중 몇 가지를 살펴보는 것에서 이야기를 시작하기로 하자. 유한한 공간, 유한한 시간, 한정된 주의, 알려지지 않은 미지의 것들, 불완전한 정보, 예측할 수 없는 미래를 어떻게 관리할 것인가? 어떻게 하면 확신을 갖고 우아하게 선택할 수 있을까? 어떻게 하면 공동체에서 동시에 같은 일을 하려는 모든 사람들과 함께할 수 있을까?

이런 도전 과제들의 수학적 근본 구조를 알아보고, 컴퓨터가 그런 과제들을 어떻게 처리하는지 살펴보기로 하자(때론 우리가 상상한 것과 정반대로 처리한다). 그리고 마음이 어떻게 작동하는지를 살펴보도록 하자. 마음이 같은 유형의 현안들을 다루고 같은 제약들에 대처하는, 컴퓨터와 다르면서도 깊이 들어가면 연관되어 있는 방식들을 살펴볼 것이다.

궁극적으로 우리는 주변에서 접하는 문제들에 대처할 현실적인 방안들, 인간의 가장 곤란한 난제들의 배후에 있는 우아한 구조들을 보는 새로운 방법들, 인간과 컴퓨터의 난제들이 서로 깊이 연관되어 있다는 깨달음을 얻게 될 뿐 아니라, 더욱 심오한 무언가도 지니게 될 것이다. 우리 주변 세계를 가리키는 새로운 어휘와 우리 자신에 관한 진정으로 필요한 새로운 무언가를 배울 기회를 말이다.

# 차례

## 제1장

살펴보는 일을 멈춰야 할 때

# 최적 멈춤

ALGORITHMS

비록 모든 기독교인들이 자신들의 혼례가 신이 정한 바에 따르는 것이라고 엄숙하게 선언하는 문구를 혼례식 초청장 첫머리에 넣지만, 나는 철학자로서 이 점을 더 상세히 논의하고자 한다.
– 요하네스 케플러[1]

세상 누구보다도 마틴 씨가 더 좋다면, 지금까지 만난 그 누구보다도 그에게 더 호감이 간다고 생각한다면, 망설일 이유가 뭐가 있단 말인가?
– 제인 오스틴, 《엠마》

대학 심리상담사들이 '칠면조 결별turkey drop'이라는 은어를 쓸 만큼 최근에 아주 흔한 현상이 하나 있다.[2] 고등학생 때의 연인이 대학 신입생이 된 해의 추수감사절에 서로 학교에서 집으로 돌아와 재회했다가, 나흘 뒤 각자 학교로 돌아갈 때면 결별하는 상태를 말한다.

　브라이언은 대학 신입생 때 몹시 고민하다가 상담사를 찾아갔다. 고등학생 때부터 사귀던 여자 친구가 좀 떨어져 있는 다른 주의 대학에 들어가는 바람에, 거리가 멀어서 연애하기가 힘들었기 때문이다. 그들은 좀 더 낯설면서 더 철학적인 의문에도 시달리고 있었다. '우리는 얼마나 좋은 관계였는가?'를 판단하려면 기준이 될 만한 다른 관계도 맺어봤어야 할 텐데, 그들은 그렇지 못했다. 상담사는 브라이언의 고민이 신입생들이 으레 겪는 고민과 다르지 않다는 것을 알아차렸고, 놀라울 만치 무심하게 조언을 했다. "자료를 더 모으라고, 친구."

연속적 일부일처제가 지닌 본질적 특성 때문에, 상대를 계속해서 갈아치우는 사람은 회피할 수 없는 한 가지 근본적인 문제에 직면하게 마련이다. 가장 잘 맞는 짝을 찾았는지 판단할 수 있을 만큼 사람들을 충분히 만난 것일까? 그리고 자료를 더 모으려다가 그 짝을 놓치게 된다면? 사랑의 궁극적인 캐치-22[Catch-22](미국 작가 조지프 헬러의 동명 소설에서 나온 말로 '진퇴양난'을 가리킴-역주)인 듯하다.

이 캐치-22, 이 고뇌하는 신입생의 절실한 토로는 수학자들이 '최적 멈춤' 문제라고 부르는 것이며, 사실상 답이 나와 있다.[3] 바로 37%다. 물론 사랑을 어떻게 생각하느냐에 따라 얼마든지 달라질 수 있긴 하다.


## 비서 문제


모든 최적 멈춤 문제의 핵심 딜레마는 어느 대안을 고를 것인가가 아니라, 고려할 만한 대안이 몇 개인가 하는 것이다. 뒤에서 다루겠지만, 최적 멈춤 문제는 연인과 임차인만이 아니라 운전자, 집주인, 강도 등과도 관련이 있다.

**37% 법칙**\*은 최적 멈춤 문제 중 가장 유명한 것에서 유도된다.[4] 바로 '비서 문제**secretary problem**'라고 알려진 것이다. 기본 전제는 앞서 다룬 바 있는 아파트를 구하는 사람이 처한 딜레마와 거의 흡사하다. 당신이 비서 자리에 지원한 여러 지원자들의 면접을 보고 있다고 하자. 당신의 목표는 지원자 중에서 뛰어난 인재를 채용할 가능성을 최대한 높이는 것이다. 각 지원자의 점수를 어떻게 매겨야 할지 전혀 모른다고 해도, 어느 지원자가 더 낫다는 판단은 어렵지 않게 할 수 있다. (수학자라면 당신이 서수(지원자들의 상대적인 순위)만을 알 수 있을 뿐, 기수(어떤 일반적인 척도로 잰 점수)는 알 수 없다고 말할지도 모른다.) 당신은 한 번에 1명씩 지원자들을 무작위로 골라 면접을 본다. 당신은 언제든 면접을 보고 있는 지원자에게 일자리를 제안할 결심을 할 수 있고, 당사자가 수락하면 탐색은 거기에서 끝난다. 하지만 지원자를 고용하지 않겠다고 결심하고서 지나치면, 그 지원자를 영원히 잃는다고 가정하자.

비서 문제가 지면에 처음 실린 것은 〈사이언티픽 아메리칸**Scientific American**〉 1960년 2월호를 통해서였다고 널리 알려져 있다.[5] 비서라는 단어는 나오지 않지만. 마틴 가드너 **Martin Gardner**의 인기 있는 수학 퍼즐 지면에 실린 퍼즐 중의 하나였다. 하지만 그 문제가 어디에서

---

\* 이 책에 실린 알고리즘은 굵은 서체로 나타내기로 한다.

기원했는지는 놀랍게도 지금까지도 수수께끼로 남아 있다.[6]

우리는 직접 조사하러 나섰는데 처음에는 추측만 난무할 뿐 거의 소득이 없었다. 그러다가 예기치 않은 일을 계기로 마치 탐정수사를 하듯이 상황이 바뀌었다. 스탠퍼드대학교로 가서 거기에 보관된 가드너의 자료 전체를 뒤지다가, 그가 20세기 중반에 받은 편지들이 담긴 상자를 발견했다. 남의 편지를 읽는 일은 누군가 전화로 통화하는 것을 옆에서 엿듣는 것과 비슷했다. 대화의 한쪽 말만 들리므로, 상대방의 말은 추측해야 한다. 우리는 가드너가 받은 답장만을 지니고 있었다. 그 답장들을 보니 가드너도 50년쯤 전에 그 문제의 기원을 추적하고 있던 것이 명백했다. 읽으면 읽을수록 이야기는 점점 더 모호해지고 미궁 속으로 빠져들었다.

하버드대학교의 수학자 프레더릭 모스텔러Frederick Mosteller는 1955년 동료인 앤드루 글리슨Andrew Gleason에게 그 문제를 들었다고 회상했다.[7] 또 글리슨은 다른 사람한테서 들었다고 했다. 앨버타대학교의 레오 모저Leo Moser는 보잉Boeing의 R. E. 개스켈R. E. Gaskell이 적은 '어떤 공책'에서 그 문제를 읽었다고 썼다. 개스켈은 다른 동료에게 들었다고 했다. 러트거스대학교의 로저 핀컴Roger Pinkham은 1955년 듀크대학교의 수학자 J. 숀필드J. Shoenfield에게서 그 문제를 처음 들었다고 답신에 썼다.[8] "그가 미시간의 누군가에게서 그 문제를 들었다고 말했던 것 같습니다."

'미시간의 누군가'는 메릴 플러드Merrill Flood라는 이름을 갖고 있었을 것이 거의 확실하다. 플러드는 수학계 바깥에는 거의 알려지지 않았지만, 컴퓨터과학에 지대한 영향을 미친 인물이다.[9] 그는 순회 외판원 문제(8장 참조)를 널리 알리고, 죄수의 딜레마(11장 참조)를 고안했으며, '소프트웨어'라는 용어도 창안했을 가능성이 있다. 37% 법칙도 1958년에 그가 처음 발견했다고 알려져 있다. 그는 그 문제를 1949년부터 생각해왔다고 주장한다.[10] 하지만 그 자신은 더 앞서 그 문제를 연구한 수학자들이 몇 명 있다고 말한다.

어디에서 나왔든 간에, 비서 문제는 거의 완벽한 수학 퍼즐임이 입증되었다. 즉 간단하게 설명할 수 있지만, 풀기는 지독하게 어렵고, 답은 아주 간결한 반면, 많은 흥미로운 의미를 함축하고 있다는 점에서 그렇다. 그 때문에 이 문제는 1950년대에 입에서 입으로 들불처럼 수학계 전체로 퍼졌고, 1960년 가드너의 수학 칼럼 덕분에 일반 대중의 상상까지 사로잡게 되었다. 이 문제와 변형한 문제들을 분석한 논문들이 너무나 많이 쏟아져나왔기에, 1980년대 무렵에는 아예 별도의 하위 분야가 생겼을 정도다.

비서 문제라는 형식 체계에 각 문화가 어떤 식으로 나름의 독특한 인류학적 변형을 가하는지를 살펴보는 것도 흥미롭다. 예를 들어, 우리는 체스가 중세 유럽에서 창안된 것이라고 생각하지만, 사실 체스는 8세기에 인도에서 기원했다. 그 뒤로 15세기에 들어서서 심하게 '유럽화'가 이루어졌다. 샤shah는 왕이 되었고, 고위 관료vizier는 여왕, 코끼리elephants는 비숍이 되었다. 마찬가지로 최적 멈춤 문제도 구체적으로 여러 가지 모습을 띠어 왔으며, 각 형태는 그 당시의 주된 관심사를 반영하고 있다.

19세기에는 대체로 온갖 기발한 복권과 여성이 남성 구혼자들 중에서 남편을 고르는 형태로 나타났다. 20세기 초에는 주말에 차를 몰고 여행하는 이들이 호텔을 구하고, 남성 구혼자가 여성을 고르는 형태가 되었다. 그리고 관료주의적이고 남성 지배적인 20세기 중반에는 남성 고용주가 여성 조수를 고르는 형태가 되었다. '비서 문제'라는 명칭이 처음으로 확실하게 언급된 것은 1964년의 한 논문에서였다.[11] 그 뒤로 세월이 흐르는 동안 어느 시점엔가 그 명칭이 굳어졌다.

## 37%는 어디에서 나왔을까

비서를 구할 때, 당신이 실패할 수 있는 길은 두 가지다. 너무 일찍 멈추는 것과 너무 늦게 멈추는 것이다. 탐색을 너무 일찍 멈춘다면, 최고의 지원자를 발견하지 못하게 된다. 너무 늦게 멈춘다면, 존재하지 않는 더 나은 지원자를 찾겠다고 계속 탐색하는 꼴이 된다. 따라서 너무 많이 살펴보는 것과 너무 적게 살펴보는 것 사이에 가로 놓인 팽팽한 밧줄 위를 걸으면서, 둘 사이에서 적절한 균형을 찾는 것이 최적 전략임이 분명하다.

당신의 목표가 조금도 모자람이 없는 최고의 지원자를 찾는 것이라면, 면접 과정을 진행할 때 지금까지 본 최고의 지원자에 못 미치는 사람은 고용할 생각을 아예 하지 말아야 한다.[12] 하지만 단순히 최고라는 것만으로는 일자리를 제안하기에 부족하다. 이를테면, 첫 번째로 면접을 보는 지원자는 정의상 '아직은 최고 best yet'일 것이기 때문이다. 더 일반화하자면, 아직은 최고인 지원자를 마주치는 비율이야말로 면접을 계속 진행할 이유가 된다.

예를 들어, 두 번째 지원자는 지금까지 본 사람 중 최고일 가능성이 50 대 50(2분의 1)이지만, 다섯 번째 지원자는 그럴 가능성이 5분의 1이 되고, 여섯 번째 지원자는 6분의 1이 되는 식이다. 그 결과 탐색이 계속될수록 더 낫다는 인상을 주는 '아직은 최고'인 지원자들이 꾸준히 나오겠지만(앞서 본 모든 지원자들보다 더 낫다고 정의했으므로), 그런 사람을 만날 확률은 점점 더 줄어들 것이다.

따라서 우리는 첫 번째로 만나는 '아직은 최고'인 지원자를 선택하는 것(즉 첫 번째 지원자만 보고서 "면접 끝났습니다" 하는 것)이 경솔한 행위임을 안다. 지원자가 100명이라면, 그저 첫 번째로 '아직은 최고'였던 사람보다 낫다는 이유로 두 번째로 '아직은 최고'인 사람을 뽑는 것도 성급해 보인다. 그렇다면 언제까지 진행해야 할까?

직관적으로 보자면, 몇 가지 가능한 전략이 있다. 예를 들면, 지금까지 본 모든 지원자보다 나은 세 번째 사람을 선택하는 것이다. 아니면 네 번째 사람이든지. 아니면 길게 '가뭄'이 이어지다가, 즉 기준에 못 미치는 사람들이 죽 이어지다가 나오는 '아직은 최고'인 지원자를 뽑을 수도 있다.

하지만 이 전략들이 비교적 분별력 있는 것이긴 해도 최선은 아니다. 최적 해결책은 우리가 **살펴본 뒤 뛰어들기 법칙** Look-Then-Leap Rule 이라고 부르는 것에서 나온다. 먼저 미리 정한 시간만큼 '살펴본다.' 아무리 좋은 인상을 받는다고 해도 개의치 말고, 어느 누구도 선택하지 않은 채 대안들을 계속 탐사하면서 자료를 수집한다. 그 시간이 지나면 '뛰어들기' 단계에 돌입한다. 살펴보기 단계에서 본 최고의 지원자보다 더 나은 지원자가 나타나면 즉시 선택할 준비를 한다.

비서 문제가 지원자 수가 최소인 상황에서 어떻게 전개되는지 살펴봄으로써, 살펴본 뒤 뛰어들기 법칙이 어떻게 출현하는지 알아보기로 하자. 지원자가 1명뿐이라면, 문제는 쉽게 풀린다. 고용하면 된다. 지원자가 2명이라면, 당신이 어떻게 하든 간에 성공할 확률은 50 대 50이다. 첫 번째 지원자(최고일 확률이 절반)를 고용할 수도 있고, 첫 번째 지원자를 보내고 자동적으로 두 번째 지원자(마찬가지로 최고일 확률이 절반)를 선택할 수도 있다.

여기에 세 번째 지원자를 추가하면, 갑자기 상황이 흥미로워진다. 무작위로 1명을 고용한다면, 최고가 뽑힐 확률은 3분의 1, 즉 33%가 된다. 지원자가 2명일 때는 어떻게 하든 간에 우연에 맡기는 것과 다를 바가 없었다. 3명일 때는 그보다 나을까? 당신은 더 나은 선택을 할 수 있으며, 그 일은 두 번째 지원자를 어떻게 대할지에 달려 있다.

첫 번째 지원자를 만날 때, 우리는 아무런 정보도 갖고 있지 않다. 언제나 아직은 최고인 듯이 보일 것이다. 세 번째 지원자를 만날 때에는 재량의 여지가 더 이상 없다. 그 마지막 지원자에게 일자리를 제안해야만 한다. 다른 지원자들을 이미 지나쳤으니까 말이다. 하지만 두 번째 지원자를 만날 때에는 양쪽으로 재량의 여지가 조금은 있다. 우리는 그 지원자가 첫 번째 지원자보다 더 나은지 나쁜지 알며, 따라서 고용하거나 떨어뜨릴 재량의 여지가 있다. 그녀가 첫 번째 지원자보다 더 나아서 고용을 한다면, 또는 더 모자라서 고용을 하지 않는다면 어떻게 될까?

지원자가 3명일 때 이것은 최고의 전략이 될 수 있다. 이 접근법을 쓰면 놀랍게도 지원자가 3명일 때에도 50%의 확률로 최고의 지원자를 뽑는 것이 가능해진다.*

지원자를 4명이라고 보고서 이런 시나리오를 전개하면, 여전히 두 번째 지원자를 만나자마자 뛰어들기를 시작해야 한다는 것이 드러난다. 지원자가 5명일 때에는 세 번째 지원자를 만나기 전까지는 뛰어들기를 해서는 안 된다.

지원자 수가 늘어날수록, 살펴보기와 뛰어들기 사이에 선을 그을 정확한 지점은 그 수의 37%에 다가가며, 그리하여 37% 법칙이 나온다.[13] 지원자들 중 처음 37%는 선택하지 않은 채 그냥 죽 살펴보다가, 지금까지 본 사람들보다 더 나은 지원자가 나타나면 뛰어들라.**

이 최적 전략을 따르면, 최고의 지원자를 고를 확률이 궁극적으로 37%임이 드러난다. 전략 자체와 그 전략의 성공 확률이 동일한 수

---

* 이 전략을 쓰면 최고의 지원자를 지나칠 확률은 33%가 되고, 그녀를 아예 만나지 못할 확률은 16%가 된다. 더 자세히 설명하자면, 지원자 3명의 순위는 6가지가 가능하다. 1-2-3, 1-3-2, 2-1-3, 2-3-1, 3-1-2, 3-2-1이다. 첫 번째 지원자를 살펴본 뒤 그보다 더 나은 지원자가 나타나기만 하면 선택하는 전략을 쓰면, 이중 세 사례(2-1-3, 2-3-1, 3-1-2)에는 성공할 것이고 나머지 세 사례에는 실패할 것이다. 두 사례(1-2-3, 1-3-2)에서는 너무 고르다가 실패하는 것이 되고, 한 사례(3-2-1)에서는 충분히 살펴보지 않아서 실패하는 셈이 된다.

** 실제로는 37%에 조금 못 미친다. 더 정확히 말하자면, 지원자들을 살펴보는 수학적 최적 비율은 1/e이다. 복리 계산에 쓰이는 수학 상수인 바로 그 e로서, 2.71828…에 해당하는 값이다. 하지만 e값을 소수점 아래 12자리까지 알아야 할지 걱정할 필요가 없다. 35~40% 사이의 어떤 값이든 간에 최대 성공률에 아주 가까우니까. 보다 자세한 수학적 내용을 알고 싶다면, 미주를 참고하길 바란다.

비서를 고르는 최적 전략

| 지원자 수 | 이 뒤의 최고 지원자 | 최고의 지원자를 얻을 확률 |
|---|---|---|
| 3 | 1(33.33%) | 50% |
| 4 | 1(25%) | 45.83% |
| 5 | 2(40%) | 43.33% |
| 6 | 2(33.33%) | 42.78% |
| 7 | 2(28.57%) | 41.43% |
| 8 | 3(37.5%) | 40.98% |
| 9 | 3(33.33%) | 40.59% |
| 10 | 3(30%) | 39.87% |
| 20 | 7(35%) | 38.42% |
| 30 | 11(36.67%) | 37.86% |
| 40 | 15(37.5%) | 37.57% |
| 50 | 18(36%) | 37.43% |
| 100 | 37(37%) | 37.10% |
| 1000 | 369(36.9%) | 36.81% |

로 귀결되는 신기한 수학적 대칭성을 지닌 사례다.[14]

위의 표는 지원자 수가 서로 다를 때 비서 문제의 최적 전략이 무엇인지를 보여준다. 지원자 수가 증가할수록 성공 확률이 37%에 수렴된다는 것이 드러난다(살펴보기에서 뛰어들기로 전환하는 시점도 마찬가지다).

한편 이 가능한 최상의 전략을 따를 때의 실패율이 63%라는 사실은 정신을 번쩍 들게 만든다. 비서 문제에서 우리가 최적 전략을 따른다고 해도, 여전히 대개는 실패할 것이다. 즉 지원자 전체에서 최고의 사람을 뽑지는 못할 것이라는 의미다. '바로 그 사람'을 찾아내는 것이 연애라고 보는 우리 같은 사람들에게도 몹시 안 좋은 소식이다.

하지만 바로 그 부분에서 우리는 희망도 본다. 우리는 지원자 수가 늘수록 최고의 사람을 뽑을 확률이 꾸준히 낮아질 것임을 직관적으로 안다. 예를 들어, 우리가 지원자 100명 중에서 무작위로 골라 고용한다면 성공 확률은 1%가 될 것이고, 100만 명 중에서 그렇게 한다면 0.0001%가 될 것이다. 그러나 놀랍게도 비서 문제의 수학은 한결같다. 최적 전략을 따라서 멈춘다면, 지원자 100명 중에 가장 나은 사람을 뽑을 확률은 37%다. 그리고 믿기 힘들지 모르지만, 지원자가 100만 명일 때에도 여전히 37%다. 따라서 지원자 수가 더 늘수록, 최적 알고리즘을 아는 것이 더욱더 가치가 있다. 대체로 건초 더미에서 바늘을 찾아낼 정도로 가능성이 적다는 것은 분명하지만, 최적 멈춤 전략은 건초 더미가 아무리 커도 그것에 대처하는 최고의 방어 전략이 된다.

남녀 사이의 열정은 나이가 들어도 거의 변함이 없는 듯하므로, 대수학적으로 표
현하자면 거의 주어진 양이라고 생각할 수도 있다.
– 토머스 맬서스[15]

나는 첫 입맞춤한 남자와 결혼했어요. 내가 우리 애들에게 이 이야기를 하면 난
리가 나요.
– 바버라 부시[16]

카네기멜론대학교의 운영 연구 operations research 교수가 되기 전, 마이
클 트릭 Michael Trick 은 사랑을 찾아다니던 대학원생이었다.[17] "어느 날
문득 그 문제가 많이 연구되어왔다는 생각이 떠올랐어요. 바로 비서
문제였죠. 내게는 일련의 지원자들이 채우게 될 자리가 하나 있었
고, 내 목표는 그 자리에 가장 적합한 지원자를 고르는 것이었어요."
　그래서 그는 수를 세었다. 자신이 평생에 걸쳐 몇 명의 여성을 만
나게 될지는 예상할 수 없었지만, 37% 법칙에는 어느 정도 융통성
이 있었다. 지원자의 수에 적용할 수도 있고, 탐색하는 시간 전체에
도 적용할 수 있다.[18] 자신의 탐색이 18~40세까지 이루어질 것이
라고 가정하자, 37% 법칙에 따라서 26.1세가 살펴보기에서 뛰어들
기로 전환해야 하는 시점이었다.[19] 공교롭게도 당시 트릭이 바로 그
나이였다. 그래서 그는 지금까지 사귀었던 모든 여성들보다 더 잘
맞는 여성을 발견했을 때, 자신이 무엇을 해야 할지 알고 있었다. 그

는 뛰어들었다. "나는 그녀가 완벽한지의 여부는 알지 못했지만(이 모형의 전제 조건들만으로는 완벽한지 여부를 판단할 수가 없다), 알고리즘의 이 단계에 들어맞는 자격을 갖추었다는 점에는 의심의 여지가 없었어요. 그래서 나는 청혼했습니다. 그러자 그녀는 퇴짜를 놓았어요."

수학자들은 적어도 17세기부터 사랑앓이를 해왔다. 전설적인 천문학자 요하네스 케플러<sup>Johannes Kepler</sup>는 오늘날 행성의 궤도가 타원임을 발견한 인물이자, 갈릴레오<sup>Galileo Galilei</sup>와 뉴턴<sup>Isaac Newton</sup>을 포함한 이들로 이어지면서 우주에서 인간이 차지하는 위치에 관한 관념을 뒤엎은 이른바 '코페르니쿠스 혁명'에도 중요한 기여를 한 사람으로 가장 잘 알려져 있다. 하지만 케플러는 지상의 문제에도 관심이 있었다. 1611년 첫 부인이 세상을 떠나자, 그는 재혼하기 위해 오랫동안 끈기 있게 애를 썼다. 그리하여 총 11명의 여성에게 구혼했다.[20] 케플러는 처음 4명 중에서 네 번째 여성이 키가 크고 운동선수 같은 몸을 지녔기 때문에 가장 마음에 들었지만 탐색을 멈추지 않았다. 그는 이렇게 썼다. "사랑과 이성이 함께 다섯 번째 여성에게 가도록 나를 내몰지 않았다면, 그녀로 정했을 것이다. 다섯 번째 여성은 사랑, 겸손하게 따르는 태도, 절약 정신, 근면성, 의붓자식들을 향한 애정 측면에서 더 나았다. 하지만 나는 계속 찾았다."

케플러의 친구들과 친척들은 계속 그에게 여성을 소개해주었고, 그는 내키지 않은 기색으로 만나곤 했다. 하지만 그의 머릿속에는 다섯 번째 여성이 계속 맴돌았다. 총 11번 선을 본 끝에, 그는 그만 찾자고 결심했다. "레겐스부르크로 여행을 떠날 준비를 하다가, 나는 다섯 번째 여성에게로 돌아가서 구혼을 했고 승낙을 받았다."

케플러와 수잔나 로이팅거는 결혼해 자녀를 6명 낳아서 케플러의 첫 결혼 때 낳은 자식들과 함께 길렀다. 케플러의 전기들은 여생 동안 그의 가정생활이 매우 평화롭고 즐거웠다고 적고 있다.

케플러와 트릭은 비서 문제의 사랑을 위한 탐색을 지나치게 단순화하는 방식 중에서 몇 가지를 직접 경험했다. 서로 정반대 방향이긴 했지만 말이다. 고전적인 비서 문제에서는 지원자가 언제나 제안을 받아들이며, 트릭이 겪은 거절 같은 것은 허용하지 않는다. 그리고 케플러가 썼던 전략과 반대로, 한번 떠나보낸 상대를 '다시 불러올' 수 없다.

비서 문제가 처음 소개된 이후로 수십 년 동안 시나리오를 다양하게 변형시키면서 '최적 멈춤' 전략이 수많은 조건에서 어떻게 펼쳐지는지 연구가 이루어져왔다. 예를 들어, 거절 가능성에는 명백한 수학적 해결책이 나와 있다. 더 일찍부터 더 자주 제안을 하는 것이다.[21]

한 예로, 거절당할 가능성이 50 대 50이라고 할 때, 37% 법칙을 낳은 것과 똑같은 유형의 수학적 분석을 해보면 탐색을 4분의 1만 한 뒤부터 제안하기 시작하라고 나온다. 거절을 당해도, 아직은 최고인 사람을 만날 때마다 계속 제안을 한다. 받아들이는 사람이 나올 때까지 계속 한다. 그런 전략을 쓰면, 전반적인 성공 확률, 즉 지원자들에게 제안을 하고 가장 나은 지원자의 수락을 받을 확률이 25%가 될 것이다. 애초에 자신의 기준을 정하기가 전반적으로 어려운 데다가 거절이라는 장애물까지 결합한 시나리오인 점을 생각하면, 그 확률이 끔찍한 수준은 아닐 것이다.

케플러는 '초조함과 의심'에 못 이겨서 계속 탐색하게 되었다고 했다. 그는 한 막역한 친구에게 보낸 편지에서 이렇게 한탄했다. "수많은 다른 욕망들을 충족시키기가 불가능하다는 사실을 깨닫는 것만큼 내 불안정한 마음으로 하여금 자신의 운명을 받아들이게 할 방법이 달리 또 있겠는가?"

여기서 다시금 최적 멈춤 이론은 얼마간 위안이 되어준다. 초조함과 의심은 도덕적 또는 심리적 타락의 징후라기보다는 두 번째 기회를 허용하는 시나리오에 맞는, 사실상 최상의 전략 중 일부임이 드러난다. 이전의 지원자들을 다시 불러올 수 있다면, 최적 알고리즘은 살펴본 뒤에 뛰어들기 법칙을 한 번 비튼 양상을 띠게 된다. 언질 없이 지나치는 기간이 더 늘어나고, 만일의 사태를 대비한 복귀 계획이 추가된다.

예를 들어 당장의 제안은 확실히 받아들이지만, 뒤늦은 제안은 거절될 확률이 반반이라고 가정하자. 그럴 때 수학은 지원자들의 61%를 만날 때까지 언질 없이 계속 살펴보다가, 남은 39% 중에서 아직은 최고임이 드러나는 사람이 나타날 때 뛰어들기를 하라고 말한다.[22] 모든 가능성을 고려한 뒤에도 케플러가 그랬듯이 여전히 혼자라면, 앞서 떠나보냈던 최고의 지원자에게 다시 돌아가라. 여기서도 전략과 결과 사이에 대칭성이 드러난다. 이 두 번째 기회를 허용하는 시나리오에서 최고의 지원자를 얻을 확률도 61%다.

케플러에게는 현실과 고전적인 비서 문제 사이의 차이가 행복한 결말을 가져왔다. 사실, 그 고전적인 문제에 생긴 비틀림은 트릭에게도 좋은 쪽으로 작용했다. 거절당한 뒤 그는 학위를 마치고 독일에 직장을 구했다. 그곳에서 어느 날 그는 선술집에 들어갔다가 한 아름다운 여성과 사랑에 빠졌고, 3주 뒤에 동거를 시작했고, 그녀에게 '잠시 동안' 미국에 가서 살자고 초청했다. 그녀는 고개를 끄덕였고, 6년 뒤 그들은 결혼식을 올렸다.

## 보면 좋다는 것을 알다: 완전한 정보

우리가 고려한 첫 번째 변이 형태들(거절과 되부르기)은 적시에 하는 제안이 언제나 받아들여지고 뒤늦은 제안은 결코 받아들여지지 않는다는 고전적인 비서 문제의 가정들을 바꾼 것이다. 이런 변이 형태들에서도 최선의 접근 방식은 원본과 동일하게 남아 있었다. 얼마간 언질 없이 살펴본 뒤, 뛰어들 준비를 하는 것이다.

하지만 비서 문제에는 우리가 의문을 품을 법한 더욱 근본적인 가정이 하나 있다. 즉 비서 문제에서는 서로를 비교한다는 것 말고는 지원자들에 관해 전혀 아는 바가 없다는 것이다. 어느 지원자가 좋다거나 나쁘거나 판단할 객관적이거나 사전에 마련한 기준 따위가 전혀 없다. 게다가 지원자 중 둘을 비교할 때 우리는 어느 쪽이 더 나은지를 알긴 하지만, 얼마나 더 나은지는 알지 못한다. '살펴보기' 단계가 불가피하게 존재하는 것은 바로 그 때문이다. 그 단계에서 우리는 아주 우수한 지원자를 지나칠 위험을 무릅쓰면서 우리의 기댓값과 기준을 조정한다. 수학자들은 이런 유형의 최적 멈춤 문제들을 '무정보 게임no-information game'이라고 한다.

이 설정은 실제로 현실에서 집, 짝, 심지어 비서를 찾을 때 일어나는 일과 거리가 멀다고 주장할 수 있다. 이 설정 대신에 어떤 객관적인 기준이 있다고 상상해보자. 이를테면, 모든 비서가 SAT나 GRE, LSAT처럼 백분위수로 점수가 매겨지는 타자 시험을 쳤다고 하자. 우리는 지원자들의 점수를 보고서 시험을 치른 전체 중에서 이들 각자가 어느 등위에 속하는지 알게 된다. 백분위수가 51인 사람은 평균보다 바로 위에 속하며, 75인 사람은 4명 중 3명보다 낮다는 것 등을 알 수 있다.

우리 지원자 풀이 모집단을 대변하는 표본이며, 자기 선택적인 그 어떤 편향도 지니지 않는다고 하자. 더 나아가 지원자들의 타이핑 속도만이 우리에게 중요하다고 하자. 그러면 우리는 수학자들이 '완전 정보full information'라고 부르는 것을 지니게 되며, 모든 것이 달라진다. 그 문제를 다룬 1966년의 선구적인 논문에는 이렇게 적혀 있다. "기준을 설정하기 위해 경험을 쌓을 필요가 전혀 없으며, 때로는 즉시 유익한 선택을 할 수도 있다."[23] 다시 말해, 우리가 맨 처음 평가할 지원자의 백분위수가 95라면, 우리는 그 사실을 즉시 알아차리고 당장 자신 있게 그녀를 고용할 수 있다. 물론 지원자 풀에 백분위수가 96인 사람이 있다는 생각을 하지 않는다고 가정한다면 말이다.

그런데 바로 그 가정이 문제다. 우리 목표가 그 일에 가장 적합한 사람을 1명 뽑는 것이라면, 저 바깥에 더 뛰어난 지원자가 있을 가능성이 있다는 점도 염두에 두어야 한다. 하지만 우리는 완전 정보를 지니고 있으므로, 그럴 확률을 직접 계산하는 데 필요한 모든 것을 안다. 예를 들어, 다음 지원자가 백분위수 96 이상일 확률은 언제나 20분의 1일 것이다. 따라서 멈출지 여부의 판단은 오로지 만날 지원자가 얼마나 많이 남았느냐에 달려 있다. 완전 정보는 뛰어들기 전에 살펴볼 필요가 없음을 의미한다. 대신에 우리는 '**문턱 법칙** Threshold Rule'을 쓸 수 있다.[24] 지원자가 어떤 백분위수를 넘으면 즉시 받아들이는 것이다. 이 문턱을 설정하기 위해 후보자들의 초기 집단을 살펴볼 필요가 없다. 하지만 살펴보기가 얼마나 많이 남아 있는지를 계속 주시하고 있을 필요는 있다.

수학적으로 보면, 지원자 풀에 많은 지원자가 남아 있을 때에는 '더 나은 사람을 찾을 수 있겠지' 하는 희망을 품고서 아주 좋은 지원자조차도 그냥 떠나보내야 한다는 것이 드러난다. 하지만 대안이 줄어듦에 따라, 결국은 그저 평균보다 더 낫기만 한 사람이라도 고용할 준비를 해야 한다. 딱히 고무적이라고는 할 수 없지만, 친숙한 메시지다. 남은 것이 얼마 없으면, 기대 수준을 낮추라는 말이다. 그 반대도 명확하다. 바다에 물고기가 많을수록, 기대 수준도 높아진다. 중요한 점은 수학이 이 양쪽 사례 모두에서 기대 수준이 정확히 얼마나 높아지는지를 알려준다는 것이다.

이 시나리오에 나오는 수들을 가장 쉽게 이해하는 방법은 끝에서부터 거꾸로 생각하는 것이다. 마지막 지원자까지 가면, 당연히 그녀를 선택할 수밖에 없다. 하지만 마지막 바로 전의 지원자를 살펴볼 때에는 이 점이 중요해진다. '백분위수 50을 넘을까?' 넘는다면 그녀를 고용하라. 넘지 않는다면 마지막 지원자에 운을 걸 만한 가

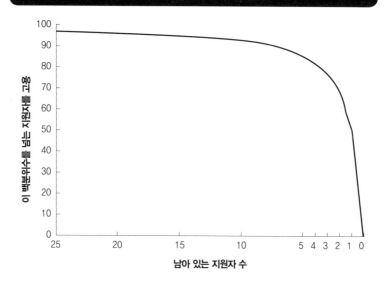

치가 있다. 그녀가 백분위수 50을 넘을 가능성은 정의상 50 대 50 이기 때문이다. 그와 비슷하게, 마지막에서 세 번째 지원자가 백분위수 69를 넘는다면, 마지막에서 네 번째 지원자가 78을 넘는다면, 그녀를 선택해야 하며, 지원자가 더 많이 남아 있을수록 선택의 기준은 그렇게 점점 더 까다로워진다. 여하튼 간에 대안이 완전히 사라지지 않는 한, 평균보다 더 낮은 사람은 결코 고용하지 마라. (그리고 우리는 여전히 지원자 풀에서 최고의 사람을 찾는 데에만 관심이 있으므로, 지금까지 본 지원자들 중에 최고가 아니라면 결코 고용하지 마라.)

비서 문제의 이 완전 정보판에서 최고의 지원자를 뽑을 확률은 58%다. 확실한 보장과는 거리가 멀지만, 무정보 게임에서의 37% 법칙이 제시하는 37%의 성공률에 비하면 상당히 괜찮다. 사실 관련 자료들을 모두 갖고 있다면, 지원자 풀이 아무리 커진다고 해도, 대체로 성공할 수 있다.

따라서 완전 정보 게임은 예기치 않은 다소 기이한 결론으로 이어진다. 정략 결혼이 사랑 탐색보다 성공할 가능성이 더 높다는 것이다. 자신의 짝 후보들을 어떤 객관적인 기준, 이를테면 소득 백분위 수를 토대로 평가한다면, 당신은 경험과 비교 양쪽을 통해 조정해야 할지도 모를 모호한 감정 반응('사랑')을 따라 선택할 때보다 가용 정보가 훨씬 더 많은 셈이다.

물론 순가치(여기서는 타이핑 속도)가 반드시 당신이 살펴보고 있는 항목이어야 할 이유는 전혀 없다. 지원자가 더 큰 모집단과 비교할 때 어떻다고 하는 완전 정보를 제공하는 잣대라면 무엇이든 간에 살펴본 뒤 뛰어들기 법칙에서 문턱 법칙으로 해결책을 바꿀 것이고, 그 집단에서 최고의 지원자를 찾을 확률을 대폭 높일 것이다.

다른 가정들을 수정함으로써 사랑을 (또는 비서를) 찾는다는 현실 세계의 과제에 더 부합되도록 한, 비서 문제의 수정판들은 훨씬 더 많이 있다.[25] 하지만 최적 멈춤에서 얻은 교훈이 연애나 고용에만 국한되는 것은 아니다. 사실 대안들이 하나씩 차례로 제시될 때 최선의 선택을 하려고 시도하는 방식은 집을 팔고, 주차를 하고, 유리할 때 그만두는 활동의 기본 구조이기도 하다. 그리고 그 교훈을 이용하면 어느 정도는 문제를 풀 수 있다.

## 집을 팔 때

고전적인 비서 문제에서 두 가지를 더 수정하면, 연애의 세계에서 부동산의 세계로 넘어가게 된다. 앞서 최적 멈춤 문제의 하나로서 아파트를 빌리는 과정을 이야기한 바 있지만, 집을 소유하는 문제도 최적 멈춤 문제로 손색이 없다.

예를 들어, 집을 판다고 상상해보자. 몇몇 부동산 중개인에게 조언을 구한 뒤, 당신은 집을 내놓는다. 페인트칠을 새로 하고, 뒤뜰도 좀 정리한다. 이제 매입 제안이 오기를 기다리면 된다. 당신은 제안이 올 때마다 대개 받아들일지 거절할지를 결정해야 한다. 하지만 제안을 거절할 때마다 비용이 따라붙는다. 다음 제안이 오기를 기다리는 동안 매주 (또는 매달) 주택 담보 대출 이자가 나간다. 그리고 다음 제안이 더 좋을 거란 보장도 없다.

주택 매도는 완전 정보 게임과 비슷하다.[26] 우리는 제안 받은 객관적인 가격들을 알고 있다. 어느 제안이 더 솔깃한지, 가격차가 얼마나 있는지도 안다. 게다가 시장 상황이라는 더 폭넓은 정보도 지니고 있어서, 어떤 범위에서 제안이 들어올지도 대강은 예상할 수 있다. (그래서 앞서 말한 타이핑 시험 점수와 마찬가지로 각 제안의 '백분위수' 정보를 얻는다.)

하지만 여기서는 우리 목표가 가장 나은 제안 하나를 확보하는 것이 아니라는 점이 다르다. 이 매도 과정 전체에 걸쳐 가장 많은 수익을 얻는 것이 목표다. 기다리는 데 비용이 들어가므로, 오늘의 좋은 제안이 몇 달 뒤의 조금 더 나은 제안보다 유리할 수 있다.

이런 정보를 지니고 있으므로, 우리는 문턱을 설정하기 위해 언질 없이 살펴볼 필요가 없다. 대신에 우리는 처음부터 문턱을 설정하고서 그보다 낮은 가격 제안은 무시하고, 그보다 높게 부른 첫 번째 제안을 받아들일 수 있다. 저축한 돈이 한정되어 있어서 어떤 시점까지 집을 팔지 못하면 돈이 다 떨어진다거나, 어느 시점까지만 제안이 들어오고 그 뒤로는 없을 것이라고 예상된다면, 그런 한계 상황이 다가올수록 기준을 더 낮추어야 한다. (주택 매입자가 팔려는 '동기가 뚜렷한' 매도자를 찾는 이유가 있다.) 하지만 그런 한계 상황에 내몰릴 거라고 믿을 이유가 없다면, 우리는 단순히 기다리는 게임의 비용 편익 분석에 초점을 맞추기만 하면 된다.

여기서 가장 단순한 사례 하나를 분석해보자. 제안이 들어올 가격 범위를 확실히 알고, 그 범위 내의 모든 제안이 똑같이 좋다고 가정하자. 제안(또는 저축액)이 떨어질 것이라는 걱정을 할 필요가 없다면, 우리는 더 나은 제안을 기다릴 때 '얻거나 잃는다고 예상할 수 있는 것이 무엇인가'라는 관점에서만 생각할 수 있다. 지금의 제안을 거절한다면, 기다리는 비용을 보상하고도 남을 만큼 더 좋은 제안이 올까? 그리고 그 제안은 얼마나 더 좋을까? 여기서 수학은 아주 명쾌하게 말한다. 제안을 기다리는 비용의 함수라는 형태로 멈춤 가격의 명시적인 함수를 제시한다.[27]

이 수학적 결과는 파는 집이 수십억 원짜리 대저택이든, 다 쓰러져가는 오두막이든 상관이 없다. 여기서는 당신이 받을 가능성이 있는 최고 제안과 최저 제안의 차이만이 중요하다. 구체적인 예를 들

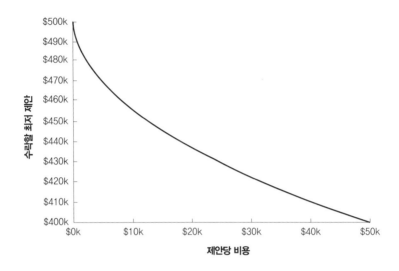

어 설명하면 이 알고리즘이 꽤 많은 명시적인 지침을 제공한다는 것을 알 수 있다. 우리가 예상하는 제안의 범위가 40만~50만 달러라고 하자. 이때 대기 비용이 미미하다면 우리는 거의 무한정 까다롭게 고를 수가 있다. 다음 제안이 오기까지의 비용이 1달러에 불과하다면, 우리는 동전 한 닢까지 빠뜨리지 않고 49만 9,552.79달러를 제안하는 사람이 나타날 때까지 기다림으로써 수익을 최대화할 것이다. 다음 제안이 오기까지의 대기 비용이 2,000달러라면, 48만 달러의 제안이 오기까지 버텨야 한다. 시장의 움직임이 느려서 다음 제안이 오기까지의 대기 비용이 1만 달러에 달한다면, 45만 5,279 달러보다 더 주겠다는 제안이 오면 받아들여야 한다. 대기 비용이 예상한 제안 범위의 절반 이상이라면(여기서는 5만 달러) 버텨보았자

45

아무런 이득이 없다. 첫 번째 제안이 오면 무조건 받아들이는 것이 최선이다. 가난뱅이에게는 선택의 여지가 없다.

이 문제에서 주목할 중요한 점은 우리 문턱이 탐색 비용에만 의존한다는 것이다. 다음 제안이 좋은 것일 확률과 그때까지의 비용은 결코 변하지 않으므로, 운이 얼마나 좋든 상관없이 탐색이 지속된다고 해서 멈춤 가격이 낮아질 이유는 전혀 없다. 시작하기 전에 문턱을 일단 설정하고서, 그냥 기다리기만 하면 된다.

최적화 전문가인 위스콘신매디슨대학교의 로라 앨버트 매클레이 Laura Albert McLay는 자신의 집을 팔려고 할 때 최적 멈춤 문제를 적용하려고 했던 일을 떠올린다. "첫 번째로 받은 제안은 꽤 좋았어요. 하지만 우리가 한 달 안에 나가주기를 원했어요. 하지만 우리는 준비가 안 된 상태라 급하게 이사를 간다면 비용이 엄청 들어갈 게 뻔했죠. 그 뒤에 비슷한 수준의 제안이 들어왔어요. 우리는 적절한 제안이 올 때까지 기다리기로 했죠."[28] 많은 판매자들에게는 좋은 제안을 한두 번 거절하라는 말이 몹시 신경을 거슬리는 제안이 될 수 있다. 바로 뒤에 온 제안이 그보다 더 좋지 않을 때면 더욱 그렇다. 하지만 매클레이는 흔들림 없이 차분히 기다렸다. 그녀는 인정했다. "수학이 내 편임을 알지 못했다면, 정말로 힘들었을 거예요."

이 원리는 제안을 차례로 받고 다음 제안을 탐색하거나 기다리는 데 비용이 드는 모든 상황에 적용된다. 따라서 집을 파는 상황뿐 아니라 다양한 상황과 관련이 있다. 예를 들어, 경제학자들은 사람들이 어떻게 일자리를 찾는지를 모형화하는 데 이 알고리즘을 써왔다.[29] 이 알고리즘은 실업자와 채워지지 않은 일자리가 동시에 존재하는 역설적으로 보이는 상황을 수월하게 설명한다.

사실 이렇게 변형한 최적 멈춤 문제들은 더욱 놀라운 또 다른 특성을 지닌다. 앞서 살펴보았듯이, 지난 기회를 '되부르는' 능력은 케플러의 사랑 탐색에서 핵심적인 역할을 했다. 하지만 집 팔기와 직장 구하기에서는 설령 이전의 제안을 재고하는 것이 가능하다고 해도, 설령 그 제안을 다시 논의하는 것이 가능하다고 해도, 결코 그렇게 해서는 안 된다. 그 제안이 당신이 정해놓은 문턱을 넘지 못했다면, 지금도 넘지 못할 것이다.[30] 당신은 탐색을 계속하기 위해 이미 매몰비용을 지불했다. 타협하지 말고, 재고하지도 마라. 뒤돌아보지 마라.

## 주차할 때

> 나는 학생들의 성관계, 동문들의 운동 시설, 교직원의 주차가 학교 행정의 3대 문제라고 본다.
> – 클라크 커, UC버클리대학교 총장[31]

최적 멈춤 문제가 난무하는, 그리고 되돌아보라는 말이 대체로 잘못된 조언이 되는 또 한 곳은 자동차와 관련된 분야다. 운전자는 비서 문제를 다룬 초기의 문헌들에도 등장하며, 계속 앞으로 나아간다는 것이 기본 설정이기 때문에 자동차를 운전하는 동안 해야 하는 의사 결정은 거의 다 정지(멈춤) 문제가 된다. 식당을 찾는 것도, 화장실을 찾는 것도, 도시 운전자에게 가장 민감한 문제인 주차 공간을 찾는 것도 그렇다.

〈로스앤젤레스타임스Los Angeles Times〉가 '주차 분야의 록스타'라고 지칭한 UCLA 도시계획 특훈교수인 도널드 슈프Donald Shoup만큼 주차장을 들어가고 나오는 문제를 상세히 설명해줄 사람이 또 있을까? 우리는 그를 만나러 노던 캘리포니아에서부터 차를 몰고 갔다. 일찍 출발하니까 예기치 않은 교통 정체가 일어나도 제시간에 도착할 것이라고 그에게 장담했다. 그러자 그는 대답했다. "'예기치 않은 교통 정체'에 대비한다면, 예상되는 교통 정체에도 대비해야겠지요."[32] 슈프라고 하면 사람들은 대개 그가 쓴 《무료 주차의 고비용The High Cost of Free Parking》이라는 책을 떠올린다. 그는 누군가가 목적지까지 차를 몰고 갈 때 실제로 일어나는 일들을 이해하고 논의하는 분야에서 큰 기여를 해왔다.

우리는 딱한 운전자를 동정해야 한다. 슈프의 모델에 따르면, 이상적인 주차 공간은 주차요금, 걷는 시간과 불편함, 그 공간을 찾는 데 걸리는 시간(목적지, 시간대 등에 따라 크게 달라진다)과 그러면서 사용되는 연료량 사이에 정확한 균형이 이루어지는 곳이다. 이 방정식은 탑승자의 수에 따라서도 달라진다. 그들은 주차비를 나누어낼 수는 있지만, 탐색 시간이나 걷는 시간을 줄이는 일과는 무관하다.

그와 동시에 운전자는 주차 공간이 가장 많은 곳이 주차 수요가 가장 많은 지역이라는 점도 고려해야 한다. 즉 주차는 게임 이론적 요소를 지닌다. 당신이 다른 운전자들을 상대로 주차 공간을 차지하려고 시도할 때, 그들도 당신을 상대로 그런 노력을 한다.* 그 말은 주차의 도전 과제들 중 상당수가 단 하나의 수로 귀결된다는 뜻이다. 바로 점유율이다. 모든 주차 공간 중에서 현재 주차된 공간의 비율을 말한다. 점유율이 낮을 때에는 주차장을 찾기가 쉽다. 점유율이 높으면, 주차할 곳을 찾기가 힘들어진다.

슈프는 골치 아픈 주차 문제 중 상당수가 극도로 높은 점유율을 빚어내는 도시 정책의 산물이라고 주장한다. 어느 지역의 주차료가 아주 저렴하다면(또는 놀랍게도 아예 없다면), 좀 더 멀리 주차하고서 걷기보다는 그곳에 주차하려는 동기가 커진다. 따라서 모두가 거기에 주차하려고 하겠지만, 대다수는 이미 빈자리가 없음을 알아차릴 것이고, 결국 사람들은 주차 공간을 찾아 돌아다니느라 시간과 화석 연료를 낭비하게 된다.

슈프가 제시한 해결책에는 수요에 맞추어서 주차 요금을 조정할 수 있는 디지털 주차 요금 징수기를 설치한다는 것도 들어 있다. (현재 샌프란시스코 도심지에서 시행 중이다.)[33] 주차 요금은 목표로 잡은 점유율에 맞추어서 설정되며, 슈프는 이 목표 점유율이 약 85%여야 한다고 주장한다. 거의 100%에 이르는 대다수 주요 도시의 도로변 주차율을 확 떨어뜨릴 수준이다. 그의 말에 따르면, 점유율이 90%에서 95%로 올라가면, 기껏해야 5%의 차가 더 들어찰 뿐이지만 주차 공간을 찾는 데 드는 시간이 2배로 늘어난다고 한다.[34]

---

* 게임 이론의 복잡한 계산은 11장에서 더 자세히 다룬다.

주차가 최적 멈춤 문제의 하나임을 일단 인식하면, 점유율이 주차 전략에 주된 영향을 미치는 요소임이 명확히 드러난다. 길을 따라 차를 몰다가 빈 주차 공간을 볼 때마다 당신은 결정을 내려야 한다. 이곳에 세울까, 아니면 목적지까지 좀 더 가까이 가서 운을 시험해볼까?

당신이 주차 공간이 일정한 간격으로 있는 무한히 긴 도로를 달린다고 하자.[35] 목적지까지 걷는 거리를 최소로 줄이는 것이 당신의 목표라고 하자. 그러면 해결책은 살펴본 뒤 뛰어들기 법칙이 된다. 최적 멈춤을 하려면 운전자는 목적지로부터 어느 거리 이상 떨어진 곳에 있는 빈 주차 공간들을 다 지나친 뒤, 그 거리 이내에 들어섰을 때 맨 처음 나타난 주차 공간에 차를 세워야 한다. 그리고 살펴보기에서 뛰어들기로 전환하는 지점은 채워져 있을 가능성이 높은 주차 공간의 비율, 즉 점유율에 따라 달라진다. 옆의 표는 거리에 따른 점유율을 보여준다.

이 무한한 길이 점유율이 99%인 대도시에 있고, 빈자리가 1%에 불과하다면, 목적지에서 거의 70번째인 주차 공간(700미터 남짓 떨어진 곳)에서부터는 맨 처음 나타나는 빈자리에 차를 세워야 한다. 하지만 슈프의 해결책을 받아들여서 점유율을 85%로 떨어뜨린다면, 반 블록 떨어진 곳에 올 때까지는 진지하게 빈 곳을 살펴볼 필요가 없다.[36]

우리 대다수는 무한히 긴 도로를 완벽하게 직선으로 차를 모는 것이 아니다. 그래서 다른 최적 멈춤 문제들에서처럼, 연구자들은 이 기본 시나리오를 다양하게 변형하면서 고찰해 왔다.[37] 예를 들어 운

| 주차하는 최적의 방법 | |
|---|---|
| 점유율(%) | 이만큼 떨어진 곳에서부터 처음 나타나는 빈곳에 댈 것(m) |
| 0 | 0 |
| 50 | 1 |
| 75 | 3 |
| 80 | 4 |
| 85 | 5 |
| 90 | 7 |
| 95 | 14 |
| 96 | 17 |
| 97 | 23 |
| 98 | 35 |
| 99 | 69 |
| 99.9 | 693 |

전자가 유턴할 수 있거나, 목적지에 더 가까워질수록 주차 공간이 더 적어지거나, 같은 목적지로 향하는 다른 운전자들과 경쟁하는 상황 등에서의 최적 주차 전략을 연구해왔다. 하지만 그 문제에 정확히 어떤 요소들이 관여하든 간에, 빈자리가 많을수록 생활하기가 더 수월해지기 마련이다. 그 점은 시 당국에 정책적으로 무언가를 상기시키는 역할을 한다. 주차가 자원(주차 공간)을 확보하여 그 효용(점유)을 최대화하는 식의 단순한 문제가 아니라는 것이다. 주차도 하나의 과정(최적 멈춤 문제)이며, 주의와 시간과 연료를 소비하고 오염

과 혼잡을 일으키는 과정이라는 것이다. 올바른 정책이라면 그 문제를 전체적으로 다루어야 한다. 그리고 직관에 반하긴 하지만, 금싸라기 같은 도심의 빈 주차 공간은 정책이 제대로 돌아가고 있다는 징후일 수 있다.

우리는 슈프에게 자신의 연구를 UCLA에 있는 연구실까지 로스앤젤레스의 교통 정체를 뚫고 출퇴근하는 일에 적용하여 최적화할 수 있는지 물어보았다. 세계 최고의 주차 전문가라면 뭔가 비밀 무기를 갖고 있지 않을까? 그는 갖고 있었다. "난 자전거로 다녀요."[38]

## 그만둘 때

1997년 〈포브스Forbes〉에 보리스 베레조프스키 Boris Berezovsky가 러시아 최고의 갑부이며, 재산이 약 30억 달러라는 기사가 실렸다.[39] 그보다 10년 전만 해도 그는 러시아 과학원에서 봉급으로 생활하던 수학자였다. 그는 연구하면서 산업계 사람들과 쌓은 인맥을 토대로 외국 자동차 제작사들과 러시아 자동차 제작사 아브토바즈 AVTOVAZ 사이의 협력을 주선하는 회사를 설립하여 그 엄청난 재산을 쌓았다.

그 뒤에 베레조프스키의 회사는 아브토바즈가 생산한 차를 파는 대규모 판매 회사로 변신했고, 루블화의 초인플레이션을 활용한 할부 판매 방식을 도입했다. 이 협력 관계를 통해 번 돈으로 그는 아브토바즈의 지분을 확보했고, 이어서 ORT 텔레비전 방송사, 시브네

프트 정유사의 지분도 매입했다. 그는 올리가르히$^{\text{Oligarch}}$라는 러시아의 신흥 재벌 계층의 일원이 되어, 정치에도 참여했다.[40] 1996년에는 보리스 옐친$^{\text{Boris Yeltsin}}$의 재집권을 도왔고, 1999년에는 블라디미르 푸틴$^{\text{Vladimir Putin}}$이 옐친의 후계자라고 지지했다.

하지만 그 시점에서 베레조프스키의 운은 바뀌었다. 푸틴이 선거에서 이긴 직후, 베레조프스키는 대통령의 권한을 강화하는 개헌안에 공개적으로 반대하고 나섰다. 그가 계속해서 공개적으로 푸틴을 비판하자, 둘의 관계는 악화되었다. 2000년 10월, 베레조프스키의 비판을 어떻게 생각하느냐는 질문을 받자, 푸틴은 이렇게 대답했다. "국가는 몽둥이를 손에 쥐고 있습니다. 단 한 번만 휘두를 수 있지만, 머리를 강타하죠. 우리는 아직 이 몽둥이를 쓰지 않고 있어요. 정말로 화가 치미는 날이 오면, 주저하지 않을 겁니다."[41] 베레조프스키는 그다음 달에 러시아를 영구히 떠났다. 영국으로 망명해 그곳에서 푸틴 정권을 비판하는 활동을 계속했다.

베레조프스키는 어떻게 러시아를 떠날 때가 되었다는 결심을 했을까? "잘나갈 때 그만두어라"라는 조언을 수학적으로 따져볼 방법이 있지 않을까? 베레조프스키 스스로도 이 질문을 생각했을지 모른다. 그가 수학자일 때 오랜 세월 연구했던 주제가 바로 최적 멈춤 문제였기 때문이다. 그는 비서 문제만을 다룬 최초의 (그리고 지금까지는 유일한) 책을 썼다.[42]

잘나갈 때 그만두는 문제는 몇 가지 다른 모습을 취한 채로 분석되어왔지만, 베레조프스키의 사례에 가장 적절한 형태—올리가르히에게 미리 사과하면서—는 '강도 문제$^{\text{burglar problem}}$'라고 알려진 것이다.[43] 이 문제에서 강도는 일련의 강도짓을 할 기회를 지닌다. 각 강도짓에는 어떤 보상이 따르며, 매번 빼앗은 것을 갖고 달아날 기회가 있다. 하지만 잡힌다면, 강도는 체포되어 모은 것을 모두 잃는다. 기대 수익을 최대화하려면 그는 어떤 알고리즘을 따라야 할까?

강도 영화 시나리오 작가들에게는 안 좋은 소식이겠지만, 이 문제는 해답이 나와 있다. 강도단이 늙은 강도에게 마지막으로 한 탕 하고 은퇴하라고 꾈 때, 신중한 강도라면 횟수만 따져보면 된다. 게다가 그 결과는 꽤 직관적이다. 강도가 해야 할 강도질 횟수는 달아날 확률을 잡힐 확률로 나눈 값과 거의 같다. 당신이 노련한 강도이고 매번 강도짓에 성공할 확률이 90%(그리고 모든 것을 잃을 확률이 10%)라면, 90/10=9이므로 강도짓을 9번 하고 은퇴하라. 성공할 확률이 반반인 서툰 아마추어라면? 첫 번째에는 잃을 것이 전혀 없다. 하지만 운을 한 번 더 시험하지는 마라.

최적 멈춤 문제에 전문가였음에도, 베레조프스키의 이야기는 슬프게 끝났다. 그는 2013년 3월, 버크셔에 있는 자택의 문이 잠긴 욕실에서 목을 매 죽은 상태로 경호원에게 발견되었다.[44] 공식 사후 부검 보고서는 그가 자살했다고 결론을 내렸다.[45] 러시아의 정적들과 세간의 이목이 집중된 일련의 송사를 벌이면서 많은 재산을 소진한 뒤 목을 맸다는 것이다. 아마 그는 더 일찍 멈춰야 했을지도 모른다. 이를테면 수천만 달러를 더 모으고 정치에는 뛰어들지 않는 선에서 말이다. 하지만 안타깝게도 그것은 그의 방식이 아니었다. 그의 동료 수학자인 레오니드 보구슬라프스키[Leonid Boguslavsky]는 베레조프스키가 젊은 연구자였을 때 어떠했는지 말했다. 모스크바

인근의 한 호수로 수상스키를 타러 갔을 때, 그들이 쓰기로 한 배가 고장 나 있었다. 데이비드 호프먼$^{David\ Hoffman}$이 저서 《올리가르히 $^{The}$ $^{Oligarchs}$》에 쓴 대목을 인용해보자.

친구들이 해변으로 가서 모닥불을 피우고 놀 때, 보구슬라프스키와 베레조프스키는 선착장으로 가서 모터를 수리하려고 애썼다. 그들은 세 시간에 걸쳐 모터를 분해했다가 다시 조립했다. 하지만 여전히 작동하지 않았다. 이미 파티 시간을 많이 놓친 상태였지만, 베레조프스키는 계속 고쳐야 한다고 고집했다. "우리는 이렇게 저렇게 고쳐보려 애썼다." 보구슬라프스키는 회상했다. 베레조프스키는 포기하지 않으려 했다.[46]

놀랍게도, 포기하지 않는 태도도 최적 멈춤 문헌에 등장한다. 지금까지 논의한 다양한 문제들을 토대로 판단할 때 그렇지 않을 것 같지만, 어떠한 최적 멈춤 법칙도 적용되지 않는 순차적인 의사 결정 문제들도 있다.[47] '3배로 벌거나 잃거나$^{triple\ or\ nothing}$' 게임이 그 단순한 사례다. 당신에게 1달러가 있는데, 다음 게임을 원하는 만큼 많이 할 수 있다고 하자. 가진 돈을 다 걸었을 때, 그 돈의 3배를 받을 확률이 50%, 건 돈을 다 잃을 확률이 50%인 게임이다. 몇 번이나 걸어야 할까? 단순하긴 해도, 이 문제에 맞는 최적 멈춤 법칙은 아예 없다. 매번 걸 때마다 당신이 얻는 평균 수익은 조금씩 올라간다. 1달러로 시작할 때, 3달러를 딸 확률이 절반이고 잃을 확률이 절반이므로, 첫 판이 끝나면 주머니에 평균 1.5달러가 들어 있을 것이라고 예상할 수 있다. 첫 판에서 운이 좋았다면, 방금 딴 3달러를 건 두 번째 판에서는 9달러를 딸 확률과 0달러가 될 확률이 반반이다. 따라서 두 번째 판이 끝나면 평균적으로 4.5달러를 지닐 것이라고 예상할 수 있다. 수학적으로 보면, 당신은 계속 돈을 걸어야 한다. 하지만 이 전략을 따른다면, 당신은 결국엔 전부 잃을 것이다. 어떤 문제는 풀기보다는 피하는 편이 더 낫다.

## 늘 멈춰라

나는 이 세상을 단 한 번만 살아갈 것이다. 그러니 뭔가 좋은 일을 할 수 있거나, 누구에게든 친절함을 보여줄 수 있다면, 지금 당장 하자. 미루거나 외면하지 말자. 다시는 이 길을 지나가지 않을 테니까.
– 스티븐 그렐렛[48]

오후를 써라. 가져갈 수는 없으니.
– 애니 딜러드[49]

우리는 자기 삶에서 멈춤 문제에 직면한 이들의 구체적인 사례들을 살펴보았다. 그리고 우리 대다수가 매일 이런저런 형태로 이러한 유형의 문제들에 직면한다는 것도 분명하다. 관련된 것이 비서든 연인이든 아파트든 간에, 삶은 최적 멈춤으로 가득하다. 따라서 우리가 실제로 최선의 전략―진화를 통해 나온 것이든, 교육이나 직관을 통해 나온 것이든 간에—을 따르는가 하는, 진화나 교육이나 직관을 통한 질문이 불가피하게 나오게 마련이다.

언뜻 생각할 때 답은 "아니요."다. 약 12건의 연구들에서 똑같은 결과가 나왔다. 사람들은 더 나은 지원자를 살펴보지 않은 채, 일찍 멈추는 경향이 있다는 것이다. 이런 발견을 더 상세히 알아보고자, 우리는 UC리버사이드의 앰넌 래퍼포트<sup>Amnon Rapoport</sup>와 이야기를 나누었다. 그는 40여 년 동안 최적 멈춤 실험을 해온 사람이다.

고전적인 비서 문제를 가장 면밀하게 따르는 연구는 1990년대에 래퍼포트가 동료인 대릴 셀<sup>Darryl Seale</sup>과 함께 수행했다.[50] 실험 대상자들은 비서 문제를 여러 차례 반복했다. 한 번에 40명 또는 80명의 지원자의 면접을 보는 형식이었다. 최고일 가능성이 있는 지원자를 뽑은 비율은 전체적으로 꽤 좋았다. 약 31%였다. 최적인 37%와 그리 차이 나지 않았다. 대다수는 살펴본 뒤 뛰어들기 법칙에 들어맞는 방식으로 행동했지만, 최적 멈춤 시점보다 더 일찍 뛰어든 사례가 5번 중 4번을 넘었다.[51]

래퍼포트는 자기 삶에서의 최적 멈춤 문제를 풀 때면 이 점을 늘 염두에 둔다고 말했다. 이를테면, 아파트를 구하러 다닐 때면, 빨리 계약하려는 충동과 맞서 싸운다는 것이다. "나는 본래 조급한 성격이라서, 처음 본 아파트를 계약하고 싶어 하지요. 하지만 꾹 참으려고 애써요!"[52]

그러나 그 조급함은 고전적인 비서 문제가 고려하지 않고 있는 것이 또 하나 있음을 시사한다. 바로 시간의 역할이다. 어쨌든 비서를 찾고 있는 그 시간 동안, 당신에게는 비서가 없다. 게다가 당신은 자기 일을 하는 대신에 면접 보는 일로 시간을 보내고 있다.

실험 대상자들이 연구실에서 비서 문제를 풀 때 왜 일찍 멈추는지를 이런 유형의 비용으로 설명할 수 있을지도 모른다. 설과 래퍼포트는 이를테면 각 지원자를 만나는 데 드는 비용이 최고의 비서를 찾음으로써 얻는 가치의 1%라고 본다면, 최적 전략이 실제로 실험 대상자들이 살펴보기에서 뛰어들기로 전환한 시점과 완벽하게 일치한다는 것을 보여주었다.[53]

의아한 점은 설과 래퍼포트의 연구에서는 탐색에 비용이 전혀 들지 않았다는 것이다. 그렇다면 왜 실험 대상자들은 마치 탐색에 비용이 드는 것처럼 행동했을까? 모든 사람은 시간 비용이라는 것을 늘 부담하기 때문이다. 그 비용은 실험의 설계로부터 나오는 것이 아니다. 사람들의 삶에서 나온다.

따라서 최적 멈춤 모형에서는 대개 고려하지 않는 탐색의 '내생적' 시간 비용이야말로 사람의 실제 의사 결정과 모형이 내놓은 값이 달라지는 이유를 설명해줄 수도 있다. 최적 멈춤 연구자 닐 비어든**Neil Bearden**은 이렇게 말한다. "잠시 탐색을 하면, 우리 인간은 지겨워하는 경향을 보인다. 지겨워하는 것 자체가 비합리적이지는 않지만, 그것을 엄밀하게 모형에 담기란 쉽지 않다."[54]

그렇다고 최적 멈춤 문제가 덜 중요하다는 말은 아니다. 실제로는 그 때문에 더욱 중요해진다. 시간의 흐름이 모든 의사 결정 문제를 최적 멈춤 문제로 바꾸기 때문이다.[55]

"최적 멈춤 이론은 해당 행동을 취할 시간을 선택하는 문제에 관한 것이다." 최적 멈춤을 다룬 결정판 교과서라 불리는 책에 적힌 첫 문장이다.[56] 인간 조건을 이보다 더 간결하게 묘사한 말은 찾기 힘들다. 우리는 주식을 사거나 팔기에 알맞은 시점이 언제인지 판단한다. 또 특별한 날을 위해 보관해둔 포도주를 딸 때가 언제인지, 누군가를 저지하기에 알맞은 때가 언제인지, 누군가에게 입맞춤할 때가 언제인지도 판단한다.

이런 관점에서 보면, 비서 문제의 가장 근본적이지만 가장 믿기 힘든 가정―엄격한 순서, 냉혹한 일방적인 행군―은 시간 자체의 특성임이 드러난다. 따라서 최적 멈춤 문제의 이 명시적인 전제는 무엇을 살려둘 것인가에 관한 암묵적인 전제이기도 하다. 우리가 아직 접하지 못한 가능성들을 토대로 판단하게끔 하는 것, 최적 행동을 할지라도 실패율이 높다는 점을 받아들이게끔 하는 것이 바로 그것이다.

어떤 선택도 두 번 다시 할 수는 없다. 다시금 비슷한 선택을 할 수는 있겠지만, 결코 동일한 선택은 아니다. 망설임(무위)도 행동과 마찬가지로 돌이킬 수 없다. 우리와 시간이라는 네 번째 차원 사이의 관계는 일방통행로에 갇힌 운전자와 공간 사이의 관계와 같다. 우리는 진정으로 이 길을 단 한 번만 지나간다.

우리는 합리적인 의사 결정이라는 것이 대안들을 하나하나 다 훑으면서 꼼꼼히 비교하고 헤아린 다음 가장 나은 것을 선택하는 행위라고 직관적으로 생각한다. 하지만 실제로 시계, 또는 표시기가 똑딱거릴 때, 의사 결정에서(생각에서) 가장 중요한 측면은 이것일 것이다. 언제 멈출까?

제2장

가장 최신의 것 VS 가장 좋은 것

# 탐색
# /
# 이용

ALGORITHMS

배 속이 꼬르륵거린다. 즐겨 찾는 이탈리아 식당으로 갈까, 아니면 새로 문을 연 태국 음식점으로 갈까? 절친한 친구를 데리고 갈까, 아니면 좀 더 잘 알고 싶은 새로운 지인을 데리고 갈까? 결정하기가 너무 어려워서 그냥 집에 머무를지도 모르겠다.

　이미 알고 있는 요리법에 따라서 요리를 할까, 아니면 새로운 영감을 얻기 위해 인터넷을 뒤질까? 다 귀찮으니까 그냥 피자를 주문할까? 그런데 '늘 시키던 것'을 주문할까, 아니면 특별 행사하는 피자를 주문할까? 이런 고민을 계속하다 보니, 한입 베어먹기도 전에 벌써 피곤해진다. 그리고 음악을 듣거나 영화를 보거나 책을 읽을 생각을 하는 것조차도 이제 그다지 휴식을 취하는 것처럼 여겨지지가 않는다.

　우리는 매일 끊임없이 매우 세부적인 차원에서 차이가 나는 대안들을 놓고 결정을 내려야 한다. 새로운 것을 시도할까, 아니면 선호하는 것을 고수할까? 우리는 삶이 새로운 것과 전통적인 것 사이의 균형, 가장 최신의 것과 가장 나은 것 사이의 균형, 위험을 무릅쓰는 것과 잘 알고 좋아하는 것을 탐닉하는 일 사이의 균형임을 직관적으로 이해하고 있다. 하지만 아파트 구입 때의 살펴보기와 뛰어들기의 딜레마와 마찬가지로, 답이 없는 질문이 있다. '어디가 균형일까?'이다.

1974년에 내놓은 고전인 《선과 모터사이클 관리술 Zen and the Art of Motorcycle Maintenance》에서 로버트 피어시그 Robert Pirsig는 "새로운 소식 있나요?"라고 대화를 시작하는 태도를 비판한다. 그 질문이 "새로운 것만 추구하다가는 하찮은 것들과 유행이 끝없이 이어질 뿐이고, 내일이 진흙처럼 쌓일 뿐"이라고 주장하면서 말이다. 그는 대안이 훨씬 더 낫다고 장담한다.

하지만 현실은 그렇게 단순하지가 않다. 당신은 좋아하는 것들 중에서 '최고의' 노래와 식당이 처음에는 그저 '새로운' 것에 불과했다는 점을 떠올릴 때마다, 아직 알려지지 않은 최고의 것들이 저 너머에 있을지 모른다는 것을 상기하게 된다. 따라서 우리가 새로운 것에 적어도 얼마간은 주의를 기울일 가치가 있다는 것도 맞다.

이 긴장이 있음을 인정하지만 해결하지 못하는 오래된 경구들이 있다. "새 친구를 사귀되, 오랜 우정도 지켜라. 새 친구가 은이라면, 오랜 벗은 금이다."[1] "풍요롭고 비할 바 없는 삶 같은 것은 없다. 하지만 친구 1명이 있다면 그럴 수 있다."[2] 이런 경구들은 지극히 옳다. 적어도 그 운율은 나무랄 데 없다. 하지만 이 경구들에, 이를테면 삶을 흡족하게 해줄 가장 좋은 '은'과 '금'의 합금 비율에 관해 도움이 될 만한 내용은 전혀 담겨 있지 않다.

컴퓨터과학자들은 50여 년 동안 이 균형을 찾기 위해 애써왔다. 심지어 그 균형에 이름까지 붙였다. '탐색/이용<sup>explore/exploit</sup>' 트레이드오프다.

## 탐색/이용

영어에서 '탐색'과 '이용'이라는 단어는 서로 정반대의 의미를 함축하고 있다. 하지만 이 단어들은 컴퓨터과학자에게는 훨씬 더 구체적이고 중립적인 의미를 지닌다. 간단히 말하면 탐색은 정보를 모으는 것이고, 이용은 알려진 흡족한 결과를 얻기 위해 그 정보를 사용하는 것이다.

우리는 탐색을 전혀 하지 않고서는 살아갈 도리가 없다는 것을 꽤 직관적으로 알 수 있다. 하지만 이용을 전혀 하지 않을 때에도 마찬가지로 살아가기가 힘들 수 있다는 것도 언급할 가치가 있다. 컴퓨터과학의 정의에 따르면, 이용은 사실상 우리가 인생 최고의 순간이라고 여기는 것의 여러 측면들을 특징짓는다. 휴일에 가족이 함께 모이는 것은 이용이다. 책벌레가 뜨거운 커피 한 잔과 좋아하는 책을 들고서 편안한 의자에 앉는 것도, 음악 밴드가 열광하는 애호가들 앞에서 최고의 히트곡을 연주하는 것도, 부부가 세월의 부침을 견디면서 해로하는 것도 이용이다.

게다가 탐색은 저주가 될 수 있다.

한 예로, 음악의 매력은 어느 정도는 끊임없이 새로운 것을 듣는 다는 데에 있다. 그러나 만약 당신이 음악 담당 기자라면, 어느 정도 는 끊임없이 새로운 음악을 들어야 한다는 것은 끔찍한 점도 있을 것이다. 음악 담당 기자가 된다는 것은 탐색 다이얼을 줄곧 새로운 음악만 틀어대는 음악 채널에 맞추고 있어야 한다는 의미다. 음악 애호가는 음악 담당 기자로 일하면 천국에 있는 기분일 거라고 상 상할지 모르겠지만, 끊임없이 새로운 것을 탐색해야 할 때, 당신은 결코 자기 식견의 과실을 만끽할 수가 없을 것이다. 독특한 유형의 지옥에 있는 셈이다.

음악 웹진 〈피치포크<sup>Pitchfork</sup>〉의 전직 편집장 스콧 플래건호프<sup>Scott Plagenhoef</sup>야말로 이 점을 깊이 체험한 사람이다. 그는 평론가 생활을 이렇게 요약한다. "일을 할 때면, 그냥 듣고 싶은 것을 들으려고 안 달하게 돼요."[3] 수준 미달일 가능성이 있는 못 들어본 음악들을 계 속 훑어야 하는 일을 그만두고, 자신이 좋아하는 음악만을 듣고 싶 은 욕구가 너무나 강렬해지는 바람에 그는 아이팟에 새로운 음악만 넣어두곤 했다. 록 그룹 스미스의 음악만을 듣고 싶은 욕구를 도저 히 참지 못할 지경이 되어도 자신의 의무를 저버릴 수 없는 물리적 환경을 조성하기 위해서였다. 언론인이란 남들이 이용할 수 있도록 탐사를 하는 순교자다.

컴퓨터과학에서 탐색과 이용 사이의 긴장은 '다중 슬롯머신 문제 multi-armed bandit problem'라는 시나리오에서 가장 명확한 형태로 나타난 다. 이 별난 영어 명칭은 카지노의 슬롯머신을 '팔 하나 달린 강도 one-armed bandit'라고 부른다는 데에서 유래했다.[4] 슬롯머신들이 꽉 들어찬 카지노로 들어간다고 상상하자. 슬롯머신마다 승률이 다르게 설정되어 있다. 물론 문제는 승률을 미리 알지 못한다는 데 있다. 게임을 시작하기 전에는 어느 기계가 가장 수지가 맞는지((슬롯머신 애호가들은 '헐겁다(loose)'고 표현한다)), 어느 기계가 돈을 계속 꼬라박게 만드는지를 전혀 알 수 없다.

당연히 당신은 총 상금을 최대화하는 데 관심이 있다. 그러려면 각 슬롯머신의 팔을 잡아당겨서 승률이 얼마나 되는지 시험하는 일(탐색)과 가장 유망해 보이는 기계를 골라서 게임하는 일(이용)을 조합하는 과정이 필요할 것이 분명하다.

이 문제가 어떤 미묘한 점들을 지니고 있는지 감을 잡기 위해, 슬롯머신이 두 대뿐이라고 상상하자. 당신은 한 대의 팔을 총 15번 잡아당겼다. 9번은 돈을 땄고, 6번은 잃었다. 다른 한 대는 2번 잡아당겼는데, 1번은 따고 1번은 잃었다. 어느 쪽이 더 가능성이 있을까?

돈을 딴 횟수를 잡아당긴 총 횟수로 나누면, 각 기계의 '기댓값expected value'이 나올 것이고, 이 방법으로 평가하면 첫 번째 기계가 분명히 더 낫다. 9번을 따고 6번을 잃었으므로 기댓값은 60%다. 반면에 두 번째 기계는 딴 횟수와 잃은 횟수가 1 대 1이므로 기댓값이 50%에 불과하다. 하지만 고려할 사항이 더 있다. 어쨌거나 잡아당긴 횟수가 겨우 2번이다. 그리 많다고 할 수 없다. 따라서 두 번째 기계가 실제로 얼마나 좋은지를 아직 알지 못한다는 것을 느낄 수 있다.[5]

식당이나 음반을 고르는 것은 사실상 인생이라는 카지노에서 어느 팔을 잡아당길지 결정하는 문제다. 하지만 탐색/이용 트레이드오프를 이해하는 일이 그저 어디에서 식사할지, 어떤 음악을 들을지를 결정하는 데에만 기여하는 것은 아니다. 우리가 나이를 먹을수록 목표를 어떻게 바꾸어야 할지, 최상의 것을 선택하려는 시도가 반드시 가장 합리적인 행동 경로라고 할 수 없는 이유를 이해할 근본적인 통찰력도 제공한다. 그리고 이 트레이드오프가 다양한 문제들의 핵심에 놓여 있다는 것도 드러난다. 보통은 한 문장에서 함께 언급되는 일이 없는 두 가지 주제인 웹 디자인과 임상시험이 대표적인 사례다.

사람들은 매번 최대 기댓값을 지닌 결과를 얻는 데에만 초점을 맞추면서, 각 결정을 독립적으로 다루는 경향이 있다. 하지만 결정들은 고립되어 내려지는 적이 거의 없으며, 기댓값은 이야기의 결말이 아니다. 다음 결정만이 아니라, 앞으로 동일한 대안들을 놓고 하게 될 모든 결정들을 생각한다면, 탐색/이용 트레이드오프가 그 과정의 핵심에 놓이게 된다. 수학자 피터 휘틀Peter Whittle은 이런 점에서 슬롯머신 문제가 "모든 인간 행동에서 명백하게 드러나는 갈등의 본질적인 형태를 구현한다"고 썼다.[6]

그렇다면 두 팔 중 어느 쪽을 잡아당겨야 할까? 까다로운 문제다. 그것은 우리가 아직 논의하지 않은 요소에 전적으로 의존한다. 카지노에서 얼마나 오래 머물 계획인가 하는 것이다.

카르페 디엠 ^carpe diem^.

1989년 영화 〈죽은 시인의 사회 ^Dead Poets Society^〉에서 가장 기억에 남을 한 장면에서 로빈 윌리엄스는 그렇게 촉구한다. "여러분, 현재를 즐겨요. 자기만의 인생을 살아요."

대단히 중요한 조언이다. 또 어느 정도는 자기모순이기도 하다. 현재를 즐기는 것과 일생을 즐기는 것은 서로 전혀 다른 과제다. "내일 당장 죽을 수도 있으니, 먹고 마시고 즐겨라"[기]라는 말도 있지만, 아마 정반대의 말도 염두에 두어야 할 것이다. "지금도 늦지 않았다. 당장 새로운 언어나 악기를 배우기 시작하고, 낯선 사람에게 말을 걸어라. 인생은 길며, 긴 세월 동안 어떤 즐거움을 만끽하게 될지 아무도 모르니까." 즐기는 경험과 새로운 경험 사이에 균형을 찾고자 할 때 가장 중요한 점은 그것들을 얼마나 오래 즐길 예정인가 하는 것이다.

"나는 어떤 도시를 떠날 때보다 그 도시로 들어갈 때 새로운 식당을 찾아보려는 시도를 더 해요." 데이터과학자이자 블로거인 크리스 스터치오 ^Chris Stucchio^는 설명한다. 그는 학문과 생활 양쪽으로 탐색/이용 트레이드오프 문제를 오래 연구한 전문가다. "나는 지금은 잘 알고 좋아하는 식당에 주로 갑니다. 곧 뉴욕을 떠나게 되리라는 것을 알기 때문이지요. 2년 전에 인도의 푸네로 갔을 때에는 아무데나 들어가 먹어도 죽지 않을 것처럼 보이는 음식이라면 가리지 않고 다 먹곤 했어요. 그 도시를 떠날 무렵에는 새로운 음식을 시도하기보다는 즐겨 먹는 것들로 돌아갔고요. 지금은 좀 더 나은 식당을 찾아낸다고 해도, 한두 번쯤 가다가 말 겁니다. 뭐하러 위험을 무릅써요?"[8]

새로운 것을 시도하는 일은 탐사의 가치, 선호할 새로운 것을 찾아내는 일의 가치가 시간이 흐를수록 줄어들 수밖에 없다는 냉엄한 현실과 마주친다. 그것을 즐길 기회가 줄어들기 때문이다. 도시에서 지내는 마지막 밤에 매혹적인 카페를 찾아다녀보았자, 그곳에 다시 갈 기회는 없다.

이 말은 이용의 가치는 시간이 흐를수록 계속 높아지기만 한다는 의미가 된다. 당신이 오늘 알게 된 가장 멋진 카페는 정의상 적어도 지난달에 알게 된 가장 멋진 카페만큼 좋다. (그리고 그 뒤에 또 다른 좋은 카페를 발견하면, 그곳은 더욱더 좋을 수 있다.) 그러니 탐색을 통해 얻는 지식을 이용할 시간이 있을 때는 탐색을 하고, 이용할 준비가 되면 이용하라. 기간에 따라 전략이 달라진다.

흥미로운 점은 기간에 따라 전략이 달라지므로, 전략을 지켜보면 기간을 추론할 수 있다는 것이다. 할리우드를 예로 들어보자. 1981년에는 수익이 가장 많이 난 10대 영화 중에 후속편이 2편에 불과했다. 1991년에는 3편이었고, 2001년에는 5편으로 늘었다. 그리고 2011년에는 10편 중 무려 8편이 후속편이었다. 사실 2011년은 주요 영화사들에서 내놓은 영화 중 후속편의 비율이 가장 높은 해였다. 그 기록은 다음해에 곧바로 깨졌고, 이어서 그 다음해에 또 깨졌다. 2012년 12월, 닉 앨런<sup>Nick Allen</sup> 기자는 그 다음해에 관객들이 확연히 피로감을 겪을 것임을 내다보았다.

　　관객은 여섯 번째 X맨 시리즈에다가 〈분노의 질주 6〉, 〈다이하드 5〉, 〈스케어리 무비 5〉, 〈파라노말 액티비티 5〉를 접할 것이다. 〈아이언맨 3〉와 〈행오버 3〉도 나올 것이고, 〈머펫 대소동〉, 〈스머프〉, 〈지 아이 조〉, 〈나쁜 산타〉도 속편이 나올 것이다.[9]

　　영화사의 입장에서 속편은 확고한 팬을 확보한 영화다. 흥행 보증 수표, 확실한 수익원이다. 그리고 확실한 것을 다시 우려먹는다는 것은 단기적인 접근법을 의미한다. 도시를 떠나기 직전에 스터치오가 하는 행동과 같다. 속편은 전혀 새로운 영화보다 올해에 성공할 가능성이 더 높다. 하지만 속편만 만들면 미래에 사랑을 받을 참신한 영화들은 어디에서 나오겠는가? 속편이 쏟아진다는 것은 비참한 일(평론가들은 분명히 그렇게 생각한다)일 뿐 아니라, 다소 딱하기까지 하다. 거의 오로지 이용에 초점을 맞춘 단계에 진입함으로써, 영화 산업계는 자기 산업의 존속 기간이 끝나간다고 믿고 있음을 알리는 듯하기 때문이다.

　　할리우드의 경제를 들여다보면 이 직감이 옳음이 드러난다. 규모가 가장 큰 영화사들의 수익은 2007년부터 2011년 사이에 40%가 줄었고,[10] 지난 10년 중 7년은 영화표 판매량이 감소했다.[11] 〈이코노미스트The Economist〉는 이렇게 적고 있다. "비용 상승과 수입 감소에 짓눌린 대형 영화사들은 흥행에 성공할 것이라고 여기는 영화들을 더 만들려고 시도함으로써 위기에 대처했다.[12] 대개 속편, 전편 등

이름이 알려진 주인공들이 계속 등장하는 영화들이었다."

다시 말해, 카지노가 교체되기 전에 승률이 가장 높은 슬롯머신의 팔을 계속 잡아당기고 있는 것과 같다.

## 이기면 그대로

다중 슬롯머신 문제를 다루는 법을 정확히 알려줄 최적 알고리즘을 찾는 일은 놀라울 만치 어렵다는 것이 드러났다. 피터 휘틀의 설명에 따르면, 제2차 세계대전 때 연합군은 그 문제를 해결하려고 엄청난 노력을 쏟았다. "연합군 분석가들의 정력과 정신이 너무나 피폐해진 나머지 그 문제를 독일에게 넘기자는 주장까지 나왔다. 지적 태업의 궁극적인 형태인 셈이다."[13]

해결책으로 나아가는 첫 단계는 전쟁이 끝난 지 몇 년 뒤에 진행되었다. 1952년 컬럼비아대학교의 수학자 허버트 로빈스 Herbert Robbins가 완벽하지는 않지만 얼마간은 보장할 수 있는 단순한 전략이 있음을 보여줌으로써였다.

로빈스는 슬롯머신이 딱 두 대 있는 사례를 연구하여 '이기면 그대로, 지면 바꾸기 Win-Stay, Lose-Shift' 알고리즘이라는 해결책을 내놓았다. 한 팔을 무작위로 선택한 다음, 따는 동안엔 계속 잡아당긴다. 그러다가 한 번 잃은 뒤 다시 잃는다면, 다른 팔로 옮겨간다. 이 단순한 전략은 완전한 해결책과는 거리가 멀지만, 1952년에 로빈스는 이

전략이 단순히 우연에 맡기는 것보다 더 신뢰할 만한 결과를 내놓음을 입증했다.[14]

로빈스 이후에, '승자의 자리를 고수하라'는 원리를 더 자세히 살펴본 논문들이 쏟아졌다.[15] 직관적으로 생각할 때, 당신이 어느 팔을 잡아당길 의향이 이미 있었고 잡아당겼을 때 돈을 딴다면, 당신은 그 기계의 기댓값 추정치를 올릴 수밖에 없을 것이고, 따라서 다시 잡아당기려는 의향이 더욱 커질 것이다. 그리고 사실 '이기면 그대로'는 다양한 조건에서 탐사와 이용 사이의 균형을 잡는 최적 전략의 한 요소임이 드러난다.

하지만 '지면 바꾸기'는 다른 이야기다. 매번 질 때마다 팔을 바꾸는 것은 꽤 성급한 행동이다. 어느 식당에 100번 갔는데, 그때마다 기가 막힌 요리가 나온다고 상상하자. 그러다가 1번 실망했다고 해서 그 식당에 더 이상 가지 않겠는가? 불완전하다고 해서 좋은 대안들을 마구 내쳐서는 안 된다.

더 중요한 점은 '이기면 그대로, 지면 바꾸기'에 당신이 최적화하는 데 걸리는 기간이라는 개념이 아예 포함되어 있지 않다는 것이다. 당신이 즐겨 찾는 식당을 마지막으로 갔을 때 실망했다면, 그 알고리즘은 다른 식당으로 가야 한다고 말한다. 설령 당신이 내일이면 그 도시를 떠나야 한다고 해도 말이다.

하지만 로빈스가 다중 슬롯머신 문제에 관한 첫 연구 결과를 내놓은 덕분에 많은 논문들이 나올 수 있었고, 연구자들은 그 뒤 몇 년에 걸쳐 상당한 진척을 이루었다. 랜드 연구소RAND Corporation의 수학자 리처드 벨먼Richard Bellman은 대안과 기회를 총 얼마나 지니는지를 미리 알고 있다고 가정할 때, 문제의 정확한 해법을 찾아냈다.[16] 완전 정보 비서 문제에서처럼, 벨먼의 해법도 본질적으로 거꾸로 풀어가는 것이었다. 이전 결정들의 가능한 모든 결과들을 고려하여 어느 슬롯머신을 고를지 생각하고서 마지막으로 당긴다고 상상하는 것에서 시작한다. 그 확률을 계산하고 나면, 마지막에서 두 번째 기회를 살펴보고, 이어서 마지막에서 세 번째, 하는 식으로 첫 번째까지 거슬러 올라간다.

벨먼의 방법을 통해 도출되는 해답들은 확고하지만, 대안들이 많고 카지노에 오래 머문다고 하면 계산할 양이 현기증이 일어날, 또는 계산 불가능한 수준이 될 수 있다. 게다가 설령 가능한 모든 미래를 계산할 수 있다고 해도, 우리가 얼마나 많은 기회를 지니고 있는지(대안이 얼마나 많은지조차도) 언제나 정확히 알고 있는 것은 아니다. 이런 이유로 다중 슬롯머신 문제는 사실상 미해결 상태로 남았다. 휘틀의 말을 빌리자면, "곧 고전적인 문제이자 굴복시킬 수 없는 문제의 본보기가 되었다."[17]

## 기틴스 지수

하지만 수학에서 종종 그렇듯이, 개별 사례는 보편성으로 나아가는 관문이 된다. 1970년대에 기업 유니레버Unilever는 존 기틴스John Gittins 라는 젊은 수학자에게 도움을 요청했다. 약물 임상시험을 최적화해

달라는 것이었다. 그런데 뜻밖에도 그들이 얻은 것은 한 세대 동안 풀지 못했던 수학 수수께끼의 해답이었다.

기틴스는 현재 옥스퍼드대학교의 통계학 교수로 있다. 그는 유니레버가 제시한 문제를 곰곰이 생각했다. 화합물이 몇 가지 있다고 할 때, 어떤 질병에 어느 화합물이 가장 효과가 있을지 판단할 가장 빠른 방법은 무엇일까? 기틴스는 그 문제를 자신이 생각할 수 있는 가장 일반적인 형태로 파악하고자 애썼다. 즉 추구할 대안이 많고, 대안마다 보상 확률이 다르고, 대안마다 얼마간의 노력(또는 돈, 시간)이 든다고 가정했다. 물론 그것은 다중 슬롯머신 문제의 또 한 가지 형태였다.

수익을 추구하는 제약회사와 약을 공급받는 의료계 양쪽은 탐색/이용 트레이드오프의 경쟁하는 수요에 끊임없이 직면한다. 회사는 연구 개발에 투자하여 신약을 찾아내고 싶지만, 한편으로 수익이 나는 현재 제품 공급선을 계속 확대하고도 싶다. 의사는 환자가 필요로 하는 치료를 받을 수 있도록 나와 있는 최고의 약물을 처방하고 싶으면서도, 더 나은 약물을 내놓을 수도 있는 실험적인 연구를 권하고 싶어 한다.

양쪽 사례에서 눈에 띄는 점은 적절한 기간이 어떠해야 하는지가 명확하지 않다는 것이다. 어떤 의미에서 제약회사와 의사 모두 막연한 미래에 관심을 갖고 있다. 회사는 이론상 영구히 존속하고 싶어 하면서, 의학적 측면에서 아직 태어나지 않은 이들을 도울 수 있는 돌파구도 마련하고 싶어 한다. 그러면서도 현재에 더 높은 우선순위를 부여한다. 오늘 치료받는 환자에게 일주일 뒤나 혹은 1년 뒤에 치료받을 환자보다 더 높은 가치를 부여하며, 수익 측면에서도 분명히 그렇다. 경제학자들은 미래보다 현재에 더 높은 가치를 부여하는 이 개념을 '할인discounting'이라는 말로 표현한다.

이전 연구자들과 달리, 기틴스는 다중 슬롯머신 문제를 그런 관점에서 접근했다. 그는 일정한 기간이 아니라, 할인된 형태로 끝없이 이어지는 미래에 걸친 보상을 최대화하는 것이 목표라고 생각했다.

우리는 살아가면서 그런 할인의 사례를 종종 접한다. 어떤 소도시로 열흘간 휴가를 간다면, 당신은 기간이 한정되어 있음을 염두에 두고서 어느 식당을 갈지 결정해야 한다. 하지만 당신이 그 소도시에 살고 있다면, 그런 태도는 별 의미가 없다. 대신에 당신은 더 시간이 지날수록 식당들이 제공하는 보상의 가치가 줄어든다고 상상할지 모른다. 내일 먹을 음식보다 오늘 저녁에 먹을 음식에 더 신경을 쓰고, 1년 뒤에 먹을 음식보다 내일 먹을 음식에 더 관심을 갖는다. 구체적인 사항은 당신 고유의 '할인 함수'에 얼마나 더 의존하느냐에 달려 있다. 기틴스는 보상에 할당되는 가치가 기하급수적으로 감소한다고 가정했다. 즉 당신이 들르는 각 식당이 바로 전에 들른 식당의 일정한 비율만큼 가치가 있다고 보았다. 이를테면, 어느 날에 버스에 치일 확률이 1%라고 믿는다면, 내일의 저녁식사에는 오늘 저녁식사의 99%에 해당하는 가치를 부여해야 한다. 그 식사를 못할 수도 있기 때문이다.

이 기하급수적 할인을 가정하고서, 기틴스는 '적어도 꽤 좋은 근사'라고 생각한 전략을 조사했다.[18] 다중 슬롯머신의 각 팔을 서로 별개라고 보고 각 팔의 가치를 개별적으로 계산하려고 시도했다. 그는 좀 더 독창적인 것을 상상함으로써 그렇게 했다. 바로 뇌물이었다.

인기 있는 텔레비전 게임 쇼 〈딜 오어 노 딜Deal or No Deal〉에서는 참가자가 26개의 가방 중 하나를 고르게 되어 있다. 각 가방에는 각각 1센트에서 100만 달러까지의 상금이 들어 있다. 게임이 진행될 때, 뱅커라는 수수께끼의 인물이 주기적으로 등장하여, 참가자에게 고른 가방을 열지 않으면 얼마만큼 돈을 주겠다고 제안한다. 얼마를 받고서 가방에 든 불확실한 액수의 상금을 포기할지의 여부는 참가자에게 달렸다.

기틴스는 다중 슬롯머신 문제를 그런 식으로 다루어도 아무런 차이가 없음을 깨달았다(비록 〈딜 오어 노 딜〉[19]이 첫 방영된 것은 수십 년 뒤의 일이지만).[20] 그는 거의 또는 전혀 모르는 모든 슬롯머신마다, 그 기계 대신에 제공된다면 다시 팔을 잡아당기지 않아도 만족하게 해줄 어떤 보장된 보상율이 있다고 가정했다. 이 값—기틴스는 '동적 할당 지수dynamic allocation index'라고 했는데, 지금은 '**기틴스 지수**Gittins index'라고 불린다—은 카지노에서 쓸 확실한 전략을 하나 제시한다. 언제나 이 지수가 가장 높은 팔을 잡아당기라는 것이다.*

사실 이 지수 전략은 좋은 근사 이상의 것임이 드러났다. 보상이 기하급수적으로 할인되는 다중 슬롯머신 문제를 완전히 해결한다. 탐색과 이용 사이의 긴장은 양쪽을 다 고려하는 단일한 양을 최대화한다는 더 단순한 과제로 해결된다.[21] 기틴스는 그 업적을 겸손하게 표현한다. 그는 낄낄거리면서 말한다. "페르마의 마지막 정리에

---

* 한마디로 요약하면 이렇다. 기틴스 지수가 좋을 때 돈을 걸어라.

는 한참 못 미치죠." 하지만 탐색/이용 딜레마에 관한 상당히 많은 문제들을 해결한 정리임에는 분명하다.

어느 슬롯머신의 승패 기록과 우리의 할인율을 토대로 그 기계의 기틴스 지수를 실제로 계산하는 일은 지금도 꽤 난해하다. 하지만 특정한 가정들의 집합에 대한 기틴스 지수를 일단 알아내면, 그런 형태의 모든 문제에 적용할 수 있다. 중요한 점은 팔이 몇 개가 되는지조차 중요하지 않다는 것이다. 각 팔의 지수를 따로따로 계산하기 때문이다.

다음 쪽의 표에는 다음번에 잡아당길 때의 보상이 현재 보상의 90%에 해당하는 가치를 지닌다고 가정했을 때, 9회에 이르기까지 성공과 실패의 기틴스 지수값이 실려 있다.[22] 이 값들은 일상생활에서의 다양한 다중 슬롯머신 문제들을 해결하는 데 쓸 수 있다. 예를 들어, 그런 가정들 하에서는 승패 기록이 9-6(그리고 기댓값이 60%)인 슬롯머신보다 1-1(그리고 기댓값이 50%)인 슬롯머신을 택해야 한다. 이 표에서 해당 칸을 찾아보면, 덜 알려진 기계의 지수는 0.6346인 반면, 더 많이 잡아당긴 기계의 지수는 0.6300에 불과하다. 그러니 문제는 해결되었다. 이번에는 운을 시험해보고, 탐사하라.

표의 기틴스 지수들을 살펴보면, 몇 가지 흥미로운 점들이 더 드러난다. 첫째, 이기면 그대로 원리가 작동하고 있음을 알 수 있다. 아무 줄에서든 왼쪽에서 오른쪽으로 갈수록 지수값은 계속 증가한다. 따라서 어떤 팔이 잡아당기기에 알맞은 것이고, 당겼을 때 이긴다면 (표의 오른쪽으로 가게 되므로) 그 팔을 다시 잡아당기는 것만이 더 타당할 수 있다. 둘째, 지면 옮기기가 어디에서 당신을 곤경에 빠

**이긴 횟수**

| | | 0 | 1 | 2 | 3 | 4 | 5 | 6 | 7 | 8 | 9 |
|---|---|---|---|---|---|---|---|---|---|---|---|
| **진 횟수** | 0 | .7029 | .8001 | .8452 | .8723 | .8905 | .9039 | .9141 | .9221 | .9287 | .9342 |
| | 1 | .5001 | .6346 | .7072 | .7539 | .7869 | .8115 | .8307 | .8461 | .8588 | .8695 |
| | 2 | .3796 | .5163 | .6010 | .6579 | .6996 | .7318 | .7573 | .7782 | .7956 | .8103 |
| | 3 | .3021 | .4342 | .5184 | .5809 | .6276 | .6642 | .6940 | .7187 | .7396 | .7573 |
| | 4 | .2488 | .3720 | .4561 | .5179 | .5676 | .6071 | .6395 | .6666 | .6899 | .7101 |
| | 5 | .2103 | .3245 | .4058 | .4677 | .5168 | .5581 | .5923 | .6212 | .6461 | .6677 |
| | 6 | .1815 | .2871 | .3647 | .4257 | .4748 | .5156 | .5510 | .5811 | .6071 | .6300 |
| | 7 | .1591 | .2569 | .3308 | .3900 | .4387 | .4795 | .5144 | .5454 | .5723 | .5960 |
| | 8 | .1413 | .2323 | .3025 | .3595 | .4073 | .4479 | .4828 | .5134 | .5409 | .5652 |
| | 9 | .1269 | .2116 | .2784 | .3332 | .3799 | .4200 | .4548 | .4853 | .5125 | .5373 |

다음번의 보상이 지금 보상의 90%에 해당하는 가치가 있다고 가정할 때

뜨릴지를 알 수 있다. 처음 9번 이긴 뒤에 1번 졌을 때의 지수값은 0.8695다. 이 값은 표에 있는 다른 대부분의 값보다 여전히 더 높다. 따라서 적어도 1번은 더 그 팔을 당겨야 할 것이다.

하지만 아마도 이 표에서 가장 흥미로운 부분은 왼쪽 위의 항목일 것이다. 0-0이라는 기록(전혀 모르는 팔)은 기댓값이 0.5000이지만, 기틴스 지수는 0.7029다. 다시 말해, 10번 당기면 7번 이긴다는 것을 알고 있는 기계보다 전혀 당겨보지 않은 기계가 더 낫다는 뜻이다! 그 칸에서부터 대각선을 따라 내려가면, 승패 기록이 1-1일 때는

지수가 0.6346, 2 – 2일 때는 0.6010 등으로 낮아진다. 그런 50% 성공률이 지속된다면, 지수는 궁극적으로 0.5000로 수렴된다. 그 기계가 사실상 전혀 특별하지 않으며, 계속 탐색하도록 자극할 '보너스'도 내놓지 않는다는 것이 경험을 통해 확인된다. 하지만 그 수렴은 꽤 느리게 일어난다. 탐색 보너스는 강한 힘이다. 사실 처음 당겼을 때 져서 승패 기록이 0-1일 때에도 기틴스 지수는 여전히 50%를 넘는다는 점을 주목하자.

또 미래를 할인하는 방식을 바꾸면 탐색/이용 트레이드오프가 어떤 식으로 바뀌는지도 알 수 있다. 다음 표는 앞의 표와 동일한 정보를 제시하고 있지만, 다음번 당길 때의 보상이 지금의 90%가 아니라 99%에 해당하는 가치를 지닌다고 가정한다. 미래에 현재와 거의 맞먹는 가치를 부여하면, 확실한 것을 취할 때와 비교하여 우연한 발견을 하는 것의 가치가 더욱 올라간다. 여기서는 승패 기록이 0-0인 전혀 검증하지 않은 기계가 보상을 내놓을 확률이 86.99%에 달한다.

따라서 탐색을 통해 배운 것의 결과를 이용할 기회가 있기만 하다면, 기틴스 지수는 미지의 것을 선호하는 태도에 공식적이면서 엄정한 정당성을 제공한다. "울타리 맞은편에 있는 풀이 언제나 더 푸르다"라는 오래된 경구가 있는데, 수학은 그 이유를 알려준다. 미지의 것이 확률적으로 더 나을 가능성이 있기 때문이다. 설령 아무런 차이가 없다거나 더 안 좋을 가능성이 있다고, 우리가 사실상 예상하고 있어도 그렇다. 동일한 능력을 지닌 듯이 보이는 역전의 용사보다 검증되지 않은 신병이 더 가치가 있다(아무튼 초기에는). 우리가 아

**이긴 횟수**

| | 0 | 1 | 2 | 3 | 4 | 5 | 6 | 7 | 8 | 9 |
|---|---|---|---|---|---|---|---|---|---|---|
| 0 | .8699 | .9102 | .9285 | .9395 | .9470 | .9525 | .9568 | .9063 | .9631 | .9655 |
| 1 | .7005 | .7844 | .8268 | .8533 | .8719 | .8857 | .8964 | .9051 | .9122 | .9183 |
| 2 | .5671 | .6726 | .7308 | .7696 | .7973 | .8184 | .8350 | .8485 | .8598 | .8693 |
| 3 | .4701 | .5806 | .6490 | .6952 | .7295 | .7561 | .7773 | .7949 | .8097 | .8222 |
| 4 | .3969 | .5093 | .5798 | .6311 | .6697 | .6998 | .7249 | .7456 | .7631 | .7781 |
| 5 | .3415 | .4509 | .5225 | .5756 | .6172 | .6504 | .6776 | .7004 | .7203 | .7373 |
| 6 | .2979 | .4029 | .4747 | .5277 | .5710 | .6061 | .6352 | .6599 | .6811 | .6997 |
| 7 | .2632 | .3633 | .4337 | .4876 | .5300 | .5665 | .5970 | .6230 | .6456 | .6653 |
| 8 | .2350 | .3303 | .3986 | .4520 | .4952 | .5308 | .5625 | .5895 | .6130 | .6337 |
| 9 | .2117 | .3020 | .3679 | .4208 | .4640 | .5002 | .5310 | .5589 | .5831 | .6045 |

진 횟수

다음번의 보상이 지금 보상의 99%에 해당하는 가치가 있다고 가정할 때

는 것이 더 적다는, 바로 그 점 때문이다. 탐색은 그 자체로 가치가 있다. 새로운 것을 시도함으로써 가장 나은 것을 발견할 확률이 높아지기 때문이다. 따라서 현재에만 초점을 맞추기보다 미래를 고려함으로써, 우리는 새로운 것을 향해 나아가게 된다.[23]

그러므로 기틴스 지수는 다중 슬롯머신 문제에 대한 놀라울 만치 수월한 해결책을 제공한다. 그렇다고 해서 반드시 퍼즐 책을 단숨에 풀 수 있다거나 일상생활에서 겪는 모든 탐색/이용 트레이드오프 사례들을 헤쳐나가는 데 도움이 될 수 있다는 의미는 아니다.

무엇보다도 기틴스 지수는 어떤 강력한 가정 하에서만 최적이다. 기틴스 지수는 다음번 잡아당길 때의 승률을 바로 전에 잡아당겼을 때의 승률에 일정한 비율을 곱해 가치를 평가함으로써, 미래의 보상을 기하급수적으로 할인하는 방식을 토대로 한다. 하지만 행동경제학과 심리학 분야에서 이루어진 다양한 실험들은 사람들이 그렇게 행동하지 않음을 시사한다.[24] 그리고 다른 대안으로 전환하는 데 비용이 든다고 할 때에도, 기틴스 전략은 더 이상 최적이 아니다.[25] (울타리 반대편의 풀이 좀 더 푸르게 보일지는 몰라도, 그렇다고 반드시 울타리를 넘어갈 필요가 있는 것은 아니다. 땅을 더 살 이유는 더더욱 없다.)

더 중요한 점은 기틴스 지수를 즉시 계산하기가 어렵다는 사실이다. 지수값이 실린 표를 들고 다니면 식당 선택을 최적화할 수 있겠지만, 거기에 드는 시간과 노력을 따지면 굳이 그럴 가치가 있을지 의심스럽다. ("잠깐, 내가 이 논쟁을 해결할 수 있어. 저 식당은 35번 중 29번은 좋았지만, 이쪽 식당은 16번 중에서 13번이 좋았어. 그러니 기틴스 지수를 따져보면…… 어? 모두 어디 갔지?")

기틴스 지수가 개발된 이래로, 그런 문제점들을 해결하기 위해 컴퓨터과학자들과 통계학자들은 다중 슬롯머신 문제를 처리할 더 단순하면서 더 유연한 전략들을 탐색해왔다. 그 전략들은 인간(그리고 기계)이 최적 기틴스 지수를 계산하는 것보다 다양한 상황에 적용하기가 더 쉬우면서도, 기틴스 지수에 상응하는 좋은 결과를 내놓고 있다. 또 어떤 변화를 취할 것인가에 관한 결정과 관련된 우리의 가장 큰 두려움 중 하나와도 관련이 있다.

## 후회와 낙관주의

후회……. 조금은 있었지. 하지만 얘기할 거리도 안 되지.
– 프랭크 시나트라[26]

나는 내 자신에 관해서는 낙관주의자다. 하지만 그 낙관론은 그 외에는 별 쓸모
가 없는 듯하다.
– 윈스턴 처칠[27]


기틴스 지수가 너무 복잡하다면, 또는 기하급수적 할인으로 특징지
을 수 있는 상황에 있지 않다면, 다른 대안이 있다. 후회에 초점을
맞추는 것이다. 무엇을 먹을지, 누구와 시간을 보낼지, 어느 도시에
살지를 선택할 때, 후회가 눈앞에 어른거린다. 좋은 대안들이 제시
되었을 때, 잘못된 선택을 했을 때의 결과를 놓고 자책하기가 쉽기
때문이다.

이런 후회는 우리가 해보지 않은 것들, 결코 시도하지 않은 대
안들에 관한 것일 때가 종종 있다. 경영이론가 체스터 버나드[Chester
Barnard]는 그와 관련된 명언을 남긴 바 있다. "시도했다가 실패하면 적
어도 배우는 것이 있다. 시도조차 하지 않으면 이러저러했을지도 모
르는데 하면서 이루 헤아릴 수 없는 상실감에 빠진다."[28]

후회는 강하게 동기를 부여할 수도 있다. 제프 베조스[Jeff Bezos]는
아마존닷컴[Amazon.com]을 세우기로 결심하기 전, 뉴욕에 있는 투자사
D. E. 쇼[D. E. Shaw & Co]에서 연봉도 많고 안정적인 자리에 있었다. 시애

틀에서 온라인 서점을 시작하는 일은 큰 도약이 될 터였다. 그의 사장 D. E. 쇼는 신중하게 생각하라고 조언했다. 베조스는 이렇게 설명한다.

내가 찾아낸, 결정을 놀라울 만치 수월하게 만들어준 기본 틀은 내 자신이 '후회 최소화 기본 틀'이라고 이름 붙였습니다. 얼간이나 붙일 법한 이름이지요. 나는 80세가 된 내 자신이 이렇게 말하는 모습을 상상하고자 했어요. "좋아, 내 인생을 돌아보자고. 후회할 일을 최소로 하고 싶어." 나는 이 일을 시도하면 80세가 되었을 때 후회하지 않으리라는 것을 알았죠. 내가 진정으로 엄청난 무언가가 될 거라고 생각한, 인터넷이라는 이것에 참여하려는 시도를 후회하지 않을 거라고요. 나는 실패해도 후회하지 않으리라는 것을 알았어요. 시도하지 않는다면 후회할지도 모른다는 것도 알았고요. 그랬다가는 매일 후회하며 살아가리라는 것을요. 그런 식으로 생각하니, 결정을 내리기가 놀라울 만치 쉬웠어요.[29]

컴퓨터과학이 후회가 전혀 없는 삶을 제공할 수는 없지만 베조스가 추구했던 것만큼은 제공할 수 있다. 후회를 최소화하는 삶이다.

후회는 우리가 실제로 한 일을 돌이켜볼 때 가장 좋았을 법한 행동과 비교한 결과다. 다중 슬롯머신 문제에서, 버나드의 '헤아릴 수 없는 상실감'은 정확히 측정할 수 있으며, 후회에 어떤 값을 할당할 수도 있다. 이 값은 특정한 전략을 따를 때 얻는 총 보상과 매번 가장 나은(처음부터 어느 팔이 가장 나은지를 알고 있었을 때) 팔을 당긴다고 할 때 이론상 얻을 수 있는 총 보상의 차이다. 우리는 각 전략마다 이 값을 계산하여, 그 차이가 최소가 되는 전략을 찾을 수 있다.

1985년 허버트 로빈스는 다중 슬롯머신 문제를 두 번째로 공략했다. '이기면 그대로, 지면 옮기기'라는 첫 연구 결과를 내놓은 지약 30년이 지난 뒤였다. 그는 컬럼비아대학교의 동료 수학자 체 레웅 라이 Tze Leung Lai와 함께 후회에 관한 몇 가지 요점을 증명할 수 있었다.[30]

첫째, 당신이 전지전능하지 않다고 가정하면, 당신의 후회 총량은 아마 결코 증가를 멈추지 않을 것이다. 설령 가능한 최고의 전략을 고른다고 해도 마찬가지다. 최고의 전략도 매번 완벽하지는 않기 때문이다. 둘째, 최고의 전략을 고른다면 다른 전략을 고를 때보다 후회가 더 느린 속도로 증가할 것이다. 게다가 좋은 전략을 쓰면, 후회의 증가율이 시간이 흐를수록 낮아질 것이다. 그 문제를 더 잘 알게 됨으로써 더 나은 선택을 할 수 있기 때문이다. 셋째, 가장 구체적인 사항이기도 한데, 가능한 최소 후회(마찬가지로 전지전능하지 않다고 가정할 때)는 손잡이를 잡아당길 때마다 로그적으로 증가하는 후회다.

로그적으로 증가하는 후회란, 처음 10번 당길 때의 실수 횟수가 다음 90번 당길 때의 실수 횟수와 같고, 첫 1년 때의 실수 횟수가 나머지 9년에 걸친 실수 횟수를 합친 것과 같으리라는 의미다. (그리고 첫 10년의 실수 횟수는 나머지 90년에 걸쳐 실수할 횟수와 같다.) 그 점은 얼마간 위안이 된다. 대체로 우리는 후회할 일이 더 이상 늘어나지 않는 날이 오리라고는 현실적으로 예상할 수가 없다. 하지만 후회 최소화 알고리즘을 따른다면, 해마다 이전 해보다 새로운 후회를 더 적게 할 거라고 예상할 수 있다.

라이와 로빈스를 시작으로, 최근 수십 년 동안 연구자들은 최소 후회를 보장할 만한 알고리즘을 찾는 일을 해왔다.[31] 그들이 발견한 것 중에서 가장 인기 있는 것은 '**신뢰 상한**Upper Confidence Bound' 알고리즘이라고 한다.

통계 그래프에는 각 자료점에서 위아래로 뻗은 오차 막대가 포함되어 있곤 한다. 측정값이 불확실함을 나타내는 표시다. 오차 막대는 측정되는 양이 실제로 지닐 수 있을 법한 값들의 범위를 보여준다. 이 범위를 '신뢰 구간'이라고 하며, 무언가에 관한 자료를 더 많이 모을수록 평가가 점점 더 정확해지면서 신뢰 구간은 줄어들 것이다.[32] (예를 들어, 2번 당겼을 때 1번 돈이 나온 슬롯머신은 10번 당겼을 때 5번 돈이 나온 슬롯머신과 기댓값은 같지만, 신뢰 구간이 더 넓을 것이다.) 다중 슬롯머신 문제에서, 신뢰 상한 알고리즘은 아주 단순하게 신뢰 구간의 상한이 가장 높은 대안을 고르라고 말한다.

따라서 기틴스 지수처럼, 상한 알고리즘도 다중 슬롯머신의 각 팔에 하나의 수를 할당한다. 그리고 그 수는 현재 이용할 수 있는 정보를 토대로 그 팔에 합리적으로 부여할 수 있는 최댓값에 맞추어져 있다. 즉 신뢰 상한 알고리즘은 어떤 팔이 지금까지 가장 좋은 승패 결과를 내놓았는지에 관심이 없다. 대신에 합리적으로 따져서 미래에 가장 나은 결과를 내놓을 수 있는 팔을 고른다.

예를 들어 전에 어떤 식당에 가본 적이 없다면, 당신은 그 식당이 아주 좋을 수도 있다는 것만큼은 알고 있는 셈이다. 한두 번 가서 요리 중 두 가지를 먹어보았다고 해도, 즐겨 다니는 다른 식당들보다 더 낮다고 입증될 만한 가능성을 배제할 정보를 아직 충분히 얻지 못했을지 모른다. 기틴스 지수처럼, 신뢰 상한 알고리즘이 부여한 값도 언제나 기댓값보다 더 높지만, 특정한 대안에 대한 경험이 쌓일수록 그 값은 점점 줄어든다. (평범한 평가만 하나 달린 식당은 그런 평가가 수백 개 달린 식당보다 평가가 적다는 점에서 더 괜찮을 가능성을 아직 지니고 있다.) 상한 알고리즘이 제시한 권고안들은 기틴스 지수가 제시한 것들과 비슷하겠지만, 계산하기가 훨씬 더 쉽고, 기하급수적 할인이라는 가정을 요구하지도 않는다.

신뢰 상한 알고리즘은 '불확실성 앞에서의 낙관론'이라는 원리를 구현한다.[33] 낙관론이 지극히 합리적일 수 있음을 보여준다. 어떤 대안이 지금까지 얻은 증거를 토대로 할 때 최고일 수 있다는 데 초점을 맞춤으로써, 이 알고리즘은 우리가 잘 모르는 대안이 지닌 가능성을 높이 산다. 그 결과 의사 결정 과정에 자연스럽게 탐사를 집어넣음으로써, 새 대안들에 열정을 불러일으킨다. 그중 어느 것이 다음에 최고가 될 수 있기 때문이다. 한 예로 MIT의 레슬리 카엘블링 Leslie Kaelbling은 같은 원리를 적용하여, 탐사하지 않은 지형의 가치를 높이 부여함으로써 그 공간을 탐사하게끔 하는 '낙관적 로봇'을 만들고 있다.[34] 그리고 그것이 인간의 삶에도 마찬가지 의미를 지닌다는 점은 명확하다.

신뢰 상한 알고리즘이 거둔 성공은 의구심의 혜택을 공식적으로 정당화하는 것이기도 하다. 이 알고리즘의 조언을 따르려면, 새로운 사람을 만나고, 새로운 것을 시도하는 데에 흥분해야 한다. 반대되는 증거가 없을 때 그런 것들이 최고라고 가정하고서 말이다. 장기적으로 낙관론은 최고의 후회 예방법이다.

## 온라인 슬롯머신

2007년 구글 제품 관리자 댄 시로커 Dan Siroker 는 휴가를 내고 시카고 상원의원인 버락 오바마 Barack Obama 의 대통령 선거 운동에 참가했다. '뉴미디어 분석' 팀을 맡은 시로커는 구글에서 웹을 만들 때 쓰던 방법을 적용하여, '기부하세요' 단추를 새빨간 색으로 칠한 선거 운동 웹페이지를 만들었다. 그러자 경악할 만한 결과가 나왔다. 그 단추 하나로 기부금이 무려 5,700만 달러가 더 늘었다.[35]

그 단추를 갖고 그는 정확히 무엇을 했을까?

그는 A/B 검사를 했다. A/B 검사는 다음과 같이 이루어진다.[36] 해당 기업은 웹페이지의 초안을 몇 가지 작성한다. 아마 색깔이나 이미지를 달리하거나, 뉴스 기사의 제목을 달리하거나, 화면에 보이는 항목들을 다른 식으로 배치해볼 것이다. 그런 뒤 접속하는 이용자들을 이 다양한 웹페이지들에 무작위로 할당한다. 대개는 이용자들을 균등하게 분배한다. 어느 이용자에게는 빨간 단추가 보이고, 다른 이용자에게는 파란 단추가 보일 수 있다. '기부하세요'라는 글자가 보일 수도 있고 '도와주세요'라는 글자가 보일 수도 있다. 그런 다음 관련 측정값(클릭률이나 방문자당 평균 수익 등)을 지켜본다. 일정 시간이 흐른 뒤 통계적으로 유의미한 효과가 관찰된다면, 대개 '승리한'

판본을 웹페이지로 고정시킨다. 아니면 다음번 실험을 위한 대조군으로 삼는다.

오바마의 기부금 모금 페이지를 만들 때 시로커는 A/B 검사를 통해 많은 것을 알아냈다.[37] 사이트를 처음 방문한 사람은 '기부하고 선물을 받으세요'라는 단추를 가장 선호한 것으로 드러났다. 선물 배송비까지 포함시켰을 때에도 그러했다. 오랫동안 소식지를 구독하면서 기부금을 한 번도 낸 적이 없던 방문자에게는 '제발 기부해 주세요PLEASE DONATE' 단추가 영향력이 있었다. 아마 그들의 죄책감에 호소했기 때문일 것이다. 이미 기부한 적이 있는 방문자에게는 '도와주세요CONTRIBUTE' 단추가 다시 기부금을 내게 하는 데 가장 효과가 있었다. 그 논리에 따르면, 어쩌면 이미 기부한 사람에게는 '도와주세요'가 으레 더 영향을 끼칠 수 있다. 그리고 모든 사례에서 오바마 가족의 단순한 흑백 사진이 선거 운동원들이 띄운 그 어떤 사진이나 동영상보다 더 잘 먹힌다는 것을 알고 운동원들은 깜짝 놀랐다. 이 모든 개별적인 최적화들을 종합하자, 경이로운 결과가 도출되었다.

당신이 지난 10년 넘게 인터넷을 이용해왔다면, 당신은 누군가의 탐색/이용 문제의 일부가 되어온 셈이다. 기업들은 가장 돈을 많이 벌게 해줄 것을 찾고자 하면서 동시에 찾아낸 것으로 가능한 한 많은 돈을 벌고 싶어 한다. 즉 탐색하고 싶으면서 이용하고도 싶어 한다. 아마존과 구글 같은 거대 기술 기업들은 2000년경부터 이용자들을 대상으로 실시간 A/B 검사를 시작했고, 그 뒤로 인터넷은 세계 최대의 통제 실험 장소가 되어왔다.[38] 이 기업들이 탐색하고 이용하는 것이 무엇일까? 바로 당신이다. 당신이 무엇에 마우스를 움직이고 지갑을 여는지 하나하나 지켜보면서 말이다.

기업들은 자기 사이트의 둘러보기, 판촉 전자우편의 제목과 발송 시점, 때로는 상품의 실제 특징과 가격까지도 놓고 A/B 검사를 한다.[39] '그' 구글 검색 알고리즘과 '그' 아마존 결제 절차 대신에, 지금은 알려지지 않고 파악할 수도 없는 미묘하고 무수한 변형 알고리즘들이 존재한다. (구글은 2009년에 툴바 하나를 위해 41가지의 파란 색깔을 검사한 것으로 유명하다.)[40] 두 이용자가 정확히 똑같은 경험을 할 가능성이 거의 없는 사례도 있다.

페이스북의 데이터 그룹 관리자였던 데이터과학자 제프 해머바커 **Jeff Hammerbacher**는 〈블룸버그 비즈니스위크**Bloomberg Businessweek**〉에 이렇게 말한 바 있다. "우리 세대의 머리가 가장 좋은 이들은 어떻게 하면 사람들이 광고를 클릭하도록 만들까를 궁리하고 있지요."[41] 그 말을 지난 세기에 나온 시 〈하울**Howl**〉과 비교해보라. 앨런 긴즈버그 **Allen Ginsberg**가 비트 세대**Beat Generation**(1950년대에 산업 사회와 기존 질서를 부정하고 나선 문학가들을 지칭-역주)를 가리킨 불멸의 시구 말이다. "나는 우리 세대의 최고 지성들이 광기에 파괴되는 것을 목격했다."[42] 해머바커는 그런 상황이 '엿같다**suck**'고 본다. 하지만 어떻게 생각하든 간에, 웹은 클릭이라는 실험 과학을 통해서 과거의 마케팅 담당자들이 꿈도 꾸지 못했던 수준으로 소비자의 기호를 분석할 수 있게 해준다.

물론 우리는 2008년 선거에서 오바마가 어떻게 되었는지 안다. 그런데 그의 분석 책임자인 댄 시로커는 어떻게 되었을까? 오바마가 대통령에 취임한 뒤 시로커는 서부로, 캘리포니아로 돌아가서 구글의 동료 직원인 피트 쿠먼<sup>Pete Koomen</sup>과 옵티마이즐리<sup>Optimizely</sup>라는 웹사이트를 최적화하는 회사를 설립했다. 2012년에 다시 대통령 선거가 시작되자, 재선에 나선 오바마 진영과 그에 맞선 공화당의 미트 롬니 진영 양쪽 다 그 회사의 고객이 되었다.

처음 시험 삼아 해본 지 10년쯤 지나자, A/B 검사는 더 이상 비밀 무기가 아니었다. 사실상 당연시될 정도로 온라인에서 이루어지는 사업과 정치의 한 부분으로 깊이 자리를 잡았다. 다음번에 브라우저를 열 때, 당신은 자신이 보고 있는 색깔, 이미지, 글, 심지어 가격까지도(광고는 말할 것도 없이) 당신의 클릭에 맞추어 조정되는 탐색/이용 알고리즘의 산물임을 믿어도 된다. 이 다중 슬롯머신 문제에서, 당신은 도박사가 아니다. 당신은 잭팟이다.

A/B 검사 과정 자체는 시간이 흐르면서 점점 정교해졌다. 가장 전형적인 A/B 설정, 두 대안 사이에 트래픽을 균등하게 배분하고, 일정한 기간 동안 검사를 수행한 뒤, 모든 트래픽을 승자에게로 몰아주는 방식이 반드시 문제를 푸는 최고의 알고리즘은 아닐 수도 있다. 검사가 진행될 때까지 이용자 중 절반은 안 좋은 대안을 계속 접해야 한다는 의미이기 때문이다. 그리고 더 나은 접근법을 찾아내면 엄청난 보상을 받을 가능성도 있다. 현재 500억 달러에 달하는 구글의 연간 매출액 중 90% 이상은 유료 광고에서 나오며,[43] 온라인 거래액은 연간 수천억 달러에 달한다.[44] 이 말은 탐색/이용 알고리즘이 경제와 기술 양쪽으로 인터넷 자체의 상당히 많은 영역에서 실질적으로 힘을 발휘하고 있다는 의미다. 최고의 알고리즘이 무엇

인지는 가능한 모든 사업 시나리오에서 탐색과 이용 사이에 균형을 잡은 최적의 방법을 찾기 위해 끝없이 경쟁하고 있는 통계학자, 공학자, 블로거 사이에서 여전히 열띤 논쟁거리로 남아 있다.[45]

탐색/이용 문제에 접근하는 다양한 방식들이 정확히 어떤 차이가 있느냐 하는 논쟁은 헤어날 가망이 없는 깊은 수렁에 점점 더 빠져드는 듯하다. 사실 그 차이는 대단히 중요한 것으로 드러났다. 그리고 대통령 선거와 인터넷 경제에서만 그런 것이 아니다. 인간의 삶에서도 마찬가지다.

## 시험에 관한 임상시험

1932년에서 1972년 사이에, 앨라배마 주 메이컨 카운티에서 의료인들은 매독에 걸린 아프리카계 미국인 수백 명을 의도적으로 치료하지 않은 채로 놔두었다. 미국 공중보건국이 40년 동안 수행한 터스키기 매독 연구Tuskegee Syphilis Study라는 실험의 일환이었다.

1966년 공중보건국 직원 피터 벅스턴Peter Buxtun은 이 실험에 이의를 제기했다. 그리고 1968년에 다시금 이의를 제기했다. 하지만 미국 정부가 마침내 연구를 중단한 것은 그가 언론에 이 문제를 터뜨리고 나서였다. 이 폭로 기사는 1972년 7월 25일 〈워싱턴스타Washington Star〉에 실렸고,[46] 다음날 〈뉴욕타임스New York Times〉 전면에 실렸다.

곧이어 대중의 격렬한 항의가 빗발쳤고, 의회 청문회가 열렸다. 그 사건을 계기로 미국은 의료 윤리의 원칙과 기준을 설정했다. 메릴랜드 주의 전원 지역에 자리한 벨몬트 컨퍼런스 센터에서 관련 위원회가 개최되었고, 회의 결과는 1979년에 〈벨몬트 보고서The Belmont Report〉로 발간되었다.[47] 〈벨몬트 보고서〉는 의료 실험의 윤리적 토대를 설정했다. 환자에 대한 의료인의 책무를 터무니없고 지극히 부적절하게 위배한 터스키기 매독 연구 같은 실험이 결코 되풀이되지 않도록 말이다. 하지만 보고서에는 경계선을 정확히 어디에 그어야 할지 결정하기가 어려운 사례들도 많다고 적혀 있다.

보고서는 이렇게 지적하고 있다. "'해를 끼치지 말라'는 히포크라테스 선서는 오랫동안 의료 윤리의 기본 원칙이었다. 생리학자 클로드 베르나르Claude Bernard는 이 원칙을 연구 분야에까지 확장시켜서, 남들에게 혜택이 돌아가느냐 여부에 상관없이 당사자에게 해를 입혀서는 안 된다고 말했다. 하지만 해를 끼치지 않으려면 무엇이 해로운지를 알아야 한다. 그리고 그 정보를 얻는 과정에서 위험에 노출될 수도 있다."

따라서 〈벨몬트 보고서〉는 자신이 지닌 최고의 지식을 토대로 행동하는 것과 더 많은 지식을 모으는 것 사이의 긴장을 인정하지만, 해결하지는 않는다. 또 지식을 모으는 일에 너무나 큰 가치를 부여함으로써 정상적인 의료 윤리의 몇몇 측면들이 유예될 수 있다는 점도 명확히 한다. 보고서는 설령 그 위험을 최소화하는 조치들을 취한다고 해도, 새로운 약물과 치료법을 임상시험하는 과정에서 일부 환자들에게 해를 끼칠 위험을 각오해야 할 때도 있다고 적고 있다.

선행의 원칙principle of beneficence이 언제나 뚜렷이 드러나는 것은 아니다. 예를 들어, 해당 아이들이 직접 혜택을 본다고는 전혀 기대할 수 없는 상태에서 최소한의 수준을 넘어서는 위험에 아이들을 노출시키는 '아동 질환' 연구는 어려운 윤리적 문제를 안고 있다. 일부에서는 그런 연구를 허용해서는 안 된다고 주장하는 반면, 그렇게 제한하면 앞으로 아이들에게 엄청난 혜택을 안겨줄 많은 연구들을 못하게 될 거라고 지적하는 이들도 있다. 모든 어려운 사례들이 그렇듯이, 여기서도 선행의 원리를 둘러싼 서로 다른 주장들이 충돌하면서 어려운 선택을 강요할 수도 있다.

〈벨몬트 보고서〉가 나온 뒤로 수십 년 동안 제기된 근본적인 질문들 중 하나는 임상시험의 표준 접근법이 정말로 환자에게 미칠 위험을 최소화할까 하는 것이다. 전형적인 임상시험은 환자를 두 집단으로 나눈 뒤, 정해진 기간 동안 각 집단이 서로 다른 치료를 받게 한다. (예외적인 사례가 발생할 때에만 임상시험을 일찍 중단한다.) 이 절차는 임상시험에 참가한 각 환자에게 최상의 치료를 제공하기보다는 어느 치료법이 더 나을까 하는 의문을 해결하는 데에만 초점을 맞추고 있다. 이 점에서 보면, 웹사이트의 A/B 검사와 똑같은 방식으로 운영된다. 참가자 중 일정 비율은 나중에 더 못하다고 증명될 경험을 시험 기간 내내 접한다는 점에서 그렇다. 하지만 기술 기업처럼, 의사도 임상시험이 진행되는 동안 어느 대안이 더 나은가 하는 정보를 얼마간 얻게 된다. 임상시험이 끝난 뒤 미래의 환자들에게만이 아니라, 현재 임상시험에 참여한 환자들에게도 적용하면 더 나은 효과를 볼 수 있는 정보다.

웹사이트의 최적 형태를 찾아내는 실험에는 수백만 달러가 걸려 있지만, 최적 치료법을 찾는 실험에는 수많은 환자의 목숨이 걸려 있다. 현재 기존 임상시험이 잘못된 방법이라고 생각하는 의사와 통계학자가 점점 늘고 있다. 치료법의 선택을 다중 슬롯머신 문제로 보고서, 임상시험이 진행되는 동안에도 환자에게 더 나은 치료법이 적용되도록 해야 한다는 것이다.

현재 하버드대학교에 재직 중인 생물통계학자 마빈 젤런**Marvin Zelen**은 1969년에 적응형**adaptive** 임상시험을 제안했다.[48] 그가 제시한 개념 중 하나는 무작위 '**승자 되기**ᵖˡᵃʸ ᵗʰᵉ ʷⁱⁿⁿᵉʳ' 알고리즘이었다. 이기면 그대로, 지면 옮기기 알고리즘의 한 형태로서, 해당 치료법을 받을 기회를 매번 이길 때마다 늘리고 질 때마다 줄이는 방식이다.

젤런의 시험 절차를 따르려면, 먼저 조사하는 두 치료법이 적힌 공들을 담은 모자를 준비해야 한다. 모자에서 무작위로 공을 하나 뽑아서 첫 번째 환자가 받을 치료법을 선택한다(뽑은 공은 다시 모자에 넣는다). 선택한 치료법이 성공적이라면, 그 치료법이 적힌 공을 하나 더 모자에 넣는다. 이제 모자에는 공이 3개 들어 있고, 성공한 치료법에 해당하는 공이 2개다. 선택한 치료법이 실패한다면, 다른 치료법이 적힌 공을 하나 더 모자에 넣는다. 그럼으로써 대안이 뽑힐 가능성을 높인다.

젤런의 알고리즘은 16년 뒤에 임상시험에 처음 적용되었다. 유아의 호흡 장애를 치료하려는 대담한 방식인 에크모**ᴱᶜᴹᴼ**, 즉 체외막 산소 공급ᵉˣᵗʳᵃᶜᵒʳᵖᵒʳᵉᵃˡ ᵐᵉᵐᵇʳᵃⁿᵉ ᵒˣʸᵍᵉⁿᵃᵗⁱᵒⁿ의 임상시험이었다. 1970년대에 미시건대학교의 로버트 바틀렛Robert Bartlett이 개발한 에크모는 허파로 향하는 피를 몸 밖으로 빼내어, 기계로 산소를 주입한 다음 심장으로 돌려보내는 방식이다. 그 자체가 위험(색전증이 일어날 가능성을 포함하여)을 안고 있긴 하지만, 다른 대안이 없는 상황에서 가능한 수단을 제공하는 과감한 방식이다. 1975년 캘리포니아 주 오렌지카운티의 한 의료진은 인공호흡기를 써도 산소 부족 상태가 해소되지 않던 갓 태어난 여자 아기의 목숨을 에크모를 사용해 구했다.[49] 그 아기는 현재 40세 생일을 맞이했고, 결혼하여 자식들을 낳아 키우고 있다.[50] 하지만 초기에 에크모는 기술과 수술 양쪽 모두 매우 실험적인 방법이라고 여겨졌고, 성인을 대상으로 한 초기 연구 결과들은 기존 치료법들에 비해 별 나을 바 없다고 나왔다.[51]

1982년부터 1984년까지 바틀렛은 미시건대학교 동료들과 호흡장애가 있는 신생아들을 대상으로 임상시험을 했다.[52] 연구진은 규명하고자 하는 사항을 명확히 적시했다. '검증되지 않았지만 생명을 구할 가능성이 있는 치료법을 보류하는 것'과 '그저 기존의 무작위 할당 기준을 맞추기 위해 환자들에게 생명을 구할 치료법을 적용하기 꺼리는 행위'가 윤리적으로 문제가 있다고 했다. 그래서 그들은 젤런의 알고리즘을 택했다. 그 결과 한 아기는 '기존' 치료를 받으면서 죽어가게 되었고, 11명은 잇달아 실험적인 에크모 치료를 받게 되었다. 에크모 치료를 받은 아기들은 모두 살아남았다. 공식 임상시험이 끝난 뒤인 1984년 4월과 11월 사이에 아기 10명이 더 에크모 치료를 받을 수 있는 조건에 놓였다. 그중 8명이 에크모 치료를 받았고, 모두 살아남았다. 기존 방식의 치료를 받은 2명은 사망했다.

경이로운 생존 비율이었지만, 미시건대학교의 에크모 임상시험 결과는 완료되자마자 지저분한 논쟁에 휘말려야 했다. 기존 치료를 받은 환자의 수가 표준 임상시험 방법에 비해 상당히 적었고, 시험 절차 자체가 몸에 수술 칼을 대어야 해서 위험이 컸기 때문이다. 논문이 발표되자, 하버드 공중보건대학의 생물통계학 교수 짐 웨어<sup>Jim</sup> <sup>Ware</sup>는 의학계 동료들과 함께 자료를 꼼꼼히 검토했다. 그들은 "후속 연구 없이는 에크모를 통상적으로 이용하는 행위를 정당화할 수 없다"고 결론지었다.[53]

그래서 웨어 연구진은 두 번째 임상시험을 고안했다. 그들은 덜 급진적인 방식을 써서 지식 습득과 효과적인 환자 치료 사이에 균형을 잡으려 시도했다. 그들은 환자들을 무작위로 에크모와 기존 치료법 양쪽으로 배분한 다음, 한쪽 집단에서 미리 정한 만큼의 사망자가 나올 때까지 지켜보기로 했다. 그런 다음 둘 중에서 더 효과가 있는 치료법 쪽으로 모든 환자들을 몰아줄 예정이었다.

웨어의 임상시험 1단계에서 기존 치료법에 할당된 아기 10명 중 4명이 사망했고, 에크모에 할당된 아기 9명은 모두 살아남았다. 4명이라는 사망자 발생은 2단계로 넘어가기에 충분했다. 2단계에서는 20명 모두가 에크모 치료를 받았고, 그중 19명이 살아남았다. 웨어 연구진은 "더 이상 무작위화를 윤리적으로 옹호하기가 어렵다"고 결론지었다.[54]

하지만 웨어의 임상시험 이전에 이미 같은 결론을 내리고 적극적으로 설파하고 나선 이들도 있었다. 다중 슬롯머신 문제의 손꼽히는 전문가 중 하나인 돈 베리<sup>Don Berry</sup>도 그러했다.[55] 〈통계학<sup>Statistical</sup>

<sup>Science</sup>〉에 웨어의 임상시험 결과와 함께 실린 논평에 베리는 이렇게 적었다. "웨어의 연구에서처럼 환자들을 에크모가 아닌 치료법에 무작위로 할당하는 것은 비윤리적이다. 내가 보기에, 웨어 연구는 수행되지 말아야 했다."[56]

하지만 웨어 연구로도 의학계 전체가 설득된 것은 아니었다. 1990년대에 또 한 차례의 에크모 임상시험이 이루어졌다. 영국에서 거의 200명에 달하는 유아들을 대상으로 한 연구였다.[57]

이 연구는 적응형 알고리즘을 이용하는 대신에, 전통적인 방식을 따랐다. 유아들을 무작위로 두 집단으로 균등하게 배분했다. 연구진은 에크모의 유용성이 "이용 가능한 증거들의 해석이 제각기 달라서 논란이 있다"는 말로 그 임상시험 방식을 정당화했다. 미국에서 시행된 2건의 연구에 비하면 영국의 임상시험에서는 치료법 사이의 차이가 덜 두드러졌지만, 그럼에도 '에크모가 사망 위험을 줄인다는 이전의 예비 연구 결과들과 일치하는' 결과가 나왔다고 발표되었다. 그 지식을 얻기 위해 어떤 대가를 치렀을까? 에크모 치료를 받은 집단에 비해 '기존' 치료를 받은 집단에서 24명의 유아가 더 사망했다.

적응형 임상시험의 결과를 받아들이지 않으려는 태도가 널리 퍼져 있다는 사실이 이해가 안 될지도 모르겠다. 하지만 20세기 초에 통계학이 등장하면서, 의학을 새 치료법을 내놓을 때마다 의사들이 그때그때 서로를 설득해야 하는 분야에서 어떤 증거가 설득력이 있고 없는지를 판단하는 명확한 지침을 지닌 분야로 탈바꿈시키는 데 한몫했다는 사실을 생각해보라. 널리 받아들여진 표준 통계 방식을 바꾼다면, 적어도 일시적으로라도 이 현 상황이 무너질 가능성이 있다.

에크모를 둘러싸고 한바탕 논쟁을 벌인 뒤, 돈 베리는 미네소타대학교 통계학과에서 휴스턴에 있는 MD앤더슨 암센터로 자리를 옮겼다. 그곳에서 그는 다중 슬롯머신을 연구하여 개발한 방법들을 다양한 암 치료법의 임상시험을 설계하는 데 적용해왔다.[58] 그는 여전히 무작위 임상시험을 가장 소리 높여 비판하고 있다. 그만 그런 것이 아니다. 그가 열렬히 주장해온 것들은 최근 들어 마침내 주류 학계에 받아들여지기 시작했다. 2010년 2월 미식품의약청은 '약물과 생물제제 임상시험 적응형 설계'라는 '지침'을 내놓았다.[59] 식품의약청은 자신들이 신뢰하는 대안을 고수하려는 전통이 강하지만, 마침내 다른 대안들을 탐색할 의향이 있음을 보여준 것이다.

## 쉬지 않는 세계

일단 다중 슬롯머신 문제에 익숙해지면, 어디를 돌아보든 그 문제가 나타난다는 사실을 금방 알아차릴 수 있다. 우리가 고립된 결정을 내리는 일은 드물다. 고립된 결정이란 앞으로 다른 결정들을 내리는 데 활용할 정보를 제공하지 않을 결정을 말한다. 그러니 최적 멈춤 문제에서 했듯이, 사람들이 전반적으로 이런 문제들을 얼마나 잘 해결하는지 묻는 것이 자연스럽다. 심리학자와 행동경제학자의 연구실에서 폭넓게 탐구해온 질문이다.

대체로 사람들은 지나치게 탐색하는 경향이 있다. 즉 균형에 맞지 않게 최상의 대안보다 새로운 대안들을 더 선호하는 듯하다. 아모스 트버스키$^{Amos\ Tversky}$와 워드 에드워즈$^{Ward\ Edwards}$는 1966년에 이 현상을 단순화시킨 실험 결과를 발표했다. 그들은 전구 2개가 달린 상자를 사람들에게 보여주면서, 상자를 열었을 때 정해진 (하지만 알려지지 않은) 비율로 각 전구가 켜질 것이라고 말했다. 그런 뒤 전구가 켜지는 것을 관찰하든지, 아니면 관찰하지 않고서 어느 쪽이 켜질지 판돈을 걸 기회를 1,000번 주었다. (전통적인 다중 슬롯머신 문제와 다르게, 여기서는 판돈 걸기와 관찰이 한꺼번에 이루어지는 '잡아당기기'를 할 수가 없다. 참가자들은 자기가 이겼는지의 여부를 마지막에야 알게 된다.) 이는 정보의 획득과 그 이용을 정면으로 대립시키는 순수한 탐색 대 이용 문제다.

대개 사람들은 얼마간 관찰한 뒤에 가장 나은 결과를 내놓을 것처럼 보이는 쪽에 판돈을 거는 분별 있는 전략을 채택한다. 하지만 그들은 본래 그래야 하는 것보다 훨씬 더 많은 시간 동안 관찰하는 태도를 일관되게 보였다. 얼마나 더 많이 그랬을까? 한 실험에서는 상자를 열 때 한쪽 전구가 켜지는 비율이 60%, 다른 쪽 전구가 켜지는 비율이 40%가 되도록 했다. 아주 뻔히 드러나지도 않으면서 그다지 미묘하지도 않은 차이였다. 실험 대상자들은 평균 505회는 관찰을 하고, 495회는 판돈을 거는 쪽을 택했다. 그런데 수학적으로 보면 38회만 관찰을 하고, 나머지 962회는 판돈을 걸어야 한다.[60]

다른 연구들도 비슷한 결론을 내놓았다. 1990년대에 휘턴 스쿨의 연구자인 로버트 메이어$^{Robert\ Meyer}$와 용스$^{Yong\ Shi}$는 사람들에게 두 대안을 놓고 고르게 하는 연구를 수행했다. 한쪽은 보상 확률이 알려져 있고, 다른 쪽은 알려져 있지 않았다. 구체적으로 말하면, 한쪽은 정시 운항률이 알려져 있는 항공사였고, 다른 한쪽은 아직 정보가 없는 신생 항공사였다. 일정한 기간에 걸쳐 정시 도착 횟수를 최대화하라는 목표가 주어졌을 때, 수학적으로 최적 전략은 처음에는 신생 항공사의 비행기만 타는 것이다. 기존 항공사가 더 낫다는 것이 확실해지기 전까지는 말이다. 어느 시점에서 기존 항공사가 더 낫다는 것이 분명해진다면(새 대안의 기틴스 지수가 기존 항공사의 정시 운항률보다 더 낮아진다면) 기존 항공사로 단호하게 바꾸고 다시는 돌아보지 말아야 한다. (여기서는 일단 탑승을 중단하면 신생 항공사에 관한 정보를 더 이상 얻을 수 없다고 설정했기에, 다시 돌아갈 기회가 전혀 없다.)

그런데 실제로 실험해보니, 사람들은 타보지 않은 항공사가 좋을 때에는 너무 적게 탑승하고, 그 항공사가 안 좋을 때에는 너무 많이 타는 경향을 보였다. 또 신생 항공사와 단호하게 결별하는 대신에, 때로 번갈아가며 계속 타기도 했다. 양쪽 항공사가 다 정시에 출발하지 않을 때에는 더욱 그러했다.[61] 이 모든 결과들은 과잉 탐색 경향이 있다는 말에 들어맞는다.

마지막으로 심리학자 마크 스타이버스[Mark Steyvers], 마이클 리[Michael Lee], 에릭얀 바겐마커스[E.-J. Wagenmakers]는 팔이 4개인 다중 슬롯머신 실험을 했다. 그는 한 무리의 사람들에게 팔을 골라서 잡아당길 기회를 15회 주었다. 그런 다음 참가자들이 사용한 것처럼 보이는 전략들을 분류했다. 30%는 최적 전략에 가장 근접한 전략을 썼고, 47%는 이기면 그대로, 지면 옮기기와 가장 비슷한 전략을 썼고,

22%는 새로운 팔을 고르는 전략과 지금까지 가장 기록이 좋은 팔을 고르는 전략 사이를 무작위로 오가는 듯했다.[62] 여기서도 일관되게 과잉 탐색 경향이 나타났다. 이기면 그대로, 지면 옮기기 전략과 이따금 무작위로 팔을 골라 시도하는 전략은 둘 다 전적으로 이용해야 할 때까지도 최상의 대안이 아닌 다른 대안들을 시도하게끔 이끌기 때문이다.

따라서 우리는 새 비서를 뽑을 때엔 너무 일찍 멈추는 경향이 있는 반면, 새 항공사의 비행기를 타볼 때에는 너무 늦게 멈추는 경향이 있는 듯하다. 하지만 비서는 뽑지 않을 때 비용이 드는 반면, 특정한 항공사는 너무 일찍 선택할 때 비용이 든다는 점에서 다르다. 양쪽은 상황이 다를 수 있다.

표준 다중 슬롯머신 문제는 각 팔에서 상금이 나올 확률이 시간이 흐르면서 고정된다고 가정한다. 하지만 항공사, 식당 등 사람들이 선택을 되풀이해야 하는 맥락에서는 반드시 그 가정이 들어맞는다고는 할 수 없다. 각 팔의 보상 확률이 시간이 흐르면서 변한다면—'쉬지 않는 슬롯머신restless bandit'이라는 이름이 붙어 있다—문제는 훨씬 더 어려워진다.[63] (사실 너무나 어려워서, 문제를 완전히 해결할 만한 적당한 알고리즘이 아예 없다. 아마 앞으로도 등장하지 않을 것이라고 믿어진다.) 이 어려움은 얼마간 탐색한 다음 이용한다는 것이 더 이상 적용되지 않는다는 데에서 나온다. 세계가 변할 수 있을 때에는 탐색을 계속하는 것이 올바른 선택일 수 있다.[64] 주인이 새로 바뀌었을지 모르니, 실망해서 몇 년 동안 찾지 않은 식당에 다시 가보는 것도 좋을 수 있다.

헨리 데이비드 소로Henry David Thoreau는 〈걷기Walking〉라는 탁월한 수 필에서 자신이 집 주변을 돌아다니기를 무척 좋아한다고, 매사추세 츠의 주변 경관을 둘러볼 때마다 언제나 새롭거나 놀라운 무언가 를 발견한다고 말했다. "반지름 약 15킬로미터의 원 안에 들어가는, 즉 반나절 동안 걷는 공간 안에 경관이 품을 수 있는 것들과 인간의 70년에 걸친 생애 사이에는 사실 어떤 공통점을 찾을 수 있다. 결코 익숙해지지 않으리라는 것이다."[65]

쉬지 않는 세계에서 살아가려면 자신도 어떻게든 쉬지 않고 움직 일 필요가 있다. 세상이 계속 변하는 한, 탐색을 결코 완전히 멈춰서 는 안 된다.

그래도 다중 슬롯머신 문제의 표준 형태에 맞추어진 알고리즘 기 법들은 쉬지 않는 세계에서도 유용하다. 기틴스 지수와 신뢰 상한 같은 전략들은 꽤 좋은 근사적인 해결책들과 경험 법칙을 제공한다. 시간이 흘러도 보상에 별 변화가 없을 때 더욱 그렇다. 그리고 세상 의 보상들 중 상당수는 예전보다 지금 더 정적이라고 주장할 수 있 다. 딸기는 이번 주에 익고 다음 주면 썩을지 모르지만, 앤디 워홀 Andy Warhol의 말대로, "콜라는 언제나 콜라다."[66] 끊임없이 변하는 세 계에 적합하도록 진화한 본능을 지닌다는 것이 산업 표준화가 이루 어진 시대에 반드시 유용하다고는 할 수 없다.

아마 가장 중요한 점은 최적 해결책이 나와 있는 다중 슬롯머신 문제의 여러 형태들을 생각하다보면, 알고리즘만이 아니라 깨달음 도 얻을 수 있다는 사실일 것이다. 이 문제의 고전적인 형태에서 나 온 개념 어휘들(탐색/이용의 긴장, 기간의 중요성, 0-0 대안의 높은 가치, 후회의 최소화)은 우리가 직면하는 개별적인 문제들만이 아니라, 한 사람의 생애 전체를 이해하는 새로운 방식을 제공할 것이다.

## 탐색하라······

연구실에서 하는 실험을 통해서도 많은 것을 밝혀낼 수 있지만, 사람들이 직면하는 가장 중요한 문제들 중의 상당수는 기간이 너무 길어서 연구실에서 실험할 수가 없다. 우리 주변 세계의 구조를 배우고 지속적인 사회관계를 맺는 것은 둘 다 평생에 걸친 과제다. 따라서 먼저 탐색하고 나중에 이용하는 일반적인 양상이 생애에 걸쳐 어떻게 나타나는지를 살펴보는 것도 도움이 된다.

발달심리학자가 이해하고 설명하고자 열망하는 인간의 신기한 점 중 하나는 우리가 능력을 갖추고 독립하기까지 여러 해가 걸린다는 것이다. 순록과 가젤은 태어난 날에 포식자를 피해 달아날 준비를 갖춰야 하지만, 사람은 첫 걸음마를 떼는 데에도 1년 넘게 걸린다. UC버클리대학교의 발달심리학 교수이자 《요람 속의 과학자The Scientist in the Crib》의 저자인 앨리슨 고프닉Alison Gopnik은 인간이 왜 그렇게 의존 상태로 오랫동안 지내는지를 이렇게 설명한다. "발달하면서 탐색/이용 트레이드오프를 해결할 방안을 마련해준다."[67]

지금까지 살펴보았듯이, 다중 슬롯머신을 당길 때 좋은 알고리즘들은 더 일찍 탐색하고, 그렇게 얻은 지식을 더 늦게 이용하는 경향을 보인다. 하지만 고프닉이 지적하듯이, "그런 성향의 단점은 탐색 단계에 있을 때 좋은 보상을 얻지 못한다." 그래서 유년기가 나온 것이다. "유년기는 그저 가능성들을 탐색할 수 있는 기간을 제공한다. 보상은 엄마와 아빠, 할머니와 보모가 맡으므로 당신은 보상을 고민할 필요가 없다."

아이를 단순히 한 생애 알고리즘의 일시적인 탐색 단계에 해당한다고 생각하면, 미취학 아동의 부모는 좀 위안을 받을지 모르겠다. (톰은 탐색에 매우 열심인 미취학 연령인 딸이 둘 있는데, 그들이 최소 후회 알고리즘을 따르기를 희망한다.) 하지만 그런 관점은 아이의 합리성에 관한 새로운 깨달음도 제공한다. 고프닉은 이렇게 지적한다. "사람들이 자녀에 관해 생각해온 방식의 역사를 살펴보면, 아이가 여러 면에서 인지력이 부족하다는 주장을 으레 해왔음을 알 수 있다. 아이의 이용 능력을 보면, 너무나 미흡해 보이기 때문이다. 아이는 신발 끈도 못 묶고, 장기 계획도 제대로 못 세우고, 주의 집중도 잘 못한다. 정말로 그런 일들에는 엉망이다." 하지만 아무렇게나 단추를 눌러대거나, 새로운 장난감에 매우 흥미를 갖거나, 한 가지에서 다른 것으로 재빨리 옮겨 다니는 일은 너무나 잘한다. 아이의 목표가 탐색이라고 한다면, 아이가 해야 할 일이 바로 그런 것들이다. 당신이 아기라면, 집에 있는 모든 물건을 입에 넣는 것이 카지노에서 모든 손잡이를 열심히 잡아당기는 것과 같다.

더 일반적으로 보면, 합리성에 관한 우리의 직관은 탐색보다는 이용에 근거를 두고 있을 때가 너무나 많다. 의사 결정을 이야기할 때, 우리는 대개 어느 한 가지 결정의 직접적인 보상에만 초점을 맞춘

다. 그리고 모든 결정이 마치 자신의 마지막 결정인 양, 따라서 사실
상 이용만이 이치에 맞는 양 다룬다. 하지만 평생에 걸쳐 당신은 많
은 결정을 내릴 것이다. 그리고 그 선택들 중 상당수, 특히 삶의 초
기에 하는 선택들에 대해서는 사실상 탐색―최고의 것보다는 새로
운 것, 안전한 것보다는 신나는 것, 심사숙고한 것보다는 아무렇게
나 찍은 것―에 중점을 두는 편이 합리적이다.

우리가 아이들의 종잡을 수 없는 행동이라고 여기는 것은 우리의
생각보다 더 슬기로운 행동일 수도 있다.

## ······ 그리고 이용하라

> 나는 내 독서 인생에서 그 자리에 도달했던 이들에게는 친숙한, 한 전환점에 다
> 다른 적이 있다. 이 생애에서 내게 남겨진 시간 동안 새로운 책을 더 많이 읽든
> 지, 혹은 그 헛된 소비 행태(끝이 없기 때문에 헛되다)를 그만두고 예전에 내게
> 가장 강렬한 즐거움을 안겨주었던 책들을 다시 읽기 시작하든지 해야 했다.
> ― 리디아 데이비스[68]

걸음마 떼는 아기의 반대쪽 극단에는 노인이 있다. 그리고 탐색/이
용 딜레마라는 관점에서 노화를 생각하면, 시간이 흐르면서 우리 삶
에 일어날 변화를 어떻게 예상해야 하는지에 관해 몇 가지 놀라운
깨달음이 나올 수 있다.

스탠퍼드대학교 심리학 교수 로라 카스텐센<sup>Laura Carstensen</sup>은 늙는

것에 관한 우리의 편견을 깨는 연구를 하면서 많은 시간을 보냈다.[69] 특히 그녀는 나이를 먹으면서 사람들의 사회관계가 정확히 어떻게, 그리고 왜 변하는지를 조사해왔다. 기본 패턴은 명확하다. 사람들의 사회 관계망의 크기(자신이 맺은 사회 관계의 수)는 시간이 흐를수록 거의 예외 없이 감소한다. 하지만 카스텐센의 연구는 이 현상을 바라보는 우리의 관점을 바꿔놓았다.

기존에는 노인의 사회 관계망이 더 작은 이유를 나이가 들면서 삶의 질이 떨어졌음을 보여주는 한 사례일 뿐이라고 설명해왔다. 사회 관계에 기여하는 능력이 줄어들고, 더 허약해지고, 전반적으로 사회로부터 멀어진 결과라는 것이다.

하지만 카르텐센은 노인이 사회 관계를 줄이는 쪽을 선택하는 것이라고 주장해왔다. 그녀의 표현을 빌리자면, 이 감소는 "사람들이 사회적 및 정서적 이득을 최대화하고 사회적 및 정서적 위험을 최소화하기 위해 전략적이고 적응적으로 자신의 사회 관계망을 가꾸는 평생에 걸친 선택 과정의 산물"이라는 것이다.[70]

카스텐센 연구진은 늙어갈수록 사회 관계망이 축소되는 것이 주로 변변찮은 관계들을 '쳐내고' 가까운 친구와 식구라는 핵심되는 관계에 집중하기 때문임을 밝혀냈다. 이 과정은 신중한 선택처럼 보인다. 삶의 끝이 가까워지면, 사람들은 가장 의미 있는 관계에 더 집중하고 싶어 한다.

카스텐센은 동료인 바버라 프레드릭슨Barbara Fredrickson과 함께 이 가설을 검증하는 실험을 했다. 그들은 사람들에게 누구—가족, 최근에 읽은 책의 저자, 같은 관심사를 지닌 최근에 만난 사람—와 30분을 함께 지내고 싶은지 물었다. 나이를 더 먹은 사람일수록 가족을 선호했다. 젊은 사람은 저자를 만나거나 새로운 친구를 만나는 쪽도 마찬가지로 선호했다.

하지만 한 가지 중요한 전환점이 드러났는데, 젊은 사람에게 전국 일주를 한다면 어떨지 묻자, 그들도 가족을 선호했다.[71] 또 다른 연구에서 카스텐센 연구진은 반대 방향에서 접근해도 같은 결과가 나온다는 것을 알았다. 나이가 많은 이들에게 의학적 돌파구가 열려서 수명이 20년 더 늘어난다고 하면 어떨지 묻자, 그들은 젊은 사람들과 선호 양상이 동일해졌다.[72] 요점은 사회관계의 선호도 차이가 단순히 나이와 관련한 것이 아니라는 뜻이다. 사람들이 자신의 결정과 관련된 기간을 얼마라고 자각하느냐와 관련한 것이었다.

자신에게 남은 시간이 얼마나 되는지 예민하게 의식하게 될 때, 바로 컴퓨터과학이 말하는 탐색/이용 딜레마가 일어난다. 우리는 으레 젊은이가 변덕스럽다고 생각한다. 그리고 으레 노인이라면 습관이 굳어졌을 것이라고 생각한다. 사실 그들에게 시간이 얼마나 있는지와 관련지어서 보면, 양쪽 다 지극히 적절하게 행동하는 것이다. 삶을 즐길 시간이 더 줄어들면 가장 의미 있는 관계에 사회 관계망을 의도적으로 집중시키는 것이 합리적인 반응이다.

노년이 이용의 시간임을 인정하면, 노화의 고전적인 현상 중 일부를 새로운 관점에서 바라보는 데 도움이 된다. 예를 들어, 대학(만난 적이 없는 사람들이 가득한 새로운 사회 환경)에 들어가는 것은 대개 긍정적이고 흥분되는 시간이지만, 요양소(마찬가지로 만난 적이 없는 사람들이 가득한 새로운 사회 환경)에 들어가는 것은 고역스러울 수 있다. 그 차이의 어느 정도는 우리 생애의 탐색/이용 연속체에서 자신이 어디에 있는가에서 비롯된다.

또 탐색/이용 트레이드오프는 노인들의 조언을 어떻게 생각해야 할지도 알려준다. 할아버지가 어느 식당이 좋다고 알려줄 때, 당신은 귀를 기울여야 한다. 수십 년에 걸친 탐색을 통해 모은 보석과 같은 정보이기 때문이다. 하지만 할아버지가 매일 오후 5시 정각에 같은 식당에만 간다면, 맘 편히 먹고 다른 대안들을 탐사해야 한다. 설령 더 안 좋은 식당에 가게 될 가능성이 있다고 해도 말이다.

아마 노년기를 수십 년에 걸쳐 모은 지식을 이용할 기회라고 여김으로써 얻게 될 가장 심오한 깨달음은 이것이 아닐까? 삶은 시간이 흐를수록 더 나아져야 한다는 것. 지식을 얻기 위해 탐색자가 내놓는 것은 즐거움이다. 앞서 살펴보았듯이, 기틴스 지수와 신뢰 상한 알고리즘은 덜 알려진 대안들의 매력을 우리가 실제로 기대하는 것 이상으로 부풀린다. 즐겁고 놀라운 대안을 발견하면 몇 배 더 큰 보상을 얻을 수 있기 때문이다. 그런 한편으로 이것이 대부분의 상황에서는 탐색이 반드시 실망으로 이어지기 마련임을 의미하기도 한다. 선호하는 것에 주의를 집중하면 삶의 질은 높아져야 한다. 그리고 실제로 그런 듯하다. 카스텐센은 노인들이 대체로 자신의 사회 관계망에 더 만족하며, 젊은 성인들보다 정서적 만족감이 더 높다는 연구 결과를 발표했다.[73]

따라서 그들이 오후 늦게 같은 식당에 가서 평생에 걸친 탐색의 과실을 맛볼 것이라고 기대해도 좋다.

제3장

질서를 찾다

## 정렬하기

ALGORITHMS

찾고자 하는 단어가 (a)로 시작한다면 이 표의 첫머리를 살펴보고, (v)로 시작한다면 끝쪽을 살펴보라. 그리고 (ca)로 시작한다면 (c)로 시작되는 곳을 찾아보고, (cu)로 시작한다면 그 글자의 끝쪽을 살펴보라. 다른 단어들도 다 그런 식으로 찾도록.
— 로버트 코드리, 《알파벳 표》(1604)[1]

싱킹머신즈**Thinking Machines**라는 회사를 설립하여 유명한 병렬 컴퓨터인 커넥션 머신**Connection Machine**을 발명하기 전, MIT 대학생일 때 대니 힐리스**Danny Hillis**는 기숙사에 살고 있었는데, 같은 방을 쓰는 친구의 양말을 볼 때마다 기가 막혔다.

대학생이란 본래 지저분하기 마련이지만, 힐리스가 치를 떤 것은 친구의 위생 관념 때문이 아니었다. 친구가 양말을 빨지 않아서가 아니라, 양말을 빤 다음이 문제였다.

친구는 빨래 바구니에서 양말을 한 짝 꺼냈다. 이어서 아무 양말이나 한 짝을 꺼냈다. 첫 번째 양말과 짝이 맞지 않으면, 다시 바구니에 던져 넣었다. 짝이 맞는 양말이 나올 때까지 이 과정을 계속 되풀이했다.[2]

양말이 겨우 10켤레라고 해도, 이 방법을 쓰면 첫 번째 짝을 찾는 데에만 평균 19번 양말을 꺼내야 할 것이다. 그리고 두 번째 짝을 찾으려면 17번을 꺼내야 한다. 20개의 양말의 짝을 다 맞추기까지, 친구가 총 110번 바구니에 손을 넣을 것이라고 예상할 수 있다. 새내기 컴퓨터과학자가 방을 옮겨달라고 요구할 이유는 충분했다.

오늘날 양말을 어떻게 분류해야 하는가의 문제는 컴퓨터과학자들에게 말을 길게 하도록 유도하는 좋은 방법이다. 2013년 프로그래밍 웹사이트인 스택 오버플로Stack Overflow에 양말에 관한 질문이 하나 올라오자, 곧바로 약 1만 2,000단어 분량의 논쟁이 벌어졌다.[3]

전설적인 암호학자이자 튜링상을 받은 컴퓨터과학자 론 리베스트Ron Rivest는 우리가 그 주제를 꺼내자 그렇게 실토했다. "나도 양말을 헷갈려 해요!"[4] 당시 그는 샌들을 신고 있었다.

## 정렬의 환희

정렬은 컴퓨터가 하는 일의 핵심을 이룬다. 사실 여러 면에서 컴퓨터를 출현시킨 것이 정렬이라고 할 수 있다.

19세기 말에 미국 인구는 10년마다 30%씩 늘고 있었고, 미국 인

구조사국의 '조사 항목' 수는 1870년에 겨우 5개에서 1880년에는 200개 이상으로 늘어났다. 1880년의 인구 조사 자료를 집계하는 데에는 8년이 걸렸다. 그 일을 끝내자마자 곧 1890년 인구 조사가 시작되었다. 당시 한 작가의 말을 빌리자면, "성가시게 미끄러져 쏟아지는 종이 더미를 다루는 서기들이 눈이 멀지도 미치지도 않았다"는 사실이 의아할 정도였다.[5]

인구 조사는 자체 무게에 짓눌려서 파국을 맞을 위험에 처해 있었다. 무슨 조치를 취해야 했다. 당시 기차표에 구멍을 뚫어 탑승 여부를 파악하는 방식에 영감을 얻어서, 허먼 홀러리스 **Herman Hollerith** 라는 발명가는 구멍을 뚫은 마닐라지 카드에 정보를 저장하는 시스템을 고안했다. 카드를 집계하고 정렬하는 기계에는 홀러리스 기계라는 이름을 붙였다. 홀러리스는 1889년에 특허를 받았고, 정부는 1890년 인구 조사 때 홀러리스 기계를 채택했다. 지금까지 아무도 본 적이 없는 기계였다. 그 압도적인 모습에 놀라서 이렇게 쓴 사람도 있었다. "그 장치는 신의 맷돌처럼 돌아가면서 쿵쿵 빠르게 구멍을 뚫는다."[6]

하지만 또 다른 사람은 그 발명품의 용도가 제한적일 것이라고 추론했다. "정부 말고는 아무도 쓰지 않을 테니, 발명가는 큰돈을 벌 것 같지가 않다."[7] 홀러리스는 그 기사를 오려서 보관했는데, 그 예측이 완전히 들어맞은 것은 아니었다. 홀러리스의 회사는 1911년에 다른 몇몇 회사와 합쳐져서 컴퓨팅-태뷸레이팅-레코딩컴퍼니 **Computing-Tabulating-Recording Company** 가 되었다.[8] 몇 년 뒤에 그 회사는 이름을 바꾸었다. 인터내셔널 비즈니스 머신즈, 즉 IBM이 되었다.

정렬은 다음 세기 내내 컴퓨터의 발달을 자극했다. '프로그램 내장' 컴퓨터용으로 최초로 쓴 코드는 정렬을 효율적으로 하는 프로그램이었다.[9] 사실 범용 기계에 엄청난 예산을 투입하는 것이 정당하다고 미국 정부를 설득시킨 것은 IBM의 카드 분류 전용 기계보다 정렬 능력이 더 뛰어남을 보여준 그 컴퓨터였다.[10] 1960년대에는 세계 컴퓨터 자원의 4분의 1 이상이 정렬에 쓰이고 있다고 추정한 연구 결과도 나왔다.[11] 놀랄 일도 아니었다. 정렬은 거의 모든 정보를 처리하는 데 필수적이기 때문이다. 최댓값을 찾든 최솟값을 찾든, 가장 흔한 것을 찾든 가장 희귀한 것을 찾든 간에, 집계하고 색인을 작성하고 중복되는 것에 표시할 때에도, 또는 그저 원하는 것을 찾을 때에도 대개 먼저 정렬에서 시작하기 마련이다.

사실상 정렬은 그보다 훨씬 더 구석구석까지 퍼져 있다. 정렬하는 주된 이유 중의 하나는 자료를 사람의 눈에 유용한 형태로 보여주기 위함이다. 결국 정렬이 인간의 정보 경험에 핵심이 된다는 의미이기도 하다. 정렬된 목록이 어디에나 있기 때문에 우리는 의식적으로 보려고 해야 그것을 알아볼 수 있다. "물이 뭔가요?"라고 묻는 물고기처럼 말이다. 의식해야 그것이 어디에나 보인다.

우리의 메일 보관함은 도착한 수천 통의 편지 중에서 50통을 수신한 시간에 따라 첫 페이지에 보여준다. 옐프[Yelp]에서 식당을 검색하면, 수백 곳의 식당 중에서 근접거리나 평가 점수에 따라 상위 10여 곳이 정렬되어 나타난다. 어떤 블로그에서는 게시한 글들이 날짜별로 정렬되어 나열된다. 페이스북 뉴스 피드, 트위터에 올라오는 글들, 레딧 홈페이지는 모두 어떤 자기 나름의 기준에 따라 정렬된 목록 형태로 나열된다. 우리는 구글과 같은 것을 '검색 엔진'이라고 부르지만, 사실 그 용어는 좀 잘못된 것이다. 그것들은 사실 정렬 엔진이기 때문이다. 구글이 전 세계의 정보에 접근하는 주된 수단이 된 것은 수억 개의 웹페이지에서 우리가 원하는 문서를 찾아내는 능력―1990년대에 경쟁 기업들도 대개 나름대로 잘 해낼 수 있었다―보다는 그 웹페이지들을 아주 잘 정렬하여 가장 관련이 높은 10개만을 보여주는 능력 덕분이다.

정렬된 엄청난 목록 중 상위에 놓인 것만을 잘라내어 보여주는 것이 여러 면에서 보편적인 사용자 인터페이스가 되어 있다.

컴퓨터과학은 이 모든 사례들의 배후에서 어떤 일이 일어나고 있는지를 이해할 방법을 제공하며, 우리는 이 사례들을 통해서 자신이 질서를 잡기 위해 애쓰고 있을 때 어떻게 해야 할지에 관해서도 어떤 깨달음을 얻을 수 있다. 우리는 청구서, 서류, 책, 양말 등 아마 깨닫고 있는 것보다 더 많이 질서를 잡아야 하는 상황에 처할 것이다.

컴퓨터과학은 고맙게도 혼란의 악덕(그리고 미덕)을 정량화함으로써, 우리에게 사실상 질서를 잡지 말아야 하는 사례도 있음을 보여준다. 그리고 정렬이 단지 정보만을 대상으로 하는 것이 아니라는 사실도 알게 된다. 정렬은 우리가 사람들을 대상으로 하는 것이기도 하다. 아마 순위를 정하는 컴퓨터과학이 매우 유용하다고 드러난 분야는 스포츠 분야와 권투장일 것이다.

정렬에 관해 조금만 알면, 사람들이 어떻게 함께 살아갈 수 있는지를 설명하는 데 도움이 될 수도 있다. 정렬은 사회의 본질에 관해 몇몇 놀라운 단서들을 제공한다. 우리가 만드는 더 크고 더 중요한 유형의 질서에 관해 말이다.

## 정렬의 고통

"출력 단위당 비용을 줄이기 위해, 사람들은 대개 일의 규모를 키운다."

J. C. 호스켄<sup>J. C. Hosken</sup>은 1955년 정렬을 다룬 최초의 학술 논문에 그렇게 썼다. 이것이 규모의 경제를 뜻한다는 것은 경영학도라면 모두 다 안다. 하지만 정렬에서는 규모가 재앙의 요리법이다. 심술궂게도 정렬할 것이 늘어날수록, 정렬의 단위 비용은 줄어들기는커녕 더 늘어난다.[12]

정렬은 급격한 규모의 불경제를 수반하며, 대규모로 일하는 것의 가치에 관한 우리의 정상적인 직관에 위배된다. 2인분을 요리하는 것은 대개 1인분을 요리하는 것보다 결코 더 힘들지 않으며, 1인분씩 2회 요리하는 것보다 확실히 더 쉽다. 하지만 예를 들어, 한 책장에 꽂힌 책 100권을 정렬하는 데에는 50권씩 꽂힌 책장 2개를 따로따로 정렬할 때보다 더 오래 걸릴 것이다. 2배 더 많은 책을 정리해야 하고, 따라서 각 책이 꽂힐 수 있는 곳이 2배 더 많다. 정렬할 것이 많아질수록 상황은 더 나빠진다. 바로 이것이 정렬 이론의 첫 번째이자 가장 근본적인 깨달음이다. 규모는 정렬에 해롭다.

이로부터 우리는 정렬할 때 고통과 괴로움을 최소화하는 방법이 오로지 '정렬해야 할 항목의 수를 최소화하는 것이 아닐까?' 하고 추론할지도 모르겠다. 그 말이 맞다. 양말 정렬을 계산하는 어려움을 예방하는 가장 좋은 방법 중의 하나는 그저 빨래를 더 자주 하는 것이다. 한 예로, 빨래를 3배 더 자주 하면, 정렬의 총비용을 9분의 1로 줄일 수 있다. 만약 힐리스의 방 친구가 자신의 별난 방식을 고집한다고 해도 세탁을 14일마다 하는 대신에 13일마다 했다면, 빨래 바구니에서 양말을 꺼내는 횟수가 28번이나 줄어들었을 것이다. (그리고 세탁 간격을 하루 더 늘리면 30번을 더 꺼내야 할 것이다.)

그렇게 그리 심하지 않은 2주 단위만 해도, 정렬의 규모가 감당할 수 없이 커지기 시작한다는 것을 알 수 있다. 하지만 컴퓨터는 한 번에 수백만 가지의 항목을 일상적으로 정렬해야 한다. 영화 〈조스 Jaws〉의 대사를 인용하자면, 그러려면 더 커다란 배가 필요할 것이다. 더 나은 알고리즘도. 하지만 정렬을 어떻게 해야 하고, 어느 방법이 가장 나은가 하는 질문에 답하려면, 먼저 알아내야 할 것이 있다. 어떻게 기록할 것이냐.

## 빅오: 최악의 사례를 위한 잣대

《기네스 세계기록 Guinness World Records》에는 체코 마술사 즈데네크 브라다치 Zdeněk Bradáč가 카드 한 벌을 가장 빨리 정렬한 기록 보유자라고 나와 있다.[13] 2008년 5월 15일, 브라다치는 52장의 카드 한 벌을 36.16초에 정렬했다.* 어떻게 했을까? 어떤 정렬 기술을 썼기에 최고 기록을 수립했을까? 그 답이 정렬 이론에 관해 흥미로운 한 줄기 빛을 던져줄 텐데, 브라다치는 답하기를 거부했다.

우리는 브라다치의 기술과 솜씨에 그저 감탄하는 수밖에 없지만, 100% 확실한 것이 있다. 우리가 개인적으로 그의 기록을 100% 깰 수 있다는 것이다. 그 기록을 위해 약 80,658,175,170,943,878,571, 660,636,856,403,766,975,289,505,440,883,277,824,000,000,0 00,000번 시도하기만 하면 된다. $80^{66}$을 넘는 수로서, 수학 개념을 빌리자면 51의 계승, 즉 '52!'다. 52장의 카드 한 벌을 배열하는 방법의 수를 나타낸다. 대강 그만큼 시도하면, 섞은 카드 한 벌로 시작하여 더 빠르든 늦든 간에 사실상 우연을 통해 완벽하게 정렬된 카드가 나오게 마련이다.[14] 그 시점에 우리는 0분 00초라는, 그리 초라하지 않은 정렬 시간으로 《기네스 세계기록》에 크리스천-그리피스라는 이름을 자랑스럽게 올릴 수 있다.

공정하게 말하자면, 우리가 이 완벽한 기록에 도달하려는 시도를 다 마치기도 전에 우주가 열적 죽음을 맞이할 것이 거의 확실하다. 그렇긴 해도 이 점은 기록 보유자와 컴퓨터과학자 사이의 가장 큰 근본적인 차이를 두드러지게 해준다. 보통 사람들은 (맥주를 곁들이면서) 《기네스 세계기록》에서 오로지 최고 기록에만 관심을 갖는다. 물

---

* 브라다치의 기록은 이것만이 아니다. 그는 거의 같은 시간에 물속에서 수갑 3개를 풀고 탈출할 수도 있다.

론 비난할 일은 결코 아니다. 모든 스포츠 기록은 단 하나의 최고 기록만을 보여준다. 하지만 컴퓨터과학은 최고 기록이 얼마인지에는 거의 관심이 없다. 그 대신에 컴퓨터과학자들은 브라다치의 평균 정렬 시간이 얼마인지는 알고 싶어 할 수도 있다. 그에게 카드 한 벌의 $80^{66}$가지, 또는 상당한 크기의 배열 표본을 모두 정렬하도록 하고서 모든 시도를 종합한 평균 속도를 낸다. (그들이 컴퓨터과학자들의 제안을 따르려 하지 않으려는 이유를 우리는 짐작할 수 있다.)

또 컴퓨터과학자는 최악의 정렬 시간도 알고 싶어 할 것이다. 최악 사례 분석을 통해 우리는 확실하게 보장되는 값을 얻을 수 있다. 어떤 중요한 과정이 제시간에 끝날 것이고, 마감 시간을 넘기지 않을 것임을 알 수 있다. 그래서 이 장의 나머지 부분(그리고 사실상 이 책의 나머지 부분)에서 우리는 달리 언급하지 않는 한, 알고리즘의 최악 사례만을 논의할 것이다.

컴퓨터과학자들은 알고리즘의 최악 시나리오를 겨냥한 속성 계산법을 개발해왔다.[15] '빅오Big-O' 개념이다. 빅오 개념은 특히 기묘하다. 본래 부정확하도록 설계되어 있기 때문이다. 즉 알고리즘의 성능을 분과 초 단위로 표현하는 대신에, 빅오 개념은 문제의 크기와 프로그램의 가동 시간 사이에 어떤 관계가 있는지를 이야기하는 방법을 제공한다. 빅오 개념은 세부 사항을 의도적으로 빼놓기 때문에, 문제들을 큰 범주로 나누는 기본 틀이 도출된다.

당신이 $n$명의 손님이 오는 만찬을 주최한다고 하자. 손님을 맞이하기 위해 집을 청소하는 데 걸리는 시간은 손님의 수와 전혀 상관이 없다. 이것은 가장 희망적인 부류의 문제다. 그래서 1의 빅오,

$O(1)$이라고 쓰며, '상수 시간$^{\text{constant time}}$'이라고도 한다. 특히 빅오 개념은 실제로 청소가 얼마나 오래 걸리는지는 전혀 개의치 않는다. 손님 목록의 길이와 전혀 무관하게 언제나 같기 때문이다. 손님이 10명, 100명, $n$명이든 간에 1명일 때와 똑같이 일을 한다.

이제 식탁으로 익힌 고기를 전달하는 데 걸리는 시간은 $n$의 빅오, $O(n)$이 될 것이다. '선형 시간$^{\text{linear time}}$'이라고도 한다. 손님이 2배라면, 접시가 오기까지 2배 더 기다려야 할 것이다. 여기서도 빅오 개념은 나오는 요리의 수나, 더 먹을 사람을 위해 접시를 다시 돌리는지 여부에는 전혀 신경을 쓰지 않는다. 양쪽 다 시간은 여전히 손님 수에 선형으로 비례한다. 손님의 수와 걸린 시간을 두 축으로 삼아 그래프를 그린다면, 직선이 나올 것이다. 게다가 빅오 개념에서는 어떤 선형 시간 요소든, 있기만 하면 모든 상수 시간 요소를 압도할 것이다. 다시 말해, 요리 접시를 식탁 위로 죽 전달하든, 3개월 동안 식당을 새로 꾸민 뒤에 그 접시를 식탁 위로 죽 돌리든, 컴퓨터과학자가 보기에는 사실상 똑같다. 말이 안 되는 듯하면, 컴퓨터가 $n$이 수천 명, 수백만 명, 수십억 명이든 간에 쉽게 처리할 수 있다는 점을 기억하자. 다시 말해, 컴퓨터과학자는 아주, 대단히 큰 규모의 만찬을 생각한다. 손님이 수백만 명이라면, 접시를 한 번 돌리는 시간에 비하면 집을 고치는 시간은 무의미할 만치 짧을 것이다.

만약 오는 손님마다 서로를 껴안으면서 환영한다면? 첫 손님은 당신과 껴안는다. 두 번째 손님은 포옹을 두 번 하게 된다. 세 번째 손님은 세 번 하게 된다. 총 포옹 횟수는 얼마나 될까? $n$제곱의 빅

상수 시간 $O(1)$, 선형 시간, $O(n)$, 2차 시간 $O(n^2)$

집 청소-$O(1)$ | 요리 전달-$O(n)$ | 손님 포옹-$O(n^2)$

시간 | 시간 | 시간

오, $O(n^2)$가 되며, '2차 시간 quadratic time'이라고도 한다. 여기서도 우리는 $n$과 시간 사이의 기본 관계에만 관심을 둔다. 두 포옹이 따로따로 이루어진다고 가정하는 $O(2n^2)$, 포옹하고 요리 접시를 돌린다는 $O(n^2+n)$, 포옹에 집 청소를 더한 $O(n^2+1)$ 같은 것은 없다. 모두 2차 시간이며, 따라서 모두 $O(n^2)$로 나타낸다.

더 나쁜 상황도 있다. 손님이 1명 늘어날 때마다 일이 2배로 늘 때는 지수 시간 exponential time, $O(2^n)$이 적용된다. 계승 시간 factorial time, $O(n!)$은 더욱 안 좋다. 컴퓨터과학자들이 농담할 때(우리가 정렬이 이루어질 때까지 카드 한 벌을 계속 뒤섞는다고 상상한 것처럼)나 진정으로 그렇게 되기를 바랄 때에만 들먹거리는, 끔찍하기 그지없는 문제들에 적용되는 개념이다.

2007년 당시 상원의원이었던 오바마가 구글을 방문했을 때, CEO 에릭 슈미트 **Eric Schmidt**는 질의응답 시간을 구직자 면접을 보는 척 농담을 건네며 시작했다. "32자리의 정수 100만 개를 정렬하는 가장 좋은 방법이 뭘까요?"

오바마는 쓴웃음을 지으면서 전혀 머뭇거리지 않고 답했다. "'**거품 정렬 Bubble Sort**'을 쓰면 안 될 것 같군요."[16] 모여 있던 구글 기술자들 사이에서 환호가 터졌다. 한 사람은 나중에 이렇게 회상했다. "거품 정렬이라는 말을 듣는 순간 반해버렸어요."

거품 정렬을 피하라는 오바마의 말은 옳았다. 거품 정렬은 컴퓨터 과학을 공부하는 이들의 펀칭백 같은 것이 되어왔다. 단순하고, 직관적이며, 극도로 비효율적이기 때문이다.

정리되지 않은 책들을 자모순으로 정렬하고 싶다고 하자. 단순히 책장을 죽 훑으면서 순서가 뒤집힌 두 권(《월리스**Wallace**》 다음에 《핀천 **Pynchon**》이 꽂혀 있는 식으로)이 보이면 서로 바꾸는 것도 자연스러운 방법일 것이다. 《핀천》을 《월리스》 앞에 꽂은 뒤, 계속 훑는다. 책장의 끝에 도달하면 이 과정을 처음부터 다시 한다. 책장을 다 훑을 때까지 순서가 어긋난 쌍을 더 이상 찾아내지 못하면, 일을 끝냈음을 알 수 있다.

이것이 바로 거품 정렬이며, 2차 시간을 따른다. 정렬 안 된 책이 $n$권이고, 매번 책장을 훑을 때마다 각 책은 기껏해야 한 곳으로만 옮길 수 있다. (사소한 문제를 하나 발견해서, 조금만 바로잡는 식이다.) 책들의 순서가 완전히 거꾸로 되어 있는 최악의 사례라면, 적어도 한 권은 $n$번 이상 옮길 필요가 있을 것이다. 따라서 $n$의 최댓값은 $n$권을 넘어가는 것이고, 그 결과 최악의 사례에서는 $O(n^2)$이 된다.[*] 아주 끔찍하지는 않다. 앞서 말한 '정렬될 때까지 뒤섞는다'는 우리의 $O(n!)$보다는 나은 상황이기 때문이다(확인하려면 컴퓨터과학이 필요한 사례다). 그런 한편으로, 이 제곱 조건은 아주 급격히 커질 수 있다. 예를 들어, 책장 5개를 정렬하려면 책장 1개를 정렬할 때보다 5배 더 오래 걸리는 것이 아니라, 25배 더 오래 걸릴 것이다.

다른 방식을 취할 수도 있다. 책장에서 책들을 다 꺼낸 뒤, 한 권씩 꽂을 수도 있다. 첫 권을 책장 한가운데 꽂은 다음, 두 번째 책을 그 책과 순서를 비교하여 왼쪽이나 오른쪽에 꽂는다. 세 번째 책은 책장을 왼쪽에서 오른쪽으로 훑으면서 맞는 자리를 찾아서 꽂는다. 이 과정을 반복하면, 서서히 모든 책들이 정렬되어 꽂힐 것이고, 일은 마무리된다.

컴퓨터과학자들은 이 방식을 '**삽입 정렬**Insertion Sort'이라고 한다. 딱 맞는 명칭이다. 반가운 좋은 소식은 거품 정렬보다 더 직관적이라 할 수 있고, 그리 평판이 나쁘지 않다는 것이다. 그러나 나쁜 소식은 실제로는 그다지 빠르지 않다는 것이다. 여전히 각 책을 한 번씩 끼워 넣어야 한다. 그리고 삽입할 때마다 제 위치를 찾으려면 평균적

---

[*] 실제로 거품 정렬의 평균 작업 시간도 이보다 더 낫지 않다. 책들은 평균적으로 최종 정렬 위치에서 $n/2$ 위치만큼 떨어져 있기 때문이다. 컴퓨터과학자는 여전히 $O(n^2)$에 따라 $n$권 책들을 $n/2$번 옮기게 될 것이다.

으로 책장의 약 절반을 훑어야 한다. 비록 실질적으로 삽입 정렬이 거품 정렬보다 조금 빠르긴 해도, 2차 시간에 확고히 놓인다. 둘 이상의 책장을 정렬한다는 것은 여전히 버거운 일이다.

## 2차 시간 장벽을 깨다: 분할 정복

두 지극히 양식 있는 접근법이 지속할 수 없는 2차 시간에 들어간다는 것을 살펴보았으므로, 이제 더 빠른 정렬이 과연 가능하기는 할지 묻는 것이 자연스럽다.

이 질문은 마치 생산성을 묻는 것처럼 들린다. 하지만 컴퓨터과학자와 이야기해보면, 오히려 형이상학적인 질문에 더 가깝다는 것이 드러난다. 빛의 속도, 시간 여행, 초전도체, 열역학적 엔트로피를 생각하는 것과 비슷하다. 우주의 근본 법칙과 한계는 무엇일까? 무엇이 가능할까? 허용되는 것은? 컴퓨터과학자도 같은 방식으로 입자물리학자나 우주론자 못지않게 신의 청사진을 조금씩 엿보고 있다. 정렬하는 데 필요한 최소 노력은 무엇일까?

상수 시간 정렬법, 즉 $O(1)$을 찾을 수 있을까? 손님들이 오기 전에 집을 청소하는 것처럼, 목록이 얼마나 길든 간에 동일한 시간에 정렬할 수 있는 방법이 있을까? $n$권의 책이 든 책장이 정렬되었는지 확인하는 것조차도 상수 시간에 할 수가 없다. $n$권 하나하나를 다 살펴봐야 하기 때문이다. 따라서 책을 상수 시간에 정렬한다는 것은 사실상 불가능해 보인다.

식탁에 요리 접시를 돌리는 정도의 효율을 지닌, 즉 정리할 항목의 수가 2배로 늘면 업무량도 단지 2배로 늘 뿐인, 선형 시간 정렬인 $O(n)$은 어떨까? 위의 사례들을 생각하면, 그것을 어떻게 적용할 수 있을지도 상상하기가 어렵다. 각 사례에서 $n^2$은 $n$권을 이동시켜야 한다는 사실과 각 권을 움직이는 데 필요한 일이 $n$에 비례하여 증가한다는 사실에서 비롯된다. 어떻게 하면 크기 $n$인 것을 $n$번 이동시키는 일을 $n$ 자체에 비례하도록 할 수 있을까?

거품 정렬에서 $O(n^2)$이라는 작업 시간은 $n$권의 책 하나하나를 집어서 각각 많으면 $n$번까지 옮긴다는 데에서 나왔다. 삽입 정렬에서 2차 시간은 $n$권의 책 하나하나를 집어서 최대 $n$권의 다른 책들과 비교한 뒤에 꽂는다는 데에서 비롯되었다. 선형 시간 정렬은 제자리에 꽂아야 할 책이 얼마나 많은지와 상관없이, 각 책을 상수 시간에 다룬다는 의미다.

그럴 가능성이 없어 보인다. 따라서 우리는 적어도 2차 시간만큼은 할 수 있지만, 선형 시간처럼은 안 될 것임을 안다. 아마 선형 시간과 2차 시간의 중간 어딘가가 한계일 것이다. 선형 시간과 2차 시간, 즉 $n$과 $n \times n$ 사이에 놓이는 알고리즘이 있을까?

있다. 그리고 잘 드러나지 않는다.

앞서 말했듯이, 정보 처리는 19세기에 허먼 홀러리스와 그 뒤에 IBM이 개발한 천공 카드 분류 장치가 미국 인구 조사 업무에 활용되면서 시작되었다.[17] 1936년, IBM은 두 묶음으로 분류하여 쌓은 카드들을 한 묶음으로 합병하는 '조합기 collator'라는 장치를 생산하기 시작했다. 각 카드 더미가 정렬되어 있기만 하다면, 둘을 하나로 합병하는 과정은 놀라울 만치 간단했고 선형 시간을 따랐다. 즉 그저 맨 위의 두 카드를 비교하여 값이 더 작은 쪽을 위로 가도록 해서 다 끝날 때까지 쌓으면 된다.

존 폰 노이만$^{John\ von\ Neumann}$이 1945년 프로그램 내장 컴퓨터의 힘을 보여주기 위해 짠 프로그램은 합병한다는 개념을 끝까지 밀고 나간 멋진 결정판이었다.[18] 카드 2장을 정렬하는 것은 쉽다. 값이 작은 카드를 위에 놓으면 된다. 2장씩 정리되어 쌓인 카드가 양쪽에 있을 때, 그 4장을 한 묶음으로 정렬하여 쌓는 것도 쉽다. 이 과정을 몇 번 반복하면, 이미 정렬된 카드 묶음들을 한 더미로 점점 더 쌓아 올릴 수 있다. 곧 카드들을 다 합쳐서 완벽하게 정렬된 한 벌로 쌓을 수 있을 것이다. 마지막에는 절반씩 쌓인 양쪽 카드 더미가 리플 셔플$^{riffle\ shuffle}$(흔히 카드놀이를 할 때 카드를 섞는 방법) 마술을 부리듯이, 촤르륵 겹쳐지면서 원하는 순서로 쌓이게 된다.

이 접근법은 현재 '**합병 정렬**$^{Mergesort}$'이라고 불린다. 컴퓨터과학 쪽에서 전설이 된 알고리즘 중 하나다. 1997년의 한 논문에는 이렇게 적혀 있었다. "합병 정렬은 컴퓨터 계산의 역사에서만큼, 정렬의 역사에서도 중요하다."[19]

합병 정렬의 힘은 선형 시간과 2차 시간 사이—특히 '선형로그$^{linearithmic}$' 시간, $O(n \log n)$이라고 하는—의 복잡성으로 일을 끝낸다는 사실에서 나온다. 매번 카드들을 정렬할 때마다 정렬된 더미는 크기가 2배로 늘어나므로, $n$장의 카드를 완벽하게 정리하려면 $n$이 될 때까지 숫자 2를 합병 횟수만큼 곱할 필요가 있다. 즉 2가 밑인

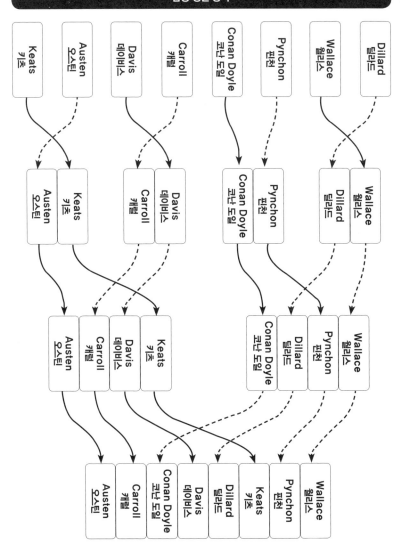

책장 하나와 정리 안 된 책 8권이 있다면, 먼저 옆에 있는 책들끼리 둘씩 짝지어서 정렬을 한다. 그런 다음 정렬된 2권씩 짝을 지어서 4권을 정렬하고, 마지막으로 그 4권씩을 합병하면 책장이 완벽하게 정리된다. (이 그림은 영어 자모 순서를 따라 정렬한 것이다-역주)

로그 함수가 된다. 카드 4장은 2번의 합병을 거치면 정렬할 수 있고, 8장은 3번, 16장은 4번을 거치면 정렬할 수 있다. 합병 정렬의 분할 정복 접근법에 영감을 얻어서 곧 많은 '선형로그 정렬' 알고리즘이 등장했다. 여기서 단순히 선형로그 복잡성이 2차 시간 복잡성보다 개선된 거라고 말한다면, 몹시 과소평가한 것이다. 정렬할 항목의 수가 인구 조사 수준이라면, 데이터 집합을 29번에 걸쳐 정렬하는 것과 3억 번에 걸쳐 정렬하는 것은 엄청난 차이가 있다. 대규모 산업의 정렬 문제에서 전자가 선택되는 것도 놀랄 일이 아니다.[20]

합병 정렬은 가정의 소규모 정렬 문제에도 실제로 적용되고 있다. 그렇게 널리 쓰이는 이유 중의 하나는 다른 곳에도 쉽게 응용할 수 있기 때문이다. 당신이 책장을 어떻게 정리할지 아직 고민 중이라면, 합병 정렬이라는 해결책은 친구를 몇 명 부르고 피자를 한 판 주문하는 것과 같다. 책을 균등하게 나눈 뒤, 각 친구에게 자신이 맡은 책 더미를 정렬하라고 부탁한다. 그런 다음 둘씩 짝을 지어서 자신들이 정렬한 책들을 하나로 합쳐서 정렬한다. 두 더미가 남을 때까지 이 과정을 되풀이한 다음, 이 두 더미를 합쳐서 정렬하며 책장에 꽂는다. 책에 피자가 묻지 않도록 조심하기만 하면 된다.

## 비교를 넘어서: 로그를 능가하기

워싱턴 주 프레스턴 인근에는 그다지 눈에 안 띄는 산업단지가 하나 있다. 그곳의 별다른 특징 없는 회색의 많은 출입구 중의 하나를 열고 들어가면, 2011년과 2013년 전국 도서관 분류 대회 우승을 한 곳이 나온다. 분당 167권의 책이 구획된 긴 컨베이어 벨트에 실려서 바코드 스캐너를 지나간다.[21] 하루에 8만 5,000권이다.[22] 책들은 자동으로 분류되어 각각의 투하실로 운반되어 96개의 양동이 중 하나로 떨어진다.

프레스턴 분류 센터Preston Sort Center는 세계에서 가장 크고 가장 효율적인 서적 분류 시설 중 하나다. 킹 카운티 도서관 시스템King County Library System, KCLS이 운영하고 있다. 이 기관은 비슷한 설비를 갖춘 뉴욕 공립 도서관과 건전한 경쟁을 시작했다. 그래서 4년째 서로 우승자 자리를 번갈아 차지해왔다. 2014년 대결을 벌이기 전 뉴욕 공립 도서관NYPL의 도서 유통 기관인 북옵스BookOps의 부소장 살바토레 마가디노Salvatore Magaddino는 이렇게 말했다. "킹 카운티 도서관이 올해 우리를 이긴다고요? 헛소리하시네."[23]

이론가의 관점에서 볼 때도 프레스턴 분류 센터에는 매우 인상적인 측면이 있다. 분류 시스템을 통과하는 책들이 $O(n)$, 즉 선형 시간에 따라 분류되고 있는 것이다.

합병 정렬이 제공하는 $O(n \log n)$ 선형로그 시간은 한 가지 중요한 의미에서 우리가 달성할 수 있다고 기대할 수 있는, 진정으로 최고의 것이다.[24] $n$개의 항목을 일련의 일대일 비교를 통해 완전히 정렬하고 싶다고 할 때, $O(n \log n)$ 시간보다 더 빨리 비교할 방법이 아예 없다는 것이 입증되어왔다. 그것은 우주의 근본 법칙이며, 우회할 방법은 전혀 없다.

하지만 엄밀히 말하자면, 그렇다고 정렬을 다루는 책이 여기에서 끝나는 것은 아니다. 완벽하게 정렬할 필요가 없을 때도 있기 때문이다. 그리고 때로는 일대일로 비교하지 않고서도 정렬을 할 수 있다. 이 두 원리를 조합하면, 현실적으로 선형로그 시간보다 더 빨리 대강 분류할 수 있다. '**버킷 정렬**Bucket Sort'이라는 알고리즘은 그 점을 멋지게 보여준다. 그리고 프레스턴 분류 센터가 완벽한 사례다.

버킷 정렬에서는 더 세부적인 하위 범주 수준의 정렬은 전혀 개의치 않고 정해진 수의 범주들로 항목들을 분류한다. 하위 범주별로는 그 뒤에 정렬할 수 있다. (컴퓨터과학에서 '버킷', 즉 양동이라는 용어는 그저 정렬되지 않은 데이터 덩어리를 가리키지만, KCLS처럼 현실세계에서 버킷 정렬을 가장 잘 활용하는 기관 중에는 말 그대로 실제 양동이를 쓴다.) 더 놀라운 점이 있다. $n$개의 항목을 $m$개의 버킷으로 분류하고 싶다면, 그 분류를 $O(nm)$ 시간에 할 수 있다는 것이다. 즉 항목의 수와 버킷의 수를 곱한 값에 단순히 비례하는 시간이다. 그리고 버킷의 수가 항목의 수에 비해 작은 한, 빅오 개념에 따라 그 시간은 $O(n)$, 즉 선형 시간으로 다루어질 것이다.

실제로 선형로그 장벽을 깨는 역할을 하는 요소는 정렬하는 항목들로부터 이끌어내는 분포라고 알려지고 있다. 버킷들을 엉성하게 선정하면 정렬하기 전보다 별로 나아지지 않을 것이다. 이를테면, 정렬했을 때 모든 책이 한 양동이에 담긴다면, 나아진 것이 전혀 없다. 하지만 버킷을 잘 고르면, 항목들이 크기가 거의 균등한 집단들로 나뉠 것이다. 정렬이 근본적으로 '규모 피해scale hurt' 특성을 지닌다는 점을 생각하면, 이는 완벽한 정렬을 향한 커다란 진전이라고 할 수 있다. 책들을 자모순으로 정렬하는 것이 아니라, 목적지별로 분류하는 일을 하는 프레스턴 분류 센터는 대출 통계에 따라 버킷을 선택한다. 다른 곳들보다 대출 권수가 더 많은 도서관도 있으므로, 그런 곳에는 통을 2개, 또는 3개까지 할당할 수도 있다.

비슷한 지식은 인간 분류자에게도 유용하다. 현재 활동하는 정렬 전문가를 만나기 위해, 우리는 UC버클리대학교의 도 앤 모피트 도서관Doe and Moffitt Libraries으로 향했다. 정렬해야 하는 서가의 길이가 무려 85킬로미터에 달하는 곳이며, 모두 직접 손으로 정렬한다. 도서관으로 돌아오는 책들은 먼저 보이지 않는 뒤편에, 의회 도서관 도서 번호별로 지정된 서가에 꽂힌다.

예를 들어, 한 서가에는 최근에 돌아온 책들 중에서 도서 번호 PS3000 – PS9999에 해당하는 책들이 아무렇게나 꽂혀 있다. 그러면 학생 조수들이 그 책들을 수레에 담는다. 도서관 서가에 돌려놓을 수 있도록 150권까지 정렬하여 올려놓는다. 학생들은 정렬하는 방법의 기본 교육을 받긴 하지만, 시간이 흐르면서 나름의 전략을 개발한다. 어느 정도 경험이 쌓이면, 그들은 40분 이내에 150권을 정렬하여 수레에 실을 수 있다. 그리고 그 경험에는 다음에 무엇이 나올지를 아는 것이 큰 부분을 차지한다.

화학 전공자이자 도서 정리의 대가인 UC버클리대학교의 대학생 조던 호Jordan Ho는 PS3000 – PS9999 서가에 엄청나게 쌓인 책 더미를 훑으면서 자신이 어떤 식으로 정리하는지를 설명했다.

3500번대의 책이 많다는 것을 경험적으로 알죠. 그래서 3500번 아래의 책들이 보이면 다 골라서 대강 분류를 해요. 일단 그렇게 하고 나면, 더 자세히 정렬을 하죠. 3500번 아래의 책들을 분류하고 나면, 3500번대 자체도 책이 많다는 것을 알죠. 3500번에서 3599번까지니까요. 그래서 그 번호대를 정렬해요. 이 번호대의 책이 많으면, 더 세부적으로 나눌 수도 있어요. 3510번대, 3520번대, 3530번대 하는 식으로요.[25]

조던은 한 번에 약 25권씩 수레에 올려놓고서 더 세부적으로 정렬한다. 이때는 삽입 정렬법을 쓴다. 그가 공들여서 개발한 이 전략은 정렬하는 올바른 방법이다. 바로 버킷 정렬이다. 각 도서 번호의 책들이 얼마나 들어올지를 경험을 통해 잘 예측함으로써, 버킷을 어떻게 정해야 할지를 안다.

•

## 정렬은 검색의 예방 조치다

이 모든 정렬 알고리즘을 알면 다음에 책장을 자모순으로 정리하기로 마음먹을 때 쉽게 활용할 수 있어야 한다. 오바마 대통령처럼, 당신은 거품 정렬을 쓰지 말아야 함을 알 것이다. 그 대신에 먼저 버킷 정렬로 책들을 충분히 작은 더미로 나눈 다음, 삽입 정렬을 쓰거나 피자 주문을 곁들인 합병 정렬을 쓰는 것이 (사서인 인간과 기계 모두가 보증하는) 좋은 전략이다.

하지만 실제로 컴퓨터과학자에게 정리를 하겠다고 도와달라고 요청하면, 아마도 그들은 가장 먼저 이렇게 물을 것이다. "굳이 정리할 필요가 있나요?"

대학생이 배우는 수준에서 보면, 컴퓨터과학은 모두 트레이드오프에 관한 것이다. 즉 한쪽을 택하면 그만큼 다른 쪽에서 손해를 보기 마련이다. 우리는 살펴보기와 뛰어들기 사이, 탐색하기와 이용하기 사이에서 이미 이 긴장을 살펴본 바 있다. 그리고 가장 중요한 트레이드오프 중의 하나는 정렬과 검색 사이에서 일어난다.

기본 원리는 이렇다. 물건들을 정렬하는 데 쏟는 노력은 나중에 그것들을 검색하는 데 들어갈 노력을 줄이기 위한 선제공격일 뿐이다. 정확한 균형은 그 상황에 정확히 어떤 요인들이 관여하느냐에 따라 달라져야 하겠지만, 정렬이 앞으로의 검색을 뒷받침해야만 가치가 있다는 생각은 우리에게 놀라운 무언가를 말해준다. 차라리 어질러라.

결코 검색하지 않을 것을 정렬하는 건 순전히 시간 낭비다. 결코 정렬하지 않을 것을 검색하는 건 지극히 비효율적이다. 물론 앞으로 쓸지 안 쓸지를 어떻게 미리 추정하느냐 하는 것이 문제다.

정렬의 장점을 설파하는 광고 모델은 구글 같은 인터넷 검색 엔진일 것이다. 당신이 검색어를 입력하면 구글이 0.5초도 안 되어 인터넷 전체를 훑어서 그 단어를 찾아낼 수 있다고 생각하면 엄청나 보인다. 음, 하지만 구글은 그럴 수 없다. 또한 그럴 필요도 없다.

당신이 구글이라면, 당신은 (a) 당신의 자료가 검색될 것이고, (b) 한 번이 아니라 반복하여 검색될 것이며, (c) 검색하는 데 드는 시간이 정렬하는 데 드는 시간보다 좀 '더 가치가 있다'고 거의 확신할 것이다. (여기서 정렬은 미리, 검색 결과가 필요해지기 전에 기계를 통해 이루어지며, 검색은 시간을 대단히 중요하게 여기는 사용자가 한다.) 이 모든 요소들은 사전에 엄청나게 정렬을 하는 쪽이 낫다고 말한다. 그리고 구글과 그 동료 검색 엔진들이 하는 일이 바로 그것이다.

그렇다면 당신은 자신의 책장을 자모순으로 정리해야 할까? 대개 가정집의 책장은 정리를 가치 있게 해줄 조건들에 거의 다 들어맞지 않는 것이 사실이다. 우리가 어느 책을 찾기 위해 책장을 훑는 일은 꽤 드물다. 정렬 없는 검색은 비용이 아주 적게 든다. 어느 책이든 간에 대강 어디쯤에 있는지 안다면, 우리는 금방 찾아낼 수 있다. 그리고 정렬된 서가에서 책을 찾는 데 2초가 걸리는 반면 정렬되지 않은 서가에서 책을 찾는 데는 10초가 걸린다고 해도, 그 차이는 사소하다. 나중에 찾는 데 몇 초를 단축하겠다고 미리 몇 시간을 들여서 정렬할 만큼 긴급하게 책을 찾아야 할 일은 거의 일어나지 않는다. 게다가 검색은 우리가 빠른 손으로 하는 반면, 정렬은 느린 손으로 한다. 그러니 판결은 명확하다. 서가를 정리하는 데에는 서가를 죽 훑을 때보다 시간과 에너지가 더 많이 들 것이다.

정렬이 안 된 서가는 매일 들여다봐야 할 필요가 없을지 모르지만, 당신의 전자우편 수신함은 매일 들여다봐야 하는 것이 거의 확실하다. 그리고 이 방면에서도 검색은 정렬을 쉽게 이긴다. 전자우편을 수작업으로 폴더에 옮기는 데에는 현실에서 종이 편지를 서류철에 넣을 때만큼 시간이 걸리는 반면, 전자우편은 종이 우편물보다 훨씬 더 효율적으로 검색할 수 있다. 검색 비용 단가가 떨어질수록,

정렬의 가치도 떨어진다.

스티브 휘태커Steve Whittaker는 전자우편을 처리하는 방법을 연구하는 세계적인 전문가 중 한 사람이다. IBM의 연구원이자 UC산타크루즈대학교의 교수인 그는 사람들이 개인 정보를 어떻게 관리하는지를 거의 20년 동안 연구해왔다. (그는 많은 이들이 전자우편 계정조차 없었던 1996년에 '전자우편 과부하'를 다룬 논문을 쓴 바 있다.)[26] 2011년 휘태커는 전자우편 사용자들의 검색과 정렬 습관을 조사하여, 〈나는 전자우편을 정리하는 데 시간을 낭비하고 있는가?〉라는 논문을 발표했다. 내용을 유출하는 것을 용서하시라. 결론부터 말하자면, 단연코 "그렇다"이다. "조사 결과이지만, 내 경험에서 나온 것이기도 합니다. 이런 정리 문제들을 안고 있는 사람들을 인터뷰하면, 그들의 특징이라고 할 이야기를 으레 듣는데, 자기 인생을 낭비하고 있다는 겁니다."[27]

컴퓨터과학은 어지름의 위험과 정돈의 위험을 정량화할 수 있고, 각각의 비용을 동일한 화폐, 즉 시간으로 측정할 수 있음을 보여준다. 무언가를 정리하지 않고 놔두는 것이 나중으로 미루는 행동이라고 생각할지도 모르겠다. 그 화폐를 미래의 자신에게 넘기는 것과 같고, 미래의 자신은 우리가 선불로 내지 않는 쪽을 선택한 탓에 지연 이자까지 물어야 할 것이라고 말이다. 하지만 전체적으로 보면 이야기는 그보다 미묘하다. 때로는 어지름이 단지 쉬운 선택이 아닐 때도 있다. 그리고 최적 선택일 수도 있다.

검색-정렬 트레이드오프는 때로 어질러진 채로 놔두는 것이 더 효율적임을 시사한다. 하지만 우리가 정렬하는 이유가 시간을 절약하기 위해서만은 아니다. 때로 최종 질서를 구축하는 것 자체가 목적일 때도 있다. 스포츠 분야야말로 그 점을 가장 명확히 보여주는 사례다.

1883년, 찰스 루트위지 도지슨Charles Lutwidge Dodgson은 영국 론테니스(잔디를 입힌 코트에서 하는 테니스 경기-역주)의 상황에 놀라울 만치 강한 흥미를 느끼게 되었다. 그는 이렇게 설명했다.

나는 얼마 전 론테니스 토너먼트를 관람할 기회가 있었는데, 선수 중 1명이 한탄하는 모습을 보고서 현행 상금 배당 방식에 관심을 갖게 되었다. 그 선수는 일찌감치 졌는데(따라서 상금을 받을 기회를 완전히 상실했다), 자신보다 실력이 한참 모자란 다른 선수가 2등 상금을 받아가는 모습을 보고서 울분을 터뜨렸다.[28]

대개 관중은 그런 '한탄'을 그저 패자의 상심에서 나온 것이라고 받아들이겠지만, 도지슨은 그런 말에 동정하면서 그냥 넘어가는 사람이 결코 아니었다. 그는 옥스퍼드대학교의 수학 강사였고, 그 선수의 불만에 자극을 받아서 운동 경기에서 승자 진출전의 본질을 깊이 조사하게 되었다.

사실 도지슨을 수학자로 기억하는 사람은 거의 없다. 오늘날 그는 필명인 루이스 캐럴Lewis Carroll로 더 잘 알려져 있다.《이상한 나라의 앨리스Alice's Adventures in Wonderland》를 비롯하여 사랑 받는 여러 19세기 문학 작품을 쓴 사람으로 말이다. 도지슨은 수학적 재능과 문학적 재능을 결합하여, 덜 알려진 저술 중 하나를 내놓았다. 〈론테니스 토너먼트: 현행 방법의 오류 입증을 통한 진정한 상금 배당 방법〉.

도지슨의 불만은 '싱글 일리미네이션 토너먼트Single Elimination tournament' 라는 방식을 향해 있었다. 두 선수가 맞붙어서 한 번 경기를 하여 진 사람은 곧바로 탈락하는 방식이었다. 도지슨이 강력하게 주장했듯이, 이런 방식에서는 실력으로 2위인 선수라도 1위인 선수와 맞붙으면 언제든 떨어질 수 있었다. 마지막까지 남는 선수가 되지 못하고 말이다. 역설적이게도 올림픽에서는 동메달을 놓고 3, 4위전을 한다. 싱글 일리미네이션 방식이 3위를 결정할 만한 충분한 정보를 제공하지 못한다는 것을 인정하는 듯하다.* 하지만 사실 그 방식은 2위를 결정할 정보를 충분히 주지 않는다. 아니, 사실상 우승자를 빼고 다 그렇다. 도지슨은 이렇게 썼다. "현재의 상금 배당 방식은 1위 상금을 빼고는 모두 무의미하다." 솔직히 말하면, 은메달은 사기라는 것이다.

그는 이어서 이렇게 썼다. "수학적으로 보면, 2위인 선수가 본래 받아야 할 마땅한 상금을 제대로 받을 확률은 16/31에 불과하다.

---

* 권투―최근에 녹아웃을 당한 선수에게 다시 싸우라고 하는 것이 의학적으로 안전하지 않다고 판단함―에서처럼, 드물게 동메달을 2명에게 주기도 한다.

또 4위인 선수가 제대로 상금을 받을 확률은 1/12로 아주 작다!"

뛰어난 필력을 발휘했음에도, 도지슨은 론테니스의 세계에 별 영향을 미치지 못한 듯하다. 그가 제시한 해결책, 당신을 이긴 사람이 지면 당신도 탈락될 수 있는 기이한 트리플 일리미네이션 방식은 결코 채택되지 않았다.[29] 하지만 설령 도지슨의 해결책이 거추장스러운 것이었다고 해도, 문제를 비판한 부분은 적절했다. (안타깝게도, 여전히 은메달은 싱글 일리미네이션 토너먼트 방식으로 주어지고 있다.)

하지만 도지슨의 논리에는 더 심오한 깨달음이 하나 있다. 우리 인간은 자신의 자료, 자신의 소유물만을 정렬하는 것이 아니라는 깨달음이다. 우리는 자기 자신도 정렬한다.

월드컵, 올림픽, NCAA, NFL, NHL, NBA, MLB 등등은 모두 암묵적으로 실행되는 정렬 절차다. 스포츠의 시즌, 래더, 플레이오프는 모두 순위를 정하기 위한 알고리즘이다.

스포츠 분야에서 가장 친숙한 알고리즘 중의 하나는 '라운드로빈 Round-Robin' 방식이다. 참가한 $n$개 팀 각각이 다른 $n-1$개 팀과 경기를 하는 방식이다. 가장 포괄적이라고 할 수 있지만, 가장 고역스러운 방식이기도 하다. 각 팀이 다른 모든 팀과 맞붙는 것은 우리 저녁 모임에 오는 모든 손님들이 서로 껴안는 것과 같다. 끔찍한 $O(n^2)$, 2차 시간에 따르는 방식이다. '래더 토너먼트 ladder tournament'는 배드민턴, 스쿼시, 라켓볼 같은 스포츠에서 널리 쓰이는데, 선수들을 죽 순위를 매긴 뒤, 각 선수가 바로 위에 있는 선수에게 직접 도전하여 이기면 순위를 서로 바꾸는 방식이다. 래더는 스포츠 세계의 거품 정렬에 해당하며, 따라서 안정한 순위에 이르려면 2차 시간, $O(n^2)$에 해당하는 수의 경기를 해야 한다.

하지만 아마 가장 널리 쓰이는 방식은 브래킷 토너먼트일 것이다. 유명한 NCAA '3월의 광란March Madness' 농구 대회를 비롯한 많은 대회에서 쓰인다. 3월의 광란 토너먼트는 '64강전Round of 64'과 '32강전Round of 32'에서 출발하여 '16강전Sweet 16', '8강전Elite Eight', '4강전Final Four'을 거쳐 결승전으로 이어진다. 각 단계마다 절반의 팀이 떨어져 나간다. 이쯤 되면 친숙한 로그함수가 떠오르지 않는지? 이 승자 진출전은 사실상 정렬되지 않은 팀들을 둘씩 짝짓는 것으로 시작하여, 합병을 계속 거듭해나가는 합병 정렬이다.

우리는 합병 정렬이 선형로그 시간—$O(n \log n)$—을 따른다는 것을 알며, 64개 팀이 참여한다고 하면 6회전(192경기)만 하면 된다고 예상할 수 있다. 반면에 래더나 라운드로빈 방식으로 하면 무려 63회전(2,016경기)을 해야 할 것이다. 이는 엄청난 개선이다. 알고리즘 설계가 작동하는 실제 사례다.

3월의 광란이 6회전이면 끝난다니 괜찮게 들리지만, 잠깐⋯⋯ 192경기라고? 실제 NCAA 토너먼트는 63경기면 끝나는데? 사실, 3월의 광란은 완전한 합병 정렬이 아니다. 64개 팀 모두의 순위를 전부 결정하지는 않는다.[30] 팀들의 순위를 진정으로 다 정하려면, 2위를 결정할 경기들을 따로 열고, 3위와 4위 등도 따로 경기해서 정해야 한다. 다 더하면 경기 수가 선형로그를 따른다. 하지만 3월의 광란은 그런 방식을 취하지 않는다. 대신에 도지슨이 불만을 터뜨린 론테니스 토너먼트와 똑같이 진 팀들을 정렬하지 않고 놔두는 싱글 일리미네이션 방식을 쓴다. 이 방식의 이점은 선형 시간에 따른다는 것이다. 한 경기마다 정확히 한 팀이 탈락하므로, 한 팀만을 남기려면 경기를 $n-1$번만 하면 된다. 선형 횟수다. 단점은 1위 외의 나머지 팀들의 순위는 사실상 결코 알지 못한다는 것이다.

역설적인 점은 싱글 일리미네이션 방식에서는 사실상 토너먼트 구조가 전혀 필요하지 않다는 것이다. 63번의 경기를 어떤 식으로 하든지 간에, 우승 팀 하나가 나올 것이다. 이를테면, 〈언덕의 왕<sup>king of the hill</sup>〉이라는 언덕 지키기 놀이처럼, 왕좌를 차지한 팀이 도전자들을 차례로 물리치도록 하고, 다른 팀이 이기면 그 팀이 같은 경기를 이어서 반복하도록 하는 방식을 쓸 수도 있다. 하지만 이 방식은 경기들을 동시에 진행할 수가 없으므로, 63번의 경기를 따로따로 해야 하는 단점이 있다. 또 한 팀이 차례로 63번 경기를 치르게 될 수도 있다. 피로라는 측면에서는 바람직하지 않을 것이다.

비록 도지슨보다 한 세기가 더 지난 뒤에 태어났지만, 마이클 트릭만큼 스포츠에 관한 그의 수학적 개념을 21세기에 부활시키기 위해 적극적으로 노력하는 사람은 없을 것이다. 우리는 앞서 최적 멈춤 문제를 논의하면서 그를 소개한 바 있지만, 37% 법칙을 자신의 연애 생활에 적용하는 헛된 시도를 한 지 수십 년 후 그는 경영 관리 교수이자 남편이 되어 있다. 현재 그는 메이저리그 야구, 빅텐<sup>Big Ten</sup> 과 ACC 같은 NCAA 대회의 일정표를 짜는 주요 인물 중 한 사람이며, 컴퓨터과학을 이용하여 한 해의 경기 일정을 짠다.[31]

트릭이 지적하듯이, 스포츠 리그는 순위를 가능한 빠르고 신속하게 결정하는 쪽에 관심이 있지 않다. 대신에 스포츠 경기 일정은 시즌 전체에 걸쳐 긴장을 유지하도록 고안되어 있으며, 그 문제는 정럴 이론과 거의 관계가 없다.

우리는 메이저리그 야구의 조별 리그에서 누가 우승할지를 놓고 내기를 걸곤 한다. 이제 조별 리그라는 점을 무시한다면, 내기 중 일부는 시즌 초기에 결판이 날 것이다. 하지만 어쨌든 우리는 마지막 5주 안에 각 팀이 조의 다른 모든 팀과 경기를 하리라는 것을 확신한다. 조를 나누는 목적은 조별 경기에서 어느 팀이 뛰는지와 상관없다. 그들은 시즌의 마지막 5주 동안 성적이 가장 가까운 상대 팀과 적어도 6경기를 뛰어야 할 것이다. 그럼으로써 경기 시즌이나 일정에 더 관심을 갖게 된다. 마지막까지 불확실한 상태로 남아 있기 때문이다.[32]

게다가 스포츠가 반드시 엄밀하게 경기의 수를 최소화하기 위해 고안되는 것은 아니다. 이 점을 염두에 두지 않는다면, 스포츠 일정표의 몇몇 측면들은 컴퓨터과학자에게 수수께끼처럼 여겨질 것이다. 트릭은 야구의 정규 시즌에 2,430경기가 열린다고 하면서 이렇게 말한다. "우리는 완전한 정렬을 하려면 비교하는 데 적절한 수가 $n \log n$임을 압니다. 그러면 모든 팀의 순위를 알 수 있지요. 사람들이 오로지 우승하는 데에만 관심이 있다면, 단지 우승자를 알기 위해서 $n^2$을 할 이유가 어디 있겠어요?" 다시 말해, 선형로그 시간에 완전히 정렬을 할 수 있고 $n$보다 적은 경기로 싱글 일리미네이션 우승자를 뽑을 수 있다는 것을 아는데, 왜 완전한 $O(n^2)$ 라운드로빈 방식을 쓰는가? 실제적으로 리그의 관심사는 경기의 수를 최소화하는 것이 아니기 때문이다.

컴퓨터과학에서 불필요한 비교란 언제나 나쁜 것, 시간과 노력을 낭비하는 것이다. 하지만 스포츠에서는 결코 그렇지 않다. 여러 면에서 경기 그 자체가 핵심이다.

## 제대로 틀어쥐기: 잡음과 강건성

스포츠에 알고리즘을 적용하는 또 다른 방식—어쩌면 더욱 중요한 방식—은 은메달을 어떻게 믿을지가 아니라, 금메달을 어떻게 믿을지를 묻는 것이다.

마이클 트릭이 설명하듯이 몇몇 스포츠에서, "예를 들어 야구에서 사실상 실력 등이 어떻든 간에, 어떤 팀은 치르는 경기 중에 30%는 질 것이고, 어떤 팀은 30%는 이길 것"이다.[33] 이 점은 싱글 일리미네이션 방식에 성가신 문제를 안겨준다. 이를테면, NCAA 야구에서 최강 팀이 치르는 경기 중 70%를 이긴다고 해도, 우승을 하려면 6번의 주요 경기에서 연속으로 이겨야 하므로, 그 최강 팀이 우승할 확률은 0.70의 6거듭제곱에 불과하다. 즉 12%도 안 된다! 다시 말해, 리그의 진정한 최강 팀은 겨우 10년에 한 번꼴로 우승컵을 손에 쥐게 된다.

일부 스포츠에서는 한 경기의 결과를 70% 확신할 수 있다고 해도 최종 점수는 그 정도까지 확신을 못 할 수도 있다. UCSD 의사 톰 머피Tom Murphy는 수학 모델링 기법을 축구에 적용했는데, 축구의 점수가 본래 낮아서 경기 결과가 대다수의 축구 팬들이 상상하고 싶어 하는 쪽보다는 무작위로 나오는 것에 훨씬 더 가깝다는 결론을 내렸다. "3:2라는 점수는, 이긴 팀이 실제로 실력이 더 나은 팀일 확률이 8분의 5에 불과하다는 의미다. 개인적으로 나는 이 결과를 보고서 좀 실망했다. 설령 6:1로 압승하더라도 그것이 통계적 우연일 확률이 7%나 된다."[34]

컴퓨터과학자들은 이 현상을 잡음이라고 한다. 지금까지 살펴본 정렬 알고리즘은 모두 결함도 구멍도 없는 완전무결한 비교가 이루어진다고 가정한다. 즉 두 값 중에서 적은 쪽을 더 크다고 잘못 판단하거나 혼동하는 일이 결코 없다는 뜻이다. '잡음이 있는 비교기 noisy comparator'를 일단 허용하면, 일부 컴퓨터과학자들이 가장 신성시하는 알고리즘들은 쓰레기통에 처박히게 된다. 그리고 가장 악평을 받던 알고리즘들 중 일부는 복귀한다.

뉴멕시코대학교의 컴퓨터과학 교수 데이브 애클리 Dave Ackley는 컴퓨터과학과 '인공생명'이 교차하는 분야의 연구를 한다. 그는 컴퓨터가 생물학에서 몇 가지 배울 점이 있다고 믿는다. 무엇보다도 생물은 컴퓨터가 의존하는 수준의 신뢰도에 근접한 과정들이 거의 없는 세계에 살기에, 연구자들이 '강건성 robustness'이라고 하는 것을 무에서부터 구축한다. 애클리는 알고리즘에서도 강건성의 미덕을 인정하기 시작할 때가 되었다고 주장한다.[35]

그래서 프로그래밍 분야의 권위 있는 책《정렬과 검색 Sorting and Searching》에 "거품 정렬에는 단점을 상쇄시킬 만한 특징이 전혀 없다"고 대담하게 선언되어 있지만, 애클리와 동료 연구자들은 거품 정렬 같은 알고리즘이 쓰일 곳이 있을 수도 있다고 주장한다.[36] 심한 비효율성—한 번에 한 자리씩 항목을 옮기는—덕분에 그런 알고리즘은 잡음이 있어도 꽤 잘 버틸 수 있다. 비교를 통해 항목을 멀리까지 움직일 수 있는 합병 정렬 같은 더 빠른 알고리즘보다 훨씬 더 강건하다. 합병 정렬은 몹시 효율적이라는 점 때문에 취약할 수 있다. 합병 정렬에서의 초기 오류는 싱글 일리미네이션 토너먼트 1회전에서 우연히 운이 나빠서 패배한 것과 같다. 그러면 좋아하는 팀은 우승할 것이라는 희망이 꺾일 뿐 아니라, 영구히 하위 절반에 머무는 신세가 될 수 있다.* 반면에 래더 토너먼트에서는 거품 정렬과 마찬가지로, 우연히 패배해도 그저 순위가 한 자리 옮겨질 뿐이다.

하지만 사실 잡음 있는 비교기 앞에서 최고의 알고리즘은 거품 정렬이 아니다. 이 특별한 영예는 '**비교 계수 정렬** Comparison Counting Sort'이라는 알고리즘에게 돌아간다.[37] 이 알고리즘은 각 항목을 다른 모든 항목들과 비교하여 그 항목보다 더 큰 항목들이 얼마나 많은지 집계를 낸다. 그러면 이 수를 해당 항목의 순위를 비교하는 데 직접 쓸 수 있다. 비교 계수 정렬은 모든 항목 쌍을 비교하므로, 거품 정렬처럼 2차 시간 알고리즘이다. 따라서 전통적으로 컴퓨터과학 응용 사

---

* 흥미로운 점은 NCAA의 3월의 광란 토너먼트가 그 알고리즘이 지닌 이 결함을 줄이려는 의도로 고안된 것이라는 사실이다. 앞서 말했듯이, 싱글 일리미네이션이 지닌 가장 큰 문제는 우승 팀과 1회전에서 붙어서 탈락한 팀이 전체적으로 보면 사실상 2위이지만, (정렬되지 않은) 탈락한 하위 절반에 머물게 된다는 시나리오일 듯하다. NCAA는 상위권의 팀들이 일찍 맞붙지 않도록 팀을 배정하는 방식(seed, 시드)을 써서 이 문제를 우회한다. 팀 배정 과정은 적어도 가장 극단적인 사례에서는 신뢰할 수 있는 듯하다. 즉 3월의 광란 역사에서 16번째로 배정된 팀이 1번 시드인 팀을 이긴 사례가 아직 한 차례도 없었다.

례들에 널리 쓰이지는 않지만, 오류에 유달리 잘 견딘다.

이 알고리즘의 작동 방식은 들으면 친숙하게 여겨질 것이다. 비교 계수 정렬은 라운드로빈 토너먼트와 똑같이 작동한다. 다시 말해, 스포츠 팀의 정규 시즌과 흡사하다. 조의 모든 팀들이 서로 경기를 하여 승패 기록에 따라 순위를 다 매기는 것과 같다.

비교 계수 정렬이 2차 이상의 시간 복잡도를 따르는 정렬 알고리즘 중에 가장 강건하다는 사실은 스포츠팬들에게 아주 특별한 의미를 지니게 된다. 당신의 팀이 플레이오프에 뛰지 못한다 해도 슬퍼하지 마라. 합병 정렬의 포스트시즌은 운이지만, 비교 계수 정규 시즌은 그렇지 않다. 다시 말해, 우승자의 반지는 강건하지 않지만, 조별 순위는 말 그대로 최고로 강건하다. 쉽게 말하자면, 당신의 팀이 포스트시즌에서 일찍 탈락한다면, 운이 나쁜 것이다. 하지만 당신의 팀이 포스트시즌에 올라가지 못한다면, 그것은 혹독한 진리가 된다. 당신은 스포츠팬들이 모이는 술집에 가서 낙심한 동료 팬들과 운이 나빴다면서 서로 공감할 수 있을지 몰라도, 컴퓨터과학자에게서는 그 어떤 공감도 얻지 못할 것이다.

## 유혈 정렬: 쪼는 순서와 순위제

지금까지 살펴본 모든 사례들에서 정렬 과정은 하향식으로 부과되는 것이었다. 즉 사서가 서가를 정리하라고 하거나, NCAA가 팀에게 언제 누구와 경기를 하라고 말하는 식이었다. 하지만 일대일 비교가 자발적으로만 일어난다면 어떨까? 정렬이 밑에서부터 유기적으로 출현할 때, 어떤 모습을 갖게 될까?

온라인 포커와 비슷한 모습일 것이다.

일종의 중앙 기관이 관리하는 대다수 스포츠와 달리, 포커는 지난 10년 동안 폭발적으로 인기를 끌어왔음에도 여전히 다소 무정부 상태로 남아 있다. 비록 일부 유명한 경기는 참가자를 노골적으로 선별하지만(따라서 그에 걸맞은 보상을 한다), 상당한 비율의 포커 게임은 여전히 '현금 박치기 cash game'라는 방식으로 이루어진다. 둘 이상의 참가자가 실제 현금을 다 보이도록 내놓은 채 경기를 하겠다고 자발적으로 동의하는 방식이다.

세계 최고의 현금 박치기 포커 선수 중 1명인 아이작 핵스턴 Isaac Haxton만큼 이 세계를 깊이 파악하고 있는 인물은 아마 또 없을 것이다. 대부분의 스포츠에서는 가능한 한 잘하는 것으로 충분하며, 자의식을 덜 가질수록 더 나은 실력을 발휘할 수 있다. 하지만 핵스턴은 이렇게 설명한다. "어느 면에서 보자면, 자신의 실력이 얼마인지를 평가할 수 있는 능력이 포커 직업 선수의 가장 중요한 기술입니다. 자신이 세계 최고의 포커 선수 수준에 끼지 못하는데도 자기보다 잘하는 사람들과 계속 맞붙으려고 하다가는 알거지가 될 게 확실하죠."[38]

핵스턴은 무제한 no-limit, 맞대결 heads-up이 전문이다. '맞대결'은 일대일 포커를 뜻하고, '무제한'은 말 그대로 가진 판돈과 배짱에 따라 얼마든지 거액을 걸 수 있는 경기를 뜻한다. 여러 명이 하는 현금 박치기 포커 게임에서는 실력이 떨어지는 호구 1명(이를테면 부유한 아마추어)을 두고 직업 선수들이 죽 둘러앉아 있을 때가 종종 있다. 그럴 때 선수들은 서로의 실력이 좀 뛰어난지 떨어지는지 여부에 별 신경을 쓰지 않는다. 하지만 맞대결의 세계에서는 상황이 다르다. "당신과 상대방 사이에 누가 더 나은지에 관해 의견 차이가 있어야 합니다. 즉 누군가는 기꺼이 져야 하는 거죠."

그렇다면 의견이 꽤 일치하고, 아무도 자신보다 더 나은 상대와 경기를 하지 않으려 할 때 어떤 일이 생길까? 당신은 그저 유리한 입장에 서기 위해 애쓰는 선수와 다를 바 없어 보인다. 대부분의 온라인 포커 사이트는 판을 벌일 테이블의 수가 한정되어 있다. 핵스턴은 말한다. "50달러나 100달러씩 마구 거는 무제한 맞대결을 하고 싶어서 찾아보면, 그런 테이블은 10개밖에 안 됩니다. 그러니 모두가, 최고의 선수 10명이 앉아서 판을 벌이고 싶어 하는 누군가가 나타나기를 기다리고 있다는 생각을 하게 되는 거죠." 더 뛰어난 선수가 나타나서 테이블 중 한 곳에 앉으면 어떻게 될까? 그 사람이 돈을 계속 걸지 않으려 하면, 다른 이들이 나가버린다.

크리스토프 뉴먼$^{Christof Neumann}$은 말한다. "원숭이 2마리가 있다고 합시다. 1마리가 앉아서 아주 평화롭게 먹이를 먹고 있는데, 다른 1마리가 다가와요. 그러면 먹던 원숭이는 일어나서 떠날 겁니다."[39]

뉴먼은 포커의 비유를 드는 것이 아니다. 그는 뇌샤텔대학교의 행동생물학자로서 마카크원숭이의 우열 관계를 연구하고 있다. 그가 방금 말한 것은 '회피 행동$^{displacement}$'이라고 알려져 있다.

회피 행동은 동물이 계급 구조에 관한 자기 지식을 토대로 대결하는 것이 무익하다는 판단을 내릴 때 일어난다. 많은 동물 사회에서는 자원과 기회(먹이, 짝, 선호하는 공간 등)가 희귀하며, 어떤 식으로든 누가 그것을 얻을지 결정해야 한다. 짝짓기 기회나 좋은 풀밭을 발견할 때마다 매번 서로 치고받고 하는 것보다는 미리 서열을 정하는 편이 덜 폭력적이다. 비록 우리는 서로를 향해 발톱과 부리를 들이대는 동물들을 볼 때 움찔할지 모르지만, 생물학자들은 '쪼는 순서pecking order'를 폭력을 회피하는 폭력이라고 보는 경향이 있다.

많이 들어본 말 같다고? 바로 검색-정렬 트레이드오프이기 때문이다.

쪼는 순서는 근본적으로 계산 문제를 싸움으로 해결하는 방식이다. 말이 나온 김에 덧붙이자면, 이 때문에 농장에서 닭들이 다치지 않도록 하겠다는 좋은 의도로 닭들의 부리 끝을 잘라낸다면, 역효과가 날 수 있다. 개별적으로 싸움을 통해 우열 관계를 정할 수단이 제거되었기에, 닭들이 어떤 정렬 방식이든 선택하기가 훨씬 더 어려워진다. 그 결과 무리 내의 적대적 행동이 사실상 더 증가하는 사례가 많다.

컴퓨터과학의 관점에서 동물의 행동을 살펴보면 몇 가지 시사하는 바가 있다. 한 가지는, 집단이 커질수록 개체가 맞닥뜨리는 적대적인 대결의 횟수는 상당히—적어도 로그 시간, 그리고 아마 2차 시간에 따라—증가할 것이라는 의미다. 사실 암탉들의 '반발 행동agonistic behavior'을 연구한 결과들은 "집단의 크기가 커질수록 마리당 공격 행동도 커졌다"는 것을 보여준다.[40] 따라서 정렬 이론은 가축을 윤리적으로 키우는 방법에는 함께 키우는 개체의 수를 제한하는 것도 포함되어야 함을 시사한다. (야생에서 닭은 10~20마리씩 무리지어 돌아다닌다. 양계장에서 키우는 규모보다 훨씬 작다.) 또 함께 키우기 시작한 지 몇 주가 지나면 공격 행동이 잠잠해지며, 새로운 개체를 집어넣으면 재개된다는 것—무리가 스스로 순위를 정한다는 개념을 뒷받침한다—도 연구를 통해 드러났다.

UW-매디슨 산하 복잡성 및 집단 계산 센터Center for Complexity and Collective Computation의 공동 소장인 제시카 플랙Jessica Flack은 자연의 분산형 정렬을 연구하는 데 핵심이 되는 개념이 '순위제dominance hierarchy'가 궁극적으로 정보 계층 구조라는 것이라고 주장한다. 플랙은 이런 분산형 정렬 체계에 상당한 계산 부담을 안겨주는 것이 있다고 지적한다.[41] 예를 들어, 마카크원숭이 집단에서 싸움 횟수는 모든 원숭이가 계급 구조를 상세히 (그리고 비슷하게) 이해하고 있을 때에야 최소로 줄어든다. 그렇지 않으면 폭력은 계속될 것이다.

구성원들이 현행 질서의 변동을 계속해서 얼마나 잘 파악하고 있는지에 초점을 맞춘다면, 동물이 추론하고 기억하는 능력이 더 뛰어날수록 대결이 더 적어지리라고 예상할 수 있을 것이다. 그리고 아마 인류는 가장 효율적인 정렬에 가장 가까이 다가가 있는 동물일 것이다. 핵스턴은 포커 세계를 이렇게 말한 바 있다. "나는 세계 최고의 일대일 무제한 홀덤 포커 선수 중 1명이고, 내 머릿속에는 내가 최고라고 생각하는 20여 명의 순위표가 꽤 상세히 담겨 있어요. 나는 그들의 머릿속에도 비슷한 순위표가 있을 거라고 생각합니다. 그 목록도 상당한 수준까지 서로 일치할 것이라고 봐요." 그 순위가 다를 때에야 현금 박치기 게임이 시작될 것이다.

우리는 스스로를 정렬하려는 집단의 욕망에 수반되는 두 가지 단점을 살펴보았다. 첫째, 대결 횟수가 최소한 선형로그 양상을 띠고, 집단이 커질수록 모두가 살면서 더 많이 싸우게 된다. 둘째, 모든 경쟁자는 계속 변동하고 있는 다른 모든 이들의 지위를 계속 지켜보아야 한다. 그러지 않으면 불필요하게 더 많이 싸우게 될 것이다. 그러면 몸뿐 아니라 마음도 고생하게 된다.

하지만 꼭 그런 식으로 할 필요는 없다. 희생 없이 질서를 구축하는 방법들도 있다.

이를테면, 한 스포츠 경기에서는 단 한 번의 대회가 열리는 기간에 수만 명의 경쟁자들이 완전히 정렬된다. (반면에 1만 명이 라운드로빈 토너먼트를 벌이면, 1억 번 경기를 해야 할 것이다.) 유일한 단서 조항은 대회에 소요되는 시간을 가장 느린 경쟁자를 기준으로 정해야 한다는 것이다. 이 스포츠 경기는 바로 마라톤이며, 마라톤은 중요한 점을 시사한다. 경주는 싸움과 근본적으로 다르다는 것이다.[42]

권투 선수와 스키 선수의 차이, 펜싱 선수와 달리기 선수의 차이를 생각해보자. 올림픽 권투 선수는 시상대에 오르기까지 뇌진탕 위험을 $O(\log n)$번, 대개 4~6번 겪는다. 더 많은 운동선수들이 경기를 뛸 수 있도록 한다면, 모두의 건강이 위험에 처할 것이다. 하지만 스켈레톤 선수나 스키 점프 선수나 하프파이프 선수는 경기장의 크기에 상관없이, 중력과 일정한 횟수의 내기를 하면 된다. 펜싱 선수는

$O(\log n)$번 상대방의 손에 내맡겨지지만, 마라톤 선수는 단 1번의 경주를 견뎌야 한다. 성적을 단순한 수로 측정할 수 있다는 것은 순위를 상수 시간 알고리즘으로 나타낼 수 있다는 의미다.

이렇게 서수(지원자들의 상대적인 순위)에서 기수(어떤 일반적인 척도로 잰 점수)로 옮겨가면, 짝지어서 비교할 필요가 없이 자연히 정렬이 된다. 따라서 직접 일대일로 붙을 필요가 없이 순위제가 가능해진다. 기업 순위를 정한다는 의미에서 보면, 〈포천Fortune〉 500 목록도 여기에 속한다. 미국에서 가장 가치가 높은 회사를 찾기 위해, 분석가들은 마이크로소프트와 제너럴모터스를 비교하고, 제너럴모터스를 쉐브론과, 쉐브론을 월마트와 비교하는 식으로 부지런히 일할 필요가 없다. 전혀 다른 대상을 비교하는 듯이 보이는 일(기업 소프트웨어 판매량을 석유 판매량과 어떻게 대응시킬까?)이 달러라는 매개체를 통해 동일한 종류의 대상을 비교하는 일이 된다. 어떤 기준이든 간에, 기준을 정하면 한 정렬을 확장하는 계산 문제로 바뀌면서 풀리게 된다.

예를 들어, 실리콘밸리에는 회의에 관한 격언이 하나 있다. "당신이 돈을 찾아가는 것이지, 돈이 당신에게 찾아오는 것은 아니다."[43] 판매자는 설립자를 찾아가고, 설립자는 벤처 투자자를 찾아가고, 벤처 투자자는 유한 책임을 함께 질 동료 투자자를 찾아간다. 개인은 이 계층 구조의 토대에 분개할 수는 있겠지만, 그 결정에 항의하는 일은 사실상 못한다. 그 결과 일대일 상호작용은 유리한 입장에 서기 위해 애쓰는 최소한의 수준에서 일어난다. 대체로 어느 두 사람이 만나든 간에 협상할 필요 없이 누가 누구에게 어떤 수준의 존중을 표할지 알아차릴 수 있다. 누구나 어디에서 만날지를 안다.

마찬가지로 이론상 해상 통행권이 극도로 정교한 협약들에 따라 정해지긴 하지만, 실질적으로 어느 배가 어느 배에 길을 양보할지는 한 가지 단순한 원칙에 따라 정해진다. '총톤수 법칙 Law of Gross Tonnage' 이다. 아주 짧게 요약하자면, 작은 배는 큰 배의 앞길을 가로막지 말라는 것이다. 동물들 중에서도 운 좋게 그렇게 명쾌한 순위제를 갖춘 종들이 있다. 노이먼이 관찰했듯이 말이다. "어류를 보세요. 큰 쪽이 우위에 있지요. 아주 단순해요."[44] 그리고 그렇게 단순하기 때문에 평화롭다. 닭이나 영장류와 달리, 어류는 피를 흘리지 않고도 질서를 구축한다.

대규모 인간 사회를 가능하게 하는 요소들을 생각할 때면, 기술에 초점을 맞추기가 쉽다. 농경, 금속, 기계 같은 것들이다. 하지만 정량화할 수 있는 척도로 지위를 측정하는 문화적 행위도 마찬가지로 중요할지 모른다. 물론 돈이 기준이 될 필요는 없다. 예를 들어, "노인을 공경하라" 같은 규칙도 마찬가지로 공통의 양인 나이를 토대로 지위 문제를 해결한다.

그리고 국가 내에서만이 아니라 국가 간에도 동일한 원리가 작용한다. 국가의 GDP(G20 같은 정상회담에서 국가수반을 초청하는 기준) 같은 기준이 엉성하며 불완전한 척도라는 이야기를 흔히 한다. 하지만 어떤 기준이든 존재하면, 국가의 지위라는 문제가 적어도 선형로그 횟수만큼 난투를 벌이고 해결해야 하는 대신에, 하나의 기준점으로 순위가 정해지는 문제로 전환된다. 국가 대 국가의 지위 다툼이 군사적인 형태를 취하곤 한다는 점을 생각하면, 이 GDP 같은 기준 방식은 시간뿐 아니라 목숨도 구한다.

　선형로그 횟수의 다툼은 소규모 집단에서는 잘 먹힐 수도 있다. 자연에서는 본래 그렇다. 하지만 일대일 비교―말로 싸우든 총질을 하든 간에―를 통해 지위가 확립되는 세계에서, 사회가 커짐에 따라 대결의 횟수는 통제 불가능한 수준으로 급증한다. 수천 명, 또는 수백만 명의 사람들이 같은 공간에서 살아가는 산업 규모에서는 그것을 넘어서는 도약이 필요하다. 기수에서 서수로의 도약이다.

　매일 경주를 벌이듯이 바쁘게 살아가는 애달픈 인생이지만, 그것이 싸움이 아니라 경주라는 사실이야말로 우리를 원숭이, 닭과 다른 존재로 만드는 핵심 요소다.

제4장

잊어라

캐싱

ALGORITHMS

지성의 실질적 이용이라는 측면에서 보면, 망각은 기억만큼 중요한 기능이다.
– 윌리엄 제임스[1]

당신은 한 가지 문제를 안고 있다. 옷장이 너무 꽉 차서 신발도, 셔츠도, 속옷도 바닥에 너저분하게 널려 있다. 당신은 생각한다. '정리 좀 해야겠네.' 이제 당신의 문제는 두 가지로 늘어난다.[2]

첫째, 당신은 무엇을 안 버릴지 결정해야 하며, 둘째, 그것들을 어떻게 배치할지를 정해야 한다. 다행히도 이 두 가지 문제를 생각하는 일을 생업으로 삼는 이들이 있다. 이 소규모 업종에 속한 이들은 우리에게 기꺼이 조언을 해준다.

"무엇을 간직할까?"라는 물음에 마사 스튜어트<sup>Martha Stewart</sup>는 먼저 스스로에게 몇 가지 질문을 해보라고 조언한다. "얼마나 오래 간직하고 있었나? 아직 쓸 만한가? 똑같은 것을 더 갖고 있지 않나? 마지막으로 입거나 쓴 것이 언제인가?"[3]

그녀는 간직할 것을 어떻게 정리할지라는 물음에는 이렇게 권고한다. "종류별로 모아라." 그녀의 동료 전문가들도 동의한다. 프랜신 제이Francine Jay는 《단순함의 즐거움The Joy of Less》에서 이렇게 말한다. "치마, 바지, 정장, 외투별로 따로따로 걸어라."[4] 자신이 '미국에서 가장 정리 잘하는 남자'라고 내세우는 앤드루 멜렌Andrew Mellen도 말한다. "종류별로 모으는 겁니다. 바지는 바지끼리, 셔츠도, 외투도 끼리끼리 모으는 거죠. 종류마다 색깔이나 양식별로 다 정돈을 합니다. 긴 소매나 짧은 소매, 목둘레선 등에 따라서요."[5] 여기에 수반될수 있는 정렬 문제를 논외로 하면, 좋은 조언처럼 보인다. 확실히 만장일치인 듯하다.

저장 문제에 강박적일 만큼 집착하는 전문가들로 이루어진 좀 더큰 규모의 집단을 빼면 말이다. 그들은 다른 견해를 갖고 있다. 당신의 옷장은 컴퓨터가 기억을 관리할 때 직면하는 것과 거의 동일한문제에 처해 있다. 공간이 한정된 상황에서, 시간과 돈을 둘 다 절약하는 것이 목표다. 컴퓨터가 등장한 이래로 줄곧 컴퓨터과학자들은무엇을 간직하고, 그것을 어떻게 정리할 것인가라는 두 문제와 씨름해왔다. 이렇게 수십 년 동안 애써서 얻은 결과는 "무엇을 버릴 것인가?"라는 질문에 대한 마사 스튜어트의 조언과 사실상 좀 다를뿐더러, 완전히 들어맞지 않는 측면들도 있다. 그중 한 가지는 그녀의조언에 훨씬 더 비판적이다.

기억 관리의 컴퓨터과학은 당신의 옷장(그리고 사무실)이 정확히어떻게 정리되어야 하는지도 알려준다. 언뜻 볼 때, 컴퓨터는 "종류별로 모아라"라는 마사 스튜어트의 격언을 따르는 듯하다. 운영 체제는 파일들을 비슷한 것끼리 폴더에 모으고, 하위 폴더로 들어갈수록 점점 세부적인 내용에 따라 파일들을 끼리끼리 모아서 정렬하는 계층 구조를 구축하라고 부추긴다. 하지만 학자의 책상이 말끔하게 정리되어 있다고 해도 마음속은 혼란스러울 수 있는 것처럼, 잘 정리되어 보이는 컴퓨터 파일 시스템만 보다가는 겹쳐진 폴더라는 얇은 합판 아래에 실제로 자료를 어떻게 저장할지를 놓고 기술적으로 극심한 혼란이 일어나고 있음을 간과할 수 있다.

실제로 그 속에서는 '캐싱caching'이라는 일이 벌어지고 있다. 캐싱은 기억의 구조에서 중요한 역할을 하며, 밀리미터 단위인 프로세서 칩의 설계부터 세계 인터넷의 구조에 이르기까지 모든 것의 토대가 된다. 그리고 인간 삶의 온갖 저장 체계와 기억 은행을 보는 새로운 관점을 제시한다. 우리의 기계만이 아니라, 옷장, 사무실, 서가도 말이다. 또한 우리의 머릿속도.

## 기억 계층 구조

어떤 여성은 아주 명석한데 기억력이 꽝이었다. 그녀는 일을 할 수 있을 정도만 기억했고, 열심히 일했다.
– 리디아 데이비스[6]

2008년경부터, 새 컴퓨터를 사려는 사람은 저장장치를 선택할 때 몹시 고민하게 되었다. 그들은 용량과 속도 사이에서 트레이드오프를 해야 한다. 컴퓨터 산업은 현재 하드디스크 드라이브에서 솔리드 스테이트 드라이브Solid-State-drives, SSD로 옮겨가는 중이다. 같은 가격일 때 하드디스크는 훨씬 더 많은 용량을 제공하는 반면, SSD는 훨씬 더 뛰어난 성능을 제공한다. 대부분의 소비자는 이 사실을 알고 있으며, 그렇지 않은 이들도 사러 가면 곧 알아차릴 것이다.

별 관심 없는 소비자는 이 가혹한 트레이드오프가 컴퓨터 자체 내에서도 다양한 규모에서 이루어지고 있다는 사실을 알아차리지 못할지도 모른다. 컴퓨팅(컴퓨터 계산)의 근본 원리 중 하나라고 여겨질 정도로까지 말이다.[7]

1946년, 프린스턴 고등연구소의 아서 벅스Arthur Burks, 허먼 골드스타인Herman Goldstine, 존 폰 노이만은 전자 '기억 기관'이라고 이름 붙인 것의 설계안을 내놓았다.[8] 그들은 이상적인 상황에서는 기계가 번개처럼 빨리 무한한 양의 자료를 저장할 수 있겠지만, 현실에서는 불가능하다고 썼다. (지금도 여전히 그렇다.)

그래서 그들은 차선책이라고 믿는 것을 제안했다. "기억의 계층구조로서, 하위 단계로 갈수록 용량은 더 커지는 반면, 접근 속도는 느려진다." 각기 다른 유형의 기억들(작고 빠른 기억과 크고 느린 기억)로 사실상 피라미드를 구축한다면, 양쪽에서 최상의 것을 얻을 수도 있다는 것이다.

기억 계층 구조의 배경이 되는 기본 개념은 도서관을 이용해 본 사람에게는 직관적으로 와닿을 것이다. 당신이 논문을 쓰기 위해 어떤 주제를 연구한다면, 여러 차례 참조할 필요가 있는 책들이 몇 권 있을 것이다. 그럴 때 매번 도서관에 가기보다는 대출을 받아 책상에 올려놓으면 더 쉽게 들춰볼 수 있다.

컴퓨팅에서 이 '기억 계층 구조' 개념은 그저 하나의 이론으로 남아 있다가, 1962년 영국 맨체스터에서 아틀라스[Atlas]라는 슈퍼컴퓨터가 개발되면서 상황이 달라졌다.[9] 아틀라스의 주기억장치는 옛날 축음기의 원통과 마찬가지로 회전하면서 정보를 읽고 쓸 수 있는 커다란 원통(드럼)이었다. 하지만 아틀라스는 자기를 띤 자석으로 만든 더 작고 더 빠른 '작업' 기억장치도 지니고 있었다. 드럼에 있는 데이터를 자기 장치로 읽어 와서 빨리 쉽게 처리한 다음, 결과를 드럼에 기록하는 방식을 썼다.

아틀라스가 개발된 직후, 케임브리지 수학자 모리스 윌크스[Maurice Wilkes]는 더 작고 더 빠른 이 기억장치가 단지 데이터를 처리한 다음 다시 저장장치로 보내는 데 편리한 장소에 불과한 것이 아님을 깨달았다. 앞으로 비슷한 요청이 올 것을 예상하고서, 나중에 필요해질 가능성이 높은 정보를 의도적으로 저장하는 용도로도 쓸 수 있었다. 그러면 기계의 작업 속도를 대폭 높일 수 있었다. 필요한 정보가 작업 기억에 아직 남아 있으므로, 드럼에서 다시 읽어올 필요가 없었다. 윌크스는 그 작은 기억장치가 "더 느린 주기억장치에서 오는 단어들을 자동적으로 쌓아둠으로써, 나중에 주기억장치에 다시 접근해야 하는 불편한 일을 할 필요 없이 이용할 수 있도록 한다"라고 썼다.[10]

물론 그러려면 가능한 한 자주 살펴보는 것을 담고 있도록 작고 빠르고 비싼 기억장치를 관리하는 것이 가장 중요해진다. 도서관을 비유로 다시 들자면, 도서관에 단 한 번 가서 필요한 책들을 모두 빌려서 그 주 내내 집에서 일할 수 있다면, 도서관에 있는 책들이 이미 책상에 다 쌓여 있는 것과 거의 마찬가지다. 도서관에 가는 횟수가 늘어날수록 일은 더 느려지고, 책상이 하는 일도 사실상 줄어든다.

윌크스의 제안은 1960년대에 IBM 360/85 슈퍼컴퓨터를 통해 실현되었고, 그 컴퓨터에서는 '캐시cache'라는 이름을 썼다.[11] 그 뒤로 캐시는 컴퓨터과학의 모든 분야에서 쓰이는 말이 되었다. 자주 참조하는 정보를 계속 담아둔다는 개념은 대단히 강력하여 컴퓨터의 모든 측면에서 쓰이고 있다. 프로세서는 캐시를 갖고 있다. 하드드라이브도 캐시를 갖고 있다. 운영 체제에도 캐시가 있다. 웹브라우저도 캐시를 쓴다. 콘텐츠를 브라우저로 전달하는 서버도 캐시를 쓴다. 그래서 로봇 청소기를 타고 다니는 고양이를 찍은 동영상을 수백만 명이 동시에 즉시 시청하는 것이 가능하다. 하지만 여기서 좀 이야기가 앞서 나가는 듯하다.

지난 50여 년에 걸친 컴퓨터의 이야기는 해마다 기하급수적으로 성장이 이루어져왔다는 말로 대변되었다. 거기에는 인텔의 고든 무어Gordon Moore가 1975년에 말한 CPU의 트랜지스터 수가 2년마다 2배씩 늘어난다고 예측한 유명한 '무어의 법칙Moore's Law'이 정확히 들어맞아왔다는 말이 으레 따라붙곤 한다.[12]

하지만 개선이 이 속도로 이루어지지 않은 것도 있다. 바로 기억장치의 성능이다. 그 말은 처리 시간을 고려할 때, 기억장치를 쓰는 비용도 기하급수적으로 증가해왔다는 의미다. 예를 들어, 논문을 쓰는 속도가 더 빨라질수록, 도서관에 갈 때의 생산성 하락도 더 커진다. 마찬가지로, 해마다 제조 속도가 2배로 늘어나는—하지만 필요한 부품은 한결같이 느린 속도로 해외에서 배로 들여오는—공장은 제조 속도가 절반에 불과한 공장과 별다를 바 없다는 의미가 될 것이다. 얼마 동안은 거의 예외 없이 무어의 법칙에 따라 점점 더 빨라지면서 더 많은 시간을 빈둥거리면서 보내는 프로세서가 계속 출현하는 듯이 보였다. 그러다가 1990년대에 '기억 장벽memory wall'이라는 현상이 나타나기 시작했다.

그 장벽에 맞서는 컴퓨터과학의 최고의 방어 수단은 점점 더 정교한 계급 구조였다. 캐시의 캐시, 그 캐시의 캐시를 만드는 방식을 계속 이어가는 것이었다. 현재 소비자가 쓰는 노트북, 태블릿, 스마트폰은 6층의 기억 계층 구조를 갖고 있으며, 컴퓨터과학에서 기억을 영리하게 관리하는 일이 지금처럼 중요한 적은 없었다.[13]

그러니 캐시(또는 옷장)를 떠올릴 때 가장 먼저 드는 질문에서 시작해보자. 캐시가 다 차면 어떻게 해야 할까?

지식이 추가될 때마다 전에 알던 무언가를 잊을 때가 온다네. 따라서 쓸모없는
사실이 유용한 사실을 내쫓지 않도록 하는 것이 가장 중요하지.
– 셜록 홈스[14]

캐시가 꽉 찼을 때, 다른 무언가를 저장하고 싶다면 당연히 공간
을 좀 비워야 한다. 컴퓨터과학에서는 이 공간 만들기를 '캐시 교체
cache replacement ' 또는 '캐시 퇴거 cache eviction'라고 한다. 윌크스는 이렇
게 썼다. "캐시는 주기억장치에 비해 크기가 아주 작을 수 있으므로,
단어를 무한정 보관할 수 없다. 따라서 알고리즘을 적용하여 서서히
덮어쓰도록 해야 한다."[15] 그런 알고리즘을 '교체 정책 replacement policy '
또는 '퇴거 정책 eviction policy '이라고 하며, 그냥 단순히 '캐싱 알고리즘
caching algorithm '이라고도 한다.

앞서 살펴보았듯이 IBM은 1960년대에 캐싱 시스템을 구현하는
데 중요한 역할을 했다. 당연히 캐싱 알고리즘에 관한 선구적인 연
구들도 그곳에서 이루어졌다. 아마 그중에서 가장 중요한 인물은 라
슬로 레스 벨라디 László Les Bélády일 것이다. 벨라디는 1928년 헝가리
에서 태어났다. 그는 기계공학을 공부하다가 1956년 헝가리 혁명
때 독일로 피신했다. 갈아입을 속옷 한 벌과 졸업 논문이 든 가방만
들고 갔다. 그는 독일에서 프랑스로 갔다가, 1961년 미국으로 이민
을 떠났다. 아내와 갓 태어난 아들, 주머니에 든 1,000달러와 함께

였다.[16] IBM에 자리를 얻어서 캐시 퇴거를 연구할 즈음에는 이미 무엇을 간직하고 무엇을 버릴지에 관한 세밀한 감각을 갖춘 듯하다.

캐싱 알고리즘을 다룬 벨라디의 1966년 논문은 15년 동안 컴퓨터과학에서 가장 많이 인용되는 문헌이 되었다.[17] 논문은 캐시 관리의 목표가 캐시에서 찾는 것을 찾지 못해서 더 느린 주기억장치를 찾아가야 하는 횟수를 최소화하는 것이라고 설명한다. 이것을 '페이지 오류 page fault' 또는 '캐시 실패 cache miss'라고 한다. 최적 캐시 퇴거 정책—본질적으로 벨라디의 정의에 따를 때—은 캐시가 꽉 찼을 때, 지금부터 가장 오래 지난 뒤에 다시 필요할 항목을 내쫓는 것이다.

물론 무엇이 다시 필요할지를 정확히 알기란, 말은 쉬워도 실제로는 그렇지 않다.

최적 정책을 미리 내다보고 실행할 가상의 전지전능한 알고리즘은 오늘날 벨라디를 기리는 차원에서 '벨라디 알고리즘 Bélády's Algorithm' 이라고 불린다. 벨라디 알고리즘은 컴퓨터과학자들이 '천리안 알고리즘 Algorithm clairvoyant'이라고 말하는 것의 한 예다. 미래의 데이터를 통해 정보를 얻는 알고리즘이다.

언뜻 들으면 웬 헛소리인가 생각할지 모르겠지만, 그렇지 않다. 어떤 시스템이 앞으로 무슨 일이 벌어질지를 알아내는 사례들이 있기 때문이다. 하지만 일반적으로 천리안은 얻기가 쉽지 않으며, 소프트웨어 공학자들은 벨라디 알고리즘을 실제로 구현하려고 시도하면 '구현의 어려움 implementation difficulty'과 마주친다고 농담하곤 한다. 따라서 우리가 현재에 굳게 뿌리를 박고 있으면서 앞으로 어떤 일이 벌어질지는 추측만 할 수 있을 뿐일지라도, 가능한 한 천리안에 가까운 알고리즘을 찾아내는 것은 우리의 도전 과제다.

우리는 그냥 '**무작위 퇴거**<sup>Random Eviction</sup>'를 시도할 수도 있다. 캐시에 새 데이터를 추가할 때 무작위로 기존 데이터에 덮어씌우는 것이다. 캐싱 이론에서 초기에 나온 놀라운 결과 중 하나는 이 접근법이 완벽한 것과는 거리가 멀지만, 그런대로 나쁘지 않다는 것이다.

아무튼 캐시를 어떻게 관리하든 간에, 캐시를 지닌다는 것만으로도 시스템은 더 효율적이 된다. 당신이 자주 쓰는 항목은 어쨌든 결국은 곧 캐시로 돌아올 것이다. 또 하나의 단순한 전략은 '**선입선출**<sup>First-In, First-Out, FIFO</sup>'이다. 가장 오랫동안 캐시에 죽치고 있던 것을 내쫓거나 덮어씌우는 방식이다("얼마나 오래 간직하고 있었나요?"라는 마사 스튜어트의 질문처럼). 세 번째 접근법은 '**최저 사용 빈도**<sup>Least Recently Used, LRU</sup>'로서, 가장 오랫동안 쓰이지 않은 항목을 내쫓는 것이다("마지막으로 읽거나 쓴 것이 언제인가요?"라는 스튜어트의 질문에 따라).

스튜어트의 이 두 질문은 매우 어려운 정책임을 시사할 뿐 아니라, 한쪽이 다른 쪽보다 훨씬 더 뛰어나다는 것이 드러난다. 벨라디는 여러 시나리오를 상정하여 무작위 퇴거, FIFO, 다양한 LRU 변형 형태들을 비교한 끝에 LRU가 일관성 있게 천리안에 가장 가까운 결과를 내놓는다는 것을 알아차렸다.[18]

LRU 원리는 컴퓨터과학자들이 '시간 국소성<sup>temporal locality</sup>'이라고 부르는 것 때문에 효과를 발휘한다. 어떤 프로그램이 특정한 정보를 위해 불려온다면, 가까운 미래에 다시 불려올 가능성이 높다는 것이다. 시간 국소성은 어느 정도는 컴퓨터가 문제를 푸는 방식에서 비롯되지만(예를 들어, 연관된 일련의 읽고 쓰기를 빠르게 하는 루프를 실행하는 것처럼), 사람들이 문제를 푸는 방식에서도 나온다. 당신은 컴퓨터로 작업하고 있을 때, 전자우편, 웹브라우저, 문서 작성기 사이를 오갈 수도 있다. 이들 중 하나에 최근에 접근했다는 사실은 다시 접근할 가능성이 높다는 하나의 단서이며, 모든 조건이 같을 때 가장 오랫동안 사용하지 않은 프로그램은 아마 앞으로도 당분간 사용하지 않을 것이다.

사실 이 원리는 컴퓨터가 사용자에게 보여주는 인터페이스에도 암묵적으로 적용된다. 당신의 컴퓨터 화면에 뜬 창들은 'Z축 정렬 Z-order'이라는 것에 따라 놓여 있다. 어느 프로그램 위에 다른 프로그램이 겹쳐져 있는지를 결정하는 깊이 모사 방식이다. 최근에 가장 덜 사용한 프로그램이 가장 밑에 놓이게 된다. 파이어폭스의 수석 디자이너였던 에이자 래스킨 Aza Raskin은 이렇게 말한다. "현재 브라우저(컴퓨터)를 쓰는 시간 중에서 상당수는 디지털판 서류 뒤적거리기에 해당하는 것을 하면서 보내는 겁니다."[19]

이 '뒤적거리기'는 윈도우즈와 맥 OS에서의 작업 전환 인터페이스에도 고스란히 반영되어 있다. Alt+Tab이나 Command+Tab 자판을 누를 때, 가장 최근에 사용한 것부터 정렬되어 있던 응용 프로그램들의 순서가 최근에 가장 덜 사용한 것부터 정렬이 바뀌는 것을 볼 수 있다.

퇴거 정책을 다룬 문헌들은 상상할 수 있는 가장 깊은 수준까지 들어간다.[20] 최근 사용 여부뿐 아니라 사용 빈도까지 고려하는 알고리즘, 마지막으로 사용했는지 여부가 아니라 바로 그 전에 언제 사용했는지까지 추적하는 알고리즘 등등을 다 다룬다. 하지만 혁신적인 캐싱 전략이 많이 있으며, 그중에는 조건이 맞으면 LRU를 능가할 수 있는 것들도 있긴 하지만, 컴퓨터과학자들은 압도적이라 할 만큼 LRU 자체—그리고 그 방법을 약간 수정한 것들—를 선호하며, 그것들은 다양한 규모로 매우 여러 가지 응용 프로그램에 구현되어 있다.[21] LRU는 다음에 필요하다고 예상할 수 있을 것을 마지막으로 필요로 했던 것이고, 그 다음으로 필요로 할 것이 두 번째로 가장 최근에 썼던 프로그램일 거라고 말해준다. 그리고 가장 덜 필요로 할 거라고 예상할 수 있는 것은 가장 오랫동안 사용하지 않았던 것이다.

달리 생각할 타당한 이유가 없다고 할 때, 미래를 알려줄 최고의 안내자는 과거의 거울상인 듯하다. 천리안에 가장 가까운 것은 역사가 되풀이된다고—역순으로—가정하는 것이다.


## 도서관을 뒤집어라


버클리 소재 캘리포니아대학교의 지하 서고인 가드너 스택스로 깊숙이 들어가면, '직원 외 출입금지'라고 큼지막하게 적혀 있는 잠긴 문이 나온다. 일반 이용자는 들어갈 수 없는 그곳은 UC버클리대학교 도서관의 보물창고 중 하나다. 코맥 매카시 Cormac McCarthy, 토머스 핀천 Thomas Pynchon, 엘리자베스 비숍 Elizabeth Bishop, J. D. 제롬 데이비드 샐린저 Jerome David Salinger, 아나이스 닌 Anaïs Nin, 수전 손택 Susan Sontag,

주노 디아스<sup>Junot Diaz</sup>, 마이클 샤본<sup>Michael Chabon</sup>, 애니 프루<sup>Annie Proulx</sup>, 마크 스트랜드<sup>Mark Strand</sup>, 필립 K. 딕<sup>Philip K. Dick</sup>, 윌리엄 카를로스 윌리엄스<sup>William Carlos Williams</sup>, 척 팔라닉<sup>Chuck Palahniuk</sup>, 토니 모리슨<sup>Toni Morrison</sup>, 데니스 존슨<sup>Denis Johnson</sup>, 줄리아나 스파<sup>Juliana Spahr</sup>, 조리 그레이엄<sup>Jorie Graham</sup>, 데이비드 세다리스<sup>David Sedaris</sup>, 실비아 플라스<sup>Sylvia Plath</sup>, 데이비드 마멧<sup>David Mamet</sup>, 데이비드 포스터 월리스<sup>David Foster Wallace</sup>, 닐 게이먼<sup>Neil Gaiman</sup>…… 이곳은 도서관의 희귀 도서 서고가 아니다. 도서관의 캐시다.[22]

앞서 논의했듯이, 도서관은 우리 자신의 책상 공간과 함께 쓰일 때 기억 계층 구조의 자연스러운 사례가 된다. 사실 다양한 구역과 저장 시설을 갖춘 도서관은 그 자체가 다층으로 이루어진 기억 계층 구조의 탁월한 사례다. 그 결과 도서관은 온갖 종류의 캐싱 문제에 직면한다. 도서관은 전면에 있는 한정된 진열 공간에 어느 책을 꽂을지, 서고에는 어떤 책을 보관할지, 외진 수장고에는 어떤 책을 넣을지 결정해야 한다. 어느 책을 수장고에 넣을지는 도서관마다 정책이 다르지만, 거의 모든 도서관은 LRU를 개량한 방식을 쓴다. UC 버클리대학교의 도서관에서 그 과정을 책임지고 있는 베스 더퓌스<sup>Beth Dupuis</sup>는 말한다. "본관에서는 12년 동안 열람하지 않은 책을 수장고로 보내죠."[23]

열람 스펙트럼에서 12년 동안 열람하지 않은 책의 반대쪽 끝에는 앞 장에서 이야기한 '대강 분류하는' 구역이 있다. 막 반납된 책들을 모았다가 다시 제대로 분류하여 서가로 보내는 곳이다. 역설적인 점은 그 책들을 서가로 돌려놓기 위해 열심히 일하는 조수들이 어떤 의미에서는 질서를 흩뜨리고 있다는 것이다.

이유는 이렇다. 시간 국소성을 적용한다면, 대강 분류하는 서가는 건물 전체에서 가장 중요한 책들이 있는 곳이다. 가장 최근에 읽힌 책들이므로, 이용자들이 찾을 가능성이 가장 높은 책들이기도 하다. 그러니 이 도서관의 수 킬로미터에 달하는 서고에서 가장 잘나가고 가장 읽을 가치가 있는 책들을 모은 서가가 이용자에게 숨겨져 있고, 자기 일을 가장 열심히 하는 도서관 직원들이 그 책들을 계속 치운다는 것은 범죄 행위처럼 보인다.

한편 모피트 대학생 도서관의 중앙 통로—가장 눈에 잘 띄면서 접근하기 쉬운 서가들이 있는 곳—에는 도서관이 가장 최근에 구입한 책들이 진열되어 있다. 이곳은 마지막에 읽힌 책이 아니라, 마지막에 도서관에 들어온 책에 특권이 주어지는 FIFO 캐시의 실제 사례다.

컴퓨터과학자들이 지금까지 조사한 대다수의 사례에서 LRU 알고리즘이 우세한 성능을 보였다는 사실은 한 가지 단순한 제안으로 이어진다. 도서관을 뒤집으라는 것이다. 새로 들어온 책들은 뒤편에 두어라. 찾고 싶어 하는 이들을 위해서. 그리고 가장 최근에 반납된 책들은 중앙 통로에 두어라. 책들을 죽 훑기 좋은 곳에 말이다.

인간은 사회적 동물이다. 아마 그런 식으로 배치를 하면, 대학생들은 자신의 독서 습관을 깊이 생각하는 데 관심을 가질 수도 있을 것이다. 대학은 '공통 도서'를 지정함으로써 자신이 추구하는 바를 더 유기적이고 자유로운 형태로 실현할 수도 있을 것이다. 지적인 공통의 기준점들을 제시함으로써다. 어떤 책이든 간에 대학 구내에서 읽히는 책은 다른 학생들도 우연히 접할 가능성이 가장 높은 책이 될 것이다. 공통 도서 프로그램의 일종의 상향식 풀뿌리운동이 되는 셈이다.

하지만 이런 방식은 사회적으로 더 긍정적인 역할만을 하는 것이 아닐 것이다. 가장 최근에 반납된 책들이 다음에 열람될 가능성이 가장 높은 책들이므로, 이렇게 하는 쪽이 더 효율적이기도 할 것이다. 인기 있는 책들이 때로는 서가에서 발견되고, 때로는 중앙 통로에서 발견된다는 사실에 학생들이 당혹해할 수 있다는 건 사실이다. 하지만 최근에 반납되어 다시 분류되어 서가에 꽂히기를 기다리는 책들은 어느 쪽으로든 서가에서 빠져 있다. 이 짧은 중간 지대에 있는 동안 출입금지 상태에 놓여 있는 것이다. 그 대신에 반납된 책들이 중앙 통로를 장식하도록 허용한다면 학생들은 서가 정리 과정 전체를 우회할 기회를 얻게 될 것이다. 직원들은 많은 책을 쌓아놓기 위해 서고까지 들어갈 필요가 없어질 것이고, 학생들도 마찬가지로 그 책들을 꺼내러 서고까지 들어갈 필요가 없어질 것이다.

캐싱이 하고자 하는 일이 바로 그것이다.

"우리는 실제로 전국 지도를 만들었어. 땅과 똑같은 크기로 말이야!"
"몇 번이나 썼는데요?" 내가 물었다.
"아직 펼쳐본 적도 없어." 마인 헤어가 말했다. "농부들이 거부했거든. 지도가 전
국을 뒤덮어서 햇빛을 가릴 거라고 했지! 그래서 우리는 지금 나라 땅 자체를 지
도로 쓰고 있어. 거의 똑같거든."
– 루이스 캐럴[24]

우리는 인터넷이 평면적이고, 독립적이고, 엉성하게 연결된 망이라
고 생각하곤 한다. 사실은 전혀 그렇지 않다. 현재 인터넷 전체 트래
픽의 4분의 1은 한 기업이 맡고 있다.[25] 언론에 이름이 언급되는 일
이 없도록 스스로를 잘 관리하는 기업이다. 매사추세츠에 본사를 둔
이 기업은 아카마이[Akamai]로, 캐싱 사업을 하고 있다.

또 우리는 인터넷이 추상적이고, 물질도, 지리적 경계도 초월한
것이라고 생각한다. 우리는 우리 데이터가 '클라우드에' 있다는 말
을 듣는다. 그 단어는 멀리 흐릿하게 보이는 어떤 곳이라는 인상을
심어준다. 전혀 사실이 아니다. 실상 인터넷은 물리적인 전선과 금
속 틀의 집합에 다름 아니다. 그리고 당신이 짐작하는 것보다 지리
와 더 긴밀하게 얽혀 있다.

공학자들은 컴퓨터 하드웨어를 설계할 때 작은 규모에서 지리를
생각한다. 정보가 지나가야 하는 전선의 길이를 최소로 줄이기 위
해, 대개 더 빠른 기억장치를 프로세서에 더 가까이 배치한다. 현재

프로세서의 주기는 기가헤르츠$^{GHz}$ 수준이며, 그 말은 나노초보다 더 짧은 시간에 일을 수행하고 있다는 뜻이다. 비교하자면, 빛이 10센티미터쯤 가는 데 걸리는 시간이다. 따라서 컴퓨터 내부의 물리적 배치는 대단히 중요한 관심사가 된다. 그리고 같은 원리를 엄청나게 더 큰 규모로 적용하면, 실제 지리가 웹의 기능에 대단히 중요하다는 사실이 드러난다. 전선이 몇 센티미터가 아니라 수천 킬로미터에 이르는 규모에서 말이다.

웹페이지 내용의 캐시를 그것을 원하는 사람들과 물리적으로, 지리적으로 더 가까운 곳에 설치할 수 있다면, 그 페이지를 더 빨리 보여줄 수 있다. 현재 인터넷 트래픽의 상당수는 '콘텐트 분배망$^{Content}$ $^{Distribution Network, CDN}$'을 통해 처리된다. CDN은 전 세계에 흩어져서 인기 있는 웹사이트를 복사본을 유지 관리하는 컴퓨터들로 이루어져 있다. CDN 덕분에 그런 웹사이트를 요청하는 사용자는 멀리 다른 대륙에 있는 원본 서버에 접속할 필요가 없이, 근처에 있는 컴퓨터로부터 그 데이터를 얻을 수 있다.

이 CDN 중 가장 규모가 큰 것을 아카마이가 관리하고 있다. 콘텐츠 제공자는 자신의 웹사이트를 더 잘 제공하기 위해 비용을 지불하고 '아카마이화'를 한다. 예를 들어, BBC의 동영상을 스트리밍으로 보고 있는 호주인은 아마도 시드니에 있는 지역 아카마이 서버에 접속하고 있을 것이다. 즉 그 요청은 결코 런던까지 가지 않는다. 그럴 필요가 없다. 아카마이의 수석 설계자 스티븐 루딘 $^{Stephen Ludin}$ 은 이렇게 말한다. "우리는 거리가 중요하다고 믿으며, 그 사실을 토대로 회사를 운영한다."[26]

앞서 우리는 컴퓨터 기억장치 중에는 더 빠르지만 저장 단위당 비용이 더 많이 드는 것들이 있으며, 양쪽에서 최선의 결과를 얻기 위해 '기억 계층 구조'를 구축한다고 말한 바 있다. 하지만 사실상 캐싱을 위해 다양한 기억장치를 쓸 필요는 없다. 캐싱은 성능보다는 가까이 있을 때 그만큼 유용하다. 그리고 성능은 희소 자원이다.

이 근본적인 깨달음—수요가 많은 파일은 쓰이는 곳에 가까운 장소에 저장되어야 한다는—도 순수한 물리적 환경으로 번역된다. 한 예로, 아마존의 거대한 물류센터에서는 대개 도서관이나 백화점에서 볼 수 있는 유형의 인간이 이해할 수 있는 조직 체계를 거의 쓰지 않는다.[27] 대신에 직원들은 들어오는 물품을 창고의 빈자리 아무 곳에나 놓고—건전지, 연필깎이, 기저귀, 바비큐 그릴, 기타 교습 DVD와 나란히 쌓여 있다—바코드를 써서 중앙 데이터베이스에 그 물품의 위치를 등록한다. 하지만 이 의도적으로 흐트러진 듯이 보이게 한 저장 시스템에도 한 가지 눈에 띄는 예외가 있다. 수요가 아주 많은 물품들은 다른 것들보다 더 빨리 꺼낼 수 있도록 따로 둔다. 그 구역이 바로 아마존의 캐시다.

최근에 아마존은 이 원리를 한 단계 더 밀고나간 혁신적인 방식으로 특허를 받았다.[28] '예측 제품 포장 선적anticipatory package shipping'이라는 것인데, 언론에는 마치 아마존이 어떻게든 당신이 구매하기 전에 물품을 배송할 수 있는 양 알려졌다.[29] 첨단 기술 기업답게 아마존은 벨라디의 천리안 같은 것을 몹시 갖고 싶어 한다. 하지만 차선책으로 캐싱에 눈을 돌렸다. 아마존의 특허는 사실 특정 지역에서 최근에 인기가 있는 물품들을 그 지역의 출하 창고로 선적하는 방법이다. 실제 상품에 관한 자체 CDN을 갖추는 셈이다. 그러면 누군가가 주문하면, 그 물품은 곧바로 배송이 시작된다. 한 사람의 구매를 예측하기란 어렵지만, 수천 명의 구매를 예측할 때에는 큰 수의 법칙이 작동한다. 이를테면, 버클리에 사는 누군가가 어느 날에 재생 화장지를 주문하려고 하면, 실제로 주문하는 순간 그 물품은 이미 배송이 거의 끝나려 하고 있다.

한 지역에서 인기 있는 물품이 그 지역에서 생산되는 것이라면, 그 클라우드의 더욱 흥미로운 지리가 출현한다. 2011년 영화평론가 미카 메터스Micah Mertes는 각 주에서 유달리 인기 있는 영화가 무엇인지 알려주는 넷플릭스의 각 주별 '지역 선호도' 자료를 이용하여 미국 지도를 작성했다.[30]

사람들은 자신이 사는 지역을 무대로 한 영화를 압도적일 만큼 즐겨 시청하는 것으로 드러났다. 워싱턴 주민들은 시애틀을 무대로 한 〈싱글스singles〉, 루이지애나 사람들은 뉴올리언스를 무대로 한 〈빅 이지The Big Easy〉, 로스앤젤레스 주민들은 당연히 〈L. A. 스토리L. A. Story〉를 즐겨 보았다. 알래스카 사람들은 〈브레이빙 알래스카 Braving Alaska〉, 몬태나 주민들은 〈몬태나 스카이Montana Sky〉였다.* 그리고 HD 영상 전체를 담은 커다란 파일들을 모든 지역에 캐싱한다는 것은 별 이득이 없으므로, 넷플릭스는 〈L. A. 스토리〉의 파일이 주인공들―그리고 가장 중요하게는 애청자들―이 사는 로스앤젤레스에 있도록 배치해왔다.[31]

---

* 이유는 모르겠지만, 〈아이다호(My Own Private Idaho)〉는 메인 사람들이 가장 좋아한다.

캐싱이 컴퓨터 안의 디지털 정보를 체계화하려는 계획으로 시작되었지만, 인간 환경의 실제 물건들을 체계화하는 데에도 마찬가지로 적용될 수 있다는 점은 분명하다. 우리가 스탠퍼드대학교 총장이자, 현대 캐싱 시스템의 개발에 기여한 선구적인 컴퓨터 설계자 존 헤네시 John Hennessy에게 그 이야기를 하자, 그는 즉시 연관성을 간파했다.

캐싱이 그렇게 쉽게 납득이 가는 이유는 우리가 줄곧 캐싱을 하기 때문입니다. 그 말은 내가 얻는 정보의 양, 지금 계속 주시해야 하는 것들, 내 책상 위에 놓여 있는 것들, 그리고 치운 것, 결국에는 내가 원할 때 꺼내려면 온종일 걸리는 대학 기록 보관 시스템으로 들어가는 것들이 다 그렇다는 거죠. 우리는 그 기법을 우리 삶을 체계화하려고 시도하면서 줄곧 사용하고 있어요.[32]

이런 문제들 사이에 직접 비교가 가능하다는 것은 컴퓨터과학에서 나온 해법들을 가정에 의도적으로 적용하는 것도 가능하다는 의미다.

첫째, 무엇을 간직하고 내버릴지를 결정할 때, LRU는 쓰기 좋은 원리가 될 수 있다. FIFO보다 훨씬 낫다. 아직도 이따금 입는다면 대학 때 입던 티셔츠를 반드시 내버릴 필요는 없다. 하지만 오랫동안 입지 않은 격자무늬 바지는? 그 바지는 중고 할인 매장에서 누군가의 횡재가 될 수 있다.

둘째, 지리를 탐색하라. 어떤 캐시든 간에 현재 으레 쓰이는 곳에 가장 가까이 있도록 하라. 대다수 가정에서 책을 정리하는 데 확고하게 적용되는 권고는 아니지만, 사람들이 잘 운영된다고 말하는 계획 속에 한결같이 등장하는 것이다. 한 예로, 어떤 이는 줄리 모건스턴$^{Julie\ Morgenstern}$의《내 인생을 확 바꾸는 공간마법사$^{Organizing\ from\ the\ Inside\ Out}$》를 인용하면서 말한다. "나는 현관 앞 외투 옷장 밑 상자에 운동 기구를 넣어둡니다. 현관에 가까이 두고 싶어서요."[33]

좀 더 극단적인 사례는 윌리엄 존스$^{William\ Jones}$의 책《찾아낸 곳에 그대로 두어라$^{Keeping\ Found\ Things\ Found}$》에 나온다.

한 의사가 내게 자신의 물건 관리 방법을 말해주었다. "우리 애들은 내가 별나다고 생각해요. 하지만 나는 물건들을 나중에 다시 필요할 것이라고 생각하는 곳에 둡니다. 설령 별 큰 의미가 없다고 해도요." 자기 방식의 한 예로, 그녀는 진공청소기에 쓸 여분의 청소 봉투를 거실 소파 뒤에 보관한다고 했다.[34] 거실 소파 뒤라고? 그것이 과연 의미가 있을까? 진공청소기는 대개 거실의 카펫을 청소할 때 쓴다. 진공청소기의 청소 봉투가 꽉 차서 새 봉투가 필요해지는 것은 대개 거실에서다. 그러니 청소 봉투를 둘 곳도 거기다.

마지막 깨달음은 아직 옷장 정리의 지침으로 삼지 않은 것인데, 바로 다층 기억 계층 구조에 관한 것이다. 캐시를 갖는 것은 효율적이지만, 가장 작으면서 가장 빠른 것부터 가장 크면서 가장 느린 것에 이르기까지 여러 층의 캐시를 갖는 것은 더욱더 효율적일 수 있다. 당신의 물건들이 있는 곳을 예로 들자면, 옷장은 단일층 캐시이고, 지하실도 또 다른 한 층의 캐시이고, 대여 금고도 그렇다. (물론 이것들은 접근 속도 순으로 나열한 것이다. 따라서 LRU 원리를 각 층에서 다음 층으로 무엇을 내쫓을지 결정하는 토대로 삼아야 한다.) 하지만 또 다른 캐시 층을 추가함으로써 정리하는 속도를 더 높일 수 있을지도 모른다. 옷장보다 더 작고 더 빠르고 더 가까이 있는 캐시를 말이다.

톰의 매우 인내심이 많은 아내는 침대 옆에 옷을 쌓아두지 말라고 말한다. 톰이 사실상 그것이 매우 효율적인 캐싱 체계라고 주장해도 말이다. 다행히 우리가 컴퓨터과학자들과 대화하는 과정에서 이 문제의 해결책도 드러났다. UC샌디에이고의 릭 벨류<sup>Rik Belew</sup>는 인지적 관점에서 검색 엔진을 연구하고 있는데,[35] 발렛 스탠드를 이용하라고 권했다.[36] 비록 요즘은 그리 많이 사용되지 않고 있지만, 발렛 스탠드는 본질적으로 재킷, 타이, 바지를 걸게 되어 있는 복합 옷걸이, 즉 한 번 외출할 때 입는 옷들을 거는 행거 스타일의 옷장이다. 가정 캐싱 욕구를 충족시킬 완벽한 하드웨어다.

그것은 컴퓨터과학자들이 당신의 시간만 절약해주는 것이 아님을 보여주는 사례다. 그들은 당신의 부부생활도 구원해줄지 모른다.

무엇을 간직하고 어디로 보낼지를 결정하고 나면, 마지막 과제는 어떻게 정리할지를 아는 것이다. 우리는 옷장에 무엇을 넣을지, 그리고 옷장을 어디에 두어야 할지를 이야기했는데, 그렇다면 옷장 속 물건들은 어떻게 배치해야 할까?

지금까지 살펴본 모든 가정 정리 조언들에 담긴 공통점 중 하나는 '끼리끼리' 모으라는 개념이다. 하지만 노구치 유키오<sup>野口悠紀雄</sup>만큼 그 조언을 정면에서 반박하는 사람은 없을 것이다. "내 방법의 가장 기본적인 원칙은 파일들을 내용에 따라 묶지 않는다는 것임을 강조해야겠다."[37] 노구치는 도쿄대학교 경제학자이며, 우리의 사무실과 삶을 정렬하는 '탁월한' 비결들을 제시한 일련의 책을 쓴 저자다. 《초학습법<sup>超學習法</sup>》, 《초능률법<sup>超能率法</sup>》, 《초발상법<sup>超發想法</sup>》 같은 책들이다. 그리고 현재 다루는 내용과 가장 관련이 깊을 《초정리법<sup>超整理法</sup>》도 출간했다.

처음 경제학자가 되었을 때, 노구치는 끊임없이 밀려드는 정보(편지, 자료, 원고)에 치여서 그것들을 정리하느라 애쓰면서 매일 많은 시간을 허비한다는 것을 알아차렸다. 그래서 그는 대안을 찾아 나섰다. 그는 각 서류를 파일에 집어넣고서 제목과 날짜를 적은 뒤, 모든 파일을 하나의 커다란 상자에 그냥 담기 시작했다. 그러자 시간이 절약되었다. 각 서류를 어디에 놓는 것이 적당할지 생각할 필요도 없었다. 하지만 그 어떤 형태의 정리도 이루어지지 않는 방식이었다. 그러다가 1990년대 초에 그는 돌파구를 찾아냈다. 그는 새 파일들을 상자의 왼쪽으로만 끼워 넣기 시작했다. 그렇게 하여 '초' 파일링 시스템<sup>filing system</sup>이 탄생했다.[38]

노구치는 왼쪽 삽입 규칙이 새 파일뿐 아니라, 기존 파일에도 적용되어야 한다고 말한다. 즉 내용을 살펴보기 위해 어떤 파일을 꺼냈다면, 상자에 다시 집어넣을 땐 가장 왼쪽에 끼워 넣어야 한다는 것이다. 그리고 파일을 검색할 때에도, 마찬가지로 언제나 왼쪽에서 시작하라고 말한다. 그러면 가장 최근에 열어본 파일을 쉽게 빨리 찾을 수 있다.

노구치는 모든 파일을 다시 꽂을 때 왼쪽에 넣는 것이 빼냈던 곳을 찾아서 다시 꽂는 것보다 더 쉽기 때문에 그렇게 하기 시작했다고 설명한다. 그는 이 방법이 간단할 뿐 아니라, 놀라울 만치 효율적이라는 사실을 나중에야 서서히 깨달았다.

노구치 파일링 시스템이 무언가를 사용한 뒤에 돌려놓을 때 시간을 절약해준다는 것은 분명하다. 하지만 그것이 애초에 필요한 파일을 찾는 좋은 방법인가 하는 문제는 아직 남아 있다. 어쨌든 그것이 다른 효율성 전문가들의 권고와 정반대라는 점은 분명하다. 다른 이들은 비슷한 것들끼리 모으라고 말하니까. 사실 '정리된<sup>organized</sup>'이라는 단어의 어원도 신체 '기관<sup>organ</sup>'으로 이루어진 몸을 떠올리게 한다. 기관은 세포들이 '끼리끼리' 모여서 비슷한 형태의 기능을 갖고 함께 행동하지 않으면 아무것도 아니다.

하지만 컴퓨터과학은 대다수의 효율성 전문가들이 주지 못하는 것을 우리에게 준다. 바로 보증이다. 비록 노구치는 당시에 알지 못했지만, 그의 파일링 시스템은 LRU 원리의 확장판이다. LRU는 우리가 캐시에 무언가를 추가할 때 가장 오래된 항목을 폐기해야 한다고 말해준다. 하지만 새 항목을 어디에 넣어야 할지는 말해주지 않는다. 이 문제의 답은 1970~1980년대에 컴퓨터과학자들이 수행한 연구의 연장선상에서 나온다. 그들이 다룬 문제는 '자기 조직적 목록self-organizing list'이라는 것인데, 기본 설정이 노구치의 파일 정리 문제와 거의 판박이다.[39]

당신이 어떤 순서를 이루는 항목들의 집합을 갖고 있으며, 특정한 항목을 찾느라 그것들을 정기적으로 검색해야 한다고 하자. 검색 자체는 선형으로 이루어질 수밖에 없지만—처음부터 항목을 하나하나 살펴야 한다—찾고 있던 항목을 일단 찾으면, 그것을 서열의 어디에든 다시 끼울 수 있다. 가능한 한 효율적으로 검색하려면 그 항목을 어디로 돌려놓아야 할까?

자기 조직화 목록에 관한 결정판 논문은 1985년 대니얼 슬레이터Daniel Sleator와 로버트 타잔Robert Tarjan이 내놓았다. 그들은 가능한 모든 요청 순서들을 고려했을 때, 목록을 정리하는 다양한 방식들이 내놓은 최악의 결과를 조사했다(컴퓨터과학의 고전적인 연구 방식이었다). 직관적으로 볼 때, 검색이 앞쪽에서 시작되므로, 당신은 검색될 확률이 가장 높은 항목들이 거기에 놓이도록 순서를 정하고 싶다. 하지만 어느 항목을 거기에 놓을까? 여기서 우리는 다시 천리안을 소망하는 쪽으로 돌아간다. 프린스턴과 실리콘밸리 양쪽을 오가면서 지내는 타잔은 이렇게 말한다. "그 순서를 미리 안다면, 서열 전체를 검색하는 총 시간을 최소화하는 쪽으로 자료 구조를 짤 수 있어요. 그것이 바로 '최적 오프라인 알고리즘optimum offline algorithm'입니다. 원한다면 신의 알고리즘이나 천상의 알고리즘이라고 불러도 됩니다. 물론 미래는 누구도 알지 못하므로, 문제는 이것입니다. '미래를 알지 못한다면, 이 천상의 최적 알고리즘에 얼마나 가까이 다가갈 수 있을까?'"[40]

슬레이터와 타잔은 몇몇 '아주 단순한 자기 조정 체계가 놀랍게도' 천리안의 '상수 인자 내에 들어간다'는 것을 보여주었다. 다시 말해, LRU 원리―뽑은 항목을 언제나 단순히 목록의 맨 앞에 돌려놓는―를 따른다면, 검색에 걸리는 총 시간은 미래를 알고 있다고 할 때 걸리는 시간의 2배를 결코 초과하지 못할 것이다.[41] 다른 모든 알고리즘은 결코 할 수 없는 보장이다.

노구치 파일링 시스템이 LRU 원리의 실제 응용 사례임을 인정하면, 그것이 단지 효율적인 것만이 아님을 알 수 있다. 그것은 사실상 최적이다.[42]

슬레이터와 타잔의 연구 결과는 또 한 가지 의외의 사실을 알려준다. 노구치 파일링 시스템을 옆으로 돌리면 무엇인지 알 수 있다. 아주 간단하게, 파일들이 담긴 상자 자체가 하나의 파일이 된다. 그러면 상자는 위에서부터 아래로 검색하는 파일의 특성 자체를 갖게 되고, 매번 서류를 하나 꺼낼 때 당신은 원래 자리에 돌려놓는 것이 아니라, 맨 위에 올려놓는 셈이 된다.*

---

* 당신의 컴퓨터에게도 마찬가지로 한 파일 속의 전자 문서들을 보여달라고 할 수 있다. 컴퓨터의 기본 파일 검색 인터페이스는 폴더들을 자모순으로 클릭하도록 되어 있다. 하지만 LRU가 지닌 힘을 생각하면, 이 순서를 무효로 하고, 파일들을 '이름'이 아니라 '최근에 열어본' 날짜에 따라 표시해야 함을 시사한다. 당신이 찾고 있는 파일은 거의 언제나 맨 위나 그 근처에 있을 것이다.

요컨대 자기 조직화 목록의 수학은 급진적인 무언가를 시사한다. 당신의 책상에 가득 쌓여 있는 서류 더미는 죄책감을 일으키는 혼돈의 산물과는 거리가 멀며, 사실상 가장 잘 설계된 가장 효율적인 구조 중의 하나라는 것이다. 남들에게는 정리 안 된 쓰레기 더미처럼 보일지라도, 사실 그것은 자기 조직화 더미다. 꺼냈던 것을 더미 꼭대기에 던져놓는 것은 미래를 알지 못하는 상태에서 당신이 할 수 있는 최고의 행동이다. 앞 장에서 우리는 무언가를 정리하지 않고 놔두는 것이 시간을 들여서 모든 것을 정렬하는 것보다 더 효율적인 사례들을 살펴본 바 있다. 하지만 여기서는 정리할 필요가 없는 전혀 다른 이유가 있다. 이미 정리를 했으니까.

## 망각 곡선

물론 가장 중요한 '기억 기관'을 언급하지 않고서는 기억 이야기를 끝낼 수가 없다. 바로 인간의 뇌다. 지난 수십 년 사이에 컴퓨터과학은 심리학자들이 기억을 생각하는 방식에 혁명을 일으킬 만치 영향력이 커졌다.

사람의 기억을 연구하는 과학은 1879년, 베를린대학교의 젊은 심리학자 헤르만 에빙하우스Hermann Ebbinghaus로부터 시작되었다고 할 수 있다. 에빙하우스는 사람의 기억이 어떻게 작동하는지 근원을 파헤쳐서 자연과학의 모든 수학적 엄밀함으로 마음을 연구하는 것이 가능하다는 것을 보여주고 싶었다. 그래서 그는 자기 자신을 대상으로 실험을 시작했다.

매일 에빙하우스는 앉아서 아무런 의미 없는 음절들의 목록을 외웠다. 그런 뒤 이전에 외운 목록을 얼마나 기억하고 있는지 검사하곤 했다. 이 행동을 1년 넘게 습관적으로 한 끝에, 그는 인간 기억의 가장 기본적인 측면들 중 상당수를 밝혀낼 수 있었다. 예를 들어, 그는 한 목록을 여러 번 외우면 기억이 더 오래 지속되며, 정확히 회상할 수 있는 항목의 수가 시간이 지날수록 줄어든다는 것을 확인했다. 그는 시간이 흐르면서 기억이 얼마나 사라지는지를 그래프로 나타냈고, 오늘날 심리학자들은 그것을 '망각 곡선forgetting curve'이라고 부른다.

에빙하우스의 연구 결과는 인간의 기억을 정량적으로 연구하는 과학에 신뢰성을 부여했지만, 한 가지 수수께끼를 남겼다. 왜 이런 곡선일까? 그것이 인간의 기억이 좋거나 나쁘다는 것을 시사할까? 이 곡선의 근원은 무엇일까? 이런 질문들은 한 세기 넘게 심리학자들의 추측과 연구를 자극했다.

1987년, 카네기멜론대학교의 심리학자이자 컴퓨터과학자인 존 앤더슨John Anderson은 대학 도서관의 정보 검색 시스템을 다룬 문헌을 읽고 있었다.[43] 그는 이런 시스템을 설계할 때 인간의 기억 연구가 어떻게 도움을 줄 수 있는지에 관해 글을 쓸 생각이었다. 그런데 일이 정반대로 되었다. 그는 정보과학이 마음 연구에 빠진 조각을 제공할 수 있다는 것을 깨달았다.[44]

앤더슨은 말한다. "오랫동안 나는 인간의 기억에 관한 기존 이론들에서 뭔가 빠져 있다는 느낌을 받았어요. 내 자신의 이론도 마찬가지고요. 기본적으로, 이 모든 이론들은 기억이 임의적이고 최적 구성 상태가 아니라고 봅니다. 반면에 나는 기본 기억 과정이 매우 적응적이고 더 나아가 최적 상태가 아닐까 하는 느낌을 오래전부터 받았어요. 하지만 그 점을 어떻게 입증해야 할지 도무지 알 수가 없었지요. 그러다가 정보 검색을 다룬 컴퓨터과학에 관한 문헌을 조사하는데, 그 방법이 눈앞에 펼쳐져 있다는 것을 알아차렸죠."[45]

망각을 생각하는 자연스러운 방식은, 그저 우리 마음에 공간이 부족하기 때문이라는 것이다. 인간의 기억에 관한 앤더슨의 새로운 설명에서 배경이 되는 핵심 개념은 저장이 아니라 조직화가 문제일 수 있다는 점이다. 그의 이론에 따르면, 마음은 본질적으로 기억 용량이 무한하지만, 우리가 기억을 검색할 시간은 유한하다는 것이다. 앤더슨은 임의의 길이를 지닌 하나의 긴 서가가 있는 도서관에 유추했다. 의회 도서관 규모의 노구치 파일링 시스템인 셈이다. 당신은 그 서가에 원하는 만큼 얼마든지 책을 꽂을 수 있다. 하지만 책이 서가 앞쪽에 있을수록 더 빨리 찾게 될 것이다.

그렇다면 좋은 기억력의 열쇠는 좋은 컴퓨터 캐시의 열쇠와 똑같아진다. 앞으로 원할 가능성이 가장 높은 항목이 무엇인지 예측하는 것이다.

천리안을 제외하고, 인간 세계에서 그런 예측을 할 최선의 방법을 찾아내려면 세계 자체를 이해할 필요가 있다. 앤더슨은 동료인 라엘 스쿨러Lael Schooler와 함께 인간의 마음만이 아니라 인간 사회를 대상으로 에빙하우스식의 연구를 시작했다. 질문은 명백했다. "세계 자

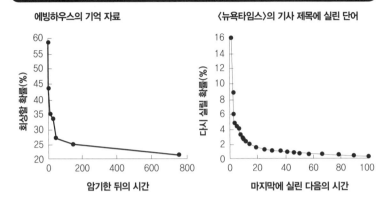

인간의 기억과 인간의 환경

에빙하우스의 기억 자료

〈뉴욕타임스〉의 기사 제목에 실린 단어

왼쪽 그래프는 에빙하우스가 목록에서 제대로 회상한 무의미한 음절들의 비율이다. 목록을 처음 외운 후에 회상하기까지 기다린 시간의 함수로 나타냈다. 오른쪽 그래프는 특정한 날에 〈뉴욕타임스〉의 기사 제목에 한 단어가 나타날 확률을 그 전에 실렸던 때 이후로 걸린 시간의 함수로 나타낸 것이다.

체가 '잊는' 방식을 특징짓는 패턴이 무엇인가?"였다. 사건들과 관련 사항들은 시간이 흐르면서 어떤 식으로 사람들의 기억에서 사라져가는 것일까? 앤더슨과 스쿨러는 세 가지 인간 환경을 분석했다. 〈뉴욕타임스〉의 기사 제목들, 부모가 자녀들에게 하는 말을 녹음한 것, 앤더슨 자신의 전자우편 수신함이었다. 그들은 세 영역 모두에서 방금 쓰인 단어가 직후에 다시 출현할 가능성이 가장 높고, 그렇지 않은 단어는 시간이 흐를수록 다시 나타날 확률이 줄어든다는 것을 발견했다.[46] 다시 말해, 현실 자체가 에빙하우스 곡선을 모방한 통계 구조를 지닌다.[47]

이 점은 놀라운 무언가를 시사한다. 우리 마음속에서 항목들이 사라지는 양상이 우리 주변의 항목들이 쓰이지 않게 되는 양상 그 자체라면, 에빙하우스의 망각 곡선에 관한 아주 좋은 설명이 있을지도 모른다. 즉 뇌가 세계에 완벽하게 맞추어져 있음으로써, 다음에 필요로 할 가능성이 가장 높은 바로 그것들을 이용할 수 있게 해준다는 것이다.

시간에 중점을 두는 캐싱은 기억이 회피할 수 없는 트레이드오프와 어떤 제로섬 $^{zero-sum}$ 게임을 수반한다는 것을 보여준다. 당신은 책상에 도서관의 책을 모두 쌓을 수 없고, 가게 앞쪽에 모든 상품을 진열할 수 없고, 접힌 신문 앞쪽에 모든 기사 제목을 실을 수 없고, 서류 더미 꼭대기에 모든 서류를 올려놓을 수는 없다. 마찬가지로 당신의 마음 앞쪽에 모든 사실이나 얼굴이나 이름을 놓을 수 없다.

앤더슨과 스쿨러는 이렇게 썼다. "많은 이들은 인간의 기억이 결코 최적이 아니라는 편견을 갖고 있다. 그들은 좌절감을 안겨주는 많은 기억 실패 사례들을 지적한다. 하지만 이런 비판들은 인간의 기억이 어떤 과제에 직면하는지를 이해하지 못하고 있다. 인간의 마음이 엄청나게 쌓이는 기억들을 관리하려고 애쓰고 있다는 사실을 말이다. 어떤 시스템이든지 간에, 엄청난 데이터베이스를 관리하는 일을 맡으면 검색에 실패하는 사례들이 나올 수밖에 없다. 비용이 너무 많이 들기에 무한한 수의 항목들을 접근하기 쉽게 관리할 수가 없다."[48]

이런 인식은 인간 기억에 관한 두 번째 발견으로 이어졌다. 이런 트레이드오프가 진정으로 피할 수 없는 것이고, 뇌가 주변 세계에 최적으로 맞추어져 있는 듯하다면, 우리가 나이를 먹으면서 불가피하게 나타난다고 여기는 '인지력 저하$^{cognitive\ decline}$'라고 일컫는 것이 사실은 다른 무언가일 수 있다는 것이다.

# 경험의 독재

두꺼운 책은 몹시 성가시다.
– 칼리마쿠스(기원전 305~410년), 알렉산드리아 도서관 사서[49]

왜 비행기 전체를 블랙박스 물질로 만들지 않는 것일까?
– 스티븐 라이트

캐시의 연쇄 형태인 컴퓨터 기억 계층 구조가 필요한 주된 이유는 기억 전체를 가장 비싼 종류의 하드웨어에 저장할 여유가 없기 때문이다. 한 예로, 현재 컴퓨터에서 가장 빠른 캐시는 SRAM이라는 것으로 만들며, SRAM은 SSD의 플래시 기억장치보다 바이트 당 비용이 약 1,000배 더 든다. 하지만 캐싱의 진정한 동기는 그보다 더 깊이 들어간다. 사실 현재 이용 가능한 가장 빠른 기억장치만으로 컴퓨터를 주문 제작할 수 있다고 해도, 우리는 여전히 캐시가 필요할 것이다.

존 헤네시가 설명하듯이, 크기 자체만으로도 속도에 충분히 지장을 주기 때문이다.

본래 뭔가를 더 크게 만들면, 더 느려지게 마련이지 않나요? 도시를 더 크게 만들면, A 지점에서 B 지점으로 가는 데 더 오래 걸리죠. 도서관을 더 크게 만들면, 책을 찾는 데 더 오래 걸리고요. 책상에 서류 더미가 더 높이 쌓일수록 원하는 서류를 찾는 데 더 오래 걸리고요. 캐시는 사실상 그런 문제의 해결책입니다. 예를 들어, 당신이 지금 당장 프로세서를 사러 간다면, 그 칩에는 1차$^{Level\ 1}$ 캐시와 2차$^{Level\ 2}$ 캐시가 들어 있을 겁니다. 캐시—그 칩 하나에조차도 캐시가 2개 있어요!—가 있는 이유는 프로세서의 주기 속도를 유지하려면 1차 캐시의 크기를 제한해야 하기 때문입니다. 기억 용량이 더 클수록, 원하는 정보를 검색하여 인출하는 시간이 더 길어지는 것은 피할 수 없어요.[50]

30대인 브라이언과 톰은 대화가 더 자주 끊기곤 한다는 것을 벌써 자각하고 있다. 이를테면, 누군가의 이름이 '혀끝에 맴돌기만' 하는 일이 더 자주 일어난다. 10세 때 브라이언의 반에는 학생이 24명이었다. 20년 뒤 그의 전화기에는 수백 명의 전화번호가 담겨 있고, 페이스북의 친구 목록은 수천 명에 달한다. 그는 지금까지 4개 도시에서 살았고, 도시별로 친구, 지인, 동료의 인맥이 형성되어 있다. 톰은 지금까지 연구자 생활을 하면서, 수백 명과 공동 연구를 했고 수천 명의 학생을 가르쳤다. (사실 이 책에도 약 100명을 만난 내용과 약 1,000명이 인용되어 있다.) 물론 이런 효과가 사회관계에서만 나타나는 것은 아니다. 대개 만 2세인 아기는 200개의 단어를 알고 있다. 전형적인 어른은 3만 단어를 안다. 그리고 해마다 깨어 있는 동안 무려 약 30만 건의 기억이 우리의 인생 경험에 추가된다.

그렇게 생각하면, 우리 두 사람—아니 모든 사람—이 제정신을 유지할 수 있다는 것 자체가 놀랍게 여겨진다. 기억이 쇠퇴한다는 사실이 아니라, 마음이 그렇게 많은 자료를 쌓으면서도 매몰되지 않고 제대로 반응할 수 있다는 사실이 놀라운 것이다.

사실상 기억의 근본적인 도전 과제가 저장이 아니라 조직화라면, 노화가 정신 능력에 미치는 영향을 바라보는 관점도 바뀌어야 하지 않을까? 최근에 튀빙겐대학교의 마이클 람스카어 Michael Ramscar가 이끄는 심리학자들과 언어학자들로 이루어진 연구진은 우리가 '인지력 저하'라고 부르는 것—지연과 검색 오류—이 검색 과정이 느려지거나 저하되는 것이 아니라, (적어도 어느 정도는) 우리가 훑어야 하는 정보의 양이 점점 더 늘어남에 따른 불가피한 결과일 수도 있다고 주장했다.[51] 노화가 다른 어떤 도전 과제들을 일으키든 상관없이, 더 나이든 뇌—더욱 많이 저장된 기억을 관리해야 하는 뇌—는 말 그대로 하루하루가 지날수록 더욱 어려운 계산 문제를 풀고 있다. 그러니 노인은 머리가 빠릿빠릿하게 돌아가는 젊은이를 비웃어줄 수 있다. "네가 아직 머릿속에 든 게 적어서 그래!"

람스카어 연구진은 언어에 초점을 맞춰서 추가 정보가 인간의 기억에 미치는 영향을 설명했다. 그들은 일련의 시뮬레이션을 통해서, 단지 아는 단어가 더 많아지기만 해도 단어, 이름, 심지어 글자를 떠올리기가 더 어려워진다는 것을 보여주었다. 당신의 기억 조직 체계가 얼마나 뛰어나든 간에, 검색해야 할 것이 더 많아질수록 불가피하게 검색 시간은 더 길어질 것이다. 우리가 망각하기 때문이 아니라 기억하기 때문이다. 우리가 기록 보관소가 되어가고 있기 때문이다.

람스카어는 기억의 계산 수요량이 불가피하게 늘어난다는 점을 이해하면, 나이듦이 인지에 미치는 영향을 받아들이는 데 도움이 될 것이라고 말한다. "나는 자신의 마음이 천연 정보 처리 장치라는 개념을 이해하려고 애쓰는 것이 현실적으로 노인이 할 수 있는 가장 중요한 일이라고 봅니다. 나이를 먹을수록 우리를 좌절시키는 것처럼 보이는 일들(이름을 떠올리는 일 같은!)은 우리가 훑어야 하는 정보량의 함수이며, 반드시 정신이 무너지고 있다는 징후는 아닙니다." 그는 이렇게 강조한다. "현재 저하라고 부르는 것의 상당수는 그저 학습입니다."[52]

캐싱은 무슨 일이 일어나고 있는지를 이해할 용어를 제공한다. 우리는 사실상 '캐시 오류'라고 말해야 하는 순간에 '뜬금없다 brain fart'라는 말을 쓴다. 이따금 유달리 정보 인출이 지연되는 현상은 우리가 마음의 앞쪽에 필요한 것들을 둠으로써 나머지 시간에 얼마나 많은 혜택을 보고 있는지를 상기시키는 것이다.

그러니 나이를 먹으면서 이렇게 때때로 무언가를 떠올리는 데 시간이 걸리기 시작할 때, 안심하라. 시간 지연의 길이는 당신이 얼마나 많은 경험을 했는지를 알려주는 지표이기도 하니까. 인출하느라 애쓴다는 것은 당신이 아주 많은 것을 알고 있음을 보여주는 증거다. 그리고 그런 지연이 뜨문뜨문 일어난다는 것은 당신이 아는 것들을 아주 잘 배치했음을 보여주는 증거다. 가장 중요한 것들을 금방 꺼낼 수 있는 곳에 보관하고 있다는 뜻이다.

## 제5장

중요한 것부터 하라

# 일정
# 계획

ALGORITHMS

물론 우리가 하루하루를 보내는 방식은 우리 삶을 보내는 방식이기도 하다.
– 애니 딜러드[1]

"왜 일정 계획 이론에 관한 책을 쓰지 않는 거지?" 나는 물었다. "별로 오래 걸리지 않을 거야!" 집필은 선전포고처럼 때로 엄청난 계산 착오를 수반하곤 한다. 15년이 지났지만, 일정 계획 책은 아직 나오지 않았다.
– 유진 롤러[2]

때는 월요일 아침, 당신은 아직 채우지 않은 일정표와 해야 할 일들의 긴 목록을 갖고 있다. 다른 일이 끝나야만 시작할 수 있는 일도 있고(식기세척기에 있던 그릇을 꺼내지 않고서는 씻어야 할 그릇을 넣을 수 없다), 어떠한 시각이 지나야 시작할 수 있는 일도 있다(화요일 저녁이 되기 전에 재활용품을 내놓으면 이웃들이 불평할 것이다).

마감시한을 꼭 지켜야 하는 일도 있고, 아무 때나 할 수 있는 일도 있으며, 대부분 일은 그 사이의 어딘가에 놓인다. 시급하지만 중요하지 않은 일도 있다. 중요하지만 시급하지 않은 일도 있다. 당신은 아리스토텔레스의 말을 떠올릴지도 모르겠다. "우리가 반복해 하는 일이 우리 자신을 규정한다."[3] 바닥을 닦든지, 가족과 더 시간을 보내든지, 때 되면 세금 신고를 하든지, 프랑스어를 배우든지 간에 말이다.

그렇다면 무엇을, 언제, 어떤 순서로 할까? 삶이 기다리고 있다.

비록 우리는 그날 할 일들의 순서를 정할 방법을 언제나 그럭저럭 찾아내지만, 대체로 자신이 그 일을 아주 잘한다고 생각하지는 않는다. 시간 관리에 관한 지침서들이 늘 베스트셀러 순위에 올라 있는 이유도 그 때문이다. 불행히도 그런 책들에 나온 지침은 종종 서로 어긋나고 모순되곤 한다.《끝도 없는 일 깔끔하게 해치우기 Getting Things Done》는 어떤 일이든 마음에 떠오르자마자 2분 이내에 즉시 시작하라고 주장한다.[4] 그와 경쟁하는 베스트셀러《개구리를 먹어라 Eat That Frog!》는 가장 어려운 일부터 시작하여 점점 더 쉬운 일로 나아가라고 조언한다.[5]《내 시간 우선 생활습관 The Now Habit》은 사람을 만날 약속과 여가 시간을 먼저 정한 다음, 그 사이의 빈 시간을 일로 채우라고 제안한다.[6] 종종 하듯이, 정반대로 하지 말고 말이다. '미국 심리학의 아버지' 윌리엄 제임스 William James는 "미완의 과제에 한없이 매달리는 것만큼 피로하게 만드는 것은 없다"고 주장하지만,[7] 프랭크 파트노이 Frank Partnoy는《속도의 배신 Wait》에서 의도적으로 일을 곧바로 하지 말라는 주장을 편다.[8]

모든 전문가는 저마다 다른 방식의 시간 관리를 주장하기에 누구의 말에 귀를 기울여야 할지 알기가 어렵다.

## 시간 관리가 과학이 되다

비록 시간 관리가 시간 자체만큼 오래된 문제처럼 보이겠지만, 일정 계획의 과학은 산업혁명기의 기계 공장에서 시작되었다. 1874년 부유한 변호사의 아들인 프레더릭 테일러<sup>Frederick Taylor</sup>는 하버드대학교의 입학 허가를 받았지만 포기하고서, 필라델피아에 있는 엔터프라이즈하이드롤릭웍스<sup>Enterprise Hydraulic Works</sup>라는 펌프 회사에 수습 기계공으로 들어갔다. 4년 뒤 수습 기간을 마친 그는 미드베일스틸웍스<sup>Midvale Steel Works</sup>에 취직했다. 처음에는 선반공으로 일하다가 승진을 거듭한 끝에 공장장을 거쳐서 이윽고 수석 기술자가 되었다. 그 과정에서 그는 자신이 감독하는 기계(그리고 사람)가 시간을 그다지 효율적으로 쓰지 못하고 있다는 확신을 갖게 된다. 그리하여 그는 '과학적 관리<sup>Scientific Management</sup>'라는 분야를 개척하게 되었다.

테일러는 기획실을 설치했다. 그 한가운데에 모두가 볼 수 있도록 공장의 일정표를 적은 게시판이 있었다. 게시판에는 공장의 모든 기계가 표시되어 있고, 어떤 기계가 지금 어떤 일을 하고 있으며, 어떤 일들이 대기 중인지가 다 적혀 있었다. 이 방식은 테일러의 동료인 헨리 갠트<sup>Henry Gantt</sup>의 견해를 토대로 나온 듯하며, 1910년대에 갠트가 개발한 '갠트 도표'는 미국의 후버 댐에서 주간 고속도로 망에 이르기까지 20세기의 가장 야심적인 건설 계획들 중 상당수를 체계화하는 데 기여했다.<sup>9)</sup> 한 세기 뒤인 지금도 갠트 도표는 여전히 아마존, 이케아, 스페이스엑스 같은 기업들에서 사업 책임자의 벽과 화

면을 장식하고 있다.[10]

테일러와 갠트는 일정 계획을 연구 주제로 만들었고, 그것을 시각적 및 개념적 형태로 제시했다. 하지만 그들은 어느 일정표가 가장 나은지를 결정하는 근본적인 문제를 해결하지 못했다. 이 문제도 풀릴 수 있다는 첫 번째 단서는 수십 년 뒤에야 나오게 된다. 1954년 랜드코퍼레이션 RAND Corporation의 수학자 셀머 존슨 Selmer Johnson이 발표한 논문을 통해서였다.[11]

존슨이 살펴본 시나리오는 책 제본이었다. 각각의 책은 한 기계에서 인쇄된 뒤, 다른 기계에서 제본되어야 한다. 하지만 이 두 대의 기계라는 설정의 가장 흔한 사례는 가정과 훨씬 더 가까운 곳에 있다. 바로 세탁기다. 옷을 빨 때면, 세탁기와 건조기를 차례로 거쳐야 하며, 빨랫감에 따라서 각 기계에서 걸리는 시간도 달라질 것이다. 몹시 더러운 옷을 빠는 데에는 시간이 더 걸리겠지만, 건조시키는 시간은 평소와 같을 것이다. 빨래의 양이 많으면 건조시키는 데에는 더 오래 걸리겠지만, 세탁하는 시간은 평소와 같을 것이다. 그래서 존슨은 이렇게 물었다. "하루에 몇 차례 세탁을 해야 한다면, 빨래를 하는 가장 좋은 방법이 뭘까?"

그의 답은 시간이 최소로 드는 한 단계를 찾아내는 것에서 시작해야 한다는 것이었다. 즉 세탁이나 건조를 가장 빨리 할 수 있는 빨랫감을 찾아내는 것이었다. 그 가장 짧은 단계(빨리 끝내는)가 세탁기 쪽이라면, 그 빨랫감을 먼저 빨도록 계획하라. 건조기 쪽이라면, 그 빨랫감을 가장 마지막에 빨도록 계획을 세워라. 이 과정을 나머지 빨랫감들에도 반복하면서, 일정의 양쪽 극단에서부터 점점 중앙으로 향한다.

직관적으로 볼 때, 존슨의 알고리즘이 먹히는 이유는 빨랫감들을 어떤 순서로 빨든지 간에, 처음에 세탁기가 돌아가기 시작하지만 건조기는 쉬고 있는 시간이 얼마간 있고, 마지막에는 건조기가 돌아가고 세탁기는 쉬는 시간이 얼마간 있을 것이기 때문이다. 처음에는 세탁 시간을 가장 짧게 하고, 마지막에는 건조 시간을 가장 짧게 하면, 겹치는 시간이 최대가 된다. 즉 세탁기와 건조기가 동시에 돌아가는 시간이 최대다. 그러면 빨래를 하는 데 드는 총 시간을 절대적으로 최소로 할 수 있다. 존슨의 분석으로부터 일정 계획의 첫 번째 최적 알고리즘이 나왔다. 가장 가벼운 세탁물로 시작하여, 가장 적은 세탁물로 끝내라는 것이다.

존슨의 논문은 즉시 응용이 가능하다는 차원을 넘어서, 두 가지 더 심오한 점을 드러냈다. 첫째는 일정 짜기를 알고리즘 형식으로 나타낼 수 있다는 것이고, 둘째는 일정 짜기의 최적 해법이 존재한다는 것이었다. 그 뒤로 상상할 수 있는 모든 수와 종류의 기계들을 지닌 온갖 공장을 상정하여 전략을 탐색한 수많은 문헌이 쏟아졌다.

우리는 이 문헌들 중 한 작은 부분집합에 초점을 맞출 것이다. 제본이나 세탁과 달리, 한 기계의 일정을 짜는 문제를 다룬 문헌들이다. 가장 중요한 일정 짜기 문제는 단 한 대의 기계만을 수반하기 때문이다. 바로 우리 자신이다.

단일 기계의 일정을 짜려고 하면, 그 즉시 한 가지 문제와 맞닥뜨리게 된다. 존슨의 제본 연구는 두 기계가 자기 일을 다 끝내는 데 걸리는 총 시간을 최소화하는 쪽에 초점을 맞추었다. 하지만 단일 기계의 일정 계획에서는 모든 작업을 다 할당하고자 한다면, 모든 일정들을 다 끝내기까지 걸리는 시간은 어느 순서로 하든지 간에 똑같을 것이다.

이 점은 매우 근본적이면서 반직관적이기에 다시금 강조할 만하다. 기계가 한 대뿐이고, 모든 작업을 다 하고자 한다면, 작업을 어떤 순서로 하든지 간에 걸리는 시간은 똑같을 것이다.

따라서 말 그대로 시작하기도 전에, 우리는 단일 기계 일정 관리의 첫 번째 교훈과 마주친다. '목표를 명확히 하라'는 것이다. 우리는 점수를 어떻게 매기는지 알기 전까지는 어떤 일정이 가장 낫다고 선언할 수가 없다. 이 점은 컴퓨터과학에서 어떤 주제곡에 해당하는 것이다. 계획을 짜려면, 먼저 척도를 골라야 한다. 그리고 뒤에서 드러나겠지만, 어느 척도를 고르느냐가 어느 일정 관리법이 최선인지에 직접 영향을 미칠 것이다.

존슨의 제본 연구 논문이 나오자마자 곧 단일 기계 일정 관리를 다룬 논문들이 쏟아지기 시작하면서 고려할 만한 몇 가지 설득력 있는 척도들을 제시했다. 논문들은 각 척도마다 단순한 최적 전략을 찾아냈다.

물론 작업에는 대개 만기일이 있으며, 만기일을 얼마나 넘겼느냐에 따라 작업은 그만큼 지연된다. 따라서 우리는 만기일을 가장 많이 넘긴 작업의 지연 시간을 한 작업 집합의 '최대 지연 시간maximum lateness'으로 삼을 수 있다. 당신의 고용주가 성과 측면에서 관심을 가질 만한 지표다. (또는 소매나 도매 쪽에서 소비자가 관심을 가질 만한 것이다. 여기서는 '최대로 지연된' 작업이 해당 소비자의 '최대 대기 시간'에 해당한다.)

최대 지연 시간을 최소화하는 데 관심이 있다면, 최선의 전략은 만기일이 가장 가까운 작업으로 시작하여 만기일이 가장 나중인 작업으로 나아가는 것이다. **'최소 납기 우선**Earliest Due Date'이라는 이 전략은 매우 직관적이다.[12] (예를 들어, 서비스 부문 쪽에서는 오는 각 고객의 '납기일'이 사실상 문을 열고 들어오는 순간이므로, 이 전략은 그저 도착하는 순서로 고객들에게 봉사하라는 의미가 된다.) 하지만 이 전략에는 몇 가지 놀라운 의미도 함축되어 있다. 예를 들어, 각 작업을 끝내는 데 얼마나 오래 걸리는가는 전혀 상관이 없다. 그것은 계획에 아무런 변화도 일으키지 않으므로, 사실상 알 필요조차 없다. 중요한 것은 각 작업의 만기일이 언제냐다.

당신은 이미 자신의 업무를 최소 납기 우선 전략을 써서 하고 있을지도 모른다. 그렇다면 굳이 컴퓨터과학이 없어도 그것이 현명한 전략임을 알고 있을 것이다. 하지만 어쩌면 그것이 최적 전략이라는 사실은 알지 못할 수도 있다. 더 정확히 말하자면, 당신이 어느 한 척도에만 관심이 있다고 가정할 때 최적이다. 바로 자신의 최대 지연 시간을 줄인다는 데에 말이다. 하지만 당신의 목표가 그것이 아니라면, 다른 전략을 적용하는 편이 더 나을 수도 있다.

　냉장고를 예로 들어보자. 당신이 공동체 지원 농업<sup>Community-Supported</sup> <sup>Agriculture, CSA</sup>(소비자가 생산자에게 생산비를 미리 내고서 수확된 농산물을 받는 직거래 방식-역주)을 후원하고 있다면, 1~2주마다 많은 신선한 농산물이 집까지 배달될 것이다. 그런데 농산물마다 상하는 기간이 다르므로, 상하는 기간 시간표에 맞추어서 최소 납기 우선 전략에 따라 먹는 것이 합리적인 출발점처럼 보인다. 하지만 이야기는 거기에서 끝이 아니다. 최소 납기 우선은 최대 지연 시간을 줄이는 데 최적이다. 그것은 당신이 먹어야 할 것의 썩음을 가장 최소화한다는 의미다. 가장 맛있을 때 먹는다는 척도는 아니다.

　어쩌면 그 대신에 우리는 상하는 식품의 수를 최소화하고 싶을지도 모른다. 그럴 때에는 '무어 알고리즘<sup>Moore's Algorithm</sup>' 전략이 최상의 계획이 된다.[13] 무어 알고리즘은 최소 납기 우선 전략과 똑같이 시작하라고 말한다. 제품이 상하는 날짜순으로 가장 일찍 상하는 것부터 하나씩 먹는 식으로 일정을 계획함으로써 말이다.

　하지만 다음 식품을 제시간 안에 먹지 못할 듯이 보이면, 우리는 멈추고서 이미 계획한 식단들을 재검토하여 가장 큰 항목(즉 먹는 데 가장 많은 날이 소요될 식품)을 빼버린다. 이를테면, 먹는 데 6일이 걸릴 수박을 빼놓는다는 뜻일 수 있다. 수박을 먹을 시도조차 안 한다는 것은 그 뒤에 오는 것들을 다 훨씬 더 빨리 먹는다는 의미가 될 것이다. 그 뒤로도 이 양상을 반복한다. 상하는 날짜순으로 식품을 배열한 뒤, 뒤처지면 언제든 일정표에서 가장 큰 항목을 빼버린다. 남은 것들을 모두 상함이 없이 상하는 날짜순으로 먹을 수 있다면, 계획은 마무리된다.

무어 알고리즘은 내버려야 할 항목의 수를 최소화한다. 물론 그 식품을 퇴비로 쓰거나, 지역 푸드뱅크에 기부하거나, 이웃에게 나눠 주는 것도 좋다. 어떤 사업을 그냥 폐기할 수는 없지만 지연된 사업의 수가 여전히 최대 관심사인 산업계나 정부 쪽에서 보면, 무어 알고리즘은 지연된 사업들을 어떻게 다룰 것인가 하는 문제에는 무심하다. 일정표의 주된 자리에서 내쫓긴 것도 어떤 순서로든 마지막에는 해야 한다. 그땐 순서가 중요하지 않다. 이미 모두 늦었으니까.

## 빨리 다 끝내기

어려운 일은 쉬울 때 준비하고, 큰일은 작은 일일 때 해결하라.
– 노자

만기일을 지키는 것이 아니라, 그저 일을 다 끝내고 싶은 것이 우리의 주된 관심사일 때도 종종 있다. 가능한 한 많은 일을 가능한 한 빨리 말이다. 이 아주 단순해 보이는 욕망을 명시적인 일정 관리 척도로 번역하는 일은 생각보다 어렵다는 것이 드러났다.

한 가지 방법은 외부인의 관점을 취하는 것이다. 우리는 단일 기계 일정 관리에서는 모든 과제를 끝내는 데 얼마나 오래 걸리든 간에 우리가 바꿀 수 있는 것이 전혀 없다는 점을 살펴보았다. 하지만 예를 들어, 각 과제가 기다리는 고객을 나타낸다면, 가능한 한 그들의 전체 시간을 줄일 방법이 있다. 4일짜리 과제와 1일짜리 과제를 하나씩 일정표에 담고서 월요일 아침을 시작한다고 하자. 목요일 오후에(4일이 지난) 큰 과제를 전달한 다음 금요일 오후에(5일이 지난) 작은 과제를 전달한다면, 고객은 총 4+5=9일을 기다리는 셈이 될 것이다. 하지만 순서를 뒤집어서, 월요일에 작은 과제를 전달하고 금요일에 큰 과제를 전달하면, 고객은 총 1+5=6일만 기다리면 된다. 어느 쪽이든 간에 당신은 주중 내내 일하지만, 고객의 시간에서 총 3일을 절약해주는 게 된다. 일정 관리 이론가들은 이 척도를 '완료 시간의 총합<sup>sum of completion times</sup>'이라고 한다.

완료 시간의 총합을 최소화하는 것은 '**최단 처리 시간**<sup>Shortest Processing Time</sup>'이라는 아주 단순한 최적 알고리즘으로 이어진다. 언제나 가장 빨리 끝낼 수 있는 과제를 먼저 하라는 것이다.[14]

설령 모든 일에 조급해하는 고객이 있는 것은 아니라고 해도, 최단 처리 시간 알고리즘은 빨리 다 끝내게 해준다. (아마 이 알고리즘이 어떤 과제든 2분 이내에 즉시 시작하라는, 빨리 다 끝내기에서 권고하는 내용과 들어맞는다고 해도 놀랄 일이 아닐 것이다.) 여기서도 당신이 일하는 데 걸리는 총 시간에는 아무런 변화가 없지만, 최단 처리 시간 알고리즘은 미해결 과제의 수를 가능한 빨리 줄임으로써 마음을 편하게 해줄 수도 있다. 여기서 완료 시간의 총합이라는 척도는 다른 식으로 표현할 수도 있다. 그것은 무엇보다도 당신의 할 일 목록을 줄이는 데 초점을 맞추고 있는 것 같다. 각각의 끝나지 않은 일이 눈엣가시 같다면, 가장 쉬운 일부터 빠르게 끝내는 것이 좀 안심이 될 수 있다.

물론 끝나지 않은 일들이 모두 똑같지는 않다. 아마 부엌에 실제로 난 불을 끄는 일을 '불을 끄는 중'이라고 고객에게 빨리 전자우편을 보내는 일보다 더 먼저 해야 할 것이다. 설령 전자가 좀 더 오래 걸릴지라도 말이다. 일정표에서 이 중요도 차이는 '가중치$^{weight}$'라고 하는 변수로 나타낸다. 당신이 할 일 목록을 죽 훑을 때, 이 가중치는 말 그대로 각각의 일을 끝낼 때마다 어깨가 가벼워지는 짐처럼 느껴질 수도 있다. 하나의 과제 완수 시간은 그 부담을 얼마나 오래 지고 있는지를 나타내므로, 가중 완료 시간의 총합(즉 각 과제의 지속 시간에 가중치를 곱한 값)을 최소화한다는 것은 맡은 일 전부를 수행할 때의 총 부담을 최소화한다는 의미다.

그 목표를 위한 최적 전략은 최단 처리 시간을 단순하게 변형한 것이다. 끝내는 데 걸릴 시간에 따라 각 과제에 가중치를 부여한 뒤, 단위 시간당 중요도(원한다면 가중치, 즉 무게라는 비유를 계속 이어가서 '밀도'라고 불러도 좋다)가 가장 큰 것부터 가장 낮은 것까지 순서대로 하는 것이다. 일상 과제들 하나하나에 중요도를 할당하기가 어렵더라도 이 전략은 좋은 경험 법칙을 제공한다. 어떤 과제가 2배로 중요하다면 우선순위를 2배로 더 높이라는 것이다.

업무라는 맥락에서 가중치는 '각 과제로 얻을 수익'으로 쉽게 번역될 수 있다. 따라서 수행 시간에 따라 보상을 나눈다는 개념은 각 과제에 시급을 할당한다고 말할 수 있다. (당신이 자문가나 프리랜서라면, 사실상 이미 그런 식으로 하고 있을지도 모른다. 단순히 각 과제에 크기별로 보수를 매긴 뒤, 시급이 가장 높은 것부터 가장 낮은 것까지 순서를 정해 수행한다.) 흥미롭게도 이 가중치 전략은 열매가 등장하는 동물의 섭식 연구에서도 나타난다.[15] 먹이를 통해 에너지를 모으는 속도를 최대화하고자 애쓰는 동물은, 열량 대 그것을 구하고 먹는 데 걸리는 시간의 비가 최대가 되도록 먹이를 찾아야 한다. 그리고 실제로 그러한 듯하다.

같은 원리가 소득이 아니라 부채에 적용될 때, 빚더미라는 나락에 빠지지 않게 대처할 전략 역시 나온다. 이 부채 감소 전략은 빚의 액수와 채권자 수를 무시하고, 그저 이자율이 가장 높은 빚 하나만을 갚는 데 돈을 쏟으라고 말한다. 이는 단위 시간당 중요한 순서에 따라 일들을 해나가는 것에 해당한다. 그리고 부채의 총 부담을 가능한 한 빨리 줄이는 전략이기도 하다.

반면에 부채의 액수보다 채권자의 수를 줄이는 데 더 관심이 있다면─예를 들어, 이자율 차이보다 독촉장과 독촉 전화의 횟수에 더 신경이 쓰인다면─가중치를 부여하지 않은 채, 단순히 그 상황에서 빠져나오기 위해 가장 적은 액수의 빚부터 갚는 최단 처리 시간 알고리즘의 냄새를 풍기는 '그저 빨리 끝내기'로 돌아가야 한다. 부채 감소 연구 분야에서는 이 접근법을 '부채 눈덩이 debt snowball'라고 한다.[16] 실제로 빚의 액수를 줄이는 것과 채권자 수를 줄이는 것 중에서 어느 쪽이 우선이어야 하는지는 지금도 경제학 분야뿐 아니라 대중 언론 양쪽에서 열띤 논쟁거리다.

여기서 우리는 단일 기계 일정 계획을 다루기 시작할 때의 이야기로 돌아가자. 손목시계를 1개만 차고 있는 사람은 지금이 몇 시인지 알지만, 2개를 차고 있는 사람은 결코 확신하지 못한다. 컴퓨터과학은 단일 기계 일정 계획에 쓸 수 있는 다양한 척도의 최적 알고리즘을 제공할 수 있지만, 따르고 싶은 척도를 선택하는 것은 우리 자신이다. 다시 말해 많은 사례에서 자신이 어떤 문제를 해결하고 싶은지 결정하는 것은 우리 자신이다.

이는 시간 관리의 고전적인 병리 현상인 지체를 근본적으로 다시 생각하도록 만든다. 대개 우리는 그것을 결함 있는 알고리즘이라고 생각한다. 하지만 정반대라면? 잘못된 문제의 최적 해결책이라면?

〈X 파일 The X-Files〉에는 침대에 누운 채 강박적인 뱀파이어에게 피를 빨리기 직전에 놓인 주인공 멀더가 자신을 지키려고 봉지에 든 해바라기 씨를 바닥에 쏟는 장면이 나온다. 강박증에 사로잡힌 뱀파이어는 몸을 굽혀서 씨를 하나씩 줍다가 결국 해가 뜨는 바람에 멀더의 피를 빨지 못하고 만다.[17] 컴퓨터과학자들은 이것을 '핑 공격 ping attack' 또는 '서비스 거부 denial of service' 공격이라고 한다. 어떤 시스템에 사소한 일을 압도적으로 많이 시킴으로써, 혼란에 빠뜨려서 중요한 일을 못하게 만드는 것이다.

우리는 대개 '지체'를 게으름이나 회피 행동과 연관 짓지만, 일들을 가능한 한 빨리 다 끝내기 위해 열심히 열정적으로 노력하는 사람(또는 컴퓨터나 뱀파이어)에게서도 쉽게 나타날 수 있다. 2014년 펜실베이니아대학교의 데이비드 로젠바움<sup>David Rosenbaum</sup>은 실험 참가자들에게 2개의 양동이 중 1개를 복도의 반대쪽 끝에 갖다 놓으라고 요청했다. 양동이 중 하나는 참가자의 바로 옆에 있었고, 다른 하나는 복도 중간쯤에 있었다. 연구진은 사람들이 즉시 자기 옆에 있는 양동이를 들고서 복도 끝까지 가는 것을 보고 놀랐다. 중간쯤에 있는 다른 양동이를 지나쳐서 말이다. 그 양동이를 들었다면 훨씬 더 짧은 거리만 가도 되었을 텐데도. 연구진은 이렇게 썼다. "이 불합리해 보이는 선택은 지체를 예방하려는 성향을 반영한다. 신체적 노력을 좀 더 할지라도 하위 목표를 완수하기 위해 서두르는 경향을 가리키기 위해 우리가 도입한 용어다."[18]

여러 가지 사소한 과제들에 주의를 돌림으로써 주요 과제를 미루는 것도 '하위 목표를 완수하기 위해 서두르는' 것으로 비칠 수 있다. 즉 일을 미루는 이들이 사실은 신경 쓰이는 미해결 과제들의 수를 가능한 한 빨리 줄이기 위해 (최적으로!) 행동하는 것이라는 말을 달리 표현한 것일 수 있다. 그것은 빨리 다 끝내기 위한 나쁜 전략이 아니다. 잘못된 척도를 위한 탁월한 전략인 셈이다.

컴퓨터과학은 그것을 우리의 일정 계획 척도에 의식적이고 의도적으로 적용할 때 추가 위험이 따른다고 밝혀냈다. 사용자 인터페이스가 미묘하게 (또는 그다지 미묘하지 않게) 우리에게 자신의 척도를 강요한다는 것이다. 한 예로, 현재의 스마트폰 사용자는 각 앱이 우리가 확인하고 완수하기를 기대하고 있는 과제가 얼마나 많은지를 알려주는, 애플리케이션 아이콘 위에 불길하게도 빨간 바탕에 흰 숫자로 떠 있는 '알림 **badge**'을 보는 데 익숙해져 있다. 그것이 전자우편 수신함의 안 읽은 메시지의 수를 나타내는 것이라면, 모든 메시지에는 암묵적으로 동등한 가중치가 부여되는 것이다. 그렇다면 이 값을 가능한 한 빨리 줄이기 위해 가중치를 부여하지 않은 최단 처리 시간 알고리즘을 적용하는 것—가장 처리하기 쉬운 전자우편들을 먼저 다 처리하고 가장 어려운 것들을 마지막까지 미루는 것—을 비난할 수 있을까?

척도에 따라 살고, 척도에 따라 죽는다. 모든 과제가 실제로 동일한 가중치를 지닌다면, 우리가 해야 할 일이 바로 그것임은 명백하다. 하지만 사소한 일의 노예가 되고 싶지 않다면, 그 목표를 위한 척도를 취할 필요가 있다. 이 일은 우리가 풀고 있는 단일 기계 문제가 우리가 해결하기를 원하는 문제임을 확실하게 하는 데에서 시작된다. (앱 알림이 우리의 실제 우선순위를 반영하게끔 할 수 없고, 우리가 눈앞에 던져진 수치를 최적으로 줄이려는 충동을 극복할 수 없다면, 아마 알림을 꺼버리는 것이 차선책일 것이다.)

빨리 다 끝내기가 아니라, 가중치가 높은 일들을 빨리 다 끝내기—매순간 할 수 있는 가장 중요한 일을 하는 데—에 계속 초점을 맞춘다는 것은 지체의 확실한 치료법처럼 들린다. 하지만 그것으로도 부족하다는 것이 드러났다. 그리고 한 컴퓨터 일정 관리 전문가 집단은 상상할 수 있는 가장 극적인 방식으로 이 교훈을 얻었다. 화성의 표면에서 전 세계가 지켜보는 가운데 말이다.

1997년 여름, 인류에게는 축하할 일이 많아졌다. 역사상 최초로, 탐사 로봇이 화성 표면을 돌아다니고 있었다. 1억 5,000만 달러가 들어간 화성 탐사선 마스 패스파인더<sup>Mars Pathfinder</sup>는 시속 약 2만 6,000킬로미터의 속도로 5억 킬로미터에 달하는 텅 빈 우주 공간을 날아가서 공기 주머니로 몸을 감싼 채 바위투성이 붉은 화성 표면에 착륙했다.

그런데 지금 일이 지체되고 있었다. 지구의 제트추진연구소<sup>Jet Propulsion Laboratory, JPL</sup> 기술자들은 걱정하는 한편으로 난처한 상황에 처해 있었다. 패스파인더 호는 이상하게도 (자체 '정보 버스'에 자료를 넣고 빼는) 우선순위 과제를 외면하고 중요도가 중간인 과제들에 시간을 쏟고 있었다. 대체 무슨 일이 벌어지고 있는 것일까? 로봇은 우선순위를 제대로 모르는 것일까?

갑자기 패스파인더는 용납할 수 없는 긴 시간 동안 정보 버스를 놀리다가 좀 세부적인 임무 조정을 아예 빼먹고 완전히 재시작하곤 했다. 그날 임무를 할 시간이 한참 남은 상태에서 말이다. 하루쯤 지난 뒤에, 다시 같은 일이 벌어졌다.

JPL 팀은 미친 듯이 조사한 끝에 그 행동을 재현하고 진단하는 데 성공했다. 범인은 '우선순위 역전<sup>priority inversion</sup>'이라는 일정 계획의 고전적인 위험 요소였다. 우선순위 역전에서 일어나는 일은 우선순위가 낮은 과제가 어떤 일을 할 시스템 자원의 소유권(이를테면 데이

터베이스 접근권)을 차지하지만, 도중에 타이머가 작동하면서 하던 일
이 중단되는 현상이다. 타이머는 수행되고 있는 일을 중단시키고 시
스템 스케줄러를 불러온다. 스케줄러는 우선순위가 높은 과제를 불
러오지만, 다른 과제가 데이터베이스를 차지하고 있어서 작동시킬
수가 없다. 그러면 스케줄러는 우선순위 목록을 따라 내려가서, 막
히지 않은 중간 순위에 있는 과제들을 수행한다. 우선순위가 높은
과제(차단되어 있는)나 그것을 차단하고 있는 우선순위가 낮은 과제
(모든 중간 순위 과제들에 밀려나 있는)를 수행하는 것이 아니라 말이다.
이런 악몽 같은 시나리오에서는 시스템에서 우선순위가 가장 높은
과제가 임의의 긴 기간 동안 종종 외면당할 수 있다.*

　패스파인더의 문제가 우선순위 역전의 사례임을 파악하자, JPL
기술자들은 수정 프로그램을 짜서 새 코드를 수억 킬로미터 떨어진
패스파인더로 전송했다. 그들이 태양계를 가로질러 보낸 해결책은
무엇이었을까? '우선순위 상속 priority inheritance'이었다. 우선순위가 낮
은 과제가 우선순위가 높은 자원을 차단하는 일이 발생하면, 그 순
간에 우선순위가 낮은 과제가 자신이 차단하고 있는 과제의 우선순
위를 '상속함으로써' 일시적으로 우선순위가 가장 높은 과제로 바뀌
게 하는 것이다.

　코미디언 미치 헤드버그 Mitch Hedberg는 카지노에 갔을 때의 일을 설

---

* 매우 역설적이게도 패스파인더 소프트웨어 팀의 책임자 글렌 리브스(Glenn Reeves)는 '마
감 시한 압력'에 시달리느라 그 오류가 생겼는데, 개발 당시에는 이 문제를 해결하는 일이 '낮
은 우선순위'로 밀렸기 때문이라고 탓한다.[19] 그러니 어떤 의미에서는 문제 자체가 근본 원인
이었다.

명한다. "골똘히 생각에 잠겨 있는데, 어떤 친구가 다가오더니 이렇게 말하더군요. '선생님, 좀 비켜주셔야겠어요. 화재 비상구를 막고 있어요.' 마치 불이 나면 내가 뛰쳐나가지 않을 것처럼요." 경비원의 주장은 우선순위 역전이었다. 헤드버그의 반박은 우선순위 상속이었다. 헤드버그가 달아나는 군중 앞에서 우연히 얼쩡거리고 있다면, 우선순위가 낮은 자신의 얼쩡거림을 목숨을 위해 달아나야 하는 사람들의 우선순위가 높은 과제보다 앞에 놓는 것이 된다. 하지만 그가 그들의 우선순위를 상속하지 않는다고 할 때 그렇다. 그리고 돌진하는 군중은 다소 재빨리 자신들의 우선순위를 상속받도록 할 방법을 갖고 있다. 헤드버그가 설명하듯이 말이다. "당신이 그 상황을 인지할 수 있고 다리가 있다면, 비상구를 결코 막고 있지 않겠지요."[20]

여기서의 교훈은 빨리 다 끝내기 방식이 일정 계획의 함정을 피하는 데 충분치 않으며, 중요한 일을 빨리 끝내기 방식도 마찬가지라는 사실이다. 고개를 푹 숙인 채 근시안적인 방식으로 최대한 열심히 가장 중요한 일에 매진한다면, 지체와 똑같아 보이는 것으로 이어질 수 있다. 바퀴가 헛돌고 있는 자동차처럼, 즉시 일을 진척시키려는 욕구 자체가 옴짝달싹 못하는 상황에 처하게 만든다. 괴테는 이렇게 말했다고 한다. "가장 중요한 것을 가장 덜 중요한 것의 자비에 맡겨서는 결코 안 된다."[21] 지혜로운 말처럼 들리긴 하지만, 이 말이 진리가 아닌 상황도 때때로 벌어진다. 가장 사소한 일이 끝나기 전까지는 가장 중요한 일을 할 수 없어서, 차단되고 있는 것이 아무리 중요한 일이라도 중요하지 않은 일을 먼저 처리하는 수밖에 없을 때가 종종 있다.

다른 과제를 끝내기 전까지 어떤 과제를 시작할 수 없을 때, 일정 관리 이론가들은 '선행 제약 precedence constraint'이라는 말을 쓴다. 경영 관리 전문가인 로라 앨버트 매클레이는 자기 집 안에서 이 원리를 확실히 떠올림으로써 차이를 낳은 사례가 두 번 이상 있었고 말한다. "이런 것들을 간과할 수 있다면 진정으로 도움이 될 수 있었어요. 물론 아이 셋과 온종일 씨름하려면 일정 관리를 할 일이 아주 많지요. 집 밖으로 나가려면 먼저 아이들에게 아침을 먹여야 하고요. 숟가락을 주는 것을 까먹으면 아침을 먹일 수가 없지요. 때로 아주 단순한 것을 잊으면 모든 일이 지체됩니다. 일정 관리 알고리즘의 관점에서는 그저 어떤 일이 있는지를 알고 그 일을 하는 것만으로도 놀라울 만치 도움이 됩니다. 그게 바로 내가 매일 할 일을 빨리 다 끝내는 방식이지요."[22]

1978년, 일정 관리 연구자 얀 카렐 렌스트라 Jan Karel Lenstra는 친구인 진이 버클리의 새집으로 이사하는 일을 도울 때 같은 원리를 쓸 수 있었다. "진은 급한 일을 시작하기 위해 먼저 끝내야 하는 일을 안 하고 미루고 있었어요."[23] 렌스트라가 회상한 바에 따르면, 그들은 밴을 반납해야 했는데, 밴은 한 장비를 반납할 때 필요했고, 그 장비는 아파트에 있는 설비를 수리하는 데 필요했다. 아파트 수리는 시급하다고 느껴지지 않았지만(그래서 미루고 있었다), 밴 반납은 시급한 일이었다. "나는 그에게 아파트 수리를 더욱 시급한 일이라고 생각해야 한다고 설명했어요." 렌스트라는 스케줄링 이론 분야의 핵심 인물이고, 따라서 친구에게 이런 조언을 할 만한 위치에 있었기에, 그 일은 매우 유쾌한 역설을 낳았다. 이것은 선행 제약이 우선순위 역전을 일으킨 교과서적인 사례였다. 그리고 20세기의 가장 뛰어난 선행 제약 연구자 1명을 꼽으라면, 바로 그의 친구인 유진 진 롤러 Eugene Gene Lawler의 이름이 가장 먼저 나올 것이다.

## 과속 방지턱

일련의 과제들을 가장 효율적으로 완수하는 방법을 생각하면서 꽤 많은 세월을 보냈다는 점을 생각할 때, 롤러가 자신의 전공 분야에 이르기까지 먼 길을 돌아왔다는 점은 꽤 흥미롭다.[24]

그는 플로리다주립대학교에서 수학을 공부한 뒤 1954년 하버드 대학원에 진학했다. 하지만 박사학위를 받기 전에 중퇴했다. 그 뒤에 그는 법학대학원과 군대를 거쳐 (영화로 제작해도 될 정도다) 기계 공장에서 일하다가 1958년 하버드대학원으로 돌아갔다. 이윽고 박사학위를 받은 뒤, 미시건대학교에 자리를 얻었다. 1969년 안식년을 맞아 버클리로 갔고, 그곳에서 유명한 베트남전쟁 반대 집회를 벌이다가 체포되기도 했다. 다음해 그는 버클리대학교의 교수가 되었고, 컴퓨터과학과의 '사회적 양심'이라는 평판을 얻었다.[25] 1994년 그가 세상을 떠난 뒤, 미국 컴퓨터협회 Association for Computing Machinery는 롤러의 이름을 딴 상을 제정했다.[26] 컴퓨터과학의 인문학적 잠재력을 보여준 이들에게 수여하는 상이다.

롤러가 처음 선행 제약을 조사했더니, 아주 쉽게 다룰 수 있는 양

보였다. 예를 들어, 최대 지연 시간을 최소화하는 최소 납기 우선 알고리즘을 취한다고 하자. 당신의 과제들이 선행 제약을 지닌다면, 일은 더 까다로워진다. 다른 과제들이 끝날 때까지 어떤 과제를 시작할 수 없다면 만기일 순서에 따라 죽 해나갈 수가 없다. 하지만 1968년 롤러는 일정을 거꾸로 하면 아무런 문제가 없다는 것을 입증했다.[27] 즉 다른 과제들이 전혀 의존하지 않는 과제들만을 찾아서 만기일이 가장 나중인 것을 일정의 맨 끝에 놓는다. 그런 다음 다른 어떤 (아직 일정이 정해지지 않은) 과제도 선결 조건으로 삼지 않는 과제들만을 각 단계에서 고려하면서, 단순히 이 과정을 반복한다.

하지만 선행 제약을 더 깊이 살펴보다가 롤러는 무언가 신기한 것을 발견했다. 앞서 살펴보았듯이, 최단 처리 시간 알고리즘은 자신의 할 일 목록에서 가능한 한 빨리 많은 항목들을 가위표를 해서 지우고 싶다면 최적 정책이다. 하지만 당신의 과제들 중에 일부가 선행 제약을 지닌다면, 최단 처리 시간 알고리즘을 거기에 맞추어 조정할 단순하거나 뻔한 방법 같은 것은 없다. 비록 초보적인 일정 관리 문제처럼 보일지라도, 롤러도 그 어떤 연구자도 그 문제를 풀 효율적인 방법을 찾아낼 수 없을 듯했다.

사실 그보다 훨씬 더 안 좋았다. 롤러는 곧 이 문제가 대다수 컴퓨터과학자들이 효율적인 해결책이 전혀 없다고 믿는 유형에 속한다는 것을 알아차리게 된다. 컴퓨터과학 분야에서 '어려운intractable' 문제라고 하는 것이다.*[28] 스케줄링 이론의 첫 번째 과속 방지턱은 벽

---

* '어려운' 문제는 8장에서 더 자세히 살펴볼 것이다.

돌담이라는 게 드러났다.

　최적 멈춤 이론이 아무런 현명한 제안도 하지 못하는 '3배로 벌거나 잃거나' 시나리오에서 살펴보았듯이, 형식적으로 명확히 표현될 수 있는 문제가 모두 답을 지니고 있는 것은 아니다. 일정 관리에서는 정의상 모든 과제와 제약 집합이 어떤 최상의 일정을 지니고 있기에, 일정 관리 문제가 대답할 수 없는 것은 아님이 명백하다. 하지만 그것이 적절한 기간에 최적 일정을 찾을 수 있는 명백한 알고리즘이 아예 없는 사례일 수도 있다.

　이런 상황에서 롤러와 렌스트라 같은 연구자들의 머릿속에는 한 가지 의문이 떠오르기 마련이다. "일정 관리 문제에서 어려운 문제의 비율은 얼마나 될까?" 셀머 존슨의 제본 논문에서 일정 관리 이론이 시작된 지 20년 뒤, 개별 문제의 해결책을 모색하는 활동은 바야흐로 더 원대하고 훨씬 더 야심적인 방향으로 바뀌려 하고 있었다. 일정 관리 이론의 전체 경관을 지도로 작성하려는 시도 말이다.[29]

　연구자들이 발견한 것은 일정 관리 문제에 가장 미묘한 변화만 주어도 쉬운 문제와 어려운 문제를 가르는 가늘고 불규칙한 선을 넘곤 한다는 것이었다. 예를 들어, 무어의 알고리즘은 모든 과제들이 동등한 가치를 지닐 때 늦은 과제(즉 썩은 과일)의 수를 최소화한다. 하지만 어떤 과제가 다른 과제들보다 더 중요하다면 그 문제는 어려운 것이 되고, 그 어떤 알고리즘도 최적 일정표를 쉽게 제공할 수 없게 된다.[30] 마찬가지로 과제 중 일부를 시작하려면 특정한 시간까지 기다려야 한다면, 그렇지 않았을 때에는 효율적인 해결책을 지니는 거의 모든 일정 관리 문제들이 어려운 문제로 바뀐다.[31] 저녁이 되기 전에는 쓰레기를 내놓을 수 없게 하는 것은 합리적인 도시 조례일 수는 있지만, 당신의 일정표를 어려움에 빠뜨릴 것이다.

지금까지도 일정 관리 이론의 경계를 정하려는 노력은 계속되고 있다. 최근의 조사에 따르면, 모든 문제 중 약 7%는 아직 알려지지 않은 상태임을 보여준다.[32] 즉 일정 관리판 미지의 영역이다. 하지만 나머지 93%를 우리가 이해하고 있다고 해도, 안 좋은 소식이 있다. 그중 9%만 효율적으로 풀 수 있고, 나머지 84%는 어려운 문제로 밝혀져왔다.* 다시 말해, 대다수의 일정 관리 문제들은 쉬운 해결책이 결코 없음을 시인한다. 자신의 일정표를 완벽하게 관리하려고 노력하는 것이 힘들다고 느껴진다면, 아마 실제로 그렇기 때문일 것이다. 그래도 지금까지 논의한 알고리즘들은 그런 어려운 문제들을 다루는 출발점이 되곤 한다. 완벽하지 않다고 해도, 적어도 그런대로 잘한다.

---

* 하지만 이 수치는 언뜻 여겨지는 것처럼 그리 나쁘지는 않다. 여러 기계를 수반하는—일정표를 관리하는 것보다 직원들 집단을 관리하는 것에 더 가까운—일정 관리 문제들이 포함되기 때문이다.

## 하던 일을 다 멈춰라: 선점과 불확실성

나무를 심기에 가장 좋은 때는 20년 전이다. 두 번째로 좋은 때는 바로 지금이다.
– 속담

지금까지는 일정 계획을 더 어렵게 만드는 요인들만을 다루었다. 하지만 일정 계획을 더 쉽게 만들 수 있는 변화도 하나 있다. 한 과제를 중간에 멈추고 다른 과제로 전환할 수 있도록 하는 것이다. '선점 preemption'이라는 이 특성은 게임의 양상을 대폭 바꾼다는 것이 드러났다.

최대 지연(커피 집에서 손님들에게 봉사할 때)이나 완료 시간의 총합(할 일 목록을 빨리 줄이고자 할 때)의 최소화는 일부 과제들이 특정한 시간까지 시작할 수 없다고 한다면 둘 다 어려움에 빠져든다. 하지만 선점이 허용되면 다시 효율적인 해결책을 갖게 된다. 양쪽 사례에서 고전적인 전략들(최소 납기 우선과 최단 처리 시간)은 한 가지 꽤 손쉬운 수정을 거치면 최고의 전략이라는 자리를 유지할 수 있다.[33]

어떤 과제를 시작할 시간이 되면, 그 과제를 현재 수행 중인 과제와 비교한다. 최소 납기 우선 방식으로 일하고 있는데 새 과제가 지금 과제보다 납기일이 더 빠르다면, 과제를 전환한다. 그렇지 않을 때에는 하던 과제를 계속한다. 마찬가지로 최단 처리 시간 방식으로 일하고 있는데, 새 과제가 지금 하고 있는 과제보다 더 빨리 끝낼 수 있다면 과제를 바꾸어서 한다. 그렇지 않을 때에는 하던 과제를 계속한다.

이제 기계 공장은 어느 괜찮은 주에는 다음 며칠 동안 예상되는 일들을 모두 알고 있을지 모르지만, 우리 대다수는 대개 적어도 어느 정도는 모른 채 일을 한다. 예를 들어, 우리는 특정한 과제를 언제 시작할 수 있을지조차 확신하지 못할 수도 있다(아무개가 언제 내게 그 일에 대한 확실한 답을 줄까?). 그리고 언제든 전화가 울리거나 전자우편이 와서 전혀 새로운 과제가 우리 일정에 추가되었음을 알릴 수도 있다.

하지만 설령 과제들이 언제 시작될지 모른다고 해도, 최소 납기 우선과 최단 처리 시간은 여전히 최적 전략들이며, 불확실한 상황에서 가능한 최고의 성과를 낸다고 (평균적으로) 보장할 수 있다. 예상할 수 없는 시점에 과제가 당신의 책상 위에 툭 던져진다면, 최대 지연 시간을 최소화하는 최적 전략은 여전히 선점(다른 일을 하고 있다고 해도 우선순위가 더 높은 일이 생기면 교체하는 방식-역주) 형태의 최소 납기 우선이다.[34] 즉 새로 맡겨진 과제가 지금 하고 있는 일보다 납기일이 더 빠른 것이라면 그 일로 바꾸고, 그렇지 않다면 무시하라는 것이다. 마찬가지로 최단 처리 시간의 선점 형태—지금 하고 있는 일을 끝내는 데 걸리는 시간을 새 일을 끝내는 데 걸릴 시간과 비교하는—는 여전히 완료 시간의 총합을 최소화하는 최적 전략으로 남아 있다.[35]

사실 최단 처리 시간의 가중치 부여 형태는 불확실한 상황에서 최고의 범용 일정 관리 전략의 강력한 후보다. 시간 관리를 위한 단순한 처방을 제시한다. 매번 새로운 일거리가 맡겨질 때마다, 그 일의 중요도를 완수하는 데 걸릴 시간으로 나누라는 것이다. 지금 하고 있는 과제보다 그 값이 더 높다면, 새 일로 전환하라. 그렇지 않으면, 하던 일을 계속하라. 일정 계획 이론이 만능열쇠나 스위스 군용 칼이 되고자 할 때, 즉 어느 한 문제에만이 아니라 많은 문제들에 적용되는 최적 전략이 되고자 할 때 필요한 것에 가장 가까운 것이 바로 이 알고리즘이다. 특정한 가정들 하에서, 이 알고리즘은 예상한 대로 가중 완료 시간들의 합만이 아니라, 후순위 과제들의 가중치 합과 그 일들의 가중치 지연 시간의 합도 최소화한다.[36]

흥미로운 점은 일의 시작 시간과 수행 시간을 미리 안다면, 이 다른 척도들을 최적화기가 어렵다는 것이다. 따라서 일정 계획에서 불확실성이 어떤 영향을 미칠지 고려하다 보면, 직관에 반하는 무언가가 드러난다. 천리안이 오히려 짐이 되는 사례들이 있다는 것이다. 완벽한 선견지명을 갖춘다고 해도, 완벽한 일정을 짜기란 사실상 불가능할 수도 있다. 대조적으로 일이 생길 때마다 즉시 판단하여 대처한다면, 마치 미래를 내다보고 하는 것 같은 완벽한 일정 계획을 짜지 못할 것이다. 하지만 당신이 할 수 있는 가장 좋은 점은 계산하기가 훨씬 쉬워진다는 것이다. 그 점은 좀 위안이 된다. 경제 분야의 저자이자 프로그래머인 제이슨 프라이드 Jason Fried 는 이렇게 말한다. "완벽한 계획이 나오기 전까지는 일을 진행할 수 없을 것처럼 느껴진다고? 그럼 '계획'을 '추측'으로 바꾸고 쉽게 생각하라."[37]

일정 계획 이론은 그 말이 옳음을 입증한다. 미래가 모호할 때는 달력이 필요 없다는 것이 드러난다. 그냥 할 일을 하면 된다.

## 선점은 공짜가 아니다: 문맥 전환

서두를수록, 더 늦어진다.
– 캘리포니아 본빌에서 본 문구

프로그래머는 일의 흐름이 끊기면 안 되기 때문에 대화를 하지 않는다. 남들(또는 전화벨, 초인종, 알림음이라는 대체물)에게 동조하는 것은 생각의 흐름이 끊긴다는 의미에 불과할 수 있다. 끊김은 버그를 의미한다. 그러니 생각의 흐름을 끊어서는 안 된다.
– 엘런 울먼[38]

따라서 전반적으로 볼 때, 일정 계획 이론은 꽤 고무적인 이야기를 들려준다. 많은 일정 계획 문제들을 풀 단순한 최적 알고리즘이 있으며, 그런 문제들은 우리가 생활하면서 매일같이 접하는 상황들에 매우 가깝다. 하지만 실제로 현실세계에서 단일 기계 일정 계획을 수행하려고 하면, 상황이 복잡해진다.

첫째, 사람과 컴퓨터 운영 체제는 똑같이 한 가지 신기한 도전 과제에 직면한다. 일정 계획을 짜고 있는 기계와 일정 계획의 대상인 기계가 한 몸이자 동일하다는 것이다. 그리하여 당신의 할 일 목록은 할 일 목록에 관한 하나의 항목으로 정리된다. 우선순위를 정하고 일정 계획을 짜야 할 항목이다.

둘째, 선점은 공짜가 아니다. 과제를 전환할 때마다, 당신은 대가를 치른다. 컴퓨터과학에서는 이를 '문맥 전환 context switch'이라고 한다. 컴퓨터 프로세서가 수행하던 프로그램에서 다른 프로그램으로 주의를 옮길 때, 언제나 어떤 양의 필수 비용이 든다. 컴퓨터는 그 위치를 잘 표시한 다음 그 프로그램에 관한 모든 정보를 한쪽에 치워두어야 한다. 그런 뒤, 다음에 어떤 프로그램을 수행할지 파악해야 한다. 마지막으로 치워두었던 프로그램에 관한 모든 정보를 다시 불러오고, 코드에서 표시한 위치를 찾고, 그 지점에서부터 일을 재개해야 한다.

물론 이 전환이 '실제로 이루어지는 작업'은 결코 아니다. 즉 컴퓨터가 전환하는 프로그램을 실제로 앞쪽으로 옮기는 것은 결코 아니다. 그것은 '메타작업metawork'이다. 문맥 전환이 일어날 때마다 시간이 낭비된다.

사람도 분명히 문맥 전환 비용을 치른다. 우리는 책상 위의 서류철을 펼치고 덮을 때, 컴퓨터에서 문서를 열고 닫을 때, 방에 들어갔는데 왜 들어왔는지 생각이 안날 때, 혹은 단순히 "어디까지 이야기했지?"나 "내가 지금 무슨 말을 하고 있었더라?" 같은 말을 내뱉을 때 그 비용을 느낀다. 심리학자들은 과제 전환이 지체와 오류도 일으킬 수 있음을 보여주었다.[39] 밀리초 단위가 아니라 분 단위에서다. 더 넓게 보자면, 시간당 몇 번 이상 하던 일을 중단하는 사람은 아예 일을 못할 수도 있다.

개인적으로 우리 필자들은 프로그래밍과 집필이 둘 다 그 일에 전념할 것을 요구하며, 따라서 지나치게 많은 문맥 전환 비용을 수반한다는 것을 깨달았다. 소프트웨어를 짜는 한 친구는 한 주의 정상적인 근무 시간이라는 것이 자신의 작업 흐름에 잘 맞지 않는다고 말한다. 하루에 8시간 일하는 것보다 16시간을 쭉 일하는 것이 생산성이 2배 이상 높다는 것이다. 브라이언은 집필 작업이 대장간 일과 비슷하다고 여긴다. 대장간에서는 금속을 충분히 가열해야만 두드리고 늘일 수 있다. 그는 집필 시간을 90분 미만으로 떼어놓는다면 무의미하다고 본다. "어디까지 썼지?"라는 커다란 생각 덩어리를 머릿속에 떠올리는 데에만 30분은 족히 지나가기 때문이다. 일정 계획 전문가인 피츠버그대학교의 커크 프러스 **Kirk Pruhs**도 같은 경험을 했다. "쓸 시간이 한 시간이 안 되면, 그냥 다른 사소한 볼일들을 볼 겁니다. 무엇을 하고 싶은지를 진정으로 파악하는 데 35분이 걸릴 테니까, 그러고 나면 막상 그 일을 할 시간이 없는 거죠."[40]

러드야드 키플링 **Rudyard Kipling**은 1910년에 쓴 유명한 시 〈만약에 **If−**〉를 시간 관리를 잘하라는 열광적인 외침으로 끝맺는다. "가차 없이 흐르는 1분을 / 60초라는 시간을 달리기라는 가치 있는 일로 채울 수 있다면……."

그럴 수만 있다면 정말 좋겠다. 현실에서는 언제나 비용이 따르기 마련이다. 메타작업에, 즉 장부에 적고 작업 관리를 하는 데 시간이 들어간다. 그것은 일정 계획의 근본적인 트레이드오프 중 하나다. 그리고 일정 계획에 더 치중할수록, 비용은 더 커진다. 그것이 악몽이라고 할 만한 극단적인 수준이 되면, 스래싱 **thrashing**(과다 상태)이라는 현상이 나타난다.

게이지: 저커버그 씨, 제게 집중 좀 해주시겠어요?

저커버그: 주의를 기울이고 있거든요. 최소한으로요.

– 《소셜 네트워크》[41]

컴퓨터는 '스래싱'이라는 처리 과정을 통해 다중 작업을 한다. 스래싱은 여러 개의 공으로 저글링하는 것과 비슷하다고 생각할 수 있다. 저글러가 한 번에 공을 하나씩 공중으로 던지지만 공중에 떠 있는 공은 3개인 것처럼, CPU는 한 번에 한 프로그램만을 작동시키지만 프로그램들을 아주 빨리(수만 분의 1초 단위에서) 교체하기 때문에 영화를 보여주고, 웹을 돌아다니고, 전자우편이 오면 즉시 알려주는 일을 동시에 하는 듯이 보인다.

1960년대에 컴퓨터과학자들은 다양한 작업들과 사용자들 사이에 컴퓨터 자원을 공유하는 과정을 자동화할 방법을 연구하기 시작했다. 현재 컴퓨터 다중 작업 분야의 최고 전문가 중 하나인 피터 데닝Peter Denning은 흥분되는 시대였다고 설명한다. 당시 그는 MIT 박사과정 중이었다. 흥분되긴 했지만, 불확실한 시대이기도 했다. "누구는 늘리고자 하는데 누구는 줄이고 싶어 하고, 훔치는 등 온갖 방식으로 상호작용을 하면서 해야 하는 한 무더기의 일들 사이에 주기억장치를 어떻게 할당할까요? 그 상호작용 집합 전체를 어떻게 관리해야 할까요? 아무도 몰랐어요."[42]

연구자들이 자신들이 무엇을 하고 있는지를 아직 사실상 모르고 있었다는 점을 생각할 때, 그들의 노력이 난관에 부딪친 것도 놀랄 일은 아니다. 그리고 유달리 그들의 주의를 사로잡은 것이 하나 있었다. 데닝의 설명에 따르면, 특정한 조건에서 극적인 양상이 나타났다고 한다. "다중 작업을 하고 있는 컴퓨터에 작업을 더 추가할 때 나타나는 문제이지요. 어느 시점이 되면 결정적인 문턱을 넘어서게 돼요. 그 문턱이 어디인지는 정확히 예측할 수 없지만 넘어서면 알게 됩니다. 그러면 갑자기 시스템이 먹통이 되는 듯하지요."[43]

다시 저글러에 비유해보자. 하나의 공이 공중에 떠 있을 때, 저글러는 다른 공 몇 개도 공중에 띄울 수 있는 시간이 충분히 있다. 하지만 저글러가 다룰 수 있는 공보다 하나를 더 띄우려 한다면 어떻게 될까? 그는 그 공만 떨어뜨리게 되는 것이 아니다. 모든 공을 다 떨어뜨린다. 말 그대로 시스템 전체가 작동을 멈춘다. 데닝은 이렇게 설명한다. "프로그램을 하나 더 추가하자 시스템이 완전히 붕괴했어요. 언뜻 볼 때엔 두 사례의 확연한 차이가 직관적으로 와 닿지 않았어요. 혼잡한 주기억장치에 새 프로그램을 추가할 때마다 시스템이 서서히 붕괴할 거라고 예상하기 마련이잖아요." 그 대신에 파국이 찾아왔다. 우리는 저글러가 나가떨어지는 이유를 이해할 수 있지만, 기계에 그런 일이 일어나도록 만들 수 있는 것은 뭐가 있을까?

여기서 일정 계획 이론은 캐싱 이론과 교차한다. 캐시라는 개념 자체는 빠른 접근이 가능하도록 필요한 항목들의 '작업 집합'을 간직하는 것이다. 그렇게 하기 위한 한 가지 방법은 느린 하드디스크보다는 빠른 기억장치에 컴퓨터가 정보를 간직하는 것이다. 하지만 어떤 작업이 기억장치에 다 들어가지 못할 만큼 많은 것들을 계속 파악할 것을 요구한다면, 실제 작업을 하는 것보다 기억장치에 정보를 넣고 빼면서 전환하는 데 더 많은 시간이 소요될 수도 있다. 게다가 작업을 전환할 때, 새로 실행되는 작업은 다른 작업 집합의 일부를 기억장치에서 빼냄으로써 자신의 작업 집합을 넣을 공간을 확보할 수도 있다. 그 뒤에 그 작업을 다시 수행하려면, 하드디스크에서 작업 집합의 일부를 다시 기억장치로 불러와서 다른 작업 집합을 대체해야 한다.

작업들이 서로의 공간을 빼앗는 이 문제는 프로세서와 기억장치 사이의 캐시가 계층 구조를 이루는 시스템에서는 더욱 심각해질 수 있다. 리눅스 운영 체제 스케줄러의 수석 개발자인 피터 질스트라 **Peter Zijlstra**는 이렇게 표현한다. "캐시는 현재의 작업 부하에 호의적이고, 문맥 전환을 하면 모든 캐시의 아주 많은 부분이 무효가 되어요. 그럴 때 마음이 아파요."[44] 극단적인 사례를 들자면, 프로그램은 필요한 항목들이 기억장치에 들어갔다가 다른 프로그램의 항목들로 덮어 씌워지는 시간 동안만 가동될 수도 있다.

그것이 바로 스래싱이다. 시스템이 최대한 가동되고 있으면서도 아무런 결과도 내놓지 못하는 상태다. 데닝은 처음에 기억 관리라는 맥락에서 이 현상을 진단했지만, 현재 컴퓨터과학자들은 '스래싱'이라는 용어를 시스템이 메타작업에 완전히 몰입하기 때문에 멈추는 모든 상황을 가리키는 데 쓴다.[45] 스래싱 상태에 놓인 컴퓨터의 성능은 서서히 느려지는 것이 아니다. 절벽에서 떨어진다. '실제 작업'은 사실상 0으로 떨어진다. 그 말은 결과를 내놓기가 거의 불가능할 것이라는 의미이기도 하다.

스래싱은 사람에게도 나타난다. 하던 일을 멈추고 해야 할 일들을 다 적을 만한 짬을 내고픈 생각이 굴뚝같지만 시간을 낼 수 없을 때, 당신은 과다 상태에 있다. 그리고 사람이나 컴퓨터나 원인은 거의 같다. 각 과제가 한정된 인지자원을 끌어 쓰기 때문이다. 해야 할 일들을 단지 기억하는 것만으로도 주의가 꽉 찰 때—혹은 모든 과제의 우선순위를 정하는 일에 시간을 다 써서 정작 일할 시간이 없을 때—나 생각을 행동으로 옮기기 전에 생각의 흐름이 계속 방해를 받을 때, 과다 행동을 거쳐서 마비가 되는 것처럼 공황 상태에 빠진 양 느껴진다. 그것이 바로 스래싱이며, 컴퓨터는 그것을 잘 안다.

스래싱 상태에 빠진 시스템을 붙잡고 씨름해본 적이 있다면 (그리고 당신이 그런 상태에 빠진 적이 있다면) 컴퓨터과학이 그 상태에서 어떻게 빠져나오는지 궁금증이 생길 수도 있다. 데닝은 1960년대에 그 주제를 다룬 이정표가 된 논문에서, 사소한 예방 조치 하나로 엄청난 화재를 막을 수 있다고 했다. 가장 쉬운 방법은 기억 용량을 더 늘리는 것이다. 예를 들어, 램을 충분히 늘리면 수행하는 모든 프로그램의 작업 집합을 한꺼번에 기억장치에 넣어서 문맥 전환에 걸리는 시간을 줄일 수 있다. 하지만 스래싱을 예방하기 위한 조언은 이미 스래싱에 처한 상태일 때엔 별로 도움이 안 된다. 게다가 인간은 주의를 사로잡고 있는 것에 계속 정신이 팔리게 되어 있다.

스래싱을 미리 피하는 또 한 가지 방법은 '안 된다'고 말하는 기술을 터득하는 것이다. 예를 들어, 데닝은 작업 집합을 담을 빈 기억 공간이 부족하다면, 작업 부하에 새 프로그램을 추가하는 것을 시템이 거부해야 한다고 주장했다. 그러면 기계의 스래싱이 예방되며, 그것은 이미 최대한으로 일하고 있는 모든 사람에게 현명한 조언이다. 하지만 이것 역시 이미 과부하 상태인, 또는 맡겨지는 일을 줄일 수가 없는 이들에게는 불가능한 사치스러운 말처럼 들릴 수도 있다.

이런 사례들에서는 더 열심히 일할 여지가 없다는 것이 분명하지만, 더 아둔하게 일할 수는 있다. 기억 용량뿐 아니라, 문맥 전환에서 메타작업의 가장 큰 자원 중 하나는 다음에 무엇을 할지를 선택하는 행위 자체다. 이것도 때때로 실제로 하는 일을 전환할 수 있다. 예를 들어, 우편함이 $n$통의 전자우편으로 넘칠 때, 우리는 정렬 이론으로부터 다음에 답할 가장 중요한 것을 찾아 반복적으로 훑는 데 $O(n^2)$ 조작이 필요하다는 것을 안다. 즉 $n$통의 전자우편을 각각 $n$번씩 훑어야 한다. 이는 오는 편지의 양이 평소보다 3배 늘어나면, 처리하는 시간이 9배까지 늘어날 수 있다는 의미다. 게다가 그 전자우편들을 훑는다는 것은 모든 메시지를 차례로 전환시키면서 마음속으로 다 불러들여 훑은 다음에, 그중 하나에 답신을 한다는 의미다. 기억 스래싱을 위한 확실한 요리법이다.

스래싱 상태에서는 본질적으로 일에 진척이 전혀 없으므로, 일을 전혀 안 하는 것보다 잘못된 순서로라도 일을 하는 쪽이 더 낫다. 가장 중요한 전자우편에 먼저 답장하는—전체적으로 파악하는 데 걸리는 시간이 답장들을 하는 데 걸리는 시간보다 더 오래 걸릴 수 있다—대신에, 그냥 임의의 순서로, 또는 어떤 순서로든 화면에 뜨는 대로 전자우편들에 답장함으로써 2차 시간이라는 모래 수렁을 비껴갈 수도 있다. 몇 년 전 리눅스 개발자들은 같은 논리를 적용하여,

스케줄러를 처리의 우선순위를 계산하는 데에는 덜 '영리'하지만 계산하는 데 시간이 덜 걸린다는 점으로 그 단점을 보충하고도 남는 것으로 대체하였다.[46]

하지만 여전히 우선순위를 유지하길 원한다면, 생산성을 되찾을 수 있는 다른 더욱 흥미로운 협상 방법이 있다.

## 인터럽트 병합

실시간 일정 계획을 그토록 복잡하면서 흥미롭게 만드는 요소 중의 하나는 그것이 근본적으로 완벽하게 조화될 수 없는 두 원칙 사이의 타협이기 때문이다. 이 두 원칙을 '반응성responsiveness'과 '처리량throughput'이라고 한다. 일에 얼마나 빨리 반응할 수 있는가와 전반적으로 얼마나 많은 일을 할 수 있는가이다. 사무실 환경에서 일해본 사람이라면 누구나 이 두 측정법 사이의 긴장을 쉽게 알아차릴 수 있다. 그것이 바로 전화에 응답하는 일을 하는 사람들이 있는 이유 중 하나다. 그들은 남들이 처리량에 몰두할 수 있도록 반응성을 전담한다.

여기서도 컴퓨터와 마찬가지로 반응성/처리량 트레이드오프를 스스로 해야 할 때 삶은 더 힘들어진다. 그리고 일들을 해낼 최상의 전략은 역설적이게도 처리 속도를 늦추는 것일 수 있다.

운영 체제 스케줄러는 대개 모든 프로그램이 적어도 조금은 가동

되도록 보장하는 '기간'을 정의한다. 시스템은 각 프로그램에 그 기간의 한 '조각'을 할당한다. 가동되는 프로그램이 늘어날수록 조각은 점점 작아지고, 각 기간마다 처리량을 희생하여 반응성을 유지하기 위해 문맥 전환이 더 많이 일어난다. 하지만 그냥 방치하면 각 기간에 각 프로그램에 적어도 얼마간 주의가 할당되도록 보장하는 이정책은 파국으로 이어질 수 있다. 프로그램들이 충분히 가동되고 있을 때, 각 작업의 조각은 시스템이 그 조각 전체를 문맥 전환을 하는데 쓰고, 그 즉시 다시 다음 작업으로 문맥 전환을 해야 하는 지경까지 작아질 것이다.

확고한 반응성 보장 정책이 문제다. 그래서 현재의 운영 체제들은 사실상 각 조각의 최소 길이를 설정하고서 그 기간을 더 작게 나누는 것을 거부한다. 예를 들어, 리눅스에서는 이 최소 이용 조각이 약 3/4밀리초임이 밝혀졌지만, 사람에게서는 현실적으로 적어도 몇 분쯤 될 것이다.[47] 그 한계를 넘어서서 프로세스들이 더 추가된다면, 그저 대기 시간만 더 늘어난다. 그러면 프로세스들은 자기 차례를 더 오랫동안 기다려야 한다는 의미가 된다. 하지만 자기 차례가 오면 적어도 무언가를 할 만큼 충분히 오래 가동될 것이다.

어느 작업에 쓸 최소 시간을 정하면, 반응성에 치중하다가 처리량을 완전히 망각하는 일을 예방하는 데 도움이 된다. 그 최소 조각이 문맥 전환에 걸리는 시간보다 더 길면, 시스템은 문맥 전환이 자신이 하는 유일한 일이 되는 상태에 결코 진입할 수 없다. 그 원칙은 인간의 삶을 위한 권고로 쉽게 번역될 수 있다. '타임박싱timeboxing'이나 '포모도로pomodoro' 같은 방법들, 말 그대로 부엌 타이머를 설정하

여 그 시간이 끝날 때까지 한 작업에 전념하는 방식은 이 개념을 구현한 것이다.[48]

하지만 목표로 삼을 조각의 크기를 얼마로 해야 할까? 전자우편을 확인하는 것 같은 반복되는 작업을 수행할 때 사이사이에 얼마나 기다려야 할까라는 질문에 직면할 때, 처리량의 관점에서 보면 답은 단순하다. '가능한 한 길게'가 답이다. 하지만 이야기는 거기에서 끝이 아니다. 어쨌든 처리량이 더 많아진다는 것은 반응성이 더 낮아진다는 의미이기도 하다.

당신의 컴퓨터의 입장에서, 규칙적으로 확인해야 하는 성가신 인터럽트는 전자우편이 아니다. 바로 당신이다. 당신은 몇 분 또는 몇 시간 동안 마우스를 움직이지 않을 수도 있지만, 마우스를 움직일 때는 화면의 화살표가 즉시 따라서 움직일 것이라고 예상한다. 그것은 컴퓨터가 당신이 마우스를 움직이는지 단순히 확인하기 위해 엄청난 노력을 기울인다는 의미다. 마우스와 키보드를 더 자주 확인할수록, 컴퓨터는 입력이 있을 때 더 빨리 반응할 수 있지만, 문맥 전환도 더 자주 해야 한다. 따라서 어떤 작업에 얼마나 오랫동안 몰두할 수 있는지를 결정할 때 컴퓨터 운영 체제가 따르는 규칙은 단순하다. 사용자에게 신경질적이거나 느려터지게 보이지 않으면서 가능한 한 오래 하라는 것이다.

우리는 재빨리 볼일을 보러 집 밖으로 나갈 때, "내가 나갔다 왔다는 것조차 모를 거야" 하는 식의 말을 한다. 우리가 입력장치를 건드림으로써 컴퓨터가 문맥 전환을 할 때, 컴퓨터는 말 그대로 딴 일을 하고 있었다는 것을 우리가 알아차리기 전에 우리에게로 돌아와야 한다. 이 균형점을 찾기 위해 운영 체제 프로그래머는 심리학으로 눈을 돌려서, 정확히 몇 밀리초가 지체되어야 인간의 뇌가 지체나 깜박임을 알아차리는지 정신물리학 논문들을 파헤쳐왔다.[49] 그보다 더 자주 사용자에게 주의를 기울여보았자 헛수고다.

이런 노력들 덕분에, 운영 체제가 제대로 작동하고 있을 때, 당신은 컴퓨터가 얼마나 열심히 애쓰고 있는지를 알아차리지조차 못한다. 프로세서가 최대로 가동되고 있을 때조차도 당신은 계속 마우스를 화면에서 부드럽게 움직일 수 있다. 이 유동성은 처리량을 얼마간 희생시키지만, 그것은 시스템 공학자들이 명시적으로 설정한 트레이드오프다. 즉 당신의 시스템은 당신과 상호작용하지 않으면서 가능한 한 많은 시간을 보내다가, 제때에 마우스의 움직임에 맞추어서 화살표를 움직이도록 되어 있다.

여기서도 인간의 삶에 적용될 수 있는 원칙이 하나 있다. 최소 허용 한계 미만으로 반응성을 줄이지 않으면서 가능한 한 오래, 한 작업을 지속하려고 애써야 한다는 것이다. 얼마나 반응을 해야 할지 결정한 다음, 일을 완수하기를 원한다면 결코 그 이상으로는 반응하지 마라.

잡다한 짧은 작업들을 처리하느라 문맥 전환을 많이 하고 있다면, 컴퓨터과학에서 나온 또 다른 개념을 활용할 수 있다. 바로 '인터럽트 병합interrupt coalescing'이다. 한 예로, 당신이 신용카드를 5개 쓰고 있다면, 청구서가 올 때 바로 입금하지 마라. 마지막 청구서가 오면 다 모아서 한 번에 살펴보라. 입금 마감일까지는 결코 지체가 아니므로, 이를테면 매달 말일을 '입금일'로 지정하고서, 그날이 오기 전까지 모든 청구서를 책상에 쌓아둘 수 있다. 3주 전에 왔든, 3시간 전에 왔든 말이다.

마찬가지로 당신이 전자우편을 주고받는 사람 중에 어느 누구도 24시간 이내에 답신을 요구하지 않는다면, 전자우편을 확인하는 횟수를 하루에 한 번으로 제한할 수 있다. 컴퓨터도 그런 식으로 일한다.[50] 다양한 하위 요소들로부터 오는 조율되지 않은 개별적인 인터럽트들을 다루기 위해 문맥 전환을 반복하는 대신에, 어떤 정해진 기간까지 기다렸다가 한꺼번에 다 확인한다.*

때로 컴퓨터과학자들은 자신이 삶 속에서는 인터럽트 병합을 안 하고 있음을 알아차리곤 한다. 구글 연구 본부장인 피터 노빅[Peter Norvig]의 말을 들어보자. "오늘은 사소한 볼일을 보러 세 번이나 시내 중심가를 다녀와야 했어요. 나는 스스로에게 말했죠. '이런, 네 알고리즘에 버그가 한 줄 있었어. 새 볼일이 하나씩 추가될 때마다 차례로 실행하기보다는 그냥 좀 더 기다리거나, 할 일 대기 목록에 넣어 두어야 했어.'"[51]

인간적인 차원에서, 우리는 그저 우편물 배달 주기의 산물일 뿐인 우편제도로부터 해방되기 위해 인터럽트 병합을 한다. 우편물이 하루에 한 번만 배달되므로, 몇 분만 늦게 보내면 추가로 24시간이 더 지난 뒤에 운송이 완료될 수도 있다. 문맥 전환의 비용을 생각해 보면, 여기에 긍정적인 측면이 있음을 지금쯤 명확히 알 수 있을 것

---

* 많은 컴퓨터가 우리에게 무언가를 원할 때마다 커서를 가로채는 대화 상자와 오류 메시지를 뻔뻔하게 화면에 띄우는 경향이 있다는 점을 생각하면, 컴퓨터의 행동은 다소 위선적이다. 사용자 인터페이스는 CPU 자체가 거의 참을성이 없는 방식으로 사용자의 주의를 요구한다.

이다. 즉 당신은 기껏해야 하루에 한 번만 청구서와 우편물의 방해를 받을 수 있다는 것이다. 게다가 24시간 우편배달 주기는 당신의 반응성을 최소로 요구한다. 즉 편지를 받고서 답장을 5분 뒤에 하든 5시간 뒤에 하든 아무런 차이가 없다.

학교에서는 교수실의 개방 시간을 정하는 것이 학생들로부터의 방해를 병합하는 한 방법이다. 그리고 사적인 영역에서, 인터럽트 병합은 가장 지독한 업무 관행 중 하나를 긍정적으로 볼 관점을 제공한다. 바로 주례 회의다. 어떤 단점이 있든 간에, 정해진 시간에 열리는 회의는 자연스럽게 생기는 방해와 계획에 없는 문맥 전환을 막는 최선의 방어 수단 중 하나다.

아마 문맥 전환 최소화 생활방식의 수호성인은 전설적인 프로그래머인 도널드 커누스Donald Knuth일 것이다. 그는 이렇게 말한다. "나는 한 번에 한 가지씩 해요. 컴퓨터과학자들이 '일괄 처리batch processing'라고 하는 겁니다. 그것의 대안은 이 일, 저 일 사이를 오락가락 하는 건데요. 나는 그렇게 전환하면서 일하지 않아요."52) 그는 농담하는 것이 아니다. 2014년 1월 1일, 그는 〈2014년 텍스 수정판 The TeX Tuneup of 2014〉을 내놓았다. 자신의 문서 조판 소프트웨어인 텍스에 지난 6년 동안 보고된 버그를 모두 수정한 판본이었다. 그는 "2021년 텍스 수정판이 나올 때까지 계속 지켜봐주시기를!"이라는 경쾌한 말로 보고서를 끝냈다. 마찬가지로 커누스는 1990년 이래로 전자우편 주소를 가진 적이 없다. "전자우편은 인생에서 최고가 되고자 하는 이들을 위한 놀라운 발명품이지요. 하지만 내게는 아니에요. 내 역할은 바닥을 다지는 겁니다. 장시간 방해받지 않고 집중해서 연구하는 것이 내 일이지요."[53] 그는 자신에게 오는 편지들을 3개월 단위로 살펴보고, 팩스는 6시간마다 들여다본다.

하지만 삶의 더 많은 측면에서 인터럽트 병합을 설계 원칙으로 삼고 싶다고 해서 커누스처럼 극단적인 조치를 취할 필요는 없다. 우체국은 거의 우연히 우리에게 인터럽트 병합을 제공한다. 다른 영역들에서는 우리 스스로 병합을 구축하거나 요구해야 한다. 우리의 삑삑거리고 윙윙거리는 장치들은 "방해하지 마시오" 모드를 지니고 있다. 우리는 수동적으로 그것을 온종일 켜놓거나 꺼놓을 수 있지만, 그러면 장치를 너무 퉁명스럽게 대하는 셈이다. 대신에 우리는 인터럽트 병합의 명시적인 대안을 제공하도록 기본 설정값을 바꿀 수도 있다. 장치들이 내부적으로 하는 일을 인간의 시간 단위에서 하게 하는 것이다. 이를테면 10분마다 한 번씩만 내게 알리도록 하는 것이다. 그러면 장치는 내게 모든 것을 알려준다.

제6장

미래 예측

# 베이즈
# 규칙

ALGORITHMS

인간의 모든 지식은 불확실하고 부정확하고 불완전하다.
– 버트런드 러셀[1]

해는 내일도 뜰 거야. 내일도 해가 뜬다는 데 전 재산을 걸어도 좋아.
– 영화 〈애니〉


1969년, 프린스턴에서 천체물리학 박사과정을 시작하기 전, J. 리처드 고트 3세[J. Richard Gott III]는 유럽으로 여행을 갔다. 그곳에서 그는 베를린장벽을 보았다. 8년 전에 세워진 것이었다. 냉전의 적나라한 상징인 그 벽의 그늘에 서서 그는 그 장벽이 얼마나 오랫동안 동서를 나누고 서 있을지를 생각하기 시작했다.[2]

언뜻 보면, 이런 종류의 예측을 시도한다는 것 자체가 불합리해 보인다. 지정학적 예측이 불가능하다는 점을 제쳐놓더라도, 수학적으로도 우스꽝스러워 보인다. 단 한 점의 자료로 예측을 시도하다니

말이다.

하지만 언뜻 생각할 때는 터무니없어 보일지라도, 우리는 부득이 늘 그런 예측을 하며 살아간다. 외국의 어느 도시에서 버스 정류장에 갔는데, 다른 관광객이 7분째 버스를 기다리고 있다는 것을 알았다고 하자. 버스가 언제쯤 올까? 기다릴 가치가 있을까? 만일 그렇다면, 얼마만큼 기다린 뒤에 포기해야 할까?

아니면 당신의 친구가 누군가와 한 달째 사귀고 있는데, 당신에게 조언을 듣고 싶어 한다고 하자. 곧 있을 친척 결혼식에 함께 가기에는 너무 이른 걸까? 둘의 관계가 순조롭게 발전하고 있긴 하지만, 장래 계획을 얼마나 멀리까지 세우는 것이 안전할까?

구글 연구본부장 피터 노빅은 〈데이터의 터무니없이 놀라운 효과 The Unreasonable Effectiveness of Data〉라는 유명한 논문에서 "수십억 개의 사소한 자료점들이 어떻게 이해로 이어질 수 있는지"를 열광적으로 설명했다.[3] 언론에서는 우리가 '빅데이터의 시대'를 살고 있다고 끊임없이 떠들어댄다. 컴퓨터가 그 수십억 개의 자료점들을 훑어서 맨눈으로는 보이지 않는 패턴을 찾아내는 시대다. 하지만 우리의 일상생활과 가장 밀접한 관계가 있는 문제들은 때로 정반대 극단에 놓이곤 한다. 우리의 하루는 '사소한 데이터'로 가득하다. 그런 한편, 우리는 사실상 베를린장벽 앞에 선 고트와 마찬가지로, 때로 우리가 얻을 수 있는 최소한의 데이터로부터 추론을 해야 한다. 단 한 번의 관찰을 토대로 말이다.

그렇다면 그 일은 어떻게 해야 하는 것일까? 그 이야기는 18세기 영국에서 당대의 위대한 수학자들, 심지어 성직자들조차도 거부할 수 없었던 탐구 영역에서 시작된다. 바로 도박이었다.

## 베이즈 목사의 후진 추론

따라서 과거 경험을 신뢰하고 그것을 향후 판단의 기준으로 삼는 논증을 펼친다
면, 그런 논증이야말로 아마 유일한 논증일 것이 틀림없다.
– 데이비드 흄[4]

250여 년 전, 영국 턴브리지웰스라는 아름다운 온천 도시의 장로파
목사 토머스 베이즈<sup>Thomas Bayes</sup>는 "적은 수의 자료로 어떻게 예측할
수 있을까?" 하는 문제에 골몰하고 있었다. 베이즈의 생각에, 새로
운 복권을 10장 구입했는데 5장이 당첨된다면, 그 복권의 당첨 확
률이 10분의 5, 즉 50%라고 추정하기는 비교적 쉬울 듯했다. 하지
만 그 대신에 복권을 달랑 1장 샀는데, 당첨된다면? 당첨 확률이 1
분의 1, 즉 100%라고 정말로 상상할까? 너무 낙관적으로 보인다.
그렇지 않나? 그리고 낙관적으로 보는 것이라면, 얼마나 낙관적인
것일까? 실제로는 얼마라고 추정해야 할까?

　불확실한 상황에서의 추론이라는 문제에 역사적으로 엄청난 영향
을 끼친 인물에 걸맞게, 베이즈의 삶도 공교로울 만치 불확실했다.[5]
그는 1701년이나 1702년, 영국의 하트퍼드셔나 런던에서 태어난
듯하다. 그리고 1746년이나 1747년, 아니면 1748년이나 1749년

에 모든 수학 분야를 통틀어 가장 큰 영향을 미친 논문 중의 하나를 썼다가 발표하지 않은 채 놔두고 다른 분야로 관심을 돌렸다.[6]

그 두 사건 사이에 일어난 일들은 그나마 좀 확실하다. 베이즈는 목사의 아들로 태어나서 에든버러대학교에서 신학을 공부하여 부친처럼 성직자가 되었다. 그는 신학뿐 아니라 수학에도 관심이 많았고, 1736년 조지 버클리<sup>George Berkeley</sup> 주교의 공격에 맞서 뉴턴의 새로운 '미적분'을 열정적으로 옹호하는 글을 썼다.[7] 이 글 덕분에 1742년 왕립협회 회원으로 선출되었다. '기하와 수학과 철학의 모든 분야에 정통한 신사'라고 추천을 받았다.

1761년 베이즈가 사망한 뒤, 친구인 리처드 프라이스<sup>Richard Price</sup>는 발표할 만한 것이 있는지 그가 남긴 수학 논문들을 검토해달라는 요청을 받았다. 프라이스를 유달리 흥분시킨 논문이 한 편 있었다. '대단히 뛰어나며, 보존할 가치가 있는' 논문이었다.[8] 그 논문은 복권 같은 문제를 정면으로 다루고 있었다.

> 한 사람이 복권을 뽑는다고 상상하자. 그 복권의 구조, 즉 꽝과 당첨 복권의 비율이 얼마나 되는지 전혀 모른다고 하자. 더 나아가 그가 남들이 뽑은 복권 중에서 꽝이 몇 개이고 당첨이 몇 개라는 말을 듣고서 그 비율을 추론할 수밖에 없다고 하자. 이런 상황에서 그가 합리적으로 내릴 수 있는 결론이 무엇일까?[9]

베이즈의 결정적인 깨달음은 우리가 보는 당첨 복권과 꽝 복권의 수를 이용하여 그 복권들이 나온 복권 집합 전체를 파악하려고 애쓰는 것이 본질적으로 역방향 추론이라는 것이었다. 그리고 그렇게 하려면 먼저 가설들로부터 전향 추론을 할 필요가 있다고 주장했다.[10] 다시 말해, 우리는 다양한 시나리오들이 참이라고 한다면 우리가 뽑은 복권들이 뽑힐 확률이 얼마나 될지를 먼저 파악해야 한다. 이 확률—현대 통계학자들이 '우도 likelihood'라고 부르는 것—이 바로 그 문제를 푸는 데 필요한 정보를 우리에게 제공한다.

예를 들어, 복권 3장을 샀는데 모두 당첨된다고 하자. 모든 복권이 다 당첨되는 매우 관대한 종류의 복권이라면, 언제든 3장을 사면 당연히 다 당첨될 것이다. 그 시나리오에서는 확률이 100%다. 대신에 복권의 절반만이 당첨 복권이라면, 3장을 샀을 때 다 당첨될 기회는 $\frac{1}{2} \times \frac{1}{2} \times \frac{1}{2}$, 즉 8분의 1이 된다. 그리고 1,000장 중 1장만이 당첨 복권이라면, 3장을 사서 다 당첨될 확률은 믿어지지 않을 만치 낮을 것이다. $\frac{1}{1,000} \times \frac{1}{1,000} \times \frac{1}{1,000}$, 즉 10억 분의 1이다.

베이즈는 따라서 복권 중 절반이 당첨 복권일 때보다 모든 복권이 당첨 복권일 때가, 또 1,000장 중에서 1장이 당첨 복권일 때보다 절반이 당첨 복권일 때가 당첨 확률이 더 높다는 판단을 내려야 한다고 주장했다. 아마 누구나 직관적으로 그렇게 생각하고 있었겠지만, 베이즈의 논리는 그 직관을 정량화할 능력을 우리에게 부여해준다. 모든 조건이 같을 때, 우리는 복권 중 절반이 당첨 복권일 때보다 전부가 당첨 복권일 때가 당첨 가능성이 정확히 8배 더 높다고 상상해야 한다. 그 시나리오에서는 우리가 뽑은 복권들이 당첨될 가능성이 정확히 8배 더 높기 때문이다(100% : 1/8). 마찬가지로 1,000장 중에서 1장만이 당첨 복권일 때보다 절반이 당첨 복권일 때 당첨 가능성이 정확히 125배 더 높다. 우리는 8분의 1을 10억분의 1과 비교함으로써 그렇다는 것을 안다. 이것이 바로 베이즈 논리의 핵심이다. 가상의 과거 사례들로부터 전향 추론을 통해 토대를 깐 다음, 역방향으로 추론하여 가장 가능성이 높은 가설을 찾아내는 것이다.

그러나 독창적이면서 혁신적인 접근법이었지만, 복권 문제에 완벽한 해답을 제공한 것은 아니었다. 프라이스는 왕립협회에 베이즈의 연구 결과를 제출하면서, 복권 1장을 샀는데 당첨이 되었다면, 복권 중 적어도 절반이 당첨 복권일 확률이 75%임을 보여줄 수 있었다. 하지만 확률의 확률을 생각하려면 머리가 좀 어지러울 수 있다. 게다가 누군가가 우리에게 "그래서 실제로 복권의 확률이 얼마라는 건데요?"라고 답을 강요한다면, 우리는 뭐라고 대답할 수가 없을 것이다.

이 질문—가능한 모든 가설들을 하나의 특정한 기댓값으로 요약할 방법이 무엇일까?—의 답은 몇 년 뒤, 프랑스의 수학자 피에르 시몽 라플라스 Pierre Simon Laplace가 발견한다.

## 라플라스 법칙

라플라스는 1749년 노르망디에서 태어났다. 부친은 아들이 성직자가 되기를 바라면서 그를 가톨릭 학교에 보냈다. 라플라스는 칸대학교에 진학하여 신학을 공부했다. 하지만 신앙과 과학 양쪽에 고루

헌신하면서 균형 잡힌 삶을 살아간 베이즈와 달리, 라플라스는 결국 성직을 포기하고 수학에 전념했다.[11]

1774년, 그는 베이즈의 연구를 전혀 모른 채 〈사건 원인의 확률에 관한 고찰Treatise on the Probability of the Causes of Events〉이란 야심찬 논문을 발표했다. 그 논문에서 라플라스는 가능성 있는 원인들의 관찰된 효과로부터 거꾸로 추론하는 방법이라는 문제를 마침내 해결했다.

앞서 살펴보았듯이, 베이즈는 가설들의 상대적인 확률을 비교하는 방법을 발견했다. 하지만 복권의 사례에서는 가설의 수가 말 그대로 무한하다. 당첨 복권의 비율을 얼마든지 다르게 상상할 수 있다. 베이즈가 강력하게 옹호하고 나섰던, 한때 논란이 분분했던 수학인 미적분을 써서 라플라스는 확률들의 이 방대한 스펙트럼을 하나의 추정값으로 요약할 수 있음을, 그리고 그 일이 경이로울 만큼 쉽다는 것을 입증할 수 있었다.[12]

그는 우리가 복권의 구조를 정말로 사전에 전혀 알지 못한다면, 첫 복권을 뽑았을 때 그것이 당첨된다면 전체 복권 풀에서 당첨 복권의 비율이 정확히 2/3라고 예상해야 한다는 것을 보여주었다. 복권을 3장 샀는데 모두 당첨된다면, 당첨 복권의 예상 비율은 정확히 4/5다. 사실 $n$번 뽑아서 당첨 복권이 w장 나온다고 할 때, 기댓값은 그저 당첨 복권의 수에 1을 더한 값을 시도한 횟수에 2를 더한 값으로 나누면 된다. 즉 $(w+1)/(n+2)$이다.

확률을 추정하는 이 믿어지지 않을 만큼 단순한 체계를 '라플라스 법칙Laplace's Law'이라고 하며, 사건의 역사를 토대로 사건의 확률을 추정해야 하는 모든 상황에 쉽게 적용된다. 무언가를 10번 시도하여

5번 성공한다면, 라플라스 법칙은 전반적인 확률이 6/12, 즉 50%라고 추정하며, 그 값은 우리의 직관과 일치한다. 1번 시도하여 성공한다면, 라플라스 법칙이 내놓는 2/3라는 추정값은 뽑을 때마다 다 당첨된다는 가정보다 더 합리적일 뿐 아니라, 프라이스의 지침(성공 가능성이 50% 이상인 것의 메타확률이 75%라고 말해주는)보다 더 적용 가능하다.[13]

라플라스는 더 나아가 자신의 통계적 접근법을 당시의 다양한 문제들에 적용했다. 남아나 여아가 태어날 확률이 정말로 똑같은지를 알아내는 문제도 있었다. (그는 남아가 태어날 확률이 여아보다 사실상 조금 더 높다는 것을 거의 확실히 보여주었다.) 또 그는《확률에 대한 철학적 시론 Philosophical Essay on Probabilities》을 썼다. 일반 대중을 위한 최초의 확률 서적이라고 할 수 있으며, 지금도 걸작으로 남아 있다. 이 책에서 그는 자신의 이론을 전개하면서 법, 과학, 일상생활에 응용하는 방법을 제시했다.

라플라스 법칙은 현실세계에서 우리가 적은 자료에 직면했을 때 첫 번째로 적용할 단순한 경험 법칙을 제시한다. 설령 관찰을 단 몇 차례만(아니, 단 한 차례만) 했을 때에도, 실질적인 지침을 제공해준다. 버스가 늦게 올 확률을 계산하고 싶은가? 당신의 소프트볼 팀이 이길 확률이 궁금한가? 과거에 일어난 일의 횟수에 1을 더한 뒤, 기회의 수에 2를 더한 값으로 나누어라.

라플라스 법칙의 아름다움은 자료점이 하나이든 수백만 개이든 간에 똑같이 잘 들어맞는다는 것이다. 이 법칙은 내일도 해가 뜰 것이라는 어린 애니의 믿음이 정당하다고 말한다. 해가 약 1.6조일째

뜨는 것을 지켜본 지구에서, 다음 번 '시도'를 했을 때 해가 다시 뜰 확률은 100%나 다름없다.

## 베이즈 규칙과 사전 믿음

이 모든 가정들은 일관적이고 상상할 수 있다. 그런데 다른 가정들보다 결코 일
관적이지도 상상할 수도 없는 것을 왜 선호해야 한단 말인가?
– 데이비드 흄[14]

라플라스는 나중에 중요하다는 것이 입증되는 베이즈 논증의 또 다른 변형 사례도 살펴보았다. 다른 가설들보다 단순히 가능성이 더 높은 가설들을 어떻게 다루어야 하는가이다. 예를 들어, 구입한 사람의 99%가 당첨되는 복권도 있을 수 있지만, 단 1%만 당첨되는 복권이 있을 가능성이 더 높다. 우리는 그렇게 가정할 것이다. 그 가정도 우리의 추정값에 반영되어야 한다.

더 명확히 이해할 수 있도록, 친구가 당신에게 동전 2개를 보여준다고 하자. 하나는 앞면과 뒷면이 나올 확률이 50대 50인 정상적인 '공평한' 동전이고, 다른 하나는 양쪽이 다 앞면인 동전이다. 친구는 두 동전을 주머니에 넣은 뒤, 무작위로 1개를 꺼낸다. 그리고 바닥에 탁 놓는다. 앞면이다. 친구가 꺼낸 동전은 어느 것이라고 생각하는가?

베이즈의 역방향 추론 방식은 이 문제를 단번에 해결한다. 탁 내려놓았을 때 앞면이 나올 확률은 공평한 동전은 50%이고, 양쪽 다 앞면인 동전은 100%다. 따라서 우리는 친구가 양쪽이 앞면인 동전을 꺼냈을 확률이 아마도 100%/50%, 즉 정확히 2배라고 자신 있게 주장할 수 있다.

이제 상황을 다음과 같이 바꾸어보자. 이번에는 친구가 공평한 동전 9개와 양쪽이 앞면인 동전 1개를 보여준다고 하자. 친구는 동전들을 다 주머니에 넣은 뒤, 무작위로 하나를 꺼내어 탁 내려놓는다. 앞면이다. 당신은 어떤 생각이 드는가? 공평한 동전일까, 앞면만 있는 동전일까?

라플라스의 연구는 이 변형 사례도 예측했다. 여기서도 놀라울 만큼 간단하게 답이 나온다. 전과 마찬가지로, 공평한 동전은 앞면만 있는 동전보다 앞면이 나올 확률이 딱 절반이다. 하지만 이제는 처음에 공평한 동전을 뽑을 가능성이 9배 더 높기도 하다. 이때는 이 두 가지 고려 사항들의 확률을 그냥 따로 계산한 뒤, 곱하면 된다. 그러면 앞면만 있는 동전보다 공평한 동전이 나올 가능성이 정확히 4.5배 높다.

앞서 지니고 있던 생각과 눈앞에 보이는 증거를 묶은 이 관계를 기술하는 수학 공식은 얄궂게도 실제로 그 일에 큰 발전을 이룬 인물인 라플라스의 규칙이 아니라, '**베이즈 규칙**Bayes's Rule'이라고 불리고 있다.[15] 그리고 그 규칙은 기존 믿음과 관찰된 증거를 어떻게 결합할 것인가 하는 문제에 놀라울 만큼 간단한 해결책을 제시한다. 양쪽 확률을 그냥 곱하라는 것이다.[16]

주목할 점은 이 공식이 들어맞으려면 기존에 어떤 믿음이 있어야 한다는 것이다. 친구가 갑자기 다가와서 "이 주머니에서 동전 하나를 꺼내서 내려놓았더니 앞면이 나왔어. 네가 이것을 공평한 동전이라고 생각할 가능성이 얼마나 되지?"라고 묻는다면, 당신은 처음에 주머니에 어떤 동전들이 들어 있었는지 적어도 얼마간 짐작하고 있지 않다면, 그 질문에 아예 대답할 수가 없을 것이다. (두 확률 중 어느 한쪽을 모른다면, 둘을 곱할 수가 없다.) 동전을 꺼내기 전에 '주머니에' 무엇이 들어 있을까 하는 이 짐작―어떤 데이터도 보기 전에 각 가설이 참일 확률―을 '사전 확률prior probability'이라고 한다. 그리고 베이즈 규칙은 설령 추측에 불과할지라도, 언제나 어떤 사전 확률을 요구한다. 앞면만 있는 동전이 몇 개나 들어 있을까? 꺼내기가 얼마나 쉬울까? 친구가 속임수를 얼마나 쓸까?

역사적으로 보면, 베이즈 규칙이 사전 확률을 이용한다는 사실이 논쟁의 여지가 있다고, 편향되었다고, 심지어 비과학적이라고 여겨질 때도 있었다. 하지만 실제로 우리의 마음이 사실상 빈 석판―이 용어는 잠시 뒤에 다시 살펴보기로 하자―이 되는 아주 낯선 상황에 처하는 일은 극히 드물다.

한편 사전 확률을 얼마간 추정하고 있을 때, 베이즈 규칙은 다양한 예측 문제들에 적용되며, 그 문제는 빅데이터에 관한 것일 수도 있고, 더 흔한 적은 데이터에 관한 것일 수도 있다. 복권을 뽑거나 앞면이 나올 확률을 계산하는 것은 그저 시작에 불과하다. 베이즈와 라플라스가 개발한 방법은 언제든 불확실성과 약간의 데이터를 손에 쥐고 있을 때 도움을 줄 수 있다. 그리고 미래를 예측하고자 할 때 우리는 바로 그런 상황에 직면한다.

## 코페르니쿠스 원리

예측, 특히 미래에 관한 예측은 정말 어렵다.
– 덴마크 속담[17]

J. 리처드 고트는 베를린장벽에 갔을 때, 스스로에게 아주 단순한 질문을 했다. "지금 나는 어디에 있는가?" 다시 말해, 이 인공물의 일생 중에서 나는 어느 시점에 온 것일까? 어떤 의미에서 그가 한 질문은 400년 전 천문학자 니콜라우스 코페르니쿠스Nicolaus Copernicus가 집착했던 공간 문제의 시간판에 해당하는 것이었다. 우리는 어디에 있는가? 지구는 우주의 어디에 있는가? 코페르니쿠스는 지구가 우주의 중심이 아니라고 (우주에서 어떤 특별한 위치에 있지 않다고) 상상함으로써 급진적인 패러다임 전환을 이루게 된다. 고트는 시간에다가 같은 조치를 취하기로 결심했다.

　그는 자신이 베를린장벽을 본 시점이 특별하지 않다고 가정했다. 즉 장벽의 일생을 이루는 다른 모든 순간들과 똑같다고 보았다. 그리고 모든 순간이 똑같다면, 평균적으로 그가 도착한 시기는 장벽의 생애에서 정확히 절반에 해당하는 시점이어야 한다(절반이 지나기 전에 왔을 확률이 50%이고 절반이 지난 뒤에 왔을 확률도 50%이기 때문이다).

더 일반화하자면, 더 잘 알고 있지 않는 한, 우리는 어떤 현상의 지속 시간이 정확히 절반이 남았을 때 그 현상을 접한다고 예상할 수 있다.* 그리고 무언가의 지속 시간이 정확히 절반이 지난 시점에 우리가 도착한다고 가정한다면, 그 무언가가 앞으로 얼마나 존속할지에 관해 우리가 할 수 있는 최상의 추측도 명백해진다. 지금까지 존속한 기간만큼 앞으로도 존속한다는 것이다. 고트는 베를린장벽이 세워진 지 8년 뒤에 보았으므로, 그의 최상의 추측은 장벽이 8년 더 서 있으리라는 것이었다. (실제로는 20년을 더 서 있었다.)

고트가 '코페르니쿠스 원리 Copernican Principle'라고 이름 붙인 이 간단명료한 추론은 온갖 주제들에 관해 예측하는 데 쓸 수 있는 단순한 알고리즘을 낳는다. 사전에 생각한 기댓값이 없다면, 우리는 그 원리를 이용하여 베를린장벽만이 아니라 길고 짧은 온갖 현상들의 종말에 관해서도 예측할 수 있다. 코페르니쿠스 원리는 미국이 약 2255년까지 국가로서 존속할 것이고, 구글이 약 2032년까지 존속할 것이며, 한 달 전에 시작된 친구와의 관계가 아마도 한 달 동안 더 이어질 거라고 예측한다. 마찬가지로 〈뉴요커New Yorker〉 최근호 표지에 네모난 앱 아이콘들이 친숙하게 배열된 길이 15센티미터의 스마트폰을 든 사람의 사진이 실리고 그 밑에 '2525년'이라고 적혀 있다면, 그 원리는 우리에게 회의적인 관점을 취하라고 알려준다. 의심스럽다고 말이다. 우리가 아는 스마트폰은 나온 지가 겨우 10년

---

\* 여기에는 한 가지 역설이 있다. 시간적으로 우리가 도착한 시점이 전혀 특별하지 않다고 가정하면, 사실상 우리 자신이 중심에 있다고 상상하는 결과가 나온다는 것이다.

밖에 안 되었으므로, 코페르니쿠스 원리는 그것이 5세기 뒤는커녕 2025년까지 존속할 것 같지 않다고 말해준다. 2525년에 뉴욕 시가 존속하고 있다면 그것도 좀 놀라울 것이다.[18]

더 현실적인 사례를 들어보자. 건설 현장에서 일을 해볼까 생각하고 있는데, 알림판을 보니 '무사고 7일째'라고 적혀 있다. 아주 잠깐 일하고 그만둘 생각이 아니라면 그 공사장 근처에 있고 싶지 않을 것이다. 그리고 도시 교통 시스템으로 다음 버스가 언제 올지를 승객에게 알려주는 매우 유용하지만 값비싼 실시간 알림판을 설치할 여유가 없다면, 코페르니쿠스 원리는 극도로 더 단순하고 값싼 대안이 있을지 모른다고 시사한다. 그 정류장에서 버스가 지나간 지 얼마나 되었는지를 단순히 보여주기만 해도 다음 버스가 언제 올 것이라는 상당한 단서를 제공할 수 있다.

하지만 코페르니쿠스 원리가 옳을까? 고트가 〈네이처Nature〉에 자신의 추측을 발표하자, 비판하는 서신이 쏟아졌다.[19] 그 규칙을 더 친숙한 사례들에 적용하려고 해보면, 이유를 쉽게 알 수 있다. 당신이 90세 노인을 만난다면, 코페르니쿠스 원리는 그가 180세까지 산다고 예측할 것이다. 반면에 6세 아이를 보면, 12세에 조기 사망한다고 예측할 것이다.

코페르니쿠스 원리가 작동하는 이유, 그리고 때로 작동하지 않는 이유를 이해하려면, 베이즈에게로 돌아갈 필요가 있다. 겉으로는 단순해 보일지라도, 코페르니쿠스 원리는 사실 베이즈 규칙의 한 사례이기 때문이다.

베를린장벽의 수명 같은 미래를 예측할 때, 우리가 평가해야 할 가설들은 해당 현상의 가능한 모든 지속시간이다. 장벽이 일주일 갈까, 한 달 갈까? 1년 갈까, 10년 갈까? 앞서 살펴보았듯이, 베이즈 규칙을 적용하려면, 먼저 이 각각의 지속시간에 사전 확률을 할당해야 한다. 그리고 코페르니쿠스 원리는 '무정보 사전 분포$^{uninformative\ prior}$'라고 알려진 것을 이용하여 베이즈 규칙을 적용하여 나온 결과임이 드러난다.

언뜻 보면, 용어상 모순처럼 여겨질지도 모른다. 베이즈 규칙이 언제나 사전 기댓값과 믿음을 열거할 것을 요구한다면, 그런 것을 지니고 있지 않다고 베이즈 규칙에 어떻게 알릴 수 있을까? 복권 사례에서, 무지를 탄원하는 한 가지 방법은 '균일 사전 분포$^{uniform\ prior}$'를 가정하는 것이다. 당첨 복권의 비율이 모두 똑같다고 보는 것이다.* 베를린장벽 사례에서 무정보 사전 분포는 예측하려는 기간에 관해 우리가 전혀 모른다고 말한다는 의미다. 장벽은 앞으로 5분 동안 서 있을 수도 있었고, 5,000년 동안 서 있을 수도 있었다.[21]

무정보 사전 분포를 제외하고, 앞서 살펴보았듯이 베이즈 규칙에

---

* 가장 단순한 형태의 라플라스 법칙이 하는 일이 바로 이것이다. 당첨 복권이 1%나 10%일 가능성이 50%나 100%일 가능성과 똑같다고 가정한다. $(w+1)/(n+2)$ 공식은 파워볼 복권(미국판 로또 복권-역주)을 1장 사서 꽝이 나온 뒤, 다음에 산 복권이 당첨될 확률이 1/3이라고 제시한다. 그것이 어처구니없어 보일지도 모르지만, 그 결과는 당신이 상황을 전혀 모른 채 사는 복권의 확률을 충실하게 반영한 결과다.[20]

우리가 제공하는 유일한 자료는 우리가 세워진 지 8년이 되었을 때 베를린장벽 앞에 섰다는 사실이다. 따라서 장벽의 수명이 8년 미만이라고 예측했을 가설들은 즉시 배제된다. 그런 가설들은 우리 상황을 전혀 설명할 수 없기 때문이다. (마찬가지로 뒷면이 처음 나오는 순간, 양쪽이 다 앞면인 동전은 배제된다.) 8년이 넘는다는 가설은 모두 가능성의 세계 내에 들어간다. 하지만 장벽이 100만 년 동안 서 있을 것이라고 본다면, 우리가 우연히도 장벽이 서 있기 시작할 무렵에 그 앞에 섰다는 뜻이 되고, 그것은 엄청난 우연의 일치가 될 것이다. 따라서 설령 엄청나게 긴 수명이라는 가설을 배제할 수는 없다고 할지라도, 그 가설이 들어맞을 가능성은 극히 적다.

베이즈 규칙이 이 모든 확률을 결합할 때—맞을 확률이 더 높은 짧은 수명 가설은 평균 예상 수명을 깎아내리고, 수명이 더 길다고 보지만 맞을 확률이 더 낮은 가설은 평균 예상 수명을 더 늘린다—코페르니쿠스 원리가 출현한다.[22] 무언가가 얼마나 오래 지속될지 예측하고 싶은데 그것에 관해 달리 알고 있는 것이 전혀 없다면, 우리가 할 수 있는 최상의 추측은 지금까지 존속한 만큼 앞으로도 존속한다고 보는 것이다.

사실 고트가 코페르니쿠스 원리와 비슷한 것을 처음으로 제시한 사람도 아니었다. 20세기 중반에, 베이즈통계학자 해럴드 제프리스 **Harold Jeffreys**는 각 노면 전차에 일련번호를 붙여가면서 한 도시에 있는 노면 전차의 수를 파악하는 방법을 조사하다가 같은 해답에 도달했다. 일련번호를 2배로 늘리면 된다는 것이다.[23] 그리고 더 앞서, 제2차 세계대전 때 연합군이 독일이 생산한 탱크의 수를 추정하려고 애쓸 때에도 비슷한 문제가 등장했다.[24] 포획한 탱크의 일련번호를 토대로 순수하게 수학적으로 추정해보니 독일이 매달 탱크 246대를 생산한다고 예측되었다. 한편 넓은 지역을 (극도의 위험을 무릅쓰고서) 항공 정찰하여 얻은 추정값은 1,400대에 가깝다는 것이었다. 전쟁이 끝난 뒤, 독일군의 기록을 조사하니 진짜 생산량은 245대였다.

코페르니쿠스 원리가 무정보 사전 분포를 지닌 베이즈 규칙에 불과하다는 것을 받아들이면, 그것의 타당성을 의심하는 많은 질문들에 답변이 된다. 코페르니쿠스 원리는 우리가 전혀 모르는 상황에서 합리적으로 보인다. 1969년 베를린장벽을 볼 때처럼, 어떤 시간 단위가 적절한지조차 확신할 수 없을 때 그렇다. 그리고 해당 주제에 관해 무언가를 알고 있는 경우에는 전혀 맞지 않는 양 느껴진다. 90세인 사람이 180세까지 살 거라는 예측은 우리가 인간의 수명에 관해 이미 많은 것을 알고 있는 상태에서 그 문제를 따지기 때문에 불합리해 보인다. 따라서 우리는 더 잘 예측할 수 있다. 베이즈 규칙에 적용할 사전 정보가 풍부할수록, 우리는 그 규칙으로부터 더 유용한 예측을 끌어낼 수 있다.

## 현실세계의 사전 확률들

가장 폭넓은 의미에서, 세상에 있는 것들은 두 부류로 나눌 수 있다.

어떤 '자연적인' 가치를 향하는 (또는 향해 모이는) 경향이 있는 것들과 그렇지 않은 것들이다.

인간의 수명은 분명히 전자에 속한다. 수명은 대체로 '정규 분포 normal distribution'라는 것을 따른다. 정규 분포는 독일 수학자 카를 프리드리히 가우스 Carl Friedrich Gauss의 이름을 따서 가우스 분포라고도 하며, 독특한 모양 때문에 '종형 곡선 bell curve'이라는 비공식적인 이름도 갖고 있다.

이 모양은 인간의 수명이 지닌 특징을 아주 잘 보여준다. 한 예로, 미국 남성들의 평균 수명은 약 76세이며, 그 중심에서 양쪽으로 멀어질수록 확률은 급감한다. 정규 분포는 하나의 적절한 척도를 지니는 경향이 있다. 그래서 수명이 한 자릿수이면 비극이라고 여기고, 세 자릿수라면 색다르게 본다. 사람의 키와 몸무게, 혈압에서 도시의 한낮 기온과 과수원의 과일 지름에 이르기까지, 자연 세계에는 마찬가지로 정규 분포를 보이는 것들이 많다.[25]

한편 정규 분포를 보이지 않는 것들도 많다. 절대로 그럴 수 없는 것들이다. 한 예로, 미국의 도시는 평균 인구가 8,226명이다.[26] 하지만 인구별 도시의 수를 그래프에 표시한다면, 종형 곡선과 전혀 다르게 나올 것이다. 인구가 8,226명을 넘는 도시보다 그보다 더 적은 소도시가 훨씬 더 많다. 그런 한편으로, 큰 도시는 평균보다 한참 더 크다. 이런 분포 양상은 '거듭제곱 분포 power-law distribution'의 특징이다. 이런 분포는 범위가 여러 척도(규모)에 걸쳐 있다는 점이 특징이라서 '무척도 분포 scale-free distribution'라고도 한다.[27] 한 도시의 주민은 수십 명, 수백 명, 수천 명, 수만 명, 수십만 명, 수백만 명까지 있을 수 있으므로, 우리는 '정상적인' 도시의 크기가 얼마여야 한다고 하나의 값을 할당할 수가 없다.

거듭제곱 분포는 도시 분포와 동일한 기본 특성을 지닌 일상생활의 수많은 현상들에 있는 특징이다. 평균보다 적은 것들이 대부분이고, 평균보다 큰 것은 수가 적으면서 엄청나게 크다. 영화 매표 수입도 한 예인데, 달러로 네 자릿수에서 열 자릿수까지 수익이 다양하다. 영화의 대다수가 돈을 거의 못 버는 반면, 드물게 〈타이타닉 Titanic〉처럼 엄청난 수입을 올리는 작품도 나온다.

사실 일반적으로 돈은 거듭제곱 법칙의 영역에 속한다.[28] 사람들의 부와 소득도 둘 다 거듭제곱 분포를 보인다. 미국인의 평균 소득은 5만 5,688달러지만,[29] 우리는 소득이 대체로 거듭제곱 분포를 보인다는 것을 알고 있기에, 평균보다 조금 버는 사람들이 훨씬 많은 반면, 평균보다 많이 버는 사람들은 사실상 그래프에서 멀찌감치 떨어져 있는 양 보일 수 있다는 것을 안다. 실제로 그렇다. 미국 인구의 3분의 2는 평균 소득보다 조금 버는 반면,[30] 상위 1%는 평균보다 거의 10배를 더 번다. 그리고 상위 1% 중에서도 그중 상위 1%는 그 평균 소득보다 10배를 더 번다.[31]

우리는 '부익부 빈익빈'이라고 흔히 한탄하곤 하는데, 실제로 '선호적 연결 preferential attachment'이라는 과정은 거듭제곱 분포를 낳는 가장 확실한 방법 중의 하나다.[32] 선호적 연결은 가장 인기 있는 웹사이트에 다른 웹사이트들이 연결될 가능성이 가장 높고, 온라인에서 가장 많은 팔로워를 지닌 유명인이 새로운 팬을 끌어들일 가능성이 가장 높으며, 가장 잘나가는 회사가 새로운 고객을 끌어모을 가능성이 가장 높고, 가장 큰 도시가 새로운 주민을 끌어들일 가능성이 가장 높다는 것을 뜻한다. 이 모든 사례들은 거듭제곱 분포를 낳는다.

베이즈 규칙은 한정된 증거를 토대로 예측할 때, 좋은 사전 확률을 지니는 것이 가장 중요하다고 말해준다. 즉 증거를 토대로 어떤 분포가 나올지 감을 잡는 것이다. 따라서 좋은 예측은 정규 분포를 다룰 때와 거듭제곱 분포를 다룰 때 좋은 본능을 지니는 것에서 시작한다. 베이즈 규칙은 양쪽에서 단순하지만 서로 전혀 다른 경험 법칙을 제공한다.

## 그리고 각각의 예측 법칙들

좋은 의미로 "이것이 영원할 수 있다"고 말한 거지?
– 벤 러너[33]

코페르니쿠스 원리를 조사하면서, 우리는 무정보 사전 분포 상태일 때, 베이즈 규칙이 언제나 대상의 총 수명을 현재 나이의 정확히 2배라고 예측한다는 것을 알았다. 사실 가능한 규모의 범위가 대단히 넓은—장벽은 몇 개월 동안 서 있을 수도 있고 수천 년 동안 서 있을 수도 있다—무정보 사전 분포는 거듭제곱 분포를 보인다. 그리고 모든 거듭제곱 분포에서, 베이즈 규칙은 적절한 예측 전략이 '**곱셈 법칙** Multiplicative Rule '임을 시사한다.[34]

즉 지금까지 관측된 양에 어떤 상수 인자를 곱하라는 것이다. 무정보 사전 분포에서는 상수 인자가 2이며, 그래서 코페르니쿠스 예측이 나온다. 다른 거듭제곱 분포에서는 정확히 어떤 분포를 다루고 있느냐에 따라서 곱하는 수가 달라진다. 예를 들어, 영화 총수입은 약 1.4다. 따라서 어떤 영화가 지금까지 600만 달러를 벌어들였다는 말을 들으면, 수입이 총 840만 달러가 될 것이라고 예측할 수 있다. 지금까지 900만 달러를 벌어들였다면, 수입이 최고 1억 2,600만 달러에 달할 것이라고 추측한다.

이 곱셈 법칙은 거듭제곱 분포가 그것이 기술하는 현상의 자연적인 규모를 가리키는 것이 아니라는 사실의 직접적인 결과다. 따라서 예측을 위한 규모 감각을 제공하는 것은 오로지 우리가 지닌 하나의 자료점이다. 베를린장벽이 8년 동안 서 있었다는 사실 같은 것들이다. 그 하나의 자료점의 값이 클수록 우리가 다루고 있는 것의 규모도 더 클 것이고, 그 반대도 마찬가지일 것이다. 개봉 첫날 600만 달러의 수입을 올린 영화가 실제로 블록버스터일 가능성도 있지만, 그보다는 그 100만 달러 단위에서 그칠 가능성이 훨씬 더 높다.

반면에 베이즈 규칙을 사전 확률이 정규 분포인 상황에 적용할 때, 우리는 전혀 다른 유형의 지침을 얻는다. 곱셈 법칙 대신에, '**평균 법칙** Average Rule'이 나온다. 그 분포의 '자연적인' 평균(단일한 특정한 척도)을 지침으로 삼는 것이다. 예를 들어, 누군가가 평균 수명보다 젊다면, 단순히 수명이 평균이라고 예측한다. 나이가 평균 수명에 가깝거나 평균 수명을 갓 넘어섰다면, 몇 년 더 살 거라고 예측한다. 이 법칙은 90세 노인과 6세 아동의 수명을 94세와 77세라고 합리적으로 예측한다. (6세 아동은 유아기를 살아남았기에 집단 평균인 76세를 약간 넘어선다.)

사람의 수명처럼 영화의 상영 시간도 정규 분포를 따른다. 영화들은 대부분 상영 시간이 100분 주위에 분포하며, 양쪽 끝으로 갈수록 수가 줄어든다. 하지만 인간의 모든 활동이 그렇게 고른 분포를 보이는 것은 아니다. 시인인 딘 영$^{Dean Young}$은 각 연에 숫자를 붙인 시를 듣고 있을 때면, 낭독자가 네 번째 연을 읽기 시작할 때 가슴이 차갑게 식는다고 말한 바 있다. 시가 3연을 넘어서면 차올랐던 감정이 다 사라지고, 영은 헛소리를 듣기 위해 간신히 버텨야 한다.

영의 혐오는 사실 지극히 베이즈적이다. 시들을 분석해보면, 시는 영화 상영 시간과 달리 정규 분포보다는 거듭제곱 분포에 더 가까운 것을 따른다.[35] 시는 대부분 짧지만, 아주 긴 서사시도 있다. 따라서 시를 읽을 때면, 먼저 편한 곳에 앉도록 하자. 정규 분포를 보이는 것은 너무 길게 이어진다 싶으면 곧 끝나게 마련이다. 반면에 거듭제곱 분포를 보이는 것은 더 길어질수록, 계속 더 길어질 거라고 예상할 수 있다.

이 두 극단 사이에는 실제로 삶에서 세 번째 범주에 놓인 것들이 있다. 덜하지도 더하지도 않고 적당히 얼마간 이어지면 끝날 가능성이 높은 것들이다. 단순히 불변인 것들도 있다. 그런 현상들을 연구한 덴마크 수학자 아그네르 크라루프 얼랭$^{Agner Krarup Erlang}$은 독립된 사건들 사이에 펼쳐진 간격들을 하나의 함수로 나타냈다. 그것을 '얼랭 분포$^{Erlang distribution}$'라고 한다.[36] 이 곡선의 모양은 정규 분포나 거듭제곱 분포와 다르다. 마치 한쪽 날개의 모양 같다. 완만한 언덕

처럼 솟아올랐다가 거듭제곱 분포보다는 급하지만 정규 분포보다는 완만하게 꼬리가 늘어진다. 20세기 초에 코펜하겐 전화 회사에서 일하던 얼랭은 그 분포를 써서 전화망에서 두 통화 사이의 기간이 얼마나 될지를 모형화했다. 그 뒤로 얼랭 분포는 도시 계획자들과 건축가들이 자동차와 보행자의 통행량 모형을 구축하고, 네트워크 공학자들이 인터넷의 기반 시설을 설계할 때에도 쓰였다. 자연 세계에도 사건들이 서로 완전히 독립적이고 사건들 사이의 간격이 얼랭 곡선을 그리는 영역들이 많이 있다. 방사성 붕괴가 한 예다. 그것은 얼랭 분포가 가이거 계수기가 다음에 언제 뚜뚜 소리를 낼지를 예측하는 완벽한 모형이라는 의미다. 또 하원의원들의 재직 기간 등 여러 가지 인간의 행동들도 꽤 잘 기술한다.

얼랭 분포는 세 번째 유형의 예측 법칙인 **'덧셈 법칙**Additive Rule'도 제시한다. 일정한 양씩 더 늘어날 뿐이라고 예측하는 법칙이다. 집이나 사무실을 떠나려 할 때나 어떤 일을 끝내려 할 때 우리가 너무나 자주 친숙하게 내뱉곤 하는 "5분만!"(5분 뒤에 다시) "5분만!"이라는 말은 현실적인 추정값을 내놓는 데 계속해서 실패하고 있음을 시사하는 사례처럼 보일 수 있다. 하지만 얼랭 분포를 따르는 사례에서는 그런 상투적인 말이 옳은 것처럼 보인다.

예를 들어, 카지노에서 카드 게임에 푹 빠진 사람이 닦달하는 배우자에게 블랙잭이 한 번 더 나오면(확률이 약 10분의 1이다)[37] 그만두겠다고 말한다면, 그는 룰루랄라 하면서 이렇게 예측하는 것일 수도 있다. '20판쯤 더 하겠다는 거지!' 그가 불행히도 20판을 내리 지고 있을 때, 아내가 돌아와서 얼마나 더 기다려야 하냐고 묻는다면, 그는 여전히 똑같이 대답할 것이다. "20판쯤 더 할 거야!" 지칠 줄 모르고 카드 게임에 몰두하고 있는 이 남편은 마치 단기 기억상실증에 걸려 있는 것 같다. 하지만 사실 그의 예측은 전적으로 옳다. 사실, 지난 역사나 현재 상태와 무관하게 동일한 예측을 낳는 분포를 통계학자들은 '무기억성memoryless'을 지닌다고 말한다.[38]

곱셈 법칙, 평균 법칙, 덧셈 법칙이라는 세 가지 전혀 다른 최적 예측 패턴은 모두 각각 거듭제곱, 정규, 얼랭 분포에 베이즈 규칙을 적용하여 나온 직접적인 결과물이다. 그리고 그런 예측들이 도출된 방식을 생각할 때, 이 세 가지 분포는 특정한 사건에 우리가 얼마나 놀랄지를 알려주는 지침도 제공한다.

거듭제곱 분포에서는 무언가가 더 길게 이어질수록, 계속 더 이어질 것이라고 예상된다. 따라서 거듭제곱 사건은 기다려온 기간이 길수록 더욱 놀라게 된다. 그리고 사건이 일어나기 직전에 놀라움이 최대에 달한다. 국가나 기업, 기관은 해가 지날수록 더 유서 깊은 것이 되므로, 붕괴할 때면 늘 경악하게 만든다.

정규 분포에서는 사건이 일찍 일어나면 놀라움을 안겨주지만―평균에 도달할 때 일어날 것이라고 예상하므로―늦게 일어나면 그렇지 않다. 사실 그때쯤이면 일어날 때가 이미 지난 듯이 여겨지므로, 더 오래 기다릴수록 당연히 일어날 것이라고 더욱 예상한다.

그리고 얼랭 분포에서는 정의상 사건은 언제 일어나든 상관없이 결코 놀라움을 안겨주지 않는다. 모든 사건은 얼마나 오래 이어지든 상관없이 언제나 끝날 확률이 똑같다. 정치인들이 언제나 다음 선거를 생각하고 있는 것도 놀랄 일이 아니다.

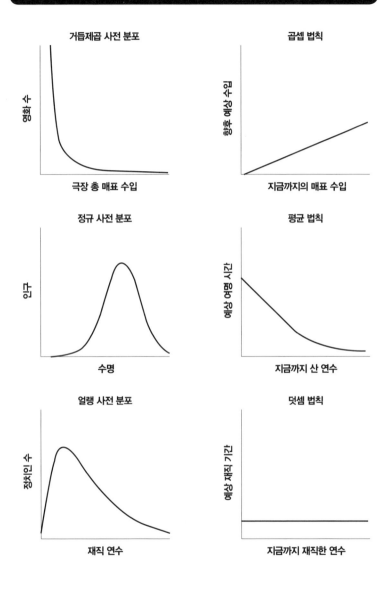

**다양한 사전 분포와 그 예측 법칙**

거듭제곱 사전 분포

영화 수 | 극장 총 매표 수입

곱셈 법칙

향후 예상 수입 | 지금까지의 매표 수입

정규 사전 분포

인구 | 수명

평균 법칙

예상 여명 시간 | 지금까지 산 연수

얼랭 사전 분포

정치인 수 | 재직 연수

덧셈 법칙

예상 재직 기간 | 지금까지 재직한 연수

도박은 비슷한 유형의 한결같은 기댓값을 지닌다는 점이 특징이다. 정규 분포가 특징인 룰렛을 돌려서 이기기를 기다린다면, 평균 법칙이 적용될 것이다. 한 번 꽝이 된 뒤, 그 법칙은 언제라도 당신이 찍은 숫자가 나올 것이라고 말하겠지만, 당신은 아마 계속해서 판돈을 잃을 것이다(그 사례에서는 딸 때까지 계속 돈을 걸다가, 따면 그만두는 것이 일리가 있을 것이다). 대신에 딸 때까지 기다리는 것이 거듭제곱 분포를 따른다면, 곱셈 법칙은 한 번 따면 금방 또 딸 것이고, 잃는 횟수가 많아질수록 아마 더욱 오랫동안 잃을 거라고 말할 것이다(이 시나리오에서는 돈을 딴 뒤에 얼마 동안 계속 또 걸고, 계속 잃으면 그만두는 편이 옳을 것이다). 하지만 무기억성 분포와 맞닥뜨리면, 곤경에 빠진다. 덧셈 법칙은 현재 이길 확률이 한 시간 전에 이길 확률과 똑같고, 앞으로 한 시간 뒤에도 똑같을 거라고 말한다. 아무것도 변하지 않는다. 아무리 판돈을 올려도 고액으로 보상을 받는 것이 아니다. 잃을 판돈을 줄여야 할 전환점 같은 것도 없다. 케니 로저스[Kenny Rogers]는 〈갬블러[The Gambler]〉라는 노래에서 "걸어서 떠날 때를 알고/달아나야 할 때를 알아야 한다"는 유명한 조언을 했지만,[39] 무기억성 분포에서는 떠나야 할 때라는 것이 따로 없다. 이것으로 도박이 중독성을 지니는 이유가 얼마간 설명이 될지도 모른다.

당신이 어떤 분포에 직면해 있는지를 아는 순간, 모든 것이 달라질 수 있다. 하버드대학교의 생물학자로서 왕성한 저술 활동으로 과학의 대중화에 앞장섰던 스티븐 제이 굴드[Stephen Jay Gould]는 암이라는 진단을 받자, 즉시 관련된 의학문헌을 읽으려는 충동에 사로잡혔다. 그러자 의사들이 하지 말라고 고개를 저었다. 그 암에 걸린 환자 중의 절반은 암이 발견된 지 8개월 안에 사망하기 때문이었다.

하지만 그 하나의 통곗값(8개월)만으로는 생존자들의 분포 양상을 전혀 알 수 없었다. 생존자들이 정규 분포를 보인다면, 평균 법칙을 씀으로써 그는 자신이 얼마나 오래 산다고 기대할 수 있을지 꽤 정확히 예측할 수 있을 터였다. 즉 약 8개월이라고 말이다. 그러나 오른쪽으로 길게 뻗은 꼬리를 지닌 거듭제곱 분포라면, 상황이 전혀 달라질 터였다. 그가 오래 살수록, 앞으로 더욱더 오래 살 것이라는 증거가 더 늘어나는 곱셈 법칙이 적용될 것이다. 굴드가 자료를 더 찾아보니, "정말로 분포가 오른쪽으로 강하게 치우쳐 있었다. 8개월이라는 중앙값의 오른쪽으로 몇 년 더 뻗어나가는 긴 꼬리(아주 가늘긴 했지만)가 뻗어 있었다. 내가 그 가느다란 꼬리에 속하지 말라는 법은 없지 않은가! 그래서 나는 아주 길게 안도의 한숨을 내쉬었다."[40] 굴드는 암 진단을 받은 뒤로 20년을 더 살았다.

## 적은 자료와 마음

이 세 예측 법칙(곱셈 법칙, 평균 법칙, 덧셈 법칙)은 매우 다양한 일상에 적용될 수 있다. 그리고 그런 다양한 일상의 상황들에서, 사람들은 대체로 놀라울 만치 능숙하게 적절한 예측 법칙을 골라서 사용한다는 것이 드러난다.

톰은 대학원에 다닐 때 MIT의 조시 테넌바움Josh Tenenbaum과 함께

한 가지 실험을 했다. 사람들에게 인간의 수명, 영화 총수입, 미국 국회의원의 재직 연수 등 일상생활에서 접하는 다양한 양들을 각각 현재의 나이, 지금까지의 수입, 현재까지의 재직 연수라는 단 하나의 정보만을 토대로 예측해달라고 부탁했다. 그들은 사람들의 예측값을 각 영역에서 실제로 얻은 현실세계의 자료에 베이즈 규칙을 적용함으로써 나온 예측값과 비교했다.[41]

그러자 사람들이 내놓은 예측값이 베이즈 규칙을 통해 얻은 예측값에 매우 가깝다는 것이 드러났다. 사람들은 현실세계에서 서로 다른 분포(거듭제곱, 정규, 얼랭 분포)를 따르는 양들에 직관적으로 서로 다른 유형의 예측값을 내놓았다. 다시 말해, 당신은 상황이 곱셈 법칙을 요구하는지, 아니면 평균 법칙이나 덧셈 법칙을 요구하는지를 알지 못하거나 기억을 떠올리지 못할 수도 있지만, 매일 당신이 내놓는 예측값들은 일상생활에서 그 사례가 따르는 분포 양상과 행동을 암묵적으로 반영하는 경향이 있다.

베이즈 규칙에 관해 우리가 아는 것들에 비추어볼 때, 우리가 이렇게 놀라울 만큼 적절히 예측한다는 사실 속에는 사람들이 어떻게 예측하는지를 이해하는 데 도움을 줄 만한 중요한 무언가가 숨어 있다. 바로 적은 자료가 사실상 위장한 형태의 빅데이터라는 것이다. 우리가 몇 번의 (또는 단 한 번의) 관찰을 토대로 때로 좋은 예측을 할 수 있는 이유는 사전 확률이 아주 풍부하기 때문이다. 우리가 알아차리고 있든 말든 간에, 우리의 머릿속에는 인간의 수명은 말할 것도 없이, 영화의 총수입과 상영 시간, 시의 길이, 국회의원의 재직 연수에 관한 놀라울 만치 정확한 사전 확률이 들어 있는 듯하다. 우리는 그런 정보를 하나하나 열거하면서 모을 필요가 없다. 우리는 세계로부터 그것을 받아들인다.

전반적으로 사람들의 직감이 베이즈 규칙의 예측값과 거의 일치하는 듯이 보인다는 사실은 온갖 유형의 사전 분포를 역설계하는 것도 가능하다는 의미가 된다. 현실세계의 신뢰할 만한 공식 자료를 얻기가 어려운 상황에서도 그렇다. 예를 들어, 고객 상담을 할 때 으레 대기 시간이 길어지는 것은 흔히 접하는 안타까운 일상 경험이지만, 할리우드 매표 수입을 예측할 때 이용하는 것 같은 대기 시간에 관한 공개 이용 가능한 자료 집합은 없다. 하지만 사람들이 경험을 통해 얻은 정보를 토대로 예측값을 내놓는다면, 우리는 베이즈 규칙을 써서 사람들의 기댓값을 알아냄으로써 세계에 관한 간접적인 조사를 수행할 수 있다.

톰과 조시가 사람들에게 자료점 하나를 토대로 대기 시간을 예측하라고 부탁하자, 사람들이 곱셈 법칙을 쓰고 있음을 시사하는 결과가 나왔다. 즉 사람들이 예상한 총 대기 시간은 지금까지 그들이 기다린 시간의 약 1.33배였다. 이는 사전 확률이 거듭제곱 분포를 따르는 상황에 들어맞으며, 여기서는 규모의 척도가 아주 다양할 수 있다. 그러니 대기 시간이 엄청나게 길어지지 않기만을 바라는 수밖에 없다. 지난 10년 동안, 인지과학자들은 이런 접근법을 써서 시각부터 언어에 이르기까지 다양한 영역에서 사람들의 사전 분포를 파악할 수 있었다.[42]

하지만 여기서 한 가지 주의해야 할 중요한 사항이 있다. 좋은 사전 확률을 지니고 있지 않을 때, 예측도 별로라는 것이다. 톰과 조시의 연구 결과를 보면, 사람들의 예측값이 베이즈 규칙의 예측값과 으레 어긋나는 영역이 하나 있었다. 이집트 파라오의 재위 기간을 예측하라는 문제였다. (이왕 말이 나왔으니 덧붙이자면, 파라오의 재위 기간은 얼랭 분포를 따른다.) 사람들은 그 재위 기간이 얼마라고 직관적으로 느낄 만큼 일상생활에서 파라오를 충분히 접한 적이 없으므로, 당연히 그들의 예측값도 어긋났다.

결과적으로, 좋은 예측에는 좋은 사전 확률이 필요하다. 여기에는 많은 중요한 의미가 함축되어 있다. 우리의 판단은 우리의 기댓값을 드러내며, 우리의 기댓값은 우리의 경험을 드러낸다. 따라서 미래를 예측할 때, 우리는 많은 것을 드러내는 셈이다. 자신이 살고 있는 세상과 자신의 과거에 관한 것들을 말이다.

## 예측이 우리 자신에 관해 말해주는 것

1970년대 초에 월터 미셸Walter Mischel이 유명한 '마시멜로 실험marshmallow test'을 수행할 때, 그는 나이에 따라 만족을 지연시키는 능력이 어떻게 발달하는지를 이해하고자 애쓰고 있었다.[43] 그는 스탠퍼드대학교의 어린이집에서, 만 3~5세의 아이들을 대상으로 의지력을 조사했다. 어른은 아이에게 마시멜로 같은 맛있는 간식을 보여준 다음, 잠시 자리를 비우겠다고 말했다. 아이는 원한다면 지금 당장 간식을 먹을 수 있었다. 하지만 어른이 돌아올 때까지 기다리면,

간식을 하나 더 먹게 될 거라고 설명했다. 어떤 아이들은 유혹을 참지 못하고, 즉시 간식을 먹었다. 어떤 아이들은 어른이 돌아올 때까지 꼬박 15분을 꾹 참고 기다려서 약속대로 간식을 하나 더 얻었다.

하지만 아마도 가장 흥미로운 부류는 둘의 중간에 속한 아이들일 것이다. 조금 기다리다가, 결국 참지 못하고 간식을 먹은 아이들이었다. 용감하고 장하게 견디다가 결국 굴복하여 또 하나의 마시멜로를 얻지 못하게 되는 아이들은 어떤 비합리적인 행동을 시사하는 것으로 해석되어왔다. 포기하려면 즉시 포기하는 편이 더 낫지 않나? 굳이 사서 고생할 필요가 없지 않나? 하지만 아이가 자신이 어떤 상황에 있다고 생각하느냐에 따라 모든 것이 달라진다.

펜실베이니아대학교의 조 맥과이어[Joe McGuire]와 조 케이블[Joe Kable]이 지적했듯이, 어른이 돌아오기까지 걸리는 시간이 거듭제곱 분포를 따른다면—오래 떠나 있을수록 앞으로 더 오랫동안 기다려야 함을 시사하는—어떤 시점에 손실을 막는 것이 완벽하게 타당할 수 있다.[44]

다시 말해, 유혹에 저항하는 능력은 적어도 어느 정도는 의지력보다는 기댓값의 문제일 수 있다는 것이다. 어른이 조금 늦게 돌아오는 경향이 있다고 예측한다면—정규 분포에서처럼—당신은 기다릴 수 있을 것이다. 평균 법칙은 얼마간 고통스러운 기다림을 견디고 나면, 꿋꿋이 기다리기만 하면 된다고 시사한다. 어른이 당장이라도 돌아와야 하기 때문이다. 하지만 자리를 비운 시간이 얼마나 될지 전혀 알지 못한다면—거듭제곱 분포에 해당한다—기다림은 힘겨운 일이 된다. 그럴 때 곱셈 법칙은 오랜 기다림이 그저 '더 긴 기다림'

의 일부에 불과함을 시사한다.

원래의 마시멜로 실험을 한 지 수십 년 뒤, 월터 미셸 연구진은 당시의 아이들이 어떻게 살아가고 있는지 조사했다. 놀랍게도 기다려서 간식을 하나 더 얻었던 아이들이 성인이 되어 더 성공한 삶을 살고 있음이 드러났다.[45] 대학 입학 자격시험 점수처럼 정량적으로 평가되는 척도에서도 더 좋은 점수를 받았다. 마시멜로 실험이 의지력에 관한 것이라면, 이 실험은 자제력을 터득하는 것이 인생에 도움이 될 수 있다는 것을 강력하게 입증하는 것이 된다.

하지만 그 실험이 의지보다는 기댓값에 관한 것이라면, 이 조사 결과는 다른, 아마도 더 심란한 이야기가 될 수 있다.

로체스터대학교의 연구진은 최근에 사전 경험이 마시멜로 실험에서의 행동에 어떻게 영향을 미칠 수 있을지를 조사했다.[46] 실험에 참가한 아이들은 마시멜로라는 말은 전혀 듣지 못한 채, 먼저 미술 과제에 착수했다. 실험자인 어른은 아이들에게 평범한 미술용품을 준 다음, 곧 더 좋은 미술용품을 갖고 돌아오겠다고 약속했다. 하지만 아이들 자신은 몰랐지만, 그들은 두 집단으로 나뉘어 있었다. 한쪽 집단의 실험자는 믿을 수 있는 사람이었고, 약속한 대로 더 좋은 미술용품을 갖고 돌아왔다. 반면에 다른 쪽 집단의 실험자는 믿을 수 없는 사람이었다. 빈손으로 돌아와 놓고 사과도 하지 않았다.

미술 과제를 끝낸 뒤, 아이들은 표준 마시멜로 실험에 참가했다. 앞서 실험자가 못 믿을 사람이라는 것을 알아차린 아이들은 실험자가 돌아오기 전에 마시멜로를 먹을 확률이 더 높았다. 즉 간식을 하나 더 받을 기회를 잃는 비율이 높았다.

마시멜로 실험에서 간식을 더 받지 못한 (그리고 훗날 덜 성공할) 아이들은 의지력이 부족한 것이 아닐 수도 있다. 어른을 신뢰할 수 없다고 믿은 결과일 수도 있다. 잠시 자리를 비우겠다는 어른의 약속을 믿을 수 없게 된 탓일 수도 있다. 자제력을 배우는 것은 중요하지만, 어른이 곁에 늘 있고 신뢰할 수 있는 환경에서 자라는 것도 마찬가지로 중요하다.

## 기계 복제 시대의 사전 확률

누군가가 들은 소식이 진짜인지 확인하려고 아침 신문을 몇 장씩 사려는 것처럼.
– 루드비히 비트겐슈타인

그는 자신이 읽는 것에 주의를 기울인다. 자신이 쓸 내용이기에.
그는 자신이 배우는 것에 주의를 기울인다. 자신이 알게 될 것이기에.
– 애니 딜러드

베이즈 규칙이 말해주듯이, 좋은 예측을 하는 가장 좋은 방법은 자신이 예측하는 것에 관해 정확한 정보를 지니고 있는 것이다. 그것이 바로 우리가 사람의 수명은 꽤 잘 예측할 수 있지만, 파라오의 재위 기간을 예측하는 것은 잘 못하는 이유다.

베이즈 규칙을 잘 적용한다는 것은 세계를 올바른 비율로 표현한다는 의미다. 즉 적절히 보정된 좋은 선행 확률을 지닌다는 뜻이다.

대체로 인간뿐 아니라 다른 동물들도 자연적으로 그런 확률을 지니게 된다. 원칙적으로 무언가가 우리를 놀라게 할 때, 그것은 우리를 놀라게 해야 마땅하고, 그렇지 않을 때에는 그러지 말아야 한다.

객관적으로 옳지 않은 편견들을 쌓을 때조차, 대개 그 편견들은 우리가 사는 세계의 특정한 영역을 반영하는 합리적인 일을 하곤 한다. 예를 들어, 사막 기후에 사는 사람은 세계의 모래 양을 과대평가할 수 있고, 극지방에 사는 사람은 눈의 양을 과대평가할지 모른다. 둘 다 자신의 생태적 지위에 잘 적응해 있기 때문이다.

하지만 어떤 종이 언어를 습득하는 순간, 모든 것이 무너지기 시작한다. 우리는 이야기할 때 자신이 경험한 그대로를 이야기하는 것이 아니다. 주로 관심을 가진 것을 이야기하며, 그런 것들은 흔치 않은 것들인 경향이 있다. 정의상 사건들은 언제나 적절한 빈도로 경험되지만, 언어 면에서 보면 반드시 그렇지는 않다. 뱀에 물리거나 번갯불에 맞은 경험을 한 사람은 여생에 걸쳐 그 이야기를 하고 또 할 것이다. 그리고 그런 이야기는 너무나 유별나기에 남들도 기억했다가 다른 이들에게도 들려줄 것이다.

따라서 남들과 의사소통하는 것과 세계에 관한 정확한 사전 확률을 유지하는 것 사이에는 신기한 긴장 관계가 있다. 사람들이 관심을 가진 것을 이야기할 때 (그리고 듣는 이가 흥미를 가질 거라고 생각하는 이야기를 들려줄 때) 그 이야기는 우리 경험의 통계를 왜곡시킨다. 적절한 사전 분포를 유지하기 어렵게 만든다. 그리고 인쇄물, 야간 뉴스, 소셜 미디어(우리 종이 언어를 기계적으로 퍼뜨릴 수 있게 해주는 혁신들)가 발달할수록 더욱더 그렇게 된다.

자신이 비행기 추락 사고나 자동차 충돌 사고를 몇 번이나 목격했는지를 생각해보라. 둘 다 여러 번 목격했을 가능성도 얼마든지 있다. 하지만 자동차 사고는 대부분 당신의 바로 옆 도로에서 일어난 반면, 비행기 사고는 대개 다른 대륙에서 일어났고, 인터넷이나 텔레비전을 통해 당신에게 전달되었을 것이다. 가령, 미국에서 2000년 이래로 여객기 사고로 목숨을 잃은 사람의 수는 카네기홀의 절반도 못 채울 것이다.[47] 반면에 미국에서 같은 기간에 자동차 사고로 목숨을 잃은 사람은 와이오밍 주 인구 전체보다 많다.[48]

간단히 요약하자면, 언론에서 사건들이 언급되는 양상은 세계에서 실제로 그 사건들이 일어나는 빈도를 반영하지 않는다. 사회학자 배리 글래스너 **Barry Glassner**는 1990년대에 걸쳐 미국의 살인 사건 발생률이 20% 감소했지만, 그 기간에 미국 언론에 실린 총기 폭력 사고 기사는 600%가 증가했다고 말한다.[49]

좋은 직관적인 베이즈 예측을 하고 싶다면—어떤 유형의 예측 법칙이 적절한지를 생각할 필요 없이 자연히 좋은 예측을 하고 싶다면—자신의 사전 확률을 지킬 필요가 있다. 직관에 반하긴 한데, 그것은 뉴스를 꺼버리라는 의미가 될 수도 있다.

## 제7장

생각을 덜해야 할 때

# 과적합

찰스 다윈 Charles Darwin 은 사촌인 엠마 웨지우드 Emma Wedgwood 에게 청혼을 해야 할지 말지 결정해야 할 때, 종이에 연필로 가능한 모든 결과들을 적으면서 헤아려보았다. 결혼의 장점 쪽에는 자녀, 동반자, 음악과 여성의 수다가 주는 매력을 적었다. 단점 쪽에는 끔찍한 시간 손실, 원하는 곳을 돌아다닐 자유 부족, 친척들을 방문해야 하는 부담, 자녀를 키우면서 드는 걱정과 비용, 아내가 런던을 싫어하지 않을까 하는 걱정, 서적 구입비 감소를 나열했다.

양쪽에 장단점을 적으면서 비교하니, 가까스로 결혼 쪽이 우세했다. 다윈은 종이의 밑에 "결혼하자—결혼하자—결혼하자, 증명 끝 Q.E.D."이라고 적었다. '증명 끝 Quod erat demonstrandum'이라는 수학 기호를 적은 뒤, 그는 영어로 풀어 썼다. "결혼할 필요가 있음을 증명한다."[1]

장점과 단점의 목록을 작성하는 것은 다윈의 시대에는 이미 유서 깊은 알고리즘이 되어 있었다. 한 세기 전에 벤저민 프랭클린이 보증했기 때문이다. 프랭클린은 '우리를 당혹스럽게 하는 불확실성'을 극복하려면 이렇게 하라고 썼다.

불확실성을 극복하는 나만의 방법은 간단하다. 종이 한 장에 세로로 줄을 죽 그어서 양쪽으로 나눈 뒤, 한쪽에는 찬성, 다른 한쪽에는 반대를 적는 것이다. 그런 뒤 사나흘 동안 각기 다른 시기에 각 척도의 장단점에 관해 떠오르는 동기들의 짧은 단서를 각 항목의 밑에 적으면서 생각할 시간을 갖는다. 그리하여 모든 것이 한눈에 들어오면, 각각의 가중치를 추정하려고 노력한다. 양쪽에서 가중치가 똑같아 보이는 것을 하나씩 찾아내면, 둘 다 지운다. 찬성하는 이유 하나가 반대하는 이유 두 가지에 상응한다면, 그 셋을 다 지운다. 반대하는 이유 두 가지가 찬성하는 이유 세 가지에 상응한다면, 그 다섯 가지를 지운다. 그런 식으로 균형이 이루어지는 곳들을 죽 훑어간다. 그런 다음 양쪽에서 중요한 새로운 것이 또 떠오르지 않는지 하루나 이틀을 더 살펴본 뒤, 항목이 남은 쪽으로 결정한다.

더 나아가 프랭클린은 이것을 계산과 비슷하다고 생각했다. "나는 이런 유형의 방정식이 매우 유용하다는 것을 알아차렸다. 이를 도덕 대수학이나 신중한 대수학이라고 부를 수도 있을 것이다."[2]

생각에 관하여, 우리는 더 많이 생각할수록 더 좋다고 쉽게 가정하곤 한다. 장점과 단점의 목록을 더 길게 작성할수록 더 나은 결정을 내릴 수 있고, 관련된 요인들을 더 많이 파악할수록 주가를 더 잘 예측할 수 있고, 시간을 더 많이 들일수록 더 좋은 보고서를 쓸 수

다윈의 일지, 1838년 7월. 케임브리지대학교 도서관의 허락 하에 수록 있다고 은연중에 가정한다. 이것이 프랭클린 시스템의 전제라는 것은 확실하다. 이런 의미에서 결혼을 '대수학적'으로 접근한 다윈의 방식은 분명히 엉뚱하긴 하지만 훌륭해 보이며, 더 나아가 탄복할 만큼 합리적인 것일 수도 있다.

하지만 프랭클린이나 다윈이 기계 학습 연구—컴퓨터에게 경험을 통해 좋은 판단을 내리는 법을 가르치는 과학—의 시대까지 살았다면, 그들은 도덕 대수학이 토대부터 흔들리고 있음을 목격했을 것이다. 얼마나 열심히 생각하느냐, 그리고 얼마나 많은 요인들을 고려해야 하느냐라는 질문은 통계학자들과 기계 학습 연구자들이 '과적합 overfitting'이라고 부르는 어려운 문제의 핵심을 이룬다. 그리고 일부러 생각을 덜 하는 것이 그 문제를 다루는 현명한 방법임이 드러난다. 과적합을 알아차리는 순간 시장, 식탁, 체육관…… 그리고 제단을 대하는 우리의 방식에 변화가 일어나기 마련이다.

## 복잡성에 대처하는 방법

당신이 할 수 있는 일이라면 뭐든지 내가 더 잘할 수 있어. 뭐든지 당신보다 더 잘할 수 있어.
– 〈애니여 총을 잡아라〉[3]

모든 결정은 일종의 예측이다. 아직 시도하지 않은 것을 자신이 얼마나 좋아할지, 특정한 추세가 어디로 향할지, 안 복잡하던 (또는 많이 복잡하던) 도로가 얼마나 원활할지를 예측하는 것이다. 그리고 중요한 점은 모든 예측이 서로 다른 두 가지에 관한 생각을 수반한다는 것이다. 자신이 아는 것과 자신이 모르는 것에 관한 생각이다.[4]

다시 말해 예측이란 지금까지 했던 경험들을 설명하고 자신이 추측하는 미래의 경험에 관해 무언가를 말해줄 이론을 정립하려는 시도다. 물론 좋은 이론은 양쪽을 모두 시도할 것이다. 하지만 모든 예측이 사실상 이중의 의무를 지고 있다는 사실로부터 피할 수 없는 어떤 긴장이 일어난다.

이러한 긴장의 한 사례로서, 다윈과 관련이 있을 법한 자료 집합을 하나 살펴보자. 최근에 독일에서 이루어진 연구인데, 결혼한 뒤 10년간의 삶의 만족도를 조사한 것이다.[5] 이 그래프의 각 점은 그 연구를 그대로 인용한 것이다. 우리는 이 점들에 들어맞으면서 더 미래로 뻗어가는 선을 그릴 공식을 찾아내고자 한다.[6] 이것은 10년 이후를 예측할 수 있도록 해줄 선이다.

한 가지 가능한 공식은, 단 하나의 요인만을 써서 삶의 만족도를 예측하는 것이다. 결혼 기간이 바로 그것이다. 그러면 직선이 나올 것이다. 또 다른 가능성은 시간과 시간의 제곱이라는 두 요인을 이용하는 것이다. 그러면 U자 모양의 포물선이 나올 것이며, 시간과 행복 사이의 복잡한 관계를 더 잘 포착할 수 있다.

그리고 더 많은 요인들(시간의 세제곱 등등)이 포함되도록 공식을 확장한다면, 더욱 많은 변곡점들이 들어가면서 선은 점점 더 '구부러지고' 유연해질 것이다. 공식에 9개의 요인이 들어갈 무렵이면,

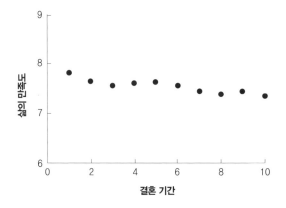

**결혼 기간에 따른 삶의 만족도**

우리는 정말로 아주 복잡한 관계를 포착할 수 있다.

수학적으로 말해서, 2개의 요인 모형은 1개의 요인 모형에 들어가는 모든 정보를 포함하면서, 활용할 수 있는 다른 정보도 지닌다. 마찬가지로 9개의 요인 모형은 2개의 요인 모형에 들어가는 모든 정보에다가 훨씬 더 많은 정보를 활용한다. 이 논리에 따르면, 9개의 요인 모형이 언제나 최상의 예측값을 제공할 것처럼 여겨진다.

하지만 상황은 그렇게 단순하지가 않다.

자료값에 이 모형들을 적용한 결과가 위의 그래프에 실려 있다. 놀라운 일도 아니지만, 1개 요인 모형은 정확한 자료점들 중 상당수를 놓치고 있긴 하지만, 기본 추세―행복한 신혼 기간 이후로 점점 행복감이 줄어드는―를 포착하고 있다. 하지만 이 직선 예측은 이 감소 추세가 끝없이 이어짐으로써 결국 무한히 비참한 상태에 빠져들 것이라고 내다본다. 이 궤적은 그리 옳지 않게 여겨진다.

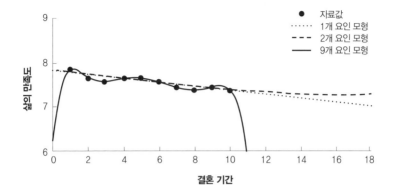

요인의 수가 다른 모형들을 이용한 삶의 만족도 예측값들

2개 요인 모형은 조사 자료에 더 잘 들어맞으며, 이 곡선 형태는 다른 유형의 장기 예측을 한다. 초기에 삶의 만족도가 줄어들었다가 그 뒤로는 다소 평탄한 수준을 유지한다는 것이다. 마지막으로 9개 요인 모형은 그래프의 각 점을 모두 지난다.[7] 본질적으로 모든 조사 자료와 완벽하게 들어맞는다.

그런 의미에서 9개 요인 공식이 사실상 가장 좋은 모형처럼 보인다. 하지만 이 모형이 조사 자료에 포함되지 않은 나중 결혼 기간을 어떻게 예측하고 있는지를 보면, 이 모형이 정말로 유용할지 의구심이 들지도 모른다. 이 모형은 미래가 몹시 불행할 것이라고 예측한다. 결혼한 지 몇 개월 뒤 만족도가 갑자기 어지러울 만큼 증가한 다음, 롤러코스터를 타듯이 오락가락하다가 10년 뒤에 급감하는 것을 보여준다. 대조적으로 2개 요인 모형이 예측하는 평탄함은 심리학자들과 경제학자들이 결혼과 행복에 관해 말하는 내용들에 가장

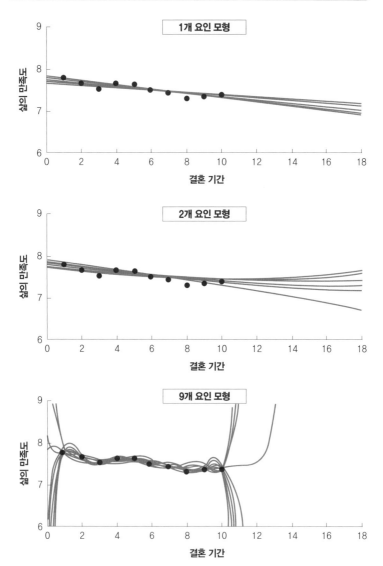

결혼 기간의 함수로 나타낸 삶의 만족도

**1개 요인 모형**

**2개 요인 모형**

**9개 요인 모형**

자료에 약간의 무작위 '잡음'을 추가하면(다른 실험 참가자 집단들을 대상으로 같은 조사를 반복할 때 생기는 효과를 모사하는) 9개 요인 모형은 기복이 몹시 심해진다. 그에 비해 1개 요인이나 2개 요인 모형의 예측은 훨씬 더 안정적이고 일관된 상태를 유지한다.

부합되는 예측이다. 덧붙이자면, 그들은 그 곡선이 결혼생활 자체에 어떤 불만이 있다는 것이 아니라, 그저 정상 수준으로(삶의 만족도의 기본 수준으로) 돌아감을 반영하는 것일 뿐이라고 믿는다.[8]

여기서 얻는 교훈은 이것이다. 모형에 요인을 더 많이 포함시킬수록, 정의상 그 모형은 우리가 이미 지닌 자료에 언제나 더 잘 들어맞으리라는 것이다. 그렇지만 가용 자료에 더 잘 들어맞는다고 해서 반드시 더 잘 예측한다는 의미는 아니다.

당연히 너무 단순한 모형—1개 요인 공식에서의 직선 같은—은 자료의 본질적인 패턴을 포착하지 못할 수 있다. 진실이 곡선처럼 보인다면, 직선은 결코 그것을 올바로 포착할 수 없다. 반면에 여기서의 9개 요인 모형처럼 너무 복잡한 모형은 우리가 관찰한 특정한 자료점들에 지나치게 민감해진다. 특정한 자료 집합에 너무나 세밀하게 조율되어 있는 결과, 이 모형이 내놓는 해결책들은 몹시 다양해진다. 다른 사람들을 대상으로 그 연구를 반복하여 본질적으로 동일한 패턴이 조금 변형된 형태들이 나온다면, 1개 요인이나 2개 요인 모형은 다소 안정적으로 남아 있을 것이다. 하지만 9개 요인 모형은 각 연구 사례마다 크게 달라질 것이다. 이것이 바로 통계학자들이 '과적합overfitting'이라고 부르는 것이다.

따라서 기계 학습의 가장 심오한 진리 중의 하나는, 더 많은 요인들을 고려하는 더 복잡한 모형을 쓰는 것이 반드시 더 좋다고는 할 수 없다는 것이다.[9] 그리고 여기서 문제가 되는 것은 추가 요인들이 제공하는 보상이 적을 것이라는, 즉 더 단순한 모형보다 더 낫긴 하지만 복잡성을 추가하는 것을 정당화할 만큼은 아니라는 의미가 아니다. 그보다는 예측을 급격히 나빠지게 만들 수 있다는 것이다.

## 자료의 우상화

완벽하게 대변되는 표본에서 끌어낸, 오류가 전혀 없고, 우리가 평가하려는 것을 정확히 대변하는 풍부한 자료를 갖고 있다면, 이용 가능한 가장 복잡한 모형을 쓰는 것이 사실상 최고의 접근법일 것이다. 하지만 이런 요인들 중에서 어느 것이 들어맞지 않을 때 모형을 자료에 완벽하게 일치시키려고 시도하다가는 과적합의 위험에 빠진다.

다시 말해, 잡음이나 측정 오류를 다룰 때에는 언제든 과적합에 빠질 위험이 있다. 그리고 그런 잡음은 언제나 생긴다. 자료를 수집하는 방식이나 자료를 기록하는 방식에서 오류가 생길 수 있다. 인간의 행복처럼, 조사하는 현상을 측정하기는커녕 정의하기조차 어려울 때도 있다. 이용 가능한 가장 복잡한 모형들은 유연성을 띠고 있어서 자료에 나타나는 어떤 패턴에도 끼워맞출 수 있지만, 그것은 그런 패턴이 단순히 잡음 속의 허깨비나 신기루에 불과할 때에도 끼워맞출 수 있다는 의미이기도 하다.

인류 역사 내내 종교 문헌들은 신자들에게 우상화를 하지 말라고 경고해왔다. 무형의 신 대신에 그 신을 대변하는 조각상, 그림, 유물 등 유형의 인공물을 숭배하지 말라고 말이다. 예를 들어, 기독교의 두 번째 계명은 '위로 하늘에 있는 것이나 아래로 땅에 있는 것이나 땅 아래 물속에 있는 것의 어떤 형상에도' 절하지 말라고 경고한다. 그리고 《열왕기》에서는 신 대신에 신의 명령으로 만든 청동 뱀이 숭배와 분향의 대상이 되는 이야기가 나온다.[10] (신은 못마땅하게 여긴다.) 기본적으로 과적합은 일종의 자료 우상화다. 중요한 것보다 측정할 수 있는 것에 초점을 맞춘 결과다.

우리가 지닌 자료와 우리가 원하는 예측값의 이 차이는 거의 어디에서나 나타난다. 중요한 결정을 내릴 때, 우리는 지금 당장 우리에게 중요한 요인들을 생각함으로써 나중에 우리를 기쁘게 할 것이 무엇인지를 추측하는 수밖에 없다. (하버드대학교의 대니얼 길버트**Daniel Gilbert**의 말을 빌리자면, 우리의 미래 자아는 종종 "꽤 많은 돈을 내고 새긴 문신을 제거하기 위해 많은 돈을 쓴다."[11]) 금융 예측을 할 때, 우리는 미래에 관련이 있을 것이 아니라, 과거에 주가와 상관관계가 있던 것만을 볼 수 있다. 우리의 사소한 일상적인 행위들조차도 이 패턴에 들어맞는다. 전자우편을 작성할 때, 우리는 그 글을 스스로 읽어봄으로써 수신인의 반응을 예측한다. 여론 조사에서도 삶에 관한 자료들은 언제나 잡음을 지니며, 기껏해야 우리가 실제로 관심을 가진 것들의 근사적인 측정법에 불과하다.

따라서 점점 더 많은 요인들을 생각하고 그것들을 모형화하는 데 더 많은 노력을 쏟아붓다가는 잘못된 것을 최적화할 오류에 빠질 수 있다. 자료라는 청동 뱀의 배후에 있는 더 큰 힘이 아니라, 그 뱀에 기도를 올리는 꼴이 될 수 있다.

일단 과적합을 알고 나면, 어디에서나 그것이 보인다.

한 예로, 과적합은 우리 입맛의 역설을 설명해준다. 진화적으로 말해서 맛봉오리(우리 혀에 난 오돌토돌한 돌기들. 맛을 감지하는 부위다-역주)의 전반적인 기능이 몸에 해로운 것을 먹지 않게 막아주는 것인데, 대체로 건강에 해롭다고 여겨지는 것이 어떻게 가장 맛좋은 음식이 될 수 있는 것일까?

답은 미각이 건강에 대한 우리 몸의 근사적인 측정법이라는 것이다. 지방, 당, 소금은 중요한 영양소이며, 지난 20만 년 동안 그것들을 함유한 음식을 통해 그 영양소들을 얻는 것이 건강을 유지하는 식단의 합리적인 척도였다. 하지만 우리가 구할 수 있는 식품을 변형시킬 수 있게 되자, 그 관계가 깨졌다.

현재 우리는 식품에 적절한 수준을 넘어서서 지방과 당을 첨가할 수 있으며, 따라서 역사적으로 인류의 식단을 구성했던 식물, 곡류, 고기의 혼합물이 아니라, 첨가물로 변형시킨 그런 식품들만을 먹을 수도 있다. 다시 말해, 우리는 미각을 과적합할 수 있다. 그리고 식품을 더 노련하게 조작할 수 있을수록(그리고 우리의 생활방식이 조상들의 것과 더 멀어질수록), 미각은 더욱 불안정한 측정법이 된다. 따라서 우리 인간은 몸이 올바르지 않은 것, 위험한 것을 원할 때에도 그대로 해주는 행동을 보이고 결국엔 그것들이 인간에게 저주로 바뀐다.

당연히 경고가 뒤따른다. 그 모든 당을 통해 늘어난 체중을 빼기 위해 체육관으로 갈 때, 체력 과적합의 위험도 있다. 체력의 몇몇 가시적인 지표들—낮은 체지방과 많은 근육량 등—은 측정하기 쉬우며, 심장병 같은 몇몇 질환들의 위험을 최소화하는 것과 관련이 있다. 하지만 그것들도 불완전한 근사적 측정법들이다. 그런 신호들을 과적합하면—체지방을 줄이기 위해 극도로 다이어트하고 근육을 늘리기 위해 스테로이드 약물을 먹는 것 등—아주 건강해 보이게 만들 수 있지만, 겉모습만 그럴듯해 보일 뿐이다.

과적합은 스포츠에서도 나타난다. 예를 들어, 톰은 십대 때부터 틈틈이 펜싱을 했다. 펜싱의 원래 목표는 결투 때 스스로를 방어하는 법을 사람들에게 가르치는 것이었다. 그래서 종목명도 '방어하다 defencing'라는 말에서 따온 것이다. 그리고 현대 펜싱에서 쓰는 무기는 그런 만남을 대비하여 훈련할 때 쓰던 것과 비슷했다. (에페 종목은 더욱 그렇다. 50년 전까지 정식 결투에서 쓰던 칼을 지금도 쓰고 있다.)[12] 하지만 전자 채점 장비(칼끝에 달린 단추가 눌리면 점수가 기록된다)가 도입되자 이 종목의 특성이 바뀌었고, 진지한 결투에서는 별 쓸모가 없을 기술들이 경기에서 중요한 기술이 되었다. 지금의 펜싱 선수들은 기록되어 점수를 얻을 만큼의 세기로 단추를 상대방의 몸에 '톡' 댈 수 있게 해줄 유연한 칼을 쓴다. 그 결과 베거나 찌르기보다는 서로를 향해 얇은 금속 채찍을 휘두르는 것처럼 보일 수 있다. 예전과 마찬가지로 짜릿한 스포츠이긴 하지만, 선수들이 별난 채점 방식에 맞게 전술을 과적합함으로써, 펜싱은 현실세계의 검객이 쓰는 기술을 주입하는 데에는 쓸모가 줄어들었다.[13]

하지만 과적합이 가장 강력하면서 문제를 일으키는 분야는 아마 경영 쪽일 것이다. 스티브 잡스<sup>Steve Jobs</sup>는 이렇게 말한 바 있다. "동기 유발 구조는 작동한다. 그러니 사람들에게 어떤 동기를 부여하고자 할 때 매우 신중해야 한다. 다양한 동기 유발 구조들은 예상할 수 없는 온갖 결과를 낳기 때문이다."[14] 창업 지원 육성 기업 Y컴비네이터<sup>Y Combinator</sup>의 회장 샘 앨트먼<sup>Sam Altman</sup>도 잡스와 비슷하게 신중하라고 조언한다. "기업이 CEO가 좋다고 결정하면 무엇이든 만들 것이라는 말은 정말로 사실이다."[15]

사실 어떤 왜곡된 효과를 낳지 않는 유인책이나 측정법을 내놓기란 정말 어렵다. 1950년대에 코넬대학교 경영학 교수 V. F. 리지웨이<sup>V. F. Ridgway</sup>는 그런 '성과 측정의 역효과<sup>Dysfunctional Consequences of Performance Measurements</sup>' 사례들을 열거했다.[16] 취업 알선 회사의 직원들은 구직자 상담 횟수로 성과를 평가하자, 실제로 구직자가 일자리를 찾는 데 도움이 될 만큼 상담 시간을 갖는 대신에 가능한 한 빨리 상담을 끝내려는 쪽으로 동기 부여가 되었다.[17] 미 연방 정부의 한 사법기관에서는 수사관들에게 월간 사건 처리량을 할당했는데, 수사관들이 가장 시급한 사건보다는 월말에 쉬운 사건들을 골라서 처리하는 경향을 보였다. 그리고 어느 공장에서는 생산량에만 초점을 맞추었더니, 감독관들이 유지와 보수 쪽을 소홀히 하는 바람에 결국 나중에 큰 재앙이 일어났다. 그런 문제들을 단순히 관리 목표를 달성하지 못한 사례로 치부할 수는 없다. 오히려 정반대다. 잘못된 것을 무모하고도 영리하게 최적화한 사례다.

21세기에 들어서 실시간 분석으로 옮겨감에 따라, 측정법의 위험은 더욱 심해져왔다. 구글의 디지털 마케팅 전도사 아비나시 카우식

**Avinash Kaushik**은 웹사이트 이용자에게 가능한 한 많은 광고를 보게 하려고 애쓰다 보니 자연히 사이트에 많은 광고를 집어넣으려는 시도가 만연해지고 있다고 경고한다. "노출 1,000회당 비용을 받는다고 할 때, 모든 웹페이지에 눈에 띄게 광고들을 보여주고 사이트에서 가장 볼 가능성이 높은 웹페이지들을 방문자가 들르도록 할 방법을 찾아내려는 동기가 유발된다. 그 동기는 중요한 내용, 고객, 장소가 아니라, 부차적인 내용, 광고주에게로 초점을 옮긴다." 그 웹사이트는 단기적으로 좀 더 수익을 올릴 수 있겠지만, 장기적으로는 광고로 도배된 글, 느리게 뜨는 여러 광고창들, 클릭을 유도하는 선정적인 제목들 때문에 독자들의 발길이 끊어질 것이다. 카우식은 이렇게 결론짓는다. "친구란 친구의 페이지 뷰를 따지지 않는다. 영원히."[18]

몇몇 사례에서는 모형과 현실세계의 차이가 말 그대로 생사의 문제가 된다. 예를 들어, 군대와 사법기관에서는 반복적이고 틀에 박힌 훈련을 기술을 주입하는 핵심 수단으로 여긴다. 목표는 특정한 움직임과 전술을 완전히 자동적으로 수행하게 될 때까지 훈련하는 것이다. 하지만 과적합이 배어들면 재앙이 될 수 있다. 예를 들어, 경찰관이 총격전을 벌이는 와중에 빈 탄창을 주머니에 집어넣느라 시간을 낭비하고 있음을 문득 알아차렸다는 일화가 종종 들린다. 사격연습장에서는 그것이 예의 바른 행동이다. 전직 육군 유격대원이자 현재 미 육군사관학교 심리학 교수로 있는 데이브 그로스먼**Dave Grossman**은 이렇게 썼다. "실제 많은 총격전 현장에서 화약 연기가 가라앉고 나면, 경찰관들은 주머니에서 빈 탄창들을 발견하고 충격을 받곤 한다. 탄창이 어떻게 거기에 들어가 있는지 전혀 기억이 나지 않기 때문이다. 손에 빈 탄창을 쥔 채로 사망한 경찰관도 몇 명 있었다. 열심히 훈련한 대로 행정 절차를 따르다가 그만 목숨을 잃은 것이다."[19]

FBI 역시 요원들이 표적이 총에 맞았는지, 또는 아직 위협 상황인지와 상관없이 반사적으로 두 발을 쏘고서 권총 지갑에 총을 넣는 행동—훈련할 때의 표준 절차—을 보고서 훈련 방식을 바꿀 수밖에 없었다. 사법기관과 군대에서는 이런 오류를 '훈련 흔적 training scar'이라고 하며, 이는 준비 상태가 과적합되는 것이 가능하다는 사실을 말해준다. 한 경찰관이 공격자의 손에서 본능적으로 총을 빼앗다가 곧바로 본능적으로 다시 돌려준 웃지 못할 사례도 있다.[20] 훈련 때 끊임없이 반복한 대로 행동한 것이다.

## 과적합 검출하기: 교차 검증

과적합이 처음에는 가용 자료에 완벽하게 들어맞는 이론으로서 제시되므로, 알아차리기가 어려울 수도 있다. 우리는 진정으로 좋은 모형과 과적합인 모형의 차이를 어떻게 구분할 수 있을까? 교육 환경에서는 한 과목에 탁월한 학생들과 그저 시험을 잘 치르도록 배운 학생들을 어떻게 구별할 수 있을까? 경영 쪽에서는 진정으로 뛰어난 직원과 기업의 핵심 수행 지표들(또는 상사의 눈)에 교활하게 맞추어서 일하는 과적합 상태의 직원을 어떻게 구별할 수 있을까?

이런 시나리오들을 낱낱이 살펴보는 일은 매우 어렵지만, 불가능하지는 않다. 기계 학습 연구자들은 과적합을 검출하는 몇 가지 확실한 전략을 찾아냈으며, '**교차 검증** Cross-Validation'은 그중 가장 중요한 것에 속한다.

간단히 말해서, 교차 검증은 어떤 모형이 주어진 자료에 얼마나 잘 들어맞느냐뿐 아니라, 본 적이 없는 자료에까지 얼마나 잘 일반화시킬 수 있는지 평가하는 것을 뜻한다. 역설적으로 그 일에는 더 적은 자료를 이용하는 것이 좋을 수도 있다. 이를테면 앞서 말한 결혼 기간 사례에서, 임의로 두 자료점을 '누락시키고' 모형을 다른 8개 자료점에만 끼워 맞출 수도 있다. 그런 뒤 나머지 두 자료점을 검증용으로 삼아서 각 모형 함수들이 8개의 '훈련용' 자료점 너머까지 얼마나 일반화가 잘 이루어지는지를 비교할 수 있다. 그 누락된 두 자료점은 탄광의 카나리아 역할을 한다. 즉 어느 복잡한 모형이 훈련용 8개의 자료점에는 잘 들어맞지만 두 검증용 자료점과는 크게 어긋난다면, 과적합이 이루어졌다고 확신할 수 있다.

가용 자료점들 중에서 일부를 빼는 방법 외에, 전혀 다른 형태의 평가로부터 나온 자료를 갖고 모형을 검증하는 방법도 유용하다. 앞서 살펴보았듯이, 근사적 측정법—입맛을 영양의 근사적 측정법으로, 해결 사건의 수를 수사관의 근면성을 나타내는 근사적 측정법으로 삼는 식—을 쓸 때에도 과적합으로 이어질 수 있다. 이런 사례들에서 우리는 자신이 쓰고 있는 주된 수행 척도를 다른 가능한 척도들과 비교하여 교차 검증할 필요가 있다.

예를 들어, 학교에서 표준화 검사는 규모의 경제를 비롯하여 많은 혜택을 준다. 적은 비용으로 빠르게 수천 명의 순위를 정할 수 있다. 하지만 그런 검사와 더불어, 학교는 학생들 중 일부를 무작위로 선정하여(한 반이나 100명 중에서 1명) 작문이나 구두시험 같은 다른 평가 방법을 써서 평가할 수도 있다. (이런 식으로는 소수의 학생만을 검사할 수 있으므로, 이 부차적인 방법을 어느 규모까지 적용할지는 별 관심사가 못된다.)

표준화 검사는 즉시 '되먹임 feedback'을 제공할 수 있다. 예를 들면, 매주 컴퓨터를 통해 쪽지시험을 보고 반 학생들의 학업 진척 상황을 거의 실시간으로 파악할 수 있다. 한편 부차적인 자료점들은 교차 검증에 쓰일 수 있다. 즉 표준화 검사에서 본래 측정하고자 하는 지식을 학생들이 실제로 습득하고 있으며, 시험을 잘 볼 수 있는 이유를 확인하는 데 쓰일 수 있다. 그러나 학교의 표준화 검사 점수는 오르는 반면 '비표준화' 검사에서는 정반대의 양상이 나타난다면, 학교 당국은 자신들이 그저 '시험을 잘 보는 쪽으로 가르치고' 있으며, 학생들의 실력이 검사 자체에 과적합되기 시작했다는 명확한 경고 표지판을 보게 된다.

또한 교차 검증은 훈련 과정 자체로부터 어떤 습관을 들이지 않도록 하면서 좋은 반사 행동을 주입할 방안을 찾는 사법기관과 군 당국에도 영향을 미치는 바가 있다. 작문과 구두시험이 표준화 검사를 교차 검증할 수 있듯이, 이따금 낯선 '교차 훈련'을 반응 시간과 사격 정확도가 낯선 상황에서도 일반적으로 적용되고 있는지를 평가할 수 있을지도 모른다. 일반화가 이루어지지 않는다면, 그것은 훈련 방식을 바꾸라는 강력한 신호다. 이런 교차 훈련이 실제 전투에 대비시키는 데에는 사실상 아무짝에도 쓸모가 없을지 몰라도, '훈련 흔적'이 형성될 가능성이 높은 부분이 어디인지를 미리 경고해줄 수는 있다.

## 과적합에 맞서 싸우는 법: 복잡성에 벌점 부여

단순하게 설명할 수 없다면, 제대로 이해하지 못한 것이다.
– 익명[21]

우리는 과적합이 두드러질 수 있는 방식을 몇 가지 살펴보았으며, 과적합을 검출하고 측정할 방법도 몇 가지 알아보았다. 하지만 실제로 과적합을 줄이기 위해 무엇을 할 수 있을까?

통계학의 관점에서 볼 때, 과적합은 우리가 본 실제 자료에 너무 민감하게 반응하는 증상이다. 따라서 해결책은 뻔하다. 아주 적합한 것을 찾으려는 욕구와 그 일을 위해 우리가 사용하는 모델의 복잡성 간에 균형을 맞추어야 한다.

몇몇 경쟁하는 모형들 중에서 고르는 한 가지 방법은 '오캄의 면도날 Occam's razor' 원리를 적용하는 것이다. 이 원리는 모든 조건이 같다면, 가장 단순한 가설이 옳을 수 있다는 것이다. 물론 모든 조건이 완전히 똑같은 상황은 거의 없으므로, 오캄의 면도날 같은 것을 수학적 맥락에 어떻게 적용할지가 곧바로 명확히 드러나는 것은 아니다. 러시아 수학자 안드레이 티코노프 **Andrey Tikhonov**는 1960년대에 이 문제를 붙들고 씨름하다가 한 가지 해답을 내놓았다.[22] 더 복잡한 해법에 벌점을 주도록 계산에 추가 항을 넣자는 것이다. 복잡성에 벌점을 부과한다면, 더 복잡한 모형은 그 더 큰 복잡성을 정당화하려면 일을 그저 더 잘하는 수준이 아니라 상당히 더 잘하는 수준이 되어야 한다. 컴퓨터과학자들은 이 원리―제약을 가하여 모델의 복잡성에 벌점을 부여하는―를 '**정규화** **Regularization**'라고 한다.

그렇다면 이 복잡성 벌점은 어떤 모습일까? 1996년 생물통계학자 로버트 팁시라니 **Robert Tibshirani**가 발견한 알고리즘은 '**올가미** **Lasso**'라고 하며, 모델에 든 모든 요인들의 총 무게를 벌점으로 삼는다.[*][23] 요인들의 무게에 하향 압력을 가함으로써, 올가미는 가능한 한 많은 요인들을 완전히 0으로 만든다. 결과에 큰 영향을 미치는 요인들만이 방정식에 남는다. 그럼으로써 이를테면 과적합한 9개 요인 모델을 단 2개의 가장 중요한 요인들만 남은 더 단순하면서 튼튼한 공식으로 변환시킨다.

올가미 같은 기법은 현재 기계 학습에 널리 쓰이지만, 같은 유형의 원리―복잡성에 벌점을 부여하는―는 자연에서도 나타난다. 생물은 시간, 기억, 에너지, 주의력의 제약 덕분에, 거의 자동적으로 단순함 쪽으로 얼마간 떠밀린다.

예를 들어, 대사의 부담은 지나치게 정교한 기구에 열량 벌점을 부과함으로써 생물의 복잡성에 대한 제동장치 역할을 한다. 사람의

---

[*] 수학에 관심이 많은 이들을 위해 덧붙이자면, 총 무게는 변수들의 계수 절댓값들의 합이다.

뇌가 하루에 섭취하는 총 열량의 약 20%를 소비한다는 사실은 우리의 지적 능력이 그만큼 우리에게 진화적 이점을 준다는 것을 입증하는 사례다.[24] 그 상당한 연료 소비량을 대가로 치르고도 남을 만큼 뇌가 무언가 기여하고 있는 것이 분명하기 때문이다. 그런 한편으로, 우리는 그보다 상당히 더 복잡한 뇌는 진화적으로 말해서 충분한 배당금을 지급하지 못할 것이라고도 추론할 수 있다. 우리는 필요한 만큼은 머리가 좋지만, 엄청나게 더 머리가 좋지는 않다.

같은 유형의 과정이 신경 수준에서도 역할을 한다고 여겨진다. 컴퓨터과학에서 '인공 신경망artificial neural network'이라고 하는 뇌를 토대로 한 소프트웨어 모델들은 복잡한 기능들을 임의로 배울 수 있지만—더 나아가 앞서 말한 9개 요인 모델보다 훨씬 더 유연하다—바로 이 유연성 때문에 그것들은 과적합에 취약하기로 악명이 높다. 실제 생물의 신경망은 수행력과 유지비 사이에 트레이드오프를 할 필요가 있기 때문에 이 문제 중의 일부를 회피한다. 예를 들어, 신경과학자들은 뇌가 매순간에 발화하는 뉴런의 수를 최소화하려고 애쓴다는 것을 시사하는 연구 결과들을 내놓아왔다.[25] 올가미와 똑같이 복잡성을 줄이라는 압력을 가하고 있는 셈이다.

언어는 또 다른 천연 올가미가 된다. 더 길게 말을 할 때 듣는 노력과, 듣는 이의 주의 집중 시간에 가해지는 부담이 복잡성에 벌점을 부여하기 때문이다. 사업 계획은 승강기가 멈추기까지 걸리는 시간 안에 요약해서 말해야 한다. 인생의 조언은 아주 간결하고 머리에 쏙 들어올 때에만 지혜가 담긴 격언이 된다. 그리고 기억할 필요가 있는 것은 모두 타고난 기억의 올가미를 통과해야 한다.

경제학자 해리 마코위츠 <sup>Harry M. Markowitz</sup>는 현대 포트폴리오 이론을 개발한 공로로 1990년에 노벨경제학상을 받았다. 그의 혁신적인 '평균-분산 포트폴리오 최적화<sup>mean-variance portfolio optimization</sup>' 방법은 투자자들이 주어진 위험 수준에서 보상을 최대화하기 위해 다양한 펀드와 자산에 최적 할당을 할 수 있는 방법을 보여주었다.[26]

그렇다면 자신의 퇴직금을 투자할 때가 되었을 때, 마코위츠는 그일에 완벽하게 준비된 사람처럼 보였을 것이다. 그는 어떤 결정을 내렸을까?

자산 집단들의 역사적 공분산을 계산하여 효율적 경계선을 알아내야 했는데 말입니다. 대신에 나는 주식 시장이 호황인데 내가 산 주식만 빌빌거리고 있다면 얼마나 심란할지 그려보았어요. 또는 주식 시장이 불황일 때 내가 산 주식들이 곤두박질치고 있을 때를요. 나는 앞으로 후회할 일을 최소화하자는 데 목표를 두었지요. 그래서 퇴직금을 채권과 주식에 50 대 50으로 배분했습니다.[27]

대체 그는 왜 그렇게 한 것일까? 이 노벨상 수상자의 이야기와 그의 투자 전략은 인간의 비합리성을 보여주는 사례로 제시될 수도 있다. 실제 삶의 복잡성에 직면했을 때, 그는 합리적인 모형을 포기하고 직관적 판단, '휴리스틱 <sup>heuristic</sup>'을 따랐다. 휴리스틱이 사실상 합리적인 해결책일 수도 있는 것은 현실의 삶이 지닌 복잡성 때문이다.

포트폴리오를 관리하려 할 때, 시장에 관한 정보를 확신할 수 없다면 사실상 그 정보를 깡그리 무시하는 편이 더 낫다고 밝혀지기도 했다. 마코위치의 최적 포트폴리오 할당 방법을 적용하려면 각 투자 항목들의 통계적 특성에 관한 꽤 좋은 추정값을 갖고 있어야 한다. 그런 추정값에 오류가 있다면 전혀 다른 자산 할당 양상이 나올 수 있고, 그러면 위험이 커질 가능성도 있다. 대조적으로 주식과 채권에 돈을 균등하게 나누어 투자하면, 자신이 지켜본 자료가 어떻든 간에 전혀 영향을 받지 않는다. 이 전략은 과거의 성과를 보고서 투자 유형을 선택하려는 시도조차 하지 않는다. 따라서 과적합이 이루어질 일이 아예 없다.

물론 단순히 50대 50으로 나누는 것이 반드시 복잡성에 대처하는 최적의 방법은 아닐 수도 있지만, 옹호할 점이 있다. 어떤 투자 항목 집합의 기대 평균과 기대 분산을 어찌어찌하여 알고 있다면, 평균-분산 포트폴리오 최적화를 이용한다. 이 최적 알고리즘이 최적인 데에는 이유가 있다. 하지만 그것들을 올바로 추정할 확률이 낮고, 모델이 그 신뢰할 수 없는 값들에 크게 의지하고 있다면, 의사 결정 과정에 경고를 보내야 한다. 정규화할 시간이라고 말이다.

마코위츠의 퇴직금 같은 사례들에 영감을 받아서, 심리학자 게르트 기거렌처 Gerd Gigerenzer 와 헨리 브라이튼 Henry Brighton 은 현실세계에서 사람들이 쓰는 의사 결정의 지름길들이 타당한 결정을 내리는 데 알맞은 유형의 사고방식인 경우가 많다고 주장했다. "처리를 덜

할수록 정확성이 떨어진다는 널리 받아들여진 견해와 정반대로, 휴리스틱 연구는 정보, 계산, 시간이 적을수록 사실상 정확성이 향상된다는 것을 보여준다."[28] 더 단순한 답—관여하는 요인들이 더 적거나 계산을 더 적게 하는—을 선호하는 휴리스틱은 바로 이 "덜할수록 더 낫다" 효과를 낳는다.

하지만 모델의 최종 복잡성에 벌점을 부과하는 것이 과적합을 줄이는 유일한 방법은 아니다. 들어오는 자료에 맞추는 속도를 조절함으로써 모델을 더 단순성 쪽으로 떠밀 수도 있다. 그럴 때 과적합 연구는 우리 역사—사회와 종 양쪽에서—를 조망하는 안내자가 되기도 한다.

## 역사의 무게

쥐가 살아 있다는 것은 그 쥐가 지금까지 먹은 음식들이 다 멀쩡했다는 뜻이다.
– 새뮤얼 래버스키와 어윈 베다프, 〈새로운 음식의 사전 섭취와 질병의 관계〉

미국의 두유 시장은 1990년대 중반부터 2013년에 이르기까지 4배 이상 커졌다.[29] 하지만 뉴스 기사에 따르면, 2013년 말에는 이미 과거의 일이 된 듯했다. 판매량이 아몬드 우유보다 한참 뒤처졌기 때문이다.

음식 연구자 래리 핀컬 Larry Finkel 은 〈블룸버그 비즈니스위크〉에서 이렇게 말했다. "지금은 견과류가 유행이에요. 두유는 철 지난 건강 식품을 이야기하는 것처럼 들려요."[30] 두유의 대중화에 앞장선 회사 실크 Silk (두유의 영어명 'soy milk'를 줄여서 만든 명칭)는 2013년 말에 아몬드 우유의 판매량이 전 분기보다 50% 이상 증가했다고 발표했다.

한편 다른 음료 기사들을 보면, 코코넛 함유 음료의 선두주자인 비타코코 Vita Coco 는 2014년에 2011년 이래로 자사 음료의 판매량이 2배씩 늘었고, 2004년부터 따지면 무려 300배 증가했다고 발표했다.[31] 〈뉴욕타임스〉는 이렇게 적었다. "코코넛 함유 음료는 아무도 모르던 음료였다가 단 한 순간도 멈칫하지 않고 급증세를 보인 끝에 늘 눈에 띄는 친숙한 음료가 되었다."[32] 한편 케일 시장도 2013년에만 40%가 성장했다.[33] 그 이전 해에 케일의 최대 구매자는 피자헛이었는데, 그 케일은 샐러드 바에서 주로 장식용으로 쓰였다.[34]

'무엇을 먹어야 할 것인가' 같은 삶의 가장 기본적인 영역들 중의 일부는 신기하게도 유행이 주도하는 듯하다. 이런 유행이 세계를 폭풍처럼 휩쓸 수 있는 것은 어느 정도는 우리 문화가 대단히 빨리 바뀔 수 있기 때문이다. 지금은 예전보다 정보가 훨씬 더 빨리 사회로 흘러가며, 세계의 유통망 덕분에 소비자들은 대규모로 구매 습관을 빠르게 바꿀 수 있다(그리고 그렇게 하라고 마케팅이 부추긴다). 예를 들어, 팔각(붓순나무의 친척으로서, 열매를 향신료와 약재로 쓴다-역주)이 건강에 좋다는 연구 결과가 나오면, 일주일도 채 지나기 전에 전 세계의 블로그로 퍼지고, 그 다음 주에는 텔레비전에 등장하고, 6개월 안에 거의 모든 슈퍼마켓에 진열되고, 곧이어 팔각만을 다룬 요리책이 쏟아질 수도 있다. 이 경이로운 속도는 축복이자 저주이다.

대조적으로 인간을 포함하여 생물이 진화하는 방식을 살펴보면, 흥미로운 점을 알아차리게 된다. 변화가 느리게 일어난다는 것이다. 즉 지금 생물들의 특성은 현재의 환경뿐 아니라, 그들의 살아온 역사를 통해서도 빚어진다는 의미다. 예를 들어, 우리 신경계는 기이하게 엇갈려서 배치되어 있는데(뇌의 오른쪽이 몸의 왼쪽을, 뇌의 왼쪽은 몸의 오른쪽을 통제한다), 이는 척추동물의 진화 역사를 반영한다. '교차decussation'라는 이 현상은 진화 과정의 어느 시기에 초기 척추동물의 몸이 머리에 상대적으로 180도 비틀리면서 생겼다는 이론이 나와 있다. 그 결과 가재와 지렁이 같은 무척추동물의 신경삭은 몸의 '배쪽'으로 지나가는 반면, 척추동물의 신경삭은 등줄기를 따라 지나가게 되었다는 것이다.[35]

사람의 귀도 좋은 사례다. 기능적인 측면에서 볼 때, 귀는 등자뼈, 모루뼈, 망치뼈라는 세 뼈를 통해 음파를 증폭시켜서 전기 신호로 바꾸는 체계다. 매우 놀라운 증폭 시스템이다. 하지만 자세히 뜯어보면, 이 시스템은 진화하면서 얻은 여러 제약들 하에 작동한다. 파충류는 귀에 뼈가 하나밖에 없는 반면, 턱에는 포유동물에게는 없는 뼈들이 있다. 이 턱뼈들이 용도가 바뀌어서 포유류의 귀뼈가 된 것이다. 따라서 우리 귀 해부구조의 정확한 형태와 배치는 청각 문제를 해결하려고 애쓴 노력을 반영하는 동시에 진화 역사도 반영한다.

과적합 개념은 그런 진화적 짐의 가치를 알아보는 방법을 제공한다. 교차된 신경 다발과 전용된 턱뼈가 최적 배치처럼 보이지 않을지도 모르지만, 우리는 생물이 진화를 통해 자신의 환경에서 일어나는 모든 변화에 반드시 완벽하게 최적화되기를 원하는 것은 아니다.[36] 아니, 적어도 우리는 그렇게 하다가는 이후에 일어나는 환경 변화에 극도로 민감해지리라는 것을 알아차려야 한다. 그런 한편으로 기존 재료를 활용해야 한다는 것은 일종의 제약이 된다. 그래서 생물의 구조에 과격한 변화를 도입하기가, 따라서 과적합이 일어나기가 더 어려워진다. 종으로서의 우리는 과거를 통해 제약을 받고 있기에, 우리가 아는 현재에 덜 완벽하게 맞춰져 있지만, 덕분에 우리가 모르는 미래에도 확고하게 대처할 수 있게 된다.

비슷한 깨달음은 인류 사회의 빠르게 움직이는 유행에 저항하는 데도 도움을 줄지 모른다. 문화 쪽에서는 전통이 진화적 제약 역할을 한다. 어느 정도의 보수적인 태도, 전통을 선호하는 편향은 급변하는 유행에 맞서 완충작용을 해줄 수 있다. 물론 그렇다고 해서 최신 자료를 무시해야 한다는 의미는 아니다. 시류에 올라타도 좋다. 하지만 반드시 그래야 한다는 것은 아니다.

기계 학습에서 느리게 움직이는 것의 이점은 '**조기 멈춤** Early Stopping' 이라고 하는 정규화 기법에서 가장 확실하게 드러난다. 이 장의 첫머리에서 독일의 결혼생활 설문 자료를 살펴볼 때, 우리는 내친김에 가장 적합한 1개 요인, 2개 요인, 9개 요인 모델들을 분석했다. 하지만 여러 상황에서는 매개 변수의 값을 조정하면서 주어진 자료에 가장 잘 들어맞을 가능성이 있는 모델을 찾아내는 것 자체가 하나의 과정이다. 그 과정을 일찍 멈춤으로써 아예 모형이 너무 복잡해질 시간이 없도록 만든다면 어떻게 될까? 여기서도 언뜻 접할 때는 내키지 않거나 철저하지 못한 것처럼 보일 수도 있는 게 나름대로 중요한 전략임이 드러난다.

한 예로, 많은 예측 알고리즘은 다요인 모델로 곧바로 뛰어들기보다는 가장 중요한 요인 하나를 찾아내는 것에서 시작한다. 첫 번째 요인을 찾아낸 뒤에야, 다음으로 중요한 요인을 찾아서 모델에 추가하는 식으로 일을 진행한다. 따라서 그런 모델들은 과적합이 끼어들 기회가 생기기 전, 그 과정을 일찍 멈추는 것만으로도 지나치게 복잡해지는 것을 막을 수 있다. 예측값을 계산하는 그와 관련된 한 접근법은 한 번에 한 자료점만을 따지며, 각각의 새로운 자료점을 설명할 수 있도록 모델을 조정한 다음, 새로운 자료점을 추가하는 식으로 진행된다. 여기서도 모델의 복잡성은 서서히 증가하므로, 그 과정을 일찍 멈추면 과적합을 막는 데 도움이 될 수 있다.

이런 유형의 설정—시간을 더 투자할수록 더 복잡해지는—은 인간 활동의 많은 분야에서 나타난다. 무언가를 결정하는 데 시간을 더 많이 투자한다고 해서, 반드시 더 나은 결정을 내리게 될 거라는 의미는 아니다. 하지만 결국에는 더 많은 요인들, 더 많은 가설들, 더 많은 찬반 논의를 고려하게 될 것이고, 그리하여 과적합이 일어날 위험이 커진다.

톰은 교수가 되었을 때 바로 그런 경험을 했다. 임용 첫 학기에 첫 강의 때, 그는 강의의 완성도를 높이기 위해 엄청난 시간을 할애했다. 매번 1시간 수업을 위해 10시간 넘게 준비를 했다. 두 번째 학기가 되어서 다른 강의를 할 때에는 그만큼 많은 시간을 낼 수가 없었다. 그래서 그는 강의가 엉망이 되지 않을까 걱정했다. 그런데 기이한 일이 벌어졌다. 학생들은 두 번째 강의를 더 좋아했다. 그는 첫 번째 강의 때에 추가로 들인 시간들이 학생들을 혼란스럽게 만들 뿐인 자질구레한 세부 사항들을 따지는 데 쓰였고, 두 번째 반을 가르칠 때에는 그런 세부적인 것들을 삭제했다는 사실을 알아차렸다.

톰은 결국 깨달았다. 자신의 취향과 판단을 학생들의 취향과 판단에 대한 일종의 근접 측정법으로 삼고 있었던 것이 근본적인 문제임을 말이다. 이 근접 측정법은 근삿값으로는 꽤 잘 먹혔지만, 과적합이 일어났을 때에는 가치가 없었다. 그것으로 모든 슬라이드를 '완벽하게' 다듬기 위해 공들여 추가 시간을 썼을 때 역효과를 일으킨 이유가 설명이 되었다.

모든 유형의 기계 학습 과제에 정규화가 효과가 있다는 것은, 신중하게 생각하고 행동하는 일을 덜함으로써 더 나은 결정을 내릴 수 있음을 시사한다. 우리가 첫 번째로 파악한 요인이 가장 중요한 것일 가능성이 높다면, 어떤 지점을 넘어서까지 문제를 더 깊이 생각하는 것은 시간과 노력의 낭비일 뿐만 아니라, 더 안 좋은 해결책으로 이어질 수 있다.

조기 멈춤은 추론에 맞서는 이성적인 논증의 토대를 제공한다. 즉 생각하는 사람이 생각을 하지 말아야 할 때가 있는 이유를 알려준다. 하지만 이 말을 실용적인 조언으로 바꾸려면 한 가지 질문에 더 답해야 한다.

"생각을 언제 멈추어야 할까?"

과적합이 관련되어 있는 모든 현안들에서 얼마나 일찍 멈추느냐는, 측정할 수 있는 것과 실제로 중요한 것 사이의 격차에 달려 있다. 모든 사실들을 알고 있다면, 모든 오류와 불확실성에서 해방된다면, 또한 자신에게 무엇이 중요한지를 곧바로 파악할 수 있다면, 굳이 일찍 멈출 이유가 없다. 오래 열심히 생각하라. 여기서는 복잡성과 노력이 적절하다.

하지만 그런 사례는 거의 없다. 불확실성이 높고 자료가 한정되어 있다면, 어떤 일이 있든 간에 일찍 멈춰라. 자신의 업무가 어떻게 평가될지, 누가 평가할지를 명확히 알아야 할 필요가 없고, 완벽을 위해 자기 나름(또는 다른 누군가)의 추측에 따라서 그것을 최대한 좋게 다듬는 추가 시간을 들일 가치가 없다. 불확실성이 클수록, 자신이 측정할 수 있는 것과 중요한 것 사이의 격차가 클수록, 과적합이 일어나는지 더 유념해야 한다. 다시 말해, 더 단순성을 추구하고 더 일찍 멈추어야 한다.

자신이 진정으로 어둠 속에 있을 때, 가장 단순한 것이 최고의 계획일 것이다. 우리의 기댓값이 불확실하고 자료에 잡음이 많을 때, 최선의 방안은 폭넓게 생각하는 것, 일필휘지로 죽 긋는 것이다. 때로는 말 그대로다. 경영자 제이슨 프라이드 Jason Fried 와 데이비드 하이네마이어 한손 David Heinemeier Hansson 이 설명하듯이, 더 먼 미래의 상황까지 브레인스토밍할 필요가 있다면, 더 굵은 펜을 사용하는 것이, 일필휘지로 단순화하는 것이 탁월한 전략이 된다.

무언가를 설계하기 시작할 때, 우리는 볼펜 대신에 크고 굵은 샤피 마커로 착상을 스케치한다. 이유가 뭐냐고? 볼펜은 선이 너무 가늘다. 해상도가 너무 높다. 명암을 완벽하게 그리거나 점선을 쓸지 파선을 쓸지 같은, 아직 걱정할 필요가 없는 것들에 신경을 쓰도록 부추긴다. 결국 아직 초점을 맞출 필요가 없는 것들에 초점을 맞추게 된다.

샤피 마커는 그렇게 깊이 파고드는 것을 불가능하게 만든다. 모양, 선, 상자만 그릴 수 있다. 그것은 좋은 일이다. 처음엔 큰 그림만 신경 쓰면 된다.

맥길대학교의 헨리 민츠버그 **Henry Mintzberg**는 이렇게 설명한다. "중요한 것을 측정할 수 없다는 전제에서 출발하여 나아간다면 어떻게 될까? 그렇다면 측정 대신에 아주 겁나는 것을 활용해야 한다. 판단이라는 것이다."[37]

조기 멈춤의 결론은 그것이 합리적인 것과 직감을 따르는 것 사이에서 선택하는 문제가 아닐 때도 있다는 것이다. 직감을 따르는 것이 합리적인 해결책일 수도 있다. 결정이 복잡하고 불안정하고 불확실할수록, 그 편이 더 합리적인 접근법이 된다.

다윈에게로 돌아가서, 청혼을 할지 결정하는 문제는 아마 그가 파악한 장단점 목록에서 처음 몇 가지만으로 판단하여 해결할 수도 있었을 것이다. 그 뒤로 추가한 항목들은 해결에 반드시 도움을 준다고 할 수 없고 결정하는 데 시간과 걱정을 추가한 (그리고 결정을 방해할 가능성이 높은) 것들이었다. 그의 결심을 굳히게 만든 것은 "평생 일벌처럼 일만 계속하고 아무것도 남기지 못할 것이라고 생각하면 견딜 수가 없다"는 생각이었다.[38] 그가 맨 처음 언급한 항목들인 '아이들'과 '동반자'가 바로 그를 궁극적으로 결혼 쪽으로 기울인 항목이었다. 그의 '집필 예산'은 그저 정신을 산만하게 했을 뿐이다.

하지만 다윈이 본래 생각이 많은 사람이라고 그를 너무 비판적으로 보기 전에, 그의 일기를 다시 살펴볼 가치가 있다. 일기장으로 고스란히 복사한 것을 보면 흥미로운 점이 드러난다. 다윈은 며칠에 걸쳐 온갖 고려 사항들을 추가하던 프랭클린과 전혀 달랐다. 인생을 바꿀 선택에 접근하는 방법은 진지했지만, 다윈은 일기장의 맨 아래까지 적었을 때 결정을 내렸다. 그는 그 지면에 맞게 정규화를 하고 있었다. 이는 조기 멈춤과 올가미를 떠올리게 한다.

결혼할 마음을 굳히자, 다윈은 즉시 시기를 놓고 생각을 곱씹기 시작했다. "언제? 곧, 아니면 있다가?"[39] 그는 다시 장단점의 목록을 죽 적어 내려갔다. 행복, 지출, 열기구를 타고 웨일스로 여행을 가고 싶은 오래된 욕구, 어색함에 이르기까지 온갖 것들을 고려하면서 말이다. 그리고 나서 그쪽 끝부분에 "걱정 마, 우연에 맡겨"라고 적었다. 그 결과 몇 개월 내에 그는 엠마 웨지우드에게 청혼했고, 그것은 만족스러운 부부관계와 행복한 가정생활의 출발점이 되었다.

## 제8장

### 그냥 넘어가자

# 완화

ALGORITHMS

2010년, 메건 벨로즈<sup>Meghan Bellows</sup>는 낮에는 프린스턴대학교에서 화학공학 박사 학위를 따기 위해 연구하고 밤에는 결혼식 계획을 짜느라 머리를 싸매고 있었다. 그녀는 단백질 사슬에 아미노산을 끼워 넣어 특정한 특성을 지닌 분자를 만들 수 있는 적절한 자리를 찾는 일에 주로 매달려 있었다. ("만약 두 단백질의 결합 에너지를 최대화한다면, 어떤 생물학적 기능을 억제하는 펩티드를 설계할 수 있고, 그러면 실제로 질병의 진행을 억제할 수 있어요.")[1]

그녀는 결혼식 계획에서는 참석자들의 좌석 배정 문제로 씨름하고 있었다. 벨로즈는 대학 친구가 9명 있었는데, 거기에 누구를 끼워 넣어서 10명이 앉는 탁자를 채울지를 고민했다. 게다가 가까운 친척 11명도 고려해야 했다. 그들이 부모님과 한 탁자에 다 앉지 못할 텐데, 누구를 빼야 하고 또 뭐라고 설명해야 할까? 어릴 때의 동네 친구들과 보모는? 다른 참석자들과 친분이 전혀 없을 부모님의 직장 동료들은?

그 문제는 모든 면에서 그녀가 실험실에서 연구하고 있는 단백질 문제에 못지않게 어려워 보였다. 그러다가 문득 그녀는 깨달았다. 그것이 실험실에서 연구하는 문제와 똑같은 것임을 말이다. 어느 날 저녁, 좌석 배정표를 바라보다가 그녀는 깨달았다. "내 박사 학위 주제인 아미노산 및 단백질과 결혼식장의 탁자에 사람들이 앉는 방식 사이에 말 그대로 일대일 상관관계가 있다는 것을 깨달았어요."

벨로즈는 약혼자에게 종이를 갖다 달라고 해서 방정식을 적기 시작했다. 아미노산은 손님, 결합 에너지는 관계, 분자의 이른바 '최근접 상호작용nearest-neighbor interaction'은 똑같이 손님들 사이의 최근접 상호작용이 되었다. 그녀는 연구를 통해 얻은 알고리즘을 활용해서 결혼식 자리 배정 문제를 해결할 수 있었다.

벨로즈는 손님들 사이의 '관계의 세기'를 수학적으로 정의할 방법을 찾아 나섰다. 어떤 두 사람이 서로를 모른다면 그 관계는 0점, 서로 안다면 1점, 부부라면 50점을 부여했다. (자신의 자매에게는 같이 앉고 싶은 사람들을 다 고를 수 있도록 했기 때문에 10점을 주었다.) 이어서 벨로즈는 몇 가지 제약을 나열했다. 탁자의 최대 수용 인원과 각 탁자에 필요한 최소 점수였다. 후자는 전혀 모르는 사람들끼리 앉은 어색한 '잡종' 탁자가 나오지 않도록 하기 위해서였다. 또 그녀는 프로그램의 목표도 부여했다. 손님들과 같은 탁자에 앉은 사람들 사이의 관계 점수를 최대화하는 것이 목표였다.

결혼식 참석자는 107명이고 탁자는 11개이므로, 각 탁자에 10명씩 앉을 수 있었다. 그 말은 가능한 자리 배정 방식이 약 $11^{107}$가지임을 의미한다.[2] 즉 112자릿수, 2,000억이 넘는 엄청난 수다. 그에 비하면 관찰 가능한 우주에 있는 원자 수(고작 80자릿수)는 미미한 수준이다. 벨로즈는 토요일 저녁에 실험실 컴퓨터에 그 프로그램을 입력하여 작동시켰다. 월요일 아침에 출근하니, 프로그램은 여전히 돌아가고 있었다. 그녀는 컴퓨터가 그때까지 찾아낸 최선의 자리 배치를 출력한 다음, 단백질 설계 문제로 돌아갔다.

연구실의 고성능 컴퓨터 클러스터로 꼬박 36시간에 걸쳐 처리를 했어도, 프로그램이 평가한 것은 잠재적인 자리 배치 방법들 전체에서 미미한 비율에 불과했다. 그 순열들 속에 진정한 최적 해답, 최고의 점수를 얻을 법한 해답은 들어 있지 않았다. 그래도 벨로즈는 컴퓨터에서 나온 결과를 보고 기뻤다.[3] "우리가 잊고 있던 관계들을 찾아냈더군요." 예식업체 담당자들이 생각조차 못했던 의외의 유쾌한 가능성들이 제시되어 있었다. 예를 들면, 가족 탁자에서 그녀의 부모를 빼내어 여러 해 동안 못 본 옛 친구들이 모인 탁자로 옮기라는 제안도 있었다. 그 최종 권고안에 모든 집단들이 동의했다. 비록 그녀의 어머니는 몇 가지 조정을 하지 않고는 못 배겼지만 말이다.

프린스턴대학교의 한 연구실에 있는 컴퓨터의 성능을 총동원해도 완벽한 자리 배치 계획을 찾아낼 수 없다는 사실이 놀라워 보일지도 모르겠다. 지금까지 우리가 논의한 영역들의 대다수에서는 간단한 알고리즘으로 최적 해결책을 확실히 구할 수 있었다. 하지만 지난 수십 년에 걸쳐 컴퓨터과학자들이 발견한 바에 따르면, 컴퓨터의 성능을 얼마나 높이든 혹은 프로그램을 얼마나 잘 짜든 간에 본질적으로 완벽한 해결책에 도달할 수 없는 문제 유형들이 있다는 것이다.

사실, 처리할 수가 없어 보이는 도전 과제에 직면했을 때 한없이 노력하거나 포기할 필요 없이, 전혀 다른 세 번째 대안을 시도할 수 있음을 컴퓨터과학자도 어느 누구도 알지 못했다.

## 최적화의 어려움

남북전쟁을 이끌기 전, 노예 해방 선언을 하거나 게티스버그 연설을 하기도 전에, 에이브러햄 링컨 Abraham Lincoln 은 일리노이 주 스프링필드에서 '초원의 변호사'로 일했다.[4] 1년에 두 번씩 제8 순회 재판소가 열리는 지역을 따라 돌아다니는 일을 16년 동안 했다. 순회 변호사가 된다는 것은 말 그대로 순회하면서 변호를 한다는 의미였다. 여러 주일에 걸쳐 수백 킬로미터를 달려서 14개 카운티를 돌아다니면서 변호를 했다.

순회 일정을 짜다 보면 자연스럽게 한 가지 도전 과제가 제기되었다. 한 도시에 두 번 이상 가는 일 없이, 가능한 한 움직이는 거리를 짧게 하면서 모든 도시를 방문하는 방법이 무엇일까 하는 것이다.

이는 수학자들과 컴퓨터과학자들에게 '제한적 최적화 constrained optimization' 문제라고 알려진 한 사례다. 특정한 규칙들과 점수 측정법 하에서 한 변수 집합의 단일한 최적 배열을 찾아내는 방법을 가리킨다. 이것은 최적화 문제 중에서 가장 유명하다. 19세기에 연구되었다면, 아마 '초원 변호사 문제'라는 이름이 영구히 붙었을지도 모르겠다. 21세기에 처음 알려졌다면 '운송 드론 문제'라는 별명이 붙었을지도 모른다. 하지만 비서 문제처럼, 이 문제도 20세기 중반에 출현했기에 그 시대를 떠올리게 하는 전형적인 이름이 붙어 있다. '순회 외판원 문제 traveling salesman problem '다.

경로 기획 문제는 1930년대까지 수학계의 주의를 끌지 못하다가, 그 뒤에 주목을 끌기 시작했다. 수학자 카를 멩거Carl Menger는 1930년에 '집배원 문제 postal messenger problem '를 다루면서, "단순히 모든 가능성을 차례로 시도하는 것 외에는 다른 어떤 쉬운 해결책이 나와 있지 않다"고 적었다.[5] 해슬러 휘트니 Hassler Whitney는 1934년에 프린스턴대학교에서 강연할 때 그 문제를 제기했고, 그 내용은 동료 수학자 메릴 플러드의 뇌리에 굳게 자리를 잡았다(1장에서 다룬 바 있듯이, 그는 비서 문제의 첫 번째 해결책을 널리 퍼뜨린 사람이기도 하다).[6]

플러드는 1940년대에 캘리포니아로 자리를 옮겨, 그곳에서 랜드 연구소의 동료들에게 그 이야기를 퍼뜨렸고, 1949년에 수학자 줄리아 로빈슨 Julia Robinson이 쓴 논문에서 그 문제의 상징적인 명칭이 처음 등장했다.[7] 그 문제는 수학계를 떠돌면서 점점 악명을 얻기 시작했다. 당대의 가장 뛰어난 석학들 중 상당수가 그 문제에 몰두했지만, 어느 누구도 실질적인 진척을 이룰 수 없는 듯했다.

순회 외판원 문제에서 중요한 점은 컴퓨터(또는 수학자)가 가장 짧은 경로를 찾을 수 있느냐의 여부가 아니다. 이론적으로는 모든 가능성들을 하나하나 죽 나열한 다음 거리를 잴 수 있다. 여기서 더 중요한 점은 도시의 수가 늘어남에 따라, 도시들을 연결하는 가능한 경로들의 목록이 폭발적으로 늘어난다는 사실이다. 경로는 단지 도시들을 정렬한 것이므로, 무작정 도시들을 정렬하려고 시도하다가는 끔찍한 $O(n!)$, 즉 '계승 시간 factorial time'이 걸린다. 올바른 순서대로 쌓일 때까지 카드 한 벌을 계속 공중으로 내던져서 정렬을 하는 것에 해당하는 계산이다.

문제는 이것이다. "더 나은 방법이 있다는 희망이 있는가?" 수십 년 동안 연구를 거듭했어도 순회 외판원 문제는 거의 진척이 없었다. 한 예로, 플러드는 처음 그 문제를 접한 지 20여 년 뒤인 1956년에 이렇게 썼다. "그 문제를 해결하려면 아직 사용된 적 없는 전혀 다른 접근법이 필요할 가능성이 매우 높아 보인다. 사실 그 문제를 다루는 일반적인 방법이 전혀 없을지도 모르고, 불가능성이란 결과 자체도 가치가 있을 수 있다."[8]

다시 10년이 흐르자, 분위기는 더욱 암울해졌을 뿐이다. 잭 에드먼즈 Jack Edmonds는 이렇게 썼다. "나는 순회 외판원 문제에 적합한 좋은 알고리즘이 아예 없다고 추측한다."[9]

이런 말들은 예언임이 드러나게 된다.

## 어려움을 정의하기

1960년대 중반에 미국 국립 표준기술원의 에드먼즈는 IBM의 앨런 코범 Alan Cobham과 함께 문제를 푸는 것이 가능한지, 불가능한지를 판단하는 작업적 정의를 개발했다.[10] 그들이 주장한 것은 현재 '코범-

에드먼즈 명제 Cobham–Edmonds thesis '라고 불린다.

어떤 알고리즘이 '다항 시간 polynomial time '―즉 $O(n^2)$, $O(n^3)$ 등 사실상 $n$의 모든 거듭제곱 형태의 시간―이라고 하는 것에 따라 작동한다면, '효율적'이라고 봐야 한다는 것이다. 그리고 효율적인 알고리즘을 써서 푸는 법을 안다면, 그 문제는 '쉬운 tractable ' 것이라고 본다. 반면에 다항 시간 안에 푸는 법을 알지 못하는 문제는 '어려운 intractable ' 것이라고 본다. 그리고 최소한의 규모에서도, 어려운 문제는 컴퓨터의 성능이 얼마나 좋든 간에 그 능력의 범위를 넘어선다.*

이것은 컴퓨터과학의 핵심 깨달음이라고 주장할 수 있는 것에 해당한다. 어떤 문제의 난이도를 정량화하는 것은 가능하다. 그리고 어떤 문제는 그냥, 어렵다.

순회 외판원 문제는 여기 중에 어디에 속할까? 매우 신기하게도, 우리는 아직 그다지 확신이 없다. 1972년, 버클리의 리처드 카프 Richard Karp 는 순회 외판원 문제가 효율적으로 풀 수 있는지 아닌지가 논란이 분분한, 아직 명확히 입증되지 않은 문제들의 경계선에 놓여 있음을 보여주었다.[12] 하지만 아직까지 그런 문제들 중 어느 것에서든 효율적인 해결책은 전혀 발견된 적이 없으며―따라서 그것들은

---

* $O(n^2)$이 정렬이라는 맥락에서는 너무 지긋지긋해 보였다는 점을 생각하면, 여기서 그것을 '효율적'이라고 부른다는 점이 좀 이상해 보일 수도 있다. 하지만 $O(2^n)$처럼 아주 작은 밑수의 거듭제곱 시간도 $n^{10}$ 같은 큰 밑수의 다항식에 비해 급격히 커진다. 지수는 문제가 어떤 크기가 되면 언제나 다항식을 넘어설 것이다. 이 사례에서는 수십 개가 넘는 항목을 정렬하고 있다면, $n^{10}$은 $2^n$에 비해 공원을 어슬렁거리는 것처럼 보이기 시작한다. 코범과 에드먼즈의 연구 이후에도, '다항식'($n$의 거듭제곱)과 '기하급수'(어떤 수의 $n$ 거듭제곱) 사이의 이 격차는 사실상 한계를 벗어났다는 표지 역할을 해왔다.[11]

사실상 어려운 문제에 속하게 된다—대다수 컴퓨터과학자들은 앞으로도 마찬가지일 거라고 믿는다.[13] 따라서 1950년대에 플러드가 상상한 순회 외판원 문제의 '불가능성 결과'는 그 문제의 궁극적 운명일 가능성이 높다. 더군다나 다른 많은 최적화 문제들—정치 전략에서 공중 보건, 소방 안전에 이르기까지 모든 것과 관련이 있는—도 비슷하게 어려운 것들이다.[14]

하지만 그런 문제들을 붙들고 씨름하는 컴퓨터과학자들이 볼 때는 그 판결로 이야기가 끝나는 것이 아니다. 대신에 그것은 "공략할 준비를 하라"는 외침에 더 가깝다.

어떤 문제가 해결이 어렵다고 결정된다고 해서, 그냥 포기할 수는 없다. 일정 계획 전문가 얀 카렐 렌스트라 Jan Karel Lenstra는 우리에게 이렇게 말했다. "문제가 어렵다고 해서 그냥 잊을 수 있다는 뜻은 아닙니다. 단지 다른 지위에 놓인다는 의미지요. 강한 적이긴 하지만, 그래도 우리는 싸워야 합니다."[15]

그리고 바로 이 부분에서 그 분야는 이루 헤아릴 수 없는 가치를 지니고 있다. 그리고 우리 모두가 배울 수 있는 무언가가 있다. 최적 해답에 도달할 수 없는 문제들에 접근하는 최선의 방법이 무엇인가 하는 것이다. 바로, 느긋해지는 것이다.

완벽함은 선(善)의 적이다.
– 볼테르[16]

누군가가 당신에게 "느긋해져라" 말한다면, 아마 당신이 너무 긴장해 있기 때문일 것이다. 하던 일보다 더 큰 일을 해야 하기 때문일 것이다. 컴퓨터과학자들도 가공할 도전 과제에 직면하면, 완화시키는 쪽으로 마음을 돌린다. 《완화 방법 입문 An Introduction to Relaxation Methods》이나 《이산 완화 기법 Discrete Relaxation Techniques》 같은 책들을 훑으면서 말이다.[17] 하지만 그들이 완화시키는 것은 자기 자신이 아니다. 문제 자체다.

컴퓨터과학에서 완화의 가장 단순한 형태 중의 하나는 '**제약 조건 완화** Constraint Relaxation'라는 것이다. 이 기법은 문제의 제약 조건들 중에서 일부를 제거하여, 문제를 원하는 형태로 만든 뒤에 푸는 것이다. 그럼으로써 얼마간 진척을 이룬 뒤, 제약 조건들을 다시 추가하려 시도한다. 일단 문제를 일시적으로 다루기 쉽게 만든 다음, 다시 현실로 되돌리는 것이다.

가령, 외판원이 같은 도시를 두 번 이상 들르는 것을 허용하고 자유롭게 되돌아가는 것을 허용함으로써, 순회 외판원 문제를 완화할 수 있다. 이 더 느슨한 규칙들 하에서 가장 짧은 경로를 찾다 보면 '최소 비용 신장 트리 Minimum Spanning Tree, MST'라는 것이 나온다. (원한다

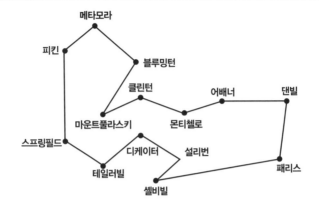

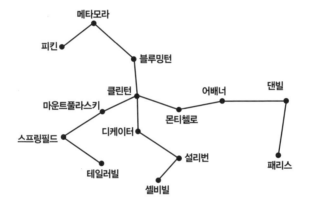

링컨의 1855년 순회 재판소 사례에서 가장 짧은 순회 외판원 경로(위)와 최소 비용 신장 트리(아래) 경로.

면 최소 비용 신장 트리를 적어도 모든 도시를 다른 한 도시와 연결하는 데 필요한 도로들의 최소 거리라고 생각할 수도 있다. 링컨의 순회 재판소 사례에서 가장 짧은 순회하는 외판원 경로와 최소 비용 신장 트리가 그림에 나와 있다.)[18]

    컴퓨터는 본질적으로 이렇게 더 느슨하게 해놓은 문제는 순식간에 풀어낸다.[19] 그리고 최소 비용 신장 트리가 반드시 곧바로 실제 문제의 해결책으로 이어지는 것은 아니라 해도, 언제나 대단히 유용한 역할을 한다는 것도 사실이다. 우선 자유롭게 되돌아가는 것이 허용되는 신장 트리는 모든 규칙을 따라야 하는 진정한 해답보다 결코 더 길지 않을 것이다.[20] 따라서 이 완화시킨 문제(환상)를 현실의 하한선으로 삼을 수 있다. 특정한 도시 집합의 신장 트리 거리가 100킬로미터라고 나왔다면, 우리는 순회하는 외판원의 거리가 그보다 결코 더 짧지 않을 것이라고 장담할 수 있다. 그리고 순회하는 외판원의 거리가 110킬로미터라고 나온다면, 그 최상의 해법보다 기껏해야 10% 더 길다고 확신할 수 있다. 따라서 우리는 실제 답이 무엇인지 모르는 상태에서도 실제 답에 얼마나 가까운지를 파악할 수 있다.

게다가 순회 외판원 문제에서는 최소 비용 신장 트리가 사실상 실제 해답을 탐색하는 최선의 출발점 중 하나임이 드러난다. 이런 접근법은 상상할 수 있는 가장 큰 규모의 순회 외판원 문제 중 하나―지구의 모든 도시를 들르는 가장 짧은 경로를 찾기―에서도 (미지의) 최적 해답과 차이가 0.05% 이내에 속한 답을 얻을 수 있었다.[21]

비록 대다수는 제약 조건 완화의 공식적인 알고리즘을 접한 적이 없겠지만, 그 기본 메시지는 인생의 문제들에 관한 큰 그림을 그려 본 거의 모든 사람에게 친숙하다. 두렵지 않다면 어떻게 하겠는가? 상담가의 사무실이나 동기 부여 세미나에서 접했을 법한 주문처럼 들린다. 실패할 리가 없다면 어떻게 하겠는가?

마찬가지로 직업이나 진로 문제를 생각할 때, 우리는 "복권에 당첨된다면 무엇을 할까?" 같은 질문을 한다. 또는 다른 인생 경로를 택할 때, "모든 직업의 연봉이 똑같다면 어떻게 할까?"라고 묻는다. 그런 사고 훈련의 배후에 있는 개념은 제약 조건 완화의 배후에 있는 개념과 똑같다. 어려운 것을 쉽게 만드는 것, 이상화한 세계에서 진척을 이룬 뒤 현실세계에 다시 적용하는 것이다. 현재 직면한 문제를 풀 수 없다면, 그 문제의 더 쉬운 판본을 풀어라. 그런 뒤에 그 해답이 정식 문제의 출발점이나 이정표가 되는지를 알아보자. 아마도 충분히 그럴 것이다.

완화는 완벽한 해답으로 나아가는 확실한 지름길을 제공하지는 못한다. 하지만 컴퓨터과학은 시간과 해답의 질 사이에서 완화가 제공하는 트레이드오프도 정량화할 수 있다. 많은 사례들에서는 그 비율이 극적이며, 쉽게 와 닿는다. 한 예로, 하나의 답은 완벽한 해답의 적어도 절반만큼 좋을 확률이 1,000조 분의 1이다. 이 메시지는 단순하지만 심오하다. 충분히 가까운 해답을 받아들이겠다고 한다면, 우리 주변의 가장 어려운 문제들 중에서도 적절한 기법을 써서 길들일 수 있는 것들이 있다.

최소 비용 신장 트리와 "복권에 당첨된다면 무엇을 할까?"의 사례에서처럼 제약 조건을 일시적으로 제거하는 것은 가장 직설적인 형태의 알고리즘 완화다. 하지만 최적화 연구에서 되풀이하여 드러나는 다른 더 미묘한 형태의 완화가 두 가지 있다. 그것들은 그 분야의 가장 중요한 어려운 문제들 중 일부를 푸는 데 유용하다는 점이 입증되어왔다. 도시 계획과 질병 통제에서 경기 능력 향상에 이르기까지 현실세계의 온갖 일들과 직접적인 관련이 있는 문제들이다.

메건 벨로즈의 최적 자리 배치 탐색처럼, 순회 외판원 문제도 '이산 최적화 discrete optimization'라는 특정한 유형의 최적화 문제에 속한다. 즉 해답들 사이에 매끄러운 연속성을 보이지 않는 문제들이다. 외판원은 이 도시나 저 도시로 간다. 당신은 5번 탁자나 6번 탁자로 간다. 둘 사이에 회색의 그림자 같은 것은 전혀 없다.

이런 이산 최적화 문제는 우리 주변에 널려 있다. 한 예로, 도시계획자들은 모든 집에 일정한 시간, 이를테면 5분 이내에 도달할 수 있도록 소방차를 배치하려고 애쓴다. 수학적으로 볼 때, 각 소방차는 현재 위치한 곳에서 5분 이내에 도달할 수 있는 모든 집을 '포괄한다.' 해결할 과제는 지점 수를 최소한으로 하면서 모든 집을 포괄할 수 있는 방안을 찾아내는 것이다.[22] 위스콘신매디슨대학교의 로라 앨버트 매클레이는 말한다. "전체 소방관과 구급대원 직군이 최근에 이 포괄 모델을 채택했어요. 대단한 일이죠. 명확하면서 탁월하게 우리가 모형화할 수 있는 분야입니다." 하지만 소방차는 어느 한 지점에 있든지 없든지 둘 중 하나이므로, 최소 지점 집합을 계산할 때 이산 최적화가 쓰인다. 그리고 매클레이는 이렇게 말한다. "절반은 이쪽, 절반은 저쪽으로 확실히 나눌 수 없을 때, 대부분의 문제들은 바로 이 부분에서 계산이 어려워집니다."[23]

이산 최적화라는 문제는 사회적 상황에서도 나타난다. 친구들과 지인들을 다 불러서 파티를 열고 싶은데, 일일이 다 초대장을 보내려니 우편봉투와 우표 값이 좀 아깝다는 생각이 든다고 하자. 그럴 때는 인맥이 넓은 몇몇 친구에게만 "우리가 아는 사람들 다 데려와"라고 적어서 초대장을 보내는 방법을 쓸 수도 있다. 이때 이상적으로 당신이 찾고자 하는 것은, 당신의 사교 범위에 속한 나머지 모든 사람들을 아는 친구들의 최소 부분집합이다. 그러면 봉투를 가장 적게 풀칠하면서도 모두가 참석하도록 할 수 있을 것이다.[24] 우표 값 몇 푼을 아끼겠다고 너무 많은 노력을 하는 양 들릴지 모르겠지만, 그것은 정치가의 선거 사무장과 기업의 마케팅 담당자가 자신의 메시지를 가장 효과적으로 퍼뜨리기 위해 해결하고 싶어 하는 바로 그 문제이기도 하다. 그리고 역학자들이 사회를 전염병으로부터 보호하기 위해 인구 중 최소 몇 명, 그리고 누구에게 백신을 접종해야 할지를 생각할 때 직면하는 바로 그 문제이기도 하다.

앞서 말했듯이, 이산 최적화가 자연수만을 다룬다는 점—소방서의 차고에는 소방차가 1대, 2대, 3대가 있을 수 있지만, 2.5대나 $\pi$대만큼 있을 수는 없다—이 바로 이산 최적화 문제를 풀기 어렵게 만드는 요인이다.

사실 소방차 문제와 파티 초대장 문제는 둘 다 어렵다. 효율적인 일반 해법은 전혀 존재하지 않는다. 하지만 이런 문제들의 연속적인 판본, 즉 분수나 소수도 해답으로 가능한 문제들을 풀 효율적인 전략은 많이 있다.[25] 이산 최적화 문제에 직면한 연구자들은 부럽다는 듯이 그런 전략들을 바라볼지도 모른다. 하지만 그들은 그 이상을 할 수도 있다. 이산 문제를 연속 문제로 완화시킨 다음 어떤 일이 일어나는지 알아보려 시도할 수도 있다.

초대장 문제에서는 이산 최적화를 연속 최적화로 완화하는 것이 누군가에게는 초대장의 4분의 1만을 보내라고 말하는 것일 수도 있고, 누군가에게는 3분의 2를 보내라고 말하는 것일 수도 있다는 의미다. 더 나아가 그것이 의미하는 바는 무엇일까? 그것이 원래의 질문에 대한 답일 수 없다는 것은 명백하지만, 최소 비용 신장 트리처럼 그것도 우리에게 출발점을 제공한다. 완화된 해답을 지니고 있기에, 우리는 그런 분수를 어떻게 현실로 되돌려 놓을지를 판단할 수 있다. 예를 들어, 우리는 완화된 시나리오에서 필요한 만큼 단순히 반올림하여, 모든 사람에게 '반쪽짜리 초대장'이나 그 이상의 조각을 보내는 쪽을 택할 수도 있다. 또한 이런 분수를 확률로 해석할 수도 있다. 예를 들어, 완화된 해답이 소방차를 반쪽씩 배치하라고 말하는 모든 지점에서 동전을 던져서, 앞면이 나온 곳에만 소방차를 1대 배치할 수도 있다. 어느 쪽이든 간에, 이런 분수들을 자연수로 되돌리면, 우리는 원래의 이산 문제라는 맥락에서 이해가 가는 해답을 얻게 될 것이다.

여느 완화에서처럼 마지막 단계는, 원래 문제의 가능한 모든 답을 하나하나 검토함으로써 도출될 실제 최적의 해답과 비교하여 이 해답이 얼마나 좋은지를 묻는 것이다. 초청장 문제에서는 반올림을 통한 연속 완화로 나쁜 쪽 절반이 아닌 해답을 쉽게 계산할 수 있다. 일일이 다 훑어서 얻을 수 있는 최상의 해답보다 초대장을 2배 더 보내면 원하는 모든 이를 파티에 오게 할 수 있다고 수학적으로 보증한다.[26] 마찬가지로 소방차 문제에서, 확률을 지닌 연속 완화는 최적 해답의 편안한 한계 범위 내에 금방 들어갈 수 있게 해준다.[27]

연속 완화는 마법의 총알이 아니다.[28] 진정한 최적 해답으로 나아가는 효율적인 방법을 주지 못하고, 근삿값만 준다. 하지만 우편물이나 접종을 최적값보다 2배 더 보내거나 한다고 해도 최적화하지 않은 대안들보다는 훨씬 더 낫다.

## 그냥 과속 딱지야: 라그랑주 완화

비지니: 말도 안 돼!
이니고 몬토야: 계속 그 말이네. 정말 그런 의미로 생각하지는 않는 것 같은데.
– 〈프린세스 브라이드〉[29]

어릴 때 브라이언은 해야 할 일이 너무 많다고 엄마에게 투덜거렸다. 숙제도 해야 하고, 잔심부름도 해야 하고. 그러자 엄마가 대답했다. "굳이 따지자면, 넌 아무것도 할 필요가 없어. 선생님이 하라는 것은 할 필요가 없어. 내가 하라는 것도 할 필요가 없고, 법도 굳이 지킬 필요가 없어. 그런데 모든 일에는 결과가 따르기 마련이야. 그런 결과들과 맞닥뜨리고 싶은지를 스스로 판단해봐."

어린 브라이언은 깜짝 놀랐다. 그것은 주체 의식, 책임, 도덕적 판단을 일깨우는 강력한 메시지였다. 그것은 또 다른 무엇, '**라그랑주 완화** Lagrangian Relaxation'라는 강력한 계산 기법이기도 했다.[30] 라그랑주 완화의 배후에 있는 개념은 단순하다. 최적화 문제는 두 부분으로 이루어진다. 규칙과 점수 측정이다. 라그랑주 완화에서는 문제의 제약 조건 중 일부를 취해서 그것을 점수 체계로 바꾼다. 즉 불가능한 것을 취해서 고비용으로 강등시킨다. (결혼식장 좌석 최적화 사례에서는 탁자에 최대 10명이 앉는다는 제약 조건을 완화하여, 탁자의 인원이 초과할 수 있도록 하면서 활동 공간이 좁아지는 것에 대한 일종의 벌점을 줄 수도 있다.) 최적화 문제의 제약 조건들이 "하라면 해, 안 하면 안 좋을 걸!"이라고 말할 때, 라그랑주 완화는 "안 하면 어쩔 건데?"라고 대꾸한다. 일단 고정관념을 깰 수 있다면—단지 조금이라도, 큰 비용을 들여서라도—어려운 것이었던 문제는 쉬운 것이 된다.

라그랑주 완화는 컴퓨터과학에서 순회 외판원 문제를 비롯한 어려운 문제들에 관한 이론 문헌 중 상당한 비중을 차지한다. 다양한 실제 응용을 위한 핵심 도구이기도 하다. 예를 들어, 3장에서 언급한 카네기멜론대학교의 마이클 트릭이 메이저리그 야구와 수많은 NCAA 경기의 일정 계획을 맡고 있다는 점을 떠올리자. 앞서 우리는 그가 어떤 식으로 그 일을 하는지는 말하지 않았다. 한 해의 일정 짜기는 그 어떤 컴퓨터도 무지막지하게 다 대입해서는 풀지 못할, 너무나 복잡하고 거대한 이산 최적화 문제다. 따라서 해마다 '스포츠 일정 계획단Sports Scheduling Group'의 트릭과 동료들은 라그랑주 완화를 써서 그 일을 해낸다. 텔레비전을 켜거나 경기장에 갈 때마다, 당신은 그날 그 경기장에서 그 팀끼리 맞붙는 것이 반드시 최적 대결이 아닐 수도 있다고 생각하라. 하지만 최적 경기에 가깝다. 그리고 바로 그 점에서 우리는 마이클 트릭만이 아니라 18세기 프랑스 수학자 조제프 루이 라그랑주Joseph-Louis Lagrange에게도 감사해야 한다.

한 스포츠 시즌의 일정을 짤 때, 트릭은 앞서 설명한 연속 완화가 반드시 그의 삶을 더 쉽게 해주는 것은 아님을 안다. "경기의 수가 분수로 나온다면, 유용한 결과를 얻는 것이 아니죠."[31] 파티 초대장이나 소방차의 할당분이 분수로 끝나는 것은 다른 문제다. 그럴 때에는 필요하다면 언제나 반올림을 할 수 있다. 하지만 스포츠에서는 자연수라는 제약 조건—한 경기에 몇 팀이 뛸지, 총 몇 경기를 뛸지, 각 팀이 다른 팀들과 몇 번이나 경기할지—이 아주 강하다. "따라서 우리는 그쪽으로는 완화를 할 수 없어요. 모델의 근본적인(이산적인) 특성은 사실 건드릴 수가 없어요." 그렇긴 해도, 문제의 진정한 복잡성을 파악하려면 해결되어야 할 것이 있다. "그래서 우리는 리그들이 지니고 있을 법한 제약 조건들 중에서 일부를 완화하기 위해 리그들과 일해야 하지요." 트릭은 그렇게 설명한다.

한 스포츠 시즌의 일정 계획에 관여하는 그러한 제약 조건의 수는 엄청나게 많으며, 거기에는 그 리그의 기본 구조에서 나오는 요구 조건들뿐 아니라, 온갖 색다른 요구 사항들과 변덕들도 포함된다. 어떤 리그는 시즌의 후반부가 그냥 전반부의 거울상이다. 홈경기와 어웨이 경기를 뒤집은 형태다. 그런 구조를 원치 않으면서도 각 팀끼리 한 번씩 다 경기를 치를 때까지는 어느 한 팀과 두 번 경기를 치르지 않기를 원하는 리그도 있다. 어떤 리그는 가장 유명한 맞수끼리 시즌의 마지막 경기에서 맞붙어야 한다고 고집한다. 어떤 팀들은 경기장에서 충돌이 벌어질 것이 뻔하기 때문에 특정한 날짜에는 홈경기를 뛸 수가 없다. 트릭은 NCAA 농구에서는 경기를 방송하는 텔레비전 방송사들이 요구하는 제약 조건들도 고려해야 한다. 텔레비전 채널은 어떤 경기가 'A경기'와 'B경기'가 될지, 즉 가장 많은 시청자를 끌어모을지를 1년 전에 미리 예측해서 정한다. (예를 들어, 듀크 대 UNC는 언제나 A경기다.) 그런 다음 매주 A경기와 B경기를 하나씩 내보낸다. 두 A경기를 동시에 방송하지는 않는다. 시청자들이 갈리지 않도록 말이다.

놀랄 일도 아니지만, 이 모든 요구 조건들을 고려할 때, 트릭은 스포츠 일정을 짜는 것이 이 모든 경직된 제약 조건들 중 일부를 부드럽게 함으로써만이 가능해진다는 것을 깨달아왔다.

일반적으로 스포츠 일정표를 들고서 처음 우리를 찾아오는 사람들은 이렇게 주장할 겁니다. "우리는 $x$는 결코 안 할 거고 $y$도 절대 안 할 겁니다." 그러면 우리는 그들의 일정표를 살펴보고서 말하지요. "작년에 $x$를 2번, $y$를 3번 했네요." 그러면 이런 말이 나옵니다. "아, 음, 그러네요. 그러면 그 이상은 결코 하지 않을 겁니다." 그러면 우리는 재작년 일정표를 살펴봅니다. 그러면 대개 그들이 결코 하지 않는다고 생각하는 것들을 했음이 드러나요. 야구계 사람들은 양키스와 메츠가 동시에 홈경기를 하는 일은 결코 없다고 믿어요. 하지만 그렇지 않아요. 그들은 아마 한 해에 3번, 아니 6번은 같은 날에 홈경기를 해요. 사실 시즌 전체로 보면 각 팀은 홈경기를 81번 하는데, 그에 비하면 드물게 일어나는 일이니까 사람들이 잊어버리는 거죠.

때로는 외교적 수완도 좀 발휘되지만, 라그랑주 완화—일부 불가능성을 벌점으로 강등시키고, 상상할 수 없는 것을 탐탁지 않은 것으로 낮추는—를 통해 진척이 가능해진다. 트릭의 말마따나, 도달하기 어려운 완벽한 답을 찾느라 하염없이 세월을 보내기보다는 라그랑주 완화를 씀으로써 그는 이런 질문을 할 수 있게 된다. "얼마나 가까이 갈 수 있을까?" 모두(리그, 학교, 네트워크)를 행복하게 할 만큼, 그리고 해마다 3월의 광기에 불을 지필만큼 충분히 가까이.

## 완화하는 법 배우기

계산 문제가 우리에게 제시되는 다양한 방식 중에서 최적화 문제(일부는 목표이고, 일부는 규칙인)는 가장 흔하다고 할 수 있다. 그리고 그 문제들 중에서는 대안들이 이쪽 아니면 저쪽으로 확연히 갈리고 중간이 전혀 없는 이산 최적화 문제가 가장 전형적이다.

여기서 컴퓨터과학은 심란한 평결을 내린다. 많은 이산 최적화 문제가 정말로 어렵다는 것이다. 그 분야의 가장 뛰어난 이들은 완벽한 답으로 나아가는 쉬운 경로를 찾으려고 갖은 노력을 다했지만 빈손으로 내려놓아야 했고, 사실 그런 경로를 탐색하는 것보다 그런 경로가 존재하지 않음을 입증하는 데 점점 더 몰두하게 되었다.

적어도 이 점은 우리에게 좀 위안이 될 수 있을 것이다. 우리가 곤란하고 까다롭고 꽉 막힌 듯한 문제와 마주친다고 할 때, 생각보다 괜찮을 수 있다. 그리고 컴퓨터가 있다고 해서 반드시 도움이 되는 것도 아니다. 적어도 완화하는 법을 배울 수 있기 전까지는 아니다.

문제를 완화하는 방법은 많으며, 우리는 가장 중요한 세 가지를 살펴보았다.

첫 번째인 제약 조건 완화는 단순히 일부 제약 조건을 완전히 제거하여 문제를 더 느슨한 형태로 만들어서 풀이를 진척시킨 다음, 현실로 되돌리는 것이다.

두 번째인 연속 완화는 이산적 또는 이진법적 선택을 연속체로 바꾼다. 아이스티와 레모네이드 중에서 고를 때, 먼저 둘을 50대 50으로 섞은 '아널드 파머'를 만든 뒤, 위나 아래로 반올림을 한다고 상상하는 것이다.

세 번째인 라그랑주 완화는 불가능성을 단순한 벌점으로 전환한다. 규칙을 비트는 (또는 규칙을 깨서 그 결과를 받아들이는) 기술을 가르치면서.

한정된 공연 시간에 어떤 노래들을 끼워 넣어야 할지 결정하는 록 밴드는 컴퓨터과학자들이 '배낭 문제knapsack problem'라고 부르는 것에 직면한다. 한정된 공간에 부피와 중요도가 다른 항목들을 넣을 때 어느 것을 고를지 결정하라고 묻는 퍼즐이다. 엄밀하게 정식화한 형태의 배낭 문제는 어렵기로 유명하지만, 그렇다고 완화된 록스타를 낙심시킬 필요는 없다. 몇몇 유명한 사례들이 잘 보여주었듯이, 때로는 공연을 시간에 딱 맞게 한정하는 것보다 그 도시의 시간제한 규정을 좀 넘기고 벌금을 물더라도 공연을 계속하는 편이 더 낫다. 사실 실제로 위반 행위를 하지 않더라도, 단지 상상하는 것만으로도 많은 것을 설명해줄 수 있다.

영국의 보수적인 칼럼니스트 크리스토퍼 부커Christopher Booker는 말한다. "희망 섞인 생각에 무의식적으로 이끌려서 어떤 행동을 할 때, 잠시 동안은 모든 일이 잘 되고 있는 것처럼 비칠 수 있어요." 하지만 그것은 "이 상상을 결코 현실에 끼워 맞출 수가 없기" 때문이며, 결국은 불가피하게 그가 다단계 붕괴라고 부르는 것으로 이어진다.[32] '꿈, 좌절, 악몽, 폭발'로 이어지는 단계다. 그러나 컴퓨터과학은 그보다 대단히 더 낙관적인 견해를 보인다. 최적화 기법에서처럼, 여기서도 완화는 의식적으로 희망 섞인 생각을 따르는 것을 의미한다. 아마 어느 정도는 바로 그 점에서 차이가 생기는 것인지도 모른다.

완화는 우리에게 많은 이점을 제공한다.

첫째, 진정한 해답의 질에 대한 한계를 제시한다는 것이다. 일정을 짜려고 할 때, 도시들 사이를 마법처럼 순간 이동할 수 있다고 상상한다면 1시간짜리 회의를 하루 일과에 최대 8개까지 끼워 넣을 수 있다는 것이 즉시 명확해질 것이다. 그런 한계는 온전한 문제와 직면하기 전에 기댓값을 설정하는 데 유용할 수 있다.

둘째, 완화는 현실과 실제로 타협할 수 있도록 설계되며, 따라서 다른 방향으로부터의 해답에 대한 한계도 제공한다. 연속 완화가 백신 접종 횟수를 분수로 제시할 때, 우리는 백신을 절반 이상 맞도록 할당된 모든 사람들에게 그냥 접종을 할 수도 있다. 그러면 완벽한 세계에서 필요한 접종 횟수보다 최대 2배까지 더 많이 접종할 것을 요구하는 해답을 쉽게 계산할 수 있다.

어쩌면 우리는 그런 계산 결과를 갖고 살아갈 수 있을 것이다. 매번 장애물과 마주칠 때마다 완벽함을 추구하느라 하염없이 세월을 보낼 생각이 아니라면, 어려운 문제는 계속 붙들고 씨름하기보다 더 쉬운 형태를 상상하여 그것을 먼저 공략하자. 제대로 적용될 때, 이 것은 단지 희망 섞인 생각이나 환상이나 게으른 공상이 아니다. 발 전을 이루는 최선의 방법 중 하나다.

제9장

우연에 맡겨야 할 때

# 무작위성

ALGORITHMS

이 분야에서 다년간 일한 뒤인 지금도 무작위성이 그토록 많은 알고리즘 문제에
효과가 있다는 사실이 너무나 수수께끼 같다고 인정하지 않을 수 없다. 그것은
효율적으로, 작동한다. 하지만 왜, 어떻게 그러한지는 완전히 수수께끼다.
– 마이클 래빈[1]

무작위성은 이성의 정반대처럼 보인다. 문제 풀기를 포기하는 것은
최후의 수단처럼 보인다. 하지만 결코 그렇지 않다. 컴퓨터과학에서
무작위성이 놀라우면서도 점점 더 중요한 역할을 하고 있다는 사실
은 우연의 활용이 가장 어려운 문제들에 접근하는 신중하면서도 효
과적인 방법 중의 하나일 수 있음을 시사한다. 사실 쓸 수 있는 방법
이 그것밖에 없을 때도 있다.

　매번 정확히 똑같은 방식으로 각 단계를 따라가는 식의, 컴퓨터가
쓸 것이라고 으레 상상하는 표준 '결정론적' 알고리즘과 정반대로,
무작위 알고리즘은 무작위로 생성된 난수를 써서 문제를 푼다.[2] 컴

퓨터과학에서는 최근 들어 무작위 알고리즘이 알려진 모든 결정론적 알고리즘보다 더 빨리 어려운 문제의 좋은 근사적 해답을 내놓을 수 있는 사례가 있다는 연구 결과들이 나오고 있다. 그리고 반드시 최적 해답을 보증하는 것은 아니지만, 결정론적 알고리즘이 땀을 뻘뻘 흘리면서 하는 일을, 무작위 알고리즘은 전략적으로 동전 몇 개를 던지는 식으로 해서 훨씬 더 짧은 기간에 놀라울 정도로 해답에 가까이 다가갈 수 있다.

특정한 문제들에서 무작위 접근법이 최고의 결정론적 알고리즘도 넘어설 수 있다는 사실에는 한 가지 심오한 메시지가 담겨 있다. 때로는 철저히 추론하여 답을 얻으려 애쓰기보다 그저 우연에 맡기는 것이 어떤 문제에 대한 최고의 해답일 수 있다는 것이다.

하지만 무작위성이 도움이 될 수 있다는 점을 단순히 아는 것만으로는 부족하다. 언제 어떤 식으로 어느 정도까지 우연에 의지할지를 알아야 한다. 컴퓨터과학의 최근 역사를 보면 몇 가지 답이 나와 있다. 비록 2세기 전에 시작된 이야기이긴 하지만 말이다.

## 표본 추출

1777년에 조르주 루이 르클레르George-Louis Leclerc, 콩트 드 뷔퐁Comte de Buffon은 흥미로운 확률 분석 결과를 발표했다.[3] 그는 이렇게 물었다. "줄이 쳐진 종이에 바늘을 떨어뜨리면, 바늘이 줄에 걸칠 가능성이 얼마나 될까?" 뷔퐁은 바늘의 길이가 줄 사이의 간격보다 더 짧다면, 바늘의 길이를 줄 간격으로 나눈 값에 $\frac{2}{\pi}$를 곱한 것이 답이라고 했다. 뷔퐁은 이 공식을 유도한 것으로 충분하다고 느꼈다. 하지만 6장의 주인공 중에서 1명인 피에르 시몽 라플라스는 1812년에 이 결과가 또 다른 의미를 함축하고 있다고 지적했다. 단순히 바늘을 종이에 떨어뜨리는 것만으로도 $\pi$의 값을 추정할 수 있다는 것이다.[4]

라플라스는 심오한 일반적인 진리를 적시한 것이었다. 복잡한 양에 관한 무언가를 알고 싶을 때, 그 양에서 표본을 추출함으로써 그 값을 추정할 수 있다는 말이다. 이는 그가 베이즈 규칙을 연구하여 내놓은 형태의 계산이기도 하다. 우리가 일을 수행하는 데 도움을 준 계산법 말이다. 사실 몇몇 사람들은 라플라스의 제안에 따라 그 실험을 수행함으로써 이 수동적인 방식으로 $\pi$의 값을 추정할 수 있다는 것을 확인했다. 비록 그다지 효율적이지는 않았지만 말이다.*

줄친 종이에 바늘을 수천 번 던지는 것이 (일부에게는) 흥미로운 여가 활동이겠지만, 컴퓨터가 발달하면서 표본 추출은 실용적인 방법

---

\* 흥미롭게도 이 실험 중 일부는 우연을 통해 얻었다고 예상되는 것보다 훨씬 더 나은 $\pi$ 추정값을 내놓은 듯하다. 이는 그 값이 좋은 멈춤 지점에서 일부러 계산을 끊었거나 아예 위조한 것일 수 있음을 시사한다. 한 예로, 1901년 이탈리아 수학자 마리오 라차리니(Mario Lazzarini)는 바늘을 3,408번 던져서 $\pi \approx \frac{355}{113}=3.1415929$라는 추정값을 얻었다고 했다(소수점 7자리까지의 실제 $\pi$값은 3.1415927이다).[5] 하지만 바늘이 줄에 걸친 횟수가 단 1개의 바늘을 던져서 나온 것이라고 한다면, 그 추정값은 훨씬 덜 정확했을 것(3.1398나 3.1433)이고, 따라서 라차리니의 발표 결과는 의심스러워 보인다.[6] 라플라스는 이 결과가 타당한 실험을 통해 나올 가능성이 적다는 것을 우리가 베이즈 규칙을 써서 확인할 수 있다는 점을 알아차렸을지도 모르겠다.

이 되었다. 그 전까지 수학자들과 물리학자들은 무작위성을 이용하여 문제를 풀고자 할 때면, 손으로 꼼꼼히 계산을 해야 했다. 그래서 정확한 결과를 얻을 수 있을 만큼 충분한 표본을 생성하기가 어려웠다. 컴퓨터(특히 제2차 세계대전 때 로스앨러모스에서 개발된 컴퓨터) 덕분에 모든 것이 달라졌다.

스타니슬라프 스탠 울람Stanislaw Stan Ulam은 원자폭탄의 개발에 기여한 수학자였다. 폴란드에서 자란 그는 1939년에 미국으로 건너갔고, 1943년의 맨해튼 계획에 참가했다. 그 뒤에 잠시 교편을 잡았다가 1946년 로스앨러모스로 돌아가서 열핵 폭탄의 설계에 참여했다. 하지만 그는 병든 상태였다. 그는 뇌염에 걸려서 뇌 응급수술을 받은 바 있었다.[7]

수술을 받은 뒤에 그는 뇌수술로 수학적 능력을 상실하지나 않았을까 걱정하기 시작했다. 회복기에 카드놀이를 많이 했다. 특히 솔리테어(클론다이크라고도 한다)를 주로 했다. 솔리테어를 해본 사람은 알겠지만, 카드를 어떻게 섞느냐에 따라서 아예 이길 수 없는 게임이 나오기도 한다. 따라서 카드를 만지작거리던 울람에게 한 가지 의문이 떠오르는 것은 당연했다. 카드를 섞어서 이길 수 있는 게임이 나올 확률이 얼마나 될까?

솔리테어 같은 게임에서는 가능성의 공간을 하나하나 조사하면서 추론하려다가는 거의 즉시 질리고 만다. 첫 번째 카드를 뒤집으면, 살펴볼 가능한 게임의 수가 52가지가 나온다. 두 번째 카드를 뒤집으면, 각 첫 번째 카드에 대해 51가지 가능성이 있다. 이 말은 게임을 시작하기도 전에 이미 가능한 게임이 수천 가지가 있는 상황과 맞닥뜨린다는 의미다. F. 스콧 피츠제럴드 $^{F. Scott Fitzgerald}$는 이렇게 쓴 바 있다. "상반되는 두 개념을 동시에 머릿속에 담고 있으면서도 멀쩡히 지낼 수 있느냐가 바로 최고의 지성인인지의 여부를 검사하는 방법이다."[8] 이 말은 옳을 수도 있지만, 인간이든 아니든 간에 제아무리 최고의 지성인이라고 해도, $80^{66}$가지의 카드 섞기 방법을 머릿속에 담고서 멀쩡히 지낼 수 있을 것 같지는 않다.

울람은 이런 유형의 복잡한 조합 계산을 몇 번 시도하다가 포기한 뒤, 전혀 다른 접근법을 취했다. 놀랍고도 단순한 멋진 방법이었다. 그냥 게임을 하는 것이다.

나는 그냥 카드를 죽 펼치는 것, 즉 그 과정을 실험하면서 이길 수 있는 게임이 어떤 비율로 나오는지를 그냥 지켜보는 것이 훨씬 더 실용적일 수 있음을 알아차렸다. 가능성의 수가 기하급수적으로 증가하기에 아주 기본적인 사례 외에는 가능성을 추정할 방법이 전혀 없는 가능한 조합을 모두 다 계산하려고 시도하는 것보다는 말이다. 이것은 지적인 놀라움을 안겨주며, 딱히 굴욕감이라고 할 수는 없지만, 합리적이거나 전통적인 사고방식에 한계가 있다는 겸손함을 불러일으킨다. 충분히 복잡한 문제에서는 모든 가능성의 사슬들을 다 조사하기보다 실제로 표본을 추출하는 편이 더 낫다.[9]

여기서 '더 낫다'가 반드시 표본 추출이 철저한 분석보다 더 정확한 답을 내놓을 거라는 의미로 한 말이 아님을 유념하자. 표본 추출 과정에는 언제나 얼마간의 오차가 따르기 마련이다. 비록 표본 추출이 정말로 무작위적으로 이루어질 수 있도록 조치하고, 표본의 수를 점점 더 늘릴수록 그 오차를 줄일 수 있다고 해도 말이다. 그가 뜻한 바는 다른 어떤 방법으로도 답을 얻지 못할 사례들에서, 표본 추출 방법은 어쨌든 답을 내놓기 때문에 더 낫다는 것이다.

"분석이 실패하는 곳에서 표본 추출은 성공할 수 있다"는 울람의 깨달음은 로스앨러모스에서 제기된 어려운 핵물리학 문제들 중 몇 가지를 해결하는 데에도 중요한 역할을 했다. 핵반응은 일종의 분기 과정이다. 카드에서와 마찬가지로 진행될수록 가능성들이 급증한다. 한 입자가 둘로 쪼개지면, 두 입자는 각각 다른 입자와 충돌할 수 있고, 그리고 다시 입자가 쪼개지는 일이 되풀이된다. 아주 많은 입자들이 상호작용하는 이 과정에서 어떤 특정한 결과가 나올 확률을 정확하게 계산하기란 거의 불가능할 정도로 어렵다. 하지만 각 상호작용이 새로운 카드를 뒤집는 것과 같다고 모사한다면, 대안이 생긴다.

울람은 존 폰 노이만과 함께 그 착상을 발전시켰고, 맨해튼 계획에 참여한 바 있는 물리학자 니콜라스 메트로폴리스 Nicholas Metropolis 와 함께 로스앨러모스 컴퓨터에서 그 방법을 어떻게 적용할지 연구했다. 메트로폴리스는 이 접근법—철저한 확률 계산을 표본 시뮬레이션으로 대체하는—에 **'몬테카를로 방법** Monte Carlo Method '이라는 이름을 붙였다.[10] 우연의 변덕에 의존하는 장소인 모나코의 몬테카를로 카지노에서 이름을 따왔다. 로스앨러모스 연구진은 이 방법으로 핵물리학의 주요 문제들을 해결할 수 있었다. 오늘날 몬테카를로 방법은 과학적 컴퓨터 계산의 주춧돌 중 하나가 되어 있다.

아원자 입자들의 상호작용이나 솔리테어에서 이길 확률을 계산하는 등의 이런 문제들 중 상당수는 그 자체가 본질적으로 확률론적이므로, 몬테카를로 방법처럼 무작위적 접근법을 써서 그것들을 푸는 것은 나름대로 꽤 타당성이 있다. 하지만 아마 무작위성의 힘에 관한 가장 놀라운 깨달음은 그것이 '우연이 아무런 역할도 못하는 듯이 보이는 상황'에도 쓰일 수 있다는 것일지 모른다. 엄밀하게 예 또는 아니오, 참 또는 거짓을 원하는 질문—확률이 개입할 여지가 전혀 없는—의 답을 원할 때에도 주사위를 몇 번 굴리는 것이 해답의 일부가 될 수 있다.

## 무작위 알고리즘

컴퓨터과학에서 무작위성이 의외로 폭넓게 응용된다는 것을 최초로 보여준 사람은 미하엘 라빈 Michael Rabin 이다. 1931년 독일 브레슬라우(제2차 세계대전이 끝난 뒤 폴란드 브로츠와프가 되었다)에서 태어난 라빈은 유서 깊은 랍비 가문의 후손이었다.[11]

그의 가족은 1935년에 독일을 떠나 팔레스타인으로 갔다. 부친은 그가 대를 이어서 랍비가 되기를 바랐지만, 그는 그 길을 내쳤다. 수학의 매력에 사로잡혔기 때문이다. 그는 헤브루대학교 대학생 때 앨런 튜링의 연구를 알고서 푹 빠졌다. 이윽고 미국으로 가서 프린스턴대학교 박사 과정에 들어갔다. 라빈은 이론 컴퓨터과학을 '비결정론적' 사례들에까지 확장한 공로로 튜링상(컴퓨터과학계의 노벨상이라고 할 만하다)까지 받았다. 기계에 하나의 대안을 추구하라고 강요하는 대신에, 여러 경로를 따라갈 수 있게 허용하는 것이었다.[12] 라빈은 1975년에 안식년을 맞이하여 새로운 연구 방향을 찾기 위해서 MIT로 갔다.

그는 역사적으로 가장 오래된 문제 중 하나에서 그것을 찾아냈다. 바로, 소수를 찾는 방법에 관한 문제였다. 소수를 찾는 알고리즘은 적어도 고대 그리스까지 거슬러 올라간다. 당시 수학자들은 '에라스토테네스의 체 Sieve of Erastothenes'라는 간단한 방법을 썼다. 방법은 이렇다. 어떤 수 $n$보다 작은 소수를 모두 찾으려면, 먼저 1부터 $n$까지의 수를 죽 적는다. 그런 다음 2를 제외한 2의 배수인 수(4, 6, 8, 10, 12…)를 모두 찾아서 가위표를 한다. 가위표로 지우지 않은 그 다음으로 큰 수(여기서는 3)를 찾아서, 그 수 자체를 제외하고 그 수의 배수들(6, 9, 12, 15)에 모두 가위표를 한다. 이런 식으로 계속하면, 소수만 남게 된다.

수천 년 동안, 소수 연구는 G. H. 하디 G. H. Hardy의 말마따나 수학의 "가장 쓸모없는 것이 분명한 분야 중 하나"라고 여겨져왔다.[13] 하지만 20세기에 소수가 암호학과 온라인 보안에 핵심적인 역할을 하게 되면서, 소수 연구는 실용적인 측면에서 활기를 띠기 시작했다. 어떤 두 소수를 곱하는 일은 곱해서 나온 값을 소수로 인수 분해하는 것보다 훨씬 쉽다. 소수가 충분히 클 때(예를 들면, 천 자릿수) 곱셈은 눈 깜박할 사이에 할 수 있는 반면, 곱한 값을 인수 분해하려면 말 그대로 수백만 년이 걸릴 수 있다. 그래서 이것을 '일방향 함수

**one-way function**'라고 한다. 예를 들어, 현대 암호 분야에서는 송신자와 수신자만이 아는 비밀 소수들을 곱해서 아주 큰 합성수를 만든다.[14] 그 합성수는 두려워할 필요 없이 얼마든지 공개적으로 보낼 수 있다. 그 곱을 누군가 엿본다고 해도 인수 분해를 시도한다면 시간이 너무 오래 걸려서 할 가치가 없기 때문이다. 따라서 거의 모든 온라인 보안 통신—상거래든, 은행거래든, 전자우편이든 간에—은 소수를 찾아내는 것에서 시작한다.

이렇게 암호에 응용되기 시작하면서, 소수를 찾고 검사하는 알고리즘이 매우 중요해지게 되었다. 그리고 에라스토테네스의 체는 효과적이긴 하지만, 효율적이지는 않다. 어느 특정한 수가 소수인지를 알고 싶다고 할 때—'소수 **primality**' 판별법이라고 한다—체 전략을 따르려면 그 수의 제곱근에 이르기까지의 모든 소수로 그 수를 나누어야 한다.* 어떤 6자리의 수가 소수인지 검사하려면 1,000보다 작은 소수 168개 전부로 나누어봐야 한다. 그리 어렵지 않아 보인다. 하지만 12자리의 수를 검사하려면 100만보다 작은 소수 78,498개로 나누어봐야 하며, 수가 커질수록 나눗셈의 횟수가 걷잡을 수 없이 커진다. 현대 암호학에서는 수백 자리 길이의 소수를 쓴다. 그러니 체질을 하겠다는 생각은 잊어라.

MIT에서 라빈은 UC버클리대학교에서 컴퓨터학과를 막 나온 게

---

* 제곱근보다 큰 수는 검사할 필요가 없다. 어떤 수가 자신의 제곱근보다 더 큰 인수를 지닌다면, 정의상 그 제곱근보다 더 작은 인수도 지녀야 하기 때문이다. 따라서 이미 인수를 찾아냈을 것이다. 한 예로, 100의 인수를 찾고 있다면, 10보다 큰 모든 인수는 10보다 작은 인수와 짝을 지을 것이다. (100은 10X10, 즉 제곱근은 10이다. 따라서 제곱근인 10보다 큰 인수는 10보다 작은 인수와 짝을 지을 수밖에 없다-역주)20은 5와 짝을 짓고, 25는 4와 짝을 짓는 식이다.

리 밀러<sup>Gary Miller</sup>를 만났다. 밀러는 박사 논문에서 흥미로운 가능성을 제시한 바 있었다. 소수를 판별하는 훨씬 더 빠른 알고리즘이 있을 가능성이었다. 하지만 거기에는 한 가지 사소한 문제가 있었다. 늘 들어맞지는 않는다는 것이었다.

밀러는 $x$에 어떤 값을 집어넣든 상관없이 $n$이 소수라면 언제나 참인 방정식들의 집합을 찾아냈다($n$과 $x$라는 두 수로 표현되는 식들이었다). $x$의 어떤 단 하나의 값에 대해 거짓이라고 나온다면, $n$은 결코 소수일 리가 없다. 이 사례에서 $x$는 소수성에 반하는 '증거<sup>witness</sup>'라고 한다. 하지만 문제는 '거짓 양성<sup>false positive</sup>' 결과였다.[15] 즉 $n$이 소수가 아닐 때에도, 방정식은 때로 $n$이 소수라는 결과를 내놓곤 했다. 바로 이 때문에 밀러의 접근법은 한계가 있었다.

라빈은 컴퓨터과학의 통상적인 결정론적 세계 바깥으로 나가는 것이 가치가 있을 법한 장소가 바로 여기임을 알아차렸다. 어떤 수 $n$이 실제로 소수가 아니라고 할 때, $x$의 가능한 값들 중에서 거짓 양성 결과를 내놓아서 그 수가 소수라고 선언할 확률이 얼마나 될까? 라빈은 그 답이 4분의 1을 넘지 않는다는 것을 보여주었다. 따라서 $x$의 무작위 값에 대하여 밀러의 알고리즘이 참이라는 결과를 내놓을 때, $n$이 실제로 소수가 아닐 가능성은 4분의 1에 불과했다. 더욱 중요한 점은 매번 새로 무작위로 $x$를 골라서 밀러의 방정식에 대입하여 검사하면, $n$이 소수처럼 보이지만 사실은 소수가 아닐 확률이 거기에 다시 4분의 1을 곱한 값만큼 떨어진다는 것이다. 이 과정을 10회 반복하면, 거짓 양성이 나올 확률은 $4^{10}$분의 1이 된다. 100만 분의 1보다 낮다. 그래도 충분히 확실하지 않다고? 다시 5회 더 검사를 하면, 10억 분의 1로 낮아진다.

MIT의 또 다른 컴퓨터과학자 본 프랫<sup>Vaughan Pratt</sup>은 어느 겨울밤 라빈의 알고리즘을 실행했다. 느지막이 결과가 나오기 시작했다. 라빈은 집에서 친구들과 유대교 기념일인 하누카 모임을 갖고 있었다. 라빈은 한밤중에 걸려온 전화를 지금도 기억하고 있다.

> "미하엘, 본입니다. 실험 결과가 나오는 중이에요. 종이와 연필 좀 찾아서 적으세요." $2^{400}-593$이 소수라는 거였어요. 300보다 작은 모든 소수의 곱을 $k$라고 합시다. 그러면 $k\times338+821$과 $k\times338+823$는 쌍둥이 소수가 됩니다.* 당시까지 알려진 가장 큰 쌍둥이 소수였어요. 머리카락이 쭈뼛 섰죠. 믿을 수가 없었어요. 도저히요.[16]

현재 밀러-라빈 소수 판별법이라고 하는 이 방법은 거대한 소수도 임의로 정한 확실성 수준에서 금세 파악하는 방법을 제공한다.[17]

여기서 우리는 한 가지 철학적 질문을 제기할 수도 있다. '있다'라는 말이 어떤 의미인가 하는 것이다. 우리는 수학이 확실성의 세계라는 점에 너무나 익숙한 나머지, 어떤 수가 '아마도 소수'일 것이라거나 '거의 확실히 소수'일 것이라는 말이 좀 거슬리게 느껴진다. 얼마나 확실해야 충분히 확실한 것일까?

현실적으로 현대 암호 시스템, 즉 인터넷 연결과 디지털 상거래를 암호화하는 시스템은 거짓 양성률을 100만×10억×10억분의 1 이

---

* 쌍둥이 소수는 5와 7처럼 이어지는 홀수가 둘 다 소수인 것을 말한다.

하로 맞춘다.[18] 다시 말해, 소수점 아래 자릿수가 24자리를 넘는다. 지구에 있는 모든 모래알의 수 가운데 가짜 소수를 하나 숨겨둘 확률보다 낮다.[19] 밀러-라빈 검사를 40번만 하면 이 기준에 도달한다. 그것이 진짜 소수인지 결코 완전하게 확신하지 못한다는 것은 사실이다. 하지만 대단히 가깝게 그리고 대단히 빨리 그 수를 얻을 수 있다.

만약 밀러-라빈 소수 판별법을 한 번도 들어보지 못했을지라도, 당신의 노트북, 태블릿, 전화기는 그것을 잘 알고 있다. 발견된 지 수십 년이 지났지만 그것은 여전히 여러 분야에서 소수를 찾고 검사하는 표준 방법으로 쓰이고 있다. 당신이 온라인에서 신용카드를 쓸 때마다 거의 언제나, 유선이나 무선을 통해 보안 통신을 할 때마다 그것은 배후에서 작동하고 있다.

밀러와 라빈의 연구가 이루어진 지 수십 년 동안, 소수성을 결정론적인 방식으로 절대적으로 확실하게 검사할 수 있게 해줄 효율적인 알고리즘이 있는지 여부는 알려지지 않았다.[20] 2002년 인도 공대의 마닌드라 아그라왈$^{Manindra\ Agrawal}$, 네라이 카얄$^{Neeraj\ Kayal}$, 니틴 삭세나$^{Nitin\ Saxena}$가 그런 방법을 하나 발견하긴 했다.[21] 하지만 밀러-라빈의 것 같은 무작위 알고리즘이 훨씬 더 빠르며, 따라서 지금도 현실에서는 그것이 쓰인다.

그리고 몇몇 다른 문제들에서는 여전히 무작위성이 효율적인 해답으로 이어지는 유일한 경로다. 수학의 한 가지 신기한 사례는 '다항식 판별 검사$^{polynomial\ identity\ testing}$'라는 것이다. $2x^3+13x^2+22x+8$과 $(2x+1)\times(x+2)\times(x+4)$ 같은 두 다항식이 있을 때, 이 식들이 사실상 동일한 함수인지 여부를 알아내려 하면—셈을 다 한 뒤에 결과를 비교하는 식으로—놀라울 만큼의 시간을 잡아먹을 수 있다. 변수들의 수가 증가할 때면 더욱 그렇다.

여기서 다시 무작위성은 일을 진척시킬 방법을 제시한다. 그냥 난수 $x$들을 생성하여 대입하라는 것이다.[22] 두 식이 같지 않다면, 무작위로 생성한 난수를 대입하여 동일한 답이 나온다는 것은 대단한 우연의 일치일 것이다. 그리고 두 번째 난수를 대입했을 때에도 똑같은 답이 나온다면, 더욱 큰 우연의 일치다. 세 번째 난수에도 그렇다면 더더욱 큰 우연의 일치다. 효율적으로 다항식 판별 검사를 할 결정론적 알고리즘이 전혀 알려져 있지 않으므로, 관찰을 여러 번하면 금방 거의 확실한 수준에 도달하는 이 무작위 방법이야말로 우리가 지닌 유일하게 실용적인 방법이다.[23]

● ━━━━━━━━━ 표본 추출 만세 ━━━━━━━━━ ●

다항식 판별 검사는 내적 작동 방식을 해명하려고 시도하기보다는 난수값으로 검사하는—알고 싶은 두 식으로부터 표본을 추출하는—데 노력을 기울이는 편이 더 낫다는 것을 보여준다. 이는 어느 정도까지는 상당히 직관적으로 보인다. 구별이 안 되는 두 장치를 보여주면서, 둘이 서로 다른 것인지 아니면 동일한 복사본인지를 묻는다면, 대부분은 장치를 열어서 배선을 살펴보기보다는 아무 단추나 눌러보는 것부터 시작할 것이다. 그리고 텔레비전에서 마약 밀매단 두목이 무작위로 몇 개를 골라 칼로 찢어서 물건을 봄으로써 선적물 전체의 질을 상당히 확신하는 모습에 우리는 그리 놀라지 않는다.

하지만 무작위성에 의지하지 않는, 그리고 아마 그래서는 안 되는 사례도 있다.

20세기의 가장 중요한 정치철학자라고 할 수 있는 하버드대학교의 존 롤스John Rawls 교수는 자기 분야에서 상반되어 보이는 두 핵심 개념인 자유와 평등을 화해시키려는 야심적인 계획에 착수했다. 사회는 더 자유로울 때 '정의로운'가, 아니면 더 평등할 때 '정의로운'가? 그리고 두 개념은 정말로 상호 배타적이어야 하는가? 롤스는 자신이 '무지의 장막veil of ignorance'이라고 부른 질문 집합을 통해 이 문제에 접근하는 방법을 제시했다.[24]

그는 자신이 태어나려고 하는 데, 누구로 태어날지는 알지 못한다고 상상해보라고 했다. 남자일지 여자일지, 부유할지 가난할지, 도시일지 시골일지, 아플지 건강할지 등을 전혀 알지 못한다. 그리고 자신의 지위가 어떠할지 알기 전에, 자신이 어떤 사회에서 살게 될지도 선택해야 한다. 당신은 무엇을 원할까? 롤스는 무지의 장막 뒤에서 다양한 사회 제도들을 평가한다면, 이상적인 사회가 어떤 모습일지에 관해 합의에 도달하기가 더 쉬울 것이라고 주장했다.

하지만 롤스의 사고 실험은 그런 장막의 뒤에서 사회를 이해하는 데 드는 계산 비용을 고려하지 않고 있다. 이 가상의 시나리오에서 어떻게 머릿속에 관련된 모든 정보를 담을 수 있다고 기대할 수 있단 말인가? 잠시 정의와 공정성이라는 크나큰 문제는 제쳐두고서, 롤스의 접근법을 건강보험 규정을 하나 바꾸자는 제안에 적용하려고 시도해보자. 자라서 미국 중서부 한 도시의 서기가 될 누군가로 태어날 확률을 생각해보자. 거기에 다양한 중서부 도시들의 공무원들이 가입할 수 있는 다양한 건강보험 제도들의 분포도를 곱하자. 또 예를 들어, 정강이뼈의 골절 확률을 제시하는 통계 자료를 곱하자. 가능한 보험 체제들의 분포 하에서, 중서부의 한 병원에서 부러진 정강이뼈의 평균적인 치료법에 적용되는 평균적인 치료비를 곱하자. 이렇게 다 곱했을 때, 제안된 보험 규정 개정안은 국가에 '좋을'까, '나쁠'까? 우리는 수억 명의 생명은커녕, 다친 정강이 하나조차도 이런 식으로 평가할 수 있다는 희망을 거의 가질 수 없다.

롤스의 철학적 비판자들은 무지의 장막에서 얻은 정보를 정확히 어떻게 적용할 것인지를 두고서 장황하게 주장을 펼쳐왔다.[25] 예를 들면 평균 행복, 중앙값 행복, 총행복 등등 중 어느 것을 최대화하기 위해 노력해야 할까? 이런 접근법 하나하나는 해로운 디스토피아로 향한 문을 연다고 잘 알려져 있다. 작가 어슐라 K. 르 귄Ursula K. Le Guin이 상상한 오멜라스 문명의 사례가 그렇다.[26] 그 문명은 조화롭고 번영을 누리고 있지만, 그곳에는 몹시 비참하게 살아가야만 하는 한 아이가 있다. 이런 비판들은 논의할 가치가 있으며,[27] 롤스는 장막의 뒤에서 얻은 정보를 갖고 무엇을 할 것인가라는 질문에 답하지 않고 놔둠으로써 그런 비판들을 일부러 피해간다.

하지만 아마 더 큰 문제는 처음에 정보를 어떻게 모으느냐 하는 것일지 모른다. 그 답은 컴퓨터과학에서 나올 수도 있다. MIT의 스콧 애런슨Scott Aaronson은 컴퓨터과학자들이 철학에 아직 더 많은 영향을 미치지 못하고 있다는 사실이 놀랍다고 말한다. 그는 "철학의 개념 창고에 자신들이 얼마나 많은 것을 추가할 수 있는지를 제대로 전달하지 못하는 것"이 그 이유 중 하나가 아닐까 추측한다. 그는 이렇게 설명한다.

일단 무언가가 계산 가능하다는 것을 알면, 계산하는 데 10초가 걸리든 20초가 걸리든 간에 그것이 철학자보다는 공학자의 관심 대상이 분명하다고 생각할지도 모르겠다. 하지만 그 문제가 10초 대 $10^{10^{10}}$초에 관한 것이라면 그 결론이 그다지 명백하다고 생각하지 않을 것이다. 그리고 사실 복잡성 이론에서는 우리가 관심을 갖는 정량적인 차이가 대개 너무나 커서, 그것들을 질적인 차이라고도 생각해야 한다. 예를 들어, 400쪽짜리 책을 한 권 읽는 것과 가능한 모든 그런 책을 읽는 것의 차이, 또는 천 자릿수를 적는 것과 그 수만큼 세는 것의 차이를 생각해보라.[28]

컴퓨터과학은 다친 정강이 같은 것의 치료와 관련된 가능한 모든 사회 제도를 평가할 때의 복잡성을 명확히 표현할 방법을 제공한다. 다행히, 그 복잡성을 다룰 도구도 제공한다. 그리고 표본 추출을 토대로 한 몬테카를로 알고리즘은 그 연장통에서 가장 유용한 접근법에 속한다.

예를 들어, 국가 건강보험 개혁안―너무나 복잡하여 이해하기가 어려운 방대한 기구—을 이해시킬 필요가 있을 때, 우리 정치 지도자들은 대개 우리에게 두 가지를 제시한다. 얌체 짓을 한 이들의 일화와 요약한 집단 통계 자료다. 물론 그런 일화들은 풍부하면서 생생하지만, 대표적인 것은 아니다. 아무리 잘 만들어졌든 잘못 만들어졌든 간에, 거의 모든 법규는 혜택을 보는 사람과 피해를 보는 사람이 있기 마련이므로, 세심하게 고른 일화들은 더 폭넓은 패턴을 조망할 관점 같은 것은 전혀 제공하지 않는다.

한편, 집단 통계 자료는 정반대다. 포괄적이긴 하지만 얄팍하다. 예를 들어, 우리는 전국적으로 평균 보험료가 얼마인지는 알게 될지 모르지만, 개정안이 더 구체적인 수준에서 어떻게 작용할지는 알지 못한다. 대다수의 보험료는 줄이면서도, 오멜라스에서처럼 일부 특정한 집단—대학생이나 알래스카인, 임신부 같은—을 끔찍한 곤경에 몰아넣을 수도 있다. 통계 자료는 이야기의 일부만 들려줄 수 있을 뿐, 그 바탕에 놓인 이질성을 흐릿하게 만든다. 그리고 우리는 자신에게 어떤 통계 자료가 필요한지조차 모를 때가 많다.

뭉뚱그린 통계 자료도, 정치가들이 선호하는 일화들도 수천 쪽에 달하는 제안된 입법안의 내용을 우리가 살펴볼 수 있도록 도와줄 진정한 지침이 될 수 없으므로, 몬테카를로 방법을 아는 컴퓨터과학자는 다른 접근법을 제시할 것이다.

바로 표본 추출이다. 무작위로 표본을 추출하여 자세히 조사하는 것이 너무 복잡하여 직접 이해할 수 없는 것을 이해하는 데에 가장 효과적인 수단 중 하나일 수 있다. 정성적으로 다루기 힘든 문제, 즉 너무나 까다롭고 복잡해서 전체를 소화할 수 없는 문제—솔리테어나 원자핵 분열, 소수 판별법이나 공공 정책—에 직면할 때, 표본 추출은 어려움을 헤치고 나아갈 가장 단순하면서 좋은 방법 중의 하나를 제공한다.

우리는 자선 단체 기브다이랙틀리GiveDirectly에서 이 접근법이 작동하는 것을 볼 수 있다. 이 단체는 케냐와 우간다의 극빈층에게 조건 없이 현금을 나누어준다. 이 방식은 주목을 받으면서 다양한 차원에서 기존의 자선 활동을 재고하게 만들어 왔다. 색다른 방식에서만이 아니라, 자신의 활동 과정에 도입한 투명성과 회계 책임 수준에서도 그렇다. 그리고 이 단체는 최근 들어서 기존 체제의 또 한 가지 측면에도 반기를 들고 있는데, 성공 사례를 제시하는 방법이 잘못되었다는 것이다.

이 프로그램을 지원하는 업무를 맡은 레베카 랭Rebecca Lange은 이렇게 쓰고 있다. "우리 웹사이트, 블로그, 페이스북 페이지를 정기적으로 살펴본다면, 종종 놓치곤 하는 무언가가 있음을 알아차릴지도 모른다. 바로 우리의 수혜자들의 이야기와 사진이다."[29] 문제는 다른 자선 단체들이 제시하는 감동적인 이야기들이 사실이 아니라는 것이 아니다. 오히려 성공 사례를 자랑하기 위해 일부러 골랐다는 사실 자체가 그것들로부터 얼마나 많은 정보를 얻을 수 있을지를 모호하게 만든다.

그래서 기브다이랙틀리는 이 전통적인 방식에도 변화를 주기로 결심했다. 수요일마다 기브다이랙틀리는 현금을 받을 사람들을 무작위로 골라서, 현장 담당자를 보내어 면담을 한다. 그런 뒤 현장 담당자가 기록한 내용을 요약하여 발표한다. 어떤 내용이든 개의치 않

는다. 첫 번째로 그런 면담을 한 메리라는 여성의 이야기를 들어보
자. 그녀는 그 돈으로 지붕을 덮을 주석판을 샀다.[*]

그녀는 집을 수리할 수 있었다. 주석판으로 지붕을 덮었다. 또한 집
에 들여놓을 소파 세트도 샀다. 비가 올 때마다 지붕이 새어 집 안이
온통 물바다가 되는 집에서 살았던 터라, 그녀의 삶은 엉망진창이었
다. 하지만 이 기부금 덕분에 집을 고칠 수 있었다.

랭은 이렇게 쓰고 있다. "이런 이야기들을 통해 우리가 모든 정보
를 다 공개하고 있다는 확신을 심어주고 싶다. 그리고 그것을 계기
로 당신이 우리 기관에 좀 더 높은 평가 점수를 주길 바란다."

---

[*] 우리가 그 사이트의 맨 처음에 실린 이야기를 일부러 골랐다는 점을 유념하자. 즉 이야기를
다 읽고서 어느 것을 실을지 결정한 게 아니다. 그랬다가는 목적에 어긋나기 때문이다.

## 삼각 트레이드

그 순간 나는 성공한 인물, 특히 문학에서 성공한 인물의 자질이 무엇인가를 깨달았다. 셰익스피어는 그 자질을 아주 많이 갖추고 있었다. 바로 부정적인 능력이다. 즉 사실과 이성을 조바심을 내면서 추구하는 일 따위는 전혀 하지 않은 채, 불확실함, 수수께끼, 의심 속에서 살아갈 수 있는 사람이다.
– 존 키츠[30]

절대적인 확실함 같은 것은 없지만, 인간의 삶의 목적을 보장하기에는 충분하다.
– 존 스튜어트 밀[31]

컴퓨터과학은 때로 협상을 통해 트레이드오프를 하는 문제이기도 하다. 예를 들어, 3장에서 정렬 문제를 논의할 때, 우리는 정렬하는 데 드는 시간과 나중에 검색하는 데 드는 시간 사이에 트레이드오프가 이루어진다고 말했다. 그리고 4장에서 캐싱을 논의할 때, 시간을 절약하기 위해 추가 공간—캐시의 캐시의 캐시—을 마련하는 일의 트레이드오프를 살펴보았다.

시간과 공간은 컴퓨터과학에서 가장 친숙한 트레이드오프들의 근원을 이루지만, 무작위 알고리즘에 관한 최근의 연구는 고려할 다른 변수가 하나 있음을 보여준다. 바로 '확실성 certainty'이다. 하버드대학교의 마이클 미천마커 Michael Mitzenmacher는 이렇게 표현한다. "우리가 하려는 것은 당신의 시간과 공간이 절약되고 이 세 번째 차원과 상쇄되는 답을 얻겠다는 것이다. 바로 '오류 확률 error probability'이다."

불확실성에 대한 이 트레이드오프의 사례로 즐겨 드는 것이 있는지 묻자, 그는 주저하지 않고 대답한다. "내 슬라이드에 이 용어가 나올 때마다 술 마시기 게임을 한다면, 당신은 지금 한 잔 들이켜야 한다고 동료가 말하는군요. 블룸 필터라는 말 들어봤어요?"[32]

미천마커는 '블룸 필터 Bloom filter'의 배경이 되는 개념을 이해하려면 구글 같은 검색 엔진을 생각해보라고 말한다. 웹 전체를 훑어서 가능한 모든 URL의 색인 작업을 하느라 애쓰는 엔진이다. 웹은 1조 개가 넘는 URL로 이루어져 있으며,[33] URL의 문자 길이는 평균 약 77자다.[34] 검색 엔진이 어떤 URL을 살펴볼 때, 그 페이지가 이미 색인이 이루어졌는지 여부를 어떻게 검사할 수 있을까? 지금까지 들른 URL의 목록을 다 저장하려면 엄청난 공간이 있어야 할 것이고, (심지어 완전히 정렬되지도 않은) 그 목록을 반복하여 검색한다는 것은 악몽임이 드러날 수 있다. 사실 병보다 치료제가 더 악화시킬 수도 있다. 다시 말해, 어떤 페이지를 다시 색인하지 않도록 하기 위해 매번 검사를 하는 것이, 이따금 그 페이지를 두 번 색인하는 것보다 시간이 더 걸릴 수도 있다.

하지만 주로 이 URL이 새로운 것인지만 확인할 필요가 있다면 어떨까? 바로 여기가 블룸 필터가 끼어드는 자리다. 창안자인 버튼 H. 블룸 Burton H. Bloom의 이름을 딴 블룸 필터는 라빈-밀러 소수성 검사와 흡사하게 작동한다. 본래 그 새로움의 '증거'를 검사하기 위해 고안된 방정식 집합에 그 URL을 대입하는 것이다.[35] (이 방정식들은 "$n$은 소수가 아니다"라고 주장하는 것이 아니라, "$n$을 전에 본 적이 없어"라고 말한다는 점이 다를 뿐이다.) 오차율이 1%나 2%라면 용인하겠다는 의향을 갖고 있다면, 찾아낸 것들을 블룸 필터 같은 확률론적 자료 구조 속에 저장하는 것이 시간과 공간을 상당히 절약해줄 것이다. 그리고 그런 필터의 유용성은 검색 엔진에만 한정된 것이 아니다. 블룸 필터는 알려진 유해한 웹사이트 목록에 비추어서 URL을 검사하기 위해 많은 최신 웹브라우저들에 탑재되어 왔고,[36] 또 비트코인 같은 암호화폐 cryptocurrency의 중요한 한 부분을 차지하고 있다.[37]

미천마커는 이렇게 말한다. "오류를 공간과 트레이드오프한다는 개념이에요. 내 생각에 사람들은 그 문제가 컴퓨팅과 관련이 있다는 점을 모를 겁니다. 그들은 컴퓨터가 답을 제공하는 장치라고 생각해요. 그래서 알고리즘 수업을 할 때, '컴퓨터가 답을 하나 내놓을 겁니다. 하지만 정답이 아닐 수도 있어요'라고 말하면, 학생들은 집중을 할 겁니다. 내가 보기에 사람들은 자기가 살아가면서 그런 일을 얼마나 많이 하고 얼마나 받아들이는지를 깨닫지 못하고 있어요."


## 언덕, 골짜기, 함정


강은 생각을 할 수 없기 때문에 구불거린다.
– 리처드 케니[38]


무작위성은 NCAA 농구 일정을 짜거나 순회하는 외판원을 위한 가장 짧은 경로를 찾는 일 같은 이산 최적화 문제를 푸는 강력한 도구임을 스스로 입증해왔다. 앞장에서 우리는 완화가 그런 문제들의 크기를 줄이는 데 어떻게 중요한 역할을 할 수 있는지 살펴보았지만, 무작위성의 전술적 이용은 더욱 중요한 기법으로도 쓰여 왔다.

당신이 휴가 때 세계 10개 도시를 여행할 계획을 짠다고 하자. 자기 나름의 순회 외판원 문제다. 당신은 샌프란시스코에서 출발하여 시애틀, 로스앤젤레스, 뉴욕, 부에노스아이레스, 런던, 암스테르담, 코펜하겐, 이스탄불, 델리, 교토를 거쳐서 돌아올 것이다. 당신은 그 경로의 총 길이는 그다지 걱정하지 않을지도 모르지만, 아마 여행 경비를 최소화하기를 원할 것이다. 여기서 첫 번째로 주목할 점은 설령 10개 도시가 그리 많아 보이지 않는다고 할지라도, 가능한 여정의 수는 10의 계승이 된다는 사실이다. 350만 가지가 넘는다. 다시 말해, 단순히 모든 순열을 검사하여 경비가 최소인 경로를 찾아낸다는 것은 결코 실용적이지 않다. 그보다 더 영리하게 일해야 한다.

여정을 짜려는 시도를 처음 할 때, 당신은 아마 샌프란시스코에서 비행기로 가장 저렴하게 갈 수 있는 곳을 찾은 다음(시애틀이라고 하자), 그곳에서 다시 가장 싸게 갈 수 있는 도시를 찾고(로스앤젤레스라고 하자), 그곳에서부터 항공료가 가장 저렴한 곳(뉴욕이라고 하자)을 찾는 식으로 10개 도시를 죽 나열한 다음 샌프란시스코로 돌아오려 할지도 모른다.

이것은 이른바 '탐욕 알고리즘greedy algorithm'의 한 예다. 일종의 '근시안적 알고리즘myopic algorithm'이라고 생각할 수도 있다. 근시안적으로 여정의 각 구간별로 최상의 경로를 취하는 방식이다. 5장에서 살펴보았듯이, 일정 계획 이론에서 탐욕 알고리즘—예를 들어, 더 멀리 내다보거나 계획을 하지 않은 채 현재 할 수 있는 가장 단기적인 일을 하는 것—은 때로 어떤 문제가 요구하는 모든 것이 될 수 있다. 이 사례에서는, 즉 순회 외판원 문제에서는 탐욕 알고리즘이 제시하는 해답이 아마 끔찍하지는 않을지라도, 당신이 얻을 수 있는 최상의 경로와는 거리가 멀 가능성이 높다.

일단 기준이 되는 여정을 짜고 나면, 도시 순서에 약간 변화를 주면서 더 좋은 순서인지 여부를 알아봄으로써 대안을 조사할 수 있다. 예를 들어, 먼저 시애틀로 갔다가 로스앤젤레스로 갈 예정이라면, 두 도시의 순서를 뒤집어서 살펴볼 수도 있다. 먼저 로스앤젤레스로 갔다가 시애틀로 가는 식으로 말이다. 처음에 짠 기본 일정에 대해서, 그렇게 두 도시를 뒤집는 일은 11번 할 수 있다. 다 시도한 뒤, 가장 절약이 되는 경로를 찾아낸다고 하자. 거기에서부터 다시 그 과정을 새롭게 반복하면서, 다시 국지적으로 가장 나은 대안을 찾아볼 수 있다. 이를 '**언덕 오르기**'Hill Climbing' 알고리즘이라고 한다. 더 나은 것도 있고 더 나쁜 것도 있는 해답들의 공간을 탐색하는 것이 가장 높은 봉우리를 목표로 언덕과 골짜기가 있는 경관을 돌아다니는 것이라고 흔히 생각할 수 있기 때문이다.

궁극적으로 우리는 이 모든 순열보다 더 나은 해답에 도달하게 될 것이다. 인접한 두 도시의 순서를 아무리 뒤집어도, 더 나은 경로가 나오지 않는 상태다. 여기서 언덕 오르기는 멈춘다. 그런데 이것이 가능한 최상의 여정을 확실히 찾아냈다는 의미일까? 안타깝게도 아니다. 모든 가능성들에 대한 '전역 최대global maximum'가 아니라, '국소 최대local maximum'를 찾아낸 것뿐일 수도 있다. 언덕 오르기 경관은 구

## 오류 경관

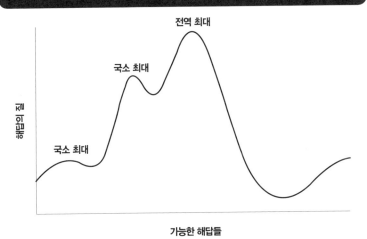

가능성의 범위가 달라질 때 해답의 질이 어떻게 달라질 수 있는지를 보여준다.

름과 안개로 흐릿한 경관이다. 사방을 둘러보아도 더 낮은 곳만 보이기 때문에 자신이 산꼭대기에 서 있다는 것을 알 수는 있지만, 구름 뒤 골짜기 바로 너머에 더 높은 산이 있을지도 모른다.

덫에 걸린 바닷가재를 생각해보자. 그 딱한 동물은 덫을 빠져나간다는 것이 덫의 중심으로 되돌아가고 있다는 의미임을, 빠져나오려면 덫 안으로 더 깊숙이 들어가야 한다는 것을 깨닫지 못한다. 바닷가재 덫은 철사로 만든 국소 최대에 다름 아니다. 바닷가재를 잡는 것은 국소 최대다.

휴가 계획을 짜는 사례에서는 다행히도 국소 최대가 덜 치명적이지만, 특징은 동일하다. 어떤 작은 변화를 주더라도 개선이 전혀 일어나지 않은 해답을 찾아냈다고 해도, 우리가 여전히 전역 최대에 도달하지 못했을 가능성도 있다. 진정한 최상의 여정을 찾아내려면 여행 전체를 근본적으로 철저히 조사해야 할지도 모른다. 모든 대륙을 서로 다른 순서로 조사하거나 동쪽으로 향하는 대신에 서쪽으로 향하는 식으로 말이다. 개선 방안을 찾기 위해 탐색을 계속하고자 한다면, 일시적으로 해답을 악화시킬 필요도 있을지 모른다. 그리고 무작위성은 바로 그렇게 할 하나의 전략—사실상 몇 가지 전략—을 제공한다.

## 국소 최대를 넘어서

한 가지 방법은 언덕 오르기를 '지터 $^{jitter}$'라는 것으로 보강하는 것이다. 꽉 막힌 것처럼 보일 때에는 무언가를 좀 더 섞으라는 것이다. 무작위로 몇 가지 작은 변화를 준 다음 (설령 더 나빠진다고 할지라도) 언덕 오르기로 돌아간다. 더 높은 봉우리에 도달했는지 살펴본다.

또 다른 접근법은 국지적 최대에 도달했을 때 해답을 완전히 뒤섞은 다음, 이 무작위적인 새로운 출발점에서 언덕 오르기를 새로 시작하는 것이다. 이 알고리즘에는 '무작위 재출발 언덕 오르기 $^{Random-Restart\ Hill\ Climbing}$'라는 딱 맞는 이름이 붙어 있다. 또는 '무작정 언덕 오르기 $^{Shotgun\ Hill\ Climbing}$'라는 더 인상적인 이름으로도 불린다. 한 문제의 국소 최대가 많을 때 아주 효과적임이 드러난 전략이다.

예를 들어, 컴퓨터과학자들은 암호를 해독하려고 할 때 이 접근법을 쓴다.[39] 메시지 해독을 시작할 때에는 처음에 전망이 엿보이는 방법들이 많이 있지만, 결국에는 막다른 골목에 이르곤 하기 때문이다. 암호를 해독할 때, 알아볼 수 있는 문장에 다소 가까워 보이는 문장이 나온다고 해서 반드시 당신이 올바른 방향으로 나아가고 있다는 의미가 아닐 수도 있다. 따라서 처음에 전망이 엿보이는 방향에 너무 집착하지 말고 그저 처음부터 새로 다시 시작하는 편이 최선일 때도 있다.

하지만 세 번째 접근법도 있다. 막혔을 때 완전히 무작위성으로 돌아서는 대신에, 결정을 내릴 때마다 약간의 무작위성을 활용하는 것이다. 몬테카를로 방법을 내놓은 바로 그 로스앨러모스 연구진이 개발한 이 기법은 '**메트로폴리스 알고리즘**Metropolis Algorithm'이라고 한다.[40] 메트로폴리스 알고리즘은 언덕 오르기처럼 해답에 소규모 변화를 주면서 살펴본다는 점은 같지만, 한 가지 중요한 차이가 있다. 어떤 시점에든 좋은 변화뿐 아니라 나쁜 변화도 잠정적으로 받아들인다는 것이다.

이 기법을 우리의 휴가 계획 짜기 문제에 적용한다고 상상해보자. 여기서도 우리는 도시들의 순서를 서로 뒤바꾸면서 제시된 해답에 변화를 주고자 시도한다. 여행 경로에 무작위로 일으킨 어떤 변화가 개선을 가져온다면, 우리는 언제나 그것을 받아들이고, 거기에서부터 변화를 일으키는 일을 계속한다. 하지만 그 변화로 상황이 좀 더 나빠진다고 해도, 어쨌든 받아들일 가능성도 있다(비록 대안이 더 나쁠수록 받아들일 가능성은 더 낮아지지만 말이다). 그런 식으로 하면, 어떤 국소 최대에 아주 오래 머물러 있지 않게 될 것이다. 이윽고 우리는 설령 더 비용이 든다고 할지라도 가까운 다른 해답을 시도할 것이고, 그럼으로써 새로운 더 나은 계획에 도달할 가능성이 있다.

지터든, 무작위 재출발이든, 이따금 더 악화되도록 놔두는 것이든 간에, 무작위성은 국지적 최대를 회피하는 데 정말 유용하다. 우연은 어려운 최적화 문제를 처리하는 그저 실용적인 방법인 것만이 아니다. 많은 사례에서 필수적이다. 하지만 몇 가지 문제가 남아 있다. 우리는 무작위성을 얼마나 많이, 언제 사용해야 할까? 그리고 메트로폴리스 알고리즘 같은 전략들이 우리 여정에 거의 무한한 변화를 줄 수 있다는 점을 생각할 때, 자신이 무엇을 하고 있는지를 어떻게 알 수 있겠는가? 최적화를 연구하는 이들에게는 다행스럽게도, 전혀 다른 분야에서 이런 질문들에 대한 놀라울 만치 명확한 답이 나오게 된다.

## 담금질 모사하기

1970년대 말에서 1980년대 초에 이르기까지, 스콧 커크패트릭Scott Kirkpatrick은 자신이 컴퓨터과학자가 아니라 물리학자라고 생각했다. 특히 그는 통계물리학에 관심이 많았다. 무작위성을 특정한 자연 현상을 설명할 방편으로 삼는 분야다. 물질이 가열되고 식을 때의 상태 변화를 가리키는 '담금질annealing'의 물리학이 한 예다. 아마 담금질의 가장 흥미로운 특성은 물질을 얼마나 빨리 또는 느리게 식힘

에 따라 최종 구조에 엄청난 영향이 미치는 경향일 것이다. 커크패
트릭의 설명을 들어보자.

세심한 담금질을 통해 녹은 상태에서 하나의 결정을 자라게 하려
면, 먼저 물질을 녹인 뒤, 온도를 서서히 낮추고, 어는점 근처의 온도에
서 오랜 시간을 보내야 합니다. 그렇지 않고 물질이 평형 상태에서 벗
어나도록 한다면, 그 결정은 많은 결함을 지니게 될 겁니다. 그 물질은
결정 구조를 전혀 지니지 않은 유리처럼 될 수도 있어요.[41]

당시 커크패트릭은 IBM에서 일하고 있었다. IBM이 겪고 있던 가
장 규모가 크고 가장 까다로우면서 난공불락의 문제 중 하나는 제
조하고 있는 칩에 회로를 어떻게 깔아야 할 것인가였다. 그 문제는
거추장스럽고 어려웠다. 고려 가능한 해답의 범위가 엄청나게 넓었
고, 그중에는 까다로운 제약 조건이 붙어 있는 것들도 있었다. 예를
들어, 일반적으로 부품들을 서로 가까이 배치할수록 더 낫지만, 너
무 가까이 붙이면 배선을 할 공간이 없어질 터였다. 그리고 어떤 부
품의 자리를 옮길 때마다, 새로운 가상의 회로도상에서 배선들을 어
떻게 깔아야 할지 다시 계산해야 했다.

당시 이 과정은 IBM의 신비한 수도자 같은 인물이 도맡아 하고
있었다. 커크패트릭은 이렇게 회상한다. "칩 하나에 여러 회로를 집
어넣는 데엔 IBM에서 최고의 인물이었어요. 그가 자신이 하고 있는
일을 설명할 때는 도무지 무슨 말을 하는지 종잡을 수가 없었지요.
사실 말로 설명할 수 없는 거였어요."[42]

커크패트릭의 친구이자 IBM의 동료인 댄 젤라트<sup>Dan Gelatt</sup>는 그 문제에 흥미를 느꼈고, 재빨리 커크패트릭도 끌어들였다. 커크패트릭의 머릿속에 뭔가 번뜩 깨달음이 찾아왔다. "'물리계'를 연구하는 방법은 가열한 다음 식히면서 계가 스스로 조직되도록 하는 것이었죠. 그런 배경 하에서 보면, 모든 유형의 최적화 문제를 작은 원자나 스핀 같은 것들의 자유도를 체계화하려고 시도하는 문제처럼 다루는 것이 완벽하게 자연스러워 보였어요."

물리학에서 우리가 '온도'라고 부르는 것은 사실 속도다. 즉 분자 수준에서 일어나는 무작위 운동의 속도다. 커크패트릭은 이 온도가 언덕 오르기 알고리즘에 추가되어 때로 더 나은 해답에서 더 안 좋은 해답으로 역행하게 만들 수 있는 무작위 지터에 직접적으로 대응하는 것이라고 추론했다. 사실 메트로폴리스 알고리즘 자체는 처음에 물리계(핵폭발)의 무작위 행동을 모형화하기 위해 고안된 것이었다. 커크패트릭은 그렇다면 최적화 문제를 담금질 문제처럼 다룬다면 어떻게 될지 궁금했다. '가열했다'가 서서히 '식힌다'면?

위에서 다룬 10개 도시의 휴가 문제에 이 전략을 적용한다면, 비용에 상관없이 가능한 해답들로 이루어진 전체 공간에서 완전히 무작위로 첫 여정을 고르는 것으로 시작할 수 있다. 그것이 고온에 해당한다. 그런 뒤 도시의 순서를 바꿀 생각을 할 때마다 주사위를 굴려서 탐색을 하는, 즉 서서히 '식히는' 과정을 시작한다. 더 나은 변화를 채택하는 것은 언제나 타당하지만, 주사위가 이를테면 2 이상이 나올 때에만 열등한 변화를 채택하기로 하자. 좀 지난 뒤에는 주사위가 3 이상이 나올 때에만 비용이 더 많이 드는 변화를 채택함으로써 더 식힌다. 이어서 4 이상, 5 이상일 때로 바꾼다. 이윽고 주사위가 6이 나올 때에만 열등한 변화로 나아감으로써, 대부분은 언덕 오르기를 하고 있는 상태가 된다. 마지막으로 언덕 오르기만을 시작할 것이고, 다음번의 국소 최대에 도달할 때 멈추게 된다.[43]

'**모사 담금질** Simulated Annealing'이라는 이 접근법은 물리학을 문제 풀이에 적용하는 흥미로운 사례처럼 보였다. 하지만 이 방법이 먹힐까? 처음에 기존 최적화 연구자들은 이 방법 전체가 좀 너무 비유적인 것 같다는 반응을 보였다. 커크패트릭은 이렇게 말한다. "온도와 관련된 이 너저분한 과정, 유추를 토대로 한 것이 진짜라고 수학자들을 설득할 수가 없었어요. 수학자들은 사실 직관을 불신하도록 훈련을 받으니까요."

하지만 유추 기반 접근법을 불신하는 태도는 곧 사라지게 된다. IBM에서 커크패트릭과 젤라트의 모사 담금질 알고리즘은 그 수도자보다 더 나은 칩 회로를 만들기 시작했다. 자신들의 비밀 병기를 꼭 감추고 신비한 수도자가 되는 대신에, 그들은 자신들의 방법을 〈사이언스 Science〉에 논문으로 발표하여 사람들에게 공개했다. 그 뒤로 수십 년에 걸쳐, 그 논문은 무려 3만 2,000번 인용되었다.[44] 지금까지도 모사 담금질은 그 분야에 알려진 최적화 문제들에 대한 가장 유망한 접근법 중의 하나로 남아 있다.[45]

## 무작위, 진화, 창의성

1943년, 샐버도어 루리아<sup>Salvador Luria</sup>는 자신이 노벨상으로 이어질 발견을 하리라는 것을 알지 못했다. 그는 춤을 추러 나갈 생각을 하고 있었다. 그는 자신의 세파르디 유대인 가문이 대대로 살았던 이탈리아에서 무솔리니 정권을 피해 미국으로 막 이민을 온 상태였다. 그는 세균이 바이러스에 어떻게 면역성을 띠게 되는지를 연구하고 있었다. 하지만 지금 이 순간만큼은 연구 같은 건 전혀 생각도 안 하고 있었다. 인디애나대학교 인근 컨트리클럽에서 열린 교수 모임에 참석하고 있었기 때문이다. 루리아는 한 동료가 슬롯머신을 잡아당기는 모습을 지켜보고 있었다.

나는 도박을 안 했기에, 그가 필연적으로 돈을 잃을 거라고 놀리고 있었다. 그런데 갑자기 잭팟이 터졌다. 그는 10센트 동전을 약 3달러쯤 들고서 삐딱하게 나를 쳐다보고는 자리를 떴다. 바로 그때 슬롯머신의 수비학에 관한 생각이 머릿속을 스치기 시작했고, 그러다가 슬롯머신과 세균 돌연변이가 서로에게 무언가를 가르쳐줄 수 있다는 데 생각이 미쳤다.[46]

1940년대에는 정확히 왜 또는 어떻게 세균이 바이러스에 (그리고 항생제에도) 내성을 획득하게 되는지 알려져 있지 않았다. 바이러스가 침입할 때 세균 내에서 일어나는 반응 때문일까, 아니면 그저 돌연변이가 계속 일어나면서 우연히 내성을 띠게 되는 것일까?

이런 식으로든 저런 식으로든 결정적인 답을 제공할 실험을 고안할 방법이 전혀 없어 보였다. 즉 슬롯머신을 보던 루리아의 머릿속에 무언가 반짝 하기 전까지는 말이다. 루리아는 서로 다른 계통의 세균들을 몇 세대에 걸쳐 번식시킨 뒤 마지막 세대를 바이러스에 노출시키면, 두 가지 근본적으로 다른 일 중에서 하나가 일어나리라는 것을 깨달았다. 그는 내성이 바이러스에 대한 반응이라면, 계통에 상관없이 모든 세균 배지에서 거의 동일한 수의 내성 세균들이 출현할 것이라고 예상했다. 반면에 내성이 우연한 돌연변이로 출현한다면, 훨씬 더 불균등하게 내성 세균이 출현할 것이라고 예상했다. 슬롯머신이 돈을 뱉어내는 것처럼 말이다. 즉 대다수의 세균 계통에서는 내성이 전혀 나타나지 않을 것이고, 일부 계통에서만 돌연변이로 내성을 띠게 된 '후손'이 나타날 것이다. 그리고 그 적절한 돌연변이가 몇 세대에 걸쳐 이어져 '가계도'를 구축하는 드문 일이 일어난다면, 잭팟이 터질 것이다. 그 계통의 모든 '후손들'은 내성을 띠게 될 것이다. 루리아는 재빨리 무도장을 떠나 실험을 하러 갔다.

며칠 동안 조바심을 내고 긴장하면서 기다린 뒤, 루리아는 실험실로 돌아와 세균 군체들을 조사했다. 잭팟이었다.

루리아의 발견은 우연의 힘에 관한 것이었다. 무작위적이고 우연한 돌연변이가 어떻게 바이러스 내성을 띠게 할 수 있는지는 적어도 어느 정도는 우연에 달려 있었다. 그는 알맞은 시간에 알맞은 장소에 있었다. 새로운 착상을 촉발할 슬롯머신이 보이는 곳에 말이다. 발견의 이야기들에는 비슷한 순간을 말하는 장면들이 종종 나온다. 뉴턴의 사과(출처는 좀 의심스럽지만), 아르키메데스의 목욕탕 '유레카!', 페니실리움 균이 자라던 방치된 배양 접시.

사실, 우연의 힘은 그 순간을 포착하는 단어까지 창안될 정도로 흔한 현상이다. 1754년, 호레이스 월폴 Horace Walpole 은 《세렌딥의 세 왕자 The Three Princes of Serendip 》(세렌딥은 스리랑카의 옛 지명이다)라는 모험 이야기를 토대로 '세렌디피티 serendipity'라는 단어를 창안했다.[47] 그 왕자들은 "우연과 총명함을 토대로, 탐구하지 않는 것들에 관한 우연한 발견을 늘 하는" 이들이었다.

무작위성의 이 이중적인 역할(생물학에서의 핵심적인 역할, 발견에서의 핵심적인 역할)은 인간의 창의성을 설명하고 싶어 하는 심리학자들의 시선을 반복하여 사로잡아 왔다. 윌리엄 제임스 William James 는 이 개념의 초기 사례를 하나 제시했다. 명저인 《심리학 원리 Principles of Psychology 》를 펴내기 10년 전인 1880년, 하버드대학교의 심리학 조교수로 막 임용된 제임스는 〈애틀랜틱 먼슬리 Atlantic Monthly 〉에 〈위대한 인물, 위대한 사상, 환경〉이라는 글을 썼다. 그 글은 이런 논제로 시작한다.

> 내가 알기로는 아무도 알아차리지 못한 놀라운 유사점이 하나 있다. 사회적 진화 및 인류의 정신적 성장과 다윈 씨가 상세히 설명한 동물의 진화 사이에 있는 것이다.[48]

제임스가 글을 쓰고 있을 당시, '동물 진화'라는 개념은 아직 새로운 것이었다. 《종의 기원 The Origin of Species 》은 1859년에 출간되었고,

다윈도 아직 생존해 있었다. 제임스는 진화 개념이 인류 사회의 다양한 측면들에 어떻게 적용될 수 있을지를 논의했고, 기사의 말미로 갈수록 사상의 진화 쪽으로 논의가 흘러갔다.

진화하는 새로운 개념, 감정, 활동 성향은 원래 지나치게 불안정한 인간 뇌의 제 기능을 하는 활동에서 무작위적 심상, 유행, 자발적인 변이의 우연한 탄생이라는 형태로 생산된다. 외부 환경은 단순히 그것을 확인하거나 논박하거나, 채택하거나 거부하거나, 보존하거나, 파괴한다. 요컨대, 유사한 형태의 분자 사건으로 형태학적 및 사회적 변이가 선택되는 것과 똑같이 선택되는 것이다.

그래서 제임스는 무작위성이 창의성의 핵심이라고 보았다. 그리고 그것이 가장 창의적인 사람들을 통해서 확산된다고 믿었다. 그는 그들이 있을 때 "우리는 갑자기 착상이 끓어 넘치는 도가니에 들어간 듯이 느껴진다"고 썼다. "당황스럽게 하는 활동 상태 속에서 모든 것이 피식거리고 부글거리는 곳, 협력 관계가 한순간에 형성되거나 느슨해질 수 있고, 틀에 박힌 일상생활이 미지의 세계로 변하고, 의외성이 유일한 법칙처럼 보이는 곳으로 말이다."[49] (이 무작위로 이루어지는 치환이 열에 해당하는 온도의 비유에 토대를 둔 '담금질' 직관과 동일한 것임에 주목하자.)

제임스 이론의 현대적 사례는 100년 뒤의 심리학자인 도널드 캠벨[Donald Campbell]의 연구에 나온다. 1960년에 캠벨은 〈다른 지식 과정들에서처럼 창의적 사고에서의 맹목적 변이와 선택적 보유〉라는 논문을 발표했다. 제임스처럼 그도 자신의 핵심 논제로 시작한다. "맹목적 변이와 선택적 보유 과정은 모든 귀납적 성취, 지식의 모든 진정한 증가, 시스템의 모든 환경 적합도 증가에 근본적인 것이다."

그리고 제임스처럼 그도 진화에 영감을 받아서, 창의적 혁신을 새로운 착상이 무작위로 생성되고 그중 최고의 것을 인간의 총명한 정신이 간직한 결과라고 생각했다. 캠벨은 과학자들과 수학자들이 자기 발견의 배후에 있는 과정들을 이야기한 일화들을 자신의 논증을 뒷받침하는 사례로 자유롭게 인용했다.

19세기 물리학자이자 철학자인 에른스트 마흐**Ernst Mach**와 앙리 푸앵카레**Henri Poincaré**도 캠벨과 비슷한 설명을 제시한 듯했다. 마흐는 더 나아가 이렇게 선언했다. "따라서 뉴턴, 모차르트, 리하르트 바그너 같은 사람들이 머릿속에 쏟아져 들어오는 사상, 선율, 화음 중에서 자신이 그저 적절한 것을 간직했을 뿐이라고 말할 때, 그 말은 설명될 수 있다."[50]

창의성을 모사할 때 쓰는 한 가지 일반적인 기법은 연상 관념을 형성해야 하는 단어 같은 임의의 요소를 도입하는 것이다. 예를 들어, 음악가 브라이언 이노**Brian Eno**와 화가 피터 슈미트**Peter Schmidt**는 창의적인 문제를 해결하기 위해 **'우회 전략**Oblique Strategies'이라는 카드 묶음을 만들었다. 어떤 카드든 한 장 뽑으면, 자기 과제에 대한 무작위적인 새로운 관점을 얻게 될 것이다. (그리고 그 카드 한 벌을 구해서 한 장 뽑으려니 너무 귀찮게 느껴진다면, 그냥 당신을 위해 카드를 뽑아줄 앱을 내려받으면 된다.) 그 카드를 개발한 이유를 설명하는 이노의 말은 국지적 최대를 피한다는 개념과 뚜렷한 유사점이 엿보인다.

무언가를 한창 하고 있을 때에는 가장 명백한 것도 잊어버리곤 합니다. 녹음실에서 나온 뒤에야 '참, 그걸 해야 하는데 까먹고 있었네'라고 생각하지요. 이 카드는 사실상 틀 밖으로 당신을 내던지는, 맥락을 좀 깨는 방식일 뿐입니다. 당신이 녹음실에서 한 노래에 초점을 맞추고 있는 악단의 일원이 아니라, 세상에서 살아가면서 다른 많은 것들도 인지하고 있는 사람이 되도록요.[51]

무작위 요동을 일으키는 것, 틀 바깥으로 내동댕이쳐서 더 큰 그림에 초점을 맞추도록 하는 것은 국지적으로 좋은 것에서 벗어나서 전체적으로 최적인 것을 추구하는 일로 돌아가도록 할 방법을 제공한다.

그리고 자신의 삶에 무작위 자극을 좀 추가하기 위해 굳이 브라이언 이노가 될 필요는 없다. 한 예로 위키피디아는 '무작위 기사 Random article' 링크를 제공하며, 톰은 몇 년째 그 페이지를 자기 브라우저의 홈페이지로 삼아왔다. 그가 매번 새 창을 열 때마다 무작위로 선택된 위키피디아 항목이 뜬다. 아직은 어떤 놀라운 발견으로 이어지지는 않았지만, 그는 지금 조금 모호한 여러 주제들(칠레 군대가 쓰는 칼의 종류 같은)을 알고 있으며, 그런 주제들 중에는 자신의 삶을 풍성하게 하는 것들도 있다고 느낀다. (예를 들어, 그는 '존재하지 않는 그리고 아마 존재할 수 없는 무언가에 대한 모호하면서 항시적인 욕망'을 뜻하는 포르투갈어 단어가 있다는 것,[52] 검색 엔진으로 아직 해결할 수 없는 한 가지 문제가 있다는 것을 안다.)

한 가지 흥미로운 부작용은 현재 그가 위키피디아에 어떤 종류의 주제들이 올라와 있는가에만 관심을 갖는 것이 아니라, 어떤 무작위성이 실제로 어떻게 보이는가에 관한 감각이 더 발달하게 되었다는 것이다. 예를 들어, 자신과 어떤 연관이 있다고 느껴지는 페이지들(그가 아는 사람이나 장소에 관한 항목)은 놀라울 만치 더 자주 뜨는 것처럼 보인다. (그는 '1962~1965년 웨스턴오스트레일리아 입법 위원회 위원수'라는 항목이 겨우 2회 떴는데 그 수를 기억했다. 그는 웨스턴오스트레일리아에서 자랐다.) 이런 것들이 실제로 무작위로 생성된다는 것을 알면, 자기 삶의 다른 영역에서 일어나는 다른 '우연의 일치'를 제대로 평가하는 데 더 능숙해질 수도 있다.

현실세계에서, 당신은 공동체 지원 농업을 하는 협동농장에 가입함으로써 자신의 채소를 무작위화할 수 있다. 그런 농장은 매주 수확물을 한 상자씩 당신에게 배달해준다. 앞서 살펴보았듯이, CSA에 가입하면 일정 계획 문제가 제기될 수 있지만, 당신이 평소에는 사지 않을 과일과 채소를 배달받는 것은 매번 되풀이되는 요리 일정의 국지적 최대에서 빠져나오게 해줄 탁월한 방법이다. 마찬가지로 이 달의 도서, 포도주, 초콜릿 클럽은 가입하지 않았다면 결코 만나지 못했을 지적, 기호적, 미각적 가능성을 접하게 될 방법이기도 하다.

모든 결정을 동전을 던져서 한다면 문제가, 특히 직장 상사, 친구, 가족과의 관계에 문제가 생길 수도 있다고 걱정할지 모른다. 그리고 무작위를 자기 삶의 주축으로 삼는 것이 반드시 성공의 요리법이 아니라는 것도 사실이다. 루크 라인하트 Luke Rhinehart (본명은 조지 코크로프트 George Cockcroft)가 1971년에 발표한 컬트 소설의 고전이 된 《주사위 인간 The Dice Man》은 그 점을 경계하는 이야기다. 화자인 의사 결정을 주사위 굴리기로 대체하는 남자는 우리 대다수가 아마도 회피할 가능성이 높은 상황에 금방 빠져들고 만다.

하지만 이것은 어쩌면 '설익은 지식이 위험한 것이 된다'는 사례에 불과할지 모른다. 주사위 인간이 컴퓨터과학을 좀 더 깊이 이해하기만 했다면, 그는 어떤 지침을 얻었을 것이다. 첫째는 언덕 오르기로부터다. 설령 때로 나쁜 착상에 따라 행동하는 습관이 있다고 할지라도, 언제나 좋은 착상에 따라 행동해야 한다는 것이다. 둘째, 메트로폴리스 알고리즘으로부터다. 당신이 나쁜 생각을 따를 가능성은 그 생각이 얼마나 나쁜가에 반비례한다는 것이다. 셋째, 모사 담금질로부터다. 무작위로 시작하여 시간이 흐를수록 무작위를 점점 덜 사용하고, 어느점에 접근할 때 가능한 오래 머묾으로써, 철저한 무작위 상태에서 빠르게 빠져나와야 한다는 것이다. 말 그대로 자기 자신을 담금질하라.

그 소설의 저자는 이 마지막 요점을 잊지 않았다. 루크 라인하트는 자기 소설의 주인공과 마찬가지로, 인생의 얼마 동안을 '주사위 던지기'에 몰두하고, 일종의 느린 브라운 운동을 하면서 가족과 지중해 범선을 타고 떠돌았다. 하지만 어떤 시점에서 그의 담금질 일정은 식었다. 그는 뉴욕 북부 지방의 한 호숫가에, 국지적 최대에 정착하여 편안한 삶을 택했다. 현재 80대인 그는 여전히 그곳에서 느긋하게 지내고 있다. 그는 〈가디언Guardian〉에 이렇게 말했다. "일단 어딘가 행복한 지점에 다다르면, 더 이상 삶을 뒤흔드는 것은 어리석은 짓이지요."[53]

제10장

어떻게 연결할 것인가

네트
워킹

ALGORITHMS

연결이라는 단어는 매우 다양한 의미를 지닌다. 두 실체 사이의 물리적 또는 논리적 경로를 가리킬 수도 있고, 그 경로 위의 흐름을 일컬을 수도 있고, 경로의 설정과 관련된 행동을 추론하여 일컬을 수도 있고, 둘 사이의 경로와 관련지어 또는 무관하게 둘 이상의 실체 사이의 연관성을 일컬을 수도 있다.
– 빈트 서프와 밥 칸[1]

오직 연결만을.
– E. M. 포스터[2]

장거리 전신은 불길한 말로 시작되었다. 1844년 5월 24일 미국 연방대법원의 판사실에서 새뮤얼 F. B. 모스 Samuel F. B. Morse는 볼티모어에 있는 조수 앨프레드 베일 Alfred Vail에게 구약성서의 한 구절을 전신으로 보냈다. "신은 무엇을 만드셨는가 WHAT HATH GOD WROUGHT ." 모든 새 연결에 우리가 첫 번째로 묻는 것은 어떻게 시작했냐는 것이며, 우리는 그 기원으로부터 미래를 점치려는 유혹에 빠질 수밖에 없다.

역사상 최초의 전화 통화는 알렉산더 그레이엄 벨[Alexander Graham Bell]이 1876년 3월 10일 조수에게 한 것인데, 좀 역설적인 말로 시작했다. "왓슨 씨, 이리 와요. 보고 싶습니다." 물리적 거리를 극복할 능력과 무능력을 동시에 증언하는 말이다.

휴대전화는 자랑으로 시작되었다. 1973년 4월 3일, 모토롤라의 마틴 쿠퍼[Martin Cooper]는 맨해튼 6번가를 걸으면서 지나가던 사람들이 놀라서 쳐다보는 가운데 경쟁자인 AT&T의 조엘 엥겔[Joel Engel]에게 전화를 걸었다. "조엘, 휴대전화로 건 겁니다. 진짜 휴대전화지요. 손에 들고 다니는 휴대할 수 있는 진짜 휴대전화요."(쿠퍼는 회상한다. "그가 정확히 뭐라고 했는지는 기억이 나지 않아요. 하지만 얼마 동안 침묵이 이어진 것은 확실해요. 아마 이를 갈고 있었을 겁니다.")[3]

그리고 문자 메시지는 1992년 12월 3일에 경쾌하게 시작되었다. 세마그룹텔레컴스의 닐 팹워스[Neil Papworth]가 보다폰의 리처드 자비스[Richard Jarvis]에게 이른 "메리 크리스마스" 인사를 보내면서였다.

인터넷은 이 모든 것들보다 다소 더 걸맞게, 훨씬 초라하면서 더 불길한 어조로 시작되었다. 1969년 10월 29일, UCLA의 찰리 클라인[Charley Kline]은 스탠퍼드대학교 연구소의 빌 듀발[Bill Duvall]에게, 아르파넷을 통해 한 컴퓨터에서 다른 컴퓨터로 최초의 메시지를 보냈다. 그 메시지는 '로그인[login]'이었다. 즉 수신하는 컴퓨터가 '로[lo]' 다음에 작동을 멈추지 않았다면 그랬을 것이다.[4] 로[lo](성경에서 신의 말을 전할 때, 앞에 붙이는 "자, 보라"라는 뜻-역주). 참으로 클라인은 본의 아니게 불길하면서 구약성서의 기운을 풍기는 소리를 보낸 셈이었다.[5]

인간 연결의 토대는 '프로토콜[protocol]'이다. 프로토콜은 악수와 안

넝에서부터 예절, 정중함, 온갖 사회 규범에 이르기까지, 절차와 기대의 공통 규약을 말한다. 기계 연결도 아무런 차이가 없다. 프로토콜은 우리가 동일한 페이지를 접하는 방법이다. 사실 그 단어는 '일차 접착제'라는 뜻의 그리스어 '프로토콜론$^{protokollon}$'에서 유래했다.[6] 책이나 원고의 첫머리에 붙인 다른 지면을 가리켰다.

대인 관계에서 이 프로토콜은 미묘하면서 지속적인 불안의 원천임이 드러난다. 나는 여러 날 전에 이러저러한 메시지를 보냈다. 어떤 시점에야 나는 상대방이 결코 그 메시지를 받지 못했다는 의구심이 들기 시작할까? 지금은 오후 12시 5분인데, 우리는 정오에 통화하기로 했다. 우리 둘 다 상대방이 전화를 걸 거라고 기대하고 있는 것일까? 당신의 대답은 이상하게 들린다. 내가 잘못 들은 것일까, 아니면 내가 잘못 들도록 말한 것일까? 뭐라고 한 거지?

전신에서 문자 메시지에 이르기까지 우리 통신 기술의 대부분은 단지 이 친숙한 개인 사이의 도전 과제를 경험할 새로운 통로를 제공하는 역할을 해왔다. 하지만 인터넷이 등장하면서, 컴퓨터는 통로뿐 아니라 종말점도 되었다. 대화를 하는 지점이다. 그렇기에, 컴퓨터는 자신의 의사소통 문제를 해결하는 책임을 져야 했다. 이런 기계 사이의 문제―그리고 그 해결책―는 우리 자신의 것을 모방하는 동시에 조명해준다.

우리가 현재 '인터넷'이라고 여기는 것은 사실 많은 프로토콜(통신 규약)의 집합이다. 하지만 그중 주된 것(인터넷과 다소 동의어로 쓰이곤 할 정도인 것)은 '전송 제어 규약<sup>Transmission Control Protocol</sup>', 즉 TCP라고 부르는 것이다. 빈턴 빈트 서프<sup>Vinton Vint Cerf</sup>와 로버트 밥 칸<sup>Robert Bob Kahn</sup>의 1973년 강연과 1974년 논문에서 탄생했다. 그들은 '인터넷 작업<sup>internetwork</sup>'의 언어를 제시했다.

TCP는 처음에 전화선을 사용했지만, 전화보다는 우편의 진화에 더 적합하다고 여겨졌다. 전화 통화는 '회선 교환<sup>circuit switching</sup>'이라는 것을 이용한다. 그 시스템은 송신자와 수신자 사이의 채널을 열고, 그 채널은 통화가 지속되는 한 양쪽 방향의 당사자 사이에 일정한 대역을 제공한다. 회선 교환은 인간의 상호작용에 부합되는 점이 많지만, 1960년대 초가 되자 이 패러다임이 기계의 의사소통에는 들어맞지 않으리라는 것이 명백해졌다.

UCLA의 레오너드 클라인록<sup>Leonard Kleinrock</sup>은 이렇게 회상한다.

나는 컴퓨터가 대화할 때, 내가 지금 하는 식으로 대화하지는 않을 거라는 걸 알았어요. 연속적으로 말이지요. 그들은 한바탕 이야기를 해요. 그런 다음 얼마간 침묵하지요. 잠시 뒤에, 갑작스럽게 와서는 다시 한바탕 떠들지요. 그런데 우리에게는 거의 아무 말도 하지 않고 있다가 대화를 하고 싶을 때면 그 즉시 접속하기를 원하는 무언가와 통신 연결을 할 수단이 없다면요? 우리는 전화망을 사용할 수가 없었어요. 전화망은 다른 방식이 아니라 연속적인 대화(회선 교환망)를 위해 고안된 것이거든요.[7]

전화 회사들도 자신들의 프로토콜에 근본적인 변화를 요구하는 대화에 그다지 호의적이지 않아 보였다. 회선 교환 방식에서 벗어난다는 것은 미친 짓으로 여겨졌다. 네트워킹 연구자 밴 야콥슨 Van Jacobson의 말을 빌리자면, '몹시 이단적'이었다.[8] 클라인록은 통신업계 사람들과 만났을 때의 일을 이렇게 기억한다.

> 당시 최대 통신회사인 AT&T에 가서 설명했죠. 우리한테 좋은 데이터 통신망을 마련해줘야 한다고요. 대답은 이랬어요. "대체 무슨 말을 지껄이는 겁니까? 미국에는 구리 광산이 하나 있고, 전화선은 모두 그 광산에서 나오는 구리를 씁니다"였어요. 나는 아니라고, 여러분이 이해를 못하고 있다고 말했어요. 전화를 한 통 거는 데는 35초가 걸리고, 여러분은 내게 최소 3분 단위로 요금을 매기는데, 나는 100밀리초 단위로 데이터를 보내고 싶다는 말입니다! 그러자 그들은 말했죠. "어린 친구, 꺼지게." 그래서 어린 친구는 꺼졌고, 다른 사람들과 함께 그들의 점심을 먹어치울 이 기술을 개발했지요.[9]

회선 교환이라는 점심을 먹어치운 그 기술은 '패킷 교환 packet switching'이라고 불리게 되었다.[10] 패킷 교환망은 각 연결마다 전용 채널을 쓰는 대신에, 송신자와 수신자가 메시지를 '패킷'이라는 작은 조각으로 나눈 뒤, 합쳐서 데이터의 공동 흐름으로 만든다. 빛의 속도로 움직이는 엽서와 좀 비슷하다.

그런 망에서는 "연결이라고 부를 만한 것이 두 끝점 사이의 합의된 환상이에요"라고 애플의 네트워킹 전문가 스튜어트 체셔 <sup>Stuart</sup> Cheshire는 설명한다.[11] "인터넷에는 연결이 전혀 없어요. 인터넷에서 연결을 이야기하는 것은 미국 우편제도에서 연결을 이야기하는 것과 같아요. 당신이 사람들에게 편지를 쓰면, 각 편지는 서로 독립적으로 보내집니다. 당신은 편지를 주고받을 수 있고 거기에 얼마간 연속성이 있을지도 모르지만, 미국 체신청은 그 점을 알 필요가 없어요. 그냥 편지를 전달할 뿐이지요."

대역을 효율적으로 이용하는 것이 1960년대에 패킷 교환 연구를 자극한 유일한 고려 사항은 아니었다. 또 하나는 핵전쟁이었다. 랜드 코퍼레이션의 폴 배런 <sup>Paul Baran</sup>은 망의 강건성이라는 문제를 해결하려고 애쓰고 있었다. 핵 공격을 받아서 망의 상당 부분이 파괴되어도 군사 통신이 가능하도록 하기 위해서였다.[12] 1950년대에 미로 탐색용으로 개발된 알고리즘에 영감을 얻어서, 배런은 망이 역동적으로 바뀌거나 산산이 찢겨질 때에도 모든 정보 조각이 목적지까지 독자적으로 알아서 갈 수 있는 방법을 상상했다.

이것이 회선 교환과 그 안정적인 전용 연결의 두 번째 단점이었다. 안정성 자체는 끊긴 통화가 끊긴 채로 있어야 한다는 의미이기도 했다. 회선 교환은 강건할 만큼 유연하거나 적응성을 띨 수 없었다. 반면에 패킷 교환은 시대가 요구하는 것을 제공할 수 있었다. 회선 교환망에서는 접속점 중 어느 하나가 교란되면 통화가 끊긴다.

그것은 망이 커질수록 신뢰도가 기하급수적으로 떨어진다는 의미다. 반면에 패킷 교환에서는 망이 커지면서 경로의 수가 늘어나는 것이 장점이 된다.[13] 데이터가 흐를 수 있는 길이 더 많아지기에, 망의 신뢰도는 망의 크기에 따라 기하급수적으로 증가한다.

하지만 밴 야콥슨이 말하듯이, 패킷 교환이 고안된 뒤에도 전화 회사들은 여전히 시큰둥했다. "모든 전화 회사 사람들은 그건 망이 아니라고 큰소리로 떠들어댔어요! 우리 망을 이용하는 치졸한 방식일 뿐이야! 우리의 통신선을 써서, 우리가 구축한 경로로 보내고 있어! 그리고 같잖은 것들을 마구 집어넣는 바람에 통신선을 정말로 비효율적으로 만들고 있어."

하지만 패킷 교환의 관점에서 보면, 전화선은 단지 목적지에 이르는 수단일 뿐이다. 송신자와 수신자는 사실 패킷이 어떻게 전달되는지에 대해서는 관심이 없다. 나중에 수많은 다양한 매체들에 걸쳐서 불가지론적으로 작동하는 능력은 패킷 교환의 엄청난 장점이 되었다. 1960년대 말에서 1970년대 초에 걸쳐서 아르파넷 같은 초기 망들이 그 개념의 실용성을 입증하자, 온갖 유형의 망이 전국에서 우후죽순 깔리기 시작하면서, 패킷 교환은 구리 전화선을 통해서만이 아니라 인공위성과 무선을 통해서도 이루어졌다. 2001년, 노르웨이의 베르겐에서 컴퓨터과학자들은 '조류 집배원'을 통해 패킷 교환망을 짧게 시연하기까지 했다.[14] 즉 패킷을 종이에 적어서 비둘기의 발목에 매달았다.

물론 패킷 교환에도 나름의 문제가 없을 리가 없었다. 우선, 인간의 것이든 기계의 것이든 간에, 프로토콜에 품는 첫 번째 의문 중 하나는 아주 단순하다. 자신의 메시지가 전달되고 있는지 어떻게 알 수 있을까?

## 승인

어떤 전달도 100% 신뢰할 수는 없다.
– 빈트 서프와 밥 칸[15]

"신은 무엇을 만드셨는가"는 미국에서 보내진 최초의 장거리 전신인 것만이 아니었다. 두 번째이기도 했다. 앨프레드 베일은 수신을 확인하는 방편으로 대법원 판사실에 있는 모스에게 그 인용문을 고스란히 반송했다. 이제 베일의 답신은 모스에게 전달되었고, 주위에 모여 있던 미국 국회의원들은 모스의 메시지가 수신되었다는 것을 확신했다. 물론 그 메시지를 골랐다는 것을 베일이 미리 알지 못했다는 가정 하에서 말이다. 하지만 베일은 자신의 확인 메시지가 수신되었다는 것을 무엇으로 확인할까?

컴퓨터과학자들에게 이 개념은 '비잔틴 장군 문제 Byzantine generals problem'라고 알려져 있다.[16] 두 장군이 공통의 적이 있는 골짜기의 양편에서 협공을 시도하려 한다고 상상하자. 완벽하게 함께 움직여야만 성공할 것이다. 어느 한쪽이 홀로 공격하는 것은 자살 행위다. 설상가상으로 한 장군에게서 다른 장군에게로 전달되는 메시지는 적이 있는 바로 그 골짜기를 가로질러서 인편으로 전달되어야 한다. 그 메시지가 전달되지 못할 가능성이 있다는 의미다.

첫째 장군은 공격할 시간이 되었다고 주장하지만, 다른 장군이 함께 움직일지 확실히 알기 전까지는 감히 공격하려 하지 않을 것이다. 둘째 장군은 명령서를 받고 확인문을 보내지만, 첫째 장군이 확인문을 받았는지(받지 못했다면 첫째 장군은 공격하지 않을 것이므로) 알지 못하는 한 감히 공격하지 않을 것이다. 첫째 장군은 확인문을 받아도, 받았다는 사실을 둘째 장군이 안다는 것을 확인하기 전까지는 공격하지 않을 것이다. 이 논리 사슬을 따르려면 메시지가 무한히 전달되어야 하므로, 그렇게 하지 않을 것이 분명하다. 의사소통은 현실에서만 작동하는 유쾌한 것들 중 하나다. 이론적으로는 불가능하다.

대다수의 시나리오에서는 의사소통 실수의 결과가 그렇게 끔찍한 사례가 거의 없으며, 확실성이 그렇게 절대적으로 필요한 사례도 거의 없다. TCP에서 실패는 대체로 죽음보다는 재전송으로 이어지므로, 한 작업 시간을 '삼중 악수 triple handshake'라는 것으로 시작하는 것도 충분히 고려할 수 있다. 방문자가 "안녕"이라고 말하면, 서버는 그 말을 수신하고서 자신도 "안녕"이라고 답하며, 방문자는 그 말을 들었음을 통지한다. 서버가 이 세 번째 메시지를 수신한다면, 더 이상의 확인은 필요하지 않고, 더 이상의 진행을 멈춘다. 하지만 첫 연결이 이루어진 뒤에도, 나중의 어떤 패킷이 손상되거나 전송 도중에 사라지거나, 순서가 뒤바뀌어 도착할 위험이 여전히 있다. 우편물

배달에서는 소포 전달을 수령증 반송을 통해 확인할 수 있다. 온라인에서는 패킷 전송을 확인 응답 패킷Acknowledgment packet, ACK을 통해 확인한다. ACK는 망의 기능에 대단히 중요하다.

ACK의 작동 방식은 단순하면서 영리하다. 삼중 악수 장면의 배후에서 각 기계는 상대방에게 일종의 일련번호serial number를 제공한다. 그리고 수표책의 수표들처럼, 패킷을 보낼 때마다 기계는 매번 일련번호를 하나씩 증가시킨다. 예를 들어, 당신의 컴퓨터가 웹 서버와 접촉을 시작한다면, 서버에 이를테면 100이라는 숫자를 보낼 수도 있다. 이어서 서버가 보낸 ACK는 서버 자신의 패킷이 어느 일련번호에서 시작할 것이라고 알려줄 것이고(5,000이라고 하자), 또 "101을 받을 준비가 되었음"이라고도 말할 것이다. 당신 컴퓨터의 ACK는 101을 보낼 것이고, "5,001을 받을 준비가 되었음"이라는 말도 보낼 것이다. (이 두 계수 체계는 서로 완전히 독립적이고, 각 서열을 시작하는 수는 대개 무작위로 고른다는 점에 유념하자.)

이 메커니즘은 패킷이 잘못될 때 알아차릴 손쉬운 방법을 제공한다. 서버가 101을 예상하고 있는데 102를 받는다면, 서버는 패킷 102의 ACK를 보내면서, 여전히 "101을 받을 준비가 되었음"이라고 말한다. 다음에 패킷 103을 받으면, 다시 "101을 받을 준비가 되었음"이라고 말할 것이다. 이런 중복된 ACK가 3회 연달아 보내지면서 당신의 컴퓨터에게 101이 단지 지연되고 있는 것이 아니라 가망 없이 사라졌다고 알릴 것이고, 그러면 당신의 컴퓨터는 그 패킷을 다시 보낼 것이다. 그 시점에서 서버(패킷 102와 103을 간직하고 있는)는 "104를 받을 준비가 되었음"이라고 말하는 ACK를 보냄으로

써, 서열이 복구되었음을 알린다.[17]

이 모든 승인은 사실상 상당한 양의 트래픽을 추가할 수 있다. 예를 들어, 우리는 큰 파일의 전송을 한 방향 작업이라고 생각하지만, 사실 수신자는 발신자에게 수백 통의 '제어 메시지control message'를 보내고 있다. 2014년 하반기 보고서에는 트래픽이 가장 많은 시간대에 상향 인터넷 트래픽의 거의 10%가 넷플릭스Netflix 때문임을 보여준다.[18] 우리는 넷플릭스의 트래픽이 거의 전적으로 하향, 즉 사용자에게 데이터를 보내는 것이라고 생각하기 쉽다. 하지만 그 모든 동영상은 엄청난 양의 ACK를 생성한다.

인간의 영역에서 '메시지가 정말로 수신되고 있을까?' 하는 불안은 마찬가지로 대화 속에 배어 있다. 화자는 말끝마다 무의식적으로 "알겠어?"를 덧붙일지도 모르고, 듣는 이도 나름대로 끄덕임, 예, 아하, 알겠어, 그렇군, 으흠 등을 꾸준히 생성하지 않고는 못 배긴다. 우리는 대면하여 대화할 때도 그렇게 하지만, 전화 통화에서는 그런 것들이 통화가 아직 진행되고 있음을 알리는 유일한 방법일 때도 있다. 21세기의 가장 성공한 무선 통신 마케팅 광고에 망기술자의 품질 관리 표어가 반복해서 등장하는 것도 놀랄 일은 아니다. "지금 내 말 들려요?" 때로 이런 교환이 잘못될 때, 우리는 물음표를 남기곤 한다. 소프트웨어 블로거 타일러 트릿Tyler Treat은 이렇게 말한다.

분산 시스템에서는 받았다는 확인 응답을 기다림으로써 메시지의 전달을 보증하려고 시도하지만, 온갖 종류의 일들이 잘못될 수 있다. 메시지가 도중에 사라졌나? ACK가 사라졌나? 수신자에게 문제가 생졌나? 그냥 느릴 뿐인가? 망이 느린가? 내가 느린가?[19]

　　그는 비잔틴 장군들이 직면한 문제가 "설계 복잡성이 아니라, 불가능성이라는 결과다"라고 우리에게 상기시킨다.

　　빈트 서프는 더 이전의 네트워킹 연구가 "신뢰할 수 있는 기본 망을 구축할 수 있다는 가정에 토대를 두었다"고 지적한다. 반면에 "인터넷은 언제라도 신뢰할 수 있는 망은 없다는 가정에 토대를 두었으며, 복구하려면 철저히 재전송을 해야 한다."[20]

　　얄궂게도 여기에 몇 가지 예외가 되는 것 중의 하나는 인간의 목소리를 전달할 때다. 스카이프 같은 실시간 음성 통신은 대개 TCP를 쓰지 않는다. 인터넷의 나머지 대부분의 영역에서 토대가 되어 있는 프로토콜을 말이다. 연구자들이 네트워킹의 초창기에 발견했듯이, 인간의 음성을 전달하기 위해 신뢰할 수 있는 강건한 프로토콜—ACK와 사라진 패킷의 재전송을 포함한—을 쓴다는 것은 과잉 행동이다. 인간은 스스로 강건함을 제공한다. 서프는 이렇게 설명한다. "음성의 사례에서는 패킷을 잃으면, 그냥 말하죠. '다시 말해줘요. 잘 못 들었어요'라고."[21]

　　이런 이유로, 배경 잡음을 자동적으로 제거하는 전화 서비스는 사용자에게 불편을 안겨주고 있다. 배경 소음은 전화가 아직 연결되어 있음을 지속적으로 재확인시킨다. 만약 배경 소음이 없다면 전화가 끊겼을 가능성에 끊임없이 대면해야 하고, 끊기지 않았음을 끊임없이 재확인해야 한다. 이는 모든 패킷 교환 프로토콜, 사실 비동조적 전환에 토대를 둔 모든 매체(편지 쓰기든, 문자 보내기든, 온라인 데이트에서의 잠정적인 대화든)의 불안이기도 하다. 모든 메시지는 마지막이 될 수 있고, 응답하는 데 시간이 걸리는 쪽과 대화를 끝낸 지 오래된 쪽 사이에 아무런 시간차를 찾을 수 없는 사례도 흔하다.

그렇다면 신뢰할 수 없는 사람―또는 컴퓨터―을 정확히 어떻게 다루어야 할까? 첫 번째 질문은 무반응 기간이 얼마나 오래가야 고장이라고 받아들여야 하느냐는 것이다. 이는 어느 정도는 망의 특성에 의존한다. 우리는 전화 통화에서는 몇 초, 전자우편에서는 며칠, 우편물에서는 몇 주가 지날 때 걱정하기 시작한다. 발신자와 수신자 사이의 왕복 시간이 길수록, 침묵이 의미심장해지는 데 더 오래 걸린다. 그리고 발신자가 문제가 있음을 깨닫기 전까지 더 많은 정보가 '떠돌고' 있을 수 있다. 네트워킹에서는 당사자들이 승인이 이루어지기까지 얼마나 걸릴지 자신의 기댓값을 적절히 조율하는 것이 시스템이 제 기능을 하는 데 대단히 중요하다.

물론 두 번째 질문은 일단 고장이 났다고 인정하면, 정확히 무엇을 해야 하는가이다.

## 지수 백오프: 용서의 알고리즘

세계에서 가장 번역하기 어려운 단어는 콩고민주공화국 남동부에서 쓰이는 칠루바족 언어의 '일룽가(ilunga)'라고 알려져 있다. 일룽가는 '어떤 모욕이든 처음에는 용서하고, 두 번째까지는 참아낼 준비가 되어 있지만, 세 번째에는 결코 용납하지 않는 사람'을 뜻한다.
– 〈BBC 뉴스〉[22]

첫 시도에 성공하지 못한다면 다시, 또다시 시도하라.
– T. H. 팰머 [23]

오늘날 우리는 자신의 장치가 유선으로 쉽게 연결될 때에도 무선으로 통신을 할 거라고 예상한다. 한 예로, 우리의 자판과 마우스는 몇 센티미터 떨어져 있는 컴퓨터와 무선으로 대화를 한다. 그러나 무선망은 일을 할 수 있는 유선망이 전혀 없는 곳에서 필요했기에 시작되었다. 바로 하와이에서였다.

1960년대 말과 1970년대 초에 호놀룰루에 자리한 하와이대학교의 노먼 에이브램슨<sup>Norman Abramson</sup>은 4개의 섬, 수백 킬로미터에 걸쳐 흩어져 있는 그 대학교의 7개 교정과 여러 연구소들을 하나로 연결하고자 애쓰고 있었다.[24] 그는 전화망보다는 무선을 통해 패킷 교환을 실행한다는 착상을 떠올렸다. 송신기와 수신기의 느슨한 사슬로 섬들을 연결한다는 구상이었다. 이 시스템은 알로하넷<sup>ALOHAnet</sup>이라고 알려지게 된다.

알로하넷이 극복해야 할 가장 큰 장애물은 간섭이었다. 때로 두 기지국은 동시에 송신함으로써 뜻하지 않게 서로의 신호를 방해하곤 했다. (물론 이것은 인간 대화에서의 친숙한 특징이기도 하다.) 두 기지국이 단순히 곧바로 재송신하여 메시지를 전달하려 시도한다면, 영구적인 간섭에 빠지게 될 위험이 있었다. 따라서 알로하넷 프로토콜은 경쟁하는 신호들에게 서로 공간을 내주고, 양보하여 서로 지나가게 하는 방법을 알려줄 필요가 분명히 있었다.

여기서 송신자가 맨 처음 해야 할 일은 '대칭 파괴breaking symmetry'이다. 인도를 걷는 보행자라면 다 알다시피, 마주 오는 사람이 오른쪽으로 비킬 때 당신이 왼쪽으로 비켰다가, 이어서 동시에 반대 방향으로 비킨다면 아무것도 해결되지 않는다. 두 화자가 동시에 말을 멈추고 상대를 존중한다는 몸짓을 한 뒤, 동시에 다시 말을 시작하는 상황도 똑같다. 또는 두 차가 길을 교차할 때, 양보하기 위해 멈추었다가 동시에 가속하는 사례도 마찬가지다. 이런 분야들에서는 무작위성을 활용할 수밖에 없다. 사실 네트워킹은 무작위성이 없다면 불가능할 것이다.

한 가지 손쉬운 해결책은 각 기지국이 동전을 던지도록 하는 것이다. 앞면이 나오면 재전송하고, 뒷면이 나오면 차례를 기다린 뒤 재전송을 한다. 둘 중의 한 곳은 오래 기다리지 않고 경쟁 없이 보내게 될 것이 확실하다. 이 방식은 송신자가 둘밖에 없을 때 충분히 잘 작동한다. 하지만 동시 신호가 3개라면 어떨까? 4개라면? 망이 그 시점에 하나의 패킷이라도 보낼 확률은 4분의 1이 될 것이다(그 뒤에도 여전히 충돌하는 3개의 기지국이 남아 있을 것이고, 아마 그 와중에도 더 많은 경쟁하는 신호들이 도달하고 있을 것이다). 충돌 횟수가 더욱 증가함에 따라, 망의 처리량은 그저 나락으로 떨어질 수 있다. 알로하넷에 관한 1970년의 한 보고서에는 전파의 평균 이용률이 18.6%를 넘어서기만 해도, "채널은 불안정해지고 평균 재송신 횟수는 무한해진다"고 했다. 좋지 않다.[25] 그렇다면 어떻게 해야 할까? 시스템이 이 운명을 피할 수 있게 할 방법이 있을까?

매번 잇달아 실패할 때마다 평균 지연 시간을 늘리는 것이 돌파구임이 드러났다. 특히 다시 송신하려고 시도하기 전에 잠재적 지연 시간을 2배로 늘리는 것이었다. 즉 첫 실패 뒤에, 송신자는 한 차례나 두 차례 뒤에 무작위로 재송신을 한다. 두 번째로 실패한 뒤에는 한 차례에서 네 차례 뒤의 어느 차례에 다시 시도한다. 연달아 세 번째 실패하면, 첫 번째에서 여덟 번째 차례 사이의 어느 시점까지 기다린다는 의미가 된다. 이 우아한 접근법은 망이 경쟁하는 신호들의 수가 아무리 많아도 수용할 수 있게 해준다. 최대 지연 길이(2, 4, 8, 16…)가 지수적 진행을 이루므로, 이를 '지수 백오프Exponential Backoff'라고 부른다.

지수 백오프는 1971년에 출범한 알로하넷이 성공적으로 작동하는 데 큰 기여를 했고, 1980년대에 TCP로 발전하여 인터넷의 중요한 일부가 되었다. 30년이 지난 지금도 여전히 그렇다. 한 영향력 있는 논문에는 이렇게 적혀 있다. "미지의 알 수 없고 끊임없이 변하는 경쟁하는 대화 집단들을 지니고, 미지의 위상을 지닌 망에 박힌 전송 끝점에 대해 작동할 것이라는 희망을 지닌 방식은 단 하나밖에 없다. 바로 지수 백오프다."[26]

더 규범적이고 더 심오한 무언가를 시사하는 것은 그 알고리즘의 다른 용도들이다. 단지 충돌 회피를 넘어서, 지수 백오프는 망 실패나 불신의 거의 모든 사례에 대처하는 표준 방법이 되어왔다. 한 예로, 당신의 컴퓨터가 폐쇄된 듯이 보이는 웹사이트에 접속을 시도할 때, 컴퓨터는 지수 백오프를 쓴다. 1초 뒤에 다시 시도하고, 이어서 몇 초 뒤에 다시 시도하는 식이다. 그 방식은 모두에게 좋다. 호스트 서버가 온라인에 복귀하자마자 엄청난 접속 요청에 다시 접속 불능이 되는 상황을 예방하고, 당신의 컴퓨터가 억지로 접속하려고 너무 많은 노력을 낭비하는 것을 막아준다. 하지만 흥미롭게도 이 방식은 당신의 컴퓨터가 완전히 포기하도록 강요하지도 (또는 허용하지도) 않는다.

지수 백오프는 망 보안의 중요한 일부이기도 하다. 계정에 접속하려고 입력하는 비밀번호가 계속 실패할 때는 잠금 시간을 기하급수적으로 증가시킴으로써 벌점을 부과한다. 이는 해커가 계정에 '사전적 공격 dictionary attack'을 쓰는 것을 막아준다. 사전적 공격은 운 좋게 들어맞을 때까지 가능성 있는 비밀번호들을 잇달아 입력하는 것이다. 동시에 지수 백오프는 다른 문제도 해결한다. 어떤 임의의 차단 횟수가 지난 뒤에 영구히 접속이 차단되는 일이 아무리 잘 까먹는 사람이라고 해도 계정의 실제 소유자에게는 일어나서는 안 된다.

인류 사회는 사람들에게 어떤 유한한 횟수의 기회를 연달아 준 뒤, 그 이후에는 완전히 포기하는 정책을 채택하는 경향이 있다. 3번 실패하면 기회를 박탈당하는 것이 대표적이다. 이 양상은 용서, 자비, 인내를 요구하는 거의 모든 상황에서 기본 방식으로 널리 쓰인다.

한마디로 하자면, 우리는 잘못하고 있는 것인지도 모른다.

최근에 우리 친구는 약속을 막판에 계속 깨곤 하는 당혹스러운 습관을 갖고 있던 어릴 때부터 알던 지인 때문에 심각한 고민에 빠졌다. 어떻게 해야 할까? 그녀는 이정도 했으면 충분하다고 제멋대로이고 힘겹게 느껴지는 그 관계를 완전히 포기하기로 결심하면서도, 끝없는 실망과 시간 낭비로 이어지기 쉬운 어리석어 보이는 계속된 일정 변경을 이어간다. 이럴 때 해결책이 있다. 초대율에 지수 백오프를 적용하는 것이다. 일주일 동안의 일정 변경을 시도하고, 이어서 2주, 그 다음에는 4주, 8주 단위로 시도하라. '재전송율'은 0으로 떨어진다. 하지만 결코 완전히 포기할 필요는 없다.

또 한 친구는 마약 중독에 빠진 적이 있는 식구에게 살 곳과 돈을 지원해야 할지 모른척할지의 여부로 고심했다. 그녀는 그가 새사람이 될 거라는 희망을 버리지도 못하겠고, 도움을 바라는 그에게 등을 돌린다는 생각도 견딜 수가 없었다. 하지만 자기 집에 그를 들였을 때에 해야 할 온갖 일들도 받아들일 수가 없었다. 그의 옷을 사고, 그를 위해 요리도 하고, 그의 은행 계좌도 다시 열고, 매일 아침 그를 직장까지 태워주고 하는 일들이었다. 게다가 그는 수수께끼처럼 갑작스럽게 모든 돈을 갖고 사라졌다가, 몇 주 뒤에야 전화를 걸어 용서를 구하면서 다시 집에 들여보내달라고 애원하곤 했었다. 정말 잔인하면서 불가능한 선택처럼 보였다.

이런 사례들에서 지수 백오프는 마법의 만병통치약은 아니지만, 상황을 진척시킬 가능성을 하나 제시한다. 한 예로, 온전한 정신으로 지내는 기간을 기하급수적으로 늘릴 것을 요구하면, 집안 규칙을 또다시 어기려는 동기가 꺾일 것이다. 그 식구는 돌아올지를 진지하게 생각할 때 더 열심히 사는 모습을 보여주게 될 것이고, 집주인은 반복되는 스트레스를 받지 않게 될 것이다. 아마 가장 중요한 점은 집주인이 친척들에게 그를 영원히 포기했다거나 그가 구제불능이라고 말할 필요가 없어질 거라는 사실이다. 유한한 인내심과 무한한 자비를 갖는 방법을 제공한다. 어쩌면 우리는 굳이 선택할 필요가 없어질 것이다.

사실 지난 10년 사이에 사법 체계 자체는 지역의 마약 중독자를 감시하는 방식 측면에서 조용한 혁신을 일으켜왔다. 이 혁신은 호프 HOPE라는 예비 실험 계획을 통해 시도되고 있다.[27] 호프는 알로하넷의 지수 백오프 원리를 이용한다. 그리고 놀라운 우연의 일치로 알로하넷의 탄생지에서 시작되었다. 바로 호놀룰루에서다.

하와이의 제1 순회 재판소에서 준법 선서를 한 직후, 스티븐 앨름 Steven Alm 판사는 어떤 패턴이 두드러진다는 것을 알아차렸다. 집행 유예를 받은 자들이 집행 유예 기간에 계속 법을 위반하곤 하며, 순회 판사는 으레 자신의 재량권을 이용하여 그들을 경고만 하고 풀어준다는 것이었다. 하지만 어떤 시점에 이르면(가령 10여 차례 더 법을 위반하면), 판사는 엄격해지자고 마음먹고서 그 범법자를 몇 년 동안 투옥시키는 실형을 선고하곤 했다.

앨름은 이렇게 말한다. "나는 생각했죠. 이런 제정신이 아닌 방법으로 누군가의 행동이 바뀔 리가 있겠냐고요."[28] 그래서 앨름은 거의 정반대라 할 수 있는 방식을 제안했다. 심리 일정이 오래 미루어지면서 언제 재판정으로 오라고 할지 불확실하고, 때로 엄청난 처벌을 내리곤 하는 대신에, 호프는 처음에 단 하루를 투옥시키는 것으로 시작하여 사고를 매번 저지를 때마다 투옥 기간을 늘리는 즉각적이고 미리 정해놓은 처벌 방식을 쓴다. 법무부는 5년간 조사한 끝에 호프의 적용을 받는 집행 유예자가 일반 집행 유예자보다 새로운 범죄로 체포되거나 집행 유예가 철회되는 비율이 절반으로 줄어들었다고 발표했다. 그리고 마약에 손댈 확률도 72% 낮았다. 그 뒤로 미국의 17개 주가 하와이를 본받아서 자기 주에 맞게 수정한 호프를 출범시켰다.

## 흐름 제어와 혼잡 회피

컴퓨터 네트워킹은 처음에 신뢰할 수 없는 연결 통로로 신뢰할 수 있는 전송이 이루어지도록 하는 데 초점을 맞추었다. 이 노력이 대성공을 거두었음이 드러나자, 즉시 두 번째 과제가 부상했다. 망이 과부하가 걸려서 붕괴하는 재앙을 피할 수 있도록 해야 했다. TCP가 데이터를 A지점에서 B지점으로 보내는 문제를 해결하자마자, 정체라는 문제에 직면한 셈이었다.

가장 의미심장한 초기 경고가 나온 것은 1986년이었다. 로렌스버클리연구소**LBL**와 UC버클리 교정**UCB**을 연결하는 통신선에서였다. 두 곳은 축구장만 한 거리를 두고 있었다. (버클리에서 그 공간은 실제로 축구장으로 쓰이고 있다.) 어느 날, 대개 초당 3만 2,000비트를 보내던 그 통신선의 대역이 갑자기 초당 겨우 40비트로 떨어졌다. 피해 당사자인 LBL의 밴 제이콥슨 Van Jacobson과 UCB의 마이클 캐럴스Michael Karels는 "대역이 갑자기 1,000분의 1 수준으로 떨어진 것에 흥미를 느꼈고 왜 그렇게 상황이 나빠졌는지 조사에 착수했다."[29]

한편으로 그들은 전국의 다른 네트워킹 종사자들도 같은 일을 겪고 있다는 소문을 들었다. 제이콥슨은 기본 코드를 살펴보기 시작했다. "프로토콜에 뭔가 오류가 있는 것이 아닐까?" 그는 궁금증이 일었다. "그 점을 소규모로 검사하고 있는데, 갑자기 붕괴하더군요"라고 그는 말했다.[30]

회선 교환과 패킷 교환의 가장 큰 차이점 중의 하나는 혼잡을 다루는 방식에서 드러난다. 회선 교환에서는 시스템이 채널 요청을 승인할 수 없는 상황이면 곧바로 거절한다. 통화량이 최대인 시간대에 전화를 걸려고 하면, '특별 안내 방송'이 나오면서 "모든 회선이 사용중"이라는 투의 문구가 뜨곤 하는 것이 그 때문이다.

패킷 교환은 근본적으로 다르다. 전화망은 꽉 차는 반면, 우편망은 느려진다. 망에는 송신자에게 다른 송신자들이 얼마나 많이 있는지, 즉 어느 시점에 망이 얼마나 혼잡한지를 명확히 알려주는 것이 전혀 없다. 그리고 혼잡 수준은 끊임없이 변한다. 따라서 송신자와 수신자는 통신뿐 아니라 메타통신도 해야 한다. 즉 데이터가 얼마나 빨리 보내지고 있는지를 파악할 필요가 있다. 어떻게 하든 간에 잡다한 패킷 흐름들—명시적인 관리나 조정이 없는 상태에서 이루어지는—은 서로의 길을 방해하지 않으면서 새로 공간이 생기기만 하면 재빨리 비집고 들어가야 한다.

제이콥슨과 캐럴스의 탐색 작업 덕분에 흐름 제이와 혼잡 회피 알고리즘에 수정이 이루어졌다. 40년 동안 TCP에 일어난 가장 큰 변화 중 하나였다.

TCP 혼잡 제어의 핵심에는 '**합 증가, 곱 감소**Additive Increase, Multiplicative Decrease, AIMD'라는 알고리즘이 있다. AIMD가 발동되기 전까지, 새 연결은 전송률을 공격적으로 높일 것이다.[31] 첫 번째 패킷이 수신에 성공하면, 2개의 패킷을 보내고, 그것이 잘 수신되면 4개를 보내는 식으로 늘려간다. 하지만 어느 패킷의 ACK가 송신자에게 반송되지 않으면, AIMD 알고리즘이 작동한다. AIMD 하에서는 어떤 패킷 더미가 다 수신되면, 보내는 패킷의 수가 2배로 느는 것이 아니라 단지 1개씩 증가하며, 패킷 수신이 안 되면 전송률이 절반으로 떨어진다(합 증가, 곱 감소라는 이름이 붙은 것도 그 때문이다). 본질적으로, AIMD는 누군가가 이렇게 말하는 형태다. "좀 더, 좀 더, 조금만 더. 이런, 너무 많아졌어, 다시 줄여. 좋아, 조금만 더, 좀 더……." 그리하여 'TCP 톱니TCP sawtooth'라는 독특한 모양의 대역이 생긴다. 꾸준히 상승하다가 갑자기 떨어지는 형태다.

왜 그렇게 갑자기 비대칭적으로 떨어질까? 제이콥슨과 캐럴스의 설명에 따르면, AIMD가 처음 발동할 때는 연결 통로가 패킷이 처음에 공격적으로 상승하다가 첫 번째로 패킷 감소를 경험하는 순간이다. 그 초기 단계에서는 보내기가 성공할 때마다 전송률이 2배로 증가하므로, 문제가 생기자마자 전송 속도를 절반으로 떨어뜨리는 것이 지극히 타당하다. 그리고 전송이 재개될 때 다시 속도가 떨어지기 시작한다면, 어떤 새로운 연결이 이루어져서 망 내 경쟁이 일어나기 때문일 가능성이 높다. 이런 상황을 가장 보수적으로 평가하는 것—즉 처음에는 당신 혼자서 망을 썼지만, 지금은 한 사람이 더 들어와서 망 자원의 절반을 쓴다고 가정—도 속도를 절반으로 떨어뜨리는 이유가 된다. 여기서는 보수적인 견해를 취하는 것이 필수적이다. 망은 적어도 과부하가 일어나는 속도만큼 빨리 사용자들의 속도를 떨어뜨릴 때에만 안정적일 수 있기 때문이다. 같은 이유로 단순히 하나씩 더하면서 늘리면 급격한 과부화와 회복의 순환 과정이 반복되는 일을 예방함으로써, 모두를 위해 망을 안정시키는 데 도움이 된다.

비록 자연에서는 덧셈과 곱셈이 그렇게 엄격하게 구분되는 사례가 없을 듯하지만, TCP 톱니는 그 개념이 안전하게 적용될 수 있는 다양한 영역에서 유용하게 쓰인다.

한 예로, 2012년에 우연히 이루어진 공동 연구를 통해서 스탠퍼드대학교의 생태학자 데보라 고든**Deborah Gordon**과 컴퓨터과학자 발라지 프라바카르**Balaji Prabhakar**는 인간이 흐름 제어 알고리즘을 개발하기 수백만 년 전에 개미가 이미 그것을 개발한 듯하다는 사실을 발견했다. 컴퓨터 망처럼, 개미 군체는 자체 '흐름'을 관리하려고 할 때 할당 문제에 직면한다. 여기서는 먹이를 찾아나서는 개미들의 흐름을 가리킨다. 이 흐름은 다양한 조건에서 개미들이 먹이 조달에 성공하는 속도에 크게 영향을 미칠 수 있다.

그리고 인터넷의 컴퓨터들처럼, 개미들도 어떤 중앙 결정권자의 도움 없이 이 공통의 문제를 해결해야 한다. 대신에 개미들은 고든이 '계층 구조 없는 제어'라고 부르는 방식을 개발했다.[32] 이 개미들의 해결책도 비슷하다는 것이 드러난다.[33] 먹이를 찾는 데 성공한 개미들이 있는 곳으로 점점 더 많은 개미들이 향하고, 성공하지 못하고 돌아오는 곳으로는 탐색 활동이 줄어드는 되먹임 고리가 생성된다.

다른 동물들도 독특한 톱니 모양을 보여주는 TCP 흐름 제어를 연상시키는 행동을 보인다. 사람들이 남긴 음식 찌꺼기를 찾아다니는 다람쥐와 비둘기는 한 번에 한 걸음씩 살금살금 다가가다가 이따금 뒤로 핵 뛰어 물러났다가 다시 살금살금 다가가곤 한다. 인간의 의사소통 자체도 그들 사이에 전달되는 프로토콜을 반영하고 있을지도 모른다. 모든 문자 메시지나 전자우편의 답신은 재답신을 부추기는 반면, 회신이 없는 메시지는 흐름을 중단시킨다.

더 폭넓게 보면, AIMD는 불확실하고 요동치는 상황에서 한정된 자원을 할당하려고 애쓰는 삶의 여러 분야들에서 유용한 접근법일 수 있음을 시사한다.

1960년대에 교육학자 로렌스 J. 피터<sup>Laurence J. Peter</sup>는 비꼬는 투의 이른바 '피터 원리<sup>Peter Principle</sup>'를 내놓았다. "모든 직원은 자신의 무능함 수준을 높이려는 경향을 보인다"는 것이다.[34] 기본 개념은 이렇다. 계층 구조를 지닌 조직에서 유능하게 일을 잘하는 사람은 승진으로 보상을 받아서 새로운 일을 맡게 되는데, 그 일은 더 복잡하면서 다른 도전 과제들을 수반하기 마련이다. 그 직원이 마침내 잘 수행하지 못할 일을 맡게 될 때 승진이라는 행군은 멈출 것이고, 남은 직장 생활 내내 그 일을 하면서 보내게 될 것이다. 따라서 피터 원리라는 불길한 논리에 따르면, 조직의 모든 자리는 결국 그 일을 잘 못하는 사람들로 채워지게 될 거라는 추론이다. 피터가 이 원리를 정립하기 약 50년 전인 1910년, 스페인 철학자 호세 오르테가 이 가세트 José Ortega y Gasset 도 같은 생각을 피력했다. "당장 모든 공무원을 더 낮은 지위로 강등시켜야 한다. 그들은 무능해지는 자리까지 승진했기 때문이다."[35]

일부 조직은 더 이상 승진하지 못하는 직원을 그냥 해고함으로써 피터 원리를 교정하려 시도해왔다. 잘나가는 법률회사인 크래버스 스와인 앤 무어가 고안한 이른바 크래버스 시스템 Cravath System 은 거의 이제 막 졸업장을 받은 사람들만을 채용하여 가장 낮은 지위에 배치한 다음, 해마다 승진시키거나 해고하는 방식을 적용한다.[36] 1980년, 미 육군은 국방장교관리법 Defense Officer Personnel Management Act 을 통해 비슷한 '승진 아니면 퇴출' 정책을 채택했다.[37] 영국도 '인력 운영 manning control'이라는 비슷한 방식을 추구하면서 큰 논쟁을 야기해 왔다.[38]

피터 원리의 제도적인 침체와 '승진 아니면 퇴출' 방식의 가혹함 사이에 어떤 중간 경로, 다른 대안이 있을까? AIMD 알고리즘은 그런 접근법을 제공할 수 있다. 변덕스러운 환경의 요구 조건에 대처하도록 명시적으로 설계되어 있기 때문이다. 컴퓨터 망은 자신의 최대 전송 능력에다가 고객의 전송률까지 관리해야 한다. 그리고 그것들은 모두 예측할 수 없이 요동칠 수 있다. 마찬가지로 경제라는 환경에서, 기업은 한정된 자금으로 경영해야 하며, 각 직원이나 거래자는 능력에 따라 할 수 있는 일과 다룰 수 있는 책임의 범위에 한계가 있다. 모든 이들의 욕구, 능력, 협력 관계는 늘 유동적이다.

TCP 톱니로부터 얻은 교훈은 예측 불가능하고 변화하는 환경에서는 실패할 지점까지 모든 것을 최대한 밀어붙이는 것이 때로는 사실상 모든 자원을 최대로 이용하는 최선의 (또는 유일한) 방법이라는 것이다. 여기서 중요한 것은 실패에 대한 반응이 예민하면서도 탄력성을 띠도록 해야 한다는 것이다. AIMD 하에서, 모든 연결은 이상이 일어나기 전까지 계속 가속되다가, 이상이 생기면 절반으로 속도를 줄였다가, 즉시 다시 가속을 시작한다. 그리고 비록 현재 기업 문화의 거의 모든 규범을 어기는 것이긴 하지만, 해마다 모든 직원을 조직도 상에서 한 단계 위로 승진시키거나 강등시키는 기업도 상상해볼 수 있다.

로렌스 J. 피터가 간파했듯이, 음험한 피터 원리는 "계층 구조적인 삶의 첫 번째 계명, 즉 계층 구조는 보존되어야 한다"는 것 때문에 기업에서 등장한다. 대조적으로 TCP는 융통성의 가치를 가르친다. 기업은 '수평flat' 계층 구조와 '수직tall' 계층 구조를 이야기하지만, 사실 역동적인 계층 구조를 이야기해야 할지도 모른다. AIMD 시스템 하에서는 어느 누구도 업무가 과중하다고 오래 걱정하지 않고, 승진에 누락되었다고 오래 분개하지도 않는다. 둘 다 일시적이고 자주 교정이 이루어지며, 시스템은 모든 것이 끊임없이 변하는 와중에도 거의 평형 상태에서 맴돈다. 아마 언젠가 우리는 자기의 경력을 톱니 모양으로 이야기하게 될 것이다.

네트워킹의 흐름 제어를 들여다보면, 상향 ACK 패킷이 전송에 응답을 하고 제대로 이루어졌다고 확인을 해줄 뿐 아니라, 이 상호작용 전체의 윤곽 및 속도와 박자도 빚어낸다는 것이 명확해진다. 이는 우리에게 의사소통에서 되먹임(피드백)이 얼마나 중요한지를 상기시키는 동시에 한 가지 깨달음을 안겨준다. 앞서 살펴보았듯이, TCP에서 한 방향 전송 같은 것은 결코 없다. 지속적인 되먹임이 없다면, 송신자는 거의 즉시 전송을 늦출 것이다.

신기하게도, 네트워킹 분야에서 되먹임이 중요한 역할을 한다는 점을 점점 깨달아가던 시기에 언어학계에서도 거의 동일한 유형의 발전이 일어나고 있었다. 20세기 중반에 언어학은 노엄 촘스키[Noam Chomsky]의 이론이 주도하고 있었다. 그 이론은 가장 완벽하고 이상적인 상태의 언어를 상정했다. 마치 모든 의사소통이 글로 적히는 양, 완벽하게 유창하고, 문법에 맞고, 끊기지 않는 문장들로 이루어진다고 보았다.[39]

하지만 1960년부터 1970년대 사이, 구어의 실용적인 측면에 관심이 쏠리면서 의사소통이 이루어지는 단계마다 듣는 이의 반응에 맞추어서 문장이나 이야기의 전환, 끊김, 조성을 조정하는 과정들이 대단히 정교하면서 미묘하다는 사실이 드러났다. 일방적인 의사소통처럼 보이는 것조차도 사실은 협력 행위임이 드러난 것이다. 언어학자 빅터 잉베[Victor Yngve]는 1970년에 이렇게 썼다. "사실 말하는 사람과 그 상대방은 둘 다 동시에 말하면서 듣고 있다. 내가 역 통로라고 부르는 것이 존재하기 때문이다. 그 통로를 통해서 말하고 있는 사람은 말을 멈추지 않고서도 '그래'와 '아하' 같은 짧은 메시지를 받는다."[40]

인간의 '맞장구<sup>backchannel</sup>'를 조사하자 언어학 분야에서 전혀 새로운 미지의 세계가 드러났다. 그 즉시 의사소통의 역동성, 특히 듣는 이의 역할을 전면적으로 재평가하는 작업이 시작되었다. 빅토리아 대학교의 재닛 바벨라스<sup>Janet Bavelas</sup> 연구진은 많은 새로운 것들을 밝혀냈다. 그들은 누군가가 남의 이야기에 귀를 기울이고 있는데 이야기가 딴 길로 흐를 때 어떤 일이 일어나는 것인지를 조사했다. 듣는 이의 이해력 쪽에서 문제가 생기는 것이 아니라, 이야기 쪽에서 문제가 생기는 것이었다. 연구진은 적절한 되먹임이 없을 때, 이야기가 엉망이 된다는 것을 발견했다.

구사일생으로 살아난 이야기를 하고 있는데 듣는 이의 정신이 딴 데 가 있을 때, 화자가 전반적으로 이야기를 잘 못 하고 특히 극적인 결론이 나와야 할 대목에서 제대로 못 하고 있었다. 그들은 갑작스럽게 결말을 짓거나 애매모호하게 끝내거나, 했던 말을 또 하면서 결말을 두 번 이상 말하기도 했고, 뻔한 위기 상황을 설명함으로써 이야기를 정당화하기도 했다.[41]

우리 모두는 이야기하고 있는데 상대가 시선을 딴 데로—어쩌면 휴대전화로—돌리는 일을 경험해본 적이 있다. 그럴 때 우리는 '내

이야기가 너무 재미 없나?'라고 생각하게 된다.

사실, 지금은 원인과 결과가 그 반대일 때도 있다는 것이 명확해졌다. 정말로 듣는 이의 태도에 따라 이야기가 산으로 갈 수도 있다.

인간 맞장구의 정확한 기능과 의미를 이해하기 위해 지금도 활발하게 연구가 이루어지고 있다. 2014년, UC산타크루즈의 잭슨 톨린스 **Jackson Tolins**와 진 폭스 트리**Jean Fox Tree**는 우리의 이야기에 양념을 치는 그런 별 눈에 띄지 않는 "오호", "그래", "흠", "아하" 같은 말들이 화자에서 청자로의 정보 흐름을 조절하는 독특하면서 정확한 역할을 수행한다는 것을 보여주었다.[42] 속도와 내용의 세부 수준, 양쪽으로 모두 그렇다.

정말로 그런 말들은 모든 면에서 TCP의 ACK만큼 중요하다. 톨린스는 이렇게 말한다. "사실 남들보다 이야기를 더 잘 못 하는 사람도 있긴 하지만, '이야기를 잘하지 못하는 사람'이라는 평판은 적어도 어느 정도는 청중 탓일 수 있어요."[43]

이 깨달음은 그가 강의할 때 받았던 중압감 중 일부를 덜어내는 예기치 않은 부수적 효과를 일으켰다. 물론 바로 그 결과를 설명하는 강의도 포함해서다. 그는 이렇게 농담을 한다. "맞장구 이야기를 할 때면, 나는 지금 내 이야기에 맞장구를 치는 방식에 따라 내가 하는 말이 달라진다고 청중에게 늘 말해요. 그러니까 내가 얼마나 잘하는지는 듣는 여러분의 책임이라는 거죠."

큐의 원인과 의미를 오해한 탓에 효과적인 큐 관리법의 개발이 지체되어왔다.
— 캐틀린 니콜스와 밴 제이콥슨[44]

때는 2010년 여름이었다. 많은 부모들처럼, 짐 게티스[Jim Gettys]도 집의 와이파이망이 너무 느리다는 아이들의 잦은 투덜거림을 적당히 받아넘기고 있었다. 하지만 대다수의 부모와 달리 게티스는 HP, 알카텔루슨트, 월드와이드웹컨소시엄, 국제 인터넷 표준화 기구에서 일했다. 그는 말 그대로 1999년에 지금도 쓰이고 있는 HTTP 명세서의 편집자였다.[45] 그래서 기계 장치에 일가견이 있는 다수의 아빠들이 무엇이 문제인지 살펴볼 때, 게티스는 그 문제 자체를 살펴보기로 했다.

게티스가 방 가득히 모인 구글 공학자들에게 그 문제를 설명할 때, 망 전문용어가 난무하던 이야기는 한 가지 시급하면서 명확한 확신으로 이어졌다.

나는 집에서 10밀리초 길이의 경로로 MIT의 옛 X 컨소시엄 자료를 복사하고, 즉 실시간 동기화를 하고 있었어요. 고작 파일 하나를 복사하는 중이었는데, 스모크핑[SmokePing]이 평균 무려 1초 넘게 지연이 되고 있었고, 패킷 손실도 일어나고 있었죠. 와이어샤크[Wireshark]를 띄워 보니, 정말로 기이한 행동이 벌어지고 있었어요. 도저히 내가 예상했

던 TCP(톰니)처럼 보이지가 않았어요. 일어나서는 안 되는 일이 벌어
지고 있는 겁니다.[46]

쉽게 풀어쓰자면, 그는 뭔가 아주 이상한 것을 보았다. 흔히 하는
말이 있다. "과학계에서 들리는 가장 흥분에 겨운 말, 새로운 발견을
알리는 말은 '유레카!'가 아니다. '흥미롭군'이다."[47]
　처음에 게티스는 자신의 케이블 모뎀이 고장 났다고 생각했다. 그
의 식구들이 인터넷에 문제가 있다고 불렀을 때, 벽 소켓에 교통 정
체가 일어난 것처럼 보였다. 보스턴에서 패킷은 가는 도중에 막혔다
는 의미보다는 집에서 막히고 있다는 뜻이 더 맞았다.
　하지만 더 깊이 들여다볼수록, 그의 걱정은 더 커져 갔다. 그 문제
는 자기 집의 라우터와 모뎀에만 영향을 미친 것이 아니라, 모든 집
의 라우터와 모뎀에 영향을 미치고 있었다. 그리고 그 문제는 네트
워킹 장비에만 있는 것이 아니었다. 컴퓨터 자체에, 데스크톱, 노트
북, 태블릿, 스마트폰에 있었고, 리눅스, 윈도우, OS X 등 운영체제
를 가리지 않았다. 그리고 최종 사용자의 하드웨어에만 있는 것도
아니었다. 인터넷 자체의 기반 시설에도 영향을 미쳤다. 게티스는
컴캐스트, 버라이즌, 시스코, 구글의 주요 관계자들과 식사하면서
그 문제를 논의했다. 밴 제이콥슨과 빈트 서프도 포함되었다. 그러
면서 서서히 퍼즐 조각들이 끼워 맞추어지기 시작했다.
　그 문제는 어디에나 있었다. 문제는 '버퍼블로트bufferbloat'였다. 버
퍼는 본질적으로 전송 요청이 한꺼번에 몰리지 않게 막아주는 일
을 하는 큐queue다. 당신이 다른 손님과 거의 동시에 도넛 가게로 들

어간다면, 바로 그 순간 일이 과중해진 계산대 직원이 둘 중에서 한 사람을 가게 밖으로 내몰았다가 조금 있다가 들어오라는 식으로 일하지는 않을 것이다. 손님은 물론 경영자도 그렇게 하지 않을 것이다. 그런 정책은 종업원의 효용성을 떨어뜨리는 방법이 틀림없다. 그 대신에 손님들을 줄 세우는 것이 가게의 평균 처리량을 최대 처리량에 가깝게 하는 방법이다. 그것은 좋은 선택이다.

하지만 이 탁월한 자원 활용법에는 아주 심각한 비용이 따른다. 바로 '지연delay'이다. 톰이 딸을 버클리의 신코데마요 축제에 데려갔을 때, 딸은 초콜릿 바나나 크레이프에 꽂혔고, 그래서 그들은 줄을 서서 기다렸다. 20분 뒤 마침내 톰은 줄의 맨 앞에 도달하여 주문을 했다. 하지만 계산하고서 40분을 더 기다린 후에야 비로소 크레이프를 손에 쥘 수 있었다.

주문을 받는 시간보다 크레이프를 만드는 시간이 훨씬 더 많이 걸리므로, 주문하기 위한 대기 줄queue은 그 문제의 첫 부분에 불과했다. 하지만 적어도 그 부분은 눈에 보였다. 고객들은 무엇을 하기 위해 줄을 서 있는지 알았다. 하지만 두 번째 부분, 즉 더 긴 줄은 그것이 보이지 않았다. 따라서 크레이프 가게가 어느 지점에서 줄을 끊고서 잠시 주문을 받을 수 없다는 안내판을 세웠더라면, 모두가 훨씬 더 행복한 결과를 맞이했을 것이다. 고객들을 돌려보내는 것이 모두에게 더 좋았을 것이다. 그들이 이후 더 짧아진 크레이프 줄로 다시 돌아오든, 다른 곳으로 가든 간에 말이다. 그리고 그렇게 했어도 크레이프 가게의 판매액은 한 푼도 줄어들지 않았을 것이다. 고객이 얼마나 오래 대기하고 있든 간에, 그 가게는 하루에 만들 수 있는 만큼만 크레이프를 팔 수 있기 때문이다.

이것이 바로 짐 게티스가 자기 집의 케이블 모뎀에서 관찰한 현상이었다. 그가 파일을 올리고 있었기 때문에, 그의 컴퓨터는 다룰 수 있는 최대한의 상향 패킷을 모뎀으로 보내고 있었다. 그리고 모뎀은 자신이 실제로 처리할 수 있는 양보다 훨씬 더 많은 패킷을 다루는 척하고 있으면서, 패킷을 거부하지 않은 채 엄청나게 대기 줄을 늘이고 있었다. 따라서 게티스가 동시에 무언가를 내려받으려 시도하자―웹페이지를 방문하거나 전자우편을 보기 위해―그의 ACK 패킷은 집을 떠나기 위해 모뎀에 줄을 서서 기다리고 있는 올리는 패킷 뒤에서 막히게 되었다. 그러자 그의 ACK가 웹 서버나 전자우편 서버로 반송되는 시간이 한없이 느려졌고, 서버는 그에 따라 자신의 하향 연결 속도를 기어가는 수준으로 떨어뜨렸을 것이다.

매번 10초나 10초쯤 지연시키면서 "으흠" 하면서 대화를 하려는 것과 비슷하다. 화자는 당신이 이해를 못하고 있다고 가정하고서 더 천천히 이야기할 것이고, 거기에서 당신이 할 수 있는 일은 아무것도 없다.

네트워킹 버퍼가 꽉 찰 때, 대개는 '테일 드롭<sup>Tail Drop</sup>'이라는 현상이 일어난다. 그 시점 이후에 오는 모든 패킷을 그냥 거부함으로써 사실상 삭제하는 것을 쉽게 표현한 말이다. (크레이프 가게에서 줄이 너무 길어질 때 새 고객들을 돌려보내는 것은 인간 사회판 테일 드롭인 셈이다.) 패킷 교환을 우편에 비유했음을 생각할 때, 그날 아침 차량에 다 싣지 못한 소포들을 집배원이 그냥 증발시킨다고 상상하는 것이 좀 어색해 보일지도 모르겠다. 하지만 컴퓨터가 자신의 패킷 중 하나가 승인을 못 받았음을 알아차리게 함으로써 AIMD를 띄워서 대역을 절반으로 줄이기 시작하게끔 하는 것은 바로 그런 '패킷 탈락$^{packet drop}$'이다. 탈락된 패킷은 인터넷의 일차 되먹임 메커니즘이다. 너무 큰 버퍼(주방에 일손이 부족해도 상관없이 모든 주문을 받는 식당, 보내는 데 얼마나 오래 걸리든 상관없이 오는 패킷을 다 받는 모뎀)는 이런 조절이 이루어지지 못하게 막는다.

기본적으로 버퍼는 처리량을 최대화하기 위해 지연—네트워킹 쪽에서는 '지연 시간$^{latency}$'이라고 한다—을 사용한다. 즉 일처리가 느릴 때 나중에 이용하기 위해, 패킷(또는 고객)을 기다리게 하는 것이다. 하지만 계속 꽉 찬 상태로 작동하는 버퍼는 양쪽 세계에 최악의 결과를 낳는다. 오로지 지연시키기만 하고 내놓는 것이 전혀 없다. 전송 요청을 분산시키는 방식은 평균적으로 볼 때 적어도 들어오는 만큼 빠르게 일을 처리하고 있다면 아주 좋다. 하지만 평균 작업 부하가 평균 일처리 속도를 초과한다면, 어떤 버퍼도 기적을 일으킬 수 없다. 그리고 버퍼가 클수록 훨씬 더 뒤늦게야 도움을 요청하는 신호를 보내기 시작할 것이다. 패킷용이든 손님용이든 간에, 버퍼의 기본 원리 중 하나는 으레 비워지곤 할 때에만 제대로 작동한다는 것이다.[48]

수십 년 동안 컴퓨터의 기억장치는 꽤 비쌌기에 모뎀에 불필요한 기억 용량을 집어넣을 이유가 전혀 없었다. 그래서 모뎀이 자신이 다룰 수 있는 것보다 더 많은 큐를 쌓을 여지 자체가 없었다. 어느 시점이 되어 컴퓨터 산업에서 규모의 경제가 기억장치의 비용을 급격히 떨어뜨림에 따라, 모뎀 제조사들은 장치에 기가바이트 단위

의 램을 장착하기 시작했다. 그들이 구할 수 있는 램의 용량 중에서
사실상 그것이 작았기 때문이다. 그 결과 여기저기 온갖 장치에 — 모
뎀, 라우터, 노트북, 스마트폰, 인터넷 기간망에 — 버퍼가 딸리게 되
면서 처리 용량이 수천 배로 너무 커졌다. 짐 게티스 같은 이들이 그
것에 경고를 발한 것은 그 뒤의 일이었다.

## 늦어지느니 아예 안 하는 편이 더 낫다

당신이 한 개인으로서 지닌 가장 기본적인 문제를 생각해보자. 누군가 당신을 좋
아하는데, 당신은 그 사람을 좋아하지 않는다. 어느 시점에는 어색한 상황이 되어
있다. 당신은 대화를 해야 했는데, 상황이 기묘했다. 이제 어떻게 해야 할까? 누
군가 당신을 좋아하는데, 당신은 좋아하지 않는다면? 그냥 바쁜 척하라. 영원히.
— 아지즈 안사리

결코 안 하기보다는 지금 하는 편이 더 낫다.
비록 지금 당장 하기보다는 결코 하지 않는 편이 더 나을 때도 있긴 하지만.
— 《파이썬의 선》

가수인 케이티 페리<sup>Katy Perry</sup>의 트위터 팔로워 수는 자기 고향인 캘
리포니아 주의 인구보다 107% 더 많다.[49] 그녀는 2016년 기준으
로 트위터에서 가장 많은 팔로워를 갖고 있다. 그녀 팬의 계정 수
는 약 8,120만 개에 달한다. 이 말은 그녀의 팬 중 99%가 설령 그녀

에게 한 번도 메시지를 보내지 않는다고 해도 (그리고 가장 열렬한 1% 에 해당하는 팬들이 1년에 단 한 번 메시지를 보낸다고 해도) 그녀가 하루에 2,225통의 메시지를 받는다는 뜻이다. 매일매일 말이다.

페리가 받은 순서대로 각 팬의 메시지에 답장을 보낸다고 상상하자. 하루에 100통씩 답장할 수 있다면, 팬들의 예상 대기 시간은 곧 수십 년으로 늘어날 것이다. 팬들의 대다수가 10년이나 20년 뒤에 확실하게 답장을 받는 쪽보다는 실낱같은 확률이라도 지금 답장 받는 쪽을 선호하리라고 예상하는 편이 타당할 것이다.

페리가 공연장을 나와서 사인을 해주거나 몇 마디 말을 듣고자 모여든 팬들과 마주치게 될 때는 이 문제가 일어나지 않는다는 점을 유념하자. 페리는 자신이 할 수 있는 일을 하고, 이동하고, 기회를 잃은 군중은 흩어진다. 이때 몸은 그 자체가 흐름 제어다. 우리는 한 번에 한 곳에서만 존재할 수 있다. 혼잡한 모임에서 우리는 불가피하게 대화 중 5% 이내에만 참여하며, 나머지 사람들의 대화는 읽어내지도, 따라가지도 못한다. 망막이 놓친 광자는 나중에 볼 수 있도록 대기하고 있지 않는다. 현실의 삶에서는 패킷 상실이 거의 절대적이다.

우리는 '실수하다 **dropped ball**'라는 관용어를 거의 오로지 경멸적인 의미로 쓴다. 당사자가 게으르거나 자기만족적이거나 잘 까먹는다는 의미로 쓴다. 하지만 전술적으로 공을 떨어뜨리는 것은 과부하 상태에서 일을 처리하는 데 중요한 역할을 한다.

현대 통신을 논평할 때 가장 널리 쓰이는 표현은 우리가 "늘 연결되어 있다"는 것이다. 하지만 문제는 우리가 늘 연결되어 있다는 것이 아니다. 우리는 그렇지 않다. 문제는 우리가 늘 '완충되어 있다 buffered'는 것이다. 그 차이는 엄청난 것이다.

인터넷에 뜬 모든 것을 보아야 한다는, 또는 가능한 모든 책을 읽어야 한다는, 가능한 모든 쇼를 보아야 한다는 느낌은 버퍼블로트다. 당신은 좋아하는 연속 드라마의 한 회를 놓치면, 한 시간, 하루, 십 년 뒤에라도 본다. 당신이 휴가를 갔다가 돌아오면 우편물이 산더미처럼 쌓여 있다. 예전에 사람들은 당신 집의 문을 두드렸다가 응답이 없으면 그냥 떠났다. 이제 그들은 당신이 돌아올 때까지 줄을 서서 대기한다.

본래 전자우편은 테일 드롭을 극복하기 위해 세심하게 설계된 것이었다. 그것의 창안자인 레이 톰린슨 Ray Tomlinson 은 이렇게 말한다.

당시에는 사람들에게 메시지를 남길 좋은 방법이 사실상 없었어요. 전화는 어느 정도는 쓸모가 있었지만, 전화를 받을 누군가가 거기에 있어야 했어요. 당신이 통화하고 싶은 사람이 없으면, 비서나 자동 응답기 등이 대신 받았습니다. 그것이 메시지를 남기기 위해서 당신이 거쳐야 하는 메커니즘이었어요. 그래서 모든 사람들은 컴퓨터에 메시지를 남길 수 있다는 개념을 받아들였어요.[50]

다시 말해, 우리는 송신자를 결코 외면하지 않을 시스템을 요구했고, 좋든 나쁘든 간에 그것을 얻었다. 사실 지난 15년 사이에, 회선 교환에서 패킷 교환으로의 이동은 사회 전역에 영향을 미쳐왔다. 예전에 우리는 남들과의 전용 회선을 요구하곤 했다. 지금 우리는 그들에게 패킷을 보낸 뒤 ACK가 오기를 기대하면서 기다린다. 예전에는 거부되었다. 지금은 지연된다.

몹시 애석해하는 어조로 말하는 '빈둥거릴 시간이 없다<sup>lack of idleness</sup>'는 표현도 흔한데, 그것은 공교롭게도 버퍼의 주된 특징이다. 버퍼는 평균 처리량을 최대 처리량으로 끌어올리기 위해서 설치한다. 빈둥거림을 막는 것이 버퍼가 하는 일이다. 당신은 길에서, 휴가지에서, 화장실에서, 한밤중에 언제든 전자우편을 살펴본다. 당신은 결코 지루해하지 않는다. 이것은 광고한 대로, 작동하는 버퍼의 축복이자 저주다.

휴가 때의 전자우편 자동 응답기는 발신자에게 지연을 예상하라고 노골적으로 알린다. 그보다는 발신자에게 테일 드롭을 예상하라고 알리는 방식이 더 나을지도 모른다. 발신자에게 대기 시간이 평균값을 넘어선다고 경고하는 대신에, 그저 오는 메시지를 다 거부한다고 경고해줄 수도 있다.[51]

그리고 이 방식을 휴가에만 적용할 필요는 없다. 예를 들어 일단 수신함에 100통이 오면, 오는 메시지를 모두 자동으로 거부하도록 전자우편 프로그램을 설정한다고 상상할 수도 있다. 청구서 같은 것에는 맞지 않지만, 사교 초대장 같은 것에 적용한다면 터무니없는 것도 아니다.

'꽉 찬' 수신함이나 '꽉 찬' 음성 메일을 마주친다는 개념은 지금은 시대착오적으로 들린다. 20세기 말이나 2000대 초로 장엄하게 돌아가는 듯한 분위기를 풍긴다. 하지만 사실상 무한한 저장 용량을 갖춘 최신형 휴대전화와 컴퓨터를 연결하는 망이 지금처럼 처리 속도가 극도로 빨라지면서 격렬해질 때 패킷을 일부러 탈락시킨다면, 아마도 한정된 기억공간의 한탄스러운 결과로서가 아니라 나름의 의도를 지닌 전략으로서일 거라고 생각할 이유가 있을지도 모른다.

망 버퍼블로트로 말하자면, 후속 이야기는 복잡하지만 행복한 쪽이다. 하드웨어와 운영 체제 업체들이 엄청난 노력을 통해 망 큐에 근본적인 변화를 이루었다는 내용도 들어간다. 또 TCP에 새로운 역행 통로를 넣자는 제안도 나왔다. 그런 수정은 여러 해만에 처음이다. '명시적 혼잡 통보 Explicit Congestion Notification, ECN'라는 것이다.[52] 인터넷을 버퍼블로트로부터 완전히 구출하려면 이 모든 변화들을 받아들여야 할 것이고, 그러려면 여러 해에 걸쳐 인내심을 갖고 해야 한다. 게티스는 말한다. "이건 장기간에 걸쳐 빠지는 늪이에요."[53]

하지만 버퍼블로트 이후의 미래에 관해서는 기대할 것이 많다. 본래 지연이 있기에, 버퍼는 대다수의 상호작용적인 과정들에는 안 좋다. 예를 들어, 스카이프로 대화할 때 우리는 대개 건 사람이 3초 전에 말한 내용을 명확하게 녹화하는 것보다 이따금 신호가 멈추어도 계속하는 쪽을 선호한다. 게이머에게는 50밀리초 지연도 수류탄을 던지느냐와 수류탄에 맞느냐의 차이를 낳을 수 있다. 사실 게임은 지연 시간에 아주 민감하기 때문에, 모든 중요한 게임 대전은 여전히 직접 만나서 한다. 참가자들이 비행기를 타고 와서 방 하나를 위해 설치한 망을 통해 경기를 벌인다.

그리고 동시성이 중요한 다른 모든 분야에서도 거의 마찬가지다. "당신이 친구들과 음악을 연주하고 싶다고 할 때, 설령 당신이 대도시에 산다고 해도, 신경 쓸 것은 수십 밀리초입니다." 게티스는 지연 시간이 짧은 상호작용 가능성을 활용하는 것들이 출현할 법한 새로운 응용 분야들과 사업 분야들을 상상하면서 이렇게 말한다. "내가 이 모든 경험으로부터 끌어낸 한 가지 일반화는 공학자들이 시간을 일류 시민으로 생각해야 한다는 겁니다."

애플의 스튜어트 체셔는 지연 시간이 현재 망 공학자들의 최우선 순위에 놓여야 한다는 데에 동의한다. 그는 '빠른' 인터넷 연결을 광고하는 기업들이 길어지는 지연 시간은 언급도 안 하고 오로지 높은 대역폭만 말한다는 사실에 경악한다. 그는 보잉 737기와 보잉 747기라는 비유를 들어 설명한다. 둘 다 시속 약 800킬로미터로 하늘을 난다. 전자는 승객 120명을 태울 수 있지만, 후자는 그보다 3배 더 많이 태운다. 그렇다면 "보잉 747기가 보잉 737기보다 3배 '더 빠르다'고 말할 건가요? 물론 아니죠!"[54] 체셔는 흥분해서 소리친다.

용량이 중요할 때도 있다. 큰 파일을 전송할 때에는 대역이 대단히 중요하다. (엄청난 양의 화물을 운반하려면, 747기로 수천 번 옮기는 것보다 컨테이너선이 더 나을 것이다.) 하지만 대인관계에서는 빠른 처리 시간이 훨씬 더 중요할 때가 많으며, 우리에게 정말로 필요한 것은 더 많은 콩코드기이다. 그리고 사실 지연 시간을 줄이는 문제는 현재 네트워킹 연구의 최전선에 속하며, 거기에서 무엇이 나올지를 지켜보는 일도 흥미로울 것이다.

한편, 벌여야 할 다른 전투들도 있다. 게티스는 한순간 주의를 딴데로 돌리는가 싶더니 문 밖을 내다본다. "안 된다고? 지금 손님과 이야기하는 중이야. 끝내면 처리할게. 끝내는 중이야. 어, 아니, 지금은 5GHz가 작동하고 있어. 2.4GHz 채널은 먹통이야. 악명 높은 버그라니까. 라우터를 껐다가 다시 켤게."

우리가 작별 인사를 하고 우리 대역을 사람들에게 그리고 무수한 흐름들에게로 풀어줌으로써 덧셈 증가를 하도록 하기에 알맞은 때인 듯하다.

제11장

남들의 마음

# 게임
# 이론

ALGORITHMS

한 투자자가 다른 투자자에게 주식을 팔 때엔 한쪽은 주가가 떨어
질 것이라고 확신하고 상대방은 주가가 올라간다고 확신했기 때문
이다. 나는 당신이 무슨 생각을 하는지 안다고 생각하지만 내 생각
을 당신이 어떻게 생각하는지는 전혀 모른다. 경제 거품이 터진다.
전도유망한 연인이 "친구 이상이 되고 싶다"라는 말도 "친구 이상
은 되고 싶지 않다"라는 말도 하지 않은 채 선물을 준다. 만찬 식탁
에서 누가 누구를 어떻게 대해야 하고 왜 그래야 하는지를 두고 말
다툼을 벌인다. 누군가가 의도하지 않은 불쾌감을 일으키는 데 기여
하려고 시도한다. 누군가가 킬킬거림을 억누르려고 무던히 애를 쓴
다. 누군가가 낙담하여 무리와 갈라서려고 애쓰는데 무리가 자신의

뒤를 따른다는 것을 알아차린다. "사랑해"라고 한 사람이 연인에게 말하자 "나도 사랑해"라고 상대가 대답하고 둘 다 상대방이 정확히 무슨 의미로 그 말을 했는지 궁금해한다.

컴퓨터과학은 앞에서 말한 이 모든 것에 뭐라고 말해야 할까?

초등학교에서는 문학 작품의 줄거리가 몇 개의 범주 중에서 어디에 속할지 생각해보라고 가르친다. 인간 대 자연, 인간 대 자아, 인간 대 인간, 인간 대 사회 중에서 말이다.[2] 지금까지 이 책에서는 주로 앞의 두 범주에 속하는 사례들을 살펴보았다. 다시 말해, 컴퓨터과학은 지금까지 세계의 근본 구조들에서, 그리고 우리의 한정된 정보 처리 능력에서 비롯된 문제들에 안내자가 되어왔다. 최적 멈춤 문제는 시간의 비가역성과 취소 불가능성에서 나온다. 탐색/이용 딜레마는 시간이 한정되어 있다는 데에서 나온다. 완화와 무작위성은 여행 계획과 백신 접종 같은 과제들의 불가항력적인 복잡성을 다루는 필수적이고 중요한 전략으로서 출현한다.

이번 장에서는 초점을 옮겨서 나머지 두 범주를 살펴보고자 한다. 즉 인간 대 인간과, 인간 대 사회다. 사실상 우리 자신이 일으키고 서로 원인이 되는 문제들이다. 이 영역에서 우리의 최고 안내자는 게임 이론이라는 수학 분야에서 나온다. 그 고전적인 화신이 20세기에 엄청난 충격을 미친 분야다. 지난 20년 동안 게임 이론과 컴퓨터과학의 이종 교배를 통해 알고리즘 게임 이론이라는 분야가 탄생했다. 이 분야는 이미 21세기에 영향을 미치기 시작했다.

# 되부름

이제, 영리한 한 사람이 자신의 술잔에 독을 넣을 것이다. 그는 엄청난 바보만이 자신의 술잔에 손을 뻗으리라는 걸 알기 때문이다. 나는 엄청난 바보가 아니므로 그의 앞에 놓인 포도주 잔을 분명히 고르지 않을 수 있다. 하지만 그는 내가 엄청난 바보가 아님을 틀림없이 알고 있을 것이므로—그 점을 고려했을 것이므로—나는 내 앞에 놓인 독잔을 확실히 고르지 않을 수 있다.

– 〈프린세스 브라이드〉[3]

20세기에 가장 영향력을 끼친 경제학자라 할 존 메이너드 케인스 **John Maynard Keynes**는 "성공적인 투자는 남들의 예상을 예상하는 것이다"라고 말한 바 있다.[4] 어떤 주식이 예를 들어 60달러에 팔린다면, 매수자는 나중에 70달러에 팔 수 있을 거라고 틀림없이 믿는다. 또 다른 누군가에게 100달러에 팔 수 있을 거라고 믿는, 다른 누군가에게 90달러에 팔 수 있을 거라고 믿는, 누군가에게 80달러에 팔 수 있다고 믿는 사람에게 말이다. 이런 면에서 주가는 사람들이 생각하는 주식의 가치가 아니라, 주식의 가치가 얼마라고 생각하는 사람들을 생각함으로써 나오는 것이다. 사실 그것으로도 부족하다. 케인스가 말했듯이, 아름다움과 인기 사이에서 중요한 결정을 해야 한다.

전문 투자는 참가자들이 사진 100장에서 가장 예쁜 얼굴 6장을 뽑아야 하는 언론사 주최의 대회에 비유할 수 있을지도 모른다. 상은 참가자들 전체의 평균 선호도에 가장 근접한 사진들을 고른 참가자에게 돌아간다. 따라서 각 참가자는 자신이 가장 예쁘다고 생각한 얼굴이 아니라, 다른 참가자들의 취향을 사로잡을 가능성이 가장 높다고 생각하는 얼굴을 골라야 한다. 따라서 참가자 모두는 동일한 관점에서 문제를 보고 있다. 자신의 판단에 따라 정말로 가장 예쁜 얼굴을 고르는 것이 아니며, 평균적인 견해로 가장 예쁘다고 생각하는 얼굴을 고르는 것이 아니다. 우리는 평균적인 견해가 어떠할 거라고 예상하는 평균적인 견해를 예측하는 데 지력을 쏟는 세 번째 단계에 도달해 있다. 그리고 나는 네 번째, 다섯 번째, 더 높은 단계까지 따지는 이들도 있다고 믿는다.

컴퓨터과학은 '정지 문제 halting problem'라는 것을 통해 이런 유형의 추론에 근본적인 한계가 있음을 보여준다. 앨런 튜링이 1936년에 증명했듯이, 컴퓨터 프로그램은 다른 프로그램이 하릴없이 계산을 계속하게 될지 여부를 결코 확실히 말해줄 수 없다. 그 프로그램의 작동을 모사하여 그 자체가 깊은 수렁에 빠져들 가능성을 접해보지 않는 한 말이다. (따라서 프로그래머는 자신의 소프트웨어가 먹통이 될지 여부를 알려줄 수 있는 자동화 도구를 결코 갖지 못할 것이다.) 이는 모든 컴퓨터과학의 토대를 이루는 결과 중의 하나이며, 다른 많은 증명들이 이 결과에 의지하고 있다.* 간단히 말하면, 언제든 어떤 시스템(기계일 수도 있고, 마음일 수도 있다)이 자신만큼 복잡한 무언가의 작동을 모

---

* 사실, 현대 컴퓨터는 바로 여기에서 기원했다. 튜링에게 영감을 주어서 컴퓨터 계산을 공식적으로 정의하게 만든 것이 바로 정지 문제였다. 우리가 현재 튜링 기계라고 부르는 것을 통해서였다.[5]

사할 때, 그 시스템은 다소 정의에 따라 자신의 자원이 최대한 동원되는 것을 알아차리게 된다. 컴퓨터과학자들은 마음을 모사하는 식으로 거울의 방을 끝없이 헤매게 되는 이 여행에 이름을 붙였다. 바로 '되부름(재귀)recursion'이다.

영화 〈007 카지노 로열Casino Royale〉에서 제임스 본드는 이렇게 말한다. "포커는 혼자 하는 게 아닙니다. 마주앉은 사람과 하는 겁니다." 사실 포커를 칠 때 당신이 진정으로 하는 것은 이론상의 무한 재귀다. 당신이 든 카드가 있고 상대방이 들고 있다고 당신이 믿는 카드가 있다. 그리고 당신이 지녔다고 상대방이 믿는다는 것을 당신이 믿는 카드가 있고, 상대방이 지녔다고 당신이 믿는다는 것을 상대방이 믿는다고 당신이 믿는 카드가 있다……. 그런 식으로 계속 이어진다.

세계 최고 수준의 포커 선수 댄 스미스Dan Smith는 이렇게 말한다. "실제 게임 이론에서 이런 용어를 쓰는지 모르겠지만요, 포커 선수들은 그것을 '레벨링leveling'이라고 해요. 1단계는 '나는 알아'고요. 2단계는 '내가 안다는 것을 너는 알아'지요. 3단계는 '내가 안다는 것을 네가 안다는 것을 나는 알아'입니다. 게임을 하다 보면, 마음에 딱 드는 상황이 펼쳐질 때가 있어요. '와, 블러핑하기에 안 좋은 상황인데. 하지만 블러핑하기 안 좋은 상황임을 그가 안다면 그는 콜을 부르지 않을 거고, 그러면 블러핑하기에 딱 좋은 상황인 거지.' 그런 일들이 일어나는 거죠."[6]

최고 수준의 포커 게임에서 가장 기억에 남을 블러프 중 하나는 톰 드완Tom Dwan이 무려 47만 9,500달러를 건 것이다. 텍사스홀덤 게임에서 최악의 패라고 할 2와 7을 들고 있을 때였다. 그는 상대인 새미 조지 <sup>Sammy George</sup>에게 자신이 무슨 카드를 들고 있는지 그대로 알려주었다. 그러자 조지가 대꾸했다. "2와 7을 들고 있지 않아. 그럴 리가 없지." 조지는 카드를 덮었고, 드완—2와 7을 들고 있던— 이 이겼다.[7]

포커에서 되부름은 위험한 게임이다. 물론 당신은 상대방보다 한 걸음 뒤처지고 싶지 않다. 하지만 너무 멀리 앞서 나가지 않는 것도 중요하다. 포커 전문가 바네사 루소 <sup>Vanessa Rousso</sup>는 이렇게 설명한다. "사실 상대방보다 오로지 한 단계 위에서 치고 싶어 한다는 것이 규칙처럼 되어 있지요. 너무 위에서 치고 있으면, 상대가 실제로 지니지 않은 정보를 갖고 있다고 생각하게 됩니다. 그리고 상대방이 당신의 행동을 엿보면서 수집하려고 하는 잘못된 정보를 당신은 줄 수 없게 됩니다."[8] 때로 포커 선수는 의도적으로 미끼를 던져서 상대가 되부름에 빠져들게 하면서, 자신은 지극히 정석대로, 심리전 따위는 전혀 펼치지 않은 채 치기도 한다. 상대를 꾀어서 '자기 자신을 상대로 레벨링 전쟁'을 벌이게 만든다고 표현한다.

(미끼로 상대를 실속 없는 되부름에 빠뜨리는 것은 다른 게임들에서도 효과적인 전략이 될 수 있다. 인간 대 기계의 체스 대결 역사에서 가장 다채롭고 기묘하면서 흥미로운 일화 중의 하나가 2008년에 전개되었다. 미국의 그랜드마스터 히카루 나카무라 <sup>Hikaru Nakamura</sup>와 뛰어난 컴퓨터 체스 프로그램인 리브카 <sup>Rybka</sup>의 대결에서였다. 3분 안에 수를 두지 않으면 자동으로 지는 방식이라서, 컴퓨터 쪽이 확실히 유리해 보였다. 매초마다 수백만 가지의 수를 평가하여 근육 한 가닥 씰룩거리지 않으면서 수를 둘 수 있으니 말이다. 하지만 나카무라는

즉시 판을 이러지도 저러지도 못하는 상태에 빠뜨린 뒤, 반복적이고 무의미한 수를 최대한 빠르게 두었다. 그러자 컴퓨터는 존재하지 않는 이기는 수를 찾기 위해 헛되이 탐색하고 나카무라가 앞으로 둘 가능성이 있는 모든 수들을 예측하려고 집요하게 시도하면서 소중한 시간을 낭비했다. 나카무라 자신은 그냥 건성건성 두고 있었는데 말이다. 컴퓨터가 시간을 거의 다 써버려서 이윽고 시간에 쫓겨서 마구 두기 시작하자, 나카무라는 그제야 제대로 두기 시작해 완승했다.)

되부름의 위험을 생각할 때, 포커 선수는 어떻게 되부름의 수렁에서 빠져나오는 것일까? 그들은 게임 이론을 이용한다. 댄 스미스의 설명을 들어보자. "약탈적인 '레벨링' 경기를 펼쳐야 할 이유가 생길 때도 있긴 하지만, 대개는 사실 그냥 귀찮다는 이유로 조악한 경기를 하지요. 나는 대부분의 상황에서 그 이론이 기본적으로 어떻게 적용될지 이해하기 위해 정말로 무척 노력해요. 내시가 뭐라고 하는지 아는 것으로, 아니 알아내려 애쓰는 일부터 늘 시작하지요."[9]

그렇다면 '내시Nash'는 뭐라고 할까?

## 균형에 도달하기

당신은 규칙을 알아, 나도 알지……. 우리는 그 게임을 알아, 그러니 지금 하자고.
－ 릭 애스틀리

게임 이론은 놀라울 만치 넓은 범위의 협력과 경쟁 시나리오들을 다루지만, 그 분야는 포커 맞대결과 비슷한 상황으로 시작되었다. 두 사람이 치고 있는데 한쪽이 이기고 다른 쪽이 지고 있는 상황이다. 이런 게임을 분석하는 수학자들은 이른바 균형(평형)을 찾아내려 한다.[10] 즉 상대가 어떻게 둘지 고려했을 때, 어느 쪽도 자신의 현재 방식을 바꾸고 싶어 하지 않으면서 따라갈 수 있는 전략들의 집합이 그것이다. 그 상황이 안정적이기에 균형이라고 부른다. 어느 쪽도 다른 선택을 할 생각을 전혀 하지 않는 상황이다. 나는 당신의 전략을 고려할 때 내 전략에 만족하고, 당신도 내 전략을 고려할 때 자신의 전략에 만족한다.

가위바위보 게임을 예로 들자면,[11] 균형은 각각이 대강 3분의 1씩 나오도록 완전히 무작위로 가위나 바위나 보를 내라고 말한다.[12] 뻔한 말처럼 들리겠지만, 이 균형을 안정시키는 것은 일단 양쪽이 이 $\frac{1}{3} - \frac{1}{3} - \frac{1}{3}$ 전략을 채택하면, 어느 쪽도 그것을 고수하는 것보다 더 나은 전략이 없다는 사실이다. (예를 들어, 우리가 바위를 더 많이 내려고 하면, 상대는 금방 알아차리고 보를 더 많이 내기 시작할 것이고, 그러면 우리는 가위를 더 많이 내게 될 것이고, 그러다 보면 결국에는 다시 $\frac{1}{3} - \frac{1}{3} - \frac{1}{3}$ 균형에 이르게 된다.)

게임 이론 분야에서 나온 선구적인 연구 결과 중 하나는 수학자 존 내시<sup>John Nash</sup>가 1951년에 증명한 것이다. 모든 2인 게임에는 적어도 하나의 균형이 있다는 것이다.[13] 내시는 이 중요한 발견으로 1994년 노벨경제학상을 받게 된다(그리고 내시의 삶을 다룬 《뷰티풀 마인드 A beautiful mind》라는 책과 영화도 나오게 된다). 그런 균형은 현재 '내시 균형 Nash equilibrium'이라고 불리곤 한다. 댄 스미스가 늘 따라가려고 애쓰는 바로 그 '내시' 말이다.

언뜻 볼 때, 2인 게임에서 내시 균형이 언제나 존재한다는 사실은 포커를 비롯한 여러 친숙한 게임의 특징인 거울의 방 되부름에 빠져들지 모른다는 불안감을 좀 덜어주는 것처럼 보일 수도 있다.[14] 자신이 되부름이라는 토끼 굴에 떨어지는 양 느껴질 때, 우리에게는 언제나 상대의 머릿속에서 빠져나와서 균형을 찾는다는 대안이 있다. 그러면 합리적인 경기가 펼쳐진다고 가정하고서 최선의 전략으로 곧바로 나아갈 수 있다. 가위바위보 게임에서 다음에 무엇을 낼지 단서를 찾고자 상대의 얼굴을 유심히 살펴보는 것은 그럴 만한 가치가 없을지도 모른다. 단순히 무작위로 내는 것이 장기적으로 볼 때 질 리가 없는 전략임을 안다면 말이다.

더 일반적으로, 내시 균형은 어느 규칙이나 유인책 집합의 안정한 장기적 결과를 예측하게 해준다. 그렇기에 경제 정책, 더 나아가 사회 정책 전반을 짜고 예측하는 양쪽으로 대단히 가치 있는 도구가 된다. 노벨경제학상을 받은 로저 미어슨<sup>Roger Myerson</sup>의 말을 빌리자면, 내시 균형은 "생명과학에서 DNA 이중 나선의 발견에 상응하는 근본적이면서 포괄적인 영향을 경제학과 사회과학에 미쳐왔다."[15]

그런데 이 이야기에는 컴퓨터과학도 관련이 있다. 뭉뚱그려서 말하자면, 수학의 연구 대상은 진리라고 할 수 있다. 컴퓨터과학의 연구 대상은 복잡성이다. 앞서 살펴보았듯이, 어떤 문제가 어렵다면 해답을 지닌다는 것만으로는 부족하다.

게임 이론 맥락에서 볼 때, 균형이 존재함을 안다고 해서 그 균형이 무엇인지, 또는 어떻게 거기에 도달하는지 실제로 우리에게 말해주지는 않는다. UC버클리대학교의 컴퓨터과학자 크리스토스 파파디미트리오 **Christos Papadimitriou**는 게임 이론이 "행위자들이 균형 행동을 하리라고 예측할 뿐, 대개 그런 상태에 어떻게 도달하는지는 전혀 언급하지 않는다"라고 썼다. "컴퓨터과학자가 가장 관심을 갖는 것이 바로 그 점인데 말이다."[16]

스탠퍼드대학교의 팀 러프가든 **Tim Roughgarden**도 균형이 언제나 존재한다는 내시의 증명에 비슷하게 불만을 드러낸다. "좋다고요, 하지만 우리는 컴퓨터과학자란 말입니다. 우리가 쓸 수 있는 걸 달라고요. 그런 게 있다는 말만 하지 말고, 찾을 방법을 알려달라고요."[17]

그래서 원래의 게임 이론 분야는 알고리즘 게임 이론을 낳았다. 즉 게임의 이론상으로 이상적인 전략들을 연구하는 분야가 기계(그리고 사람)가 게임의 전략을 어떻게 도출하는지를 연구하는 분야가 된 것이다.

으레 그렇듯이, 내시 균형에 관해 너무 많은 질문을 하면 금방 골치 아픈 계산 문제에 빠지게 된다. 20세기 말까지, 어떤 게임이 균형을 둘 이상 지니는지, 즉 한 참가자에게 특정한 보상을 주는 균형이 있고, 특정한 행동을 취하는 것을 수반하는 균형이 따로 있는지를 결정하는 문제는 모두 어려운 문제임이 입증되어왔다.[18] 그 뒤에 2005년과 2008년 사이에, 파파디미트리오 연구진은 단순히 내시 균형을 찾는 것조차도 어렵다는 것을 증명했다.[19]

가위바위보 같은 단순한 게임은 언뜻 보면 한눈에 드러나는 균형을 지니고 있을지 모르지만, 현실세계의 복잡한 게임에서는 참가자들이 균형을 발견하거나 균형에 도달할 수 있다고 당연시할 수 없다는 것이 지금은 명확히 드러나 있다. 그렇다면 게임의 설계자들은 참가자들이 어떻게 행동할지 예측하기 위해서 반드시 균형을 이용할 필요가 없다는 의미가 된다.

이 냉엄한 결과는 여러 방향으로 심각한 파급 효과들을 미친다. 내시 균형은 경제 이론 내에서 시장의 행동을 모형화하고 예측하는 수단으로서 거의 신성시되고 있는데, 과연 그럴 자격이 있냐는 의구심이 제기될 수 있다. 파파디미트리오는 이렇게 설명한다. "균형 개념이 효율적으로 계산하여 얻을 수 있는 것이 아니라면, 그것으로 합리적인 행위자의 행동을 예측할 수 있다는 믿음도 대부분 사라지지요."[20]

MIT의 스콧 애런슨도 동의한다. "내 생각에, 내시 균형이 존재한다는 정리가 자유 시장 대 정부 개입이라는 논쟁과 관련이 있다고 여겨진다면, 그 균형을 찾는 것이 어렵다는 정리도 마찬가지로 관련이 있다고 봐야 합니다."[21] 내시 균형의 예측 능력은 참가자들이 실제로 그 균형을 찾아낼 수 있을 때에만 의미가 있다. 이베이의 전직 연구소장 카말 자인 Kamal Jain의 말을 인용해보자. "당신의 노트북이 찾을 수 없다면, 시장도 찾을 수 없다."[22]

## 우월 전략, 좋든 나쁘든

균형에 도달할 수 있을 때에도, 단지 그것이 안정하다고 해서 반드시 좋다고 말할 수는 없다. 역설적으로 들릴지 모르겠지만, 균형 전략(어느 참가자도 전술을 바꾸려 하지 않는 상태)이 반드시 참가자들에게 최상의 결과를 안겨주는 전략은 결코 아니다. 이 사실은 게임 이론에서 가장 유명하고 도발적이면서 논쟁을 일으키는 2인 게임에서 가장 잘 드러난다. 바로 '죄수의 딜레마 the prisoner's dilemma'다.[23]

죄수의 딜레마는 다음과 같이 전개된다. 당신과 공범자가 함께 은행을 턴 뒤 체포되어 각기 다른 감방에 갇혔다고 하자. 이제 당신과 공범자는 계속 입을 다물고 아무것도 시인하지 않음으로써 서로 '협력'할지, 경찰에게 공범자를 밀고함으로써 동료를 '배신'할지 결정해야 한다. 당신은 둘 다 협력하여 입을 꾹 다문다면, 둘에게 유죄 판결을 내릴 증거가 부족해지기에, 둘 다 풀려나서 돈을 나누어 가질 수 있다는 것을 안다. 각자 5억 원씩이라고 하자. 그런데 한쪽이 배신하여 동료를 밀고하고 다른 한쪽은 입을 꾹 다물고 있다면, 밀고자는 풀려나서 10억 원을 다 차지하고, 입을 다물고 있던 쪽은 홀로 죄를 다 뒤집어쓰고 10년 형을 받게 된다. 둘 다 서로를 밀고하면, 함께 범행을 저질렀다고 인정되어 각자 5년 형을 받게 된다.

문제는 이것이다. 공범자가 어떻게 행동을 하든지 간에, 당신의 입장에서는 배신하는 것이 언제나 더 낫다.

공범자가 당신을 밀고했다면, 서로가 밀고한 것이 되어 당신은 5년 형을 받고 사회로 복귀할 것이다. 당신이 밀고하지 않았다면 받았을 형량(10년)보다 적게(5년) 받는다. 그리고 공범자가 입을 꾹 다물고 있었다면, 그가 홀로 뒤집어쓰고 당신은 10억 원을 다 차지하게 될 것이다. 나눌 필요가 없어진다. 따라서 공범자가 어떤 결정을 내리든 상관없이, 협력하기보다는 배신하는 편이 언제나 당신에게는 더 낫다. 협력하는 쪽을 택하면, 공범자가 어떻게 행동하는 간에, 당신은 언제나 더 나쁜 상황에 놓일 것이다.

사실 이렇게 되면, 배신은 균형 전략만이 아니라 '우월 전략 dominant strategy'도 된다. 우월 전략은 상대의 가능한 모든 전략에 대해 최상의 전략이 됨으로써, 재귀를 아예 피하게 해준다. 따라서 상대의 머릿속에 들어가려 애쓸 필요조차 없게 된다. 우월 전략은 강력하다.

이제 우리는 역설에 도달했다. 둘 다 합리적으로 행동하고 우월 전략을 따른다면, 둘 다 힘든 5년의 형기를 채워야 한다는 것으로 이야기가 끝난다. 자유를 얻어서 5억 원씩 나눠 갖는 대안에 비하면 모두에게 너무나 안 좋다. 어떻게 이런 일이 일어날 수 있을까?

이것은 전통적인 게임 이론에서 나온 주요 깨달음 중의 하나다. 참가자들이 모두 자신의 이익을 위해 합리적으로 행동할 때, 균형이 사실상 모두에게 가장 나은 결과가 아닐 수도 있다는 것이다.

알고리즘 게임 이론은 컴퓨터과학의 원리들과 더불어서 이 깨달음을 취하고 그것을 정량화하여, '무질서의 비용 price of anarchy'이라는 척도를 창안했다. 무질서의 비용은 협력(중앙 집중적으로 설계하거나 조정하여 내놓은 해결책)과 경쟁(각 참가자가 독자적으로 자신의 결과를 최대화하려 애쓰는 상황) 사이의 간격을 측정한다. 죄수의 딜레마 같은 게임에서는 이 비용이 사실상 무한하다. 걸린 돈의 액수와 선고되는 형량이 늘어날수록 가능한 결과들 사이의 간격은 얼마든지 늘어날 수 있다. 우월 전략은 여전히 동일함에도 그렇다. 협력하지 않을 때 참가자들이 겪을 고통에는 한계가 없다. 하지만 알고리즘 게임 이론가들은 다른 게임들에서는 무질서의 비용이 그리 나쁘지 않다는 것을 발견하게 된다.

교통(트래픽)을 예로 들어보자. 매일 가다 서다 하는 도로를 뚫고 출퇴근하려 애쓰는 직장인이든, 인터넷으로 TCP 패킷을 전송하는 라우터든 간에, 교통 시스템에 속한 모든 이들은 각자에게 가장 수월한 것을 원할 뿐이다. 운전자는 어떤 길로 가든 간에 가장 빠른 경로를 취하고 싶을 뿐이고, 라우터는 최소한의 노력으로 패킷을 뿌리고 싶을 뿐이다.

하지만 그러다가는 양쪽에서 다 중요한 통로에서 혼잡이 빚어짐으로써 모두에게 피해를 끼치는 정체가 일어날 수 있다. 그런데 피해가 얼마나 될까? 놀랍게도 팀 러프가든과 코넬대학교의 에바 타르도스 Éva Tardos는 2002년에 '이기적 라우팅 selfish routing' 접근법을 쓰면, 무질서의 비용이 그저 4/3에 불과함을 입증했다.[24] 즉 무질서 상태는 완벽한 하향식 조정보다 겨우 33% 더 나쁠 뿐이다.

러프가든과 타르도스의 연구는 도시의 실제 트래픽 계획과 망 기반 시설 양쪽으로 심오한 의미를 지니고 있다. 예를 들어, 이기적 라우팅의 낮은 무질서 비용은 개별 패킷의 라우팅을 관리하는 중앙 관리자가 없이도 인터넷이 잘 돌아가는 이유를 설명해줄 수도 있다. 설령 그런 조정이 가능하다고 해도, 그리 많이 나아지지는 않을 것이기 때문이다.

사람의 교통 상황 쪽을 보면, 적은 무질서 비용은 양날의 칼이다. 희소식은 중앙 집중적 조정이 없을 때 출퇴근 상황이 기껏해야 33% 더 나빠질 뿐이라는 것이다. 그런 한편으로, 당신이 망에 연결된 자율 주행차가 미래에 교통 유토피아를 가져올 것이라는 희망을 품고 있다면, 현재의 이기적이고 통합 조정되지 않은 운전자들이 이미 최적 상태에 꽤 근접해 있다는 것을 알고 나면 좀 실망할지도 모르겠다. 자율 주행차가 교통사고의 수를 줄이고 차간 거리를 더 줄일 수 있다는 것은 사실이다. 둘 다 통행 속도를 더 높이는 요소들이다. 하지만 정체라는 관점에서 보면, 무질서가 완벽한 조정보다 겨우 4/3 더 혼잡하다는 사실은 완벽하게 조정된 출퇴근길이 지금보다 겨우 3/4 덜 혼잡할 뿐이라는 의미가 된다. 작가 제임스 브랜치 캐벨 James Branch Cabell의 유명한 말과 좀 비슷하게 들린다. "낙관론자는 우리가 가능한 모든 세계 중 최상의 세계에서 산다고 주장한다. 비관론자는 그 말이 사실일까 봐 두려워한다."[25] 교통 정체가 인간이든 컴퓨터든, 이기적이든 협력적이든 간에 개별 운전자의 결정에 맡길 때보다 계획자들과 전반적인 수요 조사를 통해서 더 잘 해결할 수 있는 문제라는 점에는 언제나 변함이 없을 것이다.

무질서의 비용을 정량화할 수 있게 됨으로써 그 분야는 분산 시스템의 장점과 단점을 평가하는 확고하면서 엄밀한 방식을 갖게 되었다. 이 점은 사람들이 게임에 참가하고 있는(스스로 알든 모르든 간에) 수많은 분야들에 걸쳐서 폭넓은 의미를 지닌다. 적은 무질서 비용은 좋든 나쁘든 간에 그 시스템이 알아서 돌아가도록 놔둘 때에도 세심하게 관리할 때 못지않게 잘 운영된다는 의미다. 반면에 무질서 비용이 크다는 것은 세심하게 통합 조정하면 잘 운영될 수 있지만, 어떤 형태로든 개입이 없으면 재앙으로 치닫는다는 뜻이다. 죄수의 딜레마는 분명히 이 후자에 속한다. 불행히도, 세상에서 우리가 해야 하는 중요한 게임 중 상당수도 그렇다.

## 공유의 비극

1968년, 생태학자 개릿 하딘 Garrett Hardin 은 두 사람 사이의 죄수의 딜레마를 농촌마을의 주민 전체가 포함되도록 확대하면 어떻게 될지 상상했다. 하딘은 독자들에게 '공유지 commons'인 풀밭을 상상해보라고 했다.[26] 주민 누구나 가축을 몰고 와서 풀을 뜯길 수 있는 곳이다. 하지만 면적은 한정되어 있다.

이론상, 마을 사람들은 모두를 위해 풀이 어느 정도는 계속 남아 있을 만큼의 동물들만 몰고 와야 했다. 하지만 현실적으로 보면, 풀을 좀 더 뜯겼을 때의 혜택은 직접 피부에 와 닿는 반면, 그에 따르는 피해는 너무 미미해 보인다. 하지만 가축들에게 뜯어먹게 해야 할 양보다 그저 조금 더 많이 뜯어먹게 하자는 이 논리를 모든 주민이 행한다면, 끔찍한 균형 상태가 빚어진다. 공유지가 완전히 황폐해지고, 그 뒤로는 가축이 뜯어먹을 풀이 전혀 자라지 않게 된다.

하딘은 이를 '공유의 비극 tragedy of the commons'이라고 했고, 그것은 경제학자, 정치학자, 환경운동가가 오염과 기후 변화 같은 대규모 생태 위기를 들여다보는 주된 렌즈 중의 하나가 되었다. 카네기멜론 대학교의 컴퓨터과학자이자 게임 이론가인 에이브림 블룸 Avrim Blum 은 이렇게 말한다. "내가 어렸을 때에는 유연(납 함유) 휘발유라는 것이 있었어요. 납을 첨가한 쪽이 가격이 10센트쯤 더 쌌죠. 하지만 납은 환경을 오염시켜요. 모든 사람이 그걸 쓴다고 할 때, 당신도 자기 차에 유연 휘발유를 넣는다면 개인적으로 (건강 측면에서) 얼마나 더 나빠질까요? 별 차이가 없겠지요. 그것이 바로 죄수의 딜레마입니다."[27]

기업과 국가 수준에서도 마찬가지다. 최근의 한 신문기사는 제목에서 그 문제를 간결하게 표현했다. "기후를 안정시키려면 대부분의 화석 연료를 그대로 땅 속에 놔두어야 하는데, 누가 그러겠는가?"[28] 모든 기업(그리고 거의 대부분의 국가)은 경쟁 우위를 위해서는 경쟁자들보다 좀 더 무모해지는 편이 더 낫다. 하지만 모두가 좀 더 무모하게 행동한다면, 지구는 쑥대밭이 될 것이고, 누구도 얻는 게 없을 것이다. 처음과 비교했을 때 어느 누구도 전혀 경제적 이득을 못 본다.

이런 유형의 게임 논리가 아주 널리 퍼져 있기에, 굳이 악행을 찾아 나서지 않더라도 엉망진창으로 치닫고 있는 상황을 쉽게 접할 수 있다. 우리는 정직한 양심으로 끔찍한 균형 상태를 쉽게 종식시킬 수 있다. 어떻게? 당신 회사의 휴가 방침을 살펴보기만 해도 알수 있다. 미국인은 세계에서 장시간 일하는 축에 든다. 〈이코노미스트〉의 기사에 따르면, "이보다 일의 가치를 높게 보고 여가의 가치를 낮게 보는 나라는 없다"고 한다.[29] 고용주에게 휴식 제공을 의무화하는 법은 거의 없으며, 미국의 직원들은 휴가 기간이 있어도 쓰지 않는다. 최근의 한 연구에서는 노동자들이 평균적으로 휴가일수 중 절반만 쓰며, 무려 15%는 아예 휴가를 가지 않는다고 나왔다.[30]

현재 우리 두 사람이 살고 있는 베이에어리어Bay Area는 휴가 정책의 근본적인 패러다임 변화를 통해 이 안타까운 상황을 개선하려고 시도하고 있다. 의도는 지극히 좋지만, 지극히 끔찍한 파국을 맞이할 것이 뻔한 변화다. 다음과 같은 전제는 너무나 천진난만해 보인다. "직원별로 휴가일수를 임의로 정해놓고, 아무도 그 한계를 넘지 못하게 확인하느라 인시man-hour(한 사람이 한 시간 동안 일했을 때 일의 양을 나타내는 단위-역주)를 낭비하는 대신에, 그냥 직원들이 알아서 하도록 놔두면 안 될까? 그냥 무한정 휴가를 떠날 수 있게 하면 안될까?"

지금까지 나온 단편적인 자료들은 혼란스럽다. 하지만 게임 이론의 관점에서 볼 때, 이 접근법은 악몽이다. 이론상으로는 모든 직원이 가능한 한 많이 휴가를 떠나고 싶어 한다. 실제적으론 각 직원이 다른 직원들보다 휴가를 좀 더 짧게 가고 싶어 한다. 더 성실하고, 더 헌신적이고, 더 열심히 일하는 (따라서 승진 가능성이 높은) 사람으로 보이고 싶어서다. 모두가 기준선을 찾기 위해 서로를 살피며, 그 기간보다 좀 더 짧게 휴가를 갈 것이다. 이 게임의 내시 균형은 0이 된다. 소프트웨어 회사 트래비스 CI의 CEO 마티어스 마이어 <sup>Mathias Meyer</sup>는 이렇게 썼다. "사람들은 휴가 일수를 가장 많이 쓰는 사람처럼 보이고 싶지 않기 때문에 휴가 가기를 주저할 것이다. 그것은 바닥을 향한 경주다."[31]

이는 공유의 비극이 완전히 발현된 사례이다. 그리고 기업 내에서만이 아니라 기업 간에도 똑같이 나쁜 영향을 미친다. 자그마한 소도시에 두 가게 주인이 있다고 하자. 둘 다 일주일 내내 상점의 문을 열거나, 일주일에 6일만 열고 일요일에는 친구들이나 가족과 함께하는 쪽을 택할 수 있다. 둘 다 하루를 쉬면, 기존 시장 분할 양상을 그대로 유지하면서 스트레스를 덜 받을 것이다. 하지만 한쪽 가게 주인이 일주일 내내 문을 열기로 결심한다면, 그는 고객을 더 끌어모을 것이고, 다른 한쪽은 고객을 빼앗겨서 생계를 위협받을 것이다. 여기서도 내시 균형은 모두를 쉴 새 없이 일하게 만든다.

2014년 휴가 시즌에 미국에서는 바로 이 문제가 열띤 화젯거리가 되었다. 미국은 추수감사절이 끝난 뒤가 으레 쇼핑 대목인데, 이 기간에 경쟁자들에게 시장을 빼앗기지 않으려고 소매상들이 앞다투어 나서는 바람에 상황이 안 좋은 균형 상태로 향해 갔다. 〈인터내셔널 비즈니스 타임스<sup>Inteniational Business Times</sup>〉는 "상점들이 전보다 점점 더 일찍 문을 열고 있다"고 썼다.[32] 메이시는 작년보다 2시간 더 일찍 문을 열기로 했고, 타깃도 마찬가지였다. 케이마트는 추수감사절 아침 6시 정각에 문을 열더니, 42시간 내내 영업을 했다.

그렇다면 우리 자신이 참가자로서 그런 상황에 처한다면 무엇을 할 수 있을까? 둘이 참가하는 죄수의 딜레마나, 다수가 참가하는 공유의 비극이라는 상황에 처할 때 말이다. 어떤 의미에서는 아무것도 할 수가 없다. 이 나쁜 균형이 지닌 안정성 자체, 즉 그 균형은 지독한 것이 된다. 대개 그 안에서는 우월 전략을 바꿀 수가 없다. 그렇다고 해서 나쁜 균형을 바로잡을 수 없다는 의미는 아니다. 그저 해결책이 다른 어딘가에서 와야 한다는 뜻이다.

## 메커니즘 설계: 게임 바꾸기

사람을 미워하지 말라, 게임을 미워하라.
– ICE-T[33]

가족에게 맞서는 사람 편에 서지 마. 절대로.
– 〈대부〉[34]

죄수의 딜레마는 인간 협력의 본질에 관해 무수한 논쟁과 논란을 불러 일으켜왔지만, 런던 유니버시티 칼리지의 게임 이론가 켄 빈모어Ken Binmore는 적어도 이 논란 중의 일부는 잘못된 것이라고 본다. "죄수의 딜레마가 인간의 협력에 관해 중요한 무언가를 포착한다는 생각은 명백히 잘못되었다. 정반대로 그것은 협력하라고 나올 수도 있지만, 협력의 출현을 반대하는 쪽으로 주사위의 눈이 나오는 상황을 대변한다."[*35]

게임의 규칙이 나쁜 전략을 강요한다면 어쩌면 우리는 전략을 바꾸려 하지 말고, 게임 자체를 바꾸려 해야 할지 모른다. 이로부터 우리는 '메커니즘 설계mechanism design'라는 게임 이론의 한 분야로 나아가게 된다. 게임 이론이 주어진 규칙 집합으로부터 어떤 행동이 출현할지를 물을 때, 메커니즘 설계(때로 '역게임 이론reverse game theory'이라고도 한다)는 반대 방향으로 작용하면서 이렇게 묻는다. 우리가 보고 싶은 행동이 나오게 할 규칙은 어떤 것일까? 그리고 게임 이론이 밝혀낸 것들—균형 전략이 각 참가자에게는 합리적이지만 모두에게는 나쁠 수 있다는 사실 같은—이 직관에 반한다고 입증되어왔다면, 메커니즘 설계가 밝혀낸 것들은 더욱 그렇다.

당신과 공범인 은행 강도가 투옥되어 죄수의 딜레마에 빠지는 상황으로 돌아가자. 이번에는 한 가지 중요한 사항이 덧붙는다. 바로 대부Godfather다. 이제 당신과 동료는 범죄 조직의 일원이며, 두목은 말하자면 밀고자를 물고기 밥으로 만드는 짓을 서슴없이 저질러왔다. 게임의 보상을 바꾸면, 당신이 취할 수 있는 행동이 제한되는 효과가 나타난다. 하지만 역설적으로 당신과 동료 양쪽 다 더 좋은 방향으로 결말을 맺을 가능성이 훨씬 더 높아진다. 이제 배신이 덜 매

---

* 빈모어는 또 한 가지 깨달음도 덧붙인다. 죄수의 딜레마 같은 게임은 합리성이 "남들에게 행동하기를 바라는 방식으로 행동하라"는 '정언명령'으로 이루어져 있다는 임마누엘 칸트(Immanuel Kant)의 주장을 제거하는 듯하다는 것이다. 정언명령은 죄수의 딜레마에서 균형 전략보다 더 나은 결과를 안겨주겠지만, 이 결과가 안정하지 않다는 사실에서 벗어날 길이 없다.

력적이므로(온건한 어조로 표현할 때), 두 수감자는 협력하는 쪽으로 기울어지고, 둘 다 당당하게 걸어 나가서 5억 달러씩 나누어 가질 것이다. 물론 명목상의 십일조를 두목에게 바치겠지만 말이다.

여기서 반직관적이면서 강력한 점은 모든 결과를 더 악화시키면서도—한쪽은 죽음, 다른 한쪽은 상납금—모두의 삶을 균형을 옮기기 전보다 더 낫게 할 수 있다는 것이다.

소도시 가게 주인들에게로 돌아가서, 일요일에는 상점 문을 닫자는 구두 약속은 불안정해질 수 있을 것이다. 어느 쪽이든 돈이 좀 필요해지자마자 약속을 쉽게 저버릴 수 있으며, 그러면 고객을 빼앗기지 않기 위해 다른 쪽도 즉시 일요일에 일하기 시작한다. 그러면 양쪽에게 최악인 상황인 나쁜 균형 상태로 돌아가게 될 것이다. 그들은 지치도록 일하면서도 경쟁 우위에 전혀 도달하지 못한다. 하지만 그들은 이를테면 한쪽 가게가 일요일에 번 돈을 사실상 다른 가게에 넘기도록 하는 법적 구속력을 지닌 계약을 맺음으로써 서로에게 두목처럼 행동할 수도 있을 것이다. 불만족스러운 균형을 더 악화시킴으로써, 그들은 새로운 균형에 도달하게 된다.

그런 한편으로, 게임의 보상을 바꾸어도 균형에 변화가 없을 때에는 대개 원하는 것보다 효과가 훨씬 적기 마련이다. 소프트웨어 기업 에버노트의 CEO인 필 리빈 ^Phil Libin^ 은 휴가를 가는 직원에게 1,000달러씩 지원하겠다고 해서 화제가 된 적이 있다.[36] 이 방침은 더 많은 직원이 휴가를 떠나게 하는 합리적인 접근법처럼 들리지만, 게임 이론의 관점에서 보면 사실 방향이 잘못되었다.

예를 들어, 죄수의 딜레마에서 걸린 돈을 더 늘리는 것은 핵심을 놓치고 있는 것이다. 그렇게 해도 나쁜 균형에는 전혀 변화가 없기 때문이다. 10억 원을 턴 강도들이 결국 둘 다 감옥으로 가게 된다면, 100억 원을 턴 강도들도 마찬가지다. 문제는 휴가가 매혹적이지 않다는 것이 아니다. 모두가 동료 직원들보다 휴가를 조금 덜 가고 싶어 한다는 것이 문제다. 바로 그 때문에 휴가를 전혀 안 가는 것이 유일한 균형 상태인 게임이 벌어진다. 1,000달러의 현금은 달콤한 유혹이 맞지만, 게임의 원리에는 변화가 없다. 모두가 가능한 한 휴가를 많이 가면서도 옆자리 동료보다 조금 더 성실하게 보이고 싶어 한다. 그리하여 승진하거나 연봉이 올라가면, 수천 달러가 더 이득이다.

그렇다면 직원이 한 번 휴가를 갈 때마다 리빈이 수천 달러를 지원할 필요가 있다는 뜻일까? 아니, 그렇지 않다. 메커니즘 설계는 리빈이 당근보다 채찍을 듦으로써 직원들을 더 행복하게 만들 수 있다고 알려준다. 즉 그는 한 푼도 더 쓰지 않으면서도 더 나은 균형 상태를 이룰 수 있다. 예를 들어, 그는 그저 의무적으로 가야 하는 최소 휴가 일수를 정할 수 있다.[37] 게임을 바꿀 수는 없어도, 기본 설계는 바꿀 수 있다. 메커니즘 설계는 설계자가 필요하다는 강력한 논거도 된다. CEO든, 모든 참가자들을 구속하는 계약이든, 떠벌이면 목을 매달겠다고 협박하는 두목이든 간에 말이다.

리그 관리자도 이런 유형의 설계자다. 팀들이 그저 일요일 새벽 3시 정각, 크리스마스 정오, 하는 식으로 시즌의 시작과 끝 사이의 어느 시점에든 간에 서로의 점수를 단순히 적도록 한다면, NBA 농구가 얼마나 애처롭게 보이게 될지 상상해보라. 퀭하고 비쩍 마르고 극도의 수면 부족에 시달리면서 각성제로 억지로 깨어 있으려 하지만 정신을 못 차리는 선수들을 보게 될 것이다. 전쟁도 비슷하다.

그러나 '결코 잠들지 않는 도시'인 월스트리트에서 마이크로초 단위로 거래하는 무자비하기 그지없는 자본가들은 매일 오후 4시 정각이면 휴전 상태에 들어가므로, 증권 중개인들은 경쟁자들의 매복 공격에 시달리면서 잠 못 드는 균형 상태로 떠밀려 들어가는 일 없이 매일 예측 가능한 시간에 잠을 이룰 수 있다. 이런 의미에서 주식 시장은 전쟁보다 스포츠에 더 가깝다.

이 논리를 확대하면 정부의 역할을 옹호하는 강력한 논증이 나온다. 사실 많은 정부는 법규를 통해서 최소 휴가 일수를 의무화하고 가게의 영업시간을 제한한다.[38] 그리고 미국이 유급 휴가를 연방 정부 차원에서 규정하고 있지 않은 몇 안 되는 선진국 중의 하나지만, 매사추세츠, 메인, 로드아일랜드 주는 주 정부 차원에서 추수감사절의 영업 활동을 금하고 있다.

이런 법 중에는 본래 처음에 종교적인 의미를 띠고 있으면서 식민지 시대 때부터 내려온 것들도 있다. 사실 종교 자체는 이런 유형의 게임 구조를 변경하는 매우 직접적인 방식을 제공한다. 특히 "안식일을 기억하라" 같은 율법은 전능한 신이 명령한 것이든 종교계의 더 가까운 인사가 강요한 것이든 간에, 가게 주인들이 직면한 문제를 산뜻하게 해결한다. 그리고 살인, 불륜, 도둑질 같은 반사회적 행동에 금지하기 위해 신의 힘을 추가하는 것은 사회 집단을 이루어 살아갈 때 생기는 게임 이론적 문제들 중의 일부를 해결하는 방편이 되기도 한다. 이런 측면에서는 신이 정부보다 더 낫다. 전지전능함은 나쁜 행동이 끔찍한 결과를 빚어낼 것이라고 유달리 강하게 보장한다. 그런 쪽으로 대부<sup>Godfather</sup>는 결코 신<sup>God the Father</sup>의 발끝에도 미치지 못한다.

종교는 컴퓨터과학자들이 거의 언급하지 않는 것에 속하는 듯하다.[39] 사실 《컴퓨터과학자가 거의 이야기하지 않는 것들 **Things a Computer Scientist Rarely Talks About**》이라는 책의 주제이기도 하다. 하지만 사람들이 지닌 대안의 수를 줄임으로써, 종교가 부과하는 형태의 행동 제약은 어떤 유형의 결정들을 내려야 할 때 계산하기 더 쉽게 해 줄 뿐 아니라, 더 나은 결과를 가져올 수도 있다.

## 진화를 통한 메커니즘 설계

아무리 이기적인 사람이라고 해도, 자신의 본성에 분명히 어떤 원리들이 있다고 가정할지 모른다. 그 때문에 그는 남들의 운명에 관심을 갖고, 그들의 행복이 자신에게 필요하다고 여기게 된다. 비록 바라보면서 기쁨을 느끼는 것 말고는 얻는 것이 아무것도 없다고 해도 말이다.
– 애덤 스미스, 《도덕감정론》

마음은 이성이 아무것도 모른다는 것에 대해 나름의 이유를 갖고 있다.
– 블레이즈 파스칼[40]

캘리포니아의 삼나무는 지구에서 가장 나이가 많고 가장 장엄한 생물에 속한다. 하지만 게임 이론의 관점에서 보면, 거기에는 한 가지 비극이 숨어 있다. 그들이 그렇게 높이 자라는 이유는 오로지 상대보다 더 크려고 애쓰기 때문이다. 지나치게 자람으로써 입는 손해가 그늘에 가려짐으로써 입는 피해보다 결국 더 커지는 지경까지 말이다. 리처드 도킨스<sup>Richard Dawkins</sup>는 이렇게 썼다.

> 수관은 공중 초원이라고 생각할 수 있다. 버팀대에 올라타 있는 굽이치는 풀밭과 같다. 수관은 풀밭과 거의 같은 수준으로 태양 에너지를 모으고 있다. 하지만 그 에너지의 상당 부분은 곧바로 버팀대를 먹이는 데 '낭비된다.' 버팀대는 '풀밭'을 공중에 높이 띄우는 용도 외에는 아무 쓸모가 없다. 땅에 납작하게 펼쳐져 있다면 훨씬 적은 비용으로 했을 광자 수확을 공중에서 똑같이 하고 있을 뿐이다.[41]

숲이 어떻게든 일종의 휴전협정을 맺을 수만 있다면, 그 생태계는 숲을 만드는 군비 경쟁에 에너지를 전혀 낭비하지 않으면서 광합성 산물을 즐길 수 있을 것이다. 하지만 앞서 살펴보았듯이, 이런 시나리오에서 좋은 결과는 게임 바깥의 권위자라는 맥락에서만 나오는 경향이 있다. 하향식으로 보상을 바꾸는 누군가다. 마치 자연에서도 마찬가지로, 개체 사이에 좋은 균형을 확립할 방법이 전혀 없는 듯하다.

한편, 특정한 게임에서 협력이 정말로 더 나은 결과로 이어진다면, 우리는 협력하는 마음을 지닌 종이 진화적으로 우세해질 거라고 예상할 것이다. 하지만 협력이 집단 수준에서만 합리적이고 개체 수준에서는 그렇지 않다면, 협력은 어디에서 나오는 것일까? 아마 개체가 전혀 통제할 수 없는 무언가로부터 나와야 할 것이다. 예를 들면, 감정 같은 것에서 말이다.

서로 무관해 보이는 두 시나리오를 생각해보자. (1) 한 남성이 진공청소기를 샀는데 몇 주 만에 고장이 나서, 그는 10분에 걸쳐 악의가 담긴 온라인 상품평을 쓴다. (2) 편의점에서 물건을 고르던 여성이 누군가가 노인의 지갑을 훔쳐서 문을 향해 달려가는 것을 본다. 그녀는 도둑에게 달려들어 몸싸움을 하여 지갑을 빼앗는다.

비록 후자는 분명히 영웅적으로 보이고 전자는 단지 화가 난 듯하지만, 비록 전혀 다른 방향이긴 해도 이 행동들이 지닌 공통점은 '무의식적인 이타심'이다. 그 운 나쁜 소비자는 진공청소기를 교환하거나 돈을 돌려받으려는 것이 아니다. 그는 몹시 간접적인 형태의 보복을 추구한 것이다. 합리적인 게임 이론적 관점에서 보면, 그는 독한 상품평을 쓰는 자체에서 얻는 만족감 외에 얻는 것이 거의 없다. 편의점에서 영웅적인 여성은 개인적으로 엄청난 비용을 치르면서 자경활동이라는 정의를 실현한다. 이를테면 그녀는 전혀 모르는 노인에게 5만 원을 돌려주기 위해서 다치거나 죽을 수도 있을 위험을 무릅쓴 것이다. 어쩌면 그녀가 응급실에 실려 갈 위험을 무릅쓰지 않고 그냥 자기 주머니에서 5만 원을 꺼내 노인에게 줘도 되었을 것이다. 이런 의미에서 두 사람은 비합리적으로 행동하고 있다.

하지만 그들의 행동은 자신들이 속한 사회에는 바람직하다. 우리 모두는 소매치기가 이득을 보지 못하고 저질의 상품을 파는 기업이 나쁜 평판을 얻는 세상에서 살고 싶다. 아마 우리 각자는 5만 원 때문에 이빨이 깨지기는커녕, 열이 받아서 시간을 낭비하는 일조차 하지 않으면서, 언제나 냉철하게 계산하여 자신에게 가장 이득이 되는 결정을 내릴 수 있는 사람이 되는 편이 더 나을 것이다. 그렇지만 또한 우리 모두는 그런 충동적인 행동이 흔한 사회에서 살아가는 편이 더 좋다고 본다.

그렇다면 외부의 권위자가 없을 때, 이들이 이기적인 균형 상태를 걷어차는 행동을 하게 만드는 것이 무엇일까? 분노도 그중 한 가지다. 비열한 업체 때문이든 좀도둑 때문이든 간에 촉발된 분노는 이성을 압도할 수 있다. 그리고 그런 상황에서는 본래 게임 바깥의 권위자가 개입해야 이룰 수 있을 일을 진화가 해낼 수도 있다. 자연에는 다른 종의 목적에 봉사하도록 본질적으로 강요당하고 있는 개체들의 사례가 가득하다. 기생충인 창형흡충 Dicrocoelium dendriticum 은 개미를 풀잎 꼭대기로 기어 올라가게 만든다. 그러면 개미는 양에게 먹힐 것이고, 창형흡충은 원하는 숙주에게로 들어가게 된다. 마찬가지로 기생충인 톡소포자충 Toxoplasma gondii 은 쥐가 고양이를 두려워하지 않게 만들어서 고양이의 몸으로 들어간다.[42]

분해서 보복을 한 소비자에게서든 편의점의 영웅에게서든 간에, 감정은 잠시 우리 종의 통제권을 차지한다. 니체는 "도덕성은 개인에게 있는 무리 본능이다"라고 썼다.[43] 좀 의역하자면, 우리는 감정이 종의 메커니즘 설계라고도 말할 수 있을 것이다. 무의식적으로 일어난다는 바로 그 점 때문에, 감정은 외부의 강요가 전혀 필요 없이도 행동을 이끌어낼 수 있다. 보복은 그것을 추구하는 이에게 좋은 방향으로 작용하는 일이 거의 없지만, 이용당한다는 데에 '비합리적인' 격렬한 감정으로 반응하는 사람은 공정한 대우를 받을 가능성이 더 높다는 이유 때문에 그렇게 한다. 코넬대학교 경제학자 로버트 프랭크**Robert Frank**는 말한다. "우리의 재산을 훔치는 도둑에게 비합리적으로 반응할 것이라고 사람들이 예상한다면, 우리는 굳이 그렇게 반응할 필요가 없어질 것이다. 훔치는 것이 그들에게 이득이 아닐 것이기 때문이다. 여기서는 물질적 이익만 따지기보다는 비합리적으로 반응하는 성향이 훨씬 더 낫다."[44]

(개화한 현대 인류가 보복 대신에 법규와 법적 계약을 지닌다고 생각한다면, 누군가를 고소하거나 고발하는 일이 희생자가 물질적 측면에서 원상회복을 기대할 수 있는 차원을 넘어서 훨씬 더 일이 많고 고통스러울 때가 많다는 사실을 떠올려보라. 소송은 선진국 사회에서 보복의 대체물이 아니라, 자기 파괴적 보복의 수단이다.)

분노가 그렇듯이, 연민과 죄책감, 사랑도 그렇다.

기이하게 들릴지 모르지만, 죄수의 딜레마는 결혼생활에 대해서도 우리에게 해줄 말이 많다. 1장에서 비서 문제 같은 최적 멈춤 문제를 논의할 때, 우리는 이성 교제와 아파트 구하기가 둘 다 아직 못본 가능한 미래 대안들에 몰두해야 하는 사례들임을 살펴보았다. 하지만 사랑과 주거 양쪽 모두에서 우리는 최적 멈춤 결정이 이루어진 뒤에도 대안들을 계속 더 마주친다. 그렇다면 결정을 철회하지 않을 이유가 있을까? 물론 상대(배우자든 집주인이든 간에)도 철회할 준비가 되어 있다는 것을 알면, 합의를 가치 있게 해줄 장기 투자(함께 아이를 갖거나 가재도구를 힘들여 옮기는 것 같은) 중 상당수는 못하게 될 것이다.

양쪽 사례에서 이 이른바 '약속 문제 commitment problem'는 적어도 어느 정도는 계약을 통해 해결될 수 있다. 하지만 게임 이론은 교제의 사례에서는 자발적인 법적 결속보다는 무의식적인 사랑 자체에 따른 결속이 지속적인 부부 관계와 더 깊이 관련 있음을 시사한다. 로버트 프랭크는 이렇게 썼다. "애초에 서로를 결합시키는 것이 합리적인 평가가 아니라면, 나중에 헤어지는 것이 합리적이라고 생각될 때 관계가 정리될 거라는 걱정은 대체로 사라진다."[45] 그는 이렇게 설명한다.

> 그래요. 사람들은 자신이 관심을 갖는 것의 객관적인 특징을 찾으려 해요. 누구나 친절하고 지적이고 재미있고 건강하고, 아마 매력적이고 돈도 잘 벌기까지 하는 사람을 원하죠. 이 원하는 특징의 목록은 죽 이어지지만, 그건 일차 통과 기준이지요. 충분히 시간을 함께 보내고 나면, 함께 지내고 싶어지게 만드는 이유가 그런 것들이 아니게 됩니다. 그냥 그 사람이기 때문인 겁니다. 당신에게는 바로 그 점이 가치가 있는 거죠. 그래서 정말로 필요한 것은 혼인서약이 아니라 헤어지고 싶지 않다는 느낌인 겁니다. 객관적으로 보면 더 나은 대안이 있다고 해도 말이지요.[46]

달리 말하면 이렇다. 사랑은 조직범죄와 같다. 균형이 모두에게 가장 좋은 쪽으로 작동하는 결과가 되도록, 결혼 게임의 구조를 바꾼다.

극작가 조지 버나드 쇼 George Bernard Shaw는 결혼생활에 관해 이렇게 쓴 바 있다. "죄수가 행복하다면, 뭐하러 그를 가두는 건가요? 그가 행복하지 않다면, 왜 그는 행복한 척할까요?"[47] 게임 이론은 이 수수께끼에 미묘한 답을 제시한다. 행복이 바로 자물쇠라는 것이다.

사랑에 관한 게임 이론의 논리가 강조하는 것이 하나 더 있다. 결혼생활은 누구와 공모할지를 당신이 고르는 죄수의 딜레마라는 것이다. 이것이 작은 변화처럼 보일지 모르지만, 당신이 하고 있는 게임의 구조에 큰 영향을 미칠 수 있다. 어떤 이유로 당신이 옆에 없을 때 당신의 범죄 공모자가 비참해지리라는 것—10억 원으로도 치유할 수 없는 유형의 비참함—을 당신이 안다면, 당신은 공모자가 배신하여 당신을 감옥에 홀로 남겨두리라는 걱정을 훨씬 덜하게 될 것이다.

따라서 사랑에 대한 합리적 논증은 이중적이다. 애착 감정은 상대의 의도를 재귀적으로 지나치게 생각하는 것을 막아줄 뿐 아니라, 보상을 바꿈으로써 사실상 더 나은 결과를 가져온다. 게다가 저도 모르게 사랑에 빠질 수 있기에, 당신이 더 매력적인 상대로 보이게 된다.

애타는 마음을 가질 수 있는, 감정에 사로잡힐 수 있는 능력이야말로 당신을 믿을 수 있는 동반자로 만드는 자질이다.

## 정보 폭포: 거품의 비극적인 합리성

당신이 다수의 편에 서 있음을 알아차리는 순간이야말로, 멈춰서 반성할 때다.
– 마크 트웨인

남들의 행동에 주의를 기울이는 것이 좋은 생각인 이유는 그렇게 함으로써 세계에 관한 그들의 정보를 자신의 정보에 추가할 수 있기 때문이다. 인기 있는 식당은 아마 맛이 좋을 것이다. 그리고 반쯤 자리가 비어 있는 공연장은 공연 내용이 아마 안 좋다는 표시일 것이다. 만약 함께 대화하고 있던 상대가 갑자기 당신이 볼 수 없는 무언가를 향해 홱 시선을 돌린다면, 당신도 따라서 고개를 돌리는 것도 나쁜 생각은 아닐 것이다.

그런 한편으로, 남들로부터 배우는 것이 그렇게 합리적으로 여겨지지 않을 때도 있다. 한순간의 열광과 유행은 세계에 관한 어떤 객관적인 기본 진리에 얽매이지 않은 채 남들의 행동을 따라한 결과다. 게다가 남들의 행동이 유용한 지침이라는 가정은 경제적 재앙으로 귀결될 무리 추종으로 이어질 수 있다. 다른 모든 사람들이 부동산에 투자하고 있다면, 집을 사는 것이 좋은 생각처럼 보인다. 어쨌든 집값은 계속 오를 테니까. 그렇지 않은가?

2007년과 2009년 사이에 일어난 주택 담보 대출 위기의 한 가지 흥미로운 측면은 관련된 거의 모든 사람들이 부당하게 처벌을 받는다고 느끼는 듯했다는 점이다. 미국에서 주택이 결코 실패할 리

없는 안전한 투자라고 믿으면서 자란 세대, 집값이 빠르게 오르고 있는 데에도 (아니 그 때문에) 주변의 모든 이들이 집을 사는 것을 본 세대는 집값이 마침내 고꾸라지기 시작하자 몹시 분개했다.

한편, 은행원들은 늘 해왔던 대로 했는데 욕을 먹는 것이 부당하다고 느꼈다. 자신들은 그저 기회를 주었을 뿐이고, 고객은 받아들이거나 거부할 수 있었는데 말이다. 갑작스러운 시장 붕괴가 일어나면, 으레 비난의 대상을 찾으려는 유혹에 빠진다. 여기서 게임 이론은 냉엄한 관점을 제공한다. 이런 격변은 잘못한 사람이 아무도 없을 때에도 일어날 수 있다는 것이다.

금융 거품의 역학을 제대로 이해하는 일은 경매를 이해하는 것부터 시작한다. 경매가 경제의 구석자리에 놓여 있는 것처럼 보일지 모르지만—소더비나 크리스티 경매에 나오는 10억 원짜리 유화나 이베이에 올라오는 인형 같은 수집품을 떠올리면 그렇다—경매는 사실 경제에 상당한 힘을 발휘한다. 한 예로, 구글은 수입의 90% 이상을 광고를 판매하여 얻는데, 그 광고는 모두 경매를 통해 판매된다.[48] 한편, 미국 정부는 (휴대전화 전송 주파수 같은) 통신 대역의 이용 권리를 경매를 통해 판매하여 수백억 달러의 수입을 올린다.[49] 사실 주택에서부터 책, 튤립에 이르기까지 온갖 물품들이 세계의 여러 시장에서 다양한 방식의 경매를 통해 거래된다.

가장 단순한 경매 형식 중의 하나는 각 참가자가 남모르게 입찰액을 써내면, 얼마를 적었든 간에 가장 높은 액수를 써낸 사람이 낙찰되는 것이다. 이를 '최고가 밀봉 경매 sealed-bid first-price auction '라고 한다. 알고리즘 게임 이론의 관점에서 보면, 이 방식에는 한 가지—사실은 몇 가지—큰 문제가 있다. 우선 낙찰자는 언제나 자신이 너무 높게 써냈다고 느낀다는 것이다. 만약 당신이 경매 물건의 가치를 2만 5,000원이라고 평가하고 나는 1만 원이라고 보고서, 둘 다 자신의 진정한 평가액(2만 5,000원과 1만 원)으로 입찰을 한다면, 1만 원보다 조금만 더 주고서 살 수 있었을 물건을 2만 5,000원이나 주고 산 셈이 된다.

이 문제는 또 다른 문제로 이어진다. 적절하게, 즉 너무 많이 지불하지 않으면서 입찰을 하려면 다른 경매 참가자들의 진짜 평가액을 예측하고서 그에 따라 당신의 입찰액을 '낮출 shade ' 필요가 있다. 매우 힘들다. 하지만 다른 참가자들도 자신의 진짜 평가액대로 입찰하지 않을 것이다. 그들도 남들의 평가액을 예측하여 자신의 입찰가를 낮출 것이기 때문이다.[50] 우리는 되부름의 영역으로 되돌아간다.

또 하나의 고전적인 경매 형식인 '네덜란드식 경매 Dutch auction ' 또는 '내림 경매 descending auction '는 누군가가 살 때까지 물품의 가격을 서서히 내린다. 네덜란드식이라는 이름은 네덜란드에서 매일 열리는 세계 최대의 꽃 경매인 알스메르 꽃 경매 Aalsmeer Flower Auction 를 가리킨다.[51] 하지만 네덜란드식 경매는 언뜻 생각하는 것보다 훨씬 더 널리 쓰이고 있다. 재고 물품을 할인 판매하는 상점, 시장이 감내할 것이라고 생각하는 최고가에 아파트를 내놓는 집주인은 둘 다 그 경매의 기본 특성을 공유한다. 판매자는 낙관적으로 시작하여 구매자가 나타날 때까지 가격을 조금씩 내릴 가능성이 높다. 내림 경매는 당신의 입찰 범위의 상한 근처에서 입찰을 할 때 (즉 당신은 가격이 2만 5,000원으로 떨어질 때 입찰할 준비를 할 것이다) 따낼 가능성이 더 높다는 점에서 최고가 경매와 비슷하며, 따라서 당신은 좀 복잡한 전략을 써서 당신의 입찰액을 낮추고 싶어 할 것이다. 당신은 2만 5,000원에 살 것인가, 아니면 가격이 더 떨어질 때까지 기다릴 것인가? 당신이 한 푼 두 푼 아낄 때마다 낙찰을 못 받을 위험은 커진다.

네덜란드식 경매, 즉 내림 경매를 뒤집은 것을 '영국식 경매 English auction' 또는 '올림 경매 ascending auction'라고 한다. 가장 친숙한 경매 형식이다. 영국식 경매에서는 1명만 남을 때까지 입찰자들이 번갈아 입찰 가격을 올린다. 이 방식은 우리가 원하는 것에 가까운 무언가를 제공하는 듯하다. 당신이 물품의 가치를 2만 5,000원이라고 매기고 내가 1만 원이라고 매긴다면, 당신은 2만 5,000원까지 죽 올라가거나 전략적 토끼굴에 빠질 필요 없이 1만 원을 넘어서자마자 낙찰을 받을 것이다.

하지만 네덜란드식 경매와 영국식 경매 둘 다 밀봉 경매에 비하면 한층 더 복잡하다. 각 입찰자가 지닌 사적인 정보만이 아니라, 입찰 행동의 공개 흐름도 관여한다. (네덜란드식 경매에서는 입찰이 없다는 사실 자체가 정보를 드러낸다. 다른 모든 입찰자들이 물품의 가치를 현재 가격 수준으로 보지 않는다는 것을 명확히 알려주기 때문이다.) 그리고 적절한 상황에서는 이 사적 자료와 공개 자료의 혼합이 해롭다는 것이 드러날 수도 있다.

입찰자들이 자신이 추정한 경매 물품의 가치에 의구심을 갖고 있다고 하자. 이를테면 특정 해역의 원유 채굴권이라고 하자. 런던 유니버시티 칼리지의 게임 이론가 켄 빈모어는 이렇게 말한다. "한 광구에 있는 원유량 자체는 변함이 없지만, 원유가 얼마나 있을까 하는 구매자의 추정값은 각자가 한 지질 조사에 따라 다를 겁니다. 그런데 지질 조사는 비용이 많이 들 뿐 아니라, 결과를 믿을 수 없기로 악명이 높아요." 그런 상황에서는 다른 참가자들의 입찰가를 유심히 지켜보면서 공개 정보로 자신의 빈약한 사적 정보를 보충하는 것이 자연스러워 보인다.

하지만 이 공개 정보는 언뜻 볼 때와 달리 정보를 거의 지니고 있지 않을 수도 있다. 당신은 다른 입찰자들이 어떻게 믿고 있는지 실제로 알게 되지는 않는다. 그들의 행동만을 볼 뿐이다. 그리고 당신의 행동이 그들의 행동에 영향을 받고 있는 것과 똑같이, 그들의 행동이 당신의 행동에 토대를 두고 있을 가능성도 얼마든지 있다. 한 무리의 사람들이 '다른 모든 이들'이 마치 괜찮은 양 행동하고 있기 때문에 모두 낭떠러지로 다가가는 것도 쉽게 상상할 수 있다.[52] 사실은 저마다 주저하고 있지만, 남들이 모두 대담해 보이기 때문에 그 감정을 억누르고 있을 뿐이다.

공유의 비극과 마찬가지로, 이 실패도 반드시 참가자들의 잘못인 것은 아니다. 경제학자 수실 비크찬다니 Sushil Bikhchandani, 데이비드 허슐레이퍼 David Hirshleifer, 이보 웰치 Ivo Welch는 엄청난 영향을 끼친 공동 논문에서, 적절한 조건이 갖추어지면 완벽하게 합리적이고 완벽하게 적절히 행동하는 행위자들의 집단이라도 사실상 한없이 잘못된 정보의 먹이가 될 수 있음을 보여주었다. 그것은 '정보 폭포 information cascade'라고 불리게 된다.[53]

원유 채굴권 시나리오로 돌아가서, 해당 광구의 권리를 놓고 10개 회사가 입찰한다고 하자. 한 회사는 지질 조사를 했더니 원유가 풍부하다고 나왔다. 또 한 회사는 모호한 결과를 얻었다. 다른 8개 회사는 매장량이 미미하다는 자료를 받았다. 하지만 서로 경쟁 관계이므로, 기업들은 조사 결과를 공유하지 않으며, 대신에 서로의 행동만을 지켜볼 수 있다.

경매가 시작되자, 유망하다는 보고서를 받은 첫 번째 기업은 처음부터 입찰가를 높이 부른다. 두 번째 기업은 이 입찰가에 고무되어서 모호한 보고서를 낙관적으로 해석하여 좀 더 높은 입찰가를 부른다. 세 번째 기업은 매장량이 빈약하다는 조사 보고서를 받았지만, 다른 두 독자적인 조사 결과가 대박을 시사하는 모양이구나 하는 판단이 들기에 자체 보고서를 믿지 못하게 된다. 그래서 좀 더 높은 가격을 부른다. 네 번째 회사도 별 볼 일 없다는 조사 보고서를 받았지만, 이제는 그 보고서를 불신하게 된다. 앞의 세 경쟁자가 모두 좋다고 생각하는 듯이 보이기 때문이다. 그래서 그 기업도 입찰한다. 그 '합의'는 현실과 동떨어져 있다. 폭포가 형성된 것이다.

어떤 입찰자도 비합리적으로 행동하지 않았지만, 전체적인 결과는 재앙이다. 허슐레이퍼는 이렇게 말한다. "누군가가 자신의 정보 신호와 무관하게 선행자들을 맹목적으로 따르기로 일단 결심하면 아주 중요한 일이 일어나는데, 그의 행동이 이후의 모든 의사 결정자에게 아무런 가치가 없는 정보가 된다는 겁니다. 이제 정보의 공개 풀은 더 이상 커지지 않아요. 공개 정보를 지님으로써 얻는 복지 혜택은, 중단된 거지요."[54]

정보 폭포에 빠지고, 입찰자들이 거의 오로지 서로의 행동만을 보고서 물품의 가치를 추정할 때 현실세계에 어떤 일이 일어나는지를 알아보려면, 2011년 4월에 피터 A 로렌스 Peter A. Lawrence의 발생학 교과서 《파리 만들기 The Making of a Fly》가 아마존의 제3자 장터에서 무려 2,369만 8,655.93달러(배송비 3.99달러 추가)까지 가격이 올라간 것이 가장 좋은 사례일 것이다. 대체 어떻게, 왜, 이 책에 (훌륭한 책인 것은 분명하지만) 무려 2,300만 달러가 넘는 가격이 매겨진 것일까? 판매자 중 2명은 알고리즘을 써서 서로 일정한 비율로 가격이 정해지도록 했다. 1명은 자기 물품의 가격을 경쟁자의 것보다 0.99830배가 되도록 설정했고, 다른 1명은 가격이 상대방 물품의 1.27059배가 되도록 자동으로 설정해놓았다. 양쪽 판매자는 가격 상한선을 얼마로 할지는 전혀 생각도 안 했기에, 결국 가격이 계속 올라가서 통제를 벗어났다.[55]

2010년 5월 6일에 일어난 논란 분분한 수수께끼 같은 주식 시장 '대폭락 flash crash' 때에도 비슷한 메커니즘이 작동했을 가능성이 있다. 당시 단 몇 분 사이에 S&P 500에 속한 몇몇 무작위로 선택된 듯한 기업들의 주가는 10만 달러 이상 급상승한 반면, 다른 기업들의 주가는 급격히 하락했다. 0.01달러까지 떨어진 기업도 있었다. 거의 1조 달러가 한순간에 증발했다. CNBC의 짐 크래머 Jim Cramer는 생방송 도중에 어안이 벙벙해져서 말을 잇지 못했다. "어…… 이럴 리가 없어요. 저 주가가 진짜일 리가 없습니다. 음, 그냥 프록터 사세요! 프록터앤갬블 사세요. 분기 실적이 좋다고 했으니까, 그냥 사요. 이건 정말 말도 안 되는, 너무 좋은 기회입니다." 크래머의 불신은 그의 사적인 정보가 공개 정보와 충돌하고 있기 때문이다. 여기서 그는 시장이 가치를 40달러 밑으로 평가하고 있는 것이 분명한 주식을 49달러에 살 의향을 지닌 세계에서 유일한 사람인 듯하다. 하지만 그는 개의치 않는다. 그는 분기 보고서를 이미 읽었고, 자신이 알고 있는 것을 확신한다.

흔히 투자자들을 크게 두 부류로 나눈다. 자신이 기업의 기본 가치라고 여기는 것을 토대로 거래하는 '기본적 fundamental ' 투자자와 시장의 변동을 토대로 거래하는 '기술적 technical ' 투자자다. 고속 알고리즘 거래의 출현은 이 두 전략 사이의 균형을 뒤엎었고, 현실세계의 상품 가치에 얽매이지 않는―교과서 한 권에 수천만 달러의 가격을 매기고 우량주에 동전 1개의 가격을 매기는 데 개의치 않는―컴퓨터가 시장의 비합리성을 더 심화시킨다는 불만이 종종 제기되어 왔다.[56] 이런 비판이 대개 컴퓨터를 향하긴 하지만, 수많은 투자 거품 사례들이 증언하듯이 사람도 얼마든지 같은 일을 저지른다. 여기서도 잘못은 참가자들에게가 아니라 게임 자체에 있을 때가 종종 있다.

정보 폭포는 투자 거품뿐 아니라, 더 폭넓게 유행과 무리 행동 전반에도 합리적인 이론을 제공한다. 비합리성, 악의, 부정행위가 없는 상황에서도 시장이 어떻게 그렇게 쉽게 급상승하고 폭락할 수 있는지를 설명해준다. 여기서 우리는 몇 가지 교훈을 얻는다. 첫째, 공개 정보가 사적 정보를 압도하는 듯한 상황, 사람들이 왜 그런 행동을 하는가보다 무엇 때문에 그런 행동을 하는지를 자신이 더 잘 알고 있는 상황, 자신의 판단이 사실에 들어맞는지보다 합의에 더 들어맞는지에 더 신경 쓰는 상황을 경계하라는 것이다. 당신이 경로를 정하기 위해 주로 남들을 살펴보고 있을 때, 그들도 같은 이유로 당신을 바라보고 있을지 모른다. 둘째, 행동이 믿음이 아니라는 점을 명심하자. 정보 폭포는 어느 정도는 남들이 하는 행동을 토대로 그들이 어떤 생각을 하는지를 오해할 때 일어난다. 우리는 자신의 의구심을 지우려 할 때에는 특히 신중해야 한다. 그리고 한편으론 그 의구심을 어떻게든 널리 알릴 방법을 찾고 싶을지 모른다. 남들이 우리의 행동에 담긴 열정과 마음속의 주저함을 구별하는 데 실패하지 않도록 말이다. 마지막으로, 죄수의 딜레마로부터 우리는 때로 게임이 구제불능으로 심한 규칙을 지닐 수 있다는 걸 명심해야 한다. 우리가 일단 그 안에 들어가면 아무것도 할 수 없을지 모르지만, 정보 폭포 이론은 애초에 그런 게임을 피하는 데 도움을 줄 수 있을지 모른다.

그리고 자신이 옳다고 생각하면 언제나 하는 부류라면, 남들이 얼마나 이상하게 보든 개의치 말고 마음을 굳게 먹어라. 그랬을 때 안 좋은 소식은 당신이 무리 추종자들보다 잘못할 때가 더 많으리라는 것이다. 좋은 소식은 자신의 확신을 고집하는 것이 긍정적인 외부 효과를 일으킴으로써, 사람들이 당신의 행동을 정확히 추론할 수 있게 된다는 것이다. 당신이 재앙으로부터 무리 전체를 구하게 될 때도 있을지 모른다.[57]

## 자신의 자아를 계산하려면

컴퓨터과학을 게임 이론에 적용하자, 전략을 세워야 한다는 것 자체가 우리가 서로 경쟁하면서 치르는 비용의 일부―때로는 아주 큰―임이 드러났다. 그리고 재귀의 문제들이 보여주듯이, 서로의 머릿속에 들어가는 것이 요구될 때만큼 그 비용이 큰 경우는 없다. 여기서 알고리즘 게임 이론은 메커니즘 설계를 재고하는 방법을 제시한다.[58] 게임의 결과만이 아니라, 참가자들에게 요구되는 계산 노력도 고려해야 한다는 것이다.

예를 들어, 우리는 무해해 보이는 경매 메커니즘이 어떻게 온갖 종류의 문제들에 빠질 수 있는지도 살펴보았다. 과다 생각, 과다 지불, 마구 불어나는 정보 폭포가 그렇다. 하지만 그런 상황을 해결할 가능성이 아예 없는 것은 아니다. 사실, 뜨거운 칼로 버터를 자르듯이 정신적 재귀의 부담을 단칼에 자르도록 설계된 경매가 한 종류 있다. 바로 '비크리 경매<sup>Vickrey auction</sup>'다.[59]

노벨 경제학상 수상자인 윌리엄 비크리<sup>William Vickrey</sup>의 이름을 딴 비크리 경매는 최고가 경매와 마찬가지로, '밀봉 입찰' 방식의 일종이다. 즉 모든 참가자가 하나의 입찰가를 남몰래 적어서 밀봉하여 내면, 가장 높은 가격을 쓴 사람이 낙찰을 받는 것이다. 하지만 비크리 경매에서는 낙찰자가 자신의 입찰가를 지불하는 것이 아니라, 차점자의 입찰가를 지불한다. 즉 당신이 2만 5,000원을 써내고 내가 1만 원을 써냈다면, 당신은 내 입찰가만큼을 내고 낙찰을 받는다. 1만 원만 내면 된다.

게임 이론가가 보기에, 비크리 경매는 많은 매혹적인 특성을 지니고 있다. 그리고 특히 알고리즘 게임 이론가가 볼 때는 한 가지 특성이 유달리 두드러진다. 참가자들에게 정직할 동기를 부여한다는 것이다. 사실 당신이 물품에 매긴 '진정한 가치' 그대로 입찰하는 것보다 더 나은 전략은 결코 없다. 그 물품의 가치를 정확히 얼마로 생각하느냐에 따라서다. 당신의 진정한 가치보다 더 높게 입찰한다는 것은 분명히 어리석은 짓이다. 결국 자신이 생각하는 가치 이상을 주고 물품을 사게 되는 것이기 때문이다. 그리고 당신의 진정한 가치보다 더 낮게 입찰하면 (즉 입찰가를 낮춤으로써) 전혀 타당하지 않은 이유로 경매에서 질 위험을 무릅쓰는 것이다. 그렇게 한들 당신의 돈은 절약되는 것이 아니기 때문이다. 낙찰된다면, 당신이 얼마나 높이 써냈든 간에 상관없이, 두 번째로 높게 쓴 입찰가를 지불하게 되기 때문이다. 그래서 비크리 경매는 메커니즘 설계자들이 '전략 증명 strategy-proof' 또는 '진실한 truthful'이라고 부르는 것이 된다.[60] 비크리 경매에서는 정직이 말 그대로 최고의 방책이다.

죄수의 딜레마에서, 우리는 배신이 어떻게 '우월' 전략임이 드러나는지를 알았다. 당신의 공범자가 배신하든 협력하든 상관없이 최선의 행동이라는 것이다. 반면에 비크리 경매에서는 정직이 우월 전략이다.[61] 메커니즘 설계자의 성배다. 전략을 짜거나 재귀에 빠질 필요가 없다.

현재 비크리 경매는 최고가 경매에 비해 판매자의 수익을 줄이는 것처럼 보이지만, 반드시 그렇지는 않다. 최고가 경매에서는 모든 입찰자가 과다 지출을 피하기 위해 입찰가를 낮춘다. 차점자 가격을 택하는 비크리 경매에서는 그럴 필요가 전혀 없다. 어떤 의미에서는 경매 자체가 입찰자의 입찰가를 최적가로 내리도록 되어 있다. 사실 '수익 동등 revenue equivalence'이라는 게임 이론 원리는 최고가 경매의 평균 예상 판매가가 시간이 흐르면서 비크리 경매의 가격과 정확히 똑같아지도록 수렴될 것이라고 말한다.[62] 따라서 비크리 균형은 어떤 입찰자도 전략을 짜느라 애쓸 필요가 없게 하면서, 동일한 입찰자가 동일한 가격으로 낙찰을 받도록 해준다. 팀 러프가든은 스탠퍼드대학교 학생들에게 비크리 경매가 '경외롭다'고 말했다.[63]

히브리대학교의 알고리즘 게임 이론가 노엄 니산 **Noam Nisan**은 이 경외로움이 거의 유토피아 분위기를 풍긴다고 말한다. "사회 규칙으로 삼고 싶다니까요. 거짓말을 할 가치가 없어진다면, 사람들은 그만큼 거짓말을 안 하겠지요? 바로 그것이 거기에 담긴 기본 개념입니다. 내가 볼 때, 비크리 경매의 놀라운 점은 대체로 사람들이 '그것이 과연 가능할까?'라고 의심한다는 겁니다. 경매 같은 분야에서는 더욱 그렇지요. 물론 나는 돈을 덜 주고 싶죠. 그런데 어떻게 그게 가능해? 하지만 비크리는 보여줍니다. 바로 여기에 방법이 있다고요. 정말 환상적이죠."[64]

사실 여기서 얻은 교훈은 경매에만 적용되는 것이 아니다. 노벨상 수상자 로저 마이어슨 **Roger Myerson**은 '현시 원리 revelation pninciple'라는 기념비적인 발견을 통해서, 전략적으로 진실을 가릴 것을 요구하는 모든 게임이 오로지 그저 정직함만을 요구하는 게임으로 전환될 수 있음을 입증했다. 당시 마이어슨의 동료였던 폴 밀그럼 **Paul Milgrom**은 이렇게 회고한다. "한쪽에서 보면 너무나 충격적이고 놀랍고, 다른 쪽에서 보면 또 사소한 결과들 중의 하나입니다. 그리고 너무나 경이롭고, 너무나 경외롭지요. 내 눈앞에 있는 것이 내가 볼 수 있는 최고의 것임을 알아차릴 때 받는 느낌 있잖아요."[65]

현시 원리는 언뜻 볼 때 받아들이기가 어렵게 느껴질 수도 있지만, 그 증명은 사실 매우 직관적이다. 당신에게 당신을 위해 게임을 해줄 대리인이나 변호사가 있다고 하자. 그들이 이익을 대변한다고 믿는다면, 당신은 그저 그들에게 당신이 원하는 대로 하라고 말할 것이고, 그들에게 당신을 위해 모든 전략적 입찰가 낮추기와 재귀적 전략 세우기를 하도록 맡길 것이다. 비크리 경매에서는 게임 자체가 이 기능을 수행한다. 현시 원리는 이 개념을 그저 확장한 것이다. 당신이 신뢰하는 대리인들이 당신을 위해 참가할 수 있는 모든 게임에서 당신이 대리인에게 원할 행동이 게임 자체의 규칙으로 통합된다면 정직이 최선인 게임으로 변한다는 것이다. 니산은 이렇게 표현했다. "고객들이 당신을 상대로 최적화하는 것을 원치 않는다면, 당신이 그들을 위해 최적화하는 편이 더 낫다는 것이 기본 개념입니다. 바로 그것이 그 증명의 요지지요. 내가 이미 당신을 위해 최적화가 이루어진 알고리즘을 설계한다면, 당신이 할 수 있는 일은 아무것도 없겠죠."

알고리즘 게임 이론은 지난 20년 동안 다양한 분야에서 실제로 적용되면서 엄청난 기여를 해왔다. 인터넷의 패킷 라우팅 이해를 돕고, 소중한(안 보이긴 하지만) 공공재를 할당하는 통신 주파수 경매 방식을 개선하고, 의대생을 병원과 연결하는 구인구직 알고리즘을 보완하는 등의 일을 해왔다. 그리고 그런 일들은 그저 훨씬 더 큰 변혁 흐름의 시작에 불과할 가능성이 높다. 니산은 말한다. "지금은 그저 겉핥기만 하고 있는 수준입니다. 게다가 우리는 그 이론을 이제 겨우 이해하기 시작했을 뿐이죠. 내가 지금 이론적으로 완전히 이해하고 있는 것이 실제로 인간 사회에 성공적으로 적용되려면 아마 한 세대는 걸릴 겁니다. 한 세대가요. 최대로 볼 때 한 세대는 걸릴 거예요."

프랑스 실존주의 철학자 장 폴 사르트르 Jean-Paul Sartre는 "타인이 바로 지옥이다"라는 유명한 말을 남겼다.[66] 타인이 본래 사악하거나 불쾌한 존재라는 의미가 아니라, 우리 자신의 생각과 믿음을 복잡하게 만드는 존재라는 뜻이다.

자기 자신을 생각할 때, 자신을 알고자 애쓸 때 우리는 타인이 이미 알고 있는 우리 자신에 관한 지식을 이용한다. 우리는 타인이 지니고 있으면서 우리 자신을 판단할 때 쓰라고 우리에게 준 수단들을 갖고 우리 자신을 판단한다. 내가 내 자신을 뭐라고 하든 간에 누군가의 판단이 언제나 끼어들게 마련이다. 내가 스스로를 어떻게 느끼든 상관없이 타인의 판단이 끼어든다. 그렇다고 해서 타인과 관계를 맺을 수 없다는 의미는 결코 아니다. 그저 우리 각자에게 타인이 대단히 중요하다는 것이다.

지금까지 이 장에서 살펴본 것들을 고려할 때, 아마 우리는 사르트르의 말을 수정할 수도 있을 것 같다. 타인과의 상호작용이 반드시 악몽일 필요는 없다. 비록 잘못된 게임에서는 확실히 그럴 수 있긴 하지만 말이다. 케인스가 간파했듯이 대중성은 복합적이고, 어렵고, 재귀적인 거울의 방이다. 하지만 아름다움, 보는 이의 눈에 달려 있는 아름다움은 그렇지 않다. 남의 전술을 예견하거나, 예측하거나, 읽어내거나, 그 때문에 방향을 바꿀 것을 요구하지 않는 전략을 채택하는 것이야말로 고르곤의 재귀 매듭을 자르는 한 방법이다. 그리고 때로 그 전략은 단순히 쉬운 차원의 것만이 아니라 최적 전략이 된다.

전략을 바꾸어도 도움이 되지 않는다면, 게임 자체를 바꾸려 시도할 수 있다. 그리고 그것이 가능하지 않다면, 적어도 자신이 할 게임을 선택할 때 얼마간 통제권을 발휘할 수는 있다. 지옥으로 가는 길은 처치 곤란한 재귀, 나쁜 균형, 정보 폭포를 통해 닦인다. 정직이 우월 전략인 게임을 찾아라. 그런 뒤, 자기 자신으로 살아라.

# 계산 친절

나는 인간에게는 본래 사회적인 측면들이 중요하며, 현재 우리에게 요구되고 있는 지적 기능들 중의 상당수를 기계에게 넘기면 마침내 인류가 서로 어울려 살아가는 법을 배울 시간과 동기가 생길 거라고 굳게 믿는다.
– 메릴 플러드[1]

시간과 공간의 제약을 받는 모든 역동적 체계는 회피할 수 없는 근본적인 문제들에 직면한다. 이 문제들은 본질적으로 계산적이다. 그래서 컴퓨터는 우리의 도구이자 동료가 된다. 이로부터 세 가지 단순한 지혜가 도출된다.

첫째, 컴퓨터과학자들과 수학자들이 찾아낸 좋은 알고리즘 접근법들을 그대로 인간의 문제에 적용할 수 있는 사례들이 있다는 것이다. 37% 규칙, 캐시 넘침에 대처하는 최저 사용 빈도, 탐색 지침으로서의 신뢰 상한이 바로 그런 사례들이다.

둘째, 자신이 최적 알고리즘을 쓰고 있음을 알면, 원하는 결과를 얻지 못한다고 해도 안심하라는 것이다. 37% 규칙은 63%는 실패한다는 말과 같다. LRU로 캐시를 관리한다고 해서 당신이 찾는 것을 언제나 찾을 거라는 보장은 없다. 사실, 둘 다 천리안을 제공하지는 않는다. 탐색/이용 트레이드오프에 신뢰 상한 접근법을 쓴다고 해서, 후회를 전혀 안 하게 된다는 의미는 아니다. 그저 그런 후회가 당신의 생애에 걸쳐 더 천천히 쌓일 것이라는 뜻이다. 최상의 전략이 때로 나쁜 결과를 가져오기도 한다. 그것이 바로 컴퓨터과학자들이 '과정'과 '결과'를 구별하기 위해 애쓰는 이유다. 가능한 최고의 과정을 따른다면, 당신은 할 수 있는 모든 일을 다 한 것이고, 원하는 결과가 나오지 않았다고 해서 자신을 비난해서는 안 된다.

결과는 뉴스 제목이 되므로―사실, 우리가 사는 세계를 만든다―결과에 초점이 맞추어지기가 쉽다. 하지만 우리가 통제하는 것은 과정이다. 버트란트 러셀[Bertrand Russell]은 이렇게 표현했다. "우리는 객관적인 옳음을 판단할 때 확률을 고려해야 할 것처럼 보일지 모른다. 객관적으로 옳은 행동은 아마 가장 운 좋은 행동일 것이다. 나는 그것을 가장 현명한 행동이라고 정의하련다."[2] 우리는 운이 좋기를 바랄 수 있다. 그러나 우리는 현명해지려고 애써야 한다. 그것을 일종의 계산적 금욕주의라고 하자.[3]

마지막으로, 우리는 해답이 수월하게 나오는 문제와 그렇지 않은 문제를 명확히 구분할 수 있다. 어려운 시나리오에 휘말려 든다면, 휴리스틱, 근사, 무작위성의 전략적 이용이 실행 가능한 해결책을 찾는 데 도움을 줄 수 있음을 기억하자. 우리가 컴퓨터과학자들을 인터뷰하면서 계속 접했던 한 가지 주제가 있다. '충분히 좋은' 것이 정말로 충분히 좋을 때가 있다는 것이다. 게다가 복잡성을 인지하는 것이 자신의 문제를 포착하는 데 도움이 될 수도 있다. 자신이 직면한 상황을 통제하려면, 우리는 쉬운 게임을 선택해야 한다.

하지만 우리는 스스로 제기하는 문제만을 고르는 것이 아니다. 우리는 서로가 제기하는 문제도 고른다. 도시를 설계하는 방식이든 질문을 하는 방식이든 간에 말이다. 그 결과 컴퓨터과학과 윤리학 사이에 놀라운 다리가 놓인다. 우리가 '계산적 친절함<sup>computational kindness</sup>' 원리라고 부르는 형태로다.

· · ·

이 책을 위해 인터뷰 일정을 짤 때, 우리 두 사람이 알아차린 역설이 하나 있다. 면담을 요청했을 때, 당사자들이 평균적으로 "이번 주 편한 시간에"라고 말하기보다는 "다음 화요일 1시에서 2시 사이"라고 말했을 때 성사될 확률이 더 높았다는 것이다. 사람들이 펭귄 8,000마리보다 1마리의 목숨을 구하는 쪽에 평균적으로 돈을 더 기부한다거나, 테러를 포함하여 어떤 원인으로 사망하는 것보다 테러 행위로 죽을까 봐 더 걱정한다는 유명한 연구 결과들처럼 말이다.

인터뷰를 할 때, 사람들은 제약 조건이 붙은 문제를 받아들이는 쪽을 선호하는 듯했다. 널리 알려진 제약 조건이 아니라, 뜬금없이 꺼낸 것이라고 해도 말이다. 그들에게는 우리의 선호와 제약 조건을 받아들이는 쪽이 자신의 선호와 제약 조건을 토대로 더 나은 대안을 계산하는 것보다 쉬워 보이는 듯했다. 컴퓨터과학자들은 이 대목에서 안다고 고개를 끄덕이곤 했다. '검증'과 '탐색'의 복잡성 격차를 인용하면서 말이다. 그 격차는 어떤 노래를 들을 때 좋은 노래인지 아는 것과 즉석에서 그 노래를 작곡하는 것의 차이만큼 크다.[4]

기묘하게 들릴지 모르겠지만, 컴퓨터과학의 암묵적인 원리 중 하나는 계산이 나쁘다는 것이다. 그래서 모든 좋은 알고리즘은 계산을 해야 하는 사고 노동을 최소화하는 것을 기본 지침으로 삼고 있다. 남들과 상호작용할 때, 우리는 그들에게 계산 문제를 제시한다. 노골적인 요구와 요청이라는 형태로만이 아니라, 우리의 의도, 믿음, 선호를 해석하라는 것 같은 암묵적인 도전 과제의 형태로도 말이다. 그런 문제들의 계산적 이해가 인간 상호작용의 본질을 밝히는 데 도움이 될 거라고 추론하는 것은 타당하다. 우리는 기본적인 계산 문제를 더 쉽게 만드는 쪽으로 문제의 틀을 짬으로써 남들에게 '계산적으로 친절할' 수 있다. 많은 문제들, 특히 우리가 살펴본 사회적 문제들이 본질적으로, 그리고 어쩔 수 없이 어렵기 때문에 이 점은 중요하다.

아주 친숙한 시나리오를 하나 생각해보자. 한 무리의 친구들이 모여서 저녁을 먹으러 어디로 갈지 생각 중이다. 각자 마음속으로 선호하는 식당이 있다. 꼭 가고 싶은 것은 아니라 해도 말이다. 하지만 어느 누구도 어디로 가자고 내뱉기가 뭐해서, 추측과 암시를 담아서 두루뭉술하게 이야기할 뿐이다.

그러다가 모두에게 흡족한 해결책이 나올 수도 있다. 하지만 이 경우엔 잘못되기가 더 쉽다. 한 예로 브라이언은 대학을 졸업한 여름에 친구 2명과 스페인으로 여행을 떠났다. 그들은 비행기에서 여행 일정을 짰는데, 짜다 보니 각자가 자료를 찾아보면서 계획했던 투우 경기 관람을 끼워 넣을 자리가 없다는 것을 알게 됐다. 셋은 서로를 위로하다가 그제야 애초에 투우를 보고 싶어 한 사람이 아무도 없다는 사실이 드러났다.[5] 그저 남들이 투우에 열광할 거라고 생각해서 과감하게 일정에 넣었고, 서로가 채택한 탓에 모두들 좋아하는 것이라고 생각했던 거다.

"아, 나는 뭘 해도 상관없어"나 "오늘 뭐 먹고 싶어?" 같은 무해해 보이는 말도 마찬가지로 두 번 생각하게 만드는 어두운 계산 측면을 갖고 있다. 비록 친절함으로 한 꺼풀 덮여 있지만, 몹시 우려되는 일을 두 가지 한다. 첫째, 인지적 부담을 떠넘긴다. "여기 문제가 있어, 네가 처리해." 둘째, 자신이 좋아하는 것을 말하지 않음으로써, 남들이 당신이 뭘 좋아할지 모사하고 상상하게 만든다. 앞서 살펴보았듯이, 타인의 마음을 모사하는 것은 마음(또는 기계)이 직면할 수 있는 가장 큰 계산 과제 중의 하나다.

그런 상황에서 계산적 친절함과 관습적인 예의는 서로 갈라선다. 자신의 취향을 말하지 않고 삼가는 예의 바른 태도는 나머지 사람들에게 추론하는 계산 문제를 안겨준다. 반면에 자신의 취향을 정중하게 이야기하는 것("나는 $x$가 좋겠는데, 어떻게 생각해?")은 집단의 인지 부하를 해결책 쪽으로 이끈다.[6]

아니면 남들에게 주는 대안의 수를 최대화하기보다는 줄이려고 시도해보자. 이를테면, 식당을 10곳이 아니라 2~3곳을 제시하여 고르게 하는 식이다. 집단의 각자가 가장 덜 끌리는 대안을 먼저 빼버리는 것만으로도 모두를 위해 결정하기가 더 쉬워진다. 또한 누군가에게 점심을 먹자거나 만날 시간을 정할 때엔 받아들이거나 거절할 수 있도록 명확한 제안을 한두 가지 넣어서 묻는 게 좋은 출발점이 된다.[7] 이런 행동들이 반드시 '정중하다'고는 할 수 없지만, 상호작용의 계산 비용을 상당히 줄일 수는 있다.

• • •

계산적 친절함은 단지 행동의 원리인 것만이 아니다. 설계 원리이기도 하다.

2003년, 워털루대학교 컴퓨터과학자 제프리 샬리트[Jeffrey Shallit]는 미국에서 통용시킨다고 할 때 "평균적으로 거슬러야 할 동전의 수를 최소로 줄이는 데 가장 도움이 되는 동전이 어느 것일까?" 하는 문제를 조사했다. 놀랍게도 답은 18센트짜리 동전이라고 나왔다.[8]

하지만 계산의 번거로움을 생각해서 그것을 정책 제안으로 내는 것을 좀 주저했다. 현재 미국의 동전 교환은 아주 쉽다. 거스름돈이 얼마이든 간에, 그 액수를 넘기지 않을 만큼 25센트짜리로 내준 뒤, 나머지는 10센트짜리로 내주고, 이어서 더 단위가 작은 동전을 세어서 내주면 된다. 거스름돈이 54센트라면 25센트 동전 2개를 내준 뒤, 1센트짜리 4개를 내준다. 18센트짜리 동전이 있다면, 이 단순한 알고리즘은 더 이상 최적이 아니다. 18센트 동전 3개면 54센트가 되므로, 25센트 동전은 아예 필요가 없다. 사실 샬리트는 꼴사납게 점점 더 작은 단위의 동전을 써서 거스름돈을 주는 방식이 '적어도 순회 외판원 문제만큼 어려운' 것임을 간파했다.[9] 계산대 직원에게 너무 많은 부담을 안긴다. 샬리트는 계산의 난이도를 고려한다면, 2 센트나 3센트 동전을 쓰는 것이 미국 통화량을 가장 잘 활용하는 것임을 알아냈다. 18센트 동전보다 확실히 계산하기에 더 친절하다.

더 심오한 점은 이 설계상의 미묘한 변화가 인간 사용자에게 부과되는 인지 문제의 유형에 근본적인 변화를 줄 수 있다는 것이다. 예를 들어, 건축가와 도시 계획자는 우리 환경을 어떻게 구성할지를 놓고 선택을 한다. 즉 우리가 풀어야 할 계산 문제들을 어떻게 구조화할지를 놓고 이런저런 선택을 한다는 뜻이다.

경기장이나 쇼핑센터에서 볼 수 있는, 주차 칸들이 여러 줄로 늘어서 있는 대형 주차장을 생각해보자.[10] 당신이 한 통로를 따라 차를 몰고 가는데 빈 곳이 하나 보인다. 당신은 건물에 좀 더 가까운 곳에 대고자(희망 사항이다) 그냥 지나치기로 한다. 하지만 그런 행운은 더 이상 보이지 않고, 당신은 끝까지 갔다가 옆 통로로 차를 돌린다. 얼마간 지난 뒤에 빈 곳이 나타났다. 당신은 주차하기에 좋은 곳인지, 아니면 좀 머니까 세 번째 통로로 가서 찾을지를 또다시 결정해야 한다.

여기서 알고리즘 관점은 운전자뿐 아니라 건축가에게도 유용하다. 이런 주차장이 안겨주는 골치 아프고 성가신 결정 문제를 목적지까지 주차 칸들이 한 통로를 따라 죽 늘어서 있는 상황과 비교해보자. 후자의 사례에서는 그냥 빈자리가 처음 보이자마자 주차하면 된다. 게임 이론도, 분석도, 살펴본 뒤 뛰어들기 규칙도 전혀 필요가 없다. 이런 식으로 조성된 주차장도 있다. 아래층부터 나선형으로 감겨 올라가는 통로가 하나로 된 주차장은 계산 부하가 0이다. 그냥 따라가다가 맨 처음 마주치는 빈 곳에 주차하면 된다. 이런 구조로 짓는게 어떤 좋고 나쁜 요소들이 관여하든 간에, 우리는 그쪽이 운전자에게 인지적으로 자비롭다고 명확하게 말할 수 있다. 계산 측면에서 친절하다고 말이다.

불필요한 긴장, 마찰, 정신노동으로부터 사람들을 보호하는 것이 설계의 주된 목표 중의 하나가 되어야 한다. (이것이 추상적인 고려 사항인 것만은 아니다. 한 예로 쇼핑몰 주차장이 스트레스의 원천이 되면, 고객들은 돈을 덜 쓰고 덜 찾아올 수 있다.)

도시 계획자들과 건축가들은 주차장을 설계할 때 한정된 공간, 재료, 돈 같은 자원의 이용률을 따진다. 하지만 자신의 설계가 그곳을 이용하는 사람들의 계산 자원에 어떤 부담을 줄지는 거의 고려하지 않는다. 일상생활의 알고리즘적 토대—여기서는 최적 멈춤—를 이해한다면, 운전자는 특정한 시나리오에 처할 때 최상의 결정을 내릴 수 있을 것이고, 도시 계획자는 애초에 운전자가 직면할 문제들을 더 깊이 생각할 수 있을 것이다.

어떤 설계가 계산적으로 더 친절한지가 드러나는 사례들은 많다. 식당의 자리 배정 방식을 생각해보자. 어떤 식당은 '열린 자리 배정 open seating' 방식을 쓴다. 대기 고객들이 돌아다니다가 빈자리가 나면 먼저 앉는 방식이다. 또 다른 방식은, 이름을 물어본 후에 대기실에서 음료수를 마시며 기다리게 하다가 자리가 준비되면 안내하는 식당도 있다. 공유되는 희소 자원을 관리하는 이 두 접근법은 컴퓨터과학에서 '스피닝spinning'과 '블로킹blocking'의 구분을 떠올리게 한다.[11] 어떤 처리 작업이 어떤 자원을 요구하는 데 얻을 수 없을 때,

컴퓨터는 그 작업이 '순환 spin'되도록—"준비되었어?"라고 반복하여 계속 물으면서 자원을 점검하도록—하거나 '차단할 block' 수 있다. 즉 그 작업을 멈추고, 다른 작업을 한 뒤, 자원을 쓸 수 있게 될 때 그 작업으로 돌아가는 것이다. 컴퓨터과학자에게는 이것이 현실적인 트레이드오프다. 스피닝에 잃는 시간과 문맥 전환으로 잃는 시간을 비교해야 한다. 하지만 식당에서는 모든 자원이 트레이드오프가 되는 것이 아니다. '스피닝' 방침은 빈자리를 더 빨리 채울 수 있지만, 그 사이에 지쳐가는 CPU는 지겹게 소모적으로 계속 식당 안을 주시해야 하는 상황에 빠진 고객의 정신이다.

비슷한 사례로, 버스 정류장이 제기하는 계산 문제를 살펴보자. 다음 버스가 "10분 안에 도착합니다"라고 보여주는 실시간 안내판이 있다면, 일단 기다릴지 여부를 결정하게 된다. 계속 오지 않는 버스를 매순간 일종의 추론 증거 흐름으로 삼아서 재결정하고 또 재결정하는 짓을 반복하는 것이 아니라. 게다가 그 10분 동안 내내 도로를 쳐다보는—스피닝—일에 주의를 뺏기지 않을 수 있다. (다음 도착 시간을 예측하는 데 필요한 안내판이 설치되지 않은 도시에서는 마지막 버스가 언제 떠났는지를 알면, 베이즈 추론을 통해 다음 버스가 언제 올지 유용한 근사를 할 수 있음을 살펴본 바 있다.) 계산 친절의 그런 미묘한 작용은 승객에게만이 아니라 요금에도 보조금을 주는 것이라고 볼 수 있다. 그것을 '인지 cognitive' 보조금이라고 생각하자.

우리가 타인에게 더 친절할 수 있다면, 자기 자신에게도 더 친절할 수 있다. 계산적으로 친절한 차원에서만이 아니다. (물론 지금까지 논의한 모든 알고리즘과 개념은 그쪽으로 도움을 줄 것이다. 하지만 더 관대하게 해준다는 차원에서도 그렇다.)

합리적인 의사 결정의 직관적인 기준은 가능한 모든 대안들을 꼼꼼하게 생각하고서 가장 좋은 대안을 택하는 것이다. 언뜻 보면, 컴퓨터는 완벽한 답이 나올 때까지 복잡한 계산을 죽 하기에, 이 접근법의 모범 사례처럼 보인다. 하지만 우리가 살펴보았듯이, 그것은 컴퓨터가 하는 일에 대한 시대에 뒤떨어진 생각이다. 쉬운 문제일 때에나 부릴 수 있는 여유이고 사치다. 어려운 문제를 풀 때, 최상의 알고리즘은 오로지 최소한의 시간에 가장 설득력 있는 답을 내놓는 것이다. 모든 요인들을 꼼꼼하게 살펴보고, 모든 계산을 끝까지 계속한다는 의미가 결코 아니다. 그러기에는 삶이 너무 복잡하다.

지금까지 우리가 살펴본 거의 모든 영역에서, 우리는 현실세계의 요인들을 더 포함시킬수록—입사 지원자들을 면접 볼 때 불완전한 정보를 지니거나, 탐색/이용 딜레마를 해결하려고 애쓰면서 변화하는 세계에 대처하거나, 일을 해내려고 할 때 특정한 업무를 남들에게 의지해야 하거나 간에—완벽한 해답을 찾으려면 불합리할 만치 오래 걸리는 상황에 도달하게 될 가능성이 더 높다는 것을 보았다. 그리고 사실, 사람들은 거의 언제나 컴퓨터과학이 어려운 문제라고 부르는 것들에 직면한다. 그런 어려운 문제에 직면할 때, 효과적인 알고리즘은 가정을 하고, 더 단순한 해답을 향한 편향을 드러내고, 오류 비용을 지연 비용과 비교하여 절충하고, 우연을 받아들인다. 이런 행동들은 우리가 합리적일 수 없을 때 하는 양보가 아니다. 합리적이 된다는 것이 바로 그런 의미다.

## 서문

1  《알-자브르 왈-무카발라》는 진정으로 파괴적인 기술―인도의 십진법―
을 들여왔고, 우리가 이 체계를 아라비아 숫자라고 좀 잘못 일컫고 있다는
사실 자체가 그 책이 얼마나 큰 영향을 끼쳤는지를 증언한다. 아라비아 숫
자와 그 숫자를 토대로 하는 알고리즘이 도입되면서 중세에 이 최신 수학
의 옹호자들인 '필산가 **algorist**'와 주판의 도움을 받아가면서 로마 숫자를 쓰
는 쪽을 선호하는 전통적인 회계원들인 '주판가 **abacist**' 사이에 꽤 격렬한
충돌이 빚어졌다. 피렌체 시는 1399년에 은행에서 아라비아 숫자를 못 쓰
게 금하는 법을 제정했다. 역설적인 점은 로마 숫자 자체도 그냥 단어로 수
를 적는 방식의 대안으로 처음 제시되었을 때 논란을 불러일으켰다. 이런
선언까지 나왔었다. "합을 보여주는 데 부적합하다. 그 목적을 위해 창안된
합을 가리키는 단어들이 있기 때문이다(Murray, 《*Chapters in the History of
Bookkeeping*》)."

2  Knuth, 〈Ancient Babylonian Algorithms〉은 상세한 분석이 실린 논문.
Chabert, Barbin, and Weeks, 《*A History of Algorithms*》은 수학 알고리즘
에 초점을 맞추어서 알고리즘의 역사를 더 자세히 다룬 책이다.

**3**  이 기술을 '연질 망치 타격법 soft hammer percussion'이라고 한다.

**4**  Sagan, 《*Broca's Brain*》.

**5**  1950년대에 심리학자이자 경제학자이자 인공지능의 선구자인 허버트 사이
먼은 고전적인 합리성 개념(문제를 풀 계산 능력과 시간이 무한하다고 가정
하는 개념)의 한계를 지적했다(Simon, 《*Models of Man*》). 이 유명한 업적으
로 그는 나중에 노벨상을 받았다. 그는 '제한된 합리성 bounded rationality'이 인
간 행동을 더 잘 설명할 수 있다고 주장했다. 사이먼의 통찰은 수학과 컴퓨
터과학에 적용되어 왔다. '특이점' 개념을 제시하고 스탠리 큐브릭의 영화
〈2001: 스페이스 오디세이〉에 자문한 것으로 유명한 앨런 튜링의 동료 I. J.
굿은 이런 형태의 사고를 '제2형 합리성 Type II Rationality'이라고 했다. 고전적
인 구식의 제1형 합리성이 오로지 정답을 얻기 위해 고심하는 반면, 제2형
합리성은 시간도 정확성 못지않게 중요하다는 점을 인식하고서 답을 얻는
데 드는 비용까지 고려한다(《*Good Thinking*》).

21세기의 인공지능 전문가들은 시간과 오류 사이에 가장 균형을 잘 이루
는 알고리즘을 고르는 것인 '제한된 최적성 bounded optimality'이 제 기능을 하
는 지적 행위자를 개발하는 데 핵심이 된다고 주장해 왔다.《인공지능: 현
대적 접근(*Artificial Intelligence: A Modern Approach*)》이라는 인공 지능 교
과서를 공동 저술한 UC버클리의 컴퓨터과학자 스튜어트 러셀과 마이크로
소프트 연구소의 상무이사 에릭 호비츠도 그 점을 강조한다. Russell and
Wefald, 《*Do the Right Thing*》, Horvitz and Zilberstein, 〈Computational
Tradeoffs Under Bounded Resources〉. 이 책의 저자 중 한 명인 톰
의 연구진은 이 접근법을 써서 인간의 인지 모형을 개발해왔다. Griffiths,
Lieder, and Goodman, 〈Rational Use of Cognitive Resources〉.

**6**  Turing, 〈On Computable Numbers〉. 그 논문의 9절에서 튜링은 현재 우
리가 튜링 기계라고 부르는 것을 정의하기 위해 한 선택들을 사람이 수행할
수 있는 작업들에 비교함으로써 정당화한다. 2차원 종이는 1차원 테이프가
되고, 사람의 마음 상태는 기계의 상태가 되고, 기호는 사람이나 기계가 종
이에 쓰고 읽는 것이 된다. 계산은 컴퓨터가 하는 일이며, 당시에는 사람이

유일한 '컴퓨터'였다.

**7**  Gilovich, 《*How We Know What Isn't So*》, Ariely and Jones, 《*Predictably Irrational*》 and Marcus, 《*Kluge*》.

<br>

# 제1장

**1**  케플러가 1613년 10월 23일자로 '미지의 귀족'에게 보낸 편지. Baumgardt, 《*Johannes Kepler*》.

**2**  칠면조 결별은 여러 곳에 언급되어 있다. 다음 이야기들 참조. http://www.npr.org/templates/story/story.php?storyId=120913056, http://jezebel.com/5862181/technology-cant-stop-the-turkey-drop.

**3**  최적 멈춤을 수학적으로 자세히 설명한 탁월한 문헌. Ferguson, 《*Optimal Stopping and Applications*》.

**4**  비서 문제의 기원과 본질을 자세히 다룬 문헌. Ferguson, 《*Who Solved the Secretary Problem*》.

**5**  가드너가 실은 것은 '구골 게임Game of Googol'이라는 실내용 게임인데, 그 게임은 1958년 미네아폴리스-허니웰 레귤레이터 사의 존 폭스와 MIT의 제럴드 마니가 고안한 듯하다. 폭스가 가드너에게 보낸 1959년 5월 11일자 편지에는 이렇게 묘사되어 있다. 우리가 인용하는 가드너가 받은 편지들은 모두 스탠퍼드대학교 마틴 가드너 자료집에 있다(series 1, box 5, folder 19).

한쪽이 각 쪽지에 원하는 대로 각기 다른 자연수를 죽 적습니다. 종이들을 잘 섞은 뒤, 한 번에 하나씩 뒤집어서 숫자를 보여줘요. 상대방이 "그만"이라고 말했을 때, 그 쪽지에 적힌 수가 모든 쪽지에 적힌 수들 중 가장 큰 것이라면, 그가 이깁니다. 아니라면, 숫자를 적은 사람이 이기지요.

폭스는 쪽지에 종종 '1구골(10의 100제곱)'이라고 적곤 하기 때문에 게임에 그런 이름이 붙었다고 적었다(아마 상대방이 그것이 가장 큰 수라고 생각하도록 속이기 위해서일 것이다. 하지만 '2구골'이라고 적은 쪽지가 더 있다). 이어서 그는 상대방의 최적 전략이 쪽지들 중 절반을 뒤집을 때까지 기다린 다음, 지금까지 나온 수보다 더 큰 수가 나오자마자 멈추는 것이라고 주장했다. 그러면 이길 확률이 34.7%로 수렴된다.

가드너는 그 문제에 관한 정보를 더 얻고자 앨버타대학교의 레오 모저에게 편지를 썼다. 모저는 앞서 1956년 한 학술지에 밀접한 관련이 있는 문제를 발표한 바 있었다(Moser, 〈On a Problem of Cayley〉). 원래 1875년 유력한 수학자 아서 케일리가 제시한 문제였다(Cayley, 〈Mathematical Questions〉, Cayley, 《Collected Mathematical Papers》). 케일리가 제시한 문제는 이러했다.

> 다음과 같은 방식의 복권이 있다. 각각 a, b, c파운드를 지급한다고 적힌 복권이 n장 있다. 한 사람이 한 장을 뽑는다. 액수를 본다. 마음에 들면, 다시 한 장을 뽑는다(남은 n-1장에서). 보고서 마음에 들면 다시 한 장을 뽑는다(남은 n-2장에서). 그런 식으로 총 k번을 넘지 않을 때까지 뽑는다. 그리고 마지막에 뽑은 복권의 액면가를 상금으로 받는다. 확률 이론에 따라서, 자신에게 가장 유리한 방식으로 뽑는다고 가정할 때, 예상 상금액은 얼마나 될까?

모저는 정보를 하나 추가했다. 복권들이 0과 1 사이의 어느 값이든 나올 확률이 똑같다는 것이다. 케일리의 문제와 모저가 조금 수정한 문제(때로 뭉뚱그려서 케일리-모저 문제라고도 한다)에서는 보상액이 고른 복권에 적힌 액수이며, 평균 보상액이 가장 높은 전략을 찾아내는 것이 목표다.

바로 이 점에서 케일리와 모저가 살펴본 문제는 비서 문제(그리고 구골 게임)와 다르다. 하나의 가장 큰 수(오로지 최고의 후보자)를 찾을 확률이 아니라, 고른 수의 평균값을 최대화하는 데 초점을 맞춘다는 점에서다. 모저의 1956년 논문은 이 문제에 산뜻한 해결책을 제시했다는 점에서만이 아니라, 최적 멈춤의 실제 결과를 처음으로 언급했다는 점에서도 주목할 만하다. 모저는 가능한 두 가지 시나리오를 제시한다.

(1) 여행자 문제: 자동차로 여행하는 사람이 도로 안내 책자에 나온 $n$곳의 모텔 중 한 곳에 들러서 잠을 자려고 한다. 그는 가장 편안한 숙소를 찾고 싶지만, 당연히 온 길로 다시 돌아가고 싶지는 않다. 멈출 때 어떤 기준을 써야 할까?

(2) 미혼 남성의 딜레마: 한 미혼 남성이 자신과 결혼할 의향이 있는 여성을 만난다. 그는 그녀의 '가치'를 추정할 수 있다. 그가 거절하면 그녀는 그를 두 번 다시 못 보지만, 그는 앞으로 다른 여성들을 만날 가능성이 높다. 그는 총 $n$번의 기회가 있을 것이라고 추정한다. 그는 어떤 상황에서 결혼을 해야 할까?

가드너가 1960년에 쓴 구골 게임에서는 남녀의 역할이 뒤집혀서 여성이 일련의 구혼자들을 만난다고 되어 있다.

모저는 가드너에게 올바른 해답. 즉 37% 법칙을 제시했지만, 그가 1959년 8월 26일자로 보낸 편지에는 그 문제가 이전부터 있었을지도 모른다고 했다. "시애틀의 보잉 항공사에 있는 R. E. 개스켈이 1959년 1월에 그 문제를 퍼뜨렸다는 기록을 몇 건 찾아냈어요. 그는 G. 마사글리아에게 들었답니다."

가드너는 폭스와 마니가 구골 게임이 속해 있는 더 폭넓은 문제가 아니라, 그 특정한 구골 게임의 창안자임을 주장하고 있다고 관대하게 해석했다. 그는 칼럼에서 그 점을 세심하게 지적했다. 그런데 그 뒤에 비슷한 문제들이 더 이전부터 있었다고 말하는 편지들이 쇄도했다. 그러니 그 문제는 수학자들 사이에 오래전부터 떠돌고 있었던 것이 분명하다.

6 비서 문제에 관한 가장 권위 있는 과학 문헌 중의 하나인 논문에도 "이 문제의 창안자를 발견하려는 노력은 실패를 거듭했다"고 적혀 있다. Gilbert

and Mosteller, 〈Recognizing the Maximum of a Sequence〉.

그리고 또 다른 논문은 몇 가지 변형된 형태도 포함하여, 비서 문제의 수학사를 자세하고도 흥미진진하게 서술한다(Ferguson, 〈Who Solved the Secretary Problem?〉). 퍼거슨은 가드너가 적은 문제가 사실은 해결된 것이 아니라고 주장했다. 상대적인 순위만으로 구별되는 일련의 지원자들 중에서 최고를 선택할 확률을 최대화하는 유형의 비서 문제는 이미 많은 이들이 푼 것이 분명하지만, 퍼거슨은 사실 구골 게임에서 제시된 것은 그 문제가 아니라고 지적했다. 첫째, 구골 참가자는 각 쪽지에 적힌 상금을 보고서 안다. 둘째, 그것은 경쟁 게임이다. 한쪽 참가자가 수와 수열을 고르려 하고, 상대방은 아닌 척 속이려고 한다. 퍼거슨은 이 더 어려운 문제에 나름의 해답을 제시하지만, 너무 복잡해서 여기서는 다룰 수가 없다. 직접 읽어보기를 추천한다.

**7** Gilbert and Mosteller, 〈Recognizing the Maximum of a Sequence〉.

**8** 로저 핀컴이 마틴 가드너에게 보낸 편지, 1960년 1월 29일자.

**9** Cook, 《In Pursuit of the Traveling Salesman》, Poundstone, 《Prisoner's Dilemma》, Merrill Flood, 〈Soft News〉.

**10** 플러드는 가드너에게 보낸 1960년 5월 5일자 편지에서 이 주장을 했다. 그는 1958년 5월 5일자 편지를 동봉했는데, 거기에 올바른 해답이 적혀 있었다. 그는 앤드루 글리슨, 데이비드 블랙웰, 허버트 로빈스도 최근에 그 문제를 풀었다는 소문이 돈다고도 적었다.

1988년 5월 12일자로 톰 퍼거슨에게 보낸 편지에서, 플러드는 그 문제의 기원을 더 자세히 적었다. (편지는 미시건대학교의 메릴 플러드 기록물에 들어 있다.) 고등학교를 갓 졸업한 그의 딸이 나이가 더 많은 남자와 심각한 관계에 빠져들었다. 플러드 부부는 반대했다. 그러던 중 딸이 1950년 1월 조지워싱턴대학교에서 열리는 학술대회에서 회의록을 작성하는 일을 맡았고, 플러드는 그곳에서 '약혼자 문제'라고 이름 붙인 것을 발표했다. "당시에는 그 문제를 풀겠다는 생각은 전혀 하지 않았어요. 그저 딸이 그런 것들을 좀 생각해주었으면 했지요. 그래서 아주 쉬운 수학 문제처럼 들리게 발표했어요." 플러드는 몇 년 뒤 허버트 로빈스가 근사적인 해결책을 내놓았고, 그 뒤에 자신이 정확한 해답을 제시했다고 말한다.

**11** Chow et al., 〈Optimal Selection Based on Relative Rank〉.

**12** 그 문헌에는 우리가 '아직은 최고'의 지원자라고 부르는 사람을 '후보자'라고 지칭한다(우리가 보기에는 좀 혼동을 일으키는 용어다).

**13** 37% 법칙은 $n$명의 지원자들에 대해 동일한 분석을 함으로써 유도된다. $k$명까지의 지원자들을 토대로 기준을 설정한 것이 전체 지원자들 중 최고를 고르는 결과가 나올 확률을 계산함으로써 나온 거다. 이 확률은 $k$와 $n$의 비율로 나타낼 수 있다. 그 비율을 $p$라고 하자. 최고의 지원자를 뽑을 확률은 $n$이 커질수록 수학 함수인 $-p \log p$에 수렴된다. 이 함수는 $p=1/e$일 때 값이 최대가 된다. $e$는 2.71828…이므로, $1/e$는 0.367879441…이다. 즉 37%에 근접한다. 그리고 $\log e$가 1과 같기에 수학적 우연의 일치(성공 확률이 $p$와 동일하다는)가 생긴다. 따라서 $p=1/e$이면, $-p \log p$는 그냥 $1/e$이 된다. 이 유도 과정은 문헌에 잘 설명되어 있다(Ferguson, 〈Who Solved the Secretary Problem?〉).

**14** 수학자 존 길버트와 프레더릭 모스텔러는 이 대칭성을 '재미있다'고 했다 (Gilbert and Mosteller, 〈Recognizing the Maximum of a Sequence〉).

**15** 맬서스, 《인구론(*An Essay on the Principle of Population*)》.

**16** 여러 자료에 실려 있다. Thomas, 《*Front Row at the White House*》.

**17** 아내를 만난 과정을 적은 마이클 트릭의 블로그 글. "Finding Love Optimally", 〈Michael Trick's Operations Research Blog〉, 2011, 2, 27, http://mat.tepper.cmu.edu/blog/?p=1392〉.

**18** 37% 법칙은 지원자들이 전체 시간에 걸쳐 균일하게 분포되어 있을 때에만 탐색 기간에 직접 적용된다. 그렇지 않다면, 더 정확히 분포의 37%를 목표로 삼아야 할 것이다. Bruss, 〈A Unified Approach to a Class of Best Choice Problems〉.

**19** 적어도 26세(18~40세의 37%)까지는 기다렸다가 청혼하라는 분석 결과는 다음 문헌에 처음 등장하며, 아마 트릭도 이 논문을 통해서 그 개념을 접했

을 것이다. 〈Dynamic Programming and Decision Theory〉.

**20** 케플러의 이야기가 자세히 실린 문헌들. Koestler, 《*The Watershed*》, Baumgardt, 《*Johannes Kepler*》, Connor, 《*Kepler's Witch*》. 케플러의 재혼 상대 찾기에 관해 우리가 아는 내용은 대부분 그가 1613년 10월 23일, 오스트리아 린츠에서 이름 모를 귀족에게 쓴 편지에서 나온 것이다.

**21** Smith, 〈A Secretary Problem with Uncertain Employment〉. 논문은 제안이 거부될 확률이 $q$라면, 최고의 지원자를 찾을 확률을 최대화하는 전략이 $q^{1/(1-q)}$에 해당하는 비율의 지원자들을 살펴본 다음, 그때까지 본 지원자들보다 더 나은 지원자에게 제안하는 것임을 보여주었다. 이 비율은 언제나 $1/e$보다 적으므로, 제안을 더 함으로써 더 선택이 좋아질 기회가 있다. 유감스럽게도 이 기회는 거부되지 않는다고 할 때보다는 여전히 더 나쁘다. 최고의 지원자를 고를 확률도 $q^{1/(1-q)}$이므로, 37% 법칙을 통해 주어지는 값보다 적다.

**22** 지연된 제안이 허용된다면, 최적 전략은 즉석 제안이 받아들여질 확률 $q$와 지연된 제안이 받아들여질 확률 $p$에 달려 있다. 처음에 그냥 지나치는 후보자들의 비율은 꽤 벅찬 공식인 $\left(\frac{q^2}{q-p(1-q)}\right)^{1/(1-q)}$으로 나타낼 수 있다. 거절과 되부름을 통합한 이 공식은 문헌에 실려 있다. Petruccelli, 〈Best-Choice Problems Involving Uncertainty〉. 지난 후보자 되부르기를 고려한 더 이전의 문헌도 있다. Yang, 〈Recognizing the Maximum of a Random Sequence〉.

$q$와 $p$의 특정한 값을 택하면 이 공식을 단순화할 수 있다. $p=0$이면, 지연된 제안은 늘 거절될 것이고, 이 공식은 거절이 있는 비서 문제의 법칙으로 돌아간다. $q=1$에 가까워지면, 즉석에서 하는 제안은 늘 받아들여지며, 제안하기 시작하는 시점의 지원자 비율은 $e^{p-1}$에 가까워지는 경향이 있는데, $1/e$보다는 늘 크다(그래서 $e^{-1}$로 고쳐 쓸 수 있다). 이는 앞서 지나친 지원자들에게 제안을 할 가능성을 지니는 것이 지원자들을 지나치느라 시간을 더 많이 잡아먹는 결과를 빚어낸다는 의미다. 이 점은 매우 직관적으로 와닿는 것이기도 하다. 즉석 제안이 언제나 받아들여지지만($q=1$) 지연된 제안은 절

반은 거절당한다고 가정해보자($p$=0.5). 그러면 지원자들의 61% 이상을 지나친 뒤, 그 다음에 나오는 '아직은 최고'에게 제안을 해야 한다. 필요하다면 끝까지 다 간 다음에 전체 지원자 중에서 최고에게 제안을 해야 한다.

페트루첼리는 또 다른 가능성도 고려했는데, 거절 확률이 시간이 흐를수록 늘어나고, 지원자들의 열정이 줄어든다는 것이다. 지원자가 제안을 받아들일 확률이 $qp^s$라면($s$는 그 지원자에 이르기까지 지나쳐야 했던 '단계'들의 수) 최적 전략은 $q$, $p$, 지원자의 수 $n$에 의존한다. $q/(1-p)$가 $n$-1보다 크다면, 모든 지원자를 다 만난 뒤 최고에게 제안을 하는 지구전이 최선이다. 그렇지 않다면, 지원자의 비율이 $q^{1/(1-q)}$이 될 때까지 지켜본 뒤, 그때까지 보았던 이들보다 더 괜찮은 다음 지원자에게 제안을 한다. 흥미로운 점은 이것이 $p$=0일 때와 똑같은 전략(똑같은 성공 확률을 지닌)이라는 것이다. 거절 확률이 시간이 흐를수록 증가한다면, 이전 후보자에게 돌아갈 수 있다고 해도 아무런 혜택이 없다는 의미다.

**23** Gilbert and Mosteller, ⟨Recognizing the Maximum of a Sequence⟩.

**24** 완전 정보 게임 같은 최적 멈춤 문제를 푸는 일반 전략은 끝에서부터 거꾸로 추론을 시작하는 것이다. '후진추론**backward induction**'이라는 원리다. 예를 들어, 주사위를 굴려서 나온 수를 선택하거나 최대 $k$번까지 다시 굴릴 수 있는 게임이 있다고 하자(Hill, ⟨Knowing When to Stop⟩ 참조). 최적 전략은 무엇일까? 우리는 거꾸로 추론함으로써 파악할 수 있다. $k$=0이라면, 당신은 대안을 전혀 갖고 있지 않다. 굴려서 나온 수를 그대로 받아들여야 하며, 그 값은 평균 3.5일 것이다(주사위를 한 번 굴렸을 때의 평균값: (1+2+3+4+5+6)/6). $k$=1이라면, 그 평균값을 이기는 눈, 4 이상이 나올 때까지 주사위를 한 번 더 굴려야 한다. 처음 굴렸을 때 1이나 2, 3이 나온다면, 나머지 기회도 쓰는 편이 더 낫다. 이 전략을 따르면, 처음에 4나 5, 6(평균값 5)이 나올 가능성이 50%이고 한 번 더 굴려야 할 가능성이 50%(평균값 3.5)가 된다. 따라서 $k$=1일 때의 평균 점수는 4.25이고, $k$=2일 때는 그 점수보다 높게, 5이상이 나올 때까지 주사위를 계속 굴려야 한다. 그 뒤도 마찬가지다.

후진추론은 한 가지 오래된 질문에 답한다. "수중의 새 1마리는 덤불 속 새 2마리의 가치가 있다." 하지만 여기서 2.0이 알맞은 계수일까? 수학적으로 보면, 덤불에 있는 새의 수는 사실 수중의 새가 지닌 특질에 따라 달라진다. 편의상 새를 주사위라고 하자. 눈이 1이나 2, 3이라면 '덤불 속'의 주사위 하나만도 못하다. 주사위 눈 4는 덤불 속의 주사위 1개, 5는 2~3개, 심지어 4개의 가치가 있다. 그리고 6은 무한히 넓은 주사위 덤불 전체보다도 더 가치가 있다. 덤불 안에 무엇이 들어 있든 간에 말이다.

길버트와 모스텔러는 이 접근법을 써서 완전 정보 비서 문제에서 쓰여야 하는 일련의 문턱값들을 유도했다. 문턱 자체는 단순한 수학 공식으로 묘사되지 않고, 논문에서 근삿값으로 표현된다. 가장 단순한 근삿값은 지원자 $n-k$의 문턱값을 $t_k=1/(1+0.804/k+0.183/k^2)$로 나타낸다. 임의의 지원자가 $n-k$ 지원자보다 더 나을 확률이 $t_k$보다 적다면, 그 지원자를 받아들여야 한다. $k$가 증가할 때 분모가 증가하므로—점점 더 빠른 속도로—시간이 흐를수록 문턱을 빠르게 낮추어야 한다.

**25** Freeman, 〈The Secretary Problem and Its Extensions〉이 아주 많은 수정판들을 요약한 문헌이다. 가장 유용한 결과들 중 몇 가지를 잠깐 살펴보기로 하자.

지원자들의 수가 1에서 $n$까지의 어느 수든 될 확률이 동등하다면, 최적 법칙은 처음에 $n/e^2$ ($n$의 약 13.5%)의 후보자를 본 다음, 지금까지 본 사람들보다 더 나은 후보자를 받아들이는 것이다. 그러면 성공 확률이 $2/e^2$가 된다(Presman and Sonin, 〈The Best Choice Problem for a Random Number of Objects〉).

지원자들의 수가 잠재적으로 무한하지만, 탐색이 각 지원자의 확률이 $p$가 된 이후에 멈춘다면, 최적 법칙은 처음 $0.18/p$ 지원자들을 만나는 것이다. 그러면 성공 확률이 23.6%가 된다(ibid.).

최고의 비서를 찾고 싶지만, 탐색이 길어질수록 탐색할 가치가 줄어든다고 하자. 지원자 $k$명을 본 뒤에 최고의 비서를 찾았을 때의 보상이 $d^k$라면, 예상 보상을 최대화하는 전략은 총 지원자 수가 커질 때, 보상이 $1/(1$

$-d$)보다 반드시 적도록 한 지원자 수를 토대로 문턱을 설정하는 것이다 (Rasmussen and Pliska, 〈Choosing the Maximum〉). $d$가 1에 가깝다면, 최적 전략의 한 근사는 처음 $-0.4348/\log d$의 지원자들을 본 다음, 지금까지 본 후보자보다 더 나은 후보자를 뽑는 것이다. 이 전략을 따른다면, 지원자 풀의 크기에 상관없이 소수의 지원자만을 만나보게 될 수 있다.

현실이 이상화한 채용 시나리오와 다른 점 하나는 목표가 최고의 비서를 뽑을 확률을 최대화하는 것이 아닐 수도 있다는 것이다. 지금까지 다양한 대안들이 탐사되어왔다. 논문은 목표가 뽑은 후보자의 평균 순위를 최대화하는 것이라면, 다른 유형의 전략이 적용된다는 것을 보여주었다(Chow et al., 〈Optimal Selection Based on Relative Rank〉). 지원자들의 상대적 순위에 하나의 문턱을 설정하기보다는 일련의 문턱들이 있다고 보는 것이다. 이 문턱들은 면접을 보는 후보자들의 수가 늘어날수록 더 높아진다. 면접관이 시간이 흐를수록 덜 엄격해지기 때문이다. 예를 들어, 지원자 수가 4명이라면, 탐색을 멈추기 위해 필요한 후보자의 상대적인 최소 순위는 첫 번째 지원자는 0(첫 번째 지원자에게서 결코 멈추지 마라), 두 번째 지원자는 1(첫 번째 지원자보다 나을 때에만 멈추어라), 세 번째 지원자는 2(최고이거나 두 번째로 최고라면 멈춰라), 네 번째는 4(그냥 멈춘다)다. 이 전략을 따른다면, 평균 예상 순위는 $1\frac{7}{8}$이 된다. 무작위로 지원자를 뽑았을 때의 결과인 $(1+2+3+4)/4=2\frac{1}{2}$보다 낫다. 최적 문턱 공식은 후진 추론을 통해 발견되는데, 복잡하다. 관심 있는 독자는 논문 원본을 읽어보시기를.

고전적인 비서 문제와 평균 순위 문제의 차이를 각 순위에 보상을 어떻게 할당할 것인가라는 관점에서 생각할 수도 있다. 고전적인 문제에서는 최고로 뽑힌 지원자는 보상이 1인 반면, 나머지 지원자들의 보상은 0이 된다. 평균 순위 사례에서는 지원자의 수에서 뽑은 지원자의 순위를 뺀 값에 해당하는 보상을 받는다. 이를 일반화하는 명백한 방법들이 있으며, 평균 순위를 최대화하는 것과 비슷한 다중 문턱 전략들이 지원자의 순위가 증가함에 따라 감소하는 보상 함수 역할을 한다(Mucci, 〈On a Class of Secretary Problems〉). 또 한 가지 흥미로운 일반화—연인을 찾는 일과 중요한 관계가 있는—는 최고를 골랐을 때의 보상이 1이지만 다른 사람을 골랐을 때의 보상이 -1이라면(선택을 아예 하지 않을 때의 보상은 0), 지원자들의 비율이 $1/\sqrt{e} \approx 60.7\%$가 될 때까지 면접을 본 뒤, 지금까지 본 사람들보다 더 나은 첫 번째 사람을 뽑는 것이다(이 기준에 맞는 사람이 나오지 않으면 아무도 뽑지 않는다)(Sakaguchi, ⟨Bilateral Sequential Games⟩). 따라서 뽑을 준비를 하기에 앞서, 보상 함수를 열심히 고심하라.

하지만 최고의 지원자를 찾는 일만이 아니라, 그러기까지 시간이 총 얼마나 들지도 신경을 쓴다면 어떻게 될까? 이 문제의 몇 가지 변이 형태들을 조사한 논문이 있다(Ferguson, Hardwick, and Tamaki, ⟨Maximizing the Duration of Owning a Relatively Best Object⟩). $n$명의 지원자 집합 중에서 최고를 뽑는 데 드는 시간을 최적화하는 쪽에 관심이 있다면, 처음 $0.204n+1.33$명을 만난 뒤, 그들보다 더 나은 사람이 나타나면 뽑는다. 지금까지 본 사람들 중 최고를 뽑는 데 걸리는 시간을 최적화하는 데 관심이 있다면, $1/e^2 \approx 13.5\%$에 해당하는 비율까지만 만나야 한다. 이 더 짧은 탐색 시간은 자기 삶의 상당한 비율을 차지할 수 있는 사람을 찾는 맥락(데이트 같은)과 특히 더 관련이 깊다.

최고가 아니라 두 번째로 최고인 사람을 찾는 일은 더 어렵다. 최적 전략은 지원자들 중 처음 절반을 지나친 뒤, 지금까지 본 사람들과 비교하여 두 번째로 최고인 사람을 뽑는다(Rose, ⟨A Problem of Optimal Choice and Assignment⟩). 성공 확률은 겨우 1/4이다(최고를 뽑을 때는 $1/e$인 반면에). 따라서 멈추려고 시도하지 않는 편이 낫다.

마지막으로 당신이 비서를 찾고 있을 때, 지원자들도 일자리를 찾고 있다는 사실을 감안한 수정판들도 있다. 이 추가된 대칭성—데이트에 관한 시나리오에 특히 들어맞는다—은 문제를 더욱 복잡하게 만든다. 인디애나대학교의 인지과학자 피터 토드는 이 복잡성(그리고 그것을 단순화하는 방법)을 자세히 연구해왔다(Todd and Miller, ⟨From Pride and Prejudice to Persuasion Satisficing in Mate Search⟩, Todd, ⟨Coevolved Cognitive Mechanisms in Mate Search⟩).

**26** 집 매도 문제를 상세히 분석한 문헌들. Sakaguchi, 〈Dynamic Programming of Some Sequential Sampling Design〉, Chow and Robbins, 〈A Martingale System Theorem and Applications〉, Chow and Robbins, 〈On Optimal Stopping Rules〉. 우리는 제안이 무한정 들어올 수 있는 사례에 초점을 맞추었지만, 이 저자들은 제안의 횟수가 알려져 있고 유한할 때 (그럴 때는 덜 보수적인 전략을 취해야 한다. 기회가 많지만 한정되어 있다면 문턱을 더 낮추어야 한다)의 최적 전략도 제시한다. 무한할 때에는 다른 제안을 기다릴 때의 기댓값을 토대로 문턱을 설정하고서, 그 문턱을 첫 번째로 초과한 제안을 받아들여야 한다.

**27** 제안 가격 $p$와 다른 제안 $c$를 기다리는 비용을 둘 다 우리 가격 범위(하한을 0, 상한을 1로 정한)의 분수로 표현한다면, 다음 제안이 $p$보다 더 나을 확률은 단순히 $1-p$가 된다. 더 나은 제안이 온다면(또는 올 때), $p$에 상대적으로 우리가 얻을 것이라고 예상하는 수익은 평균 $\frac{1-p}{2}$에 불과하다. 이 확률들을 곱하면 다른 제안을 받아들일 때의 예상 결과를 얻으며, 그럴 가치가 있으려면 그 값이 비용 $c$와 같거나 그보다 더 커야 한다. 이 방정식은 $(1-p)\left(\frac{1-p}{2}\right)$ $\geq c$은 $\frac{1}{2}(1-p)^2 \geq c$로 단순화할 수 있고, 그 식을 $p$에 대해 풀면 본문에 그래프로 나온 것처럼 $p \geq 1-\sqrt{2c}$ 라는 답을 얻는다.

**28** Laura Albert McLay, 개인 면담, 2014. 9. 16.

**29** 일자리 탐색을 최적 멈춤 문제로 정식화한 문헌(Stigler, 〈The Economics of Information〉, Stigler, 〈Information in the Labor Market〉). 맥콜은 주택 매도 문제의 해결책과 동등한 모형을 쓰자고 제안했다. McCall, 〈Economics of Information and Job Search〉. 이 모형을 확장시킨 사례들을 다룬 문헌도 있다. Lippman and McCall, 〈The Economics of Job Search〉. 비서 문제가 다양한 변형 사례들을 낳았듯이, 경제학자들은 이 단순한 모형을 더 현실에 적합하게 만들기 위해 다양한 방식으로 변형해 왔다. 같은 날에 다수의 제안이 들어오도록 허용하고, 매도자의 비용을 수정하고, 탐색 기간에 일어나는 경제 상황 변동을 고려하는 식이었다. 구직 맥락에서의 최적 멈춤 문제를 탁월하게 개괄한 문헌도 있다. Rogerson, Shimer, and Wright, 《*Search-Theoretic Models of the Labor Market*》.

**30** 구직 문제를 조사하는 한 설문지에는 이렇게 적혀 있다. "문제가 고정되어 있으므로 사실상 한정하는 것이 아니긴 하지만, 제안을 일단 거절하면 되돌릴 수 없다고 가정하자. 그러면 오늘 받아들일 수 없는 제안은 내일도 받아들일 수 없을 것이다."(ibid.)

**31** Clark Kerr, "Education: View from the Bridge", 〈*Time*〉, 1958, 11, 17.

**32** Donald Shoup, 개인 편지, 2013, 6.

**33** SFMTA가 개발한 이 SFpark 시스템과 슈프의 제안을 토대로 한 그 가변적인 주차료 방식은 다음 웹사이트에 자세히 나와 있다: http://sfpark.org/how-it-works/pricing/. (슈프가 자문하고 있다.) 이 방식은 2011년에 쓰이기 시작했고, 이런 사업 중에서는 세계 최초였다. 이 사업의 결과를 분석한 최근 자료. Millard-Ball, Weinberger, and Hampshire, 〈Is the Curb 80% Full or 20% Empty?〉.

**34** Donald Shoup, 개인 면담, 2013, 6, 7. 더 정확히 말하자면, 점유율이 90%에서 95%로 올라가면, 5.555…%가 늘어난다.

**35** 여기서 공식화한 기본 주차 문제는 문헌을 참조하길 바란다. DeGroot, 《*Optimal Statistical Decisions*》. 해결책은 목적지에서 $-\log 2/\log(1-p)$ 지점보다 더 가까운 지점 중 최초로 나타나는 빈자리에 세우는 것이다. 여기서 $p$ 는 어떤 자리가 비어 있을 확률이다.

**36** 슈프의 《무료 주차의 고비용》 17장에는 주차료를 통해 블록 당 평균 무료 주차 공간이 1대분 형성될 때가 최적 도로 주차 전략이라고 나와 있다. 슈프는 이 주차료가 "탐욕과 게으름 사이의 갈등에 의존한다"고 덧붙인다(개인 편지에서). 값싼 도로변 주차 장소를 찾으러 '돌아다닐'지 아니면 유료 주차장을 이용할지 여부는 슈프의 책 13장에서 다루고 있다.

**37** 위치에 따라 주차 지점의 이용 가능 확률이 달라지는 것을 허용하고, 즉석에서 이 확률을 추정할 수 있는 방법을 논의한 문헌. Tamaki, 〈Adaptive Approach to Some Stopping Problems〉, 여기에 U턴 가능성을 추가한 문헌 Tamaki, 〈Optimal Stopping in the Parking Problem with

U-Turn〉, 주차 기회를 이산적인 주차 공간들의 집합이라고 가정하지 않는 디그루트의 모형을 확장한 문헌 Tamaki, 〈An Optimal Parking Problem〉, 이 연속 모형을 써서 미지의 목적지까지 허용하여 살펴본 문헌. Sakaguchi and Tamaki, 〈On the Optimal Parking Problem in Which Spaces Appear Randomly〉, 연속 모형을 확장하여 블록을 빙빙 돌도록 허용하여 살펴본 문헌 MacQueen and Miller, 〈Optimal Persistence Policies〉.

**38** Donald Shoup, 개인 면담, 2013, 6, 7.

**39** 〈*Forbes*〉, "World's Billionaires", 1997, 7, 28, p. 174.

**40** Paul Klebnikov, 〈The Rise of an Oligarch〉, 〈*Forbes*〉, 2000, 9, 9.

**41** Vladimir Putin, 프랑스 신문 〈르 피가로(*Lov Figro*)〉와 회견, 2000, 10, 26.

**42** Berezovsky and Gnedin, 《*Problems of Best Choice*》.

**43** 잘나갈 때 그만두는 문제는 여러 방향에서 접근할 수 있다. 첫 번째는 연속해서 이기는 횟수를 최대화하는 것이다. 앞면이 나올 확률이 $p$인 동전을 던진다고 하자. 동전을 1번 던질 때마다 $c$달러를 걸고, 앞면이 나오면 1.00달러를 받지만, 뒷면이 나오면 그때까지 딴 돈을 다 잃는다고 하자. 언제 멈추어야 할까? 노먼 스타는 1972년, 앞면이 r번 나온 뒤에 멈추는 것이 답임을 보여주었다. 여기서 r은 $p^{r+1} \leq c$이 되도록 하는 최소 횟수다. 따라서 $p=1/2$인 보통 동전을 던지고, 한 번 던질 때 0.10달러를 건다면, 앞면이 연달아 4번 나오자마자 멈추어야 한다. 소모전에서 이기기 위한 모형으로서 제시된 논문 참조. Starr, 〈How to Win a War if You Must〉. 더 포괄적인 분석이 담긴 논문도 있다. Ferguson, 〈Stopping a Sum During a Success Run〉.

연속해서 앞면이 나오는 횟수를 최대화하는 일은 몇몇 경영 상황에도 딱 들어맞는다. 비용이 $c$인 거래가 연달아 있는데, 각 거래가 성사될 확률이 $p$이고 성공할 때의 수익이 $d$이지만, 실패하면 여태까지 얻은 수익이 다 날아간다고 할 때, $p^{r/d+1} \leq c/d$이 되도록 r만큼 번 뒤에 그만두어야 한다. 야심이 넘치는 마약상들이여, 잘 기억하기를.

본문에서 다룬 강도 문제에서는 각 강도질로 얻는 평균 수익이 $m$이고, 그 돈을 갖고 달아날 확률이 $q$라고 가정한다. 하지만 강도가 잡힌다면, 그 확률은 $1-q$이고, 그는 모든 돈을 잃는다. 강도를 위한 해답은 이렇다. 모은 돈이 $mq/(1-q)$ 이상일 때 그만두어라. 이 문제는 논문에 강도가 어느 도시로 옮겨갈지 결정하려고 애쓰는 더 복잡한 문제의 일부로서 실려 있다. Haggstrom, 〈Optimal Sequential Procedures When More Than One Stop Is Required〉.

**44** "Boris Berezovsky 'Found with Ligature Around His Neck'", 〈*BBC News*〉, 2013, 3, 28, http://www.bbc.com/news/uk-21963080.

**45** Reuters, 〈Berezovsky Death Consistent with Hanging: Police〉, 2013, 3, 25, http://www.reuters.com/article/2013/03/25/us-britain-russia-berezovsky-postmortem-idUSBRE92O12320130325.

**46** Hoffman, 《*The Oligarchs*》, p.128.

**47** 최적 멈춤 규칙이 존재하기 위한 한 가지 조건은 가능한 최고의 상태에서 멈출 때의 평균 보상이 유한하다는 것이다. Ferguson, 《*Optimal Stopping and Applications*》. '3배로 벌거나 잃거나' 게임은 이 조건에 위배된다. 앞면이 $k$번 나온 뒤 뒷면이 나온다고 할 때, 가능한 최고의 참가자는 뒷면이 나오기 직전에 멈춰서 $3^k-1$을 보상으로 얻는다. 이럴 확률은 $1/2^{k+1}$이다. 따라서 $k$의 평균값은 무한하다.

사람들이 돈을 더 많이 벌수록 돈의 가치를 더 낮게 본다고 가정함으로써(금전적 보상을 3배로 늘린다고 해서 그 돈에 부여하는 효용이 3배로 늘지는 않을 수도 있다) 이 문제를 해결할 수 있다고 생각한다면, 단순하게 그 점을 피할 방법이 있다. 그저 효용을 3배로 늘리는 보상을 제시하면 최적 멈춤 규칙 없이 게임을 계속할 수 있다. 예를 들어, 당신이 돈에 부여하는 효용이 돈 액수의 로그 함수로 증가한다면, 게임은 '세제곱으로 벌거나 잃거나'가 된다. 즉 다음번 내기를 할 때 받을 수 있는 돈의 액수가 이길 때마다 세제곱으로 늘어난다.

흥미로운 점은 전 재산이 계속해서 늘어나는 '3배로 벌거나 잃거나' 게임에는 최적 멈춤 규칙이 아예 적용되지 않지만, 얼마를 걸지를 선택할 수 있을 때에는 이런 게임에 좋은 전략들이 있다. J. L. 켈리 주니어의 이름을 딴 이른바 켈리 베팅 방식이 한 예다(Kelly, 〈A New Interpretation of Information Rate〉). 이 논문에 처음 기술된 이 방식에서는 원래 건 돈의 $b+1$배로 보상을 받을 확률이 $p$인 게임에서 연달아 판돈을 걸 때 매번 $\frac{p(b+1)-1}{b}$의 비율로 거는 것이 따는 돈을 최대화할 수 있다. 3배로 벌거나 잃거나 게임에서는 $b=2$이고 $p=0.5$이므로, 매번 지닌 돈의 1/4을 걸어야 한다. 전부 다 걸면, 다 잃을 수밖에 없다. 켈리 베팅 방식의 역사를 쉽게 설명한 책. Poundstone, 《*Fortune's Formula*》.

**48** 이 인용문은 17세기 후반 이래로 어느 퀘이커교도가 한 말이라고 알려져 왔고, 적어도 1893년부터는 그렐렛이 한 말이라고 여겨져 왔지만, 아직도 출처가 좀 불분명하다. W. Gurney Benham, 《*Benham's Book of Quotations, Proverbs, and Household Words*》, 1907.

**49** Dillard, 《*Pilgrim at Tinker Creek*》.

**50** Seale and Rapoport, 〈Sequential Decision Making with Relative Ranks〉.

**51** Ibid. 사람들이 탐색에서 뛰어들기로 넘어가는 지점은 대개 지원자 40명 중 13번째, 60명 중에서는 21번째다. 각각 32%와 26%다.

**52** Amnon Rapoport, 개인 면담, 2013. 6. 11.

**53** Seale and Rapoport, 〈Sequential Decision Making with Relative Ranks〉.

**54** Neil Bearden, 개인 서신, 2013. 6. 26. Bearden, 〈A New Secretary Problem〉.

**55** 이런 유형의 논증을 처음 펼친 사람은 허버트 사이먼이며, 이것이 그에게 노벨상을 안겨준 업적 중 하나다. 사이먼의 탁월한 경력은 정치학자로서 시작되었다. 행정가의 행동이라는 별로 전망이 없어 보이는 내용의 논문을 쓰면서였다. 실제 사람들로 이루어진 조직이 의사 결정을 내리는 방식을 이해하기 위해 깊이 파고들수록, 그는 수리경제학이 제시하는 추상적인 의사 결정

모형들—합리적인 행동이란 모든 대안을 하나하나 다 고려해야 한다는 직관과 들어맞는 모형들—에 점점 더 만족하지 못하게 되었다.

조직 내에서 의사 결정이 실제로 어떻게 이루어지는지를 조사할수록, 이 가정들이 틀렸다는 점이 명확해졌다. 대안이 필요했다. 그는 논문에 이렇게 썼다(Simon, 〈A Behavioral Model of Rational Choice〉). "경제적 인간의 포괄적인 합리성을 생물이 살아가는 바로 그 환경 속에서 인간을 비롯한 생물들이 실제로 지니고 있는 계산 능력과 정보 접근성에 부합되는 형태의 합리적인 행동으로 대체하는 것이 과제다."

사이먼이 인간의 선택을 더 현실적으로 설명한다고 주장한, '흡족한 satisficing'이라고 표현한 해법은 경험을 토대로 흡족한, '충분히 좋은' 결과를 판단할 어떤 문턱을 설정한 다음, 그 문턱을 넘어서는 첫 번째 대안을 선택하는 것이다. 이 알고리즘은 우리가 여기서 살펴본 최적 멈춤 문제의 해법들과 동일한 특징을 지닌다. 문턱이 대안들의 범위를 파악하는 데 걸리는 시간을 통해 결정되거나 (비서 문제에서처럼) 각 결과들이 나올 확률을 토대로 정해진다는 점에서 그렇다. 사실 사이먼이 논증을 펼칠 때 썼던 사례들 중의 하나는 집을 파는 문제였고, 해결책도 우리가 여기에서 제시한 해결책과 비슷한 것이었다.

**56** Ferguson, 《*Optimal Stopping and Applications*》.

## 제2장

**1** Joseph Parry, 〈New Friends and Old Friends〉, in 《*The Best Loved Poems of the American People*》, ed. Hazel Felleman(Garden City, NY: Doubleday, 1936), 58.

**2** 〈life so rich and rare〉, Helen Steiner Rice, 〈The Garden of Friendship〉, in 《*The Poems and Prayers of Helen Steiner Rice*》, ed. Virginia J. Ruehlmann(Grand Rapids, MI: Fleming H. Revell), 47.

**3** Scott Plagenhoef, personal interview, 2013, 9, 5.

**4** 프레더릭 모스텔러는 메릴 플러드에게 보낸 1955년 4월 14일자 편지(미시 건대학교 메릴 플러드 기록물에서 찾을 수 있다)에서 이 이름의 기원을 이 야기한다. 모스텔러는 동료인 로버트 부시와 학습의 수학 모형을 연구하 고 있었다. 이 연구는 수리심리학이라고 불리게 될 것의 최초 사례 중 하 나였다. 톰이 현재 하고 있는 연구 분야다. 특히 그들은 T모양 미로를 이 용한 실험에 관심이 많았다. 동물을 T자의 밑부분에 해당하는 곳에 집어넣 은 뒤, 왼쪽이나 오른쪽으로 갈지 결정하게 하는 실험이다. 먹이(보상)는 미 로의 한쪽에만 들어 있다. 그들은 인간을 대상으로 이 행동을 조사하기 위 해, 잡아당길 수 있는 레버가 2개 달린 기계를 주문 제작했다. 모스텔러는 그 기계에 '두 팔 달린 강도'라고 별명을 붙였다. 그런 뒤, 그 문제의 수학 형 식을 동료들에게 소개했고, 그것은 결국 일반화하여 다중 슬롯머신 문제가 되었다.

다중 슬롯머신 문제를 개괄한 입문서가 있다. Berry and Fristed, 《*Bandit Problems*》. 우리는 이 장에서 각 팔이 각기 다른 확률로 보상을 할 수도 안 할 수 있지만, 모든 팔들의 총보상액은 동일한 다중머신 문제에 초점을 맞 춘다. 학술 문헌에서는 베르누이 밴딧<sup>Bernoulli bandit</sup>이라고 한다. 동전 던지 기를 기술하는 확률 분포를 베르누이 분포(17세기 스위스 수학자 자코브 베르누이의 이름을 따서)라고 말하기 때문이다. 각 팔의 보상을 다른 방식 으로 하는 미지의 분포를 지닌, 다른 유형의 다중 슬롯머신 문제들도 가능 하다.

**5** 기댓값이 더 큰 팔을 잡아당기는 '근시안' 전략이 사실상 최적인 사례들 도 있다. Bradt, Johnson, and Karlin, 〈On Sequential Designs for Maximizing the Sum of N Observations〉. 저자들은 이 논문에서 두 팔 슬롯머신의 보상 확률(한쪽 팔은 $p_1$, 다른 팔은 $p_2$)이 $p_1+p_2=1$을 충족시킨다 면, 이 전략이 최적임을 보여주었다. 그들은 이 전략이 $(p_1, p_2)$가 $(a, b)$ 또 는 $(b, a)$ 값을 지니는 확률 쌍들(즉 $p_1$이 $a$라면 $p_2$는 b이거나 그 반대인)에 도 적용된다고 추정했다. 펠드먼은 이 추측이 참임을 증명했다. Feldman,

〈Contributions to the 'Two-Armed Bandit' Problem〉. 최고의 기댓값을 고르는 것이 $p_1$과 $p_2$가 취할 수 있는 값이 단 두 가지일 때(예를 들어, $p_1$이나 $p_2$ 중 어느 한쪽이든 양쪽 다든 0.4이나 0.7을 취할 수 있지만, 이 확률들 중 어느 쪽이 참인지를 모르는 상황) 최적임을 보여주는 결과를 비롯하여, 근시안 전략을 더 상세히 다룬 문헌. Berry and Fristed, 《Bandit Problems》.

**6**  Peter Whittle, 《*Optimization over Time*》.

**7**  "내일 당장 죽을 수도 있으니, 먹고 마시고 즐겨라"라는 격언은 일상 어법으로 된 표현이며, 대중문화에서 흔히 쓰이는데(예를 들어, 데이브 매튜스 밴드의 〈트리핑 빌리즈(Tripping Billies)〉의 합창 부분을 비롯하여 여러 음악에 들어 있다), 성서에는 두 가지 표현으로 나온다. 전도서 8장 15절(해 아래 먹고 마시며 즐기는 것보다 더 좋은 일이 뭐가 있겠는가?)과 이사야서 22장 13절(내일 당장 죽을지도 모르니, 먹고 마시자)이다.

**8**  Chris Stucchio, 개인 면담, 2013, 8, 15.

**9**  Nick Allen, 〈Hollywood makes 2013 the year of the sequel〉 http://www.telegraph.co.uk/culture/film/film-news/9770154/Hollywood-makes-2013-the-year-of-the-sequel.html. 다음도 참조, http://www.shortoftheweek.com/2012/01/05/has-hollywood-lost-its-way/ and http://boxofficemojo.com/news/?id=3063.

**10**  "2007~2011년에 걸쳐 거대 미디어 복합 기업들이 지배하는 5대 영화사(디즈니, 유니버설, 파라마운트, 21세기 폭스, 워너브라더스)의 세전 수익이 약 40% 감소했다고, 모건 스탠리의 벤저민 스윈번이 말했다." "Hollywood: Split Screens", 〈*Economist*〉, 2013, 2, 23, http://www.economist.com/news/business/21572218-tale-two-tinseltowns-split-screens.

**11**  통계 자료의 출처, http://pro.boxoffice.com/statistics/yearly; http://www.the-numbers.com/market/. 다음 자료도 참조, Max Willens, "Box Office Ticket Sales 2014: Revenues Plunge to Lowest in Three

Years", 〈*International Business Times*〉, 2015. 1, 5.

**12** "Hollywood: Split Screens", 〈*Economist*〉, 2013, 2, 23, http://www. economist.com/news/business/21572218-tale-two-tinseltowns-split-screens.

**13** 슬롯머신 문제의 어려움을 토로한 휘틀의 말은 기틴스의 논문 〈Bandit Processes and Dynamic Allocation Indices〉을 논의하다가 나왔다.

**14** Robbins, 〈Some Aspects of the Sequential Design of Experiments〉. 이 논문에 '이기면 그대로, 지면 바꾸기' 알고리즘이 소개되어 있다.

**15** Bradt, Johnson, and Karlin, 〈On Sequential Designs for Maximizing the Sum of N Observations〉. 이 논문은 '이기면 그대로'가 한쪽 팔의 보상 확률은 알려져 있지 않지만, 다른 쪽 팔의 확률은 알려져 있을 때 언제나 참임을 보여주었다. Berry, 〈A Bernoulli Two-Armed Bandit〉. 베리는 두 팔 슬롯머신에서 그 원리가 언제나 참임을 증명했다. 이 결과의 일반화 (그리고 그 원리가 적용되지 않는 사례들의 특성)를 다룬 문헌. Berry and Fristed, 《*Bandit Problems*》.

**16** 다중 슬롯머신 문제 중 '유한한 지평선[finite horizon]' 유형을 푸는 해법이다. 이 해법은 벨먼의 걸작 《*Dynamic Programming*》에 실려 있다. 이 책은 최적화와 기계 학습의 여러 주제들을 접하는 출발점(그리고 때로는 종착점) 역할을 한다. 동적 프로그래밍은 쓰임새가 많지만, 후진 추론을 요하는 문제를 푸는 데 특히 효과적이다. 1장에서 완전 정보 게임을 이야기하면서 후진 추론을 짧게 다룬 바 있다.

**17** Introduction to Gittins, 〈Bandit Processes and Dynamic Allocation Indices〉.

**18** John Gittins, 개인 면담, 2013, 8, 27.

**19** 이 쇼는 2000년에 첫 방영된 네덜란드의 〈밀류넨얏스트 (Miljoenenjacht)〉를 시작으로 전 세계의 여러 나라에서 모방되었다.

**20** 앞서 다른 연구자들도 간격이 고정된 '한 팔 슬롯머신' 문제의 해결책들을 발견한 바 있다(Bellman, 〈A Problem in the Sequential Design of

Experiments〉, Bradt, Johnson, and Karlin, 〈On Sequential Designs for Maximizing the Sum of N Observations〉).

**21** 기틴스 지수의 배경이 되는 개념들은 1972년 한 학술대회에서 처음 발표된 뒤, 그 회지에 실렸다. Gittins and Jones, 〈A Dynamic Allocation Index for the Sequential Design of Experiments〉. 하지만 널리 정전으로 인정받는 것은 이 논문이다. Gittins, 〈Bandit Processes and Dynamic Allocation Indices〉.

**22** 베르누이 슬롯머신용 기틴스 지수 표 참조. Gittins, Glazebrook, and Weber, 《*Multi-Armed Bandit Allocation Indices*》. 이 주제의 입문서라고 평가받는 이 책은 독자가 보상 확률 개념을 아예 모른다고 가정하고서 서술하고 있다.

**23** 이를 '최소 실패 법칙<sup>Least Failures Rule</sup>'이라는 단순한 전략에서 나오는 한 극단적인 결과에 적용해보자. 언제나 실패하는 횟수가 최소인 대안을 선택하는 전략이다. 따라서 처음 새 도시에 도착하면, 무작위로 식당을 하나 고른다. 괜찮으면, 그 식당을 계속 이용한다. 흡족하지 않게 되면, 무작위로 다른 식당들 중 하나를 고른다. 모든 식당이 흡족하지 않게 될 때까지 이 과정을 계속한 다음, 좋았던 식사를 한 횟수가 가장 많은 식당으로 돌아가서 처음부터 반복한다. 이 전략은 이기면 그대로 원리를 토대로 하며, 당신이 내일의 보상에 본질적으로 오늘의 보상만큼 가치를 두는 신중한 성격이라면 기틴스 지수와 똑같은 결과가 나온다. (Kelly, 〈Multi-Armed Bandits with Discount Factor Near One〉에 이 법칙이 실렸다. 공식적으로 보면, 할인율이 1에 다가갈 때 극한에 이르는 기하학적 할인 하에서 최적이다.) 여러 새로운 식당들이 계속 문을 여는 대도시에서의 최소 실패 방침은 어떤 식당에 갔는데 실패한다면, 다른 식당들이 아주 많으므로 두 번 다시 가지 말라는 것이 된다.

**24** Kirby, 〈Bidding on the Future〉 참조.

**25** 다음 문헌에 분석되어 있다. Banks and Sundaram, 〈Switching Costs and the Gittins Index〉.

**26** Frank Sinatra, ⟨My Way⟩, from ⟪*My Way*⟫(1969), 작사: 폴 앵카.

**27** 윈스턴 처칠 총리 연설, Lord Mayor's Banquet, London, 1954, 11, 9. Churchill, ⟪*Winston S. Churchill: His Complete Speeches*⟫.

**28** Barnard, ⟪*The Functions of the Executive*⟫.

**29** Jeff Bezos, 성취 아카데미와 회견, 2001, 5, 4, http://www.achievement. org/autodoc/page/bez0int-3.

**30** Lai and Robbins, ⟨Asymptotically Efficient Adaptive Allocation Rules⟩.

**31** Ibid. 그런 알고리즘을 처음 제시. 그 알고리즘들을 다듬은 문헌들은 많다. Katehakis and Robbins, ⟨Sequential Choice from Several Populations⟩, Agrawal, ⟨Sample Mean Based Index Policies⟩, Auer, Cesa-Bianchi, and Fischer, ⟨Finite-Time Analysis of the Multiarmed Bandit Problem⟩. 후자에 실린 것은 이런 유형의 전략들 중 가장 단순할 것이다. 팔 j에 점수 $\frac{s_j}{n_j}+\sqrt{(2 \log n)/n_j}$를 할당한다. 여기서 $s_j$는 그 팔을 $n_j$번 당길 때의 성공 횟수이고, n=$\Sigma_j n_j$은 모든 팔을 잡아당긴 총횟수다. 이것이 성공 보상 확률의 상한값이다($\frac{s_j}{n_j}$). 점수가 가장 높은 팔을 고르면 로그적으로 증가하는 후회가 보장된다(비록 이 점수에 수정을 가하면 현실적으로 더 나은 성과가 나오기는 하지만).

**32** 신뢰 구간이 처음 언급된 문헌. Neyman, ⟨Outline of a Theory of Statistical Estimation⟩.

**33** Kaelbling, Littman, and Moore, ⟨Reinforcement Learning⟩.

**34** Leslie Kaelbling, 개인 면담, 2013, 11, 22. 그의 책도 참조. Kaelbling, ⟪*Learning in Embedded Systems*⟫.

**35** Siroker and Koomen, ⟪*A/B Testing*⟫.

**36** Christian, ⟨The A/B Test⟩, 추가 자료. Steve Hanov, 개인 면담, 2013, 8, 30, Noel Welsh, 개인 면담, 2013, 8, 27.

**37** Dan Siroker, ⟨How We Used Data to Win the Presidential Election⟩ (강연), Stanford University, 2009, 5, 8, https://www.youtube.com/

watch?v=71bH8z6iqSc. 다음 자료도 참조. Siroker, 〈How Obama Raised $60 Million〉, https://blog.optimizely.com/2010/11/29/how-obama-raised-60-million-by-running-a-simple-experiment/.

**38** 구글의 첫 A/B 검사는 2000년 2월 27일에 실시되었다. Christian, 〈The A/B Test〉.

**39** Siroker and Koomen, 《A/B Testing》.

**40** Laura M. Holson, "Putting a Bolder Face on Google", 〈*New York Times*〉, 2009, 2, 28.

**41** Ashlee Vance, "This Tech Bubble Is Different", 〈*Bloomberg Businessweek*〉, 2011, 4, 14, http://www.bloomberg.com/bw/magazine/content/11_17/b4225060960537.htm.

**42** Ginsberg, 《*Howl and Other Poems*》.

**43** 구글의 회계 자료는 분기 주주 보고서에 자세히 실린다. 2013년 보고서에는 광고 수입이 506억 달러이며, 총수입 556억 달러의 약 91%에 해당한다. https://investor.google.com/financial/2013/tables.html.

**44** 온라인 거래액은 포레스터 리서치가 내놓은 추정값이다. "US Online Retail Sales to Reach $370B By 2017; €191B in Europe", 〈*Forbes*〉, 3/14/2013, http://www.forbes.com/sites/forrester/2013/03/14/us-online-retail-sales-to-reach-370b-by-2017-e191b-in-europe/.

**45** 한 예로 크리스 스터치오는 〈다중 슬롯머신 알고리즘이 A/B 검사법보다 우월한 이유(Why Multi-Armed Bandit Algorithms Are Superior to A/B Testing)〉라는 예리하게 분석한 글을 썼고, 이어서 마찬가지로 예리하게 분석한 글(〈슬롯머신 알고리즘을 쓰지 말라—당신에게는 맞지 않을 것이다(Don't Use Bandit Algorithms—They Probably Won't Work for You)〉로 그 글을 반박했다(https://www.chrisstucchio.com/blog/2012/bandit_algorithms_vs_ab.html; https://www.chrisstucchio.com/blog/2015/dont_use_bandits.html).

스터치오가 2012년에 올린 글에는 다음 글을 참조했다고 적혀 있었다.

Paras Chopra, 〈Why Multi-Armed Bandit Algorithm Is Not 'Better' than A/B Testing〉(https://vwo.com/blog/multi-armed-bandit-algorithm/). 그리고 초프라의 글에는 다음 글을 참조했다고 적혀 있었다. Steve Hanov, 〈20 lines of code that will beat A/B testing every time〉 (http://stevehanov.ca/blog/index.php?id=132).

**46** Jean Heller, "Syphilis Patients Died Untreated", 〈*Washington Star*〉, 1972, 7, 25.

**47** 《*The Belmont Report: Ethical principles and guidelines for the protection of human subjects of research*》, 1979, 4, 18, http://www.hhs.gov/ohrp/humansubjects/guidance/belmont.html.

**48** Zelen, 〈Play the Winner Rule and the Controlled Clinical Trial〉. 급진적인 개념이긴 했지만, 그 개념을 젤런이 처음으로 주장한 것은 아니었다. 그 영예는 예일대학교 병리학부 전임 강사 윌리엄 R. 톰프슨에게 돌아간다. 그는 한 치료법이 다른 치료법보다 효과가 있는지 여부를 판단하는 문제를 연구하여, 1933년에 나름의 해결책을 제시했다(Thompson, 〈On the Likelihood That One Unknown Probability Exceeds Another〉).

톰프슨이 제시한 해결책—대안들을 놓고 무작위 표본 추출을 하되, 한 대안을 고를 확률이 지금까지 관찰된 증거를 토대로 최고인 것의 확률에 대응하도록 하는—은 기계 학습 분야에서 최근에 이 문제를 다룬 많은 연구들의 토대를 이룬다(무작위성과 표본 추출에 알고리즘을 적용하는 문제는 9장에서 다시 다룰 것이다).

프레더릭 모스텔러도 허버트 로빈스도 두 팔 슬롯머신 문제에 뛰어들 때에 톰프슨의 연구를 알지 못한 듯하다. 몇 년 뒤에야 리처드 벨먼이 그 '거의 알려지지 않는 논문들'을 발견했다(Bellman, 〈A Problem in the Sequential Design of Experiments〉). "우리는 표준 방식으로 이 논문들을 발견했음을 고백하련다. 즉 다른 논문을 보기 위해 학술지를 넘기다가 발견했다."

**49** University of Michigan Department of Surgery, 〈'Hope' for ECMO

Babies〉, http://surgery.med.umich.edu/giving/stories/ecmo.shtml.

50  University of Michigan Health System, 〈U-M Health System ECMO team treats its 2,000th patient〉, 2011, 3, 1, http://www.uofmhealth. org/news/ECMO%202000th%20patient.

51  Zapol et al., 〈Extracorporeal Membrane Oxygenation in Severe Acute Respiratory Failure〉.

52  Bartlett et al., 〈Extracorporeal Circulation in Neonatal Respiratory Failure〉.

53  Ware, 〈Investigating Therapies of Potentially Great Benefit: ECMO〉. 이 문헌은 다음 문헌의 결론을 참조했다. Ware and Epstein, 〈Comments on 'Extracorporeal Circulation in Neonatal Respiratory Failure'〉. 그리고 이 문헌에는 다음 논문이 논의되어 있다. Bartlett et al., 〈Extracorporeal Circulation in Neonatal Respiratory Failure〉.

54  Ware, 〈Investigating Therapies of Potentially Great Benefit: ECMO〉.

55  베리는 1971년 박사 학위 논문에서, 이기면 그대로 전략이 최적임을 증명한 사람이었다. Berry, 〈A Bernoulli Two-Armed Bandit〉.

56  Berry, 〈Comment: Ethics and ECMO〉.

57  UK Collaborative ECMO Group, 〈The Collaborative UK ECMO Trial〉.

58  Don Berry, 개인 면담, 2013, 8, 22.

59  The FDA's 〈Adaptive Design Clinical Trials for Drugs and Biologics〉, http://www.fda.gov/downloads/Drugs/Guidances/ucm201790.pdf.

60  Tversky and Edwards, 〈Information Versus Reward in Binary Choices〉.

61  Meyer and Shi, 〈Sequential Choice Under Ambiguity〉.

62  Steyvers, Lee, and Wagenmakers, 〈A Bayesian Analysis of Human Decision-Making on Bandit Problems〉.

63  쉬지 않는 슬롯머신이 처음 제시된 문헌이다. 이 논문은 기틴스 지수와 비

숫한 전략을 사용할 수 있는 사례들을 다루고 있다(Whittle, 〈Restless Bandits〉). 쉬지 않는 슬롯머신이 제기한 계산 과제, 그리고 그에 따른 효율적인 최적 해결책에 대한 비관론을 다룬 문헌. Papadimitriou and Tsitsiklis, 〈The Complexity of Optimal Queuing Network Control〉.

**64** Navarro and Newell, 〈Information Versus Reward in a Changing World〉. 이 논문은 인간의 과잉 탐색이 세계가 쉴 새 없이 변한다고 가정한 결과라는 개념을 뒷받침하는 최근 연구 자료를 제시한다.

**65** Thoreau, 〈Walking〉.

**66** Warhol, 《The Philosophy of Andy Warhol》.

**67** Alison Gopnik, 개인 면담, 2013. 8. 22. Gopnik, 《The Scientist in the Crib》 참조.

**68** Lydia Davis, 〈Someone Reading a Book〉, 《Can't and Won't: Stories》.

**69** Carstensen, 〈Social and Emotional Patterns in Adulthood〉. 이 논문에는 우리가 이 절에서 논의한 '사회정서적 선택 이론socioemotional selectivity theory'의 기본적인 사항과 그 이론을 뒷받침하는 증거가 실려 있다.

**70** Ibid.

**71** Fredrickson and Carstensen, 〈Choosing Social Partners〉.

**72** Fung, Carstensen, and Lutz, 〈Influence of Time on Social Preferences〉.

**73** 나이가 들수록 정서적 행복감이 증가한다는 증거를 다룬 문헌. Charles and Carstensen, 〈Social and Emotional Aging〉.

## 제3장

**1** Cawdrey, 《A Table Alphabeticall》. 이 책은 최초의 영영사전이다. 정렬 대 검색의 역사를 더 자세히 살펴보려면 다음 책을 참조. Knuth, 《The Art of

*Computer Programming*》, §6.2.1. 자모 순서의 창안 역사는 다음 책 참조. Daly,《*Contributions to a History of Alphabetization*》.

**2**  Hillis,《*The Pattern on the Stone*》.

**3**  〈Pair socks from a pile efficiently?〉, '에밋<sup>amit</sup>'이라는 사용자가 2013 년 1월 19일자로 스택 오퍼플로에 올린 글, http://stackoverflow.com/ questions/14415881/pair-socks-from-a-pile-efficiently.

'에밋'(실제 이름은 테크니온대 대학원생인 에밋 그로스)은 이렇게 썼다. "어제 나는 세탁한 양말들의 짝을 맞추고 있었는데, 내 방식이 그다지 효율 적이지 않다는 것을 알아차렸다. 나는 어리석은 탐색을 하고 있었다. 양말 한 짝을 집은 뒤, 양말 더미에서 하나씩 골라서 짝을 맞추는 일을 '반복하고' 있었다. 그러려면 평균 $n/2 \times n/4 = n^2/8$번 양말을 반복해서 맞추어야 한다. 컴퓨터과학자로서 나는 고민 중이다. 뭘 할 수 있지?"

에밋의 질문에 많은 이들이 답했지만, 동료 프로그래머들의 지지를 가장 많이 받은 답은 '**기수 정렬**<sup>Radix Sort</sup>'을 하라는 것이었다. 양말이 어떤 차원(이 를테면 색깔, 무늬)에서 다양한지를 파악한 뒤, 각 차원별로 정렬하는 것이 다. 각 양말은 모든 양말들을 단 한 차례만 지나치면 되고, 그 결과 더 작은 양말 더미들의 집합이 생긴다. 설령 짝을 찾기 위해 한 더미에 들어 있는 모 든 양말을 훑어야 한다 해도, 정렬에 걸리는 시간은 양말 총 개수의 제곱이 아니라 가장 큰 더미의 제곱에 비례한다. (기수 정렬을 더 알고 싶으면, 카드 더미의 정렬에 관한 각주를 참조.)

하지만 우리가 양말의 짝을 맞추는 이유가 필요할 때 양말 한 쌍을 더 쉽 게 찾기 위해서라면, 우리는 더 나은 검색 절차를 채택함으로써 정렬할 필요 성을 줄일 수 있다. 양말이 한 차원(색깔)에서만 다르고, 양말 서랍에 짝짓 지 않은 세 가지 색깔의 양말들이 있다고 하자. 그러면 서랍에서 무작위로 양말을 네 짝 꺼내면 적어도 한 켤레는 짝이 맞는다. (이유를 알기 위해, 최 악의 시나리오를 상상해보자. 처음에 양말 세 짝을 꺼냈는데 모두 색깔이 다 르다. 네 번째 양말을 꺼내면 앞서 꺼낸 세 짝 중 하나와 짝이 맞는다.) 색깔 이 몇 종류가 되든 간에, 색깔의 수보다 양말을 한 짝 더 많이 꺼내기만 하면 언제나 짝이 한 벌 맞는다. 그러니 아침에 조금 늦게 허겁지겁 달려나갈 의향이 있다면 굳이 양말을 짝지어서 정리해둘 필요가 없다.

양말 짝짓기 문제의 이 산뜻한 해결책은 '비둘기집 원리Pigeonhole Principle' 로부터 나온다. 19세기 독일 수학자 페터 구스타프 르죈 디리클레가 내놓은 단순하지만 강력한 수학 개념이다(Rittaud and Heeffer, 〈The Pigeonhole Principle〉). 이 논문은 비둘기집 원리의 역사를 디리클레뿐 아니라 더 이전 문헌들까지 추적한다. 개념은 단순하다. 비둘기들이 칸칸이 나뉜 둥지들로 이루어진 집에 내려앉을 때, 비둘기 수가 집의 수보다 더 많으면, 적어도 집 하나에는 2마리 이상의 비둘기가 들어가야 한다는 것이다. 컴퓨터과학에서 비둘기집 원리는 알고리즘의 이론적 특성에 관한 기본 사실들을 정립하는 데 쓰인다. 예를 들어, 정보 손실 없이 가능한 파일을 압축하는 알고리즘을 짜기란 불가능하다. 짧은 파일보다 긴 파일이 더 많이 있기 때문이다.

비둘기집 원리를 적용하면 양말 짝 맞추기 문제의 영구적인 해결책이 나온다. 한 종류의 양말만 사는 것이다. 모든 양말이 똑같다면, 굳이 짝을 맞출 필요가 아예 없다. 서랍에서 두 짝을 꺼내기만 하면 늘 한 켤레가 되기 때문이다. 많은 컴퓨터과학자들(에밋의 질문에 응답한 프로그래머들 중 일부도 포함하여)은 이것이 가장 우아한 접근법이라고 본다. 문제를 재정의함으로써 효율적으로 풀 수 있게 하는 것이 그렇다.

주의할 점이 하나 있다. 양말을 한 종류로 살 때, 어떤 종류인지를 잘 살펴야 한다는 것이다. 론 리버스트가 양말 때문에 유달리 골치가 아픈 이유는 그가 왼발용과 오른발용이 구별되는 양말을 신기 때문이다. 이 점은 비둘기집 원리와 충돌한다. 그런 양말들의 짝을 맞추려면, 짝의 총 개수보다 양말을 한 짝 더 꺼내야 하기 때문이다.

4  Ronald Rivest, 개인 면담, 2013. 7. 25.
5  Martin, 〈Counting a Nation by Electricity〉.
6  Ibid.
7  Austrian, 《Herman Hollerith》.

**8**  Ibid.

**9**  여기서 '쓴'은 말 그대로 손으로 썼다는 뜻이다. 저명한 수학자 존 폰 노이만이 1945년 정렬 프로그램을 적었을 때, 그 프로그램을 쓸 컴퓨터는 완성되려면 아직 몇 년 더 있어야 했다. 비록 일반적으로 컴퓨터 프로그램의 연대는 1843년 에이다 러브레이스가 찰스 배비지가 제안한 '해석 기관<sup>Analytical Engine</sup>'을 작성한 날로 거슬러 올라가지만, 컴퓨터 자체의 기억장치에 저장되도록 고안된 최초의 프로그램은 존 폰 노이만의 것이었다. 더 이전의 계산기계는 펀치 카드로 입력한 대로 계산하거나 특정한 계산을 하도록 회로를 짠 것을 의미했다. Knuth, 〈Von Neumann's First Computer Program〉.

**10**  Ibid.

**11**  Knuth, 《*The Art of Computer Programming*》, p.3.

**12**  Hosken, 〈Evaluation of Sorting Methods〉.

**13**  우리는 브라다치의 동영상을 찾을 수 없었지만, 그를 이기겠다고 시도한 사람들의 동영상은 온라인에 많다. 그들은 카드를 무늬별로 네 묶음으로 정렬한 다음, 각 묶음을 숫자에 따라 정렬하는 경향이 있다. 하지만 도널드 커누스는 《컴퓨터 프로그래밍 기술(*The Art of Computer Programming*)》에서 "더 빨리 해내는 방법이 있다!"고 말했다. 첫째, 카드들을 숫자별로 모아서 13개 묶음을 만든다(한 묶음에는 숫자 2만 있고, 옆 묶음에는 숫자 3만 있는 식으로). 이제 묶음들을 늘어놓은 뒤, 무늬별로 걷어서 4개 묶음으로 모은다. 그러면 각 무늬별로 숫자순으로 정렬된다. 이것은 기수 정렬의 한 예이며, 이 장에서 논의할 버킷 정렬 알고리즘과 관련이 있다. Knuth, 《*The Art of Computer Programming*》, §5.2.5.

**14**  최고의 결과가 나오기를 바라면서 무작위화함으로써 정렬하는 것도 사실상 하나의 알고리즘이며, 이름도 붙어 있다. '**보고 정렬**<sup>Bogo sort</sup>'로서, 컴퓨터과학에서 '최악 알고리즘 설계<sup>pessimal algorithm design</sup>'라는 유일하게 장난삼아 하는 하위 분야에 속해 있다. '최악성 <sup>pessimality</sup>'과 최적성의 관계는 '비관론<sup>pessimism</sup>'과 낙관론의 관계와 같다. 최악 알고리즘 설계자는 가능한 최악의 컴퓨터 성능을 내기 위해 서로 경쟁한다.

이 문제를 더 깊이 살펴보는 최악 알고리즘 설계자들은 보고정렬이 사실 상 너무나 산뜻하고 효율적이라고 결론지었다. 그래서 그들은 그것을 개선한 '**보고보고 정렬**Bogobogo sort'을 내놓았다. 보고보고 정렬은 첫 두 원소에서 시작하여, 첫 세 원소 등으로 점점 늘려가면서 정렬한다. 어느 시점에서든 목록이 헝클어지면, 처음부터 다시 시작한다. 예를 들어, 그 알고리즘은 첫 카드 2장을 공중에 던져서 올바로 내려앉는 것을 보고, 이어서 첫 카드 3장을 던져서 올바로 내려앉는 것을 본 다음, 마침내 첫 카드 4장을 던져서 그 것들이 올바른 순서로 내려앉는 것을 볼 때까지는 카드 4장의 정렬을 완료하지 못할 것이다. 이 모든 과정들이 하나하나 다 이루어져야 한다. 그렇지 않으면 처음부터 다시 한다. 보고보고 정렬에 관해 처음 기술한 공학자 1명은 컴퓨터를 밤새도록 작동시켰지만, 7개 항목을 정렬하는 데 실패하여, 결국 컴퓨터를 꺼서 전기를 절약하는 쪽을 택했다.

그 뒤의 공학자들은 보고보고 정렬조차도 끝이 아니라고 주장하면서, 더 상위 차원으로 가서 자료가 아니라 프로그램 자체를 보고정렬하자고 주장했다. 항목들을 정렬하는 정렬 프로그램이 우연히 나올 때까지 컴퓨터 기억장치에 든 비트들을 무작위로 뒤섞자는 것이다. 그런 기괴함의 시간 한계는 아직도 탐색 중이다. 최악성을 향한 탐구는 계속되고 있다.

**15** 빅오 개념은 1894년 파울 바흐만이 쓴 《해석 정수론(*Die analytische zahlentheorie*)》에서 기원했다. Donald Knuth, 《*The Art of Computer Programming*》, §1.2.11.1. 공식적으로 우리는 어떤 알고리즘의 실행 시간이 $f(n)$의 곱(양의 상수를 지닌 계수)과 같거나 그보다 작을 때 $O(f(n))$라고 말한다. 유사한 개념도 있다. '빅오메가Big-Omega', $\Omega(f_{(n)})$ 개념은 실행 시간이 $f(n)$의 곱 이상임을 뜻하며, '빅세타Big-Theta', $\Theta(f_{(n)})$는 실행 시간이 $O(f(n))$이면서 $\Omega(f(n))$임을 뜻한다.

**16** 이 공학자는 2장에서 만난 댄 시로커다. 다음 글 참조. "The A/B Test: Inside the Technology That's Changing the Rules of Business", 〈*Wired*〉, 2012, 5.

**17** Knuth, 《*The Art of Computer Programming*》, §5.5.

**18** 그 컴퓨터는 EDVAC였고, 당시 폰 노이만의 프로그램은 일급 군사 기밀로 분류되었다. Knuth, ⟨Von Neumann's First Computer Program⟩.

**19** Katajainen and Träff, ⟨A Meticulous Analysis of Mergesort Programs⟩.

**20** 정렬 신기록은 http://sortbenchmark.org/에 올라와 있다. 2014년 기준으로, 1분당 가장 많은 자료를 정렬하는 분야의 세계 기록은 대한민국 삼성의 연구진이 보유하고 있다. 무려 3.7테라바이트를 처리한다. 인간인 즈데네크 브라다치가 카드를 정렬한 기록에 비유하자면, 보잉 747기 500대를 채울 분량인 카드 약 370억 장을 1분에 정렬하는 것과 같다(2016년에는 중국의 텐센트 연구진이 37테라바이트로 기록을 세웠다-역주).

**21** 배송 관리자 토니 미란다는 말한다. "최대 속도로 한다면, 시간당 250자루를 처리할 수 있을 거예요. 평균적으로는 시간당 약 180자루를 처리하죠. 각 자루 안에 40여 개의 책 꾸러미가 들어간다는 점도 염두에 두시고요." ⟨KCLS AMH Tour⟩, 2007, 11, 6, https://www.youtube.com/watch?v=4fq3CWsyde4.

**22** "Reducing operating costs", ⟨*American Libraries Magazine*⟩, 2010, 8, 31, http://www.americanlibrariesmagazine.org/aldirect/al-direct-september-1-2010.

**23** Matthew Taub, "Brooklyn & Manhattan Beat Washington State in 4th Annual 'Battle of the Book Sorters'", ⟪*Brooklyn Brief*⟫, 2014, 10, 29, http://brooklynbrief.com/4th-annual-battle-book-sorters-pits-brooklyn-washington-state/.

**24** 항목 $n$개의 집합을 정렬하는 방법은 정확히 $n!$가지가 있으므로, 한 정렬은 정확히 $\log n!$ 비트의 정보를 생산한다. 이 값은 근사적으로 $n \log n$ 비트에 해당한다. 여기서 $n!$은 $n \times (n-1) \times \cdots \times 2 \times 1$, 즉 $n$부터 1까지를 죽 곱한 값이다. 따라서 $n! < n^n$이고, $\log n! < \log n^n$이므로, $\log n! < n \log n$이 된다. 이렇게 $\log n!$ 대신 근삿값인 $n \log n$을 취하는 것을 '스털링 근사Stirling's approximation'라고 한다. 18세기 스코틀랜드 수학자 제임스 스털링의 이름을

따다. 두 항목을 짝지어서 한 차례 비교하면 기껏해야 1비트의 정보가 나오
므로, $n$가지 항목의 가능한 $n!$가지 정렬 중에서 맞는 것에 도달하기까지 불
확실성을 완전히 해소하려면 $n \log n$번 비교를 해야 한다. Knuth, 《*The Art of Computer Programming*》, §5.3.1.

**25** Jordan Ho, 개인 면담, 2013, 10, 15.

**26** Whittaker and Sidner, 〈Email Overload〉.

**27** Steve Whittaker, 개인 면담, 2013, 11, 14.

**28** Dodgson, 〈Lawn Tennis Tournaments〉.

**29** 도지슨의 토너먼트 제안을 컴퓨터과학의 입장에서 비판한 글도 있다.
Donald Knuth, 〈minimum-comparison selection〉 in 《*The Art of Computer Programming*》, §5.3.3.

**30** 항목들의 순위를 매기기보다는 가장 큰 것이나 두 번째로 큰 것, 또는 중앙
값인 것 등 어느 하나를 찾는 알고리즘은 정렬 알고리즘이 아니라 '선택' 알
고리즘이라고 한다.

**31** 트릭은 자신이 공동 설립한 스포츠 스케줄링 그룹Sports Scheduling Group에
서 일한다. 1981~2004년에는 메이저리그 야구 일정을 수작업으로 짰다.
헨리와 홀리 스티븐슨이라는 놀라운 부부가 그 일을 했다. ESPN은 스티
븐슨 부부의 이야기를 단편영화로 제작했다. 〈일정 계획자(The Schedule
Makers)〉라는 제목이고 조지프 가너가 연출했다.

**32** Michael Trick, 개인 면담, 2013, 11, 26.

**33** Ibid.

**34** Tom Murphy, 〈Tuning in on Noise?〉 2014년 6월 22일 〈수학하자
(Do the Math)〉 블로그에 올라온 글: http://physics.ucsd.edu/do-the-
math/2014/06/tuning-in-on-noise/.

**35** Ackley, 〈Beyond Efficiency〉.

**36** Knuth, 《*The Art of Computer Programming*》, §5.5.

**37** Dave Ackley, 개인 면담, 2013, 11, 26. Jones and Ackley, 〈Comparison
Criticality in Sorting Algorithms〉과 Ackley, 〈Beyond Efficiency〉. 비교

계수 정렬(라운드로빈 정렬이라고도 한다)을 자세히 다룬 책. Knuth,《*The Art of Computer Programming*》, §5.2.

**38** Isaac Haxton, 개인 면담, 2014, 2, 20.

**39** Christof Neumann, 개인 면담, 2014, 1, 29.

**40** Craig,《*Aggressive Behavior of Chickens*》.

**41** Jessica Flack, 개인 면담, 2014, 9, 10. 다음 문헌들도 참조. DeDeo, Krakauer, and Flack, 〈Evidence of Strategic Periodicities in Collective Conflict Dynamics〉, Daniels, Krakauer, and Flack, 〈Sparse Code of Conflict in a Primate Society〉, Brush, Krakauer, and Flack, 〈A Family of Algorithms for Computing Consensus About Node State from Network Data〉. 플랙의 연구를 더 폭넓게 개괄한 문헌. Flack, 〈Life's Information Hierarchy〉.

**42** 마라톤은 정렬 알고리즘의 세계와 비슷한 점이 하나 있다. 비교하지 않는 정렬 이론 쪽에서 이루어진 가장 흥미로운(위키피디아는 그 항목이 통째로 삭제되기 전에 '비의적인<sup>esoteric</sup>'이라는 단어를 썼다) 발전 중 하나는 가장 있을 법하지 않은 곳에서 이루어졌다. 유명한 인터넷 게시판 사이트인 포챈(4chan)에서다. 2011년 초 누군가가 익명으로 글을 올렸다. "어이, 난 천재인가 봐. 내가 방금 창안한 이 정렬 알고리즘 좀 봐줄래?" '**수면 정렬**<sup>Sleep Sort</sup>'이라는 그 이른바 '정렬 알고리즘'은 정렬 안 된 각 항목에 그 값에 해당하는 초만큼 '잠'을 자도록 한 뒤, '깨어나서' 자신을 출력하도록 하는 방식이다. 그러면 사실상 정렬된 최종 결과가 나온다. 수면 정렬의 논리를 분석한 세부 사항은 제쳐놓고 수면 정렬을 있는 그대로 보자면, 좀 혹할 만한 전망을 보여주는 듯하다. 실행 시간이 항목들의 개수가 아니라, 크기에 의존하는 정렬이기 때문이다. (따라서 실행 시간이 $O(1)$인 상수 시간 정렬만큼 좋지는 않지만.)

**43** 영국 기업가 알렉산더 딘이 한 말 참조. https://news.ycombinator.com/item?id=8871524.

**44** 총톤수 법칙은 실제로 해양을 지배한다. 그렇다고 해서 어류가 전적으로 평

화주의자라는 말은 아니다. 몸집이 비슷하면 그들은 (공격적으로) 싸울 것
이라는 말도 해둘 필요가 있다.


## 제4장

1   James, 《*Psychology*》.
2   1997년 8월 12일 넷스케이프 공학자 제이미 자윈스키가 유즈넷에 올린 프
    로그래밍에 관한 유명한 농담에서 유래했다. "어떤 이들은 어떤 문제를 접
    하면 이렇게 생각한다. '아는 거야, 정규 표현을 써야지.' 이제 그들은 두 가
    지 문제를 지니게 된다."
3   Stewart, 《*Martha Stewart's Homekeeping Handbook*》.
4   Jay, 《*The Joy of Less*》.
5   Mellen, 《*Unstuff Your Life!*》.
6   Davis, 《*Almost No Memory*》.
7   이 책에 실린 캐싱의 역사는 다음 책을 토대로 했다. Hennessy and
    Patterson, 《*Computer Architecture*》. 이 책에는 컴퓨터 설계 측면에서 최신
    캐싱 방법이 잘 설명되어 있다.
8   Burks, Goldstine, and von Neumann, 《*Preliminary Discussion of the
    Logical Design of an Electronic Computing Instrument*》.
9   Kilburn et al., 〈One-Level Storage System〉.
10  Wilkes, 〈Slave Memories and Dynamic Storage Allocation〉.
11  Conti, Gibson, and Pitkowsky, 〈Structural Aspects of the System/360
    Model 85〉.
12  원래 무어는 1965년에 〈집적회로에 부품을 더 많이 욱여넣기(Cramming
    More Components onto Integrated Circuits)〉라는 논문에서 해마다
    2배씩 증가한다고 예측했다. 1975년에야 2년마다 2배씩이라고 수정했다.
    Moore, 〈Progress in Digital Integrated Electronics〉.

**13** 레지스터; L1, L2, L3 캐시; RAM, 디스크. '기억 장벽'을 더 자세히 다룬 문헌. Wulf and McKee, 〈Hitting the Memory Wall〉.

**14** Conan Doyle, 〈A Study in Scarlet: The Reminiscences of John H. Watson〉.

**15** Wilkes, 〈Slave Memories and Dynamic Storage Allocation〉.

**16** 벨라디의 개인사는 2002년에 그가 필립 L. 프라나에게 구술한 내용을 토대로 했다(https://conservancy.umn.edu/bitstream/107110/1/oh352lab.pdf). 그가 캐싱 알고리즘과 그 결과를 분석한 문헌. Bélády, 〈A Study of Replacement Algorithms for a Virtual-Storage Computer〉.

**17** 벨라디 자신이 한 말이다. "내가 1966년에 쓴 논문은 15년 동안 소프트웨어 분야에서 인용 지수가 가정 높은 문헌이 되었습니다." J. A. N. Lee, 〈Laszlo A. Belady〉, in 《*Computer Pioneers*》, http://history.computer.org/pioneers/belady.html.

**18** 2년 뒤, 벨라디는 FIFO에 몇 가지 추가 결함이 있음을 보여주었다. 특히 캐시 크기가 증가할수록 사실상 성능이 떨어질 수 있는 희귀한 사례들이 그러했다. 이 현상을 '벨라디 이상 현상Bélády's Anomaly'이라고 한다. Bélády, Nelson, and Shedler, 〈An Anomaly in Space-Time Characteristics of Certain Programs Running in a Paging Machine〉.

**19** Aza Raskin, 〈Solving the Alt-Tab Problem〉, http://www.azarask.in/blog/post/solving-the-alt-tab-problem/.

**20** 더 복잡한 캐싱 알고리즘을 시도하는 데 관심이 있는 독자를 위해, LRU의 몇 가지 유명한 수정판을 소개해보자.

    • LRU-K: O'Neil, and Weikum, 〈The LRU-K Page Replacement Algorithm for Database Disk Buffering〉. K번째로 가장 최근에 사용된 이래로 경과한 시간을 살펴본다(K번 쓰이지 않았을 때가 캐시에 항목이 머무는 최대 기간이 된다). 빈도 편향을 도입하는 것이다. 두 번

째 사용되는지에 초점을 맞추는 LRU-2가 가장 널리 쓰인다.

- 2Q: Johnson and Shasha, 〈2Q: A Low Overhead High Performance Buffer Management Replacement Algorithm〉. 빈도 정보를 얼마간 포착하기 위해, 항목들을 두 '큐<sup>queue</sup>'로 분류한다. 항목 들은 첫 번째 큐에서 시작하여, 캐시에 있는 동안에 한 번 더 참조되면 두 번째 큐로 옮겨간다. 두 번째 큐에 있는 항목들은 LRU에 따라서 첫 번째 큐로 돌아간다. LRU는 첫 번째 큐에서 항목을 내보낼 때에도 쓰 인다.

- LRFU: Lee et al., 〈LRFU: A Spectrum of Policies That Subsumes the Least Recently Used and Least Frequently Used Policies〉. 각 항목에 숫자로 점수를 부여함으로써 최신성과 빈도를 결합한 방식이 다. 항목이 쓰이면 점수가 올라가고 시간이 흐를수록 점수가 점점 줄어 든다.

- 적응적 교체 캐시(Adaptive Replacement Cache: ARC): Megiddo and Modha, 〈Outperforming LRU with an Adaptive Replacement Cache Algorithm〉. 2Q와 비슷한 방식으로 두 큐를 이용하지만, 실행 성과를 토대로 큐의 길이를 조정한다.

이 알고리즘들은 모두 캐시 관리 성능 검사에서 LRU보다 뛰어나다는 것이 드러났다.

**21** 한 예로, 파벨 판체카는 2012년 드롭박스 블로그에 드롭박스가 LRU를 쓰 는 이유를 설명하는 글을 썼다. https://tech.dropbox.com/2012/10/ caching-in-theory-and-practice/.

**22** 우리가 방문했을 때 UC버클리 학생들이 정확히 어떤 책을 읽고 있었는 지 관심이 있을 독자를 위해 열거하면 이렇다. 소로의 《월든(*Walden*)》, 《나 자신의 노래(*Song of Myself*)》, 코맥 매카시, 제임스 메릴, 토머스 핀 천, 엘리자베스 비숍, J. D. 샐린저, 아나이스 닌, 수전 손택에 관한 비평 서들, 주노 디아스의 《드라운(*Drown*)》, 마이클 샤본의 《텔레그래프 가

(*Telegraph Avenue*)》와 《유대인 경찰 연합(*The Yiddish Plicemen's Union*)》, 애니 프루 의 《진흙탕(*Bad Dirt*)》과 《새 구름(*Bird Cloud*)》, 마크 스트랜드의 《베이비 부부(*Mr. and Mrs. Baby*)》, 필립 K. 딕의 《높은 성의 사내 (*The man in the high castle*)》, 윌리엄 카를로스 윌리엄스의 시와 산문 모음집, 척 팔라닉의 《스너프(*Snuff*)》, 토니 모리슨의 《술라(*Sula*)》, 데니스 존슨의 《연기 나무(*Tree of Smoke*)》, 줄리아나 스파의 《허파를 지닌 모든 이들의 이 연결(*This Connection of Everyone with Lungs*)》, 조리 그레이엄의 《통일장의 꿈(*The Dream of the Unified Field*)》, 데이비드 세다리스의 《벌거벗은(*Naked*)》, 《나도 말 잘하는 남자가 되고 싶었다(*Me Talk Pretty One Day*)》, 《코듀로이 재킷과 청바지, 그리고 가족 스캔들(*Dress Your Family in Corduroy and Denim*)》, 실비아 플라스의 《아리엘 (*Ariel*)》과 데이비드 마멧의 《올레아나(*Oleanna*)》, 데이비드 포스터 윌리스의 D. T. 맥스 전기, C. D. 라이트의 《뒤로 나는 것처럼(*Like Something Flying Backwards*)》, 《복음서를 구어로 번역하기(*Translations of the Gospel Back into Tongues*)》, 《빛을 향해 걷다(*Deepstep Come Shining*)》, T. S. 엘리엇의 산문집, 에드거 앨런 포의 《유레카(*Eureka*)》, 허먼 멜빌의 《빌리 버드(*Billy Budd*)》와 시집과 산문집, 헨리 제임스의 《애스펀의 편지(*The Aspern Papers*)》, 《어떤 부인의 초상(*The Portrait of a Lady*)》, 《나사못 회전(*The Trun of the Screw*)》, 《빌리 버드 (*Billy Budd*)》, 《베니토 세레노(*Benito Cereno*)》, '필경사 바틀비'에 관한 해럴드 블룸의 평론, 유진 오닐의 희곡집, 닐 게이먼의 《스타더스트(*Stardust*)》, 셔먼 알렉시의 《인디언 보호구역 블루스(*Reservation Blues*)》, 코맥 매카시의 《노인을 위한 나라는 없다 (*No Country for Old Men*)》 등이다.

**23** Elizabeth Dupuis, 개인 면담, 2014, 9, 16.

**24** Carroll, 《(*Sylvie and Bruno Concluded*)》.

**25** Stephen Ludin, 〈Akamai: Why a Quarter of the Internet Is Faster and More Secure than the Rest〉, 강연, 2014, 3, 19, International Computer Science Institute, Berkeley, California. 아카마이의 주장은

자사 웹사이트에 나와 있다. 〈Akamai delivers between 15~30% of all Web traffic〉(http://www.akamai.com/html/about/facts_figures.html).

**26** Ludin, 〈Akamai〉.

**27** 아마존의 '혼란스러운 보관' 시스템, http://www.ssi-schaefer.de/blog/en/order-picking/chaotic-storage-amazon/.

**28** 주문이 많은 물품의 사전 배송 방식은 2013년 12월 24일에 특허를 받았다. US Patent No. 8,615,473, 〈Method and system for anticipatory package shipping〉, Joel R. Spiegel, Michael T. McKenna, Girish S. Lakshman, and Paul G. Nordstrom, Amazon Technologies Inc.

**29** Connor Simpson, "Amazon Will Sell You Things Before You Know You Want to Buy Them", 〈*The Wire*〉, 2014, 1, 20, http://www.thewire.com/technology/2014/01/amazon-thinks-it-can-predict-your-future/357188/. Chris Matyszczyk, "Amazon to Ship Things Before You've Even Thought of Buying Them?", 〈*CNET*〉, 2014, 1, 19, http://www.cnet.com/news/amazon-to-ship-things-before-youve-even-thought-of-buying-them/.

**30** Netflix: Micah Mertes, 〈The United States of Netflix Local Favorites〉, 2011, 7, 10, http://www.slacktory.com/2011/07/united-states-netflix-local-favorites/.

**31** 2012년 넷플릭스는 아마카시 같은 기업에 이용료를 내는 데 지쳤다고 하면서 자체 세계적인 CDN을 구축하기 시작했다고 발표했다. Eric Savitz, "Netflix Shifts Traffic to Its Own CDN" 〈*Forbes*〉, 2012, 6, 5, http://www.forbes.com/sites/ericsavitz/2012/06/05/netflix-shifts-traffic-to-its-own-cdn-akamai-limelight-shrs-hit/. 넷플릭스의 오픈 커넥트 CDN 자료는 다음 사이트 참조, https://www.netflix.com/openconnect.

**32** John Hennessy, 개인 면담, 2013, 1, 9.

**33** Morgenstern, 《*Organizing from the Inside Out*》.

**34** Jones,《*Keeping Found Things Found*》.

**35** Belew,《*Finding Out About*》.

**36** Rik Belew, 개인 면담, 2013. 10. 31.

**37** Yukio Noguchi, 개인 면담, 2013. 12. 17.

**38** 노구치의 파일링 시스템은 그의 책《초정리법<sup>超整理法</sup>》에 실려 있다. 윌리엄 라이즈가 영어로 번역했다. 라이즈는 자기 블로그에 그 시스템을 설명한 글을 썼는데, 지금은 지워졌지만 인터넷 아카이브에서 찾아볼 수 있다. https://web.archive.org/web/20031223072329/http://www.lise.jp/honyaku/noguchi.html. 추가 정보는 개인 정면담을 통해 얻었다. Yukio Noguchi, 개인 면담, 2013. 12. 17.

**39** Sleator and Tarjan,〈Amortized Efficiency of List Update and Paging Rules〉. LRU 원리의 이론적 특성을 가장 명확하게 보여주는 사례들도 제시한다.

**40** Robert Tarjan, 개인 면담, 2013. 12. 17.

**41** 이렇게 LRU 원리를 자기 조직화 목록에 적용한 것을 '전진 이동 알고리즘**Move-to-Front algorithm**'이라고 한다.

**42** 그렇다고 해서 범주화를 완전히 포기해야 한다는 뜻은 아니다. 노구치는 좀 더 깔끔해 보이게 하고 검색 속도를 높이고 싶다면, 범주별로 파일에 색색의 찾음표를 붙이라고 제안한다. 예를 들어서 그런 식으로 자신이 찾고 있는 청구서가 어디에 있는지 알면, 그 항목들만을 선형 검색할 수 있다. 그리고 각 범주 내에서 항목들은 전진 이동 규칙에 따라서 정렬될 수도 있을 것이다.

**43** 사람의 기억에 관한 앤더슨의 발견이 실린 문헌. Anderson and Milson,〈Human Memory〉, Anderson,《*The Adaptive Character of Thought*》. 이 책은 일상생활의 인지 활동을 이상적인 해결책의 관점에서 분석하는 전략을 세우는 데 많은 영향을 미쳐왔으며, 톰을 비롯한 많은 이들이 연구할 때 그런 전략을 쓰고 있다. 한편 앤더슨과 밀슨의 논문은 다음 논문에 실린 도서 대출 통계 연구를 토대로 삼았다. Burrell,〈A Simple Stochastic Model for Library Loans〉.

**44** 앤더슨이 처음에 컴퓨터의 정보 검색 시스템과 인간의 기억 체계의 연관관계를 조사하던 시기는 정보 검색 시스템과 상호작용하는 사람이 거의 없었고, 그 시스템도 아주 원시적인 때였다. 검색 엔진 연구로 정보 검색 시스템이 할 수 있는 일의 범위가 확대됨에 따라, 마음과 기계 사이의 유사점들을 발견할 새로운 기회들이 생겨났다. 한 예로, 톰 연구진은 구글의 '페이지랭크PageRank' 알고리즘의 배후에 있는 개념들이 인간의 의미 기억을 이해하는 데 유용함을 보여주었다. Griffiths, Steyvers, and Firl, 〈Google and the Mind〉.

**45** Anderson, 《*The Adaptive Character of Thought*》.

**46** 인간 기억에 관한 환경 분석은 다음 문헌에 실려 있다. Anderson and Schooler, 〈Reflections of the Environment in Memory〉.

**47** "인간의 기억은 환경에 존재하는 구조를 놀라울 만치 충실하게 비춘다." Ibid.

**48** Ibid.

**49** 이 인용문을 그리스어로 표현하면 이렇다. "μέγα βιβλίον μέγα κακόν"(mega biblion, mega kakon). 이 말은 '큰 책, 큰 악'이라고도 번역된다. 원래는 서사시를 헐뜯으려는 의도로 나온 말이지만, 책이 수십 미터 길이의 두루마리 형태였던 시대의 학자는 큰 책이 미학적인 차원을 넘어서 여러 가지로 성가시다는 의미로 여겼을 수도 있다. 그것이 책에 쪽 번호가 매겨지기 시작하고 따옴표를 붙이고 인용하는 행위가 나타나게 된 이유 중의 하나다. 이 역사를 탁월하게 설명한 책. Boorstin, 《*The Discoverers*》.

**50** John Hennessy, 개인 면담, 2014. 1. 9.

**51** Ramscar et al., 〈The Myth of Cognitive Decline〉.

**52** Michael Ramscar, 〈Provider Exclusive: Michael Ramscar on the 'Myth' of Cognitive Decline〉, 빌 마이어스와의 회견, 2014. 2. 19, http://www.providermagazine.com/news/Pages/0214/Provider-Exclusive-Michael-Ramscar-On-The-Myth-Of-Cognitive-Decline.aspx.

## 제5장

**1** Dillard, 《*The Writing Life*》.

**2** Lawler, 〈Old Stories〉.

**3** 아리스토텔레스의 말이라고 흔히 인용되곤 하는 이 구절은 사실 윌 듀런트가 아리스토텔레스의 사상을 요약하기 위해 지어낸 말이다. Durant, 《*The Story of Philosophy*》.

**4** Allen, 《*Getting Things Done*》.

**5** Tracy, 《*Eat That Frog!*》, 이 책은 제목을 마크 트웨인의 글에서 따온 것이라고 말한다. "살아 있는 개구리를 먹는 것으로 아침을 시작한다면, 하루 내내 그보다 나쁜 일은 일어나지 않을 것이다." 하지만 이 출처는 좀 의심스럽다. 인용문 출처 조사 웹사이트 Quote Investigator는 그 말이 18세기 프랑스 작가 니콜라스 샹포르의 것일 가능성이 더 높다고 본다. http://quoteinvestigator.com/2013/04/03/eat-frog/ for more.

**6** Fiore, 《*The Now Habit*》.

**7** William James, 칼 스텀프에게 쓴 편지, 1886, 1, 1.

**8** Partnoy, 《*Wait*》.

**9** 일정 계획의 역사에서 테일러와 갠트가 한 역할을 잘 요약한 문헌. Herrmann, 〈The Perspectives of Taylor, Gantt, and Johnson〉. 테일러의 자전적 내용은 다음 책 참조. Kanigel, 《*The One Best Way*》.

**10** 갠트 도표 소프트웨어 회사인 리퀴드플래너는 아마존, 이케아, 스페이스엑스 등이 고객이라고 자랑한다. http://www.liquidplanner.com/death-to-gantt-charts/.

**11** 존슨의 선구적인 연구 결과(일이 한 기계에서 다른 기계로 흐르는 과정을 가리키는, 현재 '흐름 작업<sup>flowshop</sup>' 일정 계획이라고 부르는 것에 관한 내용)를 담은 문헌. Johnson, 〈Optimal Two-and Three-Stage Production Schedules with Setup Times Included〉.

**12** 최소 납기 우선은 잭슨의 연구에서 나왔기에, '잭슨 규칙<sup>Jackson's Rule</sup>'이라

고도 한다. Jackson, 《*Scheduling a Production Line to Minimize Maximum Tardiness*》. 제임스 R. 잭슨은 1930년대에 로스앤젤레스에서 자랐고, UCLA의 물류 연구 계획에 소속되어 일하면서 그 지역의 여러 항공우주회사들이 운영하는 공장들을 방문하곤 했다. 작업이 한 기계에서 다른 기계로 어떻게 넘어가는지를 연구하던 그는 이윽고 '망 흐름'을 분석하는 수학을 개발하기에 이르렀다. 그리고 그 수학은 나중에 인터넷에서 트래픽 흐름을 조절하는 알고리즘 설계에 쓰이게 된다. 생산 운영 관리 협회에 그의 짧은 전기가 실려 있다(〈James R. Jackson〉).

**13** Moore, 〈An N Job, One Machine Sequencing Algorithm for Minimizing the Number of Late Jobs〉. 이 논문에서 무어는 자신에게 단순화와 최적화 개념을 제안한 사람이 톰 J. 호지킨이라고 썼다. 현재 '무어 알고리즘', '호지킨 알고리즘', '무어-호지킨 알고리즘'이 혼용되어 쓰인다.

**14** 최단 처리 시간 또는 '스미스 규칙[Smith's Rule]'은 완료 시간의 총합을 최소화한다고 드러났다. Smith, 〈Various Optimizers for Single-Stage Production〉.

**15** Stephens and Krebs, 《*Foraging Theory*》.

**16** 대중문화에서는 아마 저자이자 강연자인 데이브 램지가 '부채 눈덩이' 전략을 널리 보급하고 알리는 인물 중 가장 유명할 것이다. 그는 많은 지지자들을 모은 한편으로 그를 비난하는 이들도 많이 생겨났다. 2012년 노스웨스턴대학교의 경영학자들이 쓴 논문도 참고. Gal and McShane, 〈Can Small Victories Help Win the War?〉. 또한 2014년 텍사스 A&M 의 경제학자들은 '작은 승리'가 소비자 부채의 늪에서 빠져나오도록 돕는 데 어떤 영향을 미치는지를 살펴본 책을 냈다. Brown and Lahey, 《*Small Victories*》.

**17** 시즌 5, 12화, 〈Bad Blood〉. 1998년 2월 22일에 방영되었다.

**18** Rosenbaum, Gong, and Potts, 〈Pre-Crastination〉.

**19** 글렌 리브스가 동료들에게 보낸 1997년 12월 15일자 전자우편. 〈What

really happened on Mars?〉, http://research.microsoft.com/en-us/
um/people/mbj/Mars_Pathfinder/Authoritative_Account.html.

**20** 헤드버그의 이야기는 그가 1999년에 낸 희극 앨범에 실려 있다. 〈Strategic Grill Locations〉.

**21** 이 인용문이 최초로 등장한 영어책은 코비의 저서인 듯하다. Covey,《*How to Succeed with People*》. 이 책에는 따옴표 없이 괴테의 말이라고 적혀 있다.

**22** Laura Albert McLay, 개인 면담, 2014. 9. 16.

**23** Jan Karel Lenstra, 개인 면담, 2014. 9. 2. 그리고 개인 서신.

**24** 롤러의 전기 자료. Lawler, 〈Old Stories〉, Lenstra, 〈The Mystical Power of Twoness〉.

**25** Richard Karp, 〈A Personal View of Computer Science at Berkeley〉, EECS Department, University of California, Berkeley, http://www.eecs.berkeley.edu/BEARS/CS_Anniversary/karp-talk.html.

**26** http://awards.acm.org/lawler/.

**27** 최대 지연 문제에 대한 롤러의 선행 제약 분석. Lawler, 〈Optimal Sequencing of a Single Machine Subject to Precedence Constraints〉.

**28** Lawler, 〈Sequencing Jobs to Minimize Total Weighted Completion Time Subject to Precedence Constraints〉, 더 정확히 표현하자면, 그 문제는 'NP-난해[NP-hard]'라고 한다. 알려진 효율적인 해결책이 전혀 없으며, 앞으로도 없을 것이라는 의미다.

**29** 이 야심적인 탐구는 1975년의 어느 날 오후, 롤러, 렌스트라, 리처드 카프, 벤 라게베흐가 암스테르담의 수학 센터에서 둘러앉아 일정 계획 이론을 토의하다가 시작되었다. 아마 옆문을 통해 풍겨오는 암스텔 양조장의 '톡 쏘는 몰트와 호프 냄새' 때문이었을지도 모르겠는데, 아무튼 뭔가에 영감을 받아서 그들은 모든 일정 계획 문제의 목록을 싣고 각각이 해결되었는지 여부를 담은 책이 곧 박사 논문 심사를 받을 예정인 친구이자 동료인 알렉산더 리누이 칸에게 멋진 선물이 될 것이라고 판단했다. (이 이야기는 다음 두 자료에 실려 있다. Lawler, 〈Old Stories〉

와 Lenstra, 〈The Mystical Power of Twoness〉.) 리누이 칸은 나중에 학계뿐 아니라 네덜란드 경제에도 중요한 기여를 하게 된다. ING 그룹 이사회 임원이 되었고, 연달아 3년 동안 〈데 폴크스트란트〉 신문이 선정하는 네덜란드에서 가장 영향력 있는 인물로 뽑히기도 했다. "Rinnooy Kan weer invloedrijkste Nederlander", 〈De Volkskrant〉, 2009, 12, 4, http://nos.nl/artikel/112743-rinnooy-kan-weer-invloedrijkste-nederlander.html.

라게베흐는 그 목록을 생성하고, 일정 계획 문제의 약 4,536가지 조합을 열거함으로써, 그 목록을 생성하는 컴퓨터 프로그램을 짰다. 생각할 수 있는 가능한 모든 측정 지표들(최대 지연, 늦은 업무의 수, 완료 시간의 총합 등)과 제약 조건들(가중치, 선행 조건, 시작 시간 등)을 조합함으로써였다. 그들은 며칠 동안 신나게 "모호한 문제들을 차례차례 빠르게 해결하는 즐거움에 푹 빠졌다."

일정 계획 문제들의 집합을 기술하기 위한 그들의 체계는 '약어로 가득한' 언어였으며, 그들은 그 언어를 '스케줄어Schedulese'라고 불렀다 (Graham et al., 〈Optimization and Approximation in Deterministic Sequencing〉). 기본 개념은 일정 계획 문제들이 3개의 변수로 기술된다는 것이다. 관련된 기계의 특성, 업무의 특성, 일정 계획의 목표다. 이 세 변수는 선행 제약 조건, 선점, 복구 시간, 목표 같은 요인들을 기술하는 표준 코드를 써서, 그 순서대로 특정된다. 예를 들어, $1|r_j|\Sigma C_j$('1알제이섬시제이')는 하나의 기계, 복구 시간, 완료 시간의 총합을 최소화하는 목표를 나타낸다. 유진 롤러의 설명을 들어보자.

직접적인 보상은 문제 유형들에 관해 대화를 나누기가 더할 나위 없이 쉬웠다는 것이다. 우리 연구실을 찾은 손님들은 이런 말들이 오고가는 것을 들으면서 당혹스러워하곤 했다. "1알제이섬시제이가 NP-난해이니까, 1선점알제이섬시제이도 NP-난해라는 뜻이지?" "아니, 그건 쉽지, 기억 안나?" "음, 1디제이섬시제이가 쉽고, 1선점디제이섬시제이가 쉽다면, 1선점알제이디제이섬시제이에 관해 우리는 뭘 아는 거지?" "전혀 모르지."

(공식으로 나타내면 이렇다. "$1|r_j|\Sigma C_j$가 NP-난해이므로, $1|pmtn, r_j|\Sigma C_j$도 NP-난해라는 뜻이지?" "아니, 그건 쉽지, 기억 안나?" "음, $1|d_j|\Sigma C_j$가 쉽고 $1|pmtn, d_j|\Sigma C_j$가 쉽다면, $1|pmtn, r_j, d_j|\Sigma C_j$에 관해 우리는 뭘 아는 거지?" "전혀 모르지." [Lawler et al., 〈A Gift for Alexander!〉, see also Lawler, 〈Old Stories〉].)

**30** 사실, 그것은 공간을 어떻게 채울 것인가에 관한 컴퓨터과학에서 가장 유명한 어려운 문제인 '배낭 문제'와 같아진다. 이 일정 계획 문제와 배낭 문제의 관계를 살펴본 문헌. Lawler, 《Scheduling a Single Machine to Minimize the Number of Late Jobs》.

**31** 우리가 '시작 시간 <sup>start time</sup>'이라고 부르는 것을 학술 문헌에서는 '복구 시간 <sup>release time</sup>'이라고 한다(우리는 그 용어가 좀 혼동을 준다고 본다). Lenstra, Rinnooy Kan, and Brucker, 〈Complexity of Machine Scheduling Problems〉. 이 논문은 임의의 복구 시간으로 완료 시간의 총합을 최소화하는 동시에 최대 지연을 최소화하는 것이 NP-난해임을 보여주었다. 임의의 복구 시간으로 지연 작업의 수를 최소화하는 문제는 다음 문헌 참조. Lawler, 〈Scheduling a Single Machine to Minimize the Number of Late Jobs〉.

**32** Lawler et al., 〈Sequencing and Scheduling〉. 이 목록의 가장 최근 자료를 볼 수 있는 곳, http://www.informatik.uni-osnabrueck.de/knust/class/.

**33** 복구 시간으로 최대 지연을 최소화하는 데 선점이 미치는 효과를 분석한 문헌. Baker et al., 〈Preemptive Scheduling of a Single Machine〉. 임의의 복구 시간과 선점으로 완료 시간의 총합을 최소화하는 문제를 분석한 문헌도 있다. Schrage, 〈A Proof of the Optimality of the Shortest Remaining Processing Time Discipline〉와 Baker, 《Introduction to Sequencing and Scheduling》.

**34** 납기일이 가장 빠른 업무를 선택함으로써, 예상 최대 지연을 최소화할 때의 결과를 다룬 문헌. Pinedo, 《*Scheduling*》.

**35** 역동적인 환경(어떤 작업을 완료하는 시간의 추정값이 그 작업을 하는 데 걸리는 시간에 따라 증가하지 않는다고 할 때)에서 가중 완료 시간의 총합을 최소화하는 가중 최단 예상 처리 시간을 지닌 작업을 선택했을 때의 효과를 살펴본 문헌. Sevcik, 〈Scheduling for Minimum Total Loss Using Service Time Distributions〉. 동적 일정 계획의 일반 전략을 다루면서 논의하고 있다.

**36** Pinedo, 〈Stochastic Scheduling with Release Dates and Due Dates〉. 작업이 얼마나 오래 걸릴지를 추정한 값이 그 일을 하는 데 얼마나 오래 걸리든 상관없이 일정하다는 (꽤 강력한) 가정 하에서는 이 알고리즘이 이런 문제들에 최적임을 보여준 논문이다. 확률론적 일정 계획에서는 최적 알고리즘이 반드시 가능한 모든 작업 부하에 이상적인 것이라고는 할 수 없지만, 관련된 측정 지표들의 기댓값을 최소화한다.

**37** Jason Fried, 〈Let's just call plans what they are: guesses〉, 2009, 7, 14, https://signalvnoise.com/posts/1805-lets-just-call-plans-what-they-are-guesses.

**38** Ullman, 〈Out of Time〉.

**39** Monsell, 〈Task Switching〉.

**40** Kirk Pruhs, 개인 면담, 2014, 9, 4.

**41** 〈The Social Network〉, 각본 Aaron Sorkin, Columbia Pictures, 2010.

**42** Peter Denning, 개인 면담, 2014, 4, 22.

**43** Denning, 〈Thrashing: Its Causes and Prevention〉.

**44** Peter Zijlstra, 개인 면담, 2014, 4, 17.

**45** 스래싱은 데이터베이스 시스템에서도 일어날 수 있다. 데이터베이스에 접근할 '자물쇠'를 차지하기 위해 서로 다른 처리 과정들이 경쟁할 때, 현재 자물쇠를 쥐고 있는 처리 과정을 끝까지 진행하는 시스템의 능력이 손상될 수 있다. 마찬가지로 스래싱은 네트워킹 맥락에서도 나타날 수 있다. 서로

다른 신호들이 망의 채널을 차지하기 위해 경쟁하면 어떤 신호도 통과하지 못하는 상황이 벌어질 수 있다. 이 문제는 10장에서 더 자세히 살펴보기로 하자.

**46** 2001년에 2.4판으로 시작한 리눅스에 쓰인 '$O(n)$ 스케줄러'는 모든 처리 과정을 우선순위에 따라 정렬했기에, 처리 과정이 늘어날수록 시간이 더 오래 걸렸다. 2003년 리눅스 2.6에서는 '$O(1)$ 스케줄러'를 채택하여 이 문제를 해소했다. 처리 과정이 얼마나 많든지 상관없이, 미리 정한 수의 버킷들에 모든 처리 과정들을 할당하여 버킷 정렬하는 방식이었다. 하지만 이 버킷 정렬 방식은 복잡한 발견법을 사용해야 하기에, 2007년의 리눅스 2.6.23판부터는 '$O(1)$ 스케줄러'를 더 직관적으로 와 닿는 '완벽하게 공정한 스케줄러**Completely Fair Scheduler, CFS**'로 바꾸었다.

**47** 이 값은 리눅스 커널의 '완벽하게 공정한 스케줄러'에서 "sysctl_sched_min_granularity" 변수에 따라 정해진다.

**48** 타임박싱은 소프트웨어 개발팀의 관리라는 맥락에서 널리 쓰여 왔다. '타임박싱'이라는 용어는 다음 논문에서 기원한 듯하다. Zahniser, 〈Timeboxing for Top Team Performance〉. '포모도로 기법'이라는 명칭은 토마토 모양의 부엌 타이머에서 유래했는데(포모도로는 토마토를 가리키는 이탈리아어다), 1980년대 말에 프란체스코 치릴로가 개발하여 1998년부터 전파하기 시작했다. Cirillo, 《The Pomodoro Technique》.

**49** Peter Zijlstra, 개인 면담, 2014. 4. 17.

**50** 리눅스는 2007년부터 타이머 병합을 지원하기 시작했다. 마이크로소프트는 2009년 윈도우 7부터 윈도우에 그 기능을 포함시켰다. 애플도 2013년 OS X 메버릭스에 추가했다.

**51** Peter Norvig, 개인 면담, 2014. 9. 17.

**52** Shasha and Lazere, 《Out of Their Minds》, 101.

**53** Donald Knuth, 〈Knuth versus Email〉, http://www-cs-faculty.stanford.edu/~uno/email.html.

# 제6장

**1** Russell, 《*Human Knowledge: Its Scope and Limits*》, 1948, p. 527.

**2** Gott, 〈Implications of the Copernican Principle for Our Future Prospects〉.

**3** 이 이야기의 출처. Halevy, Norvig, and Pereira, 〈The Unreasonable Effectiveness of Data〉.

**4** An Enquiry Concerning Human Understanding, §IV, 〈Sceptical Doubts Concerning the Operations of the Understanding〉.

**5** 이 책에 실린 짧은 일대기는 다음 문헌들을 참조했다. Dale, 《*A History of Inverse Probability*》, Bellhouse, 〈The Reverend Thomas Bayes〉.

**6** 베이즈의 전설적인 논문은 날짜가 적히지 않은 채로 1746년과 1749년이라고 기입된 두 논문 사이에 끼워져 있었다. McGrayne, 《*The Theory That Would Not Die*》.

**7** 《*An Introduction to the Doctrine of fluxions, and Defence of the Mathematicians against the Objections of the Author of the analyst, so far as they are assigned to affect their general methods of Reasoning*》.

**8** Introduction to Bayes, 〈An Essay Towards Solving a Problem in the Doctrine of Chances〉.

**9** ibid, 부록.

**10** 더 정확히 말하자면, 베이즈는 가설들 $h$와 어떤 관찰 자료 $d$가 주어지면, 각 $h$의 우도 $p(d|h)$를 계산함으로써 가설들을 평가해야 한다고 주장하고 있었다. $p(d|h)$는 $h$에 대한 $d$의 '조건부 확률', 즉 $h$가 참이라고 할 때 $d$가 관찰될 확률을 뜻한다. 이를 거꾸로 각 $h$가 참일 확률로 전환하려면, 이 우도들의 합으로 나누면 된다.

**11** 라플라스의 삶과 연구를 자세히 기술한 문헌. Gillispie, 《*Pierre-Simon Laplace*》.

**12** 라플라스 법칙은 베이즈가 제시한 계산을 통해 유도된다. 유도 과정 전체

가 실린 문헌. Griffiths, Kemp, and Tenenbaum, 〈Bayesian Models of Cognition〉. 현대 베이즈 통계학의 관점에서 볼 때, 라플라스 법칙은 균일 사전 분포를 쓰는 이항 비율의 사후 평균이다.

**13** 2장에서 다중 슬롯머신과 탐색/이용 딜레마를 논의할 때, 경험 집합을 토대로 한 처리 과정(하나의 슬롯머신)의 성공률을 추정하는 문제도 살펴본 바 있다. 베이즈와 라플라스의 연구는 기틴스 지수를 비롯하여 그 장에서 논의한 알고리즘 중에서 상당수의 토대를 이룬다. 라플라스 법칙처럼, 그 장에서 우리가 제시한 기틴스 지수의 값들도 성공 확률이 균일하다고 가정했다. 이는 1-0인 기록을 지닌 슬롯머신의 전반적인 예상 승률이 3분의 2라고 암묵적으로 가정하는 것이다.

**14** 《*An Enquiry Concerning Human Understanding*》, §IV, 〈Sceptical Doubts Concerning the Operations of the Understanding〉.

**15** 공정을 기하기 위해 덧붙이자면, 많은 영향을 끼친 1950년의 논문(Bailey, 〈Credibility Procedures〉)에는 '베이즈 규칙의 라플라스 일반화'라고 적혀 있지만, 딱히 그 명칭을 고집한 것도 아니었다. 어떤 발견에 발견자가 아닌 다른 이의 이름이 붙는 현상도 꽤 흔하기에, 통계학자이자 역사가인 스티븐 스티글러는 그것을 경험 법칙으로 봐야 한다고 주장했다. 스티글러의 '명명 법칙Stigler's Law of Eponymy'이라고 한다. 물론 스티글러가 이 현상을 맨 처음 발견한 사람은 아니었다. 그는 그 영예를 사회학자 로버트 K. 머튼에게 돌린다. Stigler, 〈Stigler's Law of Eponymy〉.

**16** 수학에 관심이 많은 독자를 위해, 베이즈 규칙을 온전한 형태로 제시해보자. 자료 $d$가 있을 때, 가설 $h$에 얼마나 많은 확률을 할당할지를 계산하고 싶다. 우리는 그 가설이 참일 확률에 관한 사전 믿음을 갖고 있으며, 그 믿음은 사전 분포 $p(h)$로 나타낼 수 있다. 여기서 우리가 계산하고 싶은 것은 '사후' 분포, $p(h|d)$이다. 제시된 $d$라는 증거에 비추어서 사전 분포를 어떻게 갱신해야 할지를 나타낸다. 식으로 나타내면 이렇다.

$$p(h|d) = \frac{p(d|h)p(h)}{\sum_{h'} p(d|h')p(h')}$$

여기서 $h'$ 는 고려하는 가설 집합 전체다.

**17** 이 속담의 기원은 불확실하다. Quote Investigator, 〈It's Difficult to Make Predictions, Especially About the Future〉, http://quoteinvestigator. com/2013/10/20/no-predict/.

**18** 〈뉴요커〉 표지 사진은 리처드 맥과이어다. 〈Time Warp〉, 2014, 11, 24. 도시와 기업의 예상 수명을 더 상세히 분석한 흥미로운 내용은 조프리 웨스트와 루이스 베텐코트의 연구 참조. Bettencourt et al., 〈Growth, Innovation, Scaling, and the Pace of Life in Cities〉.

**19** Garrett and Coles, 〈Bayesian Inductive Inference and the Anthropic Principles〉, Buch, 〈Future Prospects Discussed〉.

**20** 통계학자 해럴드 제프리스는 나중에 라플라스의 $(w+1)/(n+2)$ 대신에 $(w+0.5)/(n+1)$를 쓰자고 주장했다. '균일' 사전 분포가 아니라 '무정보' 사전 분포를 쓰면 그렇게 나온다는 것이다(Jeffreys, 《*Theory of Probability*》, Jeffreys, 〈An Invariant Form for the Prior Probability in Estimation Problems〉). 정보가 더 있는 사전 분포를 정의하는 한 가지 방법은 $(w+w'+1)/(n+n'+2)$ 형태의 예측을 내놓는다. 여기서 $w'$ 과 $n'$ 은 이긴 횟수와 과거에 비슷한 과정을 시도한 횟수다(상세한 내용은 다음 참조. Griffiths, Kemp, and Tenenbaum, 〈Bayesian Models of Cognition〉). 이 규칙을 쓰면, 전에 복권을 100장 뽑아서 10장만 당첨되었다면($w=10$, $n=100$), 새 복권을 한 장 뽑아서 당첨된 뒤의 추정값은 훨씬 더 타당성이 있는 $12/103$ 가 될 것이다(10%에서 그리 멀지 않다). 라플라스 법칙의 수정판들은 컴퓨터언어학에서 널리 쓰인다. 한 번도 본 적이 없는 단어의 확률을 추정하는 방법을 제공한다(Chen and Goodman, 〈An Empirical Study of Smoothing Techniques for Language Modeling〉).

**21** 0에서 ∞까지 걸쳐 있는 지속 시간 같은 양에 대한 시간 t의 무정보 사전 확률은 확률 밀도 $p(t) \propto 1/t$로 나타낸다. 규모(t의 배수인 s라는 새로운 양)를 바꾸어도 이 분포의 형태는 바뀌지 않는다. 만일 $s=ct$라면, $p(s) \propto p(t=s/c) \propto 1/s$가 된다. 이는 값이 규모 불변이라는 뜻이다. 무정보 사전 확률을 더 자세

히 알고 싶다면 다음 문헌 참조. Jeffreys, 《*Theory of Probability*》, Jeffreys, 〈An Invariant Form for the Prior Probability in Estimation Problems〉.

**22** Gott, 〈Future Prospects Discussed〉, Buch, 〈Future Prospects Discussed〉.

**23** Jeffreys, 《*Theory of Probability*》, §4.8. 제프리스는 이 문제에 관심을 갖게 된 것이 수학자 맥스 뉴먼 덕분이라고 했다.

**24** 이는 '독일 탱크 문제'라고 알려지게 되었고, 많은 문헌들에서 다루어져 왔다. Gavyn Davies, 〈How a Statistical Formula won the War〉, the Guardian, 2006, 7, 19, http://www.theguardian.com/world/2006/jul/20/secondworldwar.tvandradio.

**25** 한 예로 뉴질랜드 아보카도 재배자협회의 2002년 연례 보고서에는 이렇게 적혀 있다. "4월 기준으로 과일 크기는 정규 분포를 보였고, 그 뒤로 관찰 기간 내내 그 상태를 유지했다."

**26** Clauset, Shalizi, and Newman, 〈Power-Law Distributions in Empirical Data〉. 이 논문은 2000년 미국 인구 조사 자료를 인용했다.

**27** 어떤 양 $t$에 대한 거듭제곱 분포의 일반 형태는 $p(t) \propto t^{-\gamma}$이며, 여기서 $\gamma$은 $t$가 커질수록 $t$의 확률이 얼마나 빠르게 줄어드는지를 나타낸다. 무정보 사전 확률일 때, $s=ct$를 취한다면 규모가 바뀌어도 분포 형태는 변하지 않는다.

**28** 부가 거듭제곱 함수에 따른 분포를 보인다는 것을 처음 간파한 문헌. Pareto, 《*Cours d'économie politique*》. 인구와 소득의 거듭제곱 분포를 잘 설명한 문헌. Simon, 〈On a Class of Skew Distribution Functions〉.

**29** 미국 국세청 자료를 토대로 계산한 개인 평균 '조정 후 총 소득Adjusted Gross Income, AGI'은 2009년에 5만 5,688달러로 추정되었다. 더 최근 추정값들도 있다. 2011년 보고서. 〈Evaluating the Use of the New Current Population Survey's Annual Social and Economic Supplement Questions in the Census Bureau Tax Model〉. https://www.census.gov/content/dam/Census/library/working-papers/2011/demo/2011_SPM_Tax_Model.pdf. 이 보고서는 미국 인구조사국의 2010

년 보고서에 실린 자료를 토대로 했다.

**30** 2012년 AGI의 상위 40은 4만 7,475달러였고, 상위 30%는 6만 3,222달러였다. 따라서 5만 5,688달러는 약 상위 33%에 해당한다고 추정할 수 있다. Adrian Dungan, 〈Individual Income Tax Shares, 2012〉, IRS Statistics of Income Bulletin, Spring 2015, https://www.irs.gov/pub/irs-soi/soi-a-ints-id1506.pdf.

**31** 2012년 AGI의 상위 1%는 43만 4,682달러, 상위 0.01%는 1,210만 4,014달러였다. Ibid.

**32** 선호적 연결에서 비롯되는 거듭제곱 분포 개념을 쉽게 설명한 대중서. Barabási, 《*Linked*》.

**33** Lerner, 《*The Lichtenberg Figures*》.

**34** 이 절에서 다루는 모든 예측 규칙은 다음 문헌을 토대로 했다. Griffiths and Tenenbaum, 〈Optimal Predictions in Everyday Cognition〉.

**35** Ibid.

**36** 얼랭은 처음에 푸아송 분포를 써서 망의 전화 통화율을 모형화했다. 〈The Theory of Probabilities and Telephone Conversations〉. 이어서 전화를 거는 간격을 모형화하기 위해 자신의 이름을 딴 얼랭 분포를 개발했다. 〈Solution of Some Problems in the Theory of Probabilities of Significance in Automatic Telephone Exchanges〉. 얼랭의 삶을 상세히 기술한 문헌. Heyde, 〈Agner Krarup Erlang〉.

**37** 더 정확히 말하면, 블랙잭 게임에서 블랙잭을 손에 쥘 확률은 2,652 대 128, 즉 약 20.7 대 1이다. 블랙잭이 나오기까지 20.7번 패를 돌려야 한다는 기댓값이 나오는 이유를 알기 위해, 기댓값을 반복하여 정의해보자. 패를 펼쳤을 때, 블랙잭은 나오거나(결과가 1이 된다), 나오지 않는다(그러면 다시 처음으로 돌아간다). 우리 기댓값이 $x$라면, $x=1+(2524/2652)x$이며, 2524/2652는 블랙잭이 나오지 않을 확률이다. $x$는 약 20.7이 된다.

**38** 전문용어를 쓰자면, 다음 블랙잭이 나오는 시간은 본문에서 기술한 날개 모양에 더 가까운 얼랭 분포가 아니라, 계속해서 줄어드는 기하학적 분포(연

속량의 지수 분포와 비슷한)를 따른다. 하지만 둘 다 적절한 상황에서는 무기억 예측을 낳을 수 있다. 고트가 베를린장벽을 보면서 가정한 것처럼 어느 특정한 현상의 지속 기간 중 어느 임의의 시점에 그 현상을 마주친다면, 날개 모양의 얼랭 분포도 무기억 덧셈 규칙 예측을 내놓는다. 그리고 블랙잭 게임할 때처럼 기하학적 분포를 보이는 현상을 계속 지켜본다면, 같은 종류의 덧셈 규칙 예측이 나온다.

**39** 〈갬블러〉는 케니 로저스가 1978년에 발표한 같은 제목의 음반에서 가장 잘 알려진 곡이지만, 원래 돈 슐리츠가 작곡하여 부른 곡이다. 로저스는 그 노래로 빌보드 컨트리 부문에서 1위에 올랐고, 1980년엔 남성 컨트리 가수 부문에서 그래미상을 받았다.

**40** Gould, 〈The Median Isn't the Message〉.

**41** Griffiths and Tenenbaum, 〈Optimal Predictions in Everyday Cognition〉.

**42** 망막에 들어오는 빛의 패턴을 토대로 움직이는 물체를 어떻게 파악하는지, 대상들 사이의 상호작용을 토대로 인과관계를 어떻게 추론하는지, 겨우 몇 번 보고서 새 단어의 의미를 어떻게 알아내는지 같은 연구들이 그렇다. Weiss, Simoncelli, and Adelson, 〈Motion Illusions as Optimal Percepts〉, Griffiths et al., 〈Bayes and Blickets〉, Xu and Tenenbaum, 〈Word Learning as Bayesian Inference〉.

**43** Mischel, Ebbesen, and Raskoff Zeiss, 〈Cognitive and Attentional Mechanisms in Delay of Gratification〉.

**44** McGuire and Kable, 〈Decision Makers Calibrate Behavioral Persistence on the Basis of Time-Interval Experience〉, McGuire and Kable, 〈Rational Temporal Predictions Can Underlie Apparent Failures to Delay Gratification〉.

**45** Mischel, Shoda, and Rodriguez, 〈Delay of Gratification in Children〉.

**46** Kidd, Palmeri, and Aslin, 〈Rational Snacking〉.

**47** 항공안전망[Aviation Safety Network]의 자료에 따르면(개인 서신을 통해 받았

다), 2000~2014년 '여객기와 군용 수송기를 포함하여 탑승 가능 인원 12명 이상인 미국 항공기 탑승자' 중에서 사망자는 1,369명이었고, 2014년 자료를 토대로 2015년 사망자 수를 추정하여 추가하면 2015년 말까지 총 1,393명이 된다. 카네기홀의 유명한 아이작 스턴 대강당의 좌석은 2,804석이다. http://www.carnegiehall.org/Information/Stern-Auditorium-Perelman-Stage/.

**48** 미국 고속도로 교통안전청에 따르면, 2000~2013년 미국 교통사고 사망자 수는 54만 3,407명이다. http://www-fars.nhtsa.dot.gov. 2013년 자료로 2014년과 2015년의 사망자 수를 추정하여 추가하면, 2015년 말 기준으로 60만 8,845명이 된다. 미국 인구조사국에 따르면, 2014년 와이오밍 주 인구는 58만 4,153명으로 추정된다. http://quickfacts.census.gov/qfd/states/56000.html.

**49** Glassner, 〈Narrative Techniques of Fear Mongering〉.

### 제7장

**1** 1838년 4월 7일자, Darwin, 《*The Correspondence of Charles Darwin*》, Volume 2: 1837~1843.

**2** 프랭클린이 런던의 조지프 프리스틀리에게 보낸 편지, 1772. 9. 19.

**3** 〈Anything You Can Do〉, 작곡 Irving Berlin, 〈Annie Get Your Gun〉, 1946.

**4** 기계 학습 연구자의 표현을 쓰자면, '훈련training'과 '검사test'다.

**5** Lucas et al., 〈Reexamining Adaptation and the Set Point Model of Happiness〉.

**6** 수학 애호가를 위해, 이 관계를 가장 잘 포착하는 다항 함수를 찾아보자. 결혼 기간을 $x$, 만족도를 $y$라고 하면, 1-예측 변수 모형은 $y=ax+b$다. 2-예측 변수 모형은 $y=ax^2+bx+c$, 9-예측 변수 모형은 $x$의 모든 값에 대한 최고의 계

수를 $x^9$까지 찾아야 하는, 차수가 9인 다항식이라고 추정할 수 있다.

**7** 사실 $n$개의 점으로 차수가 $n$-1인 다항식을 얻을 수 있다는 것이 수학적 진리다.

**8** Lucas et al., 〈Reexamining Adaptation and the Set Point Model of Happiness〉.

**9** 통계학자들은 모형의 다양한 요인들을 '예측 변수[predictor]'라고 한다. 곡선에 끼워 맞추려 하는 직선처럼 너무 단순한 모형은 '편향[bias]'을 드러낸다고 말한다. 너무 복잡하게 만들어져서 자료의 작은 변화에 크게 휘둘리는 모형처럼 정반대 방향의 오류는 '분산[variance]'이라고 한다.

놀라운 점은 이 두 가지 오류(편향과 분산)가 상보적일 수 있다는 것이다. 편향을 줄이면(모형을 더 융통성 있고 복잡하게 만들면) 분산이 증가할 수 있다. 그리고 편향을 증가시키면(모형을 단순화하여 자료에 덜 들어맞게 만들면) 때로 분산이 줄어들 수 있다.

입자의 운동량을 더 정확히 알수록 입자의 위치는 더 모르게 된다는 입자물리학 분야에서 유명한 하이젠베르크의 불확정성 원리처럼, 이른바 편향-분산 트레이드오프는 모형을 좋게 만드는 일에 심오하면서 근본적인 한계가 있음을 나타낸다. 모형이 알고 예측하는 데 한계가 있다는 것이다. 이 개념은 다양한 기계 학습 문헌들에서 찾아볼 수 있다. Geman, Bienenstock, and Doursat, 〈Neural Networks and the Bias/Variance Dilemma〉, Grenander, 〈On Empirical Spectral Analysis of Stochastic Processes〉.

**10** 네후스탄이라는 이 청동 뱀은 《열왕기 하》 18장 4절에서 파괴된다.

**11** Gilbert, 《*Stumbling on Happiness*》.

**12** 겁이 아주 많지 않은 독자를 위해, 1967년의 결투 장면을 찍은 동영상을 소개한다. http://passerelle-production.u-bourgogne.fr/web/atip_insulte/Video/archive_duel_france.swf.

**13** 펜싱은 매우 고의로 과적합을 했다는 걸 보여주는 흥미로운 사례이다. Harmenberg, 《*Epee 2.0*》.

**14** Brent Schlender, 〈The Lost Steve Jobs Tapes〉, Fast Company, 2012, 5, http://www.fastcompany.com/1826869/lost-steve-jobs-tapes.

**15** Sam Altman, 〈Welcome, and Ideas, Products, Teams and Execution Part I〉, Stanford CS183B, Fall 2014, 〈How to Start a Startup〉, http://startupclass.samaltman.com/courses/lec01/.

**16** Ridgway, 〈Dysfunctional Consequences of Performance Measurements〉.

**17** 리지웨이가 이 대목에서 인용한 사례. Blau, 《*The Dynamics of Bureaucracy*》.

**18** Avinash Kaushik, 〈You Are What You Measure, So Choose Your KPIs (Incentives) Wisely!〉, http://www.kaushik.net/avinash/measure-choose-smarter-kpis-incentives/.

**19** Grossman and Christensen, 《*On Combat*》, http://www.killology.com/on_combat_ch2.htm.

**20** Ibid.

**21** 이 인용문은 알베르트 아인슈타인의 말이라고 종종 인용되는데, 사실은 출처가 좀 의심스럽다.

**22** Tikhonov and Arsenin, 《*Solution of Ill-Posed Problems*》.

**23** Tibshirani, 〈Regression Shrinkage and Selection via the Lasso〉.

**24** 사람 뇌의 에너지 소비량은 다음 문헌 참조. Raichle and Gusnard, 〈Appraising the Brain's Energy Budget〉. 이 문헌은 다음 자료를 인용. Clarke and Sokoloff, 〈Circulation and Energy Metabolism of the Brain〉.

**25** 신경세포에서 영감을 얻은 전략인 이 '희소 코딩sparse coding'을 써서, 연구자들은 시각 피질에 있는 신경세포와 비슷한 특성을 지닌 인공 신경세포를 개발해 왔다. Olshausen and Field, 〈Emergence of Simple-Cell Receptive Field Properties〉.

**26** 마코위츠에게 노벨상을 안겨준 이 연구는 그의 다음 논문과 책에 실려 있다. 〈Portfolio Selection〉, Portfolio Selection, 《*Efficient Diversification of*

*Investments*》.

**27** 다음 문헌에서 인용. Jason Zweig, 〈How the Big Brains Invest at TIAA-CREF〉, Money 27(1): 114, 1 1998.

**28** Gigerenzer and Brighton, 〈Homo Heuristicus〉.

**29** Soyfoods Association of North America, 〈Sales and Trends〉, http://www.soyfoods.org/soy-products/sales-and-trends. 카타딘 벤처스 **Katahdin Ventures** 가 수행한 연구라고 적혀 있다.

**30** Vanessa Wong, "Drinkable Almonds", 〈*Bloomberg Businessweek*〉, 2013, 8, 21.

**31** Lisa Roolant, "Why Coconut Water Is Now a $1 Billion Industry", TransferWise, https://transferwise.com/blog/2014-05/why-coconut-water-is-now-a-1-billion-industry/.

**32** David Segal, "For Coconut Waters, a Street Fight for Shelf Space", 〈*New York Times*〉, 2014, 7, 26.

**33** "Sales of Kale Soar as Celebrity Chefs Highlight Health Benefits", 〈*The Telegraph*〉, 2013, 3, 25.

**34** Ayla Withee, "Kale: One Easy Way to Add More Superfoods to Your Diet", 〈*Boston Magazine*〉, 2012, 5, 31.

**35** Kinsbourne, 〈Somatic Twist〉. 원시적인 척추동물의 신체와 기관 구조는 다음 문헌 참조. Lowe et al., 〈Dorsoventral Patterning in Hemichordates〉. 더 쉽게 개괄한 자료도 있다. Kelly Zalocusky, 〈Ask a Neuroscientist: Why Does the Nervous System Decussate?〉, 〈Stanford Neuroblog〉, 2013, 12, 12, https://neuroscience.stanford.edu/news/ask-neuroscientist-why-does-nervous-system-decussate.

**36** 〈Jaws to Ears in the Ancestors of Mammals〉, Understanding Evolution, http://evolution.berkeley.edu/evolibrary/article/evograms_05.

**37** "The Scary World of Mr Mintzberg", 사이먼 콜킨의 회견, ⟨*Guardian*⟩, 2003, 1 25, http://www.theguardian.com/business/2003/jan/26/theobserver.observerbusiness11.

**38** Darwin, 《*The Correspondence of Charles Darwin*》, Volume 2: 1837~1843.

**39** Ibid.

## 제8장

**1** Meghan Peterson (née Bellows), 개인 면담, 2014, 9, 23.

**2** 더 정확히 말하면, 각 사람마다 독자적으로 탁자를 고르도록 한다면 가능성은 $11^{107}$ 가지가 된다. 각 탁자에 10명만이 앉을 수 있다는 제약 조건을 고려하면 가능성이 조금 줄어든다. 그래도 엄청나다.

**3** 메건 벨로즈가 결혼식장 좌석 배치표를 해결하기 위해 어떤 방식을 썼는지는 다음 논문에 실려 있다. Bellows and Peterson, ⟨Finding an Optimal Seating Chart⟩.

**4** Fraker, ⟨The Real Lincoln Highway⟩.

**5** Menger, ⟨Das botenproblem⟩. 멩거가 1930년 2월 5일 빈에서 그 주제로 한 강연 내용이다. 순회 외판원 문제의 역사를 더 상세히 다룬 문헌. Schrijver, ⟨On the History of Combinatorial Optimization⟩. 읽기 쉽게 서술한 책도 있다. Cook, 《*In Pursuit of the Traveling Salesman*》.

**6** Flood, ⟨The Traveling-Salesman Problem⟩.

**7** Robinson, 《*On the Hamiltonian Game*》.

**8** Flood, ⟨The Traveling-Salesman Problem⟩.

**9** Edmonds, ⟨Optimum Branchings⟩.

**10** Cobham, ⟨The Intrinsic Computational Difficulty of Functions⟩. 이 논문은 무엇을 '효율적' 알고리즘이라고 해야 하는가라는 문제를 정면으로 다루고 있다. 다음 논문도 어려운 문제의 해결책이 왜 중요한지를 설명하면서,

이 특정한 해결책을 사례로 들어서 알고리즘을 좋게 만드는 기본 방안을 제시한다. Edmonds, 〈Paths, Trees, and Flowers〉.

11 사실 다항 시간보다는 느리지만 지수 시간보다는 빠른 알고리즘들이 있다. 이런 '초다항superpolynomial' 실행 시간을 보이는 것들도 효율적 알고리즘 집합의 범위를 벗어난다.

12 컴퓨터과학에서는 효율적으로 풀 수 있는 문제들의 집합을 P라고 한다. '다항 시간polynomial time'의 약자다. 한편, 논란 분분한 경계선에 놓인 문제들은 '비결정론적 다항 시간nondeterministic polynomial'의 약자를 써서 NP라고 한다. NP 문제는 일단 발견되면 효율적임이 검증되는 해답을 지닐 수도 있지만, 쉽게 검증될 수 있는 문제가 반드시 쉽게 풀 수 있는 문제이기도 한지는 알려져 있지 않다. 예를 들어, 누군가가 당신에게 경로를 보여주면서 1,000킬로미터가 안 된다고 말한다면, 당신은 그 말이 맞는지 쉽게 검증할 수 있다. 하지만 1,000킬로미터 이내의 경로를 찾아내거나 그런 경로가 불가능함을 증명하는 일은 전혀 다른 문제다. P=NP인가 하는 문제(NP 문제의 해결책으로 효율적으로 넘어가는 것이 가능한가의 여부)는 컴퓨터과학의 가장 큰 미해결 수수께끼다.

그렇긴 해도 특정한 지위에 놓인 문제들이 있다는 것이 밝혀지면서 큰 진전이 이루어져 왔다. 그런 지위에 있는 문제 중 하나를 효율적으로 풀 수 있다면, NP인 다른 문제들도 효율적으로 풀 수 있고 P=NP가 된다(Cook, 〈The Complexity of Theorem-Proving Procedures〉). 이런 문제들을 'NP-난해' 문제라고 한다. P=NP인가라는 질문의 답이 없다면, NP인 문제들은 효율적으로 풀 수 없으며, 그래서 그것들을 '어려운' 문제라고 한다. (도널드 커누스는 이런 것들을 NP-난해 문제라고 부르자고 제안하면서, P=NP임을 증명할 수 있는 사람에게 살아 있는 칠면조 한 마리를 선물하겠다고 했다. 〈A Terminological Proposal〉.) 5장에서 유진 롤러가 마주쳤던 어려운 일정 계획 문제들은 이 범주에 들어간다. NP이면서 NP-난해인 것은 'NP-완전NP-complete' 문제라고 한다. 순회 외판원 문제의 한 유형이 NP-완전임을 보여준 고전적인 논문 참조. Karp, 〈Reducibility Among

Combinatorial Problems〉. *P*와 NP의 쉬운 입문서도 있다. Fortnow, 《*The Golden Ticket: P, NP, and the Search for the Impossible*》.

**13** 2002년에 최고의 이론 컴퓨터과학자 100명에게 설문 조사를 했더니, 61명은 *P*≠NP라고 답했고, 9명만이 *P*=NP라고 답했다(Gasarch, 〈The *P*=? NP Poll〉). *P*=NP의 증명은 NP-완전 문제의 다항 시간 알고리즘을 제시함으로써 할 수 있지만, *P*≠NP를 증명하려면 다항 시간 알고리즘의 한계에 관한 복잡한 논증을 구축해야 하는데, 이 문제를 풀려면 정확히 어떤 종류의 수학이 필요한가라는 설문에는 연구자 사이에 의견이 분분했다. 하지만 응답자의 약 절반은 2060년 이전에 이 문제가 해결될 것이라고 보았다.

**14** 여기에는 '정점 덮개^vertex cover'와 '집합 덮개^set cover' 문제들도 포함된다. 이 문제들이 NP에 속함을 밝힌 논문. Karp, 〈Reducibility Among Combinatorial Problems〉. 21가지 문제가 이 범주에 속한다는 것을 보여준 유명한 논문이다. 1970년대 말까지, 컴퓨터과학자들은 NP-완전 문제를 약 300가지 찾아냈고(Garey and Johnson, 《*Computers and Intractability*》), 그 뒤로 그 목록은 엄청나게 늘어났다. 여기에는 우리에게 매우 친숙한 것들도 들어 있다. 2003년에는 스도쿠가 NP-완전임이 밝혀졌고(Yato and Seta, 〈Complexity and Completeness〉), 설령 다음에 어떤 조각이 나올지 완벽하게 알고 있다고 해도 테트리스의 지워지는 줄 수를 최대화하는 문제도 그렇다는 것이 드러났다(Demaine, Hohenberger, and Liben-Nowell, 〈Tetris Is Hard, Even to Approximate〉). 2012년에는 〈슈퍼마리오 브라더스〉 같은 플랫폼 게임에서 한 레벨을 끝내는 경로가 존재하는지를 결정하는 문제도 공식적으로 이 목록에 포함되었다(Aloupis, Demaine, and Guo, 〈Classic Nintendo Games are (NP-) Hard〉).

**15** Jan Karel Lenstra, 개인 면담, 2014. 9. 2.

**16** 볼테르의 이 2행 연구 "이탈리아의 한 현인은 이렇게 썼다/완벽함은 좋은 것의 적이다 Dans ses écrits, un sage Italien/Dit que le mieux est l'ennemi du bien"는 그의 시 〈얌전한 숙녀(La Bégueule)〉의 첫머리에 나온다. 볼테르는 앞서 1764년에 쓴 《철학 사전(*Dictionnaire Philosophique*)》에

서도 이 이탈리아 어구를 약간 다르게("Le meglio è nemico del bene") 인용한 바 있다.

**17** Shaw, 《*An Introduction to Relaxation Methods; Henderson, Discrete Relaxation Techniques*》. 주의해야 할 것은, 긴장을 푸는 독서라고 보기 어려울 만치 수학으로 가득하다.

**18** 링컨이 순회한 소도시들은 〈에이브러햄 링컨 협회지〉에 실린 1847~1853년 8차 순회 재판소 지도에 나와 있다. http://quod.lib.u mich.edu/j/jala/images/fraker_fig01a.jpg.

**19** 운이 좋다면 순회 시간은 선형 시간에 가까울 것이고, 그렇지 않다면 선형 로그 시간에 가까울 것이다. Pettie and Ramachandran, 〈An Optimal Minimum Spanning Tree Algorithm〉.

**20** 최소 비용 신장 트리를 통해 순회 외판원 문제에 접근하는 방법을 다룬 문헌. Christofides, 《*Worst-Case Analysis of a New Heuristic*》.

**21** 세계 모든 도시를 도는 순회 외판원 문제(이른바 'World TSP')의 현재 상태는 다음 웹사이트에 실린 최신 보고서 참조. http://www.math.uwaterloo.ca/tsp/world/. 순회 외판원 문제를 전반적으로 살펴보고 싶다면 다음 문헌 참조. Cook, 《*In Pursuit of the Traveling Salesman*》. 좀 더 깊이 다룬 내용을 원하는 독자를 위한 책도 있다. Lawler et al., 《*The Traveling Salesman Problem*》.

**22** 이 고전적인 이산 최적화 문제는 '집합 덮개' 문제라고 알려져 있다.

**23** Laura Albert McLay, 개인 면담, 2014. 9. 16.

**24** 컴퓨터과학에서는 이것을 '정점 덮개' 문제라고 한다. 집합 덮개 문제의 사촌격으로서, 집합 덮개 문제가 모든 사람을 관할하는 소방서의 최소한의 수를 찾아내는 데 초점을 맞춘 반면, 정점 덮개 문제는 모두가 연결되는 최소한의 사람 수를 찾아내는 것을 목표로 한다.

**25** 다항 시간에 풀 수 있는 특정한 유형의 연속 최적화 문제들이 있다. 가장 눈에 띄는 사례는 선형 프로그래밍 문제로서, 최적화할 척도와 해답의 제약 조건을 둘 다 관련된 변수들의 선형 함수로 표현할 수 있다. Khachiyan,

⟨Polynomial Algorithms in Linear Programming⟩, Karmarkar, ⟨A New Polynomial-Time Algorithm for Linear Programming⟩. 하지만 연속 최적화는 결코 만병통치약이 아니다. 어려운 유형에 속하는 연속 최적화 문제들도 있다. Pardalos and Schnitger, ⟨Checking Local Optimality in Constrained Quadratic Programming is NP-hard⟩.

**26** Khot and Regev, ⟨Vertex Cover Might Be Hard to Approximate to Within 2-ε⟩.

**27** 이 근사적 해법을 자세히 논의한 문헌. Vazirani, 《*Approximation Algorithms*》.

**28** 연속 완화가 최소 정점 덮개(파티 초대장) 문제의 가능한 최상의 근삿값을 제공할지, 아니면 더 나은 근삿값을 어딘가에서 찾아낼 수 있을지는 아직 미해결 상태다.

**29** ⟨The Princess Bride⟩, 각본 William Goldman; 20th Century Fox, 1987.

**30** 라그랑주 완화(처음에는 'Lagrangean'라고 표기했다)는 UCLA의 아서 M. 조프리언이 붙인 명칭이었다. Arthur M. Geoffrion, ⟨Lagrangean Relaxation for Integer Programming⟩. 그 개념 자체는 IBM의 마이클 헬드와 UC버클리대학교의 리처드 카프가 1970년에 발표한 순회 외판원 문제 논문에서 유래한 듯하다. Held and Karp, ⟨The Traveling-Salesman Problem and Minimum Spanning Trees⟩, Held and Karp, ⟨The Traveling-Salesman Problem and Minimum Spanning Trees: Part II⟩. 하지만 더 이전의 문헌들도 존재한다. Lorie and Savage, ⟨Three Problems in Rationing Capital⟩, Everett III, ⟨Generalized Lagrange Multiplier Method⟩, and Gilmore and Gomory, ⟨A Linear Programming Approach to the Cutting Stock Problem, Part II⟩. 전반적으로 훑어보기에 좋은 문헌들. Fisher, ⟨The Lagrangian Relaxation Method for Solving Integer Programming Problems⟩, Geoffrion, ⟨Lagrangian Relaxation for Integer Programming⟩.

**31** Michael Trick, 개인 면담, 2013, 11, 26.

**32** Christopher Booker, 〈What Happens When the Great Fantasies, Like Wind Power or European Union, Collide with Reality?〉, 〈the Telegraph〉, 2011, 4, 9.

<br>

## 제9장

<br>

**1** Shasha and Rabin, 〈An Interview with Michael Rabin〉.

**2** 무작위 알고리즘을 상세히 다룬 문헌. Motwani and Raghavan, 《Randomized Algorithms; Mitzenmacher and Upfal, Probability and Computing》. 더 짧으면서 더 앞서 나온 문헌들. Karp, 〈An Introduction to Randomized Algorithms〉, Motwani and Raghavan, 〈Randomized Algorithms〉.

**3** Buffon, 〈Essai d'arithmétique morale〉.

**4** Laplace, 《Théorie analytique des probabilités》.

**5** Lazzarini, 〈Un'applicazione del calcolo della probabilità〉.

**6** 라차리니의 결과를 더 상세히 살펴본 문헌. Gridgeman, 〈Geometric Probability and the Number $\pi$〉, Badger, 〈Lazzarini's Lucky Approximation of $\pi$〉.

**7** 울람의 일화는 다음 책에 실려 있다. Ulam, 《Adventures of a Mathematician》.

**8** Fitzgerald, 〈The Crack-Up〉. 얼마 간의 시간이 지난 후에 다른 글들과 함께 책으로 엮어 냈다. 《The Crack-Up》.

**9** Ulam, 《Adventures of a Mathematician》, pp. 196~197. 클론다이크 솔리테어에서 이길 확률을 계산하는 연구는 지금도 활발하게 이루어지고 있다. 주로 몬테카를로 시뮬레이션을 쓴다. 이 분야의 최근 연구 사례들. Bjarnason, Fern; Tadepalli, 〈Lower Bounding Klondike Solitaire with Monte-Carlo Planning〉.

**10** 메트로폴리스는 한 편지에서 명명권이 자신에게 있다고 주장한다. Hurd, 〈Note on Early Monte Carlo Computations〉.

**11** Shasha and Lazere, 《Out of Their Minds》.

**12** Rabin and Dana Scott, 〈Finite Automata and Their Decision Problems〉. 8장의 순회 외판원 문제의 복잡한 유형을 다룰 때 이 개념이 이론 컴퓨터과학의 중심에 놓이게 되는 과정을 한 가지 살펴본 바 있다. 래빈의 '비결정론적' 컴퓨팅 개념은 NP의 'N'을 가리킨다.

**13** 인용문은 이 문헌에 실려 있다. Hardy, 〈Prime Numbers〉. 이 책도 참조, Hardy, 《Collected Works》. 소수가 암호학에 끼친 영향을 상세히 설명한 책, Schneier, 《Applied Cryptography》.

**14** 소수의 곱을 토대로 한 알고리즘 중 널리 쓰이는 것 중 하나는 RSA다. 창안자들의 이름 첫 글자를 모아서 붙인 명칭이다. 론 리베스트, 아디 사미르, 레오너드 애들먼이다. Rivest, Shamir, and Adleman, 〈A Method for Obtaining Digital Signatures and Public-Key Cryptosystems〉. 디피-헬먼 체계처럼 소수를 쓰는 다른 암호 체계도 있다. Diffie and Hellman, 〈New Directions in Cryptography〉.

**15** 밀러 접근법의 가능한 돌파구(또는 돌파구의 부재)는 이런 거짓 양성 반응을 얼마나 쉽게 배제시킬 수 있느냐에 달려 있을 것이다. 주어진 수 $n$이 확실히 소수임을 확인하려면 $x$의 값을 얼마나 많이 검사해야 할까? 밀러는 '일반화 리만 가설generalized Riemann hypothesis'이 참이라면, 검사해야 할 잠재적인 증거들의 최소 수가 $O((\log n)^2)$임을 보여주었다. 에라토스테네스의 체 같은 알고리즘이 요구하는 실행 시간보다 훨씬 짧다. 하지만 문제가 하나 있었다. 일반화 리만 가설은 증명되지 않았다는 것이다. 지금도 여전히 그렇다.

(리만 가설은 독일 수학자 베른하르트 리만이 1859년에 처음 제시한 것으로서, 리만 제타 함수라는 복잡한 수학 함수의 특성을 말한 것이다. 이 함수는 소수의 분포와 밀접한 관련이 있으며, 특히 소수가 수직선에서 얼마나 규칙적으로 나타날지를 제시한다. 이 가설이 참이라면, 소수들은 밀러의 알고리즘이 유효하다고 보장할 수 있는 행동을 할 것이다. 하지만 이 가설이

참인지 거짓인지 아무도 알지 못한다. 사실 리만 가설은 클레이 수학 연구소가 상금 100만 달러의 '밀레니엄상'을 내걸 정도로 수학계에서 널리 알려진 6대 미해결 문제 중의 하나다. 8장에서 살펴본 $P$=NP 문제도 밀레니엄상에 속한다.)

**16**  라빈의 이 이야기가 실린 문헌. Shasha and Lazere, 《*Out of Their Minds*》.

**17**  라빈의 소수 판별법 논문은 몇 년 뒤에 나왔다. Rabin, 〈Probabilistic Algorithm for Testing Primality〉. 로버트 솔로베이와 폴커 슈트라센도 독자적으로 소수들이 따라야 하는 방정식 집합을 토대로 한 유사한 확률 알고리즘을 개발했다. 비록 효율은 좀 떨어지지만. Solovay and Strassen, 〈A Fast Monte-Carlo Test for Primality〉.

**18**  OpenSSL 문서에는 "무작위 입력으로 많아야 $2^{-80}$의 거짓 양성률을 낳는 (…) 반복 횟수를 써서 (…) 밀러-라빈 확률론적 소수 판별법을 수행하는" 함수를 쓴다고 적혀 있다. https://www.openssl.org/docs/crypto/BN_generate_prime.html. 마찬가지로 미 연방 정보 처리 표준 US Federal Information Processing Standard, FIPS 은 전자 서명 표준Digital Signature Standard, DSS의 오류 확률을 $2^{-80}$로 정한다(적어도 1,024비트의 키). Gallagher and Kerry, 《*Digital Signature Standard*》. 밀러-라빈 검사를 40번 하면 이 한계를 충분히 달성하며, 1990년대의 연구들은 밀러-라빈 검사를 3번만 해도 충분한 사례들이 많다는 것을 시사했다. Damgård, Landrock, and Pomerance, 〈Average Case Error Estimates for the Strong Probable Prime Test〉, Burthe Jr., 〈Further Investigations with the Strong Probable Prime Test〉, Menezes, Van Oorschot, and Vanstone, 《Handbook of Applied Cryptography》. 더 최근 자료는 다음 참조, http://security.stackexchange.com/questions/4544/how-many-iterations-of-rabin-miller-should-be-used-to-generate-cryptographic-saf.

**19**  여러 자료들은 지구의 모래알 수를 $10^{18}$, $10^{24}$로 추정한다.

**20**  여기서 '효율적'은 그 분야의 표준 정의인, 8장에서 논의한 '다항 시간'을 뜻

한다.

**21** Agrawal, Kayal, and Saxena, ⟨PRIMES Is in P⟩.

**22** 무작위성이 다항식 판별 검사에서 어떤 역할을 하는지를 살펴본 핵심 연구 결과 중 하나는 '슈워츠-지펠 렘마<sup>Schwartz–Zippel lemma</sup>'라는 것이다. Schwartz, ⟨Fast Probabilistic Algorithms for Verification of Polynomial Identities⟩, Zippel, ⟨Probabilistic Algorithms for Sparse Polynomials⟩, DeMillo and Lipton, ⟨A Probabilistic Remark on Algebraic Program Testing⟩.

**23** 지금까지 다항식 판별 검사를 위한 효율적인 결정론적 알고리즘이 발견된 적이 있을까? 더 넓게 보아서, 좋은 무작위 방법을 찾을 만한 효율적인 결정론적 알고리즘이 다른 어딘가에 존재해야 할까? 또는 무작위 알고리즘이 효율적으로 해결할 수 있지만, 결정론적 알고리즘은 해결할 수 없는 문제들이 존재할 수 있을까? 이는 이론 컴퓨터과학의 흥미로운 문제이며, 답은 아직 알려져 있지 않다.

무작위 알고리즘과 결정론적 알고리즘의 관계를 살펴보는 데 쓰인 접근법 중 하나는 '탈무작위화<sup>derandomization</sup>'다. 본질적으로 무작위 알고리즘을 취한 뒤에 그 무작위성을 제거하는 방식이다. 실질적으로 컴퓨터는 진정한 무작위성에 접근하기가 어렵다. 따라서 무작위 알고리즘을 시행할 때, 사람들은 결정론적 절차를 써서 진정한 무작위성의 특정한 통계적 특성만을 따르는 수를 생성하곤 한다. 탈무작위성은 무작위 알고리즘의 무작위성이 다른 어떤 복잡한 계산 과정의 결과로 대체될 때 어떤 일이 일어나는지를 살펴봄으로써, 이 점을 명시적으로 만든다.

탈무작위화 연구를 통해 효율적인 무작위 알고리즘을 효율적인 결정론적 알고리즘으로 전환하는 것이 가능함이 드러났다. 결과가 무작위적으로 보일 만큼 충분히 복잡하면서 효율적으로 계산할 수 있을 만큼 충분히 단순한 함수를 찾아내기만 한다면 말이다. Impagliazzo and Wigderson, ⟨P=BPP if E Requires Exponential Circuits⟩, and Impagliazzo and Wigderson, ⟨Randomness vs. Time⟩.

**24** Rawls, 《*A Theory of Justice*》.

**25** 경제학자 존 하사니는 가장 앞장서서 비판한 인물에 속한다. Harsanyi, 〈Can the Maximin Principle Serve as a Basis for Morality? A Critique of John Rawls's Theory〉.

**26** Le Guin, 〈The Ones Who Walk Away from Omelas〉.

**27** 이 '당혹스러운 결론repugnant conclusion'이라고 불리는 것을 상세히 다룬 문헌. Parfit, 《*Reasons and Persons*》, Arrhenius, 〈An Impossibility Theorem in Population Axiology〉.

**28** Aaronson, 〈Why Philosophers Should Care About Computational Complexity〉.

**29** Rebecca Lange, 〈Why So Few Stories?〉, GiveDirectly blog, 2014, 11, 12, https://www.givedirectly.org/blog-post.html?id=2288694352161893466.

**30** John Keats, 조지 키츠와 토머스 키츠에게 보낸 편지, 1817, 12, 21.

**31** John Stuart Mill, 《*On Liberty*》(1859).

**32** Michael Mitzenmacher, 개인 면담. 2013, 11, 22.

**33** 〈We Knew the Web Was Big…〉, 2008, 7, 25, http://googleblog.blogspot.com/2008/07/we-knew-web-was-big.html.

**34** Kelvin Tan, 〈Average Length of a URL (Part 2)〉, 2010, 8, 16, http://www.supermind.org/blog/740/average-length-of-a-url-part-2.

**35** Bloom, 〈Space/Time Trade-offs in Hash Coding with Allowable Errors〉.

**36** 구글 크롬은 적어도 2012년까지는 블룸 필터를 썼다, http://blog.alexyakunin.com/2010/03/nice-bloom-filter-application.html; https://chromiumcodereview.appspot.com/10896048/.

**37** Gavin Andresen, 〈Core Development Status Report #1〉, 2012, 11, 1, https://bitcoinfoundation.org/2012/11/core-development-status-report-1/.

**38** Richard Kenney, 〈Hydrology: Lachrymation〉, in 《*The One-Strand River: Poems*》, 1994~2007(New York: Knopf, 2008).

**39** Berg-Kirkpatrick and Klein, 〈Decipherment with a Million Random Restarts〉.

**40** '메트로폴리스-해스팅스 알고리즘<sup>Metropolis-Hastings Algorithm</sup>'이라고도 한다. Metropolis et al., 〈Equation of State Calculations by Fast Computing Machines〉, and Hastings, 〈Monte Carlo Methods Using Markov Chains and Their Applications〉. 메트로폴리스 알고리즘은 니콜라스 메트로폴리스, 마셜과 아리아나 로젠블루스 부부, 에드워드와 어거스터 텔러 부부가 1950년대에 개발했다. 그 알고리즘을 기술한 논문에 메트로폴리스의 이름이 맨 처음 나오기 때문에, 오늘날 메트로폴리스 알고리즘이라고 불린다. 그런데 그 점은 이중으로 얄궂다. 우선 메트로폴리스는 그 알고리즘 개발에 거의 기여한 바가 없다. 그저 컴퓨팅 연구실의 책임자였기에, 다른 연구자들이 경의를 표하는 차원에서 저자로 집어넣었을 뿐이다 (Rosenbluth, 《*Marshall Rosenbluth, Interviewed by Kai-Henrik Barth*》). 게다가 메트로폴리스 자신은 들었을 때 착 와닿는 이름을 붙이기를 좋아했다. 그는 테크네튬과 아스타틴이라는 화학 원소명을 제안했고, 매니악<sup>MANIAC</sup> 컴퓨터와 몬테카를로 기법도 그가 붙인 명칭이었다(Hurd, 〈Note on Early Monte Carlo Computations〉).

**41** Kirkpatrick, Gelatt, and Vecchi, 〈Optimization by Simulated Annealing〉.

**42** Scott Kirkpatrick, 개인 면담, 2014. 9. 2.

**43** 이 개념―대안들 사이를 기꺼이 돌아다니겠다는 마음으로 시작하여, 좋은 대안들에 점점 더 초점을 맞추는―이 친숙하게 들리는 것도 당연하다. 복잡한 함수를 최적화하려면 탐색/이용 트레이드오프에 직면하기 때문이다. 또한 무작위성은 커크패트릭이 몰두한 유형의 최적화 문제들만이 아니라 다중 슬롯머신 같은 문제들을 풀기 위한 아주 좋은 전략의 원천임이 드러난다.
다중 슬롯머신이 서로 다른 미지의 보상을 제공하는 몇 가지 대안들―잡아당길 수 있는 팔들—을 제공한다는 점을 떠올려보라. 거기에서는 새 대안들을 시도하는 것(탐색하기)과 지금까지 찾아낸 최고의 대안을 추구하는 것(이용하기) 사이에 균형을 잡는 것이 목표가 된다. 처음에는 낙관적인 태도로 탐색을 더 하는 편이 가장 낫다. 그리고 점점 더 판별력을 지니게 될수록 이용 쪽으로 나아간다. 대안들에 관한 낙관론을 서서히 줄이는 전략을 추구하면, 바랄 수 있는 최상의 결과가 나온다. 후회가 점점 줄어드는 속도로 쌓이면서 총 후회는 시간의 로그 함수에 따라 증가하면서다.

　무작위성은 낙관론의 대안 전략을 제공한다. 직관적으로 볼 때, 문제가 탐색과 이용 사이의 균형을 잡는 것이라면, 그냥 노골적으로 그렇게 하면 안 될 이유가 어디 있겠는가? 시간 중 일부는 탐색하는 데 쓰고 일부는 이용하는 데 쓰라. 그것이 바로 다중 슬롯머신 전문가들이 '**엡실론 탐욕**Epsilon Greedy' 이라고 부르는 전략이다.

　엡실론 탐욕은 엡실론과 탐욕이라는 두 부분으로 되어 있다. 엡실론 부분은 시간의 어떤 적은 비율(수학자들은 엡실론 기호를 작은 수를 가리키는 데 쓴다)을 써서 대안들을 무작위로 고르는 것이다. 탐욕 부분은 나머지 시간에는 지금까지 찾아낸 최상의 대안을 취하는 것이다. 따라서 식당에 들어가서 동전을 던져서 (또는 엡실론의 값에 따라 주사위를 굴려서) 새로운 요리를 먹어볼지 여부를 결정한다. 예라고 나오면, 눈을 감고 차림표 중에 아무거나 찍는다. 아니요가 나오면 평소 즐겨 먹는 요리를 주문한다.

　불행히도 다중 슬롯머신 연구자들은 엡실론 탐욕을 그리 좋아하지 않는다. 낭비하는 것처럼 비친다. 최상의 대안이 아주 금방 명확히 드러난다고 해도, 새로운 것을 시도하느라 일정 비율의 시간을 소비해야 하기 때문이다. 엡실론 탐욕을 따른다면, 소비하는 시간의 양에 따라 후회가 선형으로 증가한다. 매번 식사할 때마다, 최고가 아닌 다른 것을 고르게 될 기회가 있으므로, 당신의 평균 후회는 매번 동일한 양으로 증가한다. 이 선형 성장은 적절히 보정된 낙관론에 토대를 둔 결정론적 알고리즘이 보장하는 로그 후회보다 훨씬 나쁘다.

　하지만 엡실론 탐욕의 단순성이 호소력을 지닌다면, 희소식이 있다. 이 알고리즘을 단순하게 수정함으로써 로그 후회를 보장하도록 한, 따라서 현실적으로 더 뛰어난 성능을 내도록 한 것이 있다. 이를 '엡실론/N 탐욕<sup>Epsilon-</sup><sup>Over-N Greedy</sup>'이라고 한다(Auer, Cesa-Bianchi, and Fischer, 〈Finite-Time Analysis of the Multiarmed Bandit Problem〉). 시간이 흐를수록 새로운 무언가를 시도할 기회를 줄이도록 한 방식이다. 첫 번째로 선택할 때는 1/1 확률로 무작위로 선택한다(즉 언제나 선택을 한다). 그 대안이 어떻든 간에 좋다면, 두 번째로 들렀을 때는 확률 1/2(즉 동전을 한 번 던져서 앞면이 나오면 같은 대안을 취하고, 뒷면이면 새로운 것을 시도한다)로 무작위로 선택한다. 세 번째 방문 때에는 2/3의 확률로 최고의 것을 고르고, 1/3의 확률로 새로운 것을 시도한다. N번째 갈 때에는 1/N의 확률로 무작위로 고르거나, 그렇지 않으면 지금까지 발견한 최고의 대안을 취한다. 새로운 것을 시도할 확률을 서서히 줄임으로써, 탐색과 이용 사이의 균형에 도달한다.

마찬가지로 무작위성을 이용하는 더 복잡한 다중 슬롯머신 알고리즘도 있다. 1933년에 "두 치료법이 있을 때 어떻게 선택을 할까?"하는 문제를 처음 제기한 예일대 의사인 윌리엄 R. 톰프슨의 이름을 따서 '톰프슨 표본 추출<sup>Thompson Sampling</sup>'이라고 하는 것이다(Thompson, 〈On the Likelihood That One Unknown Probability Exceeds Another〉). 톰프슨의 해결책은 단순했다. 베이즈 법칙을 써서, 각각의 치료법이 최고일 확률을 계산하자는 것이다. 그런 뒤, 그 확률에 따라 치료법을 선택한다. 아무것도 모르는 상태에서 시작하면 양쪽 치료법을 고를 확률이 같다. 자료가 쌓임에 따라 어느 한쪽이 더 선호되지만, 이따금 선호하지 않는 치료법을 선택하여 마음을 바꿀 기회도 여전히 갖는다. 한 치료법이 더 낫다는 것이 점점 더 확실해짐에 따라, 결국에는 줄곧 그 치료법만을 택하게 될 것이다. 톰프슨 샘플링은 탐색과 이용 사이에서 탁월하게 균형을 잡으며, 후회가 로그 시간으로만 증가하도록 보장한다(Agrawal and Goyal, 〈Analysis of Thompson Sampling〉).

다중 슬롯머신 문제를 푸는 데 톰프슨 표본 추출이 다른 알고리즘들보다 우수한 이유는 유연성 덕분이다. 설령 문제의 가정들이 달라진다고 해도— 당신은 한 대안이 다른 대안들보다 낫다거나, 대안들이 서로 의지한다거나, 대안들이 시간이 흐르면서 변한다고 시사하는 정보를 지니고 있다—현재 이용 가능한 최고라는 당신의 인식을 반영하는 확률을 통해 대안들을 추구하는 톰프슨의 전략은 여전히 작동한다. 따라서 이 각각의 사례에 맞는 새로운 알고리즘을 유도해야 할 필요 없이, 그저 베이즈 법칙을 적용하여 나온 결과를 이용할 수 있다. 현실에서는 이 베이즈 계산을 하기가 어려울 수 있다(톰프슨 자신도 대안이 둘뿐인 문제를 풀기 위해 몇 쪽에 걸쳐 복잡한 수학을 전개해야 했다). 하지만 최고의 대안을 선택하려 애쓰고 확실성의 수준에 따라서 선택에 가해지는 무작위성의 양이 줄어들도록 허용하는 것이 길을 잘못 들게 할 가능성이 적은 알고리즘이다.

**44** 널리 쓰이는 AI 교과서에는 모사 담금질이 "이제 해마다 수백 편의 논문이 나오는 독자적인 분야다"라고 적혀 있다. 《*Artificial Intelligence: A Modern Approach*》 (p. 155).

**45** 흥미롭게도 2014년에 해파리가 먹이를 찾는 데 모사 담금질을 이용함을 보여주는 논문이 나왔다. Reynolds, 〈Signatures of Active and Passive Optimized Lévy Searching in Jellyfish〉.

**46** Luria, A Slot Machine, a Broken Test Tube, p. 75; Garfield, 〈Recognizing the Role of Chance〉.

**47** Horace Walpole, 호레이스 맨에게 보낸 편지(1753, 1, 28).

**48** James, 〈Great Men, Great Thoughts, and the Environment〉.

**49** Campbell, 〈Blind Variation and Selective Retention〉.

**50** Ibid.

**51** Brian Eno, 줄스 홀랜드와의 대담, 《*Later... with Jools Holland*》, 2001, 5.

**52** 사우다드(saudade)라는 단어다. 인용한 뜻풀이의 출처. Bell, 《*In Portugal*》.

**53** Tim Adams, "Dicing with Life", 〈*Guardian*〉, 2000, 8, 26.

## 제10장

1 Cerf and Kahn, ⟨A Protocol for Packet Network Inter-communication⟩.

2 Forster, 《Howards End》.

3 Cooper, ⟨Inventor of Cell Phone: We Knew Someday Everybody Would Have One⟩, CNN, 2010. 7. 9. 타스 안자르왈라와 면담.

4 2014년 레오너드 클라인록이 찰스 시버런스와 한 동영상 면담에 실린 내용. ⟨Len Kleinrock: The First Two Packets on the Internet⟩, https://www.youtube.com/watch?v=uY7dUJT7OsU.

5 UCLA의 레오너드 클라인록은 이렇게 말한다. "원래 계획한 것은 아니었지만, 더 나은 메시지를 떠올릴 수가 없었다. 짧으면서도 예언적인 것을 말이다." UCLA 공대 본관의 바닥 타일은 색깔을 이진수의 0과 1로 해석하고 ASCII 문자로 전환하면, "보라!LO AND BEHOLD!"가 된다. 건축가 에릭 헤이건의 작품이다. Alison Hewitt, "Discover the Coded Message Hidden in Campus Floor Tiles", ⟨UCLA Newsroom⟩, 2013. 7. 3, http://newsroom.ucla.edu/stories/a-coded-message-hidden-in-floor-247232.

6 Online Etymology Dictionary, http://www.etymonline.com/index.php?term=protocol.

7 Leonard Kleinrock, ⟨Computing Conversations: Len Kleinrock on the Theory of Packets⟩, 칠스 시버런스와의 대담(2013), https://www.youtube.com/watch?v=qsgrtrwydjw; http://www.computer.org/csdl/mags/co/2013/08/mco2013080006.html.

8 Jacobson, ⟨A New Way to Look at Networking⟩.

9 Kleinrock, ⟨Computing Conversations⟩.

10 '패킷 교환'이라는 용어는 당시 패킷 교환 연구의 주요 인물 중 하나였던 국립 물리 연구소의 도널드 W. 데이비스가 창안했다.

11 Stuart Cheshire, 개인 면담, 2015. 2. 26.

**12**  Baran, 〈On Distributed Communications〉.

**13**  이 문제를 더 상세히 다루고, 네트워킹의 역사(현재의 문제점까지 포함하여)를 더 폭넓게 살펴본 문헌. Jacobson, 〈A New Way to Look at Networking〉.

**14**  Waitzman, 《*A Standard for the Transmission of IP Datagrams on Avian Carriers*》, Waitzman, 《*IP Over Avian Carriers with Quality of Service*》. 조류 프로토콜을 기술한 문헌, Carpenter and Hinden, 《*Adaptation of RFC 1149 for IPv6*》. 2001년 4월 28일 노르웨이 베르겐에서 실제로 수행된 실험의 자세한 내용, http://www.blug.linux.no/rfc1149.

**15**  Cerf and Kahn, 〈A Protocol for Packet Network Inter-communication〉.

**16**  Lamport, Shostak, and Pease, 〈The Byzantine Generals Problem〉.

**17**  이 과정을 '빠른 재전송 **fast retransmit**'이라고 한다.

**18**  Jon Brodkin, 〈Netflix takes up 9.5% of upstream traffic on the North American Internet: ACK packets make Netflix an upload monster during peak viewing hours〉, Ars Technica, 2014, 11, 20. 브로드킨은 샌드바인의 《세계 인터넷 현황 보고서(*Global Internet Phenomena Report*)》를 인용, https://www.sandvine.com/trends/global-internet-phenomena/.

**19**  Tyler Treat, 〈You Cannot Have Exactly-Once Delivery〉, 《Brave New Geek: Introspections of a software engineer》, 2015, 3, 25, http://bravenewgeek.com/you-cannot-have-exactly-once-delivery/.

**20**  빈트 서프, 찰스 시버런스와의 대담, 〈Computing Conversations: Vint Cerf on the History of Packets〉, 2012.

**21**  Ibid.

**22**  Oliver Conway, "Congo Word 'Most Untranslatable'", 〈BBC News〉, 2004, 6, 22.

**23**  Thomas H. Palmer, 《*Teacher's Manual*》(1840), 《*The Oxford Dictionary of*

*Proverbs*》, 2009.

**24** Abramson, 〈The ALOHA System〉.

**25** Ibid. 사실 이 값은 1장에서 최적 멈춤 문제를 다룰 때 말한 $n/e$, 즉 '37%' 의 정확히 절반인 $1/2e$이다.

**26** Jacobson, 〈Congestion Avoidance and Control〉.

**27** 호프 프로그램을 평가한 문헌. Hawken and Kleiman, 《*Managing Drug Involved Probationers*》.

**28** "A New Probation Program in Hawaii Beats the Statistics", 〈PBS NewsHour〉, 2014, 2, 2.

**29** Jacobson, 〈Congestion Avoidance and Control〉.

**30** Jacobson, 〈Van Jacobson: The Slow-Start Algorithm〉, 찰스 시버런스 의 면담(2012), https://www.youtube.com/watch?v=QP4A6L7CEqA.

**31** 시험 삼아 패킷 하나를 보낸 뒤, 2배로 전송률을 높이는 이 초기 절차를 TCP에서는 '느린 시작 <sup>Slow Start</sup>'이라고 한다. 이 이름은 좀 잘못되었다. 느린 시작은 처음에 시험 삼아 패킷 하나를 보낼 때 '느리다'는 의미인데, 곧 지수적으로 속도가 증가하기 시작한다는 사실이 담기지 않았기 때문이다.

**32** Gordon, 〈Control without Hierarchy〉.

**33** 개미의 먹이 탐색이 느린 시작 같은 흐름 제어 알고리즘과 관련이 있음을 보여준 문헌. Prabhakar, Dektar, and Gordon, 〈The Regulation of Ant Colony Foraging Activity without Spatial Information〉.

**34** Peter and Hull, 《*The Peter Principle*》.

**35** 널리 인용되는 이 경구는 원래 스페인어로 되어 있다. "Todos los empleados públicos deberían descender a su grado inmediato inferior, porque han sido ascendidos hasta volverse incompetentes."

**36** 크래버스 시스템은 그 기업의 웹사이트에 공식적으로 실려 있다. http://www.cravath.com/cravathsystem/. 크래버스 시스템의 '승진 아니면 퇴출' 요소는 웹사이트에는 명확히 나와 있지 않지만, 미국 변호사협회 등 의 자료에 널리 언급되어 있다. "1920년대에 크래버스, 스와인 앤 무어 사

는 고용하는 젊은 변호사들 중 상당수가 파트너가 되지 못할 것이라고 적시하면서 로스쿨 출신들을 공개 채용한 최초의 법률 회사가 되었다. 파트너가 되지 못한 이들은 회사를 떠날 것이라고 예상되었다. 그러나 그들 중에서 유능한 이들은 업무를 계속하여 필요한 재직연수를 다 채우면 출자자가 되고, 점점 보수가 증가하고, 평생 고용되는 혜택을 누릴 것이라고 기대할 수 있었다." (Janet Ellen Raasch, 〈Making Partner—or Not: Is It In, Up or Over in the Twenty-First Century?〉, 《Law Practice 33》, issue 2007, 4, 6.)

**37** Rostker et al., 《Defense Officer Personnel Management Act of 1980》.

**38** Michael Smith, 〈Army Corporals Forced Out 'to Save Pension Cash'〉, 〈Telegraph〉, 2002, 7, 29.

**39** Bavelas, Coates, and Johnson, 〈Listeners as Co-Narrators〉. 이 논문에는 이렇게 적혀 있다. "대부분의 이론에서 수신자는 기껏해야 빈약한 토대 위에 있다. 극단적인 이론은 수신자가 없거나 무관한 존재라고 본다. 수신자를 아예 언급하지 않거나 부수적인 존재로 다루기 때문이다. 이 누락은 어느 정도는 암묵적으로 글로 적힌 텍스트를 모든 언어 사용의 원형으로 삼고 있기 때문일 수도 있다."

**40** Yngve, 〈On Getting a Word in Edgewise〉.

**41** Bavelas, Coates, and Johnson, 〈Listeners as Co-Narrators〉.

**42** Tolins and Fox Tree, 〈Addressee Backchannels Steer Narrative Development〉.

**43** Jackson Tolins, personal correspondence, 2015, 1 15.

**44** Nichols and Jacobson, 〈Controlling Queue Delay〉.

**45** 1999년 6월에 나온 RFC 2616에 담긴 HTTP 1.1을 말한다, http://tools.ietf.org/html/rfc2616.

**46** Jim Gettys, 〈Bufferbloat: Dark Buffers in the Internet〉, Google Tech Talk, 2011, 4, 26.

**47** 무수한 문헌들에 이 말이 아이작 아시모프가 한 말이라고 인용되어 있지만, 진정한 원작자와 출처는 모호한 채로 남아 있다. 포춘 쿠키 같은 방식으로 인용문이나 격언을 보여주는 유닉스 '운세' 프로그램에 처음 등장한 듯하며, 거기에 아시모프가 그 말을 했다고 나와 있었다. http://quoteinvestigator. com/2015/03/02/eureka-funny/. 아시모프는 〈유레카 현상 The Eureka Phenomenon〉이라는 글을 쓰긴 했지만, 이 문장은 거기에 실려 있지 않다.

**48** Nichols and Jacobson, 〈Controlling Queue Delay〉.

**49** 미국 인구조사국은 캘리포니아 주의 2015년 인구를 3,914만 4,818명으로 추정한다. http://www.census.gov/popest/data/state/totals/2015/ index.html.

**50** 레이 톰슨, 대담자 제시 힉스, 〈Ray Tomlinson, the Inventor of Email: 'I See Email Being Used, by and Large, Exactly the Way I Envisioned'〉, Verge, 2012, 5, 2, http://www.theverge.com/2012/5/2/2991486/ ray-tomlinson-email-inventor-interview-i-see-email-being-used.

**51** 한 예로 셰필드대학교 인지과학자 톰 스태퍼드도 그런 접근법을 취했다. 2015년 안식년 기간에 그의 전자우편함은 자동으로 답장을 보냈다. "6월 12일까지 안식년 휴가 중이라서, t.stafford@shef.ac.uk로 보낸 전자우편은 삭제됩니다."

**52** ECN의 설명 요청[Request for Comments, RFC] 문서. Ramakrishnan, Floyd, and Black, 《The Addition of Explicit Congestion Notification(ECN) to IP》. 다음 문서의 개정판이다. Ramakrishnan and Floyd, 《A Proposal to Add Explicit Congestion Notification (ECN) to IP》. ECN은 원래 1990년대에 처음 제안되었지만, 아직까지 표준 네트워킹 하드웨어에 포함되지 않고 있다(Stuart Cheshire, 개인 면담, 2015, 2, 26).

**53** Jim Gettys, 개인 면담, 2014, 7, 15.

**54** 1996년 체셔가 내지른 유명한 '불평[rant]'인 "지연 시간 때문이야, 멍청아! It's the Latency, Stupid"에 나온 말이다. http://stuartcheshire.org/ rants/Latency.html. 20년 뒤, 그 말은 더욱 진리가 되어 있다.

## 제11장

**1** Steve Jobs, Gary Wolf, 〈*Wired*〉, 1996. 2.

**2** 21세기의 아이들은 '인간 대 자연', '인간 대 자아', '개인 대 개인', '개인 대 사회'에 관해 점점 더 많이 배우고 있다.

**3** 〈The Princess Bride〉, screenplay by William Goldman, 20th Century Fox, 1987.

**4** Gregory Bergman, 《*Isms, Adams Media*》, 2006.

**5** 앨런 튜링이 정지 문제를 고심하면서 튜링 기계를 제안했다. 〈On Computable Numbers, with an Application to the Entscheidungsproblem〉, 〈On Computable Numbers, with an Application to the Entscheidungsproblem. A Correction〉.

**6** Dan Smith, 개인 면담, 2014. 9. 11.

**7** 2009년 11월 17~19일에 런던의 르 엠베서더 클럽에서 열린 대회, 〈Full Tilt Poker Durrrr Million Dollar Challenge〉. 스카이스포츠 채널로 방영되었다.

**8** Vanessa Rousso, 〈Leveling Wars〉, https://www.youtube.com/watch?v=Yt5ALnFrwR4.

**9** Dan Smith, 개인 면담, 2014. 9. 11.

**10** 게임 이론의 균형 개념(그리고 게임 이론 자체)은 프린스턴의 두 연구자가 창안했다. John von Neumann and Oskar Morgenstern, 《*Theory of Games and Economic Behavior*》.

**11** 흥미진진한 가위바위보 토너먼트가 펼쳐지는 사이트 http://worldrps.com를 추천한다. 가위바위보 관련 용어들도 나와 있다. 가위바위보 컴퓨터 프로그램 경쟁 사이트도 있다. http://www.rpscontest.com.

**12** 무작위성을 통합하는 이런 전략을 '혼합mixed' 전략이라고 한다. 대안은 '순수pure' 전략으로서, 언제나 똑같은 대안을 취하는 것이다. 가위바위보에서는 이 전략이 오래 먹히지 않을 것이다. 혼합 전략은 여러 게임에서 균형

의 일부로서 출현한다. 참가자들의 이해가 직접적으로 관련을 맺는 '제로섬 **zero-sum**' 게임에서 특히 그렇다.

**13** Nash, 〈Equilibrium Points in N-Person Games〉, Nash, 〈Non-Cooperative Games〉.

**14** Ibid. 더 정확히 말하자면, 내시는 참가자와 전략의 수가 유한한 모든 게임은 적어도 하나의 혼합 전략 균형을 지닌다는 것을 증명했다.

**15** Myerson, 〈Nash Equilibrium and the History of Economic Theory〉.

**16** Papadimitriou, 〈Foreword〉.

**17** Tim Roughgarden, 〈Algorithmic Game Theory, Lecture 1 (Introduction)〉, Autumn 2013, https://www.youtube.com/watch?v=TM_QFmQU_VA.

**18** Gilboa and Zemel, 〈Nash and Correlated Equilibria〉.

**19** 특히 내시 균형이 PPAD라는 문제 유형에 속한다는 것을 보여주었다. PPAD는 NP처럼 어렵다고 널리 믿어진다. 내시 균형과 PPAD의 관계를 정립한 문헌. Daskalakis, 《*Goldberg, and Papadimitriou*》, 〈The Complexity of Computing a Nash Equilibrium〉, Goldberg and Papadimitriou, 〈Reducibility Between Equilibrium Problems〉. 후자는 다음 문헌에서 다룬 2인용 게임을 확장한 것이다. Chen and Deng, 〈Settling the Complexity of Two-Player Nash Equilibrium〉. 더 일반화한 문헌. Daskalakis, Goldberg, and Papadimitriou, 〈The Complexity of Computing a Nash Equilibrium〉. PPAD는 '방향성 그래프의 다항 패리티 논증 **Polynomial Parity Arguments on Directed graphs**'의 약자로서, 파파디미트리오가 다음 논문에서 그 이름을 붙였다. Papadimitriou, 〈On Complexity as Bounded Rationality〉. 그는 그 명칭이 자신의 이름과 비슷한 것은 우연의 일치일 뿐이라고 주장한다(Christos Papadimitriou, 개인 면담, 2014. 9, 4.).

PPAD에는 다른 흥미로운 문제들도 포함된다. 햄 샌드위치 문제도 한 예다. $n$차원에서 $2n$개의 점으로 이루어진 $n$개의 집합이 있을 때, 각 점 집합을 정확히 반으로 나누는 평면을 찾는 문제다. (n=3이라면, 점들의 세 집합을 반으로 나누도록 칼을 대는 방법을 찾아야 한다는 뜻이다. 이 점 집합들이 빵 2조각과 햄 1조각에 대응한다면, 샌드위치는 완벽하게 반으로 나뉜다.) 내시 균형 찾기는 사실상 'PPAD-완전'이다. 즉 그것을 풀 효율적인 알고리즘이 존재한다면, 그 유형에 속한 다른 모든 문제들(세상에서 가장 멋진 샌드위치 만들기도 포함하여)도 효율적으로 풀 수 있다는 뜻이다. 하지만 PPAD-완전이라고 해서 NP-완전만큼 나쁜 것은 아니다. 효율적으로 풀수 있는 문제 집합인 P는 NP에 해당하지 않으면서 PPAD에 해당할 수 있다. 이 문제는 현재로선 미해결 상태다. 누군가 내시 균형을 찾는 효율적인 알고리즘을 고안하는 것이 이론적으로는 가능할 수도 있겠지만, 전문가들은 대개 별 기대를 하지 않고 있다.

**20** Christos Papadimitriou, 〈The Complexity of Finding Nash Equilibria〉, in Nisan et al., 《*Algorithmic Game Theory*》.

**21** Aaronson, 〈Why Philosophers Should Care About Computational Complexity〉.

**22** Christos Papadimitriou, 〈The Complexity of Finding Nash Equilibria〉, in Nisan et al., 《*Algorithmic Game Theory*》, p. 30.

**23** 죄수의 딜레마는 랜드 코퍼레이션의 메릴 플러드(비서 문제와 순회 외판원 문제로 유명한)와 멜빈 드레셔가 처음 생각해냈다. 1950년 1월, 그들은 UCLA의 아멘 앨치언과 랜드의 존 D. 윌리엄스 사이의 게임을 주선하면서 죄수의 딜레마 유형의 보상안을 제시했다(Flood, 〈Some Experimental Games〉). 프린스턴의 앨버트 터커는 이 실험에 흥미를 느꼈고, 그해 5월 스탠퍼드대학교 강의에서 그 문제를 다뤘다. 현재 유명해진 죄수의 딜레마 형태와 이름이 바로 그 강의에서 나왔다. 랜드 코퍼레이션에서 펼쳐진 게임이론의 기원과 그 발전의 역사를 상세히 다룬 문헌. Poundstone, 《*Prisoner's Dilemma*》.

**24** Roughgarden and Tardos, 〈How Bad Is Selfish Routing?〉. 러프가든의 2002년 코넬대 박사 논문에는 이기적 라우팅도 다루어져 있다.

25  Cabell, 《The Silver Stallion》.

26  Hardin, 〈The Tragedy of the Commons〉.

27  Avrim Blum, 개인 면담, 2014, 12, 17.

28  Scott K. Johnson, 〈Stable Climate Demands Most Fossil Fuels Stay in the Ground, but Whose?〉, 《Ars Technica》, 2015, 1 8.

29  "In Search of Lost Time", 〈Economist〉, 2014, 12, 20.

30  글래스도어의 연구. Ibid.

31  Mathias Meyer, 〈From Open (Unlimited) to Minimum Vacation Policy〉, 2014, 12, 10,, http://www.paperplanes.de/2014/12/10/from-open-to-minimum-vacation-policy.html.

32  Nicole Massabrook, "Stores Open on Thanksgiving 2014: Walmart, Target, Best Buy and Other Store Hours on Turkey Day", 〈International Business Times〉, 2014, 11, 26.

33  Ice-T, 〈Don't Hate the Playa〉, 《The Seventh Deadly Sin》, 1999.

34  〈The Godfather〉, screenplay by Mario Puzo and Francis Ford Coppola, Paramount Pictures, 1972.

35  빈모어의 이 말은 여러 문헌에 인용되어 있다. Binmore, 《Natural Justice》, Binmore, 《Game Theory》. 칸트의 '정언 명령'은 1785년 저서 《도덕 형이상학의 원론(Grundlegung zur Metaphysik der Sitten)》에 처음 나오며, 1788년 책 《실천이성비판(Kritik der praktischen Vernunft)》에 상세히 논의되어 있다.

36  리빈은 애덤 브라이언트와의 회견에서 1,000달러를 제시한 동기를 설명했다. "The Phones Are Out, but the Robot Is In", 〈New York Times〉, 2012, 4, 7.

37  의무 휴가는 금융업계에서는 이미 표준이 되어 있다. 비록 사기 진작보다는 부정행위 포착을 위한 것이긴 하지만 말이다. 의무 휴가와 부정행위의 관계를 상세히 다룬 자료. Philip Delves Broughton, "Take Those Two Weeks Off—or Else", 〈Wall Street Journal〉, 2012, 8, 28.

38  Rebecca Ray, Milla Sanes, and John Schmitt, "No-Vacation Nation

Revisited", 《*Center for Economic Policy and Research*》, 2013, 5, http://www.cepr.net/index.php/publications/reports/no-vacation-nation-2013.

**39** Donald E. Knuth.

**40** Pascal, 《*Pensées sur la religion et sur quelques autres sujets*》, §277: "Le c œ ur a ses raisons, que la raison ne connaît point."

**41** Dawkins, 《*The Evidence for Evolution*》.

**42** Ingram et al., 〈Mice Infected with Low-Virulence Strains of Toxoplasma Gondii〉.

**43** 《*The Gay Science*》, §116, trans. Walter Kaufmann.

**44** Frank, 《*Passions within Reason*》.

**45** Ibid.

**46** Robert Frank, 개인 면담, 2015, 4, 13. 이 개념은 다음 논문에도 실려 있다. Frank, 〈If Homo Economicus Could Choose〉. 하지만 그는 그 개념이 다른 이들의 연구를 토대로 한 것이라고 금방 인정한다. Schelling, 《*The Strategy of Conflict*》, Schelling, 〈Altruism, Meanness, and Other Potentially Strategic Behaviors〉, Akerlof, 〈Loyalty Filters〉, Hirshleifer, 〈On the Emotions as Guarantors of Threats and Promises〉, Sen, 〈Goals, Commitment, and Identity〉, Gauthier, 《*Morals by Agreement*》. 프랭크는 책에서도 자세히 설명한다. Frank, 《*Passions within Reason*》.

**47** Shaw, 《*Man and Superman*》.

**48** 주주 보고서에 따르면, 구글의 2014년 광고 수입은 596억 달러로서, 총수입 660억 달러의 약 90.3%다. https://investor.google.com/financial/tables.html.

**49** 2015년 1월 29일에 마감한 AWS-3 경매에서는 낙찰액이 총 448.99억 달러에 달했다. http://wireless.fcc.gov/auctions/default.htm?job=auction_factsheet&id=97.

**50** 참가자가 2명인 최고가 밀봉 경매를 위한 균형 전략은 당신이 생각하는 물품 가치의 정확히 절반 가액으로 입찰을 하는 것이다. 더 일반화하면, 이 경

매 방식에서는 참가자가 $n$명일 때, 자신이 생각하는 물품 가치의 정확히 $(n-1)/n$배로 입찰을 하는 것이다. 이 전략이 내시 균형이긴 하지만, 우월 전략은 아니라는 점을 유념하자. 즉 다른 참가자들도 다 그렇게 한다면 더 나을 것도 없으며, 반드시 모든 상황에서의 최적 전략도 아니다. 매수자 위험 부담이 원칙이다. 또 경매의 입찰자 수를 모른다면, 최적 전략은 금방 복잡해진다. 다음 논문 참조. An, Hu, and Shum, 〈Estimating First-Price Auctions with an Unknown Number of Bidders: A Misclassification Approach〉. 사실, 명확한 것처럼 보이는 그 결과―$(n-1)/n$―에도 몇 가지 진지한 가정들이 전제되어야 한다. 입찰자들이 '위험 중립적'이고 각자가 물품에 매기는 가치가 어떤 주어진 범위에 걸쳐 균등하게 분포한다는 가정 등이 그렇다. 여기서 $(n-1)/n$이라는 결과는 다음 문헌에서 나온 것이다. Vickrey, 〈Counterspeculation, Auctions, and Competitive Sealed Tenders〉. 저자는 이렇게 경고한다. "입찰자들이 균질성을 보인다는 가정을 버린다면, 완전 처리의 수학은 어려워진다."

**51** Http://www.floraholland.com/en/about-floraholland/visit-the-flower-auction/.

**52** 때로는 말 그대로 진짜 절벽을 가리키기도 한다. 〈뉴욕타임스〉에 실린 워싱턴 주의 몇몇 경험 많은 백컨트리 스키 선수들이 사망한 사건 기사가 한 예다. 생존자들의 이야기는 노련하기 그지없는 스키 선수들이 거의 다 찜찜한 기분을 느끼면서도 계속 단체로 나아가다가 재난에 처하는 상황을 잘 보여준다.

한 생존자는 이렇게 말했다. "내가 책임자라면, 절대로 12명이나 데리고 백컨트리 스키를 떠나지 않았을 거예요. 인원이 너무 많으니까요. 하지만 그렇게 모이면 일종의 사회적 역학이 생겨요. 나는 굳이 나서서 '이봐요, 이 인원은 너무 많아요. 이대로 가면 안 돼요'라고 말해 까탈스럽게 보이고 싶지 않았어요." 또 다른 생존자도 속으로 이렇게 생각했다고 한다. "이렇게 많이 모였으니 영리한 결정을 내릴 수 있을 리가 없지. 그래도 모두 함께 가니까, 괜찮아. 잘 되겠지, 뭐." 이렇게 말한 사람도 있었다. "오로지 멈추라고 말하고 싶은 생각만이 점점 머릿속에 가득해졌어요." 또 한 생존자도 말했다. "나는 생각했어요. 설마, 저기는 안 좋은 곳인데. 많은 사람이 몰려 있으면 안 좋은 곳이야. 하지만 나는 아무 말도 안 했어요. 멍청이로 보이고 싶지 않았거든요."

〈타임스〉 기사는 이렇게 요약했다. "모두가 남들이 무슨 생각을 하는지 안다고 생각했다. 하지만 아니었다." Branch, 〈Snow Fall〉.

**53** Bikhchandani, Hirshleifer, and Welch, 〈A Theory of Fads〉, Bikhchandani, Hirshleifer, and Welch, 〈Learning from the Behavior of Others〉.

**54** David Hirshleifer, 개인 면담, 2014, 8, 27.

**55** 이 아마존 물품의 가격 상승 사례는 UC버클리 생물학자 마이클 아이젠이 보고서 자신의 블로그에 썼다. "Amazon's $23,698,655.93 book about flies," 2011, 4, 23, it is NOT junk, http://www.michaeleisen.org/blog/?p=358.

**56** 대폭락 직후에 컬럼비아대학교 경제학자 라지브 세티가 보인 반응이 한 예다. Rajiv Sethi, 〈Algorithmic Trading and Price Volatility〉.

**57** 이를 설계와 진화의 메커니즘의 관점에서 생각해볼 수도 있다. 평균적으로 개인은 다소 신중한 무리 추종자가 되는 편이 더 낫지만, 한편으로 집단에 고집 센 독불장군이 있을 때 집단은 모두가 혜택을 본다. 이런 점에서 과신은 일종의 이타주의라고 볼 수도 있다. 그런 구성원의 '사회적 최적 비율'을 다룬 문헌. Bernardo and Welch, 〈On the Evolution of Overconfidence and Entrepreneurs〉.

**58** '알고리즘 메커니즘 설계'라는 말이 처음 나온 문헌. Nisan and Ronen, 〈Algorithmic Mechanism Design〉.

**59** Vickrey, 〈Counterspeculation, Auctions, and Competitive Sealed Tenders〉.

**60** '전략 증명' 게임은 '유인 부합적[incentive-compatible]'이라고도 한다. Noam Nisan, 〈Introduction to Mechanism Design(for Computer

Scientists)〉, in Nisan et al., eds., 《*Algorithmic Game Theory*》.

**61** 게임 이론의 관점에서 보면, 비크리 경매는 '우월 전략 유인 부합적(DSIC)' 이다. 그리고 '마이어슨 렘마<sup>Myerson's Lemma</sup>'라는 알고리즘 게임 이론에서 도출된 한 주요 결과에 따르면, 오직 하나의 DSIC 보상 메커니즘만이 가능하다고 한다. 이 말은 비크리 경매가 전략적이거나 재귀적이거나 부정직한 행동을 피하는 그저 하나의 방법이 아니라 유일한 방법이라는 의미다. Myerson, 〈Optimal Auction Design〉.

**62** 수익 동등 정리가 처음 등장한 문헌. Vickrey, 〈Counterspeculation, Auctions, and Competitive Sealed Tenders〉. 이 개념을 일반화한 것은 다음 문헌들. Myerson, 〈Optimal Auction Design〉, Riley and Samuelson, 〈Optimal Auctions〉.

**63** Tim Roughgarden, 〈Algorithmic Game Theory, Lecture 3 (Myerson's Lemma)〉, 2013, 10, 2, https://www.youtube.com/watch?v=9qZwchMuslk.

**64** Noam Nisan, 개인 면담, 2015, 4, 13.

**65** Paul Milgrom, 개인 면담, 2015, 4, 21.

**66** Sartre, 《*No Exit*》.

# 결론

**1** Flood, 〈What Future Is There for Intelligent Machines?〉.

**2** Russell, 〈The Elements of Ethics〉.

**3** Baltzly, 〈Stoicism〉.

**4** 그것은 *P*와 NP의 차이이기도 하다. 이 특성을 철학적으로 흥미진진하게 고찰한 문헌. Aaronson, 〈Reasons to Believe〉, Wigderson, 〈Knowledge, Creativity, and *P* versus NP〉.

**5** 이런 시나리오를 '애빌린 역설<sup>Abilene Paradox</sup>'이라고도 한다. Harvey, 〈The

Abilene Paradox⟩.

**6**  팀 페리스도 이 점을 지적한 바 있다. "남들에게 제안이나 해결책을 묻지 말고, 제안을 하기 시작하라. 사소한 것에서 시작하라. 다음 주에 언제 만나고 싶은지를 묻기보다는 당신에게 이상적인 시간과 차선책을 제시하라. 상대방이 '식사는 어디서 할까요?' '어떤 영화 좋아하세요?' '오늘밤 뭘 할까요?' 같은 질문을 한다면, '음, 무엇을/언제/어디서 하고 싶으세요?'라고 되묻지 마라. 해결책을 제시하라. 왔다 갔다 하지 말고 결정을 내려라." Ferriss, 《The 4-Hour Workweek》.

**7**  이상적인 상황이라면, 집단의 각 구성원이 모든 대안들에 할당하는 값들을 알고서, 그것들을 토대로 결정하는 합리적인 정책을 택하고 싶을 것이다. 단순히 모두가 할당한 값들의 곱을 최대화하는 대안을 선택하는 것이 가능한 접근법이 될 수도 있다. 그러면 누군가가 0이라는 값을 할당한 대안을 피할 수도 있다. 이것이 좋은 전략이라는 경제학 쪽의 논증은 존 내시에게까지 거슬러 올라간다. Nash, ⟨The Bargaining Problem⟩.

**8**  Shallit, ⟨What This Country Needs Is an 18 ¢ Piece⟩.

**9**  Lueker, ⟨Two NP-Complete Problems in Nonnegative Integer Programming⟩. 이 논문은 특정한 가정 하에서는 최소한의 개수로 동전을 교환하는 문제가 NP-난해임을 보여주었다. 이 결과는 이진법이나 익숙한 십진법 단위의 동전을 쓸 때에는 들어맞지만, 일진법 단위를 썼을 때에는 들어맞지 않는다. 그럴 때에는 효율적인 해결책이 있다. Wright, ⟨The Change-Making Problem⟩. 동전 교환의 계산 복잡성을 상세히 다룬 문헌. Kozen and Zaks, ⟨Optimal Bounds for the Change-Making Problem⟩.

**10**  Cassady and Kobza, ⟨A Probabilistic Approach to Evaluate Strategies for Selecting a Parking Space⟩. 이 논문은 '한 줄로 가장 가까운 자리 고르기'[Pick a Row, Closest Space, PRCS]와 '빙빙 돌기'[Cycling, CYC] 주차 공간 찾기 알고리즘을 비교한다. 더 복잡한 CYC에는 최적 멈춤 규칙이 포함되지만, PRCS는 단순히 목적지에서 출발하여 점점 멀어지다가 첫 번째로 보이는

곳을 고른다. 더 공격적인 CYC는 평균적으로 더 나은 공간을 찾아내지만, 걸린 총시간의 측면에서는 사실상 더 단순한 PRCS가 이긴다. CYC 알고리즘을 따르는 운전자는 더 나은 공간을 찾음으로써 절약한 걷는 시간에 비해, 그 더 나은 공간을 찾느라 시간을 더 많이 허비한다. 저자들은 이 특성이 주차장 설계에 유용할 수도 있다고 말한다. 주차의 계산 모형을 탐구한 논문들은 더 있다. Benenson, Martens, and Birfir, 〈PARKAGENT: An Agent-Based Model of Parking in the City〉.

**11** 언제 순환시키고 차단할지를 상세히 다룬 논문. Boguslavsky et al., 〈Optimal Strategies for Spinning and Blocking〉. (1장의 물수제비뜨기를 이야기할 때 만난 바로 그 사람이다.)

먼저 우리를 만나서 자신의 연구뿐 아니라 더 일반적인 견해를 논의할 시간을 내준 모든 연구자, 종사자, 전문가들에게 감사드린다. 데이브 애클리, 스티브 앨버트, 존 앤더슨, 제프 앳우드, 닐 비어든, 릭 벨류, 도널드 베리, 에이브럼 블룸, 로라 카스텐센, 닉 채터, 스튜어트 체셔, 파라스 초프라, 허버트 클라크, 루스 코빈, 로버트 X. 크링글리, 피터 데닝, 레이먼드 덩, 엘리자베스 더퓌스, 조지프 드와이어, 데이비드 에스트런드, 크리스트나 팡, 토머스 퍼거슨, 제시카 플래크, 제임스 포가티, 진 E. 폭스 트리, 로버트 프랭크, 스튜어트 게먼, 짐 게티스, 존 기틴스, 앨리슨 고프닉, 데보라 고든, 마이클 고틀리에프, 스티브 하노브, 앤드루 하비슨, 아이작 핵스턴, 존 헤네시, 지오프 힌턴, 데이비드 허쉴리퍼, 조던 호, 토니 호어, 카말 자인, 크리스 존스, 윌리엄 존스, 레슬리 카엘블링, 데이비드 카거, 리처드 카프, 스콧 커크패트릭, 바이런 놀, 콘 콜리바스, 마이클 리, 얀 카렐 렌스트라, 폴 린치, 프레스턴 맥아피, 제이 맥클러랜드, 로라 앨버트 매클레이, 폴 밀그럼, 앤서니 미란다, 마이클 미천마커, 로즈마리 네이절, 크리스토프 뉴먼, 노엄 니산, 유키오 노구치, 피터 노빅, 크리스토스 파파디미트리오, 메건 피터슨, 스콧 플래건호프, 아니타 포메란츠, 발라지 프라바카르, 커크 프루, 앰넌 래퍼포트, 로널드 리베스트, 루스 로젠홀츠, 팀 러프가든, 스튜어트 러셀, 로마 샤, 도널드 슈프, 스티븐 스키너, 댄 스미스, 폴 스몰렌스키, 마크 스테이버스, 크리스 스터치오, 밀런드 탐, 로버트 타잔, 지오프 소프, 잭슨 톨린스, 마이클 트릭, 핼 배리언, 제임스 웨어, 롱헤어 워리어, 스티비 휘태커, 에이비 위저슨, 제이콥 워브록, 제이슨 울프, 피터 질스트라.

이면에서 벌어지는 일들을 살펴볼 수 있도록 도와준 킹 카운티 공립 도서관, 시애틀 공립 도서관, 노던 리저널 도서관, UC버클리 도서관 관계자분들에게 감사드린다.

서신을 통해 우리가 알아야 할 가치가 있는 연구 방향을 알려준 분들에게도 감사를 드린다. 샤론 고츠, 마이크 존스, 테브예 크린스키, 엘리프 쿠스, 폴크 리더, 스티븐 A. 리프먼, 필립 모건, 샘 매킨지, 해로 랜터, 대릴 A. 설, 스티븐 스티글러, 케빈 톰슨, 피터 토드, 새라 M. 왓슨, 셸던 제데크.

자신이 지난 세월에 걸쳐 얻은 깨달음을 간결하게 요약하여 전해준 많은 분들에게도 감사드린다. 지면이 짧아서 모든 분들을 다 적지 못하는 것이 안타깝다. 엘리엇 애퀼리어, 벤 배커스, 리아트 베르두고, 데이브 블라이, 벤 블룸, 조 다마토, 에바 데 발크, 에밀리 드러리, 피터 에커슬리, 제시 파머, 앨런 파인버그, 크릭스 핀, 루카스 포글리아, 존 건트, 리 질먼, 마틴 글레이저, 애덤 골드스타인, 세라 그린리프, 그래프 핼리, 벤 헤르트만, 그렉 젠슨, 헨리 캐플런, 샤민 카림, 폴크 리더, 폴 링크, 로즈 링크, 타니아 롬브로조, 브랜든 마틴앤더슨, 샘 매킨지, 엘런 머스크, 컬럼비아대학교 뉴라이트 그룹, 해너 뉴먼, 에이브 오스먼, 수 페니, 딜런 플런케트, 크리스틴 폴록, 디에고 폰토리에로, 에이비 프레스, 매트 리처즈, 애니 로치, 펠리시티 로즈, 앤더스 샌드버그, 클레어 슈라이버, 게일과 릭 샌리, 맥스 스론, 찰리 심프슨, 나지브 타라지, 조시 테넌바움, 피터 토드, 페터르 판 베세프, 숀 웬, 제레드 위어츠비키, 마자 윌슨, 크리스틴 영.

Git, LaTeX, TeXShop, TextMate 2 등 이 책에 활용한 멋진 무료 및 오픈소스 소프트웨어를 만든 분들에게도 감사를 드린다. 다양한 분야의 최전선에서 갈고 닦은 실력과 노력을 빌려준 분들에게도 감사드린다. 특히 참고 문헌과 문서 자료를 찾는 데 도움을 준 린제이 바게트, 데이비드 버진, 타니아 롬브로조에게 감사의 말을 전한다. 다윈의 놀라운 일기를 복사하도록 허가한 케임브리지대학교 도서관과 멋지게 복원해준 마이클 랭언, 선명한 초상화를 제공한 헨리 영에게도 감사드린다.

원고를 읽고서 이루 헤아릴 수 없이 가치 있는 조언을 해준 분들에게도 감사의 말을 전한다. 벤 블룸, 빈트 서프, 엘리자베스 크리스천, 랜디 크리스천, 피터 데닝, 피터 에커슬리, 크리스 핀, 릭 플레처, 애덤 골드스타인, 앨리슨 고프닉, 세라 그린리프, 그래프 핼리, 그렉 젠슨, 찰스 켐프, 래피얼 리, 로즈 링크, 타니아 롬브로조, 레베카 오토, 디에고 폰토리에로, 대니얼 라이크먼, 매트 리처즈, 필 리첨, 멜리사 리스 제임스, 카티아 사브첵, 사미르 샤리프, 재닛 실버, 나지브 타라지, 케빈 톰슨. 그들의 세심한 눈길과 생각 덕분에 이 책은 이루 말할 수 없이 더 좋아졌다.

빈틈없는 일처리와 활력을 자랑하는 우리 저작권 대리인인 맥스 브록만과 브록만 사의 직원들에게도 감사드린다. 선견지명과 지칠 줄 모르는 열정으로 최고의 책을 내놓는 데 기여한 헨리홀트 출판사의 편집자 그리고리 토비스와 직원들에게도 고마움을 전한다.

때때로 아이 돌보는 일까지 맡은 타니아 롬브로조, 비비아나 롬브로조, 엔리케 롬브로조, 주디 그리피스, 로드그리피스, 줄리에트 모레노와 롬브로조 그리피스 식구들에게도, UC버클리 컴퓨터인지과학 연구실의 연구원들에게도, 이 책의 일정에 맞추기 위해 조바심을 내는 우리를 인내심을 갖고 너그러이 대해준 모든 분들에게도 감사드린다.

아울러 직간접적으로 도움을 준 여러 기관들에게도 감사하고 싶다. 먼저 UC버클리와 생산적인 2년을 보낼 수 있도록 도와준 인지 및 뇌과학 연구소의 학자 초빙 사업과 지속적으로 지원을 해준 심리학과에 감사한다. 공간과 자료를 내준 필라델피아 도서관, 캘리포니아대학교 버클리 도서관, 메커닉스 연구소 도서관, 샌프란시스코 공립 도서관에도 감사한다. 학생이 아님에도 매일 돌아다닐 수 있도록 허락한 펜실베이니아대학교 피셔 파인아츠 도서관에도 감사한다. 멋진 곳에서 영감을 얻으면서 생산적으로 지낼 수 있도록 해준 야도 코퍼레이션, 맥도널 콜로니, 포트 타운센드 작가회의에도 감사드린다. 돌아다니면서 필기할 수 있는 생활을 할 수 있도록 도와준 USPS 미디어 메일 서비스에도 감사한다. 연례 학술총회에 참석할 수 있도록 초대해준 인지과학협회와 인공지능발전협회에도 감사한다. 덕분에 개인적 성향, 분야, 지역을 뛰어넘어서 많은 이들과 교류할 수 있었다.

샌프란시스코에서 음악 없이 커피를 마실 수 있는 장소를 제공해준 보더랜즈 카페에도 감사드린다. 늘 번창하기를.

언제나 독자이자 동반자이자 후원자이자 영감의 원천인, 로즈 링크에게 고맙다는 말을 전한다. 타니아 롬브로조에게 감사하다는 말을 전한다.

여기저기 쌓이고 펼쳐진 책들, 널려 있는 볼펜과 연필, 메모지, 스티커, 손톱깎이, 컵, 과자 등이 널려 있는 책상……. 내가 보기에는 필요한 물건들이 딱 맞는 곳에 놓여 있다. 하지만 남들의 눈에는 정리가 몹시 필요한 것처럼 보인다. 방을 구하러 다니는데, 마음에 드는 방이 눈에 띄지만 왠지 더 좋은 방이 있을 것도 같다. 언제까지 계속해야 할까? 늘 불편만 안겨주는 지인인데 그렇다고 아예 인연을 끊었다가는 사람들에게 매정하다는 소리를 들을 것 같다. 어찌해야 할까?

　우리는 매일 같이 이런 온갖 문제들을 겪으면서 살아간다. 때로는 시급하게 대처해야 한다는 생각에 사로잡히기도 하고, '에라 모르겠다 시간이 해결해주겠지' 하고 나자빠지기도 한다. 그럴 때마다 누군가에게 고민을 털어놓고 조언을 받고 싶은 마음이 들기도 한다. 그런 한편으로 확실한 해답이 있다면 누구나 이런 고민을 하고 살아갈 이유가 없다는 생각도 든다. 과연 살아가면서 겪는 이런 문제들에 아무도 명쾌한 해답을 줄 수 없는 것일까?

이 책은 그 질문에 답한다. 컴퓨터도 바로 그런 문제들로 고민을 해왔으니까, 컴퓨터과학자들이 찾아낸 알고리즘이 우리 삶의 문제들에도 충분히 도움이 될 것이라고 말이다.

알아서 척척 자동차를 운전하고, 바둑 9단에게 압승을 거두고, 빅데이터를 분석하여 미래 예측까지 하는 수준에 이르렀음에도, 우리는 여전히 컴퓨터가 그저 시키는 대로 계산만 하는 장치라는 생각에서 벗어나지 못할 때가 많다. 이 책은 그런 생각이 얼마나 시대에 뒤떨어진 것인지를 잘 보여준다. 컴퓨터는 이미 우리 삶의 문제들에, 여러 가지를 고려해야 하고 멀리까지 내다봐야 하고 대안들을 비교 평가해야 하고 때로는 과감한 판단도 내려야 하는 온갖 상황에 큰 도움을 줄 수 있는 능력을 갖고 있다. 그저 컴퓨터에 흔히 쓰이는 알고리즘을 우리 삶에 적용하기만 하면 된다.

이 책은 다양한 사례들을 통해서 그런 적용이 어떻게 이루어질 수 있는지를 흥미진진하게 보여준다. 이 책에는 누구나 흔히 겪는 문제들이 가득하다. 그리고 그런 문제들마다 적용할 수 있는 컴퓨터 알고리즘이 있으며, 그 알고리즘은 상담가는 결코 제시할 수 없는 구체적인 숫자까지 제시하기도 한다. 어떤 주차장에서는 70번째 떨어진 칸에서부터는 무조건 빈자리가 보이면 차를 대라거나, 선을 11번 본 뒤에는 무조건 지금까지 본 사람보다 더 나은 사람이 나오면 잡으라고 말하는 식이다. 게다가 때로는 그냥 느긋하게 지켜보는 것이, 또는 게을러지는 것이 최선이라고 명확한 근거를 대면서 알려준다.

저자들은 철학자들이 알고리즘을 좀 공부할 필요가 있다고까지 말한다. 철학자의 여러 문제들을 알고리즘으로 풀 수 있다는 것이다. 한마디로 이제 무지한 쪽은 공학자가 아니라 철학자라는 뜻이다. 읽다 보면 수긍되는 점이 아주 많다. 컴퓨터에만 쓰이는 줄 알았던 알고리즘이 이렇게 우리 삶에 다방면으로 적용될 수 있다니! 흥미롭고 유머가 넘치면서, 많은 새로운 사실들을 깨닫게 해주는 책이다.

- Aaronson, Scott. "Reasons to Believe" *Shtetl-Optimized* (blog), September 4, 2006. http://www.scottaaronson.com/blog/?p = 122/.

  ———. "Why Philosophers Should Care About Computational Complexity." *arXiv preprintarXiv:1108.1791*, 2011.

- Abramson, Norman. "The ALOHA System: Another Alternative for Computer Communications."In *Proceedings of the November 17–19*, 1970, Fall Joint Computer Conference, 1970, 281~285.

- Ackley, David H. "Beyond Efficiency." *Communications of the ACM* 56, no. 10 (2013): 38~40.

- Agrawal, Manindra, Neeraj Kayal, and Nitin Saxena. "PRIMES Is in P." *Annals of Mathematics* 160 (2004): 781~793.

- Agrawal, Rajeev. "Sample Mean Based Index Policies with $O(\log n)$ Regret for the Multi-Armed Bandit Problem." *Advances in Applied Probability* 27 (1995): 1054~1078.

- Agrawal, Shipra, and Navin Goyal. "Analysis of Thompson Sampling for the Multi-armed Bandit Problem." In *Proceedings of the 25th Annual Conference on Learning Theory*, 2012.

- Akerlof, George A. "Loyalty Filters." *American Economic Review* 1983, 54~63.

- Allen, David. *Getting Things Done: The Art of Stress- Free Productivity.* New York: Penguin, 2002.
- Aloupis, Greg, Erik D. Demaine, and Alan Guo. "Classic Nintendo Games Are (*NP-*) Hard." *arXiv preprint arXiv:1203.1895*, 2012.
- An, Yonghong, Yingyao Hu, and Matthew Shum. "Estimating First- Price Auctions with an Unknown Number of Bidders: A Misclassification Approach." *Journal of Econometrics* 157, no. 2 (2010): 328~341.
- Anderson, John R. *The Adaptive Character of Thought.* Hillsdale, NJ: Erlbaum, 1990.
- Anderson, John R., and Robert Milson. "Human Memory: An Adaptive Perspective." *Psychological Review* 96, no. 4 (1989): 703~719.
- Anderson, John R., and Lael J. Schooler. "Reflections of the Environment in Memory." *Psychological Science* 2, no. 6 (1991): 396~408.
- Ariely, Dan, and Simon Jones. *Predictably Irrational.* New York: HarperCollins, 2008.
- Arrhenius, Gustaf. "An Impossibility Theorem in Population Axiology with Weak Ordering Assumptions." *Philosophical Studies* 49 (1999): 11~21.
- Auer, Peter, Nicolò Cesa-Bianchi, and Paul Fischer. "Finite-Time Analysis of the Multiarmed Bandit Prob lem." *Machine Learning* 47 (2002): 235~256.
- Austen, Jane. *Emma.* London: John Murray, 1815.
- Austrian, Geoffrey D. *Herman Hollerith: Forgotten Giant of Information Processing.* New York: Columbia University Press, 1982.
- Bachmann, Paul. *Die analytische zahlentheorie.* Leipzig: Teubner, 1894.
- Badger, Lee. "Lazzarini's Lucky Approximation of $\pi$." *Mathematics Magazine* 67 (1994): 83~91.
- Bailey, Arthur L. *Credibility Procedures: Laplace's Generalization of Bayes' Rule and the Combination of Collateral Knowledge with Observed Data.* New York: New York State Insurance Department, 1950.
- Baker, Kenneth R. *Introduction to Sequencing and Scheduling.* New York: Wiley, 1974.

• Baker, Kenneth R., Eugene L. Lawler, Jan Karel Lenstra, and Alexander H. G. Rinnooy Kan. "Preemptive Scheduling of a Single Machine to Minimize Maximum Cost Subject to Release Dates and Precedence Constraints." *Operations Research* 31, no. 2 (1983): 381~386.

• Baltzly, Dirk. "Stoicism." In *The Stanford Encyclopedia of Philosophy* (spring 2014 edition). Edited by Edward N. Zalta. http://plato.stanford.edu/archives/spr2014/ entries/stoicism/.

• Banks, Jeffrey S., and Rangarajan K Sundaram. "Switching Costs and the Gittins Index." *Econometrica* 62 (1994): 687~694.

• Barabási, Albert-László. *Linked: How Every thing Is Connected to Every thing Else and What It Means for Business, Science, and Everyday Life.* New York: Penguin, 2002.

• Baran, Paul. "On Distributed Communications." *Volumes I–XI, RAND Corporation Research Documents,* August 1964, 637~648.

• Barnard, Chester I. *The Functions of the Executive.* Cambridge, MA: Harvard University Press, 1938.

• Bartlett, Robert H., Dietrich W. Roloff , Richard G. Cornell, Alice French Andrews, Peter W. Dillon, and Joseph B. Zwischenberger. "Extracorporeal Circulation in Neonatal Respiratory Failure: A Prospective Randomized Study." *Pediatrics* 76, no. 4 (1985): 479~487.

• Baumgardt, Carola. *Johannes Kepler: Life and Letters.* New York: Philosophical Library, 1951.

• Bavelas, Janet B., Linda Coates, and Trudy Johnson. "Listeners as Co-Narrators." *Journal of Personality and Social Psychology* 79, no. 6 (2000): 941~952.

• Bayes, Thomas. "An Essay Towards Solving a Problem in the Doctrine of Chances." *Philosophical Transactions* 53 (1763): 370~418.

• Bearden, Neil. "A New Secretary Problem with Rank-Based Selection and Cardinal Payoffs." *Journal of Mathematical Psychology* 50 (2006): 58~59.

• Bélády, Laszlo A. "A Study of Replacement Algorithms for a Virtual-

Storage Computer." *IBM Systems Journal* 5 (1966): 78~101.

- Bélády, Laszlo A., Robert A Nelson, and Gerald S. Shedler. "An Anomaly in Space-Time Characteristics of Certain Programs Running in a Paging Machine." *Communications of the ACM* 12, no. 6 (1969): 349~353.

- Belew, Richard K. *Finding Out About: A Cognitive Perspective on Search Engine Technology and the WWW.* Cambridge, UK: Cambridge University Press, 2000.

- Bell, Aubrey F. G. In *Portugal.* New York: John Lane, 1912.

- Bell house, David R. "The Reverend Thomas Bayes, FRS: A Biography to Celebrate the Tercentenary of His Birth." *Statistical Science* 19 (2004): 3~43.

- Bellman, Richard. *Dynamic Programming.* Princeton, NJ: Prince ton University Press, 1957.

———. "A Problem in the Sequential Design of Experiments." *Sankhyā: The Indian Journal of Statistics* 16 (1956): 221~229.

- Bellows, Meghan L., and J. D. Luc Peterson. "Finding an Optimal Seating Chart." *Annals of Improbable Research* (2012).

- Benenson, Itzhak, Karel Martens, and Slava Birfir. "PARKAGENT: An Agent-Based Model of Parking in the City." *Computers, Environment and Urban Systems* 32, no. 6 (2008): 431~439.

- Berezovsky, Boris, and Alexander V. Gnedin. *Problems of Best Choice* (in Russian). Moscow: Akademia Nauk, 1984.

- Berg-Kirkpatrick, Taylor, and Dan Klein. "Decipherment with a Million Random Restarts." In *Proceedings of the Conference on Empirical Methods in Natural Language Processing* (2013): 874~878.

- Bernardo, Antonio E., and Ivo Welch. "On the Evolution of Overconfi dence and Entrepreneurs." *Journal of Economics & Management Strategy* 10, no. 3 (2001): 301~330.

- Berry, Donald A. "A Bernoulli Two-Armed Bandit." *Annals of Mathematical Statistics* 43 (1972): 871~897.

———. "Comment: Ethics and ECMO." *Statistical Science* 4 (1989): 306~310.

- Berry, Donald A., and Bert Fristed. *Bandit Problems: Sequential Allocation of Experiments*. New York: Chapman and Hall, 1985.

- Bettencourt, Luís M. A., José Lobo, Dirk Helbing, Christian Kühnert, and Geoffrey B. West. "Growth, Innovation, Scaling, and the Pace of Life in Cities." *Proceedings of the National Academy of Sciences* 104, no. 17 (2007): 7301~7306.

- Bikhchandani, Sushil, David Hirshleifer, and Ivo Welch. "A Theory of Fads, Fashion, Custom, and Cultural Change as Informational Cascades." *Journal of Political Economy* 100, no. 5 (1992): 992~1026.

  ———. "Learning from the Behavior of Others: Conformity, Fads, and Informational Cascades." *Journal of Economic Perspectives* 12, no. 3 (1998): 151~170.

- Binmore, Ken. Game Theory: *A Very Short Introduction*. New York: Oxford University Press, 2007.

  ———. *Natural Justice*. New York: Oxford University Press, 2005.

- Bjarnason, Ronald, Alan Fern, and Prasad Tadepalli. "Lower Bounding Klondike Solitaire with Monte-Carlo Planning." In *Proceedings of the 19th International Conference on Automated Planning and Scheduling, ICAPS 2009.*

- Blau, Peter Michael. *The Dynamics of Bureaucracy: A Study of Interpersonal Relations in Two Government Agencies. Chicago*: University of Chicago Press, 1955.

- Bloom, Burton H. "Space/Time Trade-offs in Hash Coding with Allowable Errors." *Communications of the ACM* 13, no. 7 (1970): 422~426.

- Boguslavsky, Leonid, Karim Harzallah, A. Kreinen, K. Sevcik, and Alexander Vainshtein. "Optimal Strategies for Spinning and Blocking." *Journal of Parallel and Distributed Computing* 21, no. 2 (1994): 246~254.

- Boorstin, Daniel J. *The Discoverers: A History of Man's Search to Know His World and Himself*. New York: Random House, 1983.

- Bradt, Russell N., S. M. Johnson, and Samuel Karlin. "On Sequential Designs for Maximizing the Sum of N Observations." *Annals of Mathematical Statistics* 27 (1956): 1060~1074.

- Branch, John. "Snow Fall: The Avalanche at Tunnel Creek." *New York Times*, December 20, 2012.

- Brown, Alexander L., and Joanna N. Lahey. *Small Victories: Creating Intrinsic Motivation in Savings and Debt Reduction*. Technical report. Cambridge, MA: National Bureau of Economic Research, 2014.

- Brush, Eleanor R., David C. Krakauer, and Jessica C. Flack. "A Family of Algorithms for Computing Consensus About Node State from Network Data." *PLoS Computational Biology* 9, no. 7 (2013).

- Bruss, F. Thomas. "A Unified Approach to a Class of Best Choice Problems with an Unknown Number of Options." *Annals of Probability* 12 (1984): 882~889.

- Buch, P. " Future Prospects Discussed." *Nature* 368 (1994): 107~108.

- Buffon, Georges-Louis Leclerc, Comte de. "Essai d'arithmétique morale." *Supplément à l'Histoire naturelle, générale et particuliére* 4 (1777): 46~148.

- Burks, Arthur W., Herman H. Goldstine, and John von Neumann. *Preliminary Discussion of the Logical Design of an Electronic Computing Instrument*. Princeton, NJ: Institute for Advanced Study, 1946.

- Burrell, Quentin. "A Simple Stochastic Model for Library Loans." *Journal of Documentation* 36, no. 2 (1980): 115~132.

- Burthe Jr., Ronald. "Further Investigations with the Strong Probable Prime Test." *Mathematics of Computation of the American Mathematical Society* 65, no. 213 (1996): 373~381.

- Cabell, James Branch. *The Silver Stallion*. New York: Robert M. McBride, 1926.

- Campbell, Donald T. "Blind Variation and Selective Retention in Creative Thought as in Other Knowledge Pro cesses." *Psychological Review* 67 (1960): 380~400.

- Carpenter, Brian, and Robert Hinden. *Adaptation of RFC 1149 for IPv6*. Technical report. RFC 6214, April 2011.

- Carroll, Lewis. *Sylvie and Bruno Concluded*. London: Macmillan, 1893.

- Carstensen, Laura L. "Social and Emotional Patterns in Adulthood: Support for Socioemotional Selectivity Th eory." *Psychology and Aging* 7 (1992): 331~338.
- Cassady, C. Richard, and John E. Kobza. "A Probabilistic Approach to Evaluate Strategies for Selecting a Parking Space." *Transportation Science* 32, no. 1 (1998): 30~42.
- Cawdrey, Robert. *A Table Alphabeticall, conteyning and teaching the true writing, and vnderstanding of hard vsuall En glish wordes, borrowed from the Hebrew, Greeke, Latine, or French, &c. With the interpretation thereof by plaine English words, gathered for the benefit & helpe of ladies, gentlewomen, or any other vnskilfull persons. Whereby they may the more easilie and better vnderstand many hard English wordes, which they shall heare or read in Scriptures, Sermons, or elswhere, and also be made able to vse the same aptly themselues.* London: Edmund Weaver, 1604.
- Cayley, Arthur. "Mathematical Questions with Their Solutions." *Educational Times* 23 (1875): 18~19.
- ———. *The Collected Mathematical Papers of Arthur Cayley* 10: 587 – 588. Cambridge, UK: Cambridge University Press, 1896.
- Cerf, Vinton G., and Robert E. Kahn. "A Protocol for Packet Network Intercommunication." *IEEE Transactions on Communications* 22, no. 5 (1974): 637~648.
- Chabert, Jean-Luc, Evelyne Barbin, and Christopher John Weeks. *A History of Algorithms: From the Pebble to the Microchip.* Berlin: Springer, 1999.
- Charles, Susan T., and Laura L. Carstensen. "Social and Emotional Aging." *Annual Review of Psychology* 61 (2010): 383~409.
- Chen, Stanley F., and Joshua Goodman. "An Empirical Study of Smoothing Techniques for Language Modeling." *In Proceedings of the 34th Annual Meeting of the Association for Computational Linguistics*, 1996, 310~318.
- Chen, Xi, and Xiaotie Deng. "Settling the Complexity of Two-Player Nash Equilibrium." *In Foundations of Computer Science*, 2006, 261~272.
- Chow, Y. S., and Herbert Robbins. "A Martingale System Theorem and

Applications." In *Proceedings of the Fourth Berkeley Symposium on Mathematical Statistics and Probability*. Berkeley: University of California Press, 1961.

———. "On Optimal Stopping Rules." *Probability Theory and Related Fields* 2 (1963): 33~49.

• Chow, Y. S., Sigaiti Moriguti, Herbert Robbins, and S. M. Samuels. "Optimal Selection Based on Relative Rank (the 'Secretary Problem')." *Israel Journal of Mathematics* 2 (1964): 81~90.

• Christian, Brian. "The A/B Test: Inside the Technology That's Changing the Rules of Business." *Wired Magazine* 20, no. 5 (2012).

• Christofides, Nicos. *Worst-Case Analysis of a New Heuristic for the Travelling Salesman Problem*. Technical report 388. Pittsburgh: Graduate School of Industrial Administration, Carnegie Mellon University, 1976.

• Churchill, Winston. *Winston S. Churchill: His Complete Speeches*, 1897~1963. Edited by Robert Rhodes James. London: Chelsea House, 1974.

• Cirillo, Francesco. *The Pomodoro Technique*. Raleigh, NC: Lulu, 2009.

• Clarke, Donald D., and Louis Sokoloff. "Circulation and Energy Metabolism of the Brain." In *Basic Neurochemistry: Molecular, Cellular and Medical Aspects*, 6th ed., edited by George J. Siegel, Bernard W. Agranoff, R. Wayne Albers, Stephen K. Fisher, and Michael D. Uhler. Philadelphia: Lippincott-Raven, 1999, 637~669.

• Clauset, Aaron, Cosma Rohilla Shalizi, and Mark E. J. Newman. "Power-Law Distributions in Empirical Data." *SIAM Review* 51, no. 4 (2009): 661~703.

• Cobham, Alan. "The Intrinsic Computational Difficulty of Functions." In *Proceedings of the 1964 Congress on Logic, Methodology and Philosophy of Science*. Amsterdam: North Holland, 1964.

• Conan Doyle, Arthur. "A Study in Scarlet: The Reminiscences of John H. Watson." In *Beeton's Christmas Annual*, vol. 29. London: Ward, Lock, 1887.

• Connor, James A. *Kepler's Witch: An Astronomer's Discovery of Cosmic Order Amid Religious War, Political Intrigue, and the Heresy Trial of His Mother*. New York: HarperCollins, 2004.

- Conti, Carl J., Donald H. Gibson, and Stanley H. Pitkowsky. "Structural Aspects of the System/360 Model 85, I: General Organization." *IBM Systems Journal* 7 (1968): 2~14.

- Cook, Stephen A. "The Complexity of Theorem-Proving Procedures." In *Proceedings of the Third Annual ACM Symposium on Theory of Computing*, 1971, 151~158.

- Cook, William. *In Pursuit of the Traveling Salesman: Mathematics at the Limits of Computation*. Princeton, NJ: Prince ton University Press, 2012.

- Covey, Stephen R. *How to Succeed with People*. Salt Lake City: Shadow Mountain, 1971.

- Craig, J. V. *Aggressive Behavior of Chickens: Some Effects of Social and Physical Environments*. Presented at the 27th Annual National Breeder's Roundtable, May 11, Kansas City, MO, 1978.

- Dale, Andrew I. *A History of Inverse Probability: From Thomas Bayes to Karl Pearson*. New York: Springer, 1999.

- Daly, Lloyd W. *Contributions to a History of Alphabetization in Antiquity and the Middle Ages*. Brussels: Latomus, 1967.

- Damgård, Ivan, Peter Landrock, and Carl Pomerance. "Average Case Error Estimates for the Strong Probable Prime Test." *Mathematics of Computation* 61, no. 203 (1993): 177~194.

- Daniels, Bryan C., David C. Krakauer, and Jessica C. Flack. "Sparse Code of Conflict in a Primate Society." *Proceedings of the National Academy of Sciences* 109, no. 35 (2012): 14259~14264.

- Darwin, Charles. *The Correspondence of Charles Darwin, Volume 2: 1837~1843*. Edited by Frederick Burkhardt and Sydney Smith. Cambridge, UK: Cambridge University Press, 1987.

- Daskalakis, Constantinos, Paul W. Goldberg, and Christos H. Papadimitriou. "The Complexity of Computing a Nash Equilibrium." ACM Symposium on Theory of Computing, 2006, 71~78.

    ———. "The Complexity of Computing a Nash Equilibrium." *SIAM Journal on Computing* 39, no. 1 (2009): 195~259.

- Davis, Lydia. *Almost No Memory: Stories*. New York: Farrar, Straus & Giroux, 1997.

- Dawkins, Richard. *The Evidence for Evolution, the Greatest Show on Earth*. New York: Free Press, 2009.

- DeDeo, Simon, David C. Krakauer, and Jessica C. Flack. "Evidence of Strategic Periodicities in Collective Conflict Dynamics." *Journal of The Royal Society Interface*, 2011.

- DeGroot, Morris H. *Optimal Statistical Decisions*. New York: McGraw-Hill, 1970.

- Demaine, Erik D., Susan Hohenberger, and David Liben-Nowell. "Tetris Is Hard, Even to Approximate." In *Computing and Combinatorics*, 351~363. New York: Springer, 2003.

- DeMillo, Richard A., and Richard J. Lipton. "A Probabilistic Remark on Algebraic Program Testing." *Information Processing Letters* 7, no. 4 (1978): 193~195.

- Denning, Peter J. "Thrashing: Its Causes and Prevention." In Proceedings of the December 9~11, 1968, *Fall Joint Computer Conference, Part I*, 1968, 915~922.

- Diffie, Whitfield, and Martin E. Hellman. "New Directions in Cryptography." *Information Theory, IEEE Transactions on* 22, no. 6 (1976): 644~654.

- Dillard, Annie. Pilgrim at Tinker Creek. New York: Harper's Magazine Press, 1974.

  ———. *The Writing Life*. New York: Harper & Row, 1989.

- Dodgson, Charles Lutwidge. "Lawn Tennis Tournaments: The True Method of Assigning Prizes with a Proof of the Fallacy of the Present Method." *St. James's Gazette*, August 1, 1883: 5~6.

- Durant, Will. *The Story of Philosophy: The Lives and Opinions of the Greater Philosophers*. New York: Simon & Schuster, 1924.

- Edmonds, Jack. "Optimum Branchings." *Journal of Research of the National Bureau of Standards* 71B, no. 4 (1967): 233~240.

    ———. "Paths, Trees, and Flowers." *Canadian Journal of Mathematics* 17, no. 3 (1965): 449~467.

- Erlang, Agner Krarup. "Solution of Some Problems in the Theory of Probabilities of Significance in Automatic Telephone Exchanges." *Elektrotkeknikeren* 13 (1917): 5~13.

    ———. "The Theory of Probabilities and Telephone Conversations." *Nyt Tidsskrift for Matematik B* 20, nos. 33~39 (1909): 16.

- Everett III, Hugh. "Generalized Lagrange Multiplier Method for Solving Problems of Optimum Allocation of Resources." *Operations Research* 11, no. 3 (1963): 399~417.

- Feldman, Dorian. "Contributions to the 'Two-Armed Bandit' Problem." *Annals of Mathematical Statistics* 33 (1962): 847~856.

- Ferguson, Thomas S. *Optimal Stopping and Applications*. Available at http://www . math.ucla.edu/~tom/Stopping/2008.

    ———. "Stopping a Sum During a Success Run." *Annals of Statistics 4* (1976): 252~264.

    ———. "Who Solved the Secretary Problem?" *Statistical Science 4* (1989): 282~289.

- Ferguson, Thomas S., Janis P. Hardwick, and Mitsushi Tamaki. "Maximizing the Duration of Owning a Relatively Best Object." In *Strategies for Sequential Search and Selection in Real Time*, 37~57. Providence: American Mathematical Society, 1992.

- Ferriss, Timothy. *The 4-Hour Workweek*. New York: Crown, 2007.

- Fiore, Neil A. *The Now Habit: A Strategic Program for Overcoming Procrastination and Enjoying Guilt- Free Play*. New York: Penguin, 2007.

- Fisher, Marshall L. "The Lagrangian Relaxation Method for Solving Integer Programming Problems." *Management Science* 27, no. 1 (1981): 1~18.

- Fitzgerald, F. Scott. "The Crack-Up." *Esquire 5*, nos. 2~4 (1936).

—. *The Crack-Up with Other Uncollected Pieces.* New York: New Directions, 1956.

• Flood, Merrill M. "Soft News." *Datamation* 30, no. 20 (1984): 15~16.

—. "Some Experimental Games." In *Research Memorandum RM-789.* Santa Monica,CA: RAND, 1952.

—. "The Traveling-Salesman Problem." *Operations Research* 4, no. 1 (1956): 61~75.

—. "What Future Is Th ere for Intelligent Machines?" *Audio Visual Communication Review* 11, no. 6 (1963): 260~270.

• Forster, Edward M. *Howards End.* London: Edward Arnold, 1910.

• Fortnow, Lance. *The Golden Ticket: P, NP, and the Search for the Impossible.* Princeton, NJ:Princeton University Press, 2013.

• Fraker, Guy C. "The Real Lincoln Highway: The Forgotten Lincoln Circuit Markers." *Journal of the Abraham Lincoln Association* 25 (2004): 76~97.

• Frank, Robert H. "If Homo Economicus Could Choose His Own Utility Function, Would He Want One with a Conscience?" *American Economic Review* 1987, 593~604.

—. *Passions within Reason: The Strategic Role of the Emotions.* New York: Norton, 1988.

• Fredrickson, Barbara L., and Laura L. Carstensen. "Choosing Social Partners: How Old Age and Anticipated Endings Make People More Selective." *Psychology and Aging* 5(1990): 335~347.

• Freeman, P. R. "The Secretary Problem and Its Extensions: A Review." *International Statistical Review* 51 (1983): 189~206.

• Fung, Helene H., Laura L. Carstensen, and Amy M. Lutz. "Influence of Time on Social Preferences: Implications for Life-Span Development." *Psychology and Aging* 14 (1999):595~604.

• Gal, David, and Blakeley B. McShane. "Can Small Victories Help Win the War? Evidence from Consumer Debt Management." *Journal of Marketing Research* 49 (2012): 487~501.

• Gallagher, P., and C. Kerry. *Digital Signature Standard*. FIPS PUB 186-4, 2013.

• Garey, Michael R., and David S. Johnson. *Computers and Intractability: A Guide to NP-Completeness*. New York: W. H. Freeman, 1979.

• Garfield, Eugene. "Recognizing the Role of Chance." *Scientist 2*, no. 8 (1988): 10.

• Garrett, A. J. M., and P. Coles. "Bayesian Inductive Inference and the Anthropic Cosmological Principle." *Comments on Astrophysics*. 17 (1993): 23~47.

• Gasarch, William I. "The P =? NP Poll." *SIGACT News 33*, no. 2 (2002): 34~47.

• Gauthier, David P. *Morals by Agreement*. New York: Oxford University Press, 1985.

• Geman, Stuart, Elie Bienenstock, and René Doursat. "Neural Networks and the Bias/Variance Dilemma." *Neural Computation 4*, no. 1 (1992): 1~58.

• Geoffrion, Arthur M. "Lagrangean Relaxation for Integer Programming." *Mathematical Programming Study 2* (1974): 82~114.

———. "Lagrangian Relaxation for Integer Programming." In *50 Years of Integer Programming 1958-2008: From Early Years to State of the Art*. Edited by Michael Juenger, Thomas M. Liebling, Denis Naddef, George L. Nemhauser, William R. Pulleyblank, Gerhard Reinelt, Giovanni Rinaldi, and Laurence A. Wolsey. Berlin: Springer, 2010, 243~281.

• Gigerenzer, Gerd, and Henry Brighton. "Homo Heuristicus: Why Biased Minds Make Better Inferences." *Topics in Cognitive Science* 1, no. 1 (2009): 107~143.

• Gilbert, Daniel. *Stumbling on Happiness*. New York: Knopf, 2006.

• Gilbert, John P. and Frederick Mosteller. "Recognizing the Maximum of a Sequence." *Journal of the American Statistical Association 61* (1966): 35~75.

• Gilboa, Itzhak, and Eitan Zemel. "Nash and Correlated Equilibria: Some Complexity Considerations." *Games and Economic Behavior 1*, no. 1 (1989):

80~93.

• Gillispie, Charles Coulston. *Pierre-Simon Laplace, 1749–1827: A Life in Exact Science*. Princeton, NJ: Prince ton University Press, 2000.

• Gilmore, Paul C., and Ralph E. Gomory. "A Linear Programming Approach to the Cutting Stock Problem, Part II." *Operations Research* 11, no. 6 (1963): 863~888.

• Gilovich, Thomas. *How We Know What Isn't So*. New York: Simon & Schuster, 2008.

• Ginsberg, Allen. *Howl and Other Poems*. San Francisco: City Lights Books, 1956.

• Gittins, John C. "Bandit Processes and Dynamic Allocation Indices." *Journal of the Royal Statistical Society, Series B (Methodological)* 41 (1979): 148~177.

• Gittins, John C., Kevin Glazebrook, and Richard Weber. *Multi-Armed Bandit Allocation Indices*, 2nd ed. Chichester, UK: Wiley, 2011.

• Gittins, John C., and D. Jones. "A Dynamic Allocation Index for the Sequential Design of Experiments." In *Progress in Statistics*. Amsterdam: North Holland, 1974, 241~266.

• Glassner, Barry. "Narrative Techniques of Fear Mongering." *Social Research* 71 (2004):819~826.

• Goldberg, Paul W., and Christos H. Papadimitriou. "Reducibility Between Equilibrium Problems." *ACM Symposium on Theory of Computing* 2006, 62~70.

• Good, Irving John. *Good Thinking: The Foundations of Probability and Its Applications*. Minneapolis, MN: University of Minnesota Press, 1983.

• Gopnik, Alison, Andrew N. Meltzoff, and Patricia K. Kuhl. *The Scientist in the Crib*. New York: Morrow, 1999.

• Gordon, Deborah M. "Control Without Hierarchy." *Nature* 446, no. 7132 (2007): 143.

• Gott, J. R. "Future Prospects Discussed." *Nature* 368 (1994): 108.

——. "Implications of the Copernican Principle for Our Future Prospects." *Nature* 363 (1993): 315~319.

- Gould, Stephen Jay. "The Median Isn't the Message." *Discover* 6, no. 6 (1985): 40~42.

- Graham, Ronald L., Eugene L. Lawler, Jan Karel Lenstra, and Alexander H. G. Rinnooy Kan. "Optimization and Approximation in Deterministic Sequencing and Scheduling: A Survey." *Annals of Discrete Mathematics* 5 (1979): 287~326.

- Grenander, Ulf. "On Empirical Spectral Analysis of Stochastic Processes." *Arkiv för Matematik* 1, no. 6 (1952): 503~531.

- Gridgeman, T. "Geometric Probability and the Number $\pi$." *Scripta Mathematika* 25, no. 3(1960): 183~195.

- Griffiths, Thomas L., Charles Kemp, and Joshua B. Tenenbaum. "Bayesian Models of Cognition." In *The Cambridge Handbook of Computational Cognitive Modeling*. Edited by Ron Sun. Cambridge, UK: Cambridge University Press, 2008.

- Griffiths, Thomas L., Falk Lieder, and Noah D. Goodman. "Rational Use of Cognitive Resources: Levels of Analysis Between the Computational and the Algorithmic." *Topics in Cognitive Science* 7 (2015): 217~229.

- Griffiths, Thomas L., David M. Sobel, Joshua B. Tenenbaum, and Alison Gopnik. "Bayes and Blickets: Effects of Knowledge on Causal Induction in Children and Adults." *Cognitive Science* 35 (2011): 1407~1455.

- Griffiths, Thomas L., Mark Steyvers, and Alana Firl. "Google and the Mind: Predicting Fluency with PageRank." *Psychological Science* 18 (2007): 1069~1076.

- Griffiths, Thomas L., and Joshua B. Tenenbaum. "Optimal Predictions in Everyday Cognition." *Psychological Science* 17 (2006): 767~773.

- Grossman, Dave, and L. W. Christensen. *On Combat*. Belle ville, IL: PPCT Research Publications, 2004.

- Haggstrom, Gus W. "Optimal Sequential Procedures When More Than One Stop Is   Required." *Annals of Mathematical Statistics* 38 (1967): 1618~1626.

- Halevy, Alon, Peter Norvig, and Fernando Pereira. "The Unreasonable Eff ectiveness of Data." *Intelligent Systems, IEEE* 24, no. 2 (2009): 8~12.

• Hardin, Garrett. "The Tragedy of the Commons." *Science* 162, no. 3859 (1968): 1243~1248.

• Hardy, G. H. *Collected Works*. Vol. II. Oxford, UK: Oxford University Press, 1967.

———. "Prime Numbers." *British Association Report* 10 (1915): 350~354.

• Harmenberg, J. *Epee 2.0: The Birth of the New Fencing Paradigm*. New York: SKA Swordplay Books, 2007.

• Harsanyi, John C. "Can the Maximin Principle Serve as a Basis for Morality? A Critique of John Rawls's Theory." *The American Political Science Review* 69, no. 2 (1975): 594~606.

• Harvey, Jerry B. "The Abilene Paradox: Th e Management of Agreement." *Organizational Dynamics* 3, no. 1 (1974): 63~80.

• Hastings, W. K. "Monte Carlo Methods Using Markov Chains and Their Applications." *Biometrika* 57 (1970): 97~109.

• Hawken, Angela, and Mark Kleiman. *Managing Drug Involved Probationers with Swift and Certain Sanctions: Evaluating Hawaii's HOPE*. Report submitted to the National Institute of Justice. 2009. http://www.ncjrs.gov/pdffiles1/nij/grants/229023. pdf. Held, Michael, and Richard M. Karp. "The Traveling-Salesman Problem and Minimum Spanning Trees." *Operations Research* 18, no. 6 (1970): 1138~1162.

———. "The Traveling-Salesman Problem and Minimum Spanning Trees: Part II." *Mathematical Programming* 1, no. 1 (1971): 6~25.

• Henderson, T. *Discrete Relaxation Techniques*. Oxford, UK: Oxford University Press, 1989.

• Hennessy, John L., and David A. Patterson. *Computer Architecture: A Quantitative Approach*. New York: Elsevier, 2012.

• Herrmann, Jeffrey W. "The Perspectives of Taylor, Gantt, and Johnson: How to Improve Production Scheduling." *International Journal of Operations and Quality Management* 16 (2010): 243~254.

- Heyde, C. C. "Agner Krarup Erlang." In *Statisticians of the Centuries*. Edited by C. C. Heyde, E. Seneta, P. Crepel, S. E. Fienberg, and J. Gani, 328~330. New York: Springer, 2001.

- Hill, Theodore. "Knowing When to Stop." *American Scientist* 97 (2009): 126~131.

- Hillis, W. Daniel. *The Pattern on the Stone: The Simple Ideas That Make Computers Work*. New York: Basic Books, 1998.

- Hirshleifer, Jack. "On the Emotions as Guarantors of Threats and Promises." In *The Latest on the Best: Essays in Evolution and Optimality*. Edited by John Dupre, 307~326. Cambridge, MA: MIT Press, 1987.

- Hoffman, David. *The Oligarchs: Wealth and Power in the New Russia*. New York: Public-Affairs, 2003.

- Horvitz, Eric, and Shlomo Zilberstein. "Computational Tradeoffs Under Bounded

- Resources." *Artificial Intelligence* 126 (2001): 1~4.

- Hosken, James C. "Evaluation of Sorting Methods." In *Papers and Discussions Presented at the November 7~9, 1955, Eastern Joint AIEE-IRE Computer Conference: Computers in Business and Industrial Systems*, 39~55.

- Hurd, Cuthbert C. "A Note on Early Monte Carlo Computations and Scientific Meetings." *IEEE Annals of the History of Computing 7*, no. 2 (1985): 141~155.

- Impagliazzo, Russell, and Avi Wigderson. "*P=BPP* if E Requires Exponential Circuits:Derandomizing the XOR Lemma." In *Proceedings of the Twenty-Ninth Annual ACM Symposium on Theory of Computing*, 1997, 220~229.

    ———. "Randomness vs. Time: De-Randomization Under a Uniform Assumption." In *Proceedings of the 39th Annual Symposium on Foundations of Computer Science*, 1998, 734~743.

- Ingram, Wendy Marie, Leeanne M. Goodrich, Ellen A. Robey, and Michael B. Eisen. "Mice Infected with Low-Virulence Strains of Toxoplasma Gondii Lose Their Innate Aversion to Cat Urine, Even Aft er Extensive Parasite

Clearance." *PLO SONE*, no. 9 (2013): e75246.

• Jackson, James R. *Scheduling a Production Line to Minimize Maximum Tardiness*. Technical report 43. Management Science Research Project, University of California, Los Angeles, 1955.

• Jacobson, Van. "Congestion Avoidance and Control." In *ACM SIGCOMM Computer Communication Review* 18, no. 4 (1988): 314~329.

——. "A New Way to Look at Networking." Lecture at Google, Mountain View, CA, August 2006. https://www.youtube.com/watch?v=oCZMoY3q2uM.

• James, William. "Great Men, Great Thoughts, and the Environment." *Atlantic Monthly* 46 (1880): 441~459.

——. *Psychology: Briefer Course*. New York: Holt, 1892.

• Jay, Francine. *The Joy of Less: A Minimalist Living Guide: How to Declutter, Orga nize, and Simplify Your Life*. Medford, NJ: Anja Press, 2010.

• Jeffreys, Harold. "An Invariant Form for the Prior Probability in Estimation Problems." *Proceedings of the Royal Society of London. Series A. Mathematical and Physical Sciences* 186 (1946): 453~461.

——. *Theory of Probability*, 3rd ed. Oxford, UK: Oxford University Press, 1961.

• Johnson, Selmer Martin. "Optimal Two-and Three-Stage Production Schedules with Setup Times Included." *Naval Research Logistics Quarterly* 1, no. 1 (1954): 61~68.

• Johnson, Theodore, and Dennis Shasha. "2Q: A Low Overhead High Performance Buffer Management Replacement Algorithm." *VLDB '94 Proceedings of the 20th International Conference on Very Large Data Bases*, 1994, 439~450.

• Jones, Thomas B., and David H. Ackley. "Comparison Criticality in Sorting Algorithms." In *2014 44th Annual IEEE/IFIP International Conference on Dependable Systems and Networks (DSN)*, June 2014, 726~731.

• Jones, William. *Keeping Found Things Found: The Study and Practice of Personal*

*Information Management*. Burlington, MA: Morgan Kaufmann, 2007.

- Kaelbling, Leslie Pack. *Learning in Embedded Systems*. Cambrige, MA: MIT Press, 1993.
- Kaelbling, Leslie Pack, Michael L. Littman, and Andrew W. Moore. "Reinforcement Learning: A Survey." *Journal of Artificial Intelligence Research* 4 (1996): 237~285.
- Kanigel, Robert. *The One Best Way: Frederick Winslow Taylor and the Enigma of Efficiency*. New York: Viking Penguin, 1997.
- Kant, Immanuel. *Grundlegung zur Metaphysik der Sitten*. Riga: Johann Friedrich Hartknoch, 1785.
    ———. *Kritik der praktischen Vernunft*. Riga: Johann Friedrich Hartknoch, 1788.
- Karmarkar, Narendra. "A New Polynomial-Time Algorithm for Linear Programming." In *Proceedings of the Sixteenth Annual ACM Symposium on Theory of Computing*, 1984, 302~311.
- Karp, Richard M. "An Introduction to Randomized Algorithms." *Discrete Applied Mathematics* 34, no. 1 (1991): 165~201.
    ———. "Reducibility Among Combinatorial Problems." In *Complexity of Computer Computations*, 85~103. New York: Plenum, 1972.
- Katajainen, Jyrki, and Jesper Larsson Träff. "A Meticulous Analysis of Mergesort Programs." In *Algorithms and Complexity: Third Italian Conference CIAC '97*. Berlin: Springer, 1997.
- Katehakis, Michael N., and Herbert Robbins. "Sequential Choice from Several Populations." *Proceedings of the National Acad emy of Sciences* 92 (1995): 8584~8585.
- Kelly, F. P. "Multi-Armed Bandits with Discount Factor Near One: The Bernoulli Case." *Annals of Statistics* 9 (1981): 987~1001.
- Kelly, John L. "A New Interpretation of Information Rate." *Information Theory, IRE Transactions on* 2, no. 3 (1956): 185~189.
- Khachiyan, Leonid G. "Polynomial Algorithms in Linear Programming."

*USSR Computational Mathematics and Mathematical Physics* 20, no. 1 (1980): 53~72.

• Khot, Subhash, and Oded Regev. "Vertex Cover Might Be Hard to Approximate to Within 2-ε." *Journal of Computer and System Sciences* 74, no. 3 (2008): 335~349.

• Kidd, Celeste, Holly Palmeri, and Richard N. Aslin. "Rational Snacking: Young Children's Decision-Making on the Marshmallow Task Is Moderated by Beliefs About Environmental Reliability." *Cognition* 126, no. 1 (2013): 109~114.

• Kilburn, Tom, David B. G. Edwards, M. J. Lanigan, and Frank H. Sumner. "One-Level Storage System." *IRE Transactions on Electronic Computers* (1962): 223~235.

• Kinsbourne, Marcel. "Somatic Twist: A Model for the Evolution of Decussation." *Neuropsychology* 27, no. 5 (2013): 511.

• Kirby, Kris N. "Bidding on the Future: Evidence Against Normative Discounting of Delayed Rewards." *Journal of Experimental Psychology: General* 126, no. 1 (1997): 54~70.

• Kirkpatrick, Scott, C. D. Gelatt, and M. P. Vecchi. "Optimization by Simulated Annealing." *Science* 220, no. 4598 (1983): 671~680.

• Knuth, Donald E. "Ancient Babylonian Algorithms." *Communications of the ACM* 15, no. 7 (1972): 671~677.

———. *The Art of Computer Programming, Volume 1: Fundamental Algorithms*, 3rd ed. Boston : Addison-Wesley, 1997.

———. *The Art of Computer Programming, Volume 3: Sorting and Searching*, 3rd ed. Boston: Addison-Wesley, 1997.

———. "A Terminological Proposal." *ACM SIGACT News* 6, no. 1 (1974): 12~18.

———. "The TeX Tuneup of 2014." *TUGboat* 35, no. 1 (2014).

———. *Things a Computer Scientist Rarely Talks About*. Stanford, CA: Center for the Studyof Language/Information, 2001.

———. "Von Neumann's First Computer Program." *ACM Computing Surveys (CSUR)* 2, no. 4 (December 1970): 247~260.

• Koestler, Arthur. *The Watershed: A Biography of Johannes Kepler.* Garden City, NY: Doubleday, 1960.

• Kozen, Dexter, and Shmuel Zaks. "Optimal Bounds for the Change-Making Prob lem." In *Automata, Languages and Programming,* 700: 150~161. Edited by Andrzej Lingas, Rolf Karlsson, and Svante Carlsson. Berlin: Springer, 1993.

• Lai, Tze Leung, and Herbert Robbins. "Asymptotically Effi cient Adaptive Allocation Rules." *Advances in Applied Mathematics* 6 (1985): 4~22.

• Lamport, Leslie, Robert Shostak, and Marshall Pease. "The Byzantine Generals Prob lem." *ACM Transactions on Programming Languages and Systems (TOPLAS)* 4, no. 3 (1982): 382~401.

• Laplace, Pierre-Simon. *A Philosophical Essay on Probabilities.* 1812. Reprint, New York: Dover, 1951.

———. "Memoir on the Probability of the Causes of Events." *Statistical Science* 1 (1774/1986): 364~378.

———. *Théorie analytique des probabilités. Paris:* Mme Ve Courcier, 1812.

• Lawler, Eugene L. "Old Stories." In *History of Mathematical Programming. A Collection of Personal Reminiscences,* 97~106. Amsterdam: CWI/North-Holland, 1991.

———. "Optimal Sequencing of a Single Machine Subject to Precedence Constraints." *Management Science 19,* no. 5 (1973): 544~546.

———. *Scheduling a Single Machine to Minimize the Number of Late Jobs.* Technical report. Berkeley: University of California, 1983.

———. "Scheduling a Single Machine to Minimize the Number of Late Jobs," no. UCB/CSD-83-139 (1983). http://www.eecs.berkeley.edu/Pubs/TechRpts/1983/6344. html.

———. "Sequencing Jobs to Minimize Total Weighted Completion Time Subject to Precedence Constraints." *Annals of Discrete Mathematics* 2 (1978):

75~90.

• Lawler, Eugene L., Jan Karel Lenstra, and Alexander H. G. Rinnooy Kan. "A Gift for Alexander!: At Play in the Fields of Scheduling Theory." *Optima* 7 (1982): 1~3.

• Lawler, Eugene L., Jan Karel Lenstra, Alexander H. G. Rinnooy Kan, and David B. Shmoys. "Sequencing and Scheduling: Algorithms and Complexity." In *Handbooks in Operations Research and Management Science, Volume 4: Logistics of Production and Inventory*, edited by S. S. Graves, A. H. G. Rinnooy Kan, and P. Zipkin, 445~522. Amsterdam: North Holland, 1993.

———. *The Traveling Salesman Problem: A Guided Tour of Combinatorial Optimization*. New York: Wiley, 1985.

• Lazzarini, Mario. "Un'applicazione del calcolo della probabilità alla ricerca sperimentale di un valore approssimato di $\pi$." *Periodico di Matematica* 4 (1901): 140~143.

• Lee, Donghee, S. H. Noh, S. L. Min, J. Choi, J. H. Kim, Yookun Cho, and Chong Sang Kim. "LRFU: A Spectrum of Policies That Subsumes the Least Recently Used and Least Frequently Used Policies." *IEEE Transactions on Computers* 50 (2001): 1352~1361.

• Le Guin, Ursula K. "The Ones Who Walk Away from Omelas." In *New Dimensions* 3. Edited by Robert Silverberg. New York: Signet, 1973.

• Lenstra, Jan Karel. "The Mystical Power of Twoness: In Memoriam Eugene L. Lawler." *Journal of Scheduling* 1, no. 1 (1998): 3~14.

• Lenstra, Jan Karel, Alexander H. G. Rinnooy Kan, and Peter Brucker. "Complexity of Machine Scheduling Problems." *Annals of Discrete Mathematics* 1 (1977): 343~362.

• Lerner, Ben. *The Lichtenberg Figures*. Port Townsend, WA: Copper Canyon Press, 2004.

• Lindley, Denis V. "Dynamic Programming and Decision Theory." *Applied Statistics* 10 (1961): 39~51.

• Lippman, Steven A., and John J. McCall. "The Economics of Job Search: A

Survey." *Economic Inquiry* 14 (1976): 155~189.

- Lorie, James H., and Leonard J. Savage. "Three Problems in Rationing Capital." *Journal of Business* 28, no. 4 (1955): 229~239.

- Lowe, Christopher J., Mark Terasaki, Michael Wu, Robert M. Freeman Jr., Linda Runft, Kristen Kwan, Saori Haigo, Jochanan Aronowicz, Eric Lander, Chris Gruber, et al. "Dorso-Ventral Patterning in Hemicbordlates Insights into Early Chordate Evolution." *PLOS Biology* 4, no. 9 (2006): e291.

- Lucas, Richard E., Andrew E. Clark, Yannis Georgellis, and Ed Diener. "Reexamining Adaptation and the Set Point Model of Happiness: Reactions to Changes in Marital Status." *Journal of Personality and Social Psychology* 84, no. 3 (2003): 527~539.

- Lueker, George S. "Two NP-Complete Problems in Nonnegative Integer Programming." *Technical Report TR-178*, Computer Science Laboratory, Princeton University, 1975.

- Luria, Salvador E. *A Slot Machine, a Broken Test Tube: An Autobiography*. New York: Harper & Row, 1984.

- MacQueen, J., and R. G. Miller. "Optimal Persistence Policies." *Operations Research* 8 (1960): 362~380.

- Malthus, Thomas Robert. *An Essay on the Principle of Population*. London: J. Johnson, 1798.

- Marcus, Gary. *Kluge: The Haphazard Evolution of the Human Mind*. New York: Houghton Mifflin Harcourt, 2009.

- Markowitz, Harry. "Portfolio Selection." *Journal of Finance 7*, no. 1 (1952): 77~91.

———. *Portfolio Selection: Efficient Diversification of Investments*. New York: Wiley, 1959.

- Martin, Thomas Commerford. "Counting a Nation by Electricity." *Electrical Engineer* 12, no. 184 (1891): 521~530.

- McCall, John. "Economics of Information and Job Search." *Quarterly Journal of Economics* 84 (1970): 113~126.

- McGrayne, Sharon Bertsch. *The Theory That Would Not Die: How Bayes' Rule Cracked the Enigma Code, Hunted Down Russian Submarines, & Emerged Triumphant from Two Centuries of Controversy*. New Haven, CT: Yale University Press, 2011.

- McGuire, Joseph T., and Joseph W. Kable. "Decision Makers Calibrate Behavioral Persistence on the Basis of Time-Interval Experience." *Cognition* 124, no. 2 (2012): 216~226.

    ———. "Rational Temporal Predictions Can Underlie Apparent Failures to Delay Gratifi cation." *Psychological Review* 120, no. 2 (2013): 395.

- Megiddo, Nimrod, and Dharmendra S. Modha. "Outperforming LRU with an Adaptive Replacement Cache Algorithm." *Computer* 37, no. 4 (2004): 58~65.

- Mellen, Andrew. *Unstuff Your Life! Kick the Clutter Habit and Completely Organize Your Life for Good*. New York: Avery, 2010.

- Menezes, Alfred J., Paul C. Van Oorschot, and Scott A Vanstone. *Handbook of Applied Cryptography*. Boca Raton, FL: CRC Press, 1996.

- Menger, Karl. "Das botenproblem." *Ergebnisseeines mathematischen kolloquiums* 2 (1932): 11~12.

- Metropolis, Nicholas, Arianna W. Rosenbluth, Marshall N. Rosenbluth, Augusta H. Teller, and Edward Teller. "Equation of State Calculations by Fast Computing Machines." *Journal of Chemical Physics* 21, no. 6 (1953): 1087~1092.

- Meyer, Robert J., and Yong Shi. "Sequential Choice Under Ambiguity: Intuitive Solutions to the Armed-Bandit Problem." *Management Science* 41 (1995): 817~834.

- Millard-Ball, Adam, Rachel R. Weinberger, and Robert C. Hampshire. "Is the Curb 80% Full or 20% Empty? Assessing the Impacts of San Francisco's Parking Pricing Experiment." *Transportation Research Part A: Policy and Practice* 63 (2014): 76~92.

- Mischel, Walter, Ebbe B. Ebbesen, and Antonette Raskoff Zeiss. "Cognitive and Attentional Mechanisms in Delay of Gratification." *Journal of Personality and Social Psychology* 21, no. 2 (1972): 204.

- Mischel, Walter, Yuichi Shoda, and Monica I. Rodriguez. "Delay of Gratification in Children." *Science* 244, no. 4907 (1989): 933~938.

- Mitzenmacher, Michael, and Eli Upfal. *Probability and Computing: Randomized Algorithms and Probabilistic Analysis*. Cambridge, UK: Cambridge University Press, 2005.

- Monsell, Stephen. "Task Switching." *Trends in Cognitive Sciences* 7, no. 3 (2003): 134~140.

- Moore, Gordon E. "Cramming More Components onto Integrated Circuits." *Electronics Magazine* 38 (1965): 114~117.

———. "Progress in Digital Integrated Electronics." In *International Electronic Devices Meeting 1975 Technical Digest,* 1975, 11~13.

- Moore, J. Michael. "An N Job, One Machine Sequencing Algorithm for Minimizing the Number of Late Jobs." *Management Science* 15, no. 1 (1968): 102~109.

- Morgenstern, Julie. *Organizing from the Inside Out: The Foolproof System for Organizing Your Home, Your Office and Your Life*. New York: Macmillan, 2004.

- Moser, L. "On a Problem of Cayley." *Scripta Mathematica* 22 (1956): 289~292.

- Motwani, Rajeev, and Prabhakar Raghavan. *Randomized Algorithms*. Cambridge, UK: Cambridge University Press, 1995.

———. "Randomized Algorithms." *ACM Computing Surveys (CSUR)* 28, no. 1 (1996): 33~37.

- Mucci, A. G. "On a Class of Secretary Problems." *Annals of Probability* 1 (1973): 417~427.

- Murray, David. *Chapters in the History of Bookkeeping, Accountancy and Commercial Arithmetic*. Glasgow, UK: Jackson, Wylie, 1930.

- Myerson, Roger B. "Nash Equilibrium and the History of Economic Theory." *Journal of Economic Literature* 1999, 1067~1082.

———. "Optimal Auction Design." *Mathematics of Operations Research 6*, no. 1 (1981): 58~73.

- Nash, John F. "Equilibrium Points in N-Person Games." *Proceedings of the National Academy of Sciences* 36, no. 1 (1950): 48~49.

———. "Non-Cooperative Games." *Annals of Mathematics* 54, no. 2 (1951): 286~295.

———. "Th e Bargaining Problem." *Econometrica* 18, no. 2 (1950): 155~162.

- Navarro, Daniel J., and Ben R. Newell. "Information Versus Reward in a Changing World." In *Proceedings of the 36th Annual Conference of the Cognitive Science Society*, 2014, 1054~1059.

- Neumann, John von, and Oskar Morgenstern. *Theory of Games and Economic Behavior*. Princeton, NJ: Princeton University Press, 1944.

- Neyman, Jerzy. "Outline of a Theory of Statistical Estimation Based on the Classical Theory of Probability." *Philosophical Transactions of the Royal Society of London. Series A, Mathematical and Physical Sciences* 236, no. 767 (1937): 333~380.

- Nichols, Kathleen, and Van Jacobson. "Controlling Queue Delay: A Modern AQM Is Just One Piece of the Solution to Bufferbloat." *ACM Queue Networks* 10, no. 5 (2012): 20~34.

- Nisan, Noam, and Amir Ronen. "Algorithmic Mechanism Design." In *Proceedings of the Thirty- First Annual ACM Symposium on Theory of Computing*, 1999, 129~140.

- Olshausen, Bruno A., and David J. Field. "Emergence of Simple-Cell Receptive Field Properties by Learning a Sparse Code for Natural Images." *Nature* 381 (1996): 607~609.

- O'Neil, Elizabeth J., Patrick E. O'Neil, and Gerhard Weikum. "The LRU-K Page Replacement Algorithm for Database Disk Buffering," *ACM SIGMOD Record* 22, no. 2 (1993): 297~306.

- Papadimitriou, Christos. "Foreword." In *Algorithmic Game Theory*. Edited by Noam Nisan, Tim Roughgarden, Éva Tardos, and Vijay V. Vazirani. Cambridge, UK: Cambridge University Press, 2007.

- Papadimitriou, Christos H., and John N. Tsitsiklis. "The Complexity of Optimal Queuing Network Control." *Mathematics of Operations Research* 24 (1999): 293~305.

- Papadimitriou, Christos H., and Mihalis Yannakakis. "On Complexity as Bounded Rationality." In *Proceedings of the Twenty-Sixth Annual ACM Symposium on Th eory of Computing*, 1994, 726~733.

- Pardalos, Panos M., and Georg Schnitger. "Checking Local Optimality in Constrained Quadratic Programming is *NP*-hard." *Operations Research Letters* 7 (1988): 33~35.

- Pareto, Vilfredo. *Cours d'économie politique*. Lausanne: F. Rouge, 1896.

- Parfit, Derek. *Reasons and Persons*. Oxford, UK: Oxford University Press, 1984.

- Partnoy, Frank. *Wait: The Art and Science of Delay*. New York: Public Affairs, 2012.

- Pascal, Blaise. *Pensées sur la religion et sur quelques autres sujets*. Paris: Guillaume Desprez, 1670.

- Peter, Laurence J., and Raymond Hull. *The Peter Principle: Why Things Always Go Wrong*. New York: Morrow, 1969.

- Petruccelli, Joseph D. "Best-Choice Problems Involving Uncertainty of Selection and Recall of Observations." *Journal of Applied Probability* 18 (1981): 415~425.

- Pettie, Seth, and Vijaya Ramachandran. "An Optimal Minimum Spanning Tree Algorithm." *Journal of the ACM* 49, no. 1 (2002): 16~34.

- Pinedo, Michael. *Scheduling: Theory, Algorithms, and Systems*. New York: Springer, 2012.

———. "Stochastic Scheduling with Release Dates and Due Dates." *Operations Research* 31, no. 3 (1983): 559~572.

- Pirsig, Robert M. *Zen and the Art of Motorcycle Maintenance*. New York: Morrow,

1974.

- Poundstone, William. *Fortune's Formula: The Untold Story of the Scientific Betting System That Beat the Casinos and Wall Street.* New York: Macmillan, 2005.

    ———. *Prisoner's Dilemma: John von Neumann, Game Theory, and the Puzzle of the Bomb.* New York: Doubleday, 1992.

- Prabhakar, Balaji, Katherine N. Dektar, and Deborah M. Gordon. "The Regulation of Ant Colony Foraging Activity Without Spatial Information." *PLoS Computational Biology* 8, no. 8 (2012): e1002670.

- Presman, Ernst L'vovich, and Isaac Mikhailovich Sonin. "The Best Choice Problem for a Random Number of Objects." *Teoriya Veroyatnostei i ee Primeneniya* 17 (1972): 695~706.

- Production and Operations Management Society. "James R. Jackson." *Production and Operations Management* 17, no. 6 (2008): i~ii.

- Rabin, Michael O. "Probabilistic Algorithm for Testing Primality." *Journal of Number Theory* 12, no. 1 (1980): 128~138.

- Rabin, Michael O., and Dana Scott. "Finite Automata and Their Decision Problems." *IBM Journal of Research and Development* 3 (1959): 114~125.

- Raichle, Marcus E., and Debra A. Gusnard. "Appraising the Brain's Energy Bud get." *Proceedings of the National Academy of Sciences* 99, no. 16 (2002): 10237~10239.

- Ramakrishnan, Kadangode, and Sally Floyd. *A Proposal to Add Explicit Congestion Notification (ECN) to IP.* Technical report. RFC 2481, January 1999.

- Ramakrishnan, Kadangode, Sally Floyd, and David Black. *The Addition of Explicit Congestion Notification (ECN) to IP.* Technical report. RFC 3168, September 2001.

- Ramscar, Michael, Peter Hendrix, Cyrus Shaoul, Petar Milin, and Harald Baayen. "The Myth of Cognitive Decline: Non-Linear Dynamics of Lifelong Learning." *Topics in Cognitive Science* 6, no. 1 (2014): 5~42.

- Rasmussen, Willis T., and Stanley R. Pliska. "Choosing the Maximum from a Sequence with a Discount Function." *Applied Mathematics and Optimization*

2 (1975): 279~289.

- Rawls, John. *A Th eory of Justice*. Cambridge, MA: Harvard University Press, 1971.

- Revusky, Samuel H., and Erwin W. Bedarf. "Association of Illness with Prior Ingestion of Novel Foods." *Science* 155, no. 3759 (1967): 219~220.

- Reynolds, Andy M. "Signatures of Active and Passive Optimized Lévy Searching in Jellyfi sh." *Journal of the Royal Society Interface* 11, no. 99 (2014): 20140665.

- Ridgway, Valentine F. "Dysfunctional Consequences of Performance Measure ments." *Administrative Science Quarterly* 1, no. 2 (1956): 240~247.

- Riley, John G., and William F. Samuelson. "Optimal Auctions." *American Economic Review 71*, no. 3 (1981): 381~392.

- Rittaud, Benoît, and Albrecht Heeff er. "The Pigeonhole Principle, Two Centuries Before Dirichlet." *Mathematical Intelligencer* 36, no. 2 (2014): 27~29.

- Rivest, Ronald L., Adi Shamir, and Leonard Adleman. "A Method for Obtaining Digital Signatures and Public-Key Cryptosystems." *Communications of the ACM* 21, no. 2 (1978): 120~126.

- Robbins, Herbert. "Some Aspects of the Sequential Design of Experiments." *Bulletin of the American Mathematical Society* 58 (1952): 527~535.

- Robinson, Julia. *On the Hamiltonian Game (a Traveling Salesman Problem)*. Technical report RAND/RM-303. Santa Monica, CA: RAND, 1949.

- Rogerson, Richard, Robert Shimer, and Randall Wright. *Search-Theoretic Models of the Labor Market: A Survey*. Technical report. Cambridge, MA: National Bureau of Economic Research, 2004.

- Rose, John S. "A Problem of Optimal Choice and Assignment." *Operations Research* 30 (1982): 172~181.

- Rosenbaum, David A., Lanyun Gong, and Cory Adam Potts. "Pre-Crastination: Hastening Subgoal Completion at the Expense of Extra

Physical Effort." *Psychological Science* 25, no. 7 (2014): 1487~1496.

- Rosenbluth, Marshall. *Marshall Rosenbluth, interviewed by Kai-Henrik Barth.* August 11, 2003, College Park, MD.

- Rostker, Bernard D., Harry J. Thie, James L. Lacy, Jennifer H. Kawata, and Susanna W. Purnell. *The Defense Officer Personnel Management Act of 1980: A Retrospective Assessment.* Santa Monica, CA: RAND, 1993.

- Roughgarden, Tim, and Éva Tardos. "How Bad Is Selfi sh Routing?" *Journal of the ACM* 49, no. 2 (2002): 236~259.

- Russell, Bertrand. "The Elements of Ethics." In *Philosophical Essays*, 13 – 59. London: Longmans, Green, 1910.

- Russell, Stuart, and Peter Norvig. *Artificial Intelligence: A Modern Approach*, 3rd ed. Upper Saddle River, NJ: Pearson, 2009.

- Russell, Stuart, and Eric Wefald. *Do the Right Thing.* Cambridge, MA: MIT Press, 1991.

- Sagan, Carl. *Broca's Brain: Reflections on the Romance of Science.* New York: Random House, 1979.

- Sakaguchi, Minoru. "Bilateral Sequential Games Related to the No-Information Secretary Problem." *Mathematica Japonica 29* (1984): 961~974.

    ———. "Dynamic Programming of Some Sequential Sampling Design." Journal of Mathematical Analysis and Applications 2 (1961): 446~466.

- Sakaguchi, Minoru, and Mitsushi Tamaki. "On the Optimal Parking Problem in Which Spaces Appear Randomly." *Bulletin of Informatics and Cybernetics* 20 (1982): 1~10.

- Sartre, Jean-Paul. *No Exit: A Play in One Act.* New York: Samuel French, 1958.

- Schelling, Thomas C. "Altruism, Meanness, and Other Potentially Strategic Behaviors." *American Economic Review* 68, no. 2 (1978): 229~230.

    ———. *The Strategy of Conflict.* Cambridge, MA: Harvard University Press, 1960.

- Schneier, Bruce. *Applied Cryptography.* New York: Wiley, 1994.

- Schrage, Linus. "A Proof of the Optimality of the Shortest Remaining Pro cessing Time Discipline." *Operations Research* 16, no. 3 (1968): 687~690.

- Schrijver, Alexander. "On the History of Combinatorial Optimization (Till 1960)." In *Handbooks in Operations Research and Management Science: Discrete Optimization*. Edited by Karen Aardal, George L. Nemhauser, and Robert Weismantel. Amsterdam: Elsevier, 2005, 1~68.

- Schwartz, Jacob T. "Fast Probabilistic Algorithms for Verification of Polynomial Identities." *Journal of the ACM* 27, no. 4 (1980): 701~717.

- Seale, Darryl A., and Amnon Rapoport. "Sequential Decision Making with Relative Ranks: An Experimental Investigation of the 'Secretary Problem.' " *Organizational Behavior and Human Decision Processes* 69 (1997): 221~236.

- Sen, Amartya. "Goals, Commitment, and Identity." *Journal of Law, Economics, and Organization* 1 (1985): 341~355.

- Sethi, Rajiv. "Algorithmic Trading and Price Volatility." *Rajiv Sethi (blog)*, May 7, 2010, http://rajivsethi.blogspot.com/2010/05/algorithmic-trading- and-price. html.

- Sevcik, Kenneth C. "Scheduling for Minimum Total Loss Using Service Time Distributions." *Journal of the ACM* 21, no. 1 (1974): 66~75.

- Shallit, Jeffrey. "What This Country Needs Is an 18¢ Piece." *Mathematical Intelligencer* 25, no. 2 (2003): 20~23.

- Shasha, Dennis, and Cathy Lazere. *Out of Their Minds: The Lives and Discoveries of 15 Great Computer Scientists*. New York: Springer, 1998.

- Shasha, Dennis, and Michael Rabin. "An Interview with Michael Rabin." *Communications of the ACM* 53, no. 2 (2010): 37~42.

- Shaw, Frederick S. *An Introduction to Relaxation Methods*. New York: Dover, 1953.

- Shaw, George Bernard. *Man and Superman: A Comedy and a Philosophy*. Cambridge, MA: Harvard University Press, 1903.

- Shoup, Donald. *The High Cost of Free Parking*. Chicago: APA Planners Press, 2005.

- Simon, Herbert A. "A Behavioral Model of Rational Choice." *Quarterly Journal of Economics* 69, no. 1 (1955): 99~118.

    ———. *Models of Man*. New York: Wiley, 1957.

    ———. "On a Class of Skew Distribution Functions." *Biometrika*, 1955, 425~440.

- Siroker, Dan. "How Obama Raised $60 Million by Running a Simple Experiment." *The Optimizely Blog: A/B Testing You'll Actually Use* (blog), November 29, 2010, https://blog.optimizely.com/2010/11/29/how-obama-raised-60-million-by-running-a-simple-experiment/.

- Siroker, Dan, and Pete Koomen. *A/B Testing: The Most Powerful Way to Turn Clicks into Customers*. New York: Wiley, 2013.

- Sleator, Daniel D., and Robert E. Tarjan. "Amortized Efficiency of List Update and Paging Rules." *Communications of the ACM* 28 (1985): 202 – 208.

- Smith, Adam. *The Theory of Moral Sentiments*. Printed for A. Millar, in the Strand; and A. Kincaid and J. Bell, in Edinburgh, 1759.

- Smith, M. H. "A Secretary Problem with Uncertain Employment." *Journal of Applied Probability* 12, no. 3 (1975): 620~624.

- Smith, Wayne E. "Various Optimizers for Single-Stage Production." *Naval Research Logistics Quarterly* 3, nos. 1 – 2 (1956): 59~66.

- Solovay, Robert, and Volker Strassen. "A Fast Monte-Carlo Test for Primality." *SIAM Journal on Computing* 6 (1977): 84~85.

- Starr, Norman. "How to Win a War if You Must: Optimal Stopping Based on Success Runs." *Annals of Mathematical Statistics* 43, no. 6 (1972): 1884~1893.

- Stephens, David W., and John R. Krebs. *Foraging Theory*. Princeton, NJ: Prince ton University Press, 1986.

- Stewart, Martha. *Martha Stewart's Homekeeping Handbook: The Essential Guide to Caring for Every thing in Your Home*. New York: Clarkson Potter, 2006.

- Steyvers, Mark, Michael D. Lee, and Eric-Jan Wagenmakers. "A Bayesian Analysis of Human Decision-Making on Bandit Problems." *Journal of*

*Mathematical Psychology* 53 (2009): 168~179.

- Stigler, George J. "The Economics of Information." *Journal of Political Economy* 69 (1961): 213~225.

    ———. "Information in the Labor Market." *Journal of Political Economy* 70 (1962): 94~105.

- Stigler, Stephen M. "Stigler's Law of Eponymy." *Transactions of the New York Academy of Sciences* 39 (1980): 147~157.

- Tamaki, Mitsushi. "Adaptive Approach to Some Stopping Problems." *Journal of Applied Probability* 22 (1985): 644~652.

    ———. "An Optimal Parking Problem." *Journal of Applied Probability* 19 (1982): 803~814.

    ———. "Optimal Stopping in the Parking Problem with U-Turn." *Journal of Applied Probability* 25 (1988): 363~374.

- Thomas, Helen. *Front Row at the White House: My Life and Times.* New York: Simon & Schuster, 2000.

- Thompson, William R. "On the Likelihood That One Unknown Probability Exceeds Another in View of the Evidence of Two Samples." *Biometrika* 25 (1933): 285~294.

- Thoreau, Henry David. "Walking." *Atlantic Monthly 9* (1862): 657~674.

- Tibshirani, Robert. "Regression Shrinkage and Selection via the Lasso." *Journal of the Royal Statistical Society. Series B (Methodological)* 58, no. 1 (1996): 267~288.

- Tikhonov, A. N., and V. Y. Arsenin. *Solution of Ill-Posed Problems.* Washington, DC: Winston, 1977.

- Todd, Peter M. "Coevolved Cognitive Mechanisms in Mate Search." *Evolution and the Social Mind: Evolutionary Psychology and Social Cognition* (New York) 9 (2007): 145~159.

- Todd, Peter M., and G. F. Miller. "From Pride and Prejudice to Persuasion: Satisfi cing in Mate Search." In *Simple Heuristics That Make Us Smart.* Edited by G. Gigerenzer and P. M. Todd. New York: Oxford University Press, 1999,

287~308.

- Tolins, Jackson, and Jean E. Fox Tree. "Addressee Backchannels Steer Narrative Development." *Journal of Pragmatics 70* (2014): 152~164.

- Tracy, Brian. *Eat That Frog! 21 Great Ways to Stop Procrastinating and Get More Done in Less Time.* Oakland, CA: Berrett-Koehler, 2007.

- Turing, Alan M. "On Computable Numbers, with an Application to the Entscheidungsproblem." Read November 12, 1936. *Proceedings of the London Mathematical Society* s2-42, no. 1 (1937): 230~265.

    ———. "On Computable Numbers, with an Application to the Entscheidungsproblem: A Correction." *Proceedings of the London Mathematical Society* s2-43, no. 1 (1938): 544~546.

- Tversky, Amos, and Ward Edwards. "Information Versus Reward in Binary Choices." *Journal of Experimental Psychology* 71 (1966): 680~683.

- Ulam, Stanislaw M. *Adventures of a Mathematician.* New York: Scribner, 1976.

- Ullman, Ellen. "Out of Time: Reflections on the Programming Life." *Educom Review* 31 (1996): 53~59.

- UK Collaborative ECMO Group. "The Collaborative UK ECMO Trial: Follow-up to 1 Year of Age." *Pediatrics* 101, no. 4 (1998): e1.

- Vazirani, Vijay V. *Approximation Algorithms.* New York: Springer, 2001.

- Vickrey, William. "Counterspeculation, Auctions, and Competitive Sealed Tenders." *Journal of Finance* 16, no. 1 (1961): 8~37.

- Waitzman, David. *A Standard for the Transmission of IP Datagrams on Avian Carriers.* Technical report. RFC 1149, April 1990.

    ———. *IP Over Avian Carriers with Quality of Service.* Technical report. RFC 2549, April 1999.

- Ware, James H. "Investigating Therapies of Potentially Great Benefit: ECMO." *Statistical Science 4* (1989): 298~306.

- Ware, James H., and Michael F. Epstein. "Comments on 'Extracorporeal Circulation in Neonatal Respiratory Failure: A Prospective Randomized Study' by R. H. Bartlett et al." *Pediatrics* 76, no. 5 (1985): 849–851.

- Warhol, Andy. *The Philosophy of Andy Warhol (from A to B and Back Again)*. New York: Harcourt Brace Jovanovich, 1975.
- Weiss, Yair, Eero P. Simoncelli, and Edward H. Adelson. "Motion Illusions as Optimal Percepts." *Nature Neuroscience* 5 (2002): 598~604.
- Whittaker, Steve, and Candace Sidner. "Email Overload: Exploring Personal Information Management of Email." In *Proceedings of the SIGCHI Conference on Human Factors in Computing Systems*, 1996, 276~283.
- Whittaker, Steve, Tara Matthews, Julian Cerruti, Hernan Badenes, and John Tang. "Am I Wasting My Time Organizing Email? A Study of Email Refinding." In *Proceedings of the SIGCHI Conference on Human Factors in Computing Systems*, 2011, 3449~3458.
- Whittle, Peter. *Optimization over Time: Dynamic Programming and Stochastic Control*. New York: Wiley, 1982.
- ———. "Restless Bandits: Activity Allocation in a Changing World." *Journal of Applied Probability* 25 (1988): 287~298.
- Wigderson, Avi. "Knowledge, Creativity, and P versus NP." http://www.math.ias.edu/~avi/PUBLICATIONS/MYPAPERS/AW09/AW09.pdf, 2009.
- Wilkes, Maurice V. "Slave Memories and Dynamic Storage Allocation." *IEEE Transactions on Electronic Computers* 14 (1965): 270~271.
- Wright, J. W. "The Change-Making Problem." *Journal of the Association of Computing Machinery* 22 (1975): 125~128.
- Wulf, William Allan, and Sally A. McKee. "Hitting the Memory Wall: Implications of the Obvious." *ACM SIGARCH Computer Architecture News* 23, no. 1 (1995): 20~24.
- Xu, Fei, and Joshua B. Tenenbaum. "Word Learning as Bayesian Inference." *Psychological Review 114* (2007): 245~272.
- Yang, Mark C. K. "Recognizing the Maximum of a Random Sequence Based on Relative Rank with Backward Solicitation." *Journal of Applied Probability* 11 (1974):504~512.
- Yato, Takayuki, and Takahiro Seta. "Complexity and Completeness of

Finding Another Solution and Its Application to Puzzles." *IEICE Transactions on Fundamentals of Electronics, Communications and Computer Sciences* 86, no. 5 (2003): 1052~1060.

- Yngve, Victor H. "On Getting a Word in Edgewise." In *Chicago Linguistics Society, 6th Meeting*, 1970, 567~578.
- Zahniser, Rick. "Timeboxing for Top Team Performance." *Soft ware Development* 3, no. 3 (1995): 34~38.
- Zapol, Warren M., Michael T. Snider, J. Donald Hill, Robert J. Fallat, Robert H. Bartlett, L. Henry Edmunds, Alan H. Morris, E. Converse Peirce, Arthur N. Thomas, Herbert J.
- Proctor, et al. "Extracorporeal Membrane Oxygenation in Severe Acute Respiratory Failure: A Randomized Prospective Study." *Journal of the American Medical Association* 242, no. 20 (1979): 2193~2196.
- Zelen, Marvin. "Play the Winner Rule and the Controlled Clinical Trial." *Journal of the American Statistical Association* 64, no. 325 (1969): 131~146.
- Zippel, Richard. "Probabilistic Algorithms for Sparse Polynomials." In *EUROSAM '79 Proceedings of the International Symposium on Symbolic and Algebraic Computation*. London: Springer, 1979, 216~226.

일상의 모든 문제를 단숨에 해결하는 생각의 혁명

# 알고리즘, 인생을 계산하다

1판 1쇄 발행 2018년 3월 7일
1판 12쇄 발행 2023년 1월 18일

**지은이** 브라이언 크리스천 · 톰 그리피스
**옮긴이** 이한음
**펴낸이** 고병욱

**기획편집실장** 윤현주 **기획편집** 장지연 유나경 조은서
**마케팅** 이일권 김도연 김재욱 오정민 복다은
**디자인** 공희 진미나 백은주 **외서기획** 김혜은
**제작** 김기창 **관리** 주동은 **총무** 노재경 송민진

**펴낸곳** 청림출판(주)
**등록** 제1989-000026호

**본사** 06048 서울시 강남구 도산대로 38길 11 청림출판(주) (논현동 63)
**제2사옥** 10881 경기도 파주시 회동길 173 청림아트스페이스 (문발동 518-6)
**전화** 02-546-4341 **팩스** 02-546-8053
**홈페이지** www.chungrim.com
**이메일** cr1@chungrim.com
**블로그** blog.naver.com/chungrimpub
**페이스북** www.facebook.com/chungrimpub

**ISBN** 978-89-352-1205-7 (03320)